新曲線 New Curves | 用心雕刻每一本......
http://site.douban.com/110283/
http://weibo.com/nccpub

用心字里行间　雕刻名著经典

# MACROECONOMICS

Nineteenth Edition

Authors

**PAUL A. SAMUELSON**

Institute Professor Emeritus

Massachusetts Institute of Technology

**WILLIAM D. NORDHAUS**

Sterling Professor of Economics

Yale University

Translator

**CHEN XIAO**

Professor of Economics

Peking University

# 宏观经济学

第 19 版

［美］保罗·萨缪尔森　威廉·诺德豪斯　著
萧　琛　主译

人民邮电出版社
北　京

**图书在版编目（CIP）数据**
宏观经济学：第19版 /（美）萨缪尔森（Samuelson, P.A.），（美）诺德豪斯（Nordhaus, W.D.）著；萧琛 主译．—北京：人民邮电出版社，2012.1（2022.12 重印）
高等学校教材
ISBN 978-7-115-22574-0
I. ①宏…　II. ①萨… ②诺… ③萧…　III. ①宏观经济学 - 高等学校 - 教材　IV. ① F015
中国版本图书馆 CIP 数据核字（2011）第 230609 号

Paul A. Samuelson, William D. Nordhaus
**Macroeconomics**, 19th Edition
ISBN 978-0-07-334422-5


**宏观经济学（第19版）**

◆ 著　　［美］保罗·萨缪尔森　威廉·诺德豪斯
　译　　萧　琛　主译
　策　划　刘　力　陆　瑜
　责任编辑　徐向娟
　装帧设计　陶建胜

◆ 人民邮电出版社出版发行　北京市丰台区成寿寺路 11 号
　邮编　100164　电子邮件　315@ptpress.com.cn
　网址　http://www.ptpress.com.cn
　电话（编辑部）010-84931398　（市场部）010-84937152
　三河市少明印务有限公司印刷
　新华书店经销

◆ 开本：850 × 1092　1 /16
　印张：24.25
　字数：680 千字　2012 年 1 月第 1 版　2022 年 12 月第 17 次印刷
著作权合同登记号　图字：01-2011-6993

定价：88.00 元

**本书如有印装质量问题，请与本社联系　电话：(010) 84937152**

# 作者简介

保罗·萨缪尔森和威廉·诺德豪斯

**保罗·萨缪尔森（Paul A. Samuelson），**毕业于芝加哥大学和哈佛大学，是麻省理工学院经济学系的创始人。他的许多著作使他在年轻时就赢得了世界性的声誉。他于1970年获得诺贝尔经济学奖，是美国第一个获得此项大奖的经济学家。萨缪尔森教授曾长期为美国《新闻周刊》的经济学栏目撰稿，曾担任美国总统约翰·肯尼迪的经济顾问，属于那种能够同普通民众进行交流和沟通的为数极少的科学家之一。萨缪尔森常出席国会听证，并为联邦储备、财政部、许多私人机构和非营利机构担任咨询专家。除了在麻省理工学院做研究工作和经常打网球之外，萨缪尔森教授还是纽约大学的客座教授。他的6个孩子（包括一次三胞胎）为萨缪尔森家族衍续了15个子孙。

**威廉·诺德豪斯（William D. Nordhaus），**美国杰出经济学家之一，出生于新墨西哥州的阿尔布开克。本科就读于耶鲁大学，经济学博士学位在麻省理工学院获得。现任耶鲁大学斯特林经济学教授，考尔斯经济学研究基金会理事，国家经济研究局（NBER）研究员。诺德豪斯的经济学研究范围很宽，包括环境、能源、技术变革和经济增长，以及利润和生产率的增长趋势。此外，对经济政策研究非常感兴趣。1977~1979年是卡特总统经济顾问委员会的成员，曾多次出席政府顾问委员会的会议，不时为《纽约图书评论》和其他报刊撰文。在耶鲁大学他主讲经济学原理课程。诺德豪斯教授与妻子芭芭拉居住在康涅狄格州的纽黑文市。教学写作之余，他喜欢音乐、旅游、滑雪，和家人在一起。

## 本书翻译团队与主译人简介

《经济学》第 16 版的主译人萧琛和其他译者在学术顾问胡代光教授家中庆贺先生的八十寿辰。从左到右，依次为曾刚、冯娟、蔚兴华、金曦、胡代光、萧琛、胡冰、卢莹。

《经济学》第 17 版的译者：前排从左到右：谢辉、孙嘉弥、萧琛、王琳、任小琛、杨丽花；后排从左到右：杜兵、蔡玮菁、多拉、钱艳琼、方晋。

《经济学》第 18 版译注者：从右到左（不分排）依次为张宁、乔乐、张娴、胡翠、黄丽真、张薇、萧琛、韩京艳、黄宏兴、崔婧、萧剑犁、潘醒东、李淑萍、陈志杰、杨丽花、陈敏杰、阿伯特、蒋景媛、朱至瑜和蒙得利。

第 19 版《经济学》译者团队：第一排从左到右依次为苏淑卿、黄雪贞、胡梦若、王睿、陈凤平、赵恩娇、倪耘；第二排从左到右依次为杨镇瑀、刘叶、萧琛、杜月、翟菲菲；后排从左到右依次为王德显、杜文凯、韩鹏飞、刘博、张宪尧、高明星、韩奕、姜昊求。

### 第 19 版主译人萧琛教授简介

北京大学经济学院教授、博士生导师。1978~1985 年在北京大学经济学系获学士和硕士；1987~1989 年获世界银行全额奖学金，在美国马里兰大学经济学系攻读博士课程，曾应聘任世界银行顾问（consultant）；1991 年回母校任教，1992~2004 年担任国际经济系主任；现任北京大学社会科学学部学术秘书、《北京大学学报》编委会委员并主任助理、北京大学经济学院 EDP/EMBA 中心主任、北京泛亚太经济研究交流中心主任、联合国教科文组织转轨经济教育顾问。讲授《世界经济》、《美国经济》、《公共部门经济学》、《市场企业和产业组织》等课程。曾参译《国外经济学论文选》和《帕尔格雷夫经济学大辞典》，曾主译《美国总统经济报告》和萨缪尔森第 16、17、18 版《经济学》。著有《美国微观经济运行机制》、《全球网络经济》、《信息网络经济的管理与调控》、《世界经济转型与中国》、《“新经济”求索与应对》、《论中国经济改革》、《效率、公平与深化改革开放》、《财税政策模型与数据库》等。

*To our families, students, and colleagues*

# 内容提要

本书是经济学泰斗、1970 年诺贝尔经济学奖得主萨缪尔森的绝笔——2010 年出版的 *Macroeconomics* 19 版的中译本。自 1948 年首版问世以来该书广受赞誉，先后被翻译成 40 多种文字，是有史以来发行量最大、至今仍在全球范围内被广泛采用的经济学教科书。本书凝结了萨缪尔森先生最主要的宏观经济学思想。

全书共四编 17 章：包括基本概念、现代混合经济、供给和需求的基本原理、宏观经济学概述、经济活动的衡量、消费与投资、资本、利息与利润、货币与金融体系等。在保持“把注意力始终放在经济学的基本概念和核心理论”这一风格的前提下，本书对货币和金融体系、货币政策与经济、开放的宏观经济等做了重点论述或重写，对前沿的理论与实践、汇率对不同国家的影响，以及现代混合经济做了全新论述。

本书适合于高等院校经济学专业、财经类专业本科生及教师，MPA、MBA、IMBA、EMBA 学员及教师，政府管理者，企业管理者，理论研究者，以及所有对经济学感兴趣的读者。

# 简要目录

# 目　录

# 译者序[1]

世上最难得的一位“经济学通才”，美国首位诺贝尔经济学奖得主，于2009年12月13日与世长辞，享年94岁。作为宗师教科书的第16、17、18和本版的主译人，作为这位泰斗的最多受益者之一，我的手机在当天十多个小时内几乎被打爆。《东方早报》、《华夏时报》、《中国证券报》、《21世纪经济报道》、新华社《国际先驱导报》、《每日经济新闻》等多家媒体的稿约，一个比一个“更加十万火急”！以至于那天下午我在北大电教104阶梯教室授课告一段落的时候，一个欲起身提问的同学竟然无端地被其他几个同学“打住”：“…… 还是让老师去忙吧！”

随后一周，采访的倾盆大雨和追悼的文论、鲜花一直在日夜兼程地洒遍神州各地。中国媒体记者的敏锐、才智、执著和高效，中国经济学人的诚挚、感慨、激情与追思，在一位远在万里的教授悄然离世的时候，竟然能够表现得如此淋漓尽致！而笔者本人也总算着实地体味了一把“怎样才叫真正的学者”：当你离开这个世界的时候，全球每个角落的同行都会同时因你而拨冗奔忙！

## 一、萨缪尔森：“让‘沉闷的科学’变成诱人的富于激情的学科”

萨缪尔森《经济学》（英文版）教科书第19版近年已在美国麦格希出版公司（McGraw-Hill）问世。该书首版发行是在1948年，之后大约每三年更新一次，迄今已经有了19个版本。半个多世纪以来，这部西方世界的“经济学圣经”，早已被译成了40余种文字，销售总量已超过一千万册。[2]

萨缪尔森《经济学》教科书长期广泛流行，是一件值得思索和回味的事情。萨缪尔森早在而立之年就在西方经济学界赢得了盛誉。他在30岁时出版的一项高级研究成果《经济分析基础》，在25年之后为他带来了诺贝尔经济学奖，并使他成为美国经济学家中第一个享此殊荣的人。

---

[1] 本序言修改自主译人萧琛纪念萨缪尔森先生的文稿：“经济学的阳光与希望的田野 — 分享一代宗师萨缪尔森的风范与睿智”。该文曾发表于2009年12月19日《华夏时报》第26整版。

[2] “胡代光序”第1页，萨缪尔森和诺德豪斯：《经济学》第16版中译本，华夏出版社，1999年。

一个顶尖的学者为什么会很早就投身于普及性教育事业并取得了如此显赫的成就？

首先，萨缪尔森有一种经世济民的心胸和博学睿智的头脑。在二战后百废待兴、憧憬无限的氛围中，作为一名教师，他所看到的是年轻学生们失望于传统教科书的茫然的眼神，他感到“探讨普及经济学的革命性方法的时机业已成熟”。[3]“为了影响一代人的思想”，[4]萨缪尔森长期竭尽心血，甘之如饴。在诺贝尔颁奖致辞中，瑞典斯德哥尔摩经济学院教授阿沙·林贝克曾经这样评价：“萨缪尔森在提高经济学分析水平方面的贡献，已超过当代任何一位其他的经济学家。他事实上是重写了经济学理论的许多领域。”[5]

其次，萨缪尔森博采众长、善于折衷，是一位海纳百川的高手。在本书第19版教科书中，萨缪尔森还在卷首加上了一个异乎寻常的声明，精准地选用了“折衷”一词总结概括了自己的经济学生命。萨缪尔森一直认定，现代资本主义经济是一种“混合经济”，由私人经济和公共经济两部分构成，前者可以用微观经济学加以分析，后者则可用宏观经济学进行论证。“萨缪尔森的开拓性的教科书的功绩在于：它第一次成功地把（当时）新的凯恩斯主义经济学和传统的微观经济学结合在一起。萨缪尔森使用了新古典综合派的概念，即一旦经济被恢复到充分就业状态，原有的古典学派的原理便能够适用。”萨缪尔森意欲为宏观经济学提供一个同微观经济学相一致的分析框架。[6]一个基本的事实是：“宏观经济学”一词，在萨缪尔森的教科书问世之前，甚至还不曾出现在西方经济学的词典中。[7]在微观经济学领域，萨缪尔森所采用的一整套市场分析方法，如供给曲线、需求曲线和成本曲线等，迄今仍是经济学界的共识和典范。[8]

再次，萨缪尔森具有博爱的师长情怀和非凡的沟通才能。萨缪尔森的第16版、第17版和第19版的书前都有一句看似平常却意境迥远的题辞：“献给我们的孩子和学生。”萨缪尔森不仅桃李满天下、读者千百万，而且还是一位6个孩子（含三胞胎）的慈父和15个子孙的家长。萨缪尔森深感：“若要让‘沉闷的经济学’变成激动人心的学科，以恢复它的本来面目，那么，即

---

[3] “金色的诞辰”，第2页，萧琛译，萨缪尔森和诺德豪斯:《经济学》第16版中译本，华夏出版社，1999年。

[4] 萨缪尔森：《保罗·萨缪尔森科学论文集》第4卷，MIT出版社，1977年出版，第870页。

[5] “胡代光序”第2页，萨缪尔森和诺德豪斯：《经济学》第16版中译本，华夏出版社，1999年。

[6] “Play it again, Samuelson”, *The Economist*, August 23rd,1997, p.58.

[7] “金色的诞辰”，第2页，萧琛译，萨缪尔森和诺德豪斯:《经济学》第16版中译本，华夏出版社，1999年。

[8] “Play it again, Samuelson”, *The Economist*, August 23rd,1997, p.58.

使是很一般的经济学图表，也都需要重新加以设计。”萨缪尔森还专门附加了一章“如何读图”。为了更恰如其分，他甚至踏破铁鞋地采撷了一句很有点鲜见的中国谚语，来作为该章的题头格言。在讨论国际贸易的时候，他曾独具匠心地绘制了一幅特别的“世界地图”。在该图中，各国的位置性状仍赫然可辨，但版图大小却不再取决于疆土面积、而是取决于贸易份额！这样的图读起来，怎能不让年轻的学生为之心动并奋发图强？

最后，萨缪尔森既是语言巨匠，也是幽默大师。[9]在缜密漫长的理论思辩和沉闷枯燥的逻辑推理中，《经济学》教科书的读者总是有幸能不时地为作者的语言艺术所感染，不时地为一种自然幽默的风格所触动。例如，在讨论“边际价值决定价格”的时候，萨缪尔森会提醒你应当切记，是“狗尾巴在摇动狗身子。”又如，在讲解国际贸易政策时，他将“关税”比作“撒在轮船发动机里的沙子”；而在讨论投资乘数效应的时候，他又用“拨动小提琴弦”加以类比。此外，在介绍马克思的专栏中，他引用了马克思的名言：“让旧世界在共产主义革命面前发抖吧”，而后又加以呼应：“统治阶级确实在这位伟人的影响下颤抖了一个多世纪！”

## 二、萨缪尔森：让《经济学》持久地“站在时代的潮头和经济学的锋刃之上”[10]

萨缪尔森《经济学》教科书“的确开创了一个崭新而持久的典范”。[11]研究经济学的历史学家，像那些研究地球上骨骼与化石的古生物学家一样，通过考证《经济学》的第 1 版如何修订成第 2 版，并最终成为今天这个版本的，来确定各种经济学观点的盛衰年代。

尽管如此，随着岁月的流逝，“凯恩斯革命”的局限性逐渐暴露，萨缪尔森的教科书也遭致了许多批评。在 20 世纪 60 年代，曾有一本评论性专著《批萨缪尔森》[12]指责他过于为自由放任的市场制度辩护，其篇幅竟然等同于萨缪尔森的教科书。而到 1997 年第 16 版推出之前，美国评论界又有人认为萨缪尔森过于追随凯恩斯，其 15 个版本的教科书基调“体现了一种对政府干预功能

---

[9] “Play it again, Samuelson”, *The Economist*, August 23rd, 1997, p.58.

[10] “萨缪尔森致中国读者”第 1 页，萨缪尔森和诺德豪斯：《经济学》第 16 版中译本，华夏出版社，1999 年。

[11] “金色的诞辰”，萧琛译，萨缪尔森和诺德豪斯：第 16 版中译本，华夏出版社，2003 年第 7 次印刷，第 3 页。

[12] 林特：《批萨缪尔森》，1974 年德文版，1977 年英文版。

的信任和对市场运作后果的担忧”。该文还指出，“由于总是着眼于短期总需求，《经济学》低估了探讨长期经济增长的源泉的重要性。又由于凯恩斯所担心的问题，即‘人们往往会储蓄过多，从而导致经济紧缩’，《经济学》的许多版本都隐含着一种‘反储蓄’的基调。直到1989年发行的第13版，萨缪尔森和诺德豪斯才深感美国的储蓄率已经过低，才开始提请人们关注储蓄水平和经济增长之间存有密切的关系。”[13]

近年，釜底抽薪式的挑战应该说来自斯坦福大学的教授斯蒂格利茨。他写道：“在实质上，这（指新古典综合体系）就是把经济学分为两个不同的部分。在一个部分中，当社会的经济资源没有达到充分就业时，宏观理论便能够适用；在另一部分，当社会的资源达到充分就业时，微观理论就发生作用。这种二者相互独立而很少关联的理论体系在教科书的写作和课程的教学上得以反映出来。先讲微观、后讲宏观，或者把次序颠倒过来都是无所谓的事情。在过去的数十年中，经济学者们已经对微观经济学和宏观经济学的分割提出了疑问。整个经济学界已经相信，宏观的变化必须以微观经济学的原理为基础；经济学只有一套，而非两套。然而，这一观点却没有在现有的任何教科书中被反映出来。”[14]

不满是向上的车轮，竞争是创新的动力。早在20世纪70年代，当“滞胀”这个经济学难题出现之后，经济学界已深感“新古典综合派”的解释力已经达到极限，并呼吁要“寻找一个新的凯恩斯，他的突如其来的洞察能力将会发展出一个理论，来解释今天所发生的事情”[15]。到了20世纪90年代，当“不停滞又不膨胀”的“新经济”展现之后，西方经济学家则更是大声疾呼：“需要超过马歇尔和萨缪尔森的原理”。萨缪尔森第15版《经济学》发行之后，一些评论家已经委婉地挑明：“其流行势头似成强弩之末”[16]。同期，斯蒂格利茨和曼昆的教科书都已经开始在国内外引起轰动。威廉·鲍莫尔（William Baumol）的教科书的呼声也很高，截止到1997年已经出了7版，而更早的理查德·利普西（Richard G. Lipsey）的教科书，在1981年就出到了第6版。

令人困惑、感叹与折服的一点是，1998年萨缪尔森教科书的第16版，也即50周年金版诞生后，其人气指数又再度如日中天。加里·伯克曾评论道：“凯恩斯曾不无自嘲地说过，‘长期看，我们都属于死亡。’在经济学第16版问世

13 “Play it again, Samuelson”, *The Economist*, August 23rd,1997, p.58.

14 斯蒂格利茨:《经济学》中译本上册，姚开建等译，高鸿业等校，中国人民大学出版社，1998年，第17页。

15 美《商业周刊》1974年6月29日第50页。

16 “Play it again, Samuelson”, *The Economist*, August 23rd,1997, p.58.

的今天，我对此似乎不敢苟同。看来，我们的脉搏依然相当强劲。”而萨缪尔森本人甚至不无自豪地宣称“已经站到了时代的潮头和经济学的锋刃之上”[17]。

## 三、萨缪尔森："地大物博人口众多的中国，无疑是个正在重新崛起的大国……"

在萨缪尔森《经济学》教科书50周年“世纪金版”（也即第16版）中译本的首发式上，我们曾播放过萨缪尔森为我们特别录制的《金版中译本发行贺辞》，并宣读过他的《致中国读者》的亲笔信函。萨缪尔森写道："就政治经济而言，中国无疑是个正在重新崛起的大国。中国的党政领导和广大民众已经选定了市场竞争机制作为发展经济的主要手段……地大物博人口众多的中国，在其迅速发展的今天，特别需要我们这本教科书来为您服务。”

走向市场经济的进程中，中国所面临的挑战无疑异常严峻。例如，计划经济转向市场经济的逻辑步骤，新兴经济体与成熟经济体接轨的合作模式，从模拟市场切换到成熟市场的临界条件和成功关键，切实向民间资本开放垄断产业，有效提高居民财产性收入，尽快挪除居民消费的制度性障碍，危机救市中从倚重（政府）投资走向倚重国民消费，从强调中间需求到强调最终需求等，此外，对于GDP、双顺差导向的成就和困难，都需要经济学者进一步努力借鉴和创新。“美国经营全球经济”进程中，已经在很多领域反叛了他们自己的经典经济学。[18]

经济学是一门帮助人们增强洞察能力和保障选择效率的学问。经济学有许多定义，就当今中国读者而言，笔者感到有两个特别值得注意。其一是马歇尔的定义，“经济学是一门研究人类一般生活事物的学问；它研究个人和社会活动中与获取和使用物质福利必需品最密切相关的那一部分。”其二是罗宾斯的定义，“经济学是研究人类行为的一个侧面，即目的和具有多种用途的稀缺的手段之间关系的科学。”[19]

坚持不懈地将最优化行为、市场均衡和稳定性偏好假设结合起来。[20]经济学提供了各种范示，可以帮助我们在确定目标、选择手段和保证效率之间获得一种均衡。科学家是否应长期担任行政领导？现阶段“就业机会”是否比“学

---

17 “萨缪尔森致中国读者”第1页，萨缪尔森和诺德豪斯：《经济学》第16版中译本，华夏出版社，1999年。

18 萧琛："美国全球负债增长模式的运作、震荡与前景"，《北京大学学报》，2012年第1期。

19 杰克·赫什利弗："经济学帝国的扩张"，萧琛译，朱天校，《现代国外经济学论文选》第十四辑，商务印书馆，1992年出版，第179页。

20 加里·贝克尔：《人类行为的经济学方法》，1976年英文版，第4页。

历学位”更加稀缺？金融海啸之后应否多做些时间密集型的事情，如生孩子或读 MBA？经济适用房的装修是否应追求豪华？是否应该用当“负人”的办法去购买第 N 套住房？股票价格指数（沪指）2000 点后是否应继续增持一线蓝筹股？显然，这些问题的答案都会因时因地因人而异。

正因为如此，我们才需要寻找一种一般性的参照“解”。日常生活中，你看到的是情怀各异的芸芸众生，是特殊；而在经济学中，你遇到的将是具有自利目标和理性手段的经济人，是一般。找到了一般，显然有助于比照出特殊。认真系统地学习经济学之后，你将会用一种同以往迥异的目光去审视整个世界和关注中国经济改革。

你所关注的可能不再仅仅是价格如何上涨，而是会这样问：“价格上涨的主要原因是需求拉上还是成本推进？”你所看到的房地产调控，可能不再仅仅是呼吁降价和声讨暴利，而是能否扩大供给和缩小需求。你所困惑的大牛市，可能不再是机关单位如何三令五申“不准上班炒股”，而是会反思中国股市现阶段的内在法则是资源配置还是财富分配？你所重视的新农村建设，很可能不再仅仅是剪刀差、财政拨款和税收减免，而是丰收悖论、蛛网理论和边际消费倾向。而你所担忧的“民工荒”和“用工荒”，可能不再仅仅是农民工的处境如何尴尬，而是会想到二元结构和“刘易斯拐点”。还有，你所关注的 4 万亿救市，也可能不再仅仅是十大产业的振兴动向，而是会问，中间需求（渔船鱼网）究竟有多少能够转换成最终需求（买鱼吃鱼）？总之，你会发现世界从来未曾变得如此生机勃勃和意趣盎然！

哈佛大学的曼昆教授说得好：“在我当学生的 20 年中，最令我兴奋的课程是我在上大学一年级时所选的连续两个学期的经济学原理。可以毫不夸张地说，这门课改变了我的一生。”[21] 无怪乎萨缪尔森敢有一句豪言：“如果我能为一个国家编写经济学教科书，我就不会在乎是谁在为它制定法律，又是谁在为它起草条约。”[22] 萨缪尔森的教科书不仅能够让初学者迅速地概览主流经济学的全貌，而且还能不断地刷新财政学、金融学、统计学、会计学、制度经济学、国际经济学、发展经济学和环境经济学的知识。在西方它堪称一部“流动的经济学百科全书”。

改革开放 30 年来，东西方经济学的交流和碰撞，对于中国新一代人力资源的素质乃至整个民族的思维习惯，显然已经产生了积极深远的影响。许多经济学工具，如需求管理和比较优势等，都已为政策制定者所驾轻就熟。在应对

---

[21] 曼昆：《经济学原理》中译本，梁小民译，三联书店和北京大学出版社，1999 年，第 6 页。

[22] 张维迎：致读者（代序），经济学英文版第 16 版影印本，机械工业出版社，1998 年 7 月，第 8 页。

人民币升值压力和贸易摩擦的岁月里，在应对美国次贷危机和国际金融海啸的风浪中，在反思过度储蓄和谴责过度消费的争议中，在呐喊美元退位和应对国际气候政治压力中，中国党和政府的气魄和明智，中国13亿人的沉着与坚实，都已经让整个世界刮目相看！

他山之石，可以攻玉。经济学的阳光正在洒遍希望的田野，中国经济已经从国际金融危机的阴影中率先走出，民间资本正进入传统的六大垄断行业，资本市场的“国际版”正在酝酿，人民币互换的周边化、区域化和全球化的进程正在稳步推进。楼市奇迹和卖地财政已经引起政府和业界的高度警惕和反思，“十二五”的恢弘画面正在向我们徐徐展开，城镇化、市场化和低碳化的新浪潮正在华夏广袤的热土地上日夜兼程地涌动和激荡，甚至，新能源、ICE和物联网等依稀成型中的世界经济三大新产业和新增长点，也在中国被提上议事日程……。一代经济学宗师生前所愿的重新崛起，正在中国转变成活生生的现实！

萨缪尔森所愿的也许更多更多。他不仅让我们更深刻地去领悟什么是学者和什么是教授，不仅让我们更认真地思索什么是大学和什么是大师，而且让我们更热切地探讨什么是科教兴国和什么是人才强国！在伟人已经离去的今天，翻开他最后亲笔的这部教科书，难道我们不应该想得更多更多？难道我们不应该做得更多更多？斯人健在时，不用扬鞭自奋蹄、于细微处见精神；斯人逝去后，化作春泥更护花，甚至，于无声处听惊雷！

萧琛

2011年11月30日于北京大学

# 一个折衷主义者的宣言

科学永远在进步，尽管有时也会出现倒退。对于经济学来说这当然也同样中肯。第二次世界大战结束时，领军的经济学入门教材已经失去了应有的学术活力和适用价值。经济学也在推陈出新，新的经济学教科书也因此奉天承运，1948 年萨缪尔森的首版《经济学》问世。该书让宏观经济学跨进了各大学的殿堂，并很快成了经济学教材的黄金范本，直至全球化步伐日夜兼程的当今。

多年来无论是经济还是经济学本身无疑都发生了翻天覆地的变化。一版接一版的萨缪尔森《经济学》，包括诺德豪斯加盟后的多个版本，不仅如实笔录了当代世界经济的变革，而且也及时提供着经济学前沿地带最缜密的学术思考。

令人惊讶的是，眼前的这本《经济学》也许是所有 19 个版本中最为出色的一版。我们称之为“**不偏不倚版**”或曰“**精华版**”。它仍在进一步倡扬现代混合经济的价值：能将严厉冷酷的市场运作规律与公正热心的政府监管机制巧妙地糅合成一体！

折衷主义在今天之所以如此重要，是因为全球经济正面临一场可怕的雪崩，也许是上世纪 30 年代大危机以来最为严重的周期性衰退。诸多现存教科书都曾推崇得意过早的自由主义，一直为自由市场的金融成就欢呼雀跃，不断为解除管制、取消监管等自由主义改革而推波助澜。然而，这场庆典的苦果，却只能是疯狂之极的楼市和股市轰然崩溃，而酿成目前这场金融危机。

我们所倡导的折衷主义，并不是一味旨在让读者背离个人信仰的方剂。我们只是分析家而绝非是邪教布道者。本书倡导的折衷主义并非是由意识形态所培育的。我们只根据现实和理论来推定自由主义或官僚主义的客观后果。所有读者都可据以自由地择定他们自己心中最好的行为准则和价值标准。

漫游了经济学领地之后，我们的心得是，无论是无管制的资本主义制度还是过度管制的中央计划体制，二者都不能有效地组织起一个真正现代化的社会。这一点已经为经济史所证实。

来自左翼和右翼的各种诟病一直在呼唤折衷主义者临危授命。严格管制的中央计划经济，在上世纪中间的几十年中曾经被广泛地鼓吹和采行，而在其酿成了经济停滞和消费者种种不幸后果之后，终于为历史所抛弃。

哈耶克和弗里德曼警示我们止步的“通向奴役的路”究竟是什么样的呢？他们所反对的东西是社会保障、最低工资、国家公园、累进税制，以及致力于环境保护和减缓全球变暖等政府规制。今天，在高收入社会中绝大多数人当然都拥护这些计划。这类混合经济既提供法治规则，也允许有限度的竞争自由。

在随后的篇章中，我们会概览折衷主义者笔下的经济学。数以百万计的中国、印度、拉丁美洲以及新兴社会的学生们都已从这本教科书中寻觅到经济学的无穷智慧。我们的使命不仅在于确保本书能涵盖最新最优秀的经济学思想，并全面透彻地解析现代混合经济的运作逻辑，而且还在于我们始终怀着一种公正博大的胸怀去阐释来自左翼和右翼的各种批评意见。

尽管如此，在此宣言中，还是不妨允许我们再上一个台阶：认可“**有限的折衷主义**”的存在。我们的知识体系当然还不够完善，社会经济等各种资源则更是有限。我们当然也会注意到当前世界经济的困境。我们已经目睹不受约束的资本主义制度所滋生的令人寒心的收入和财富的不公平分配，以及供给学派财税信条所导致的巨大的财政赤字。我们还见证了缺乏监管体制时那些重大的现代金融创新所带来的数以千亿美元计的天价损失，乃至许多曾经令人肃然起敬的金融帝国大厦的坍塌。

只有当社会经济航船平稳驶向“有限的折衷”这个新的海域，我们才有可能确保全球经济恢复到充分就业的理想境界。在那里，社会经济进步的果实将能更加公平地为所有栽培过它的人们所分享。

**保罗·萨缪尔森**

**2009 年 2 月**

# 前言

当我们完成《宏观经济学》第19版时，美国经济正陷入严重的经济衰退之中。这场衰退是自20世纪30年代大萧条以来最严重的金融危机。美国联邦政府已投入数以千亿计的美元来拯救其岌岌可危的金融链条，事实上这也是在捍卫整个世界范围内的金融体系。新一届奥巴马政府已与国会一起通过了美国历史上最大规模的经济刺激计划。动荡的经济以及各国应对危机的气魄，势将重新塑造美国的经济模式、劳工市场以及未来的世界金融体系。

尽管如此，我们还是应当牢记，2007~2009年的金融危机是在那以前半个多世纪中世界上绝大多数地区，尤其是北美、西欧以及东亚等富裕国家的生活水平已经经历了蔚为壮观的提升之后才突然爆发的。为此，人们不禁要问：21世纪人类能否续写上一世纪的辉煌？少数国家的丰裕能否进一步惠及多数贫困的国家？换言之，圣经《启示录》中四位骑马人所警示的那些饥荒、战争、环境恶化、经济萧条等疫情是否将会继续蔓延到北半球？我们是否有足够的智慧来重塑金融体系使之能够继续提供支持经济增长的动力？面对诸如全球气候变暖等环境问题的威胁，我们又应当进一步思考些什么？

所有这些都将是我们在这一新版《宏观经济学》中所要努力加以探讨的问题。

## 市场日益重要

你也许会担心，长期繁荣所酿成的人们对于经济事务的兴趣早已逐渐淡去。但在生活中令我们费解的一点却是，各国人民对于经济学不朽真理的追求事实上已经变得比以往更加的热切。那些对历史记忆犹新的人们也许早已发现：21世纪这场威胁到全球金融市场的危机，不过是对上个世纪银行大恐慌的某种新的回应。

放眼世界，计算机和通信技术的进步已经创造出一个竞争更加激烈的全球市场，世界也因此变得更加密不可分。像中国和印度等曾经严重依赖于集中计划体制的发展中的大国，若想赶上当今富裕国家的生活水平，恐怕很有必要去进一步理解和把握市场经济制度的精髓。与此同时，越来越多的有识之士也已经开始对全球性的环境问题感到忧心忡忡。他们深感，很有必要尽快签订更多旨在保护人类珍贵的自然遗产的国际协定。所有这些令人目不暇接的发展和变化，都不过是我们所称谓的恢弘的“现代经济歌剧”中的生动壮观的一幕。

## 新版经济学

半个世纪以来，在美国乃至全世界的课堂上，我们这本教科书都已经成了经济学入门教学的范本。它每一个新的版本，都要从最杰出的经济学家那里汲取有关市场如何运行、社会如何提高人民生活水平等各方面的研究成果和思想精华。尽管如此，自1948年本书第1版问世以来，经济学毕竟已经发生了非常深刻的变化，况且，经济学原本就是一个活生生的不断丰富和发展着的有机运动整体，因此这本书的每一次再版都势必是一次新生。而每经历一次新生，作者都能够借这个令人振奋的时刻，来展示现代经济学家最前沿的博大精深的思想成果，并进一步更加系统地阐释经济学如何促进世界走向更大的繁荣。

> 有鉴于此，本书的使命是：对现代经济学原理和美国乃至整个世界的经济制度体系作一番明晰、精确和生动的介绍和剖析；本书的宗旨是强调最基本的经济学原理，它们比每天报纸上的头条新闻要更加能够经得起时间和历史的考验。

## 《宏观经济学》第19版

随着经济学和它所置身的现实世界的发展，本书也在发展。我们的理念是继续强调六条构成前一版本以及本次修订版的基本原则：

***1. 经济学的核心理论*** 通常情况下经济学都似乎是在没

完没了地应对新的困惑、谜团和其他两难问题。然而，有经验的教师都明白，支撑整个经济学的不过是一些最基本的概念。只要掌握了这些基础知识，整个学习进程就会事半功倍并变得意趣盎然。为此，本书的注意力始终放在经济学的核心理论，即那些颠扑不破的真理上面。这些理论在21世纪的重要性将丝毫不会逊色于它们在20世纪的情况。宏观经济学方面，我们强调两大核心方法：一方面从凯恩斯经济学出发去理解经济周期，另一方面则从新古典经济学的增长模型来把握长期经济增长趋势。借助这个理论框架，我们在已有的诸如消费函数的讨论中融入了更多的金融宏观经济学的新发展成果。

***2. 经济学的创新*** 经济学在推动人们了解创新的意义方面做出了许多贡献。软件产业中令人目不暇接的发明速度也许已经让我们习以为常。在该产业，几乎每个月都有新的产品问世。互联网正在革新交流和学习的习惯，现代商业也正在接受一场洗礼。

此外，我们还强调经济学本身的创新。经济学家都在以自己的方式变成一群改革者和发明家。历史表明，经济思想一旦用于解决现实世界的问题，便会酝酿和掀起社会变迁的浪潮。本书讨论的重要创新包括通过“排放（许可证）交易”计划，将经济学应用到环境保护领域。我们还将阐释行为经济学家是如何改变消费者理论和金融产业的面貌。此外，事关人类未来的最重要的创新之一，是如何处理诸如气候变化等这类“全球公共品”问题，为此我们将探讨全球环境问题的处理模式，如《京都议定书》等。最后，我们还将关注政策的创新，诸如联邦储备在货币政策方面的新动向。

***3. 小的即美的*** 在过去的半个世纪中，经济学大大拓展了其研究领域。经济学的大旗不仅飘扬在传统的市场领域之上，而且还覆盖了环境、法律研究、统计和历史方法、性别和种族歧视，甚至深入到我们家庭生活等各个方面。然而，从本质上讲，经济学毕竟是一门关于在现实中如何选择的科学。这就意味着身为作者的我们必须选择那些最为重要并且最具持久意义的问题作为本书探讨的对象。总之，这有点像点菜进餐，小的往往是美好的，因为它便于消化。

为本书确定命题曾遇到很多两难问题。为挑选这些课题，我们调查了许多授课教师和有影响的学者，以判定哪些课题对于传授给品行良好的公民或新一代经济学人是至关重要的。我们曾拟定了一份涵盖主要课题的目录清单，然后又忍痛将其中的许多章节和附录陆陆续续地删去。我们不时地发问，所保留下来的课题的内容和效果是否能像我们所预期的那样完好，对于学生理解21世纪的经济学是否真的不可或缺。每一课题只有闯过了这几关之后，才有可能最后被收编入书。如此严格筛选的结果是，本书比前一版减少了三章，篇幅上也减少了四分之一。农业经济学、工会历史、马克思主义经济学、一般均衡模型新论、监管发展和劳工团队问题等都被删掉，所腾出的篇幅用来更多地探讨当代金融经济学、真实商业周期理论以及全球公共品等更加重大的课题。

***4. 新世纪的政策问题*** 对于许多学生来说，经济学吸引他们的地方在于经济学和公共政策的关系。其中一个重要领域是金融经济学和货币经济学。我们相当彻底地重新编写了金融经济学部分的内容。过去的内容强调将货币发行量作为中央银行影响经济的主要因素。这种方法已经不能反映现代金融体系的真实面貌了。如今的美联储正不断尝试制定旨在影响短期利率以及为金融市场提供流动性的政策。在第19版中，我们将用三个重点章节将这些变化充分展开。

***5. 关于全球化问题的争论*** 过去10年中，曾出现许多关于国际贸易在经济生活中的作用等问题的激烈舌战。一些人认为美国制造业就业率的下降原因在于工作机会都被出口到了印度和中国。移民成为了一个饱受争议的话题，特别是在那些失业率高居不下的地区。无论原因何在，美国在21世纪初都实实在在地面临着一种困惑：产出高速增长和就业显著下降二者竟然能够并行不悖。

有关全球化的讨论是近些年来重大的论战之一，其症结在于国家之间日益增进的经济一体化。美国人都明白，现在还没有哪一个国家能成为孤岛。移民潮和国际贸易对交易品种、成交价格和我们的薪酬都有深刻的影响。恐怖主义可以对本土的经济产生摧毁性的影响，而非洲的战争则可以导致饥荒，进而降低人民的生活水平。如果我们不仔细地研究比较优势原理，则恐怕没有人能够透彻地理解贸易增长和资本流动所带来的影响。我们将看到金融资本的流动如何对贸易格局产生重大的影响；并回答这样的问题：当像中国这样的穷国正在储蓄之时，像美国这样的富国为什么却正在借债？为此，第19版进一步增加了国际经济学、国际经济贸易及其同国内经济运行如何相互影响等方面的内容。

***6. 简明清晰*** 尽管第19版有许多新的特点，但整个准备过程中贯穿始终的“朝圣的北斗”，还是力图创造出一

种清晰和易于让学生接受的方式。学生们是来自不同的背景、带着对现实世界运作方式不同的先入之见而走进我们的课堂的。我们的作用并不是要改变他们的价值观。相反，我们只是希望学生们能首先理解经济学的不朽真理，然后积极地去付诸实践，从而让整个世界变得更加适合于他们及其家庭去从事工作和进行生活。而欲达此目的，则应该说没有什么办法能够比简明清晰的陈述更为有效了。我们在全书的每一页上都煞费苦心，以增进对基础经济理论的全面把握。我们曾收到各地学生和教师的数以千计的评论和建议，并已经将他们的建议融进了第 19 版中。

## 本书内容选用事宜

经济学课程有各种安排，可以用一个季度泛读，也可以用一年精读。本书可以说是为满足各种需要而精心编排的。即使课程节奏比较快，你也有机会欣赏书中精心编排的高深内容。时间特别紧促的学生，可以跳过其中较难的部分，但这并不会影响你对经济学核心内容的把握，也不会偏离经济推理的主线。本书还向那些最优秀的青年学者提出了富有挑战性的问题。事实上，当今许多杰出的经济学家都曾写信告诉过我们：在获取博士学位的奋斗过程中，他们一直依靠和仰仗着这本《经济学》。

## 版 式

第 19 版选用了一套标记及相应材料来突出某些内容。你会发现有三种标记：对初出茅庐者的警告，研究中的经济学案例，古往今来伟大的经济学家的传记等资料。但这些标记下的内容本身并非集中在一起。相反，它们被安插在相关的章节之中，以便读者可以在不打断思路的情况下进行浏览。阅读本书时，请你务必用心记住这些标记：

- 表示警告，学生应该暂停一下，以确保他们理解难点或微妙的问题。
- 表示有趣的例子或应用性分析，它通常属于现代经济学的基本创新。
- 表示经济学重要人物的生平。

本版新特点还包括在章末摘要强调该章的重要内容，并以一种特别的口吻提出问题，以帮助读者加深对该章所讨论的主要概念的理解。

书中的**黑体字**部分，表示第一次出现的术语，或说明这是组成经济学语言的最重要的概念。

尽管如此，这些较多的变化仍然没有改变自第 1 版以来一直主导着《经济学》的风格：简洁的文句、清晰的解释和精练的图表。

## 教学参考书和其他教辅材料

本版的学生将会从《学习指南》中得到帮助。这本精心设计的参考书由美国大学（American University）的 Walter Park 教授准备。该书无论是用于课堂讨论，还是用于个人自学，都已经被证明是非常成功的。既有针对《经济学》全书的《学习指南》，也有分别针对微观和宏观部分的《学习指南》。你可以通过网上订购，也可以使用书号随主教材一起邮递购买。

另外，教师们还会发现一本由康涅迪克州立大学（Central Connecticut State University） 的 Carlos Liard-Muriente 教授所修订的《教师参考手册》和一本由富山学院（Rich Mountain Community College） 的 Craig Jumper 教授所修订的《题库》。这两本书对教师制定教学计划和准备测验非常实用，无论是通过直接打印还是计算机浏览的形式。本版的图表和数字还可借助幻灯片演示。幻灯片可从我们的网站（http：//www.mhhe.com/economics/samuelson19e）上下载。该网站不仅提供每章小结、自我评分的练习测试，而且还为每章后面所提出的供进一步深入研究的“问题讨论”作了提示。

## CourseSmart 公司的电子教材

你可以通过购买价格大约是纸质教材一半的电子版的萨缪尔森和诺德豪斯的《经济学》第 19 版来减轻对环境保护的影响。CourseSmart 公司出版的电子教材是一款实用的标准在线阅读文件，它不仅保留了印刷版的确切内容和布局，而且还增加了学生们所熟悉的数字导航这一优点。学生可以搜索文本、做出标记、进行批注并通过电子邮件与他们的同学们共享笔记。CourseSmart 电子教材还提供技术支持以随时满足读者的各种需要。如果想要购买电子版的《经济学》第 19 版，或者想了解更多有关该数码产品的信息，则可以访问其网页（www.

CourseSmart.com）并通过搜索标题、作者或国际标准书号（ISBN）来进行。

### 计算机时代的经济学

电子时代使学者和学生获取信息的方式发生了革命性变化。在经济学领域，信息革命使我们能更加便捷地接触到各种经济数据和汇入学术潮流。第19版的一个重要特点是在第1章之前增写了“经济学与互联网”一文，可以为经济学快车驶向信息高速公路提供路标和指南。

此外，每一章后面都有一个刷新了的版块，为读者进一步研读提出了建议，还标出了相应文献的网址，可供学生加深理解、数据收集和案例研究。

### 致 谢

本书虽然只有两位作者，但是合作者却很多很多。我们衷心感谢我们的同行、评论家、学生和麦格劳—希尔出版公司的工作人员，是他们保证了《经济学》第19版能够及时完成。麻省理工学院、耶鲁大学及其他院校的同行也热情地提出过宝贵的意见。他们包括 William C. Brainard、E. Cary Brown、John Geanakoplos、Robert J. Gordon、Lyle Gramely、Paul Joskow、Alfred Kahn、Richard Levin、Robert Litan、Barry Nalebuff、Merton J. Peck、Gustav Ranis、Herbert Scarf、Robert M. Solow、James Tobin、Janet Yellen 和 Gary Yohe。

此外，我们还从许多基础经济学教学人士们不倦的工作中获益匪浅，他们为教科书所做的努力已充分体现在本版之中。我们还要特别感谢第19版的审稿人。他们是：

Esmael Adibi, *Chapman University*
Abu Dowlah, *Saint Francis College*
Adam Forest, *University of Washington, Tacoma*
Harold Horowitz, *Touro College*
Jui-Chi Huang, *Harrisburg Area Community College*
Carl Jensen, *Iona College, New Rochelle*
Craig Jumper, *Rich Mountain Community College*
Carlos Liard-Muriente, *Central Connecticut State University*
Phillip Letting, *Harrisburg Area Community College*
Ibrahim Oweiss, *Georgetown University*
Walter Park, *American University*
Gordana Pesakovic, *Argosy University, Sarasota*
Harold Peterson, *Boston College*
David Ruccio, *University of Notre Dame*
Derek Trunkey, *George Washington University*
Mark Witte, *Northwestern University*
Jiawen Yang, *George Washington University*

麻省理工学院、耶鲁大学和其他许多院校的学生们也发挥了一种“看不见的大学”的作用。他们不断地提问与诘难，使得我们的教科书每一版都比前一版要少一点遗憾。尽管他们人数众多、无法枚举，但书中每一章都渗透着他们的思考和影响。Nancy King 在纽黑文市（耶鲁大学所在地）为本书后期运作的后勤保障方面提供了很多的帮助。在此我们特别要感谢 Caroleen Verly 为本书做出的贡献，他阅读了手稿并提出了许多宝贵的改进意见。我们还要感谢 Dr. Xi.Chen 为本书提供了 economic globes 并且审查了原稿。

若没有麦格劳—希尔出版公司熟练而精干的团队在每一阶段的辛勤工作，本书是无法完成的。我们想要特别感谢（按出现先后顺序排序）的是：Douglas Reiner、Karen Fisher、Noelle Fox、Susanne Reidell、Lori Hazzard、Matt Baldwin 和 Jen Lambert。正是这个技术娴熟的专家小组，用一大垛的软盘和小山似的文稿塑成了眼前这样一件完美的艺术品。

## 致我行我素的学生

在历史书上你们已经见过那些涤荡文明根基的革命浪潮，如宗教冲突、争取政治自由的斗争、打倒殖民主义和帝国主义的战争。而在过去的20年中，席卷东欧、前苏联和其他每一个地区的经济改革浪潮也已经在改变整个世界的面貌。一些青年人因为不满意中央集权政府而推倒了柏林墙，推翻了强权，并向民主政治和市场经济靠拢。

与你相仿的年轻学生们，正憧憬着自由民主市场经济体制所能带来的繁荣。他们正在努力抗争，以便能有权从西方教科书中获取所需要的新思想。本版经济学正是那些能够带给他们希望的西方教科书中的一本。

### 思想的市场

我们的学生们到底在追求一种什么样的市场呢？从

本书中，你将了解到全球化带来的机遇与挑战、金融市场的脆弱性、不熟练劳工和训练有素的医生。你可能在报纸上看到国内生产总值、消费者价格指数、联邦储备和失业率等名词。在你系统地学完本书各章之后，你就能把握这些词的准确含义。更重要的是，你还会了解到影响和决定它们的经济力量。

尽管如此，思想的市场还同样存在。经济学不同流派正是在此建树他们各自的理论大厦，并努力向其同行们传播自己的学术主张。在随后各章中，你会发现各种关于经济学的思想成果的公正的评论：从早期的经济学家，如亚当·斯密、大卫·李嘉图、卡尔·马克思，到现代的思想巨匠，如约翰·梅纳德·凯恩斯、米尔顿·弗里德曼和詹姆斯·托宾。

## 祝 愿！

驶往混合经济这块大陆时，你也许难免有点担忧，这完全可以理解。不过由衷地说，我们事实上是在羡慕甚至是在嫉妒你——我们的新学生！因为你刚刚起锚扬帆，开始你人生的远航，前方魅人的经济学世界正在等待着你去遨游！这是个多么令人激动的时刻，一辈子，只有这么一次！值此，我们衷心地祝愿你一帆风顺！

**保罗·萨缪尔森**
**威廉·诺德豪斯**

# 经济学与互联网

信息时代剧烈地改变了我们的生活。对于学者和学生来说，这种影响尤为深远，因为它提供了一种廉价而又迅捷地获取大量信息的新途径。互联网，一个由无数的计算机和信息所链接成的巨大的不断扩展着的国际公共网络，正在日益改变我们的学习、购物、文化共享以及与亲朋好友进行交流的方式。

就经济学而言，信息革命也向我们提供了获取数据资料和成果文献的捷径。只需轻点几下鼠标，我们就能下载最新的失业率、贫困率和收入变动等信息，就能深入了解银行体系内部的错综复杂的机制。几年前，一个经济学研究课题的完成，从收集资料到分析论证，恐怕至少需要几个星期；而今天，只要有一台电脑上网操作，同样的任务在几分钟之内便可完成。

本书并非一本关于信息高速公路上的驾驶员手册。那种技能在相应的课堂上就可以学到，当然也可以在课堂以外学到。我们所要提供的是一幅标出了经济数据源和研究成果方位的电子线路图。借助该线路图和航行技巧，你就可以浏览各个网站，找到你所需要的数据、信息、研究资料，还可以进入聊天室与人聊天。此外，在本书每章的结尾，我们还提供了有关该章研究内容的补充读物和网站网址。

不妨提请大家注意一点，我们介绍的网站中有些可能是免费的，但有些可能需要你注册或要经由你所在的学校的代理服务才可能获得，还有一些网站可能需要你缴费。鉴于收费情况经常变动，我们只能尽力侧重介绍免费的网站。尽管如此，若干高质量但却收费的网站我们也绝对不会从略。

## 信息数据和相应机构

互联网是查找信息数据必不可少的渠道。由于大部分统计数据都由政府提供，因而第一个需要访问的网站当然是政府机构和国际组织的网站。获取美国政府统计数据不妨从联邦统计委员会（www.fedstats.gov）起步，它链接着 70 多个发布统计信息的政府机构，原始数据按主题或机构编排，全部内容均可搜索。另外一个有关政府统计数据的好网站是经济统计摘要编委会（www.whitehouse.gov/fsbr/esbr.html）。此外，美国商务部也设有一个巨大的数据库，网址是 www.stat-usa.gov。但使用该数据库需要预先得到认可（你所在的学院或大学很有可能已经注册订购）。

美国最好的独立的统计数据源是每年出版一部的《美国统计摘要》（www.census.gov/statab/www）。如果你还想直接概览美国经济，则可以阅读《总统经济报告》（www.gpoaccess.gov/eop/index.html）。

大部分主要的经济数据都由专门的机构整理制作。一个查找一般数据的去处是美国商务部，它下设经济分析局（www.bea.gov）和人口普查局（www.census.gov）。经济分析局网站收录所有发表在《当前商业概览》上的资料和文章，包括国民收入与生产账户、国际贸易与投资流动、工业产出、经济增长、个人收入和劳工统计以及区域性数据。

人口普查局网站还涉及非人口问题的统计。它包括各种统计调查：住房、收入、贫困指数、政府财政、农业、外贸、建筑、制造、运输、零售与批发交易等。人口普查局网站除了可获取人口统计方面的出版物，还允许用户摘录通用的微观数据来源，如收入项目调查、消费支出调查、当前人口调查、美国住房调查等，最近的人口普查当然也包括在内。

劳工统计局的网站（www.bls.gov）能很方便地提供常用劳工数据，具体内容包括就业与失业、价格与生活条件、工资补偿，还有生产率和技术等。劳工资料还可以从《当前人口调查》中获取，而工资统计数据则可以从《当前就业统计调查》中获得。

一个非常有用的金融信息源是美国联邦储备银行的经济数据库（www.federalreserve.gov），该网站提供美国的经济与金融的历史数据，包括每天的利率、通货与商情的指标、汇率、国际收支数据和价格指数等。此外，管理与预算办公室（www.gpo.gov/usbudget/index.html）还提供联邦预算信息和其他有关的文件。

国际统计资料通常比较难找。世界银行（www.worldbank.org）网站提供其项目和出版物的信息，国际货币基金组织（IMF，www.imf.org）也一样。联合国（www.unsystem.org）网站速度很慢，而且很麻烦，但是该网站已经同大部分的国际机构及其数据库进行了链接。另一个获取高收入国家信息资料的很好来源是经济合作与发展组织（OECD，www.oecd.org），该网站提供大量的有关经济、教育、健康、科学技术、农业、能源、公共管理和其他领域的数据资料。

## 经济研究和文献查阅

互联网正在迅速地变成世界性的图书馆。报纸、杂志、学术刊物正越来越多地将其文章以电子版本发表，其中大部分是在传统媒体上已经出版或发表过了的。一些有趣的资料可以在《经济学家》（www.economist.com）和《金融时报》（www.ft.com）上找到。《华尔街日报》（www.wsj.com）现在价格比较贵，还不是（普通学生的）有效资源。当前政策问题在 www.policy.com 网站上讨论，在线杂志《批评家》（www.slate.com）不时会有一些非常优秀的经济学论文。

至于学术著述，许多期刊都已经将其内容放在网上。网络经济 WedEc（www.helskinki.fi/WebEc）提供一个综合性的目录，链接各大经济学期刊。许多期刊文档都可以在 www.jstor.org 上找到。

现在有不少门户网站将许多资源集中到一起。第一个好地方是《互联网经济学家数据资料源》（www.rfe.org），由美国经济学会发起，并由比尔·高夫编辑。这方面的材料在《经济学万维资源》（netec.wustl.edu/WebEc/WebEc.html）上也可以查阅，该网站同各种经济学网站相链接。就工作论文而言，国家经济分析局（NBER，www.nber.org）致力于评介当前经济动态。NBER 网站通常还提供论文数据等的信息源，包括同有关网站（如美国官方的商业周期数据库）进行链接等。

一个存放工作论文的非常优秀的网站是 econwpa.wustl.edu/wpawelcome.html，该网站在搜索研究论文的材料背景时特别有用。

过去，可曾有人告诉过你说经济学是沉闷的科学？今天，你已经完全有可能在网上（www.netec.mcc.ac.uk/JokEc.html）为经济学家的各种小笑话而捧腹大笑（不过通常都是贬损经济学家们的）。

## 提醒一句

由于技术进步很快，上述信息源可能很快就会更新。拥有宝贵信息和数据资源的新网站每天都在涌现，而其他的一些则几乎以同样的速度在消亡。

在你启航驶向网络这个神奇的世界之前，我们想借用一句哲人的警语。为此，你不妨也回想一句老话：几分耕耘，几分收获。

> 警语：小心判断你所查用的数据和来源是否可靠。网络和其他电子媒介在今天可谓声名不佳，因为它既容易被利用，也容易被滥用。

网络类似于我们所熟悉的经济学的老生常谈“免费午餐”问题。有鉴于此，我们在“点菜”的时候还是应当反复慎重地挑选，以确保自己的午餐既美味可口而又便于消化。

第一编

# 基本概念

# 经济学核心概念 第1章

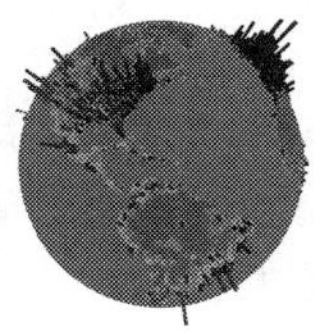

骑士时代已经过去；随之而来的是智者、经济学家和计算者的时代。

——埃德蒙·伯克

## A. 为何学习经济学

开卷之际你也许会问：为什么要学习经济学？不妨让我们仔细掂量一下。

一些人学经济学是为了帮助自己找到好的工作。

另一些人认为他们应能更深地理解关于通货膨胀和失业的报道的背后还藏着什么。

还有一些人则希望弄明白：何种政策可以减缓全球变暖？苹果播放器 iPod 转由“中国制造”意味着什么？

### 撞钟为谁

所有这些以及其他更多的理由当然都很好。然而，我们已经开始认识到，一条最重要的理由应该是：在人的一生（从摇篮到坟墓）中，你永远都无法回避无情的经济学真理。

作为一个选民，如果你不懂一点经济学，那么你的意见和建议就很有可能不得要领和令人费解。不学经济学，你就不能完全明白国际贸易、税收政策或者造成经济衰退和高失业率的各种原因。

选择终身职业，也许是你一生中要做的一项最重要的经济决策。你的前途不仅取决于你的能力，而且还取决于全国和各地的经济力量对你的工资的影响。此外，经济学知识还可以帮助你在购买房屋、支付子女教育以及为退休而储蓄等场合做出更明智的选择。诚然，学习经济学并不一定能让你变成一个天才；但不学经济学，命运就很可能会与你格格不入。

毋庸赘言，我们希望你能够发现，除了有用之外，经济学本身还是一个很有魅力的领域。一届接一届的年轻学生们常常惊讶地发现：理解经济学原理，透过现象看本质，竟然是如此地开心和刺激！

## 稀缺与效率：经济学的双重主题

### 经济学的定义

让我们从经济学的定义开始。半个多世纪以来，经济学所研究和讨论的问题的范围已经扩大了很多。以下是本书讨论的主要方面[1]：

[1] 下列定义中包含了不少经济学术语。要进入这个学科，你必须弄懂它们。如果你对个别术语或专业词组还不太熟悉的话，不妨参阅书后面所附的专业术语表。该表列出了本书所用的绝大多数术语。本书用黑体字印刷的术语在该表中都有简明定义。

- 经济学研究金融市场行为，包括利率、汇率和股价。
- 探究一些国家或人群富裕而另一些国家或人群却长期贫穷的根源，继而寻求各种提高穷国和穷人收入的解决办法，而前提条件则是不损害经济本身的成长。
- 研究商业周期（也译“经济周期”——译者注），即信贷、失业和通货膨胀的上下波动，探讨如何利用经济政策加以调节。
- 考察国际贸易、国际金融和全球化的经济影响，并着重分析若干关于自由贸易、开放边界等热点难题。
- 提出并回答政府采用何种政策才能达到既定的重大目标，如加快经济增长、有效利用资源、实现充分就业、稳定价格水平和公平地分配收入等。

这已经是一份很长的清单，不过我们还可以进一步将它扩展好多倍。但是，如果将所有这些定义加以提炼的话，我们就会发现其中存在一个共同的主题：

> **经济学**（economics）研究的是一个社会如何利用稀缺的资源生产有价值的商品，并将它们在不同的个体之间进行分配。

## 稀缺与效率

若思考一下这些定义，我们可以发现经济学贯穿着两大核心思想，即物品和资源是稀缺的，以及社会必须有效利用这些资源。事实上，正是由于存在着稀缺性和人们追求效率的愿望，才使得对经济学的关注永远不会消失。

不妨考虑一个不存在稀缺的社会。如果能无限量地生产出各种物品，或者如果人类的欲望能够完全得到满足，那么会产生什么样的后果呢？既然人们拥有了自己想要拥有的一切东西，当然也就不必再担心花光其目前有限的收入。而企业也不必为劳动成本和医疗保健问题犯愁；政府则不用再为税收、支出和环境污染等问题而大伤脑筋，因为谁都已经不在乎这些问题了。此外，既然我们所有的人都能够随心所欲地得到自己所想要的东西，那么，也就没有任何人会去关心不同的人或不同阶层之间的收入分配（是否公平的）问题。

在这个丰裕而理想的伊甸园里，所有的物品都实行免费，仿佛沙漠中的沙子和海滩边的海水。所有的价格也都因此变成了“零”，市场也因此而变得可有可无。如果是，则经济学当然也就不再是一门有用的学科。

然而，任何现实社会都决不是那种拥有无限可能性的“乌托邦”，而是一个到处都充满着**经济品**（economic goods）的稀缺的世界。**稀缺**（scarcity）是指这样一种状态：相对于需求，物品总是有限的。实事求是的观察家都不会否认，尽管经历了两个世纪的经济快速增长，美国的生产能力还是不能完全满足每个人的欲望。如果将所有的需要加总起来的话，你立刻就会发现，现有的物品和劳务甚至根本无法满足每个人的消费欲望中很小的一部分！我们的国民产出须扩大很多很多倍，才有可能使得普通的美国人都能达到医生或联赛棒球手那样高的生活水准。更何况在美国以外的国家，特别是非洲地区。在那里，成千上万的人甚至还处于饥寒交迫之中。

鉴于人的欲望的无限性，就一项经济活动而言，最重要的事情当然就是最好地利用其有限的资源。这使我们不得不面对效率这个关键性的概念。**效率**（efficiency）是指最有效地使用社会资源以满足人类的愿望和需要。相反，如若一个经济中充斥着恶性竞争、严重污染或政府腐败，它当然只能生产出少于“无上述问题”时该经济原本可以生产的物品，或者还会生产出一大堆不对路的物品。这些都会使消费者的境遇比本该出现的情况更差。这些问题都是资源未能有效配置的后果。

> **经济效率**（economic efficiency）要求在给定技术和稀缺资源的条件下，生产最优质量和最多数量的商品和服务。在不会使其他人境况变坏的前提下，如果一项经济活动不再有可能增进任何人的经济福利，则该项经济活动就被认为是有效率的。

经济学的精髓之一在于承认稀缺性是一种现实存在，并探究一个社会如何进行组织才能最有效地利用其资源。这一点，可以说是经济学伟大而独特的贡献。

## 微观经济学与宏观经济学

当代经济学有两大分支：微观经济学和宏观经济学。亚当·斯密通常被认为是**微观经济学**（microeconomics）的创始人，今天，经济学的这一分支主要是研究作为单个实体的市场、企业、家庭的行为。亚当·斯密曾在《国富论》（1776 年）中考查了物品价格的形成，以及土地、劳动和资本的价格如何确定等问题，并揭示了市场机制的长处和弊端。更为重要的一点是，斯密指明了市场的效率特征，并解释了个人的自利行为通过竞争市场如何产生社会经济效益。今天拓展了的微观经济学的领地已经远远超出了最初的界定，它已经讨论到垄断和国际贸易的作用，还有金融和其他许多重要的命题。

经济学的另一个重要分支是**宏观经济学**（macroeconomics）。它研究经济的总体运行。在约翰·梅纳德·凯恩斯 1936 年发表革命性巨著《就业、利息与货币通论》之前，现代意义上的宏观经济学还根本不存在。当时，英美经济尚未走出 20 世纪 30 年代的大萧条，超过四分之一的美国劳动人口处于失业状态。凯恩斯的新理论展现了一个探讨高通胀和高失业交替攀升的商业周期的根源的分析范式。如今，宏观经济学已经拓展到很多领域，如总投资与消费的决定、中央银行对货币和利率的管理、导致国际金融危机的原因，还有，为什么一些国家经济繁荣而另一些国家却停滞不前等问题。尽管宏观经济学已经进步并远远超越了凯恩斯当初的创见，但凯恩斯提出的一系列命题仍然不失为现代宏观经济学的基本范畴。

## 经济学的逻辑

经济生活是由一系列活动组成的复杂集合，包括购买、销售、讨价还价、投资、劝说等。经济科学的最终目的就是要理解这些复杂的活动。这也正是本书的宗旨之所在。那么，经济学家又是如何完成他们的任务的呢？

经济学家运用科学方法（scientific approach）来理解经济生活，包括观察经济事件、利用统计分析和历史记录。对于预算赤字的影响或通货膨胀的原因等复杂现象来说，历史可以提供丰富的前车之鉴。

经济学家经常依赖于分析和理论。理论研究方法使得经济学家能够进行一般化的抽象，诸如讨论国际贸易与专业化分工的好处、税收与配额的弊端等。

此外，经济学家们创建了一门被称为经济计量学（econometrics）的专业分析技术，即将统计学工具应用到经济问题的分析之中。借助经济计量学，经济学家可以从堆积如山的经验数据中抽象出简单明了的事物之间的联系机制。

不妨提请初出茅庐的经济学人注意一下：必须警惕经济推理中各种常见的思维谬误。由于经济关系通常十分复杂，涉及到许多不同的变量，因此很容易混淆事件背后的真正原因和政府政策对经济的影响。以下是经济推理中一些常见的谬误：

- 前因后果谬误（post hoc fallacy，也译“后此谬误”——译者注）。第一个错误出自于因果推理。如果我们仅仅因为一件事发生在另一件事之前，就想当然地认为前者是后者的原因，那么，我们就犯下了这里所说的前因后果谬误。[1] 一个实例发生在 20 世纪 30 年代大萧条时期的美国。一些人观察到，在商业周期扩张之前或之中，会出现或伴随物价上涨的现象。由此，他们便得出结论说，治疗大萧条的良方是提高工资和价格。这种对策建议会导致一系列以增加工资和提高价格为目的的非效率（也可译“无效率”或“低效率”——译者注）的立法和规定。然而这些举措真的能够推动经济复苏吗？几乎可以肯定地说：“不能。”尽管它们可能会有利于复苏早日起步，但事实情况却是，只有在政府为准备第二次世界大战而扩大军事开支从而导致总支出迅速回升的时候，经济才得到了真正的复苏。
- 不能保持其他条件不变（failure to hold other things constant）。第二个陷阱是在考虑某一问题时没能保持其他相关条件不变。例如，我们或许想知道提高税率究竟会增加还是会减少税收收入。一些人提出了这样一种诱人的观点，即我们既可以将财政蛋糕分而食之，而同时又可以拥有它。他们争辩说，降低税率会在增加政府收入的同时减少预算赤字。他们指出，1964 年肯尼迪·约翰逊的“减税”大大降低了税率之后，1965 年政府收入马上就有所上升。据此，他们认为降低税率便可以提高政府的收入。

  这一推理有什么错呢？本论断的前提应该是：其他条件不变——这一点特别重要；而它却忽视了 1964 ~ 1965 年期间的经济增长。由于人们的收入在这一时期有所上升，因此，尽管税率降低了，政府收入却依然有所增加。进一步的研究表明，如果 1964 年没有降低税率，则 1965 年政府的收入会达到更高的水平。可见，这一分析在推断中没有坚持“保持其他条件不变”的原则。

  切记：当你分析一个变量对于经济体系的影响时，一定要保持其他条件不变。
- 合成谬误（fallacy of composition）。有时我们会假定，对局部来说是正确的东西，对总体来说也一定正确。然而，在经济学中，我们经常发现总体并不等于部分之和。如果你认为对局部来说成立的东西，对总体也必然成立，那你就犯了“合成谬误”。

[1] 后此（post hoc）是“后此，所以因此”（post hoc，ergo propter hoc）的缩写。它是从拉丁文翻译而来的，整个短语的意思是：“在此之后，因而必然由此造成。”

如果你真的忽略了合成谬误的原理，那么你就会对以下这些正确的命题吃惊不已：（1）如果某一农场主获得丰收，他的收入会增加；但如果所有农场主的收成都破记录的话，则他（以及所有）的农场收入却（都）会下降。（2）如果一个人获得了更多的货币，那么他的境况会变好；但如果每个人都获得了更多的货币，那么整个社会反而可能变糟。（3）如果对某一产品（比如鞋类或钢铁）征收高额关税，则该行业的生产者（由于得到保护而）可能会因此发财；但如果对所有的行业都征收高额关税，则绝大多数生产者和消费者的境况都会变坏。

这些例子没有任何诡异或神奇之处，它们不过是整个体系中的个体互动的结果。个体相互作用时，整体行为往往与个体行为的结果大相径庭。

导言中我们姑且简略地提及这些谬误。以后，当引入了经济学工具之后，我们还将重新就这些问题展开讨论，并举例说明不注意经济学逻辑会使你犯什么样的错误。这些错误有时会使你付出昂贵的代价。当你学完这本书之后，不妨再回过头来看看，为什么上述那些看似矛盾的结论实际上却是完全正确的。

---

### 实证经济学与规范经济学

在考虑经济问题时，我们必须区分事实本身和它是否公平这两个方面的问题。实证经济学讨论的是经济社会的事实，而规范经济学则涉及价值判断。

**实证经济学**（positive economics）回答如下的问题：为什么医生比门房赚的钱要多？北美自由贸易协定（NAFTA）是提高了还是降低了大多数美国人的工资？高利率能否使经济放缓和通货膨胀降低？尽管这些问题可能很难回答，但只要利用分析和经验例证就可以找到答案。因此将这类问题归于实证经济学的范畴。

**规范经济学**（normative economics）涉及伦理信条和价值判断。应该提高失业率以确保通货膨胀不会迅速上升吗？美国是否应该进一步用谈判协议的办法去降低进口关税？美国的收入分配是否已经变得更加不公平？由于这类问题涉及到伦理、价值而非事实本身，因此其答案也就无所谓正确或错误。尽管经济学也可以关注（inform）这些争议，办法是考查各政策方案可能产生的后果，但是，这类问题还是只能依靠政治辩论和投票决策去解决。

---

## 热切的心情，冷静的头脑

从20世纪以来，经济学已经从一粒小橡树果子长成了一棵高大繁茂的橡树。在它的各个分支中，我们可以找到关于一系列重大问题的解释：国际贸易的好处，降低失业和抑制通货膨胀的建议，退休基金的投资方式，甚至为防止全球变暖而拍卖有限的二氧化碳排放权的提案等。世界各地的经济学家都在努力地收集经验数据，以增进我们对经济发展趋势的理解。

你或许会问，经济学家进行权衡、分析和计算的目的是什么？*经济科学的最终目的是改善人们的日常生活条件*。提高国内生产总值绝不是一场数字游戏。较高的收入水平所意味的是可口的食品、温暖的房屋、热水，还有安全的饮用水以及长期预防疾病的接种疫苗。

较高的收入还意味着更多的东西。它可以使政府更多地开办学校，从而使年轻人更多地学习文化，掌握现代化设备和计算机操作技能。随着收入的进一步提高，国家还可以提供财力支持科研，确定适应本国气候和土壤的农业技术，或研制出针对当地疾病的疫苗。经济增长能够提供更多的资源，人们会有更多的时间从事诗歌和音乐等艺术事业，也会有更多的闲暇时间读书、听音乐和亲自演奏。经济发展并没有固定的模式，世界各地的文化也千差万别，尽管如此，免受饥饿、疾病和自然灾难之苦，却是全人类共同的心愿。

然而，人类几千年的历史告诉我们，仅仅依靠热情是不能解决饥饿和治愈疾病的。一个自由和有效的市场并不能必然地使收入分配得到全社会的认可。决定经济进程的最佳路径，或实现社会产出的公平分配，所需要的都是冷静的头脑。它可以客观地评估各种手段的成本和收益，尽最大的可能保持分析的独立性，而不受各种一厢情愿的空想的干扰。有时，经济进程还要求一些过时的工厂倒闭；有时，情况先是恶化，尔后才会好转，正如某些中央计划体制的国家采用市场原则后所经历的那样。医疗保健领域的选择更难权衡，因为有限的资源所直接涉及的是人的生死存亡。

你也许听说过一句口号，叫做“各尽所能，按需分配”。但那些政府已经逐渐明白，还没有哪一个社会能仅靠这一理想化原则长期地运转下去。为了维持经济的健康运行，政府必须建立机制，让人们有工作和储蓄的动力。

社会应当为失业者提供一定时期的支持，但如果（失业等）社会保险覆盖面过大或时间过长的话，则人们就会依赖政府。他们会逐渐认为政府应该为他们生活的各个方面负责。这当然会使人类的进取之剑日益锈钝。正是由于政府项目追求崇高目标，才意味着严格审查和效率管理势必不可缺忽。

> 社会必须致力于兼顾无情的“市场规则”与慷慨的“国家福利”。只有在充满热情的同时保持冷静的头脑，经济科学才能够发挥作用，才能为一个富有效率、繁荣和公正的社会寻找到恰当的平衡点。

# B. 经济组织的三个经济问题

人类社会，无论它是一个发达的工业化国家，还是一个中央计划型的经济体，或者只是一个孤立的部落社会，都必须面对和解决三个最基本的经济问题:生产什么、如何生产和为谁生产。

事实上，经济组织的这三个基本问题，在今天与在人类文明之初都同样重要和关键。下面我们就进一步仔细地观察这三个问题：

- 生产什么和生产多少？一个社会必须决定，在诸多可能的物品和劳务之中，每一种应该生产多少以及何时生产。今天，我们应当生产比萨饼还是衬衫？生产少量的优质衬衫还是生产大量的普通衬衫？我们应当利用有限的资源生产更多的消费品（如比萨饼），还是应当生产较少的消费品和较多的投资品（如生产比萨饼的机器），从而让明天有更多的产出和消费？
- 如何生产？一个社会必须决定谁来生产，使用何种资源，以及采用何种生产技术。谁来种田，谁来教书？用石油发电，还是用煤炭发电，或是用太阳能发电？设备是由人还是由机器人来操作？
- 为谁生产？谁来享用经济活动的成果？收入和财富的分配是公平合理的吗？社会产品如何在不同的居民之间进行分配？我们的社会是否会成为一个富人很少而穷人很多的社会？教师、运动员、汽车工人和风险投资家，谁应当得到高收入？社会应该给穷人提供最低消费，还是严酷地遵循不劳动者不得食的原则？

## 市场经济、指令经济和混合经济

解决生产什么、如何生产以及为谁生产的问题，有哪些不同的方式呢？不同的社会选取和借助各种不同的经济体制进行组织，而经济学则研究这些可供社会采用的配置稀缺资源的制度和机制。

通常我们区分两种本质不同的经济组织方式。一个极端是，政府制定大部分经济政策，处于统治集团最高层的那些人逐层向下发布经济指令。另一个极端是，决策由市场来做出，个人或企业通过货币支付自愿地交换物品和劳务。让我们简要地考查一下经济组织的这两种形式。

在美国和越来越多的国家中，多数经济问题都是由市场来解决的。因此，它们的经济制度称为市场经济。**市场经济**（market economy）是一种主要由个人和私人企业决定生产和消费的经济制度。价格、市场、盈亏、刺激与奖励的一整套机制解决了生产什么、如何生产和为谁生产的问题。企业采用成本最低的生产技术（如何生产），生产那些利润最高的商品（生产什么）。消费则取决于个人如何决策去花费他们的收入（为谁生产），这些收入包括来自劳动的工资收入和来自财产所有权的财产收入。市场经济的极端情况被称为**自由放任**(laissez-faire）经济，即政府不对经济决策施加任何影响。

与市场经济不同，**指令经济**（command economy）是由政府做出有关生产和分配的所有重大决策。在指令经济中，如 20 世纪大部分时期前苏联所采取的经济制度，政府不仅占有大部分生产资料（土地和资本），而且拥有并指导大多数行业中的企业经营，并成为大多数工人的雇主，指挥他们如何工作。此外，政府还决定社会产出在不同的物品与劳务之间如何分布。简言之，政府通过它的资源所有权和实施经济政策的权力解答基本的经济问题。

当今世界上没有任何一个经济完全属于上述两种极端之一。相反，所有的社会都是既带有市场经济的成分也带有指令经济的成分的**混合经济**（mixed economy）。

> 经济生活既可以经由官僚体系集中指令去组织，也可以交由分散的各行其事的市场机制去组织。今天，美国和其他高收入经济体的大多数决策都是经由市场机制而形成的。不过政府在监督市场运行方面仍然扮演着重要的角色：政府制定法律来监管经济生活，提供教育和治安等服务，并管制污染等。

当今绝大多数社会都采用混合经济制度。

## C. 社会的技术可能性

造出的每一支枪，下水的每一艘军舰，发射的每一枚火箭，归根结底，都意味着对那些忍饥挨饿的人们的一种偷盗。

——德怀特·艾森豪威尔总统

每个经济体的资源存量都是有限的——无论是劳动、技术知识、工厂和工具，还是土地和能源。在决定生产什么和如何进行生产时，该经济体实际上是在决定如何配置资源，以生产千百万种商品和劳务。多少土地应该用于种植小麦，或用于建筑房屋？多少工厂应该用于生产计算机？多少工厂制作比萨饼？多少儿童按职业运动员培养？多少儿童按职业经济学家培养？抑或，按计算机软件人员培养？

相对于需要来讲，物品总是稀缺的，面对这一无可否认的事实，一个经济体系必须决定如何利用其有限的资源。它必须在物品的各种有可能的组合之间进行选择（生产什么），在不同的生产技术之间进行选择（如何生产），最后还必须决定谁消费这些物品（为谁生产）。

### 投入和产出

要回答这三个问题，每个社会必须就经济的投入和产出做出选择。**投入**（inputs）指的是生产商品和服务的过程中所使用的物品或劳务。一个经济体使用其现有的技术将投入转换为产出。**产出**（outputs）是指生产过程中创造的各种有用的物品或劳务，它们可以用于消费或用于进一步生产。我们来看看一块比萨饼的“生产”。我们说，鸡蛋、面粉、热能、比萨饼烤炉和厨师的熟练劳动等是投入，而可口的比萨饼则是产出。在教育中，老师的时间、教室和实验室、课本等是投入，而有知识、能干、高收入的公民则是产出。

投入的另一个名称叫**生产要素**（factors of production）。它们可以被划分成三大基本范畴：土地、劳动和资本。

- 土地或更为流行的说法，自然资源，指的是生产过程中大自然赋予人们的礼物。它包括：农业、住房、工厂和道路等所使用的土地；给汽车加油或给房间供暖的能源，还有诸如铜、铁矿石和沙等非能源资源。在今天这个拥挤的世界上，我们必须拓宽自然资源的范畴，将环境资源，诸如清新的空气和适合饮用的水，也视为一种自然资源。
- 劳动指人们花费在生产过程中的时间和精力（在汽车制造厂上班，在土地上耕作，在学校里教学或制作比萨饼等）。在各种技术水平上，千百万种工作和任务都是由劳动完成的。对于一个发达的工业化国家来说，劳动曾一直是最熟悉和最重要的生产要素。
- 资本是一个经济体为了生产其他的物品而生产出来的耐用品。资本品包括机器、道路、计算机、铁锤、卡车、钢铁厂、汽车、洗衣机和建筑物等。在后文我们还将看到，专业化的资本品积累是经济发展必不可少的要素。

如果需要用“投入”和“产出”这两个术语来表述以上三大基本经济问题，那么，我们应该这样说，一个社会必须决定：（1）产出什么、产出多少；（2）如何产出，即用何种技术和要素进行投入，以得到令人满意的产出；（3）为谁生产，即如何分配这些产出。

### 生产可能性边界

生活经验告诉我们，人不能拥有世间一切物品。通常我们会听到这样的话：“你可以选择巧克力，也可以选择香草冰激凌，但是不能两者统统都要。”同理，一个国家也无法没有限制地得到它所想要的一切物品，因为这要受到资源和可供利用的技术的制约。

在有限的机会中进行选择，其迫切性在战争时期表现得最为突出。在讨论2003年美国是否应当对伊拉克开战时，人们想要弄清的问题是：这场战争的代价究竟会有多大。官方说它只需要500亿美元，尽管一些经济学家认为它可能要花费2万亿美元之多！更甚者，代价还并不仅仅是货币，货币数字后面意味着所要购买的各种其他资源。而随着伊拉克战争开销的攀升，人们自然进一步想知道，为什么要向巴格达城而不是纽约市派驻更多的警力？或者，为什么要在中东而不是在美国的中西部对电力系统进行维修？众所周知，正如上文引用过的艾森豪威尔总统所说的话那样，军事上占用的资源越多，可供民用消费和投资的资源就会越少。

为了使讨论生动起见，我们不妨考查一个只生产大炮和黄油这两种经济品的经济体。大炮代表的是军费开支，而黄油则代表民用开支。现在假定我们的经济体将所有的资源都投入到民用物品，即黄油的生产上。于是，每年所能生产的黄油便会有一个最大的数量。黄油的最大数量取决于该经济体所拥有的资源的数量与质量，以及利用资源进行生产的效率。现假设，利用现有的技术和资源，每年能够生产出来的黄油的最大数量为 500 万磅。

从另一极端讨论，假设所有的资源都用于生产大炮。同样，由于资源的有限性，该经济体只能生产出有限数量的大炮。在本例中，我们假设，如果不生产任何黄油的话，该经济体每年能够生产 15 000 门某种类型的大炮。

全生产大炮和全生产黄油显然是两个极端的选择。而在这两个极端之间，存在着许多种其他组合的可能性。只要愿意放弃一些黄油，我们就可以拥有更多大炮；相反，若愿意放弃一些大炮，则可以得到更多的黄油。

表 1-1 给出了大炮和黄油的一系列的可能性组合。组合 F 是一个极端，表示只生产黄油而不生产大炮；组合 A 是另一个极端，即全部资源都用于生产大炮。在它们之间的组合 E、D、C 和 B，则表明了为了生产更多的大炮，该经济体必须相应放弃更多的黄油。

你或许会问，一个国家如何将黄油转换为大炮？黄油转换成大炮，并非指这两种实物的直接挪动，而是要经由将生产它们的经济资源从一种用途转换成另一种用途的渠道和手段。

| 各种生产可能性 | | |
|---|---|---|
| 可能性 | 黄油（百万磅） | 大炮（千门） |
| A | 0 | 15 |
| B | 1 | 14 |
| C | 2 | 12 |
| D | 3 | 9 |
| E | 4 | 5 |
| F | 5 | 0 |

**表 1–1　稀缺资源的约束意味着需要在大炮与黄油之间进行权衡**

稀缺的投入和技术限制了大炮与黄油的生产。当我们从 A 移到 B……最后移到 F 时，我们就将劳动、机器和土地由大炮行业转到黄油行业，从而增加了黄油的生产。

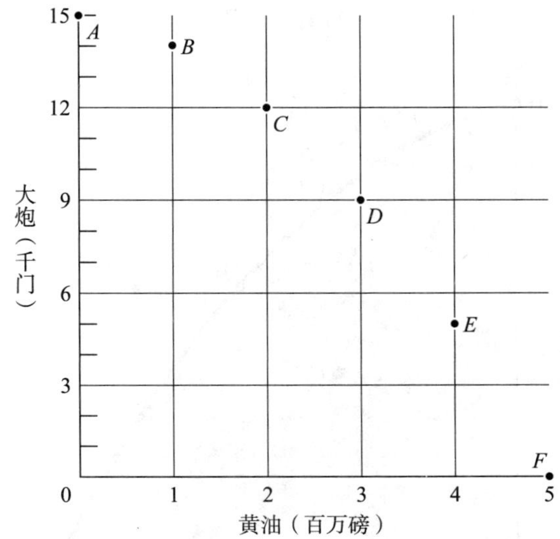


**图 1–1　生产可能性的图形表述**

本图描绘了表 1-1 中所示的各种选择的产量。

我们可以用图 1-1 形象地描述该经济体的生产可能性。图中横坐标表示黄油，纵坐标表示大炮（如果你不熟悉图形，或者对于如何将图表变成图形感到不甚了了，请参阅本章附录）。根据表 1-1 中的数据，在图 1-1 的横轴上向右量取 5 个单位的黄油，在纵轴上向上量取 0 个单位的大炮，便可得到 *F* 点；同理，向右量取 4 单位黄油，向上量取 5 单位大炮，就可以得到 *E* 点；最后，向右量取 0 单位黄油，向上量取 15 单位大炮，可得 *A* 点。

如果用所有的代表黄油与大炮的不同的产量组合的新点填满上述几点之间的空隙，则我们就能得到如图 1-2 所示的称为生产可能性边界，或简称 *PPF* 的连续平滑的曲线。

**生产可能性边界**（production-possibility frontier, PPF），表示在技术知识和可投入品数量既定的条件下，一个经济体所能有效率地得到的最大产量。

## 生产可能性边界在社会选择中的应用

生产可能性边界是供一个经济体进行选择的菜单。图 1-2 描绘的是大炮和黄油的生产可能性边界，但同样适用于对任何其他物品的选择。由此，政府用于生产公共品（如高速公路）的资源越多，剩下的用于生产私人品

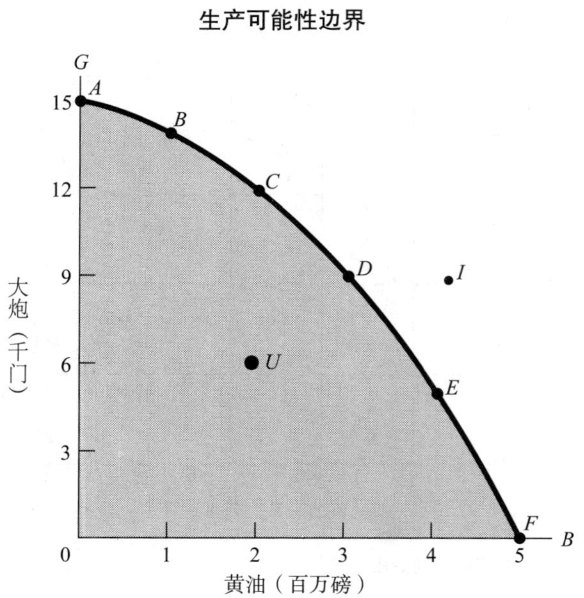


**图 1-2 一条平滑的曲线把代表生产可能性数值的各点连接起来**

这一边界表示可供选择的清单，沿着这条边界，社会可以选择用大炮去替代黄油。它假设技术状况和投入数量是既定的。边界之外的点（如I点）是不可行的，或者是达不到的。而边界内的任何一点（如U点）表明经济尚未达到有效率的生产，如商业周期中失业率较高时的情形。

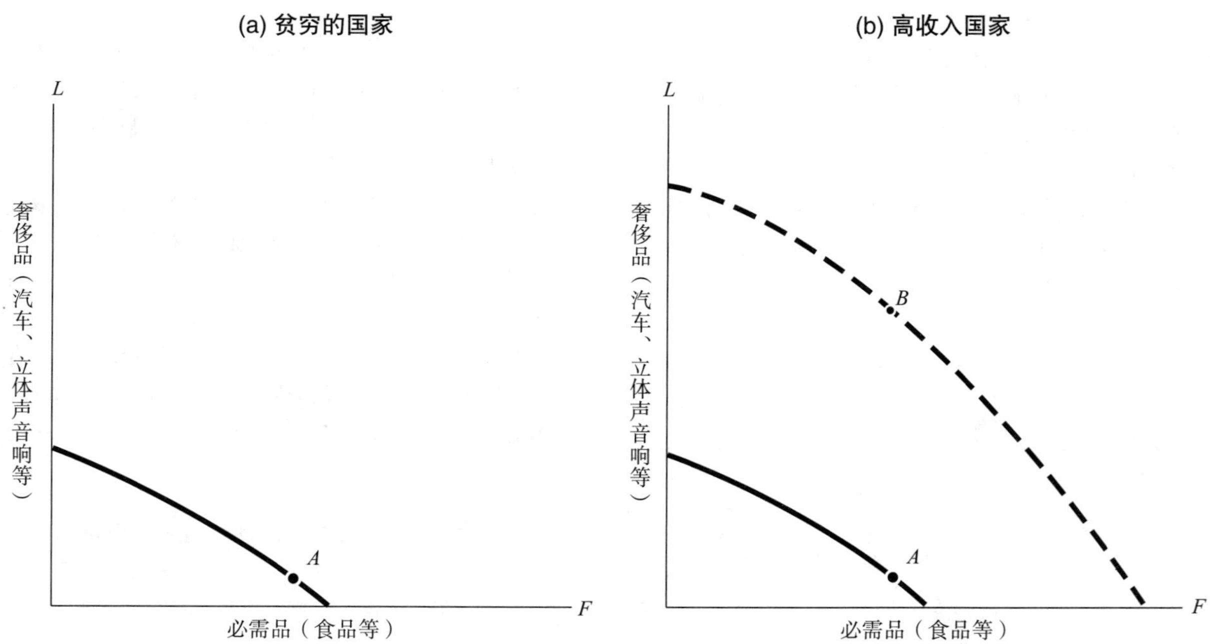


**图 1-3 经济增长使生产可能性边界向外移动**

（a）尚未发展的国家很贫穷。它必须将几乎所有的资源都用于生产食品，而只能享用很少的奢侈品。（b）投入品的增加和技术变革使 *PPF* 向外移动。随着经济的增长，一国从 *A* 移动到 *B*，与增加的奢侈品消费相比，食品消费增加较少。如果愿意的话，它也可以同时增加两种物品的消费。

（如住房）的资源就越少；我们用来消费的食品越多，则用来消费的衣服就越少；社会决定今天消费的东西越多，则用于生产未来消费物品的资本品的产量就越少。

图 1-3 到图 1-5 给出了生产可能性边界的一些重要应用。图 1-3 表明经济增长对一国生产可能性的影响。增加投入，或改进生产技术，能使国家产出更多的商品和劳务，其结果是生产可能性边界向外移动。该图还表明，一个贫穷的国家必须将其大部分资源用于生产食品，而富裕的国家随着其生产潜能的增长，则能够生产出更多的奢侈品。

图 1-4 表明了必须在私人品（按价格购买）和公共品（用税收支付）之间进行选择。贫穷的国家仅仅能承担很少的公共品，如公众健康和基础教育等。但是，随着经济的增长，更多的产出份额将被用于生产公共品和提高环境质量。

图 1-5 表明，一个经济如何在（*a*）当前消费品和（*b*）投资或资本品（机器、厂房等）之间进行选择。通过牺牲当前消费和生产更多的资本品，一国的经济能够更快速地增长，从而使未来有可能生产出更多的两种物品（消费品和资本品）。

### 不要做时间的傻瓜

一位伟大的美国诗人卡尔·桑德堡写道：“时间是你人生的硬币，是惟一一枚你自己拥有的、可以自行决定如何花费的硬币。当心，切勿让其他人替代你去利用这枚硬币。”这足以强调：人们最常面对的一个重要决策，就是如何利用自己的时间。

我们可以用生产可能性曲线来说明这项选择。例如，作为一名学生，你可能有 10 小时的时间用于准备即将来临的经济学和历史的考试。如果你仅仅复习历史，那么，你会在历史考试中得到高分，而在经济学考试中取得低分，反之亦然。把两门考试的分数看做你学习的“产出”，在时间资源既定的条件下，可以画出分数的生产可能性边界。又如，如果两种商品是“分数”和“娱乐”，你又如何画出这一生产可能性边界呢？你自己处于这条边界的何处？你的那些懒惰的朋友们又在何处呢？

近期，有人就美国人如何利用时间的问题收集了大量的数据。调查数据所记录的是，两三天内你的时间的利用情况。不妨登录网址 *www.bls.gov/tus/home.htm*，传上你利用时间的记录，并与其他人的情况作个比较。

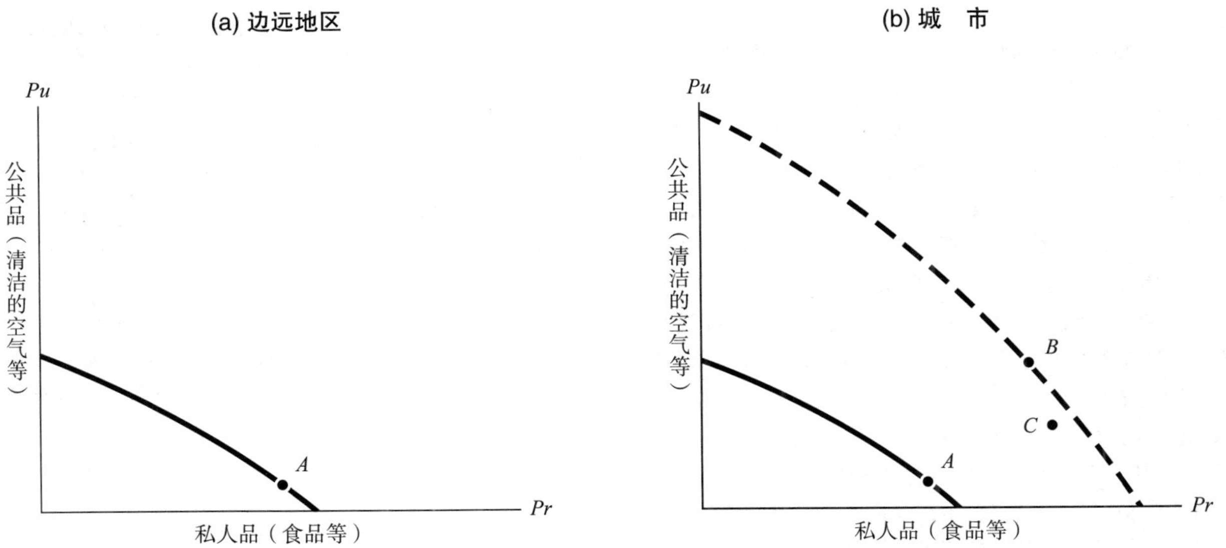


**图 1–4 经济体必须在公共品和私人品之间选择**

（a）贫穷的边远地区，产出仅能糊口，很少有剩余来提供清洁的空气或公众保健等公共品。（b）现代化的繁荣的经济，将较高收入中的更多部分用于公共品和政府服务（道路、环保和教育）。

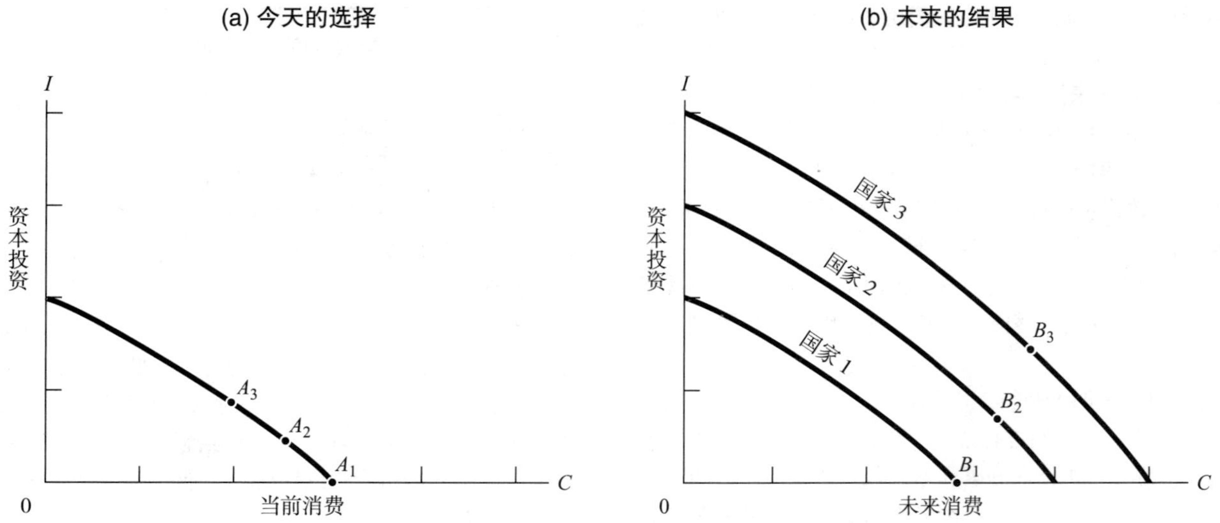


**图 1–5 为增加对未来消费的投资，需要牺牲当前的消费**

一个国家可以选择生产当前消费品（比萨饼和音乐会），或生产投资品（如比萨烤箱和音乐大厅）。(a) 三个国家初始条件相同。它们具有相同的生产可能性边界，如左图所示，但它们的投资比率不同。国家 1 没有对未来投资，位于 $A_1$（不打算生产新机器）。国家 2 适度地抑制当前的消费，并对未来进行投资，位于 $A_2$。国家 3 则牺牲了大量的当前消费，对未来进行了大力投资。(b) 若干年后，投资多的国家经济处于领先地位。因此，节俭的国家 3 将其生产可能性边界远远地向外推移，而国家 1 的生产可能性边界却根本没有移动。这说明对未来投资较多的国家将拥有更多的投资品和更多的消费品。

## 机会成本

罗伯特·弗罗斯特在其诗作《未选择的路》中揭示了经济学的一个最深层的概念：机会成本。由于资源是稀缺的，因此，我们必须不断地决定如何利用我们有限的时间和收入。当你决定是否学经济学，是否买汽车，或是否上大学时，你需要放弃一些事情 —— 存在着若干可以被放弃的机会。这类有待被放弃的非最优的事情或东西，体现着你进行该项决策的机会成本。

机会成本概念也可以用生产可能性边界加以说明。不妨看图 1-2 中的生产可能性边界。该图反映了大炮与黄油之间此消彼长的关系。假设，该国决定将大炮购买量从 9 000 门增加到 12 000 门，即从边界上的 $D$ 点移动到 $C$ 点，则这一决策的机会成本为多少呢？你可以用美元来计算它。但是，在经济学中，我们经常需要穿透货币的面纱，而直接考查各种选择的实际影响。说到底，从 $D$ 到 $C$ 的机会成本，是为生产较多大炮而必须放弃的黄油。在本例中，增加 3 000 门大炮的机会成本是 100 万磅黄油。

举个现实世界中的例子：在国立黄石公园附近开采金矿的成本。开采者声称，由于黄石公园的门票收入几乎不受影响，因此金矿开采的成本很低。但经济学家却回答说，用货币收入来衡量成本未免太狭隘了。试问，伴随金矿开采而来的噪音、水和空气的污染、环境的恶化等，是否真的不会影响黄石公园独特而宝贵的风景价值？尽管货币成本可能很小，但是，考虑到野生动物和自然生态价值会丧失，因此机会成本事实上可能很大。

> 在存在稀缺的世界上，选择一种东西意味着要放弃其他一些东西。一项选择的**机会成本**（opportunity cost），是相应的所放弃的物品或劳务的价值。

## 效 率

经济学家投入了很多的精力，以研究和探索不同的市场结构、经营动机和税收体制中的效率。注意，效率是指尽可能有效地利用该经济体的资源以满足人们的需要和愿望。总体经济效率的一个非常重要的方面就是生产的效率，用生产可能性边界可以很容易地演示出来。效率意味着该经济处在边界“上”而非边界“内”。

> 当一个经济体无法在不减少一种产品产量的前提下生产出更多的另一种产品时，即当选择点处在生产可能性边界上的时候，我们就说此时是**有效率的生产**（productive efficiency）。

让我们看一看为什么有效率的生产必然位于生产可能性边界上。我们从图 1-2 中的 *D* 点所示的位置开始分析。假设市场需要增加 100 万磅黄油，如果我们不考虑 *PPF* 所示的约束，我们也许就会认为在不减少大炮产量的情况下，有可能生产出更多的黄油，比如，通过移动到 *I* 点，即 *D* 点的正右方。但是，*I* 点处于边界之外的“不可能”区域。从 *D* 点出发，在不放弃一些大炮的情况下，我们不可能得到更多的黄油。因此，*D* 点是有效率的生产点，而 *I* 点则是不可能达到的点。

运用 *PPF*，我们能够说明生产效率的一种更深刻的意义：位于 *PPF* 之上，意味着生产更多数量的某种物品必然要求放弃一定数量的其他物品。当我们生产更多的大炮时，我们就用大炮替代了黄油。在充分就业的经济中，替代是一种基本的生活法则，生产可能性边界则表示社会为人们提供的各种选择。

***商业周期和环境恶化所产生的浪费***　总是有很多理由，让经济遭受资源无效率利用之苦。当经济中还存在着未利用的资源时，该经济体决不可能位于其生产可能性边界之上，而只能是处于其边界之内的某个位置。在图 1-2 中，*U* 点代表 *PPF* 之内的某一点；在 *U* 点，社会仅仅生产了 2 单位的黄油和 6 单位的大炮，一些资源没有得到利用。而若将这些资源投入使用，则我们就能得到更多的黄油和更多的大炮。于是整个经济可以从 *U* 点移至 *D* 点，从而生产出更多的黄油和更多的大炮，并提高该经济体的效率。我们能够在保持大炮产量的同时，得到更多的黄油。

历史上，经济危机是产生非效率的根源之一。1929~1933 年大萧条期间，美国的总产出几乎下降了 25%。经济体并未遭受由于技术性遗忘（technological fogetting）而产生的生产可能性曲线向内移动，而是因为各种不利因素压低了总支出的水平，从而使经济下移到其 *PPF* 之内。十年后，第二次世界大战的军费支出扩大了需求，因此产出迅速增加，经济被拉回了生产可能性边界。

在经济周期的衰退阶段，也会出现同样的情形。最近的增长放缓发生在 2007~2008 年，其间美国国内的住房和信用市场等问题蔓延到整个国民经济。美国的基本生产力这些年来并没有下降。然而，被削减的总支出在那个时期曾将经济暂时地推到了生产可能性边界以内。

当市场无法真实反映事物的稀缺性时，例如环境恶化，另一种非效率就会发生。假设一个未被管制的企业决定往一条河排放化学物质，导致鱼类死亡，并破坏了人们的娱乐机会。这家企业这样做并非由于它有邪恶的意图，而是由于该排放物的市场价格并没有真实反映其社会偏好（social priority）—— 在无管制条件下，污染的价格为零，而不是本应用死去的鱼和丧失的娱乐机会所衡量的机会成本。

环境恶化也会使经济处于生产可能性以内。这种情况可以由图 1-4（b）来说明。由于企业没有面临正确的价格，经济从 *B* 点移到了 *C* 点。私人品增加了，但公共品（例如洁净空气和水）却减少了。有效率的环境管制可以使生产可能性边界向东北方向移动，直至回归虚线所示的有效率边界。

在结束本章之前，不妨让我们简要地回顾一下开篇时的那个问题，为什么要学习经济学？对此，最好的回答也许是凯恩斯提供的一个最有名的论断。他在自己的著作《就业、利息与货币通论》的最后几行曾这样写道：

> 经济学家和政治学家的思想，无论正确与否，都会比常人所了解的更有分量。的确，统治世界的人可以说非他们莫属。实干家自以为他们不受理论的羁绊，可他们却常常是某位已故经济学家的奴隶；目空一切的暴君，其狂妄荒诞的念头，也往往系从学术界数年前的涂鸦之作中剽窃而来。我确信，同思想的潜移默化的功能相比，既得利益的作用是被夸大了的。诚然，这绝非是指眼前，而是指经历了一段岁月之后。因为，在经济学界和政治学界，25 岁或 30 岁以后还能继续为新理论思潮所裹挟的人往往为数不多。因而，文官、政治家乃至鼓动家们用以左右时事的高论不大可能是最新的。尽管如此，思想，而不是利益，或迟或早终归是危险的，无论是伸张正义，还是放纵邪恶。

旨在理解怎样才能将经济学强有力的思想用于人类社会核心问题的分析，这就是我们学习经济学最根本的理由。

## 总结提要

**A. 为何学习经济学**

1. 什么是经济学？经济学是研究社会如何进行选择，以利用具有多种用途的、稀缺的生产资源来生产各种商品和服务，并将它们在不同的人群中间进行分配的学科。我们学习经济学不仅旨在理解我们生活于其间的现实世界，而且旨在理解那些改革者们不断倡导的拥有许多种可能性的世界。
2. 由于人们需要的数量远远高于社会所能提供的数量，因此物品总是稀缺的。经济品是稀缺品，而不是免费品，社会必须在运用其可利用资源所生产出来的有限的物品之间做出选择。
3. 微观经济学研究市场、企业和居民户等单个实体的行为。宏观经济学研究作为一个整体的经济的运行。学习经济学一定要警惕合成谬误和后此谬误，并切记保持其他条件不变。

**B. 经济组织的三个经济问题**

4. 每个社会都必须解决三个基本问题，即生产什么、如何生产和为谁生产。在一切可能的物品与劳务中，应该生产什么和生产多少？在生产这些物品时应该如何使用资源？为谁生产这些物品（即如何在不同的个人或阶层之间分配收入和消费品）？
5. 不同的社会以不同方式解决这些问题。今天，经济组织最重要的形式是指令经济和市场经济。指令经济由中央政府直接进行集中控制；市场经济则由价格和利润等非正式体制指导，其大多数决策都由个人或私有企业做出。所有的社会都是指令经济与市场经济的不同比例的组合，因此也可以说所有的社会都是混合经济。

**C. 社会的技术可能性**

6. 在资源和技术既定的条件下，两种物品，如大炮和黄油之间的生产选择可以用生产可能性边界（*PPF*）来概括。生产可能性边界表明，一种物品（如大炮）的生产如何替代另一种物品（如黄油）的生产。在一个稀缺的世界里，选择一样东西意味着需要放弃其他东西。其机会成本就是所放弃的物品或劳务的价值。
7. 当一种物品的产量只有靠减少另一种物品的产量才能增加时，生产就是有效率的。生产可能性边界说明了这一点。当一个经济体处于其生产可能性边界上时，它仅仅能够通过减少一种物品的产量来增加另一种物品的产量。
8. 生产可能性边界说明了许多基本的经济过程：经济增长如何将边界向外推移；随着经济的发展，一个国家如何选择相对较少的食品和其他必需品；一个国家如何在私人品和公共品之间进行选择；社会如何在消费品与增加未来消费的资本品之间进行选择。
9. 社会有时处于其生产可能性边界之内，因为宏观商业周期或者微观市场不灵。当信用紧缩或者消费突然下降时，社会将在衰退时移至生产可能性边界之内，它的发生是因为宏观经济的刚性（macroeconomic rigidity），而不是因为技术性遗忘。社会处于生产可能边界之内也可能由于价格不能反映社会偏好，例如，污染空气和水，会导致环境恶化。

## 概念复习

**基本概念**
稀缺和效率
免费品和经济品
宏观经济学和微观经济学
规范经济学和实证经济学
合成谬误，后此谬误
“保持其他条件不变”

**经济组织的关键问题**
生产什么、如何生产和为谁生产
可供选择的经济制度：
　指令经济与市场经济
自由放任
混合经济

**在生产可能性之间进行选择**
投入和产出
生产可能性边界（*PPF*）
有效率与无效率的生产
机会成本

## 补充读物和互联网站

### 补充读物

Robert Heilbroner, *The Worldly Philosophers,* 7th ed. (Touchstone Books, 1999), provides a lively biography of the great economists along with their ideas and impact. The authoritative work on the history of economic analysis is Joseph Schumpeter, *History of Economic Analysis* (McGraw-Hill, New York, 1954).

### 互联网站

One of the greatest books of all economics is Adam Smith, *The Wealth of Nations* (many publishers, 1776). Every economics student should read a few pages to get the flavor of his writing. *The Wealth of Nations* can be found at *www.bibliomania.com/NonFiction/Smith/Wealth/index.html.*

Log on to one of the Internet reference sites for economics such as *Resources for Economists on the Internet* (*www.rfe.org*). Browse through some of the sections to familiarize yourself with the site. You might want to look up your college or university, look at recent news in a newspaper or magazine, or check some economic data.

Two sites for excellent analyses of public policy issues in economics are those of the Brookings Institution (*www.brook.edu*) and of the American Enterprise Institute (*www.aei.org*). Each of these publishes books and has policy briefs online.

## 问题讨论

1. 伟大的英国经济学家阿尔弗雷德·马歇尔（Alfred Marshall，1842 ~ 1924）发明了许多现代经济学工具，但他最关心的是这些工具在社会问题上的应用。马歇尔在他的就职演说中写道：

    > 我最大的抱负就是帮助剑桥大学为世界各地培养更多冷静而热情的人才，他们愿意把自己最充沛的精力贡献给社会，设法解决身边的社会困苦；直到了解高雅而高尚的生活的全部实质内容，他们才会满足。（庇古编著，*Memorials of Alfred Marshall*，MacMillan and Co.，伦敦，1925 年，第 174 页，有删节。）

    试解释如何以冷静的头脑进行实证分析，进而将热情的心所进行的规范的价值判断付诸实施，你同意马歇尔关于教师职能的观点吗？你愿意接受他的挑战吗？

2. 著名的芝加哥保守经济学家乔治·斯蒂格勒（George Stigler）写道：

    > 没有哪个彻底平均主义的社会能够构造或维持一个有效而富有进取性的经济体系。应用奖励级别刺激劳工已经成为各国普遍的经验。（《价格理论》第 3 版，*The Theory of Price*，Macmillan，New York，1966，p.19.）

    这一论述是属于实证经济学，还是属于规范经济学？参考第 1 题中马歇尔的话，讨论斯蒂格勒的这个观点，二者是否存在矛盾？

3. 仔细给下列术语下定义，并给出例子：*PPF*、稀缺性、有效率的生产、投入、产出。
4. 阅读关于利用时间的特别栏目（第 11 页），并做最后一段的练习。画出一张表，比较你的时间利用情况和美国人的平均情况（对于图表分析，见本章附录的问题 5）。
5. 假设某国将劳动投入理发和衬衫两种生产。该国有 1 000 小时的可利用劳动。一次理发需要半个小时的劳动，而生产一件衬衫需要 5 个小时的劳动。请绘出该国的生产可能性边界。
6. 科技发明使黄油生产中利用资源的生产率提高了 1 倍，而大炮制造商的生产率却没有变化。在这种条件下，请重新绘制图 1-2 中的生产可能性边界，并说明新的替代关系。
7. 有些科学家认为，我们正在加速耗尽我们的自然资源。现假定，社会一直没有任何技术进步，只有两种投入（劳动和自然资源），生产两种物品（音乐会和汽油）。随着自然资源日益枯竭，该社会的生产可能性边界会发生何种变化？发明和技术进步将会怎样改变你的答案？进而，请解释为什么说“经济增长是资源耗费与技术进步之间的一场竞赛”。

8. 假设某学生有 10 小时的时间用于准备即将到来的经济学与历史的考试。在给定该学生时间资源的条件下，试画出其分数的生产可能性边界。如果该学生去听摇滚乐和与朋友聊天，学习缺乏效率，那么，相对于他的生产可能性边界而言，他的分数“产量”在何处？如果该学生将学习时间从 10 小时增加到 15 小时，那么，他的分数的生产可能性边界会发生何种变化？

9. 考虑关于清洁空气和汽车运输的生产可能性边界。
   a. 解释为什么未被管制的汽车尾气污染会使国民经济处在生产可能性之内。认真画出两种物品的生产可能性边界来说明你的讨论。
   b. 接着解释如何为有害的汽车排放物定价以同时增加两种商品的数量，并将国民经济所处的位置移动到生产可能性曲线之上。阐释如何矫正“市场不灵”以改变最终产出，说明你的分析结论。

## 第 1 章附录

# 如何读图

一图胜千言。

——中国俗语

你必须具备足够的图形知识才能掌握经济学。图形之于经济学家，犹如锤子之于木工一样必不可少。因此，如果你不熟悉用图，那就应该下功夫学习如何看图。花这种时间是非常值得的。

什么是图？图说明的是两组或两组以上的数据或变量如何相互联系。图在经济学中非常有用，一个原因是它能使我们非常直观地分析概念，并讨论它的变动趋势。

在本书中你会遇到各种各样的图。一些图说明变量如何在不断地发生变化（例如本书的第一张图）；另一些图说明不同变量之间的相互关系（如下面的例子）。本书中每一张图都将有助于你理解重要的经济规律或发展趋势。

## 生产可能性边界

你在本书中遇到的第一个图就是生产可能性边界。正如我们在本章正文中所讲，在一个经济体资源给定并假设所有资源都已经得到充分利用的条件下，生产可能性边界，即 *PPF*，代表的是该经济体能够生产出来的一对物品或劳务的最大数量。

让我们看看一个如何在食品和机器之间进行选择的重要例子。表 1A-1 列出了 *PPF* 的基本数据，这与表 1-1 的例子很相似。回忆一下，每一个可能的点都给出了食品和机器的可能产量。随着食品产量的增加，机器的产量会下降。因此，如果该经济体生产 10 单位的食品，那么，它最多能生产出 140 单位的机器。但是，当食品产量为 20 单位时，它只能产出 120 单位机器。

### 生产可能性的图和表

表 1A-1 所示的数据也可以用图表示。为了构造该图，我们用平面上的各点来表示表 1A-1 中的每一对数据。图 1A-1 用图显示表 1A-1 所示的食品和机器产量之间的关系。每一对数据都用图中的一个点表示。将表 1A-1 的 A 行描绘在图 1A-1 中，即为 *A* 点，同样的方法得到了 *B* 点、*C* 点等。

在图 1A-1 中，左边的垂直线和底部的水平线对应于两个变量：机器和食品。**变量**（variable）是我们关心的一种量，我们能够给出它的定义，并进行衡量。在不同的时间或空间，变量可以取不同数值。经济学研究的重要变量有价格、产量、工作时间、土地亩数、美元收入等。

图上的水平线指*横轴*，有时称 *X* 轴。在图 1A-1 中，横轴衡量的是食品的产量。左边的垂直线是*纵轴*，或叫 *Y* 轴。在图 1A-1 中，它衡量的是机器的产量。纵轴上的 *A* 点表示 150 单位的机器。两轴相交的左下角被称为*原点*。在图 1A-1 中，它代表食品和机器的产量均为 0。

### 一条平滑的曲线

在大多数经济关系中，变量可以发生小量变化，也可以像图 1A-1 所示的那样大幅度增加。因此，我们通常

| 各种生产可能性 | | |
|---|---|---|
| 可能性 | 食品 | 机器 |
| A | 0 | 150 |
| B | 10 | 140 |
| C | 20 | 120 |
| D | 30 | 90 |
| E | 40 | 50 |
| F | 50 | 0 |

**表 1A–1　食品和机器的产量组合**

表中列出了运用一国既定资源所能生产出来的 6 种潜在的产量组合。该国可从这 6 种可能的组合中任选一种。

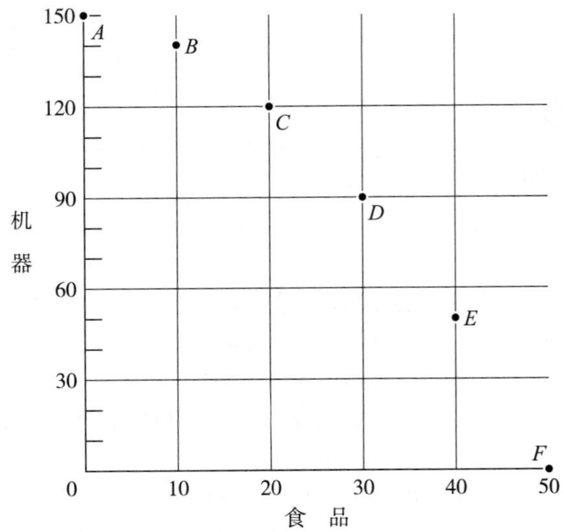


**图 1A–1 食品—机器产量的 6 种可能的组合**

这里用图形表示表 1A-1 中的数据，数据完全相同，但视觉形象更加生动。

**生产可能性边界**

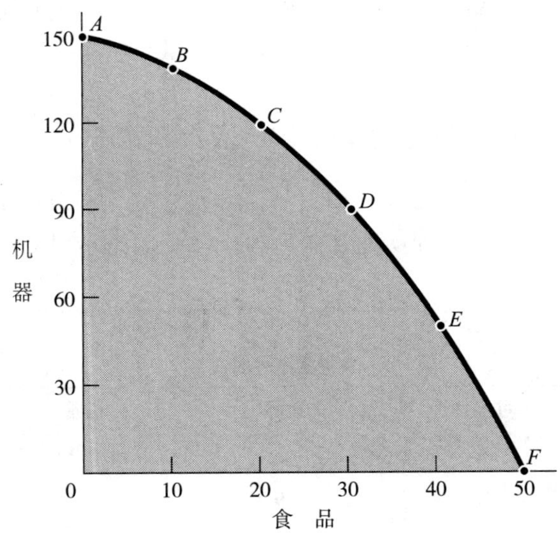


**图 1A–2 生产可能性曲线**

平滑的曲线把所列各点连接起来，形成了一条生产可能性边界。

把经济关系描绘成一条连续的曲线。图 1A-2 把 *PPF* 描绘成一条平滑曲线，其中从 *A* 到 *F* 各点都连接起来了。

通过比较表 1A-1 和图 1A-2，我们可以看出为什么经济学中经常使用图。平滑的 *PPF* 曲线反映了该经济体的各种选择。这是用来说明可以以何种数量生产何种物品的形象化的工具。你一眼便可看出机器和食品产量之间的对应关系。

## 斜率和线段

在图 1A-2 中，我们看到了一条代表食品和机器最大产量之间关系的曲线。描述两个变量之间关系的一个重要方式是确定曲线的斜率。

曲线的**斜率**（slope）表示当一个变量发生变化时另一变量所发生的变化。更准确地说，斜率就是横轴上变量 *X* 的每单位变化所引起的纵轴上变量 *Y* 的变化。例如，在图 1A-2 中，假设食品产量从 25 单位增加到 26 单位。图 1A-2 中曲线的斜率告诉我们机器产量所发生的精确变化。斜率是对 *X* 的变化和 *Y* 的变化之间的关系的数字度量。

我们可以运用图 1A-3 来说明如何衡量一条直线的斜率，譬如说直线在 *B* 点和 *D* 点之间的斜率。我们把从 *B* 到 *D* 的运动分解成两个阶段。第一阶段是从 *B* 到 *C* 的水平运动，表示 *X* 的数值增加 1 个单位（*Y* 的值不变）。第二阶段相应地做垂直上移或下移，如图 1A-3 中的 *s* 所示。（为方便起见，我们做了 1 个单位的水平移动。对于任何单位的移动，这一方法都可行。）经过两个阶段的移动，我们就将直线上的一点挪动到了另一点。

由于 *BC* 运动是 *X* 增加 1 个单位，因此 *CD* 的长度（如图 1A-3 中的 *s* 所示）表示对应于每单位 *X* 的变化 *Y* 的变化率。图中，这种变化率，叫做直线 *ABDE* 的斜率。

通常，斜率被定义为“高度比长度”。高度是指垂直距离，在图 1A-3 中，高度就是从 *C* 到 *D* 的距离。长度是指水平距离，在图 1A-3 中，它就是 *BC*。在这一例子中，高度比长度就是 *CD* 比 *BC*。因此，*BD* 的斜率为 *CD*/*BC*。（对于已经学过微积分的同学，本附录末尾的问题 7 将斜率与导数联系了起来。）

以下各项是探讨斜率时应注意的要点：

1. 斜率可以用一个数字来表示。它衡量 *X* 每变化一单位时 *Y* 的变化，或“高度比长度”。
2. 如果线段为直线，那么，它的斜率肯定是一个常数。
3. 线段的斜率还能说明 *X* 和 *Y* 之间具有正向的或反向的关系。当变量沿相同方向变化时（也就是说，它们同时增加或同时减少），就称为正向关系；当两个变量沿相反方向变化时（也就是说，一个变量减少

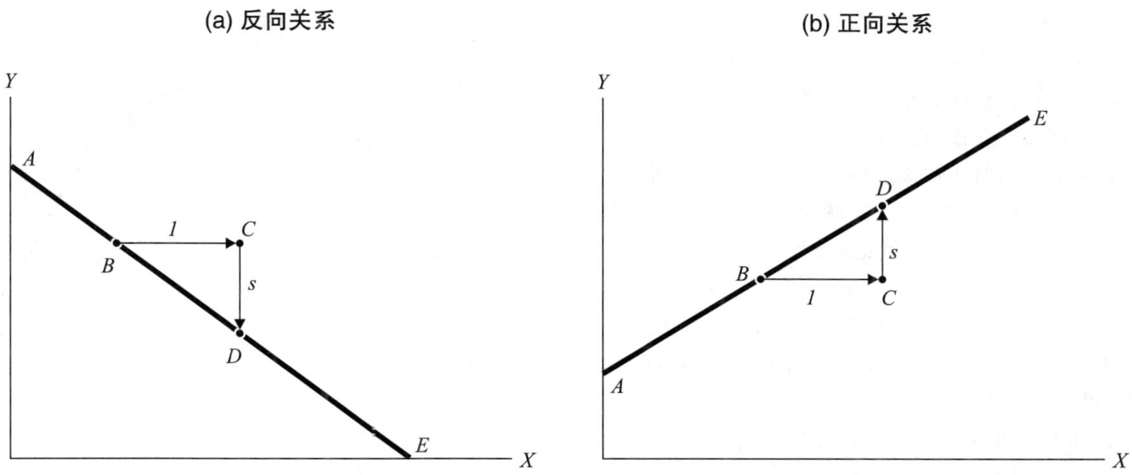


**图 1A–3　计算直线的斜率**

用“高度比长度”，很容易算出直线的斜率。因此在（a）和（b）中，斜率的数值为高度 / 长度 = $CD/BC = s/1 = s$。请注意，在（a）中，$CD$ 是负数，表示斜率为负，或者说表示 $X$ 和 $Y$ 之间存在反向关系。

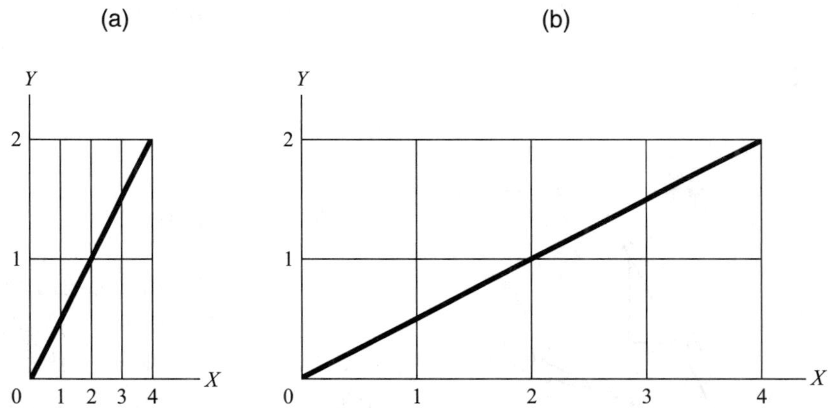


**图 1A–4　坡度不等于斜率**

请注意：即使（a）看起来比（b）更陡峭，但它们之间的关系却是相同的。两者的斜率都是 1/2，只是（b）的 $X$ 轴被拉长了。

时另一个变量增加），就形成反向关系。

因此，斜率为负表明 $X$ 与 $Y$ 之间具有反向关系，如图 1A-3 中的（*a*）所示。为什么？因为 $X$ 的增加会引起 $Y$ 的减少。

有时，人们把斜率和坡度混淆在一起。这一结论通常不错，但却并不总是正确。坡度取决于图形的尺度。在图 1A-4 中，图（a）和（b）描绘了完全相同的关系。但在（b）中，水平尺度比在（a）中放大了。如果你细心计算，则你会发现它们的斜率仍是完全相同的（都等于 1/2）。

## 曲线的斜率

曲线或非线性线段是指斜率发生变化的线段。有时，我们想知道在某一点的斜率，如图 1A-5 中 $B$ 点的斜率。我们看到，在 $B$ 点斜率是正的，但是如何准确地计算，却并非一目了然。

为了找到平滑曲线在某一点的斜率，我们计算与曲线在该点刚好相接触而非相交的一条直线的斜率。这条直线被称为该曲线在该点的**切线**。换句话说，曲线在某一点的斜率是由与曲线在该点相切的直线的斜率所给定的。一旦画出了这条切线，我们就能用前面已经讨论过的直线的斜率的度量方法来度量这条切线的斜率。

在图 1A-5 中，为了计算在 *B* 点的斜率，我们简单地画出一条直线 *FBJ*，使之在 *B* 点与曲线相切。然后，我们计算切线的斜率，它等于 *NJ/MN*。同理，切线 *GH* 给出的是曲线在 *D* 点的斜率。

图 1A-6 所给出的是非线性线段斜率的另一个例子。该图显示的是典型的微观经济学曲线，曲线呈弧形，且在 *C* 点达到最大值。使用我们的切线斜率法，我们可以看出，在曲线的上升区域，其斜率为正；在下降区域，其斜率为负;在曲线的顶点或最大值点，其斜率正好为零。斜率为零说明，*X* 变量在最大值附近的微小变动对 *Y* 变量的数值没有影响。[1]

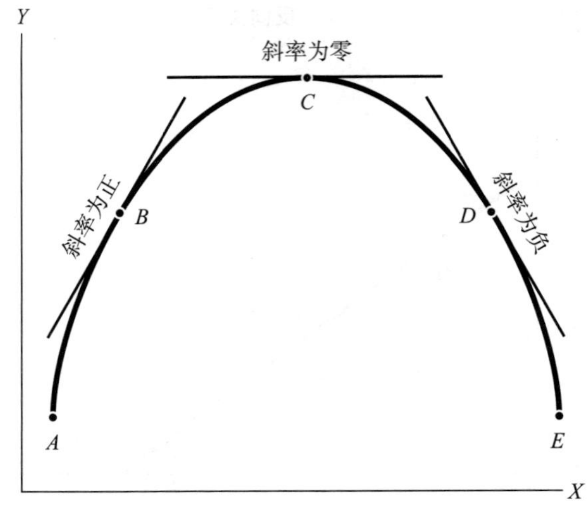


**图 1A–6 非线性曲线的不同斜率**

经济学中许多曲线都是开始上升，达到最大值之后又出现下降。在从 *A* 到 *C* 的上升区域，斜率为正（如 *B* 点）。在从 *C* 到 *E* 的下降区域,斜率为负（如 *D* 点）。在曲线的最大值点 *C*,斜率为零。（相反，*U* 形曲线的斜率如何？在其最小值点，斜率是多少？）

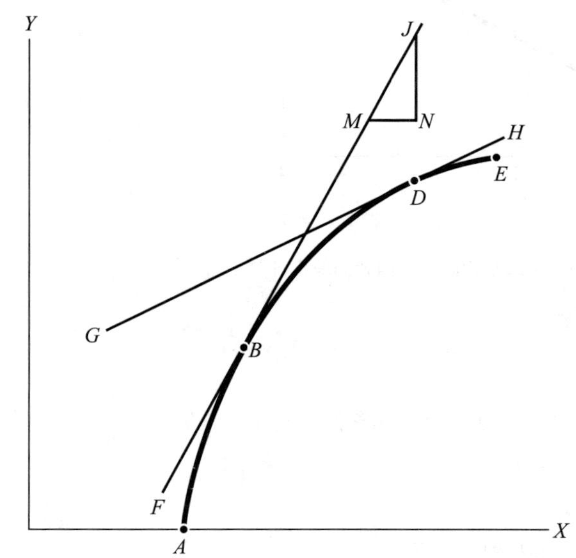


**图 1A–5 体现曲线斜率的切线**

画出一条切线，我们就能计算出曲线在该点的斜率。直线 *FBMJ* 是平滑的 *ABDE* 曲线在 *B* 点的切线。*B* 点的斜率可由切线的斜率表示，即 *NJ/MN*。

## 边际值的斜率

“边际”是经济学中最重要的概念之一，通常的意思是“附加的”或者“额外的”。例如，我们说到“边际成本”，即表示当一家企业生产额外一单位产品时所额外付出的成本。同理，在财政学中，我们也会讨论到“边际税率”，其含义是，当个人收入增加 1 美元时，他需要多交纳的也可以说是额外的 1 单位的税。

我们可以利用斜率去计算边际值。图 1A-3 可表示两条直线的边际值。首先看图 1A-3（b）。若因变量 *Y* 是税

[1] 对于喜欢代数的同学，建议按如下方式记忆线段的斜率：一条直线（或线性关系）表示为$Y = a + bX$。这条直线的斜率为 *b*，它衡量了*X*每变动一单位时 Y 的变动率。

线性关系涉及到常数和 X 以外的其他项。非线性关系的一个例子是二次方程$Y = (X - 2)^2$。你很容易就可以证明，当$X < 2$时，这一方程的斜率为负；当$X > 2$时，斜率为正。而当$X = 2$时，斜率是多少？

对学过微积分的同学，斜率为零意味着平滑曲线在该点的导数为零。例如，请画出函数$Y = (X - 2)^2$的曲线，计算并标出其零斜率点。

收，自变量 $X$ 是收入，则斜率 $s$ 就表示边际税率。对应每 1 单位的 $X$，税收 $Y$ 都增加 $s$ 单位。就众多纳税人而言，边际税率 s 的取值将介于 0.20 和 0.40 之间。

再看图 1A-3（a）。这里的边际值是负的。这可能反映的是捕鱼过度水域所发生的情况，$X$ 表示渔船的数量，$Y$ 表示捕鱼的数量。由于捕捞过度，鱼群势将所剩无几，导致每条船的捕鱼数量的边际值实际上为负。

我们也可以将这一概念运用到曲线上。在图 1A-5 中 $B$ 点的边际值是多少？你可以看到，$MN$ 单位的 $X$，所对应的是 $NJ$ 单位的 $Y$。请注意，当 $X$ 增加时，边际值 Y 在减少，因为这条曲线是凸的，或称拱顶状的。

问：图 1A-6 中 $C$ 点的边际值是什么？请确保你可以解释为什么边际值为零。

## 曲线的移动和沿着曲线的移动

在经济学中，区分曲线的移动和沿着曲线的移动很重要。在图 1A-7 中，我们可以检验这一区别。里面的生产可能性曲线是图 1A-2 中 *PPF* 的拷贝。在 $D$ 点，社会选择生产 30 单位的食品和 90 单位的机器。如果在 *PPF* 给定的条件下，社会决定消费更多的食品，那么，它能够沿着 *PPF* 移动到 $E$ 点。这种沿着曲线的移动，表示选择更多的食品和更少的机器。

假设，里面的 *PPF* 所代表的是社会在 1990 年的生产可能性，不过现在已经是 2000 年。如果重返该国，我们就会发现：*PPF* 从里面的 1990 年曲线已经移动到外面的 2000 年曲线（这种变化是由于技术进步，或由于可利用的劳动或资本的增加）。在 2000 年，社会可能选择 $G$ 点，生产出比 $D$ 或 $E$ 更多的食品和机器。

这个例子的要点在于，在第一种情况下（从 $D$ 到 $E$ 的移动），我们看到的是沿着曲线的移动，而在第二种情况下（从 $D$ 到 $G$ 的移动），我们看到的却是曲线本身的移动。

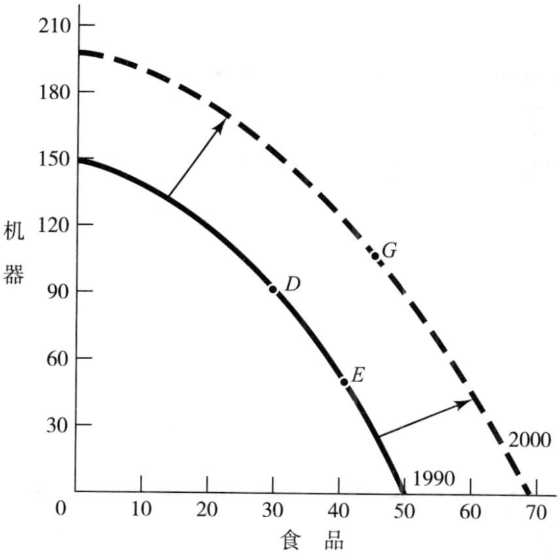


**图 1A-7　曲线的移动与沿着曲线的移动**

在运用图形的过程中，有必要区分沿着曲线的移动（如从高投资的 $D$ 点到低投资的 $E$ 点）与曲线的移动（如从若干年前的 $D$ 点到现今的 $G$ 点）。

## 某些特殊的图

生产可能性曲线是经济学中最重要的图之一，表明了两个经济变量（如食品和机器，或大炮和黄油）之间的关系。在以后各章节中，你还会遇到其他形式的图。

***时间序列图***　这些图表示某一特定变量如何随时间的变化而变动。例如，观察本书的第一张图。该图表明的是自美国革命以来的某重要宏观经济变量的时间序列图，即联邦政府债务与国内生产总值（GDP）的比率——这一比率就是**债务 -GDP 比率**。时间序列图把时间标在横

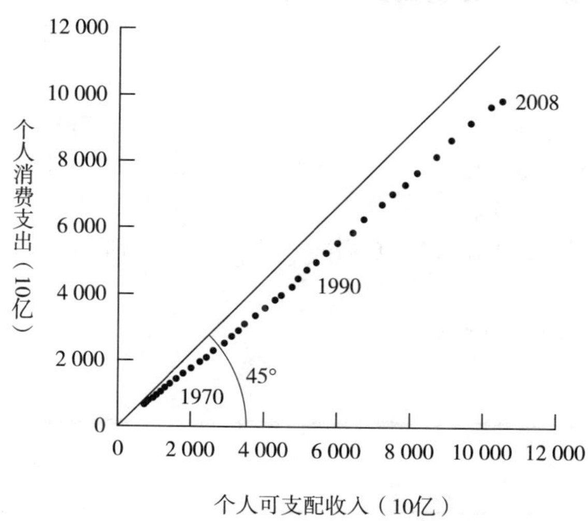


**图 1A-8　消费函数的散点图可以表明重要的宏观经济规律**

这些点说明了收入和消费的散点图。可以发现两个变量之间的关系是多么紧密。这一形式是宏观经济学中消费函数的基础。

轴上，把有关的变量（本例中是债务 -GDP 比率）标在纵轴上。该图表明，在每一大的战争时期，债务与 GDP 的比率都有大幅度的上升。

*散点图* 有时要描绘出若干单个的点，就像图 1A-1 中的点一样；更经常的是描绘出变量在不同年份的组合。宏观经济学中，散点图的一个重要例子是图 1A-8 所示的消费函数。这一散点图把国民可支配收入总额标在横轴上，把消费总额（家庭花费在物品，如食品、衣着和住房上的支出）标在纵轴上。请注意：消费与收入紧密相关。这可以为了解国民收入和产量的变动提供一条重要的线索。

*多曲线图* 在同一图中作出两条曲线，从而得到一个“多曲线图”，这通常是非常有用的。最重要的例子是第 3 章中出现的供给和需求图。这些图可以同时说明两种不同的关系，比如消费者的购买量如何对价格做出反应（需求）和企业的产量如何对价格做出反应（供给）。通过把两种关系描绘在一起，我们就能够决定市场上的价格和产量。

至此，我们将结束对图形问题的简要探讨。一旦你掌握了这些基本原则，本书以及其他领域中的图就会变得既有趣味又富有启发。

## 总结提要

1. 图是现代经济学的基本工具。它直观地提供并表达了数据或两个变量之间的关系。
2. 理解图的关键点在于：两轴（横轴和纵轴）分别代表什么？每个轴上的单位是多少？图中所示的曲线描述的是何种关系？
3. 曲线上两个变量之间的关系取决于斜率。斜率被定义为“高度比长度”，即 $X$ 每增加一单位时 $Y$ 的变动量。如果曲线向上（或斜率为正值）倾斜，那么，两个变量具有正相关关系，可以同时向上或向下变动。而如果曲线向下（或斜率为负值）倾斜，那么，两个变量具有负相关关系。
4. 我们有时还会看到一些特殊形状的图：时间序列图，表示某一特定变量如何随时间的变化而变化；散点图，表示对一对变量的观察结果；多曲线图，在一幅图中表示两组或更多组变量的关系。

## 概念复习

**图的要素**

横轴，或 $X$ 轴
纵轴，或 $Y$ 轴
作为“高度比长度”的斜率
斜率（负、正、零）
体现曲线斜率的切线

**几种图形**

时间序列图
散点图
多曲线图

## 问题讨论

1. 考虑以下问题：8 小时睡眠后，你一天还有 16 小时可以在闲暇和学习之间进行分配。设闲暇为变量 $X$，学习时间为变量 $Y$。在一张空白图画纸上作出 $X$ 和 $Y$ 所有组合之间的直线关系。注意标出 $X$ 轴、$Y$ 轴和原点。
2. 在问题 1 中，表示学习和闲暇时间之间关系的线段的斜率为多少？该线段是笔直的吗？

3. 我们假定，你每天不多不少恰好需要 6 小时的闲暇时间。在图上标出与 6 小时闲暇相对应的点。现在，考虑点沿着曲线移动：假设你决定每天只需要 4 小时闲暇，请标出新的点。
4. 接下来考虑曲线的移动：你发现自己需要较少的睡眠时间，这样，你每天就有 18 小时用于闲暇和学习。画出新的（移动后的）曲线。
5. 正如关于利用时间的特别栏目中的建议，以半小时为单位时间记录 3 天内你如何利用时间；记录学习、睡觉、工作、休闲和其他用途。接下来画出一条时间利用的生产可能性曲线，如图 1A-2 所示，在休闲和其他活动中取舍。在本图中定位你这 3 天的表现，然后在同一张图上画出美国人的平均表现。你和平均美国人比较起来怎样？
6. 登录“经济分析局”网站（*www.bea.gov*），点击“国内生产总值”。在下一页，点击“Interactive NIPA data”。再点击“Frequently Requested NIPA Tables”。选定“Table 1.2（Real Gross Domestic Product）”，即国民经济的总产量，一般都是季度数据。
   a. 用最近 6 个季度的数据建立一条国内生产总值的时间序列图。看看国内生产总值曲线趋于上升还是趋于下降？（在宏观经济学中，如果该曲线的斜率一直趋于下降，则我们说出现了衰退。）
   b. 以“进口”为纵轴，“国内生产总值”为横轴，建立一个散点图。说明各点数据之间的关系。（在宏观经济学中，这将是边际进口倾向。）
7. 学过微积分的同学请注意：平滑的直线或曲线的斜率实际上就是其导数。下列两个方程描述的是两条互为反函数的需求曲线（其中价格是产量的函数）。对这两条曲线，假定方程成立的前提条件是 $P \geqslant 0$，$X \geqslant 0$。
   a. $P = 100 - 5X$
   b. $P = 100 - 20X + 1X^2$

   针对每一需求曲线，当 $X = 0$ 和 $X = 1$ 时，请分别给出需求曲线的斜率。对于线形需求曲线如 a，在什么条件下，曲线的斜率将会趋于下降？曲线 b 是向上凸起（像房子）还是向下凹进（像杯子）？
8. 曲线的斜率体现边际值，相当于原函数的一阶导函数。见题 7 中的需求曲线 a 和 b，用代数方法计算产出对于价格的边际变动效果。当 $X = 10$ 时，两条需求曲线的边际值各是多少？

# 第2章 现代混合经济

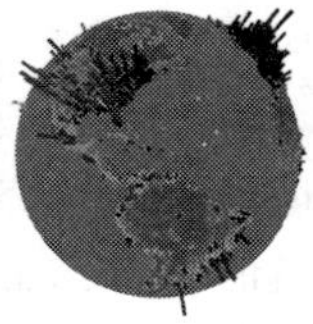

每个人都力图用好他的资本，使其产出能实现最大的价值。
一般说来，他既不企图增进公共福利，也不知道他能够增进多少。
他所追求的仅仅是一己的安全或私利。但是，在他这样做的时候，
有一只看不见的手在引导着他去帮助实现另外一个目标，尽管该目标并非是他的本意。
追逐个人利益的结果，是他经常地增进社会的利益，
其效果要比他真的想要增进社会的利益时更好。

**——亚当·斯密**
《国富论》(1776年)

想想你最近几天消费的商品和服务。可能你乘坐了一次航班来到学校，或者为家里的汽车购买了一些汽油。你可能还吃了一些从副食店买回来的预制食品，或者在餐馆吃了一顿美味。你还可能买了一本书（比如这本教科书），或者买了一些医疗药品。

现在讨论一下你的前几项购买。搭乘飞机航班也许能很好地说透这方面的问题。你很可能是从网上购买了一张飞机票。这个听起来很简单的购买行为，却涉及到许许多多的有形资本，比如你的电脑、知识产权（在软件和设计中）、精密的光缆传输，以及复杂的航班预订系统和定价模型。航空公司准备好了所有这一切，目的是获取利润（尽管在此例中很可能是微利的）。

同期，政府也在航空客运产业中扮演着重要的角色。它管制着航空安全，拥有着很多机场，管理着交通控制系统，观察预报气象数据这类公共品，并提供关于航班延误的信息。这些工作的清单显然可以继续被添加下去，诸如公共部门和私人企业对飞机制造的支持，关于航空公司竞争的国际协议，能源政策以及其他种种。

同理，这里的分析也适用于你的其他购买行为，衣服、汽油、药品或其他任何商品，其适用程度取决于该部门的性质。世界各国经济都是一种**混合经济**（mixed economy），即市场上的私人企业，以及监管、税收和规划等各政府部门的结合体。市场经济究竟是什么，其影响力何以如此之大？“资本主义制度”中的“资本”一词指的是什么？政府需要对市场进行什么样的调控？以下我们将首先讨论市场机制背后的经济原理，接着考查政府在经济生活中的作用。

## A. 市场机制

在多数高收入国中，大部分经济活动都是私人企业经由市场机制而进行和完成的，我们不妨由此开始我们

系统的学习。在市场经济中负责决策的是谁呢？当你听到在美国并没有某一个人、机构或政府在对三大问题进行负责时，你一定会感到很吃惊。事实上，数以百万计的企业和消费者每天都在自发地进行着各种交易，每个人都试图不断地改善他们的经济状况；这些活动都通过价格和其他市场机制而得到了协调。

为了进一步讨论，我们可以看一下纽约市。如果没有物品不断地流入和流出这个城市，纽约人只要不出一个星期便会濒临饥荒的边缘。为了纽约人的生存，周边世界必须提供许多物品和劳务。从邻近的市县，到美国的 50 个州，再到世界上若干个遥远的角落，物品都在日日夜夜、源源不断地流进纽约这个城市。

为什么纽约 1 000 万市民能够如此长期地高枕无忧，而不必担心他们所依赖的复杂而精良的市场经济机器会突然停转？答案是令人吃惊的：这些经济活动完全可以通过市场机制得到协调和保障，并不需要也没有任何人为之进行统一的指导或强制它如何运行。

身在美国的人们会注意到政府会做很多事情来调控经济活动：它管制药品，消防火灾，征集税收，派驻军队到世界各地，等等。但是我们恐怕很少去思考，如果没有政府的介入，我们日常的经济生活将如何运行？成千上万的商品每天由数以百万计的人们生产，他们纯粹出于自愿，并没有任何一种集中的指挥系统和强制计划。

## 不是混乱而是经济秩序

市场看上去只是一群杂乱无章的卖者和买者；但却总是有适量的食品被生产出来，被运送到合适的地点，并最终以美味可口的形式出现在人们的餐桌上。这似乎应该说是一个奇迹。然而，若仔细观察一下纽约或其他的经济体，我们就可以令人信服地证明：市场体系既不是混乱也不是奇迹。它是一个自身具有内在逻辑的体系。这个逻辑体系在发挥着作用。

市场经济是一部复杂而精良的机器，它通过价格和市场体系来协调个人和企业的各种经济活动。它也是一部传递信息的机器，能将数十亿各不相同的个人的知识和活动汇集在一起。在没有集中的智慧或计算的情况下，它能解决涉及到亿万个未知变量或相关关系的生产和分配的问题，对此连当今最快的超级计算机也都望尘莫及。并没有人去刻意地加以管理，但市场却一直相当成功地运行着。在市场经济中，没有一个单独的个人或组织专门负责生产、消费、分配和定价等问题。

市场如何决定价格、工资和产出？最初，市场是买者与卖者面对面地进行交易的实实在在的场所。那时的市场，无论是在城市还是在乡村都是大家司空见惯的，农民将他们的产品带到那里出售，满目都是黄油、乳酪、活鱼、蔬菜等农副产品。而今天，美国仍然存有许多交易者人头攒动的重要市场。例如，小麦和玉米在芝加哥期货交易所交易，石油和白金在纽约商品交易所交易，而宝石则在纽约市的“钻石街区”进行交易。

市场应被理解成一种买者和卖者决定价格并交换物品、劳务或资产的机制。几乎每一样东西都存在相应的市场。你还可以在纽约的拍卖厅里买到大师们的艺术品，你可以在芝加哥交易所里买到污染许可证。市场可以是集中的，如股票市场；也可以是分散的，如大部分劳工市场。市场甚至可以是电子化的，随着互联网的发展，电子商务将日益流行。其中一些最重要的市场都是为交易金融资产而形成的，例如股票、债券、外汇和抵押贷款等市场。

> **市场**（market）是买者和卖者相互作用并共同决定商品、劳务和资产的价格以及交易数量的机制。

市场的核心作用是决定商品的**价格**（price）。价格是物品的货币价值（货币的职能将在本章的 B 部分讨论）。在更深层次，价格代表了不同商品可以被交换的条件。一辆自行车的价格可能是 500 美元，而一双鞋的价格是 50 美元。简言之，市场所表明的是：自行车与鞋交易的基本比价是 10:1。

除此之外，对于生产者和消费者来说，价格还是一种信号。如果消费者需要更多数量的某种物品，该物品的价格就会上升，从而向生产者传递出供给不足的信号。当一场可怕的疾病减少了牛肉的产量时，牛肉的供给就会减少，从而汉堡包的价格也将会提高。更高的价格鼓励农民生产更多的牛肉，同时也促使消费者用其他产品替代对汉堡包和牛肉的消费。

这个适用于消费市场的道理，同样也适用于生产要素市场，如土地市场和劳动市场等。如果市场需要更多的计算机编程人员，计算机编程人员的价格（小时工资）就会趋于上升。这种相对工资的变化就会鼓励劳工流向那些蓬勃成长的行业。

> 在市场中，是价格在协调生产者和消费者的决策。较高的价格趋于抑制消费者购买，同时会刺激生产；而较低的价格则鼓励消费，同时抑制生产。

价格在市场机制中起着平衡的作用。

*市场均衡* 在每一时点，市场上都有一些人正在购买，而另一些人正在出售；一些企业正在投资于新产品，而政府正在制定管制老产品的法规；一些外国企业正在美国开设工厂，而美国的企业也正在将它们的产品销往海外。在所有这些喧嚣混杂的经济活动之中，市场正在不断地解决生产什么、如何生产和为谁生产的问题。当市场平衡了所有影响经济的力量时，市场就达到了**供给和需求的市场均衡**（market equilibrium of supply and demand）。

*市场均衡代表了所有不同的买者和卖者之间的一种平衡。*消费者和企业愿意购买或出售的数量取决于价格。市场找到了正好平衡买者和卖者愿望的均衡价格。过高的价格将导致产量太多而产品过剩，而太低的价格则会引起排队和短缺。在某一价格水平上，买者所愿意购买的数量正好等于卖者所愿意出售的数量，这一价格就达成了供给和需求的均衡。

## 市场如何解决三大经济问题

以上我们讨论的是在单个市场上价格如何帮助平衡消费和生产（或需求和供给）的问题。当我们将所有不同的市场——牛肉、汽车、土地、劳动、资本和其他任何物品的市场放在一起来考虑时，则会发生什么样的情况呢？这些市场将会同时运作，共同决定价格和产量的一般均衡。

在让每一市场上的卖者和买者（供给和需求）相匹配的过程中，市场经济同时解决了生产什么、*如何生产*和*为谁生产*这三个问题。以下是市场均衡的概况：

1. 生产什么商品和劳务取决于消费者在每天购买决策中的货币选票。一百年前，许多关于交通运输的货币选票都投给了马和马蹄铁，而今天，许多都花在了汽车和轮胎上。

   从厂商方面看，企业会受利润最大化愿望的驱使。**利润**（profit），即净收益，等于总销售额和总成本之间的差额。企业会因为利润低而离开亏损的行业，同样也会受高利润的吸引转而生产需求较多的物品。当今一些利润最高的活动是生产和销售药品——抗抑郁药、抗躁狂药、抗虚弱药和抗其他脆弱症状的药品。受高利润引诱，企业会在其研究开发方面投入数十亿的资金，以赶上药品发展所需的速度。

2. *如何生产*取决于不同生产者之间的竞争。为了应对价格竞争和取得最大利润，生产者的最佳方法便是采用效率最高的生产技术，以便将成本降到最低点。有些时候，技术改进只是渐进的，往往是改善机器性能或调整投入组合以获得较大的成本优势。而在另一些时候，技术可能会发生巨大的变革。例如，蒸汽机由于获得每单位有用功的成本更低，因而能够取代马匹；又如，飞机取代火车成了效率最高的长途运输工具。今天我们正处于一个科学技术日新月异的转型时期，无论是在收银台上还是在教室里，计算机革命都随处可见。

3. *为谁生产*主要取决于生产要素市场上的供给与需求。要素市场（即生产要素市场）决定了工资、地租、利息和利润的水平。这些价格被称为*要素价格*。一个人可能分别从工作、股票、存款、财产上获得工资、红利、利息和租金。把要素取得的所有收益加总在一起，我们可以计算出他的市场收入。因此，收入在消费者之间的分配取决于他们所拥有的要素的数量（人工、英亩等）和价格（工资率、地租等）。

## 二元君主

市场经济的统治者是谁？是诸如微软和通用汽车公司这样的大企业在发号施令，还是国会和总统，抑或是麦迪逊大道上的广告大亨？所有这些机构都会影响我们，然而经济的核心控制者却是*偏好*和*技术*，它们才是市场的两大君主。

一个基本的决定性因素是消费者偏好。消费者根据自己先天或后天的偏好（并以其货币选票加以表达）解决社会资源的最终用途，也即在生产可能性边界上的各个点之间进行选择。

另一个决定因素是社会可利用的资源与技术。经济不能超越它的生产可能性边界。你能够乘飞机前往中国香港，但却没有通往火星的航班。因此，经济资源限制了消费者花钱选择消费对象的范围。消费者的需求必须同厂商所能提供的商品和服务紧密匹配，厂商根据消费者需求解决生产什么的问题。

当你对为什么一些技术未能投入市场产生疑惑时，回想一下“二元君主”概念是很有用的。从以蒸汽为动力的斯坦利蒸汽汽车（Stanley Steamer），到无烟无味的普莱米尔（Premiere）香烟，历史上充斥过许多没有市场的产品。无用的产品如何消亡？是否存在一个政府机构专门宣布新产品的价值？答案是：不存在这种不必要的机构。实际上，它们的消亡是因为按那样的市场价格无法唤起消费者的需求。其产品的成本大于效益。这告诉我们，是利润在奖励或惩罚企业并引导市场机制。

> 正如农夫用胡萝卜加大棒来驱使驴前行一样，市场体系用利润和亏损来引导企业有效率地生产出符合人们需要的产品。

## 价格和市场的图示

图 2-1 是我们绘制的经济活动的流程图。关于消费者和生产者如何相互作用并共同决定投入和产出的价格与数量，借助该图可以一目了然。请注意观察流程图中两种不同的市场。图的上部是产品市场，如比萨饼和鞋等；图的下部是诸如土地和劳动等投入品，或曰生产要素市场。进一步观察还可以发现消费者和企业这两个不同的经济主体如何进行决策。

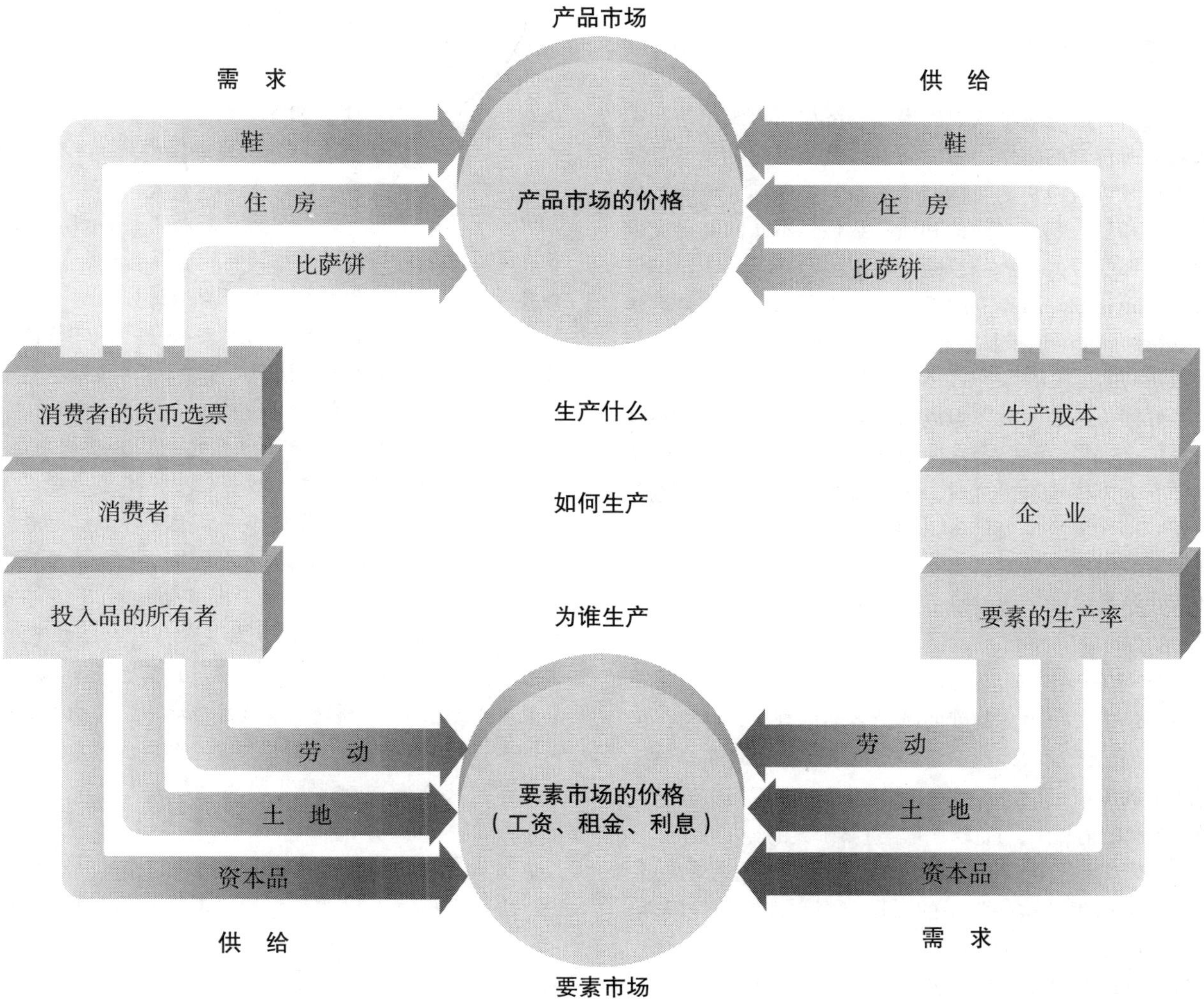


**图 2–1　市场体系依赖于供给和需求以解决三位一体的经济学问题**

这里我们可以看到市场经济的循环。在图上部的产品市场，消费者（家庭、政府和外国人士）的货币选票和企业的供给决策相互作用，共同决定生产什么。在图下部的要素市场，企业对投入品的需求与公众对劳动及其他投入品的供给相结合，帮助决定工资、租金和利息的支付；收入进而影响物品配送给谁。企业为购买要素投入品和以最低价格出售产品而展开的竞争，解决如何生产的问题。

消费者购买物品，出售生产要素；企业出售物品，购买生产要素。消费者通过出售劳动和其他投入品而获得收入，进而去购买企业的物品；企业按所投入的劳动和财产的成本确定物品的价格。产品市场上价格的确定是为了平衡消费者的需求和企业的供给，要素市场上价格的确定是为了平衡消费者的供给和企业的需求。

所有这一切听起来很复杂，但是，整个流程又很简单。相互依存的供给和需求所形成的错综复杂的网络，借助市场机制编织在一起，以解决生产什么、如何生产和为谁生产的问题。

## 看不见的手

亚当·斯密最早认识到市场经济如何组织供给和需求双方所包含的复杂力量。斯密以其最著名的论断，即在本章开篇时所引的《国富论》中的一段话，指明了公众利益和私人利益之间的和谐一致性。不妨回到前文重读一下那些看似矛盾的论断，特别注意一下其中**看不见的手**（invisable hands）的微妙之处，即在一个良好运转的市场机制中，追求私人利益可以增进公共福利。

斯密的这段话写于1776年。那一年《美国独立宣言》也刚好问世。这两大思想成果的同时出现，也许并不是一种巧合。当美利坚合众国的开创人在不列颠帝国的苛政之下大声呼唤自由之时，大英帝国的亚当·斯密也在倡导一种伟大的革命信条，呼吁将贸易和工业从封建桎梏中解放出来。斯密认为在所有可能出现的结果中，这种方式是最好的；政府对市场竞争的任何干预都几乎是有害的。

斯密关于市场机制运行的见解启发了当代经济学家——包括资本主义制度的歌颂者和批判者。经济学的理论家们已经证明，在一定的条件下，完全竞争经济是有效率的（请记住，经济效率指的是：在不损害其他人经济福利的前提下，已无法再增进某个人的经济福利）。

尽管如此，在经历了两个多世纪的实践和思考之后，我们逐渐认识到这一学说的适用范围和现实的局限性。我们发现存在着“市场不灵”，并且市场也并不总是产生最有效率的结果。市场不灵的一种情况是垄断以及其他形式的不完全竞争。“看不见的手”的第二种不灵表现为市场的外溢效果或外部性：正面的外部性包括科学发现等，而负面的外溢效果应包括环境污染。

对市场的最后一种指责是：其收入分配的后果在政治上或道义上是无法接受的。若这些情况中出现任何一种的话，亚当·斯密的“看不见的手”的原理就会崩溃，政府就会试图干预，以弥补“看不见的手”的不足。

小结：

> 亚当·斯密发现了竞争性市场经济的一个重要特征。在完全竞争和不存在市场不灵的情况下，市场会用其资源尽可能多地生产出有用的物品与劳务。但在存在着垄断、污染或其他市场不灵的情况下，看不见的手的效率特征就可能会遭到破坏。

---

### 经济学之父亚当·斯密

“人们为什么如此辛苦劳碌？贪婪、野心和对财富、权力及名望的追求的最终目的是什么？”正如艾萨克·牛顿对宇宙的物质世界有所洞察一样，苏格兰人亚当·斯密（Adam Smith，1723~1790）窥见了经济学人文世界的真谛。斯密在《国富论》（1776年）中回答了他所提出的上述问题，解释了自利的动机如何以一种神奇般的方式润滑了经济机器，从而形成了自我调整的自然秩序。斯密坚信人类的辛苦劳碌可以改善普通民众的生活。“消费是所有生产的惟一的终点和目的。”

斯密是第一个倡导经济增长的人。工业革命之初，他指出专业化和劳动分工导致劳动生产率显著提高。在一个著名的例子中，他描述了一家大头针工厂的专业化生产：“一个人抽出钢丝，另一个人把它拉直，第三个人再把它切断，”依此类推。这种程序使得10个人一天内可以制造48 000枚大头针，而如果“所有人都单独工作，则每个人一天都无法生产出20枚，甚至可能连一枚大头针也生产不出来”。斯密认为这种劳动分工的结果是“普遍的丰裕，连最底层的人们都能享受到它的恩惠”。今天，假如斯密能够重新回到我们身边，那么他对两个多世纪以来的经济增长成就该作何感想呢？

斯密用几百页的篇幅抨击了政府数不胜数的干预蠢举。不妨回顾一下17世纪那些试图改进其产业的纺织业行会的会长。当时城镇行会规定：“如果纺织者想要按照自己发明的方法织布，则应该首先取得行会中四位最年长的商人和四位最年长的纺织者的同意；其次还要经过城镇法官的准许，才可以使用一定数量和一定长度的纱线。”斯密辩驳说，这类约束——无论是由政府规定还是由垄断者提出，也无论是关于生产还是关于对外贸易——都会限制市场体系的正常运行，并最终损害工人和消费者的利益。

以上这些观点并非意味着斯密是上述组织的辩护者。他对于任何固有的权力都持不信任态度，无论是私人垄断,还是公众独裁。他所关心的是普通大众的福利。但是，正像许多伟大的经济学家一样，他从自己的研究中认识到，通向浪费的路往往都是由善良的动机铺设而成的。

总而言之，亚当・斯密关于具有自律性的“看不见的手”的学说，是他对于现代经济学的千古不朽的贡献。

## B. 贸易、货币和资本

现代经济最显著的特征是什么？本节将讨论其中最重要的三个：

1. 发达经济以细密的贸易网络为特征，而这个网络又基于大量的专业化和精细的劳动分工。
2. 当今的经济都大量使用货币。货币提供了衡量事物的价值尺度，并能为贸易提供融资手段。
3. 现代工业技术依赖于大规模的资本运用。资本品使人的劳动能力成为更加富有效率的生产要素，并促使劳动生产率的增长速度高出从前的许多倍。

### 贸易、专业化和劳动分工

与18世纪的经济相比，今天的经济所依靠的主要是个人和企业的专业化分工，并通过广泛的贸易网进行协作。专业化程度的不断加深使得特定职业工人的劳动生产率获得提高，并利用其产出交换到所需商品，这使西方经济获得了迅速的增长。

专业化是指让个人或国家各自集中精力去完成某一种（或一系列）任务——这就使得每个人和每个国家都能够发挥其特殊技能和资源优势。经济生活的事实之一是，并不是让每个人都以平庸的水平去做每一件事，更有利的办法是进行劳动分工，将生产划分成许多细小的专业步骤或作业任务。劳动分工让高个子去打篮球，让有头脑的人去当老师，而让能说会道的人去推销汽车。胜任某一职业所需要接受的专业训练通常需要很多年——培养一名合格的神经外科医生就需要14年之久。

资本和土地也可以高度的专业化。拿土地来说，在人口稠密的城市和温润的海洋之间，会出现令人惬意的滨海沙滩。这些沙地有的被专门用做葡萄园，像美国加利福尼亚州和法国所做的那样；而那些靠近深水的岸边土地，则往往被用于修建深水港口，以扮演世界贸易中心的角色。

资本也是可以高度专业化的。用来撰写本教科书的计算机程序也许花了十多年时间才开发出来，但它在管理炼油厂或面对其他大量的数据问题时却束手无策。专业化中给人印象最深的一个例子是用来管理汽车并提高其效率的计算机芯片，它甚至可以作为“黑匣子”来记录交通事故发生的那一刹那的影像。

专业化带来的高效率催生了人们之间和国家之间的复杂的贸易网，正如我们今天所看到的那样。我们中间很少有人能够独立生产一件最终产品，而仅仅能够制作我们的消费品中极小的一部分。我们或许讲授了大学课程中的一小部分；或许只是专门取出停车计时器中的硬币；或许只是分离出果蝇的遗传基因，等等。作为这些专业化劳动的报酬，我们却能获得足以购买世界各地的物品的收入。

**贸易生财**的思想是经济学的核心见解之一。不同的人或国家专门从事于某些领域的生产，然后，自愿地用他们所生产的物品去交换他们所需要的物品。日本通过专业化制造汽车和家用电器等物品而大大提高了生产率，它出口大部分的工业制成品,以支付原材料的进口。相反，那些执行自给自足战略、试图生产绝大部分消费品的国家，却发现自己的经济走上了停滞之路。贸易能够使所有的国家都富裕起来，并提高每个人的生活水平。

小结：

> 专业化和贸易是提高生活水平的关键。通过专业化，人们可以在一个非常精细的专业领域中变得富有生产力，并用自己的专业化产品与其他人的产品进行交换，能够极大地增加消费品的种类和数量，并提高每个人的生活水平。

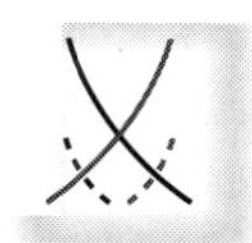

**全球化**

翻开今天的报纸,你可能很难避开“全球化”这类话题。这个术语到底意味着什么？经济学如何使人们更好地理解这类事件？

全球化（globalization）是个广泛流行的术语，它表示不同国家之间经济一体化程度的加深。当今，从跨国界的物品流、服务流和资本流的显著增加中，我们不难感受到全球一体化程度的提高。

全球化的主要表现之一，是进口和出口在国家总产出中的份额日益增加。随着运输和通信费用的不断降低，加上关税和其他贸易壁垒的消减，贸易在美国总产出中的份额，在过去的半个世纪里已经翻了一番还要多。无论是在价格还是在设计方面，美国的生产商如今都必须同世界各地的同行们进行竞争。

然而，更深层次上，全球化反映出专业化和劳动分工已延伸至全世界。两个世纪前，许多人在农场上居住，实际上生产着他们消费的所有物品：食物、房屋、衣服和燃料，等等。逐渐地，人们开始专业化生产，并从其他社区或国家的人那里购买大部分消费品。今天，许多商品在许多国家生产，并在全世界流转。

经济全球化的一个有趣例子是 iPod（苹果播放器）的生产。谁生产了 iPod？你可能认为它是由苹果公司制造的，然而，如果你看看 iPod 的背面，它写着“中国制造”。真相到底是怎样呢？ iPod 事实上是一个用于转播音乐的小型便携电脑。它至少有 451 个由全世界生产的零件。苹果公司设计它的软件，管理它的程序，在每 299 美元的售价中可以获得 80 美元。中国的分工主要是初步装配，在中国台湾的分包合同中含有 5 美元的人工成本。因此，当贸易数据所记录的一个卖到美国的 iPod 对中国产生了 150 美元的贸易逆差时，中国实际获得的只是这 150 美元中非常小的一部分。

哈尔·瓦里安（Hal Varian），谷歌首席经济学家，非常巧妙地总结了这项调研的结果：

> 总之，在谁制造了或在哪里制造了 iPod 的问题上并没有简单的答案。iPod，就像其他产品一样，在很多国家、由几十个公司进行生产，它们在生产的每一阶段都为其最终价值做出了不同的贡献。而 iPod 的真正价值并不是在这些零件中，或仅将其加总，它最主要的价值在于 iPod 的概念和设计。这就是为何每售一台 iPod 苹果公司能获得 80 美元，即价值链中最大的一部分。苹果公司的聪明人设计出如何将 451 个最一般的零件组合成一个有价值的产品的方法。他们并未制造 iPod，但是却创造了它。这才是实际中最重要的。[1]

经验数据表明，上述模式也适用于美国和其他高收入国家的国际生产活动。

和商品市场一样，全球化也发生在金融市场中。金融市场一体化的加强，可以由国际借贷规模日益增大和各国利率趋同的情况得到说明。金融市场一体化的主要原因是：关于国际资本流动的各种管制已经逐渐解除、融资成本降低、金融市场创新，尤其是新型金融工具的采用。

毫无疑问，国际金融市场一体化会导致贸易收益增加。因为那些需要资本用于生产的国家可以向有资本剩余的国家借钱。在过去 20 年中，日本和中国是全球最大的债权国。令人吃惊的一点是，美国却是最大的债务国。原因一方面是美国的储蓄率低，另一方面则是因为美国的信息技术和生物医学等产业的全球化分布的格局。

商品和金融市场的全球一体化创造了惊人的贸易收益，其表现是不断走低的价格、加快的革新和更高的经济增长率。当然，这些业绩也会伴随着许多痛苦的负面问题。

经济一体化的第一个问题是：国外低成本的生产商对国内生产商的取代，会带来失业和利润损失。例如，从 1980 年到 2007 年，美国的纺织品和服装业的就业量由 200 万人下降到 60 万人。失业的纺织工，几乎都无法从其他消费者“正享受廉价中国服装”中得到慰藉。于是，这些在国际贸易发展中受损的人，便开始不断地呼吁“加强保护主义”，主张对国际贸易设置关税和配额等限制举措。

第二个问题是伴随金融一体化而来的国际金融危机。最近的危机发生在 2007 年年中，美国的房价问题波及到了全世界的股票市场和债券市场。有人可能会问，为何由于美国的房地产市场，印度的股票市场竟然下降了 20% 或 30%。这种令人忧虑的扩散和蔓延，恰好是国内外市场紧密联系的结果。21 世纪初金融市场的非理性繁荣曾带来非常小的风险溢价，致使全球的资产价格上升。而到 2007~2008 年，投资者已经变得悲观，全球各地的风险溢价急剧上升，这其中当然也包括印度的资产。

全球化向政策制定者提出了新的问题。国际贸易的收益能否弥补国内社会解体与断层的成本？一国是否应该通过在金融市场设置壁垒，以把自己从金融危机中隔绝开来？一体化是否会导致更大的不公平？中央银行是否应该对蔓延全球的金融不稳定作出回应？这些问题都正在日益困扰着世界各国试图解决这些问题的决策者。

---

[1] 参见本章本尾附加读物和互联网站部分内容。

## 货币：交换的润滑剂

如果说专业化允许人们集中优势完成特定的工作，那么，货币则允许人们用其专业化生产的产品交换其他人生产的大量物品和劳务。

**货币**（money）是一种支付手段或交换媒介，即我们购物时所支付的现金和支票。货币还是一种能够便利交换的润滑剂。当人们信任并接受货币作为物品和债务的支付手段时，交换才能顺利进行。设想一下，若任何时候想买块比萨饼或去听音乐会，你都不得不用物品去交换，那么，经济生活将会是何等的复杂和麻烦。为得到那块比萨饼，你能提供什么劳务？教育产品又如何，你用什么物品作为学费才恰好是你们学校所需要的呢？货币作为买方和卖方间的媒人，每天毫不费力地为各自为利的个体们促成了几十亿桩联姻。

政府通过中央银行控制货币的供给。但是，就如其他润滑剂一样，货币也会导致经济机体过热，从而损害经济增长的发动机。它可能会失去控制，导致恶性的通货膨胀，即价格急剧上升。当这种情况发生时，人们便急于在货币贬值之前将它花费出去，而不是去为未来进行投资。正如 20 世纪 80 年代部分拉美国家和 90 年代许多前社会主义国家所发生的情况那样，这些国家的年通货膨胀率竟然超过了 1 000%，甚至 10 000%！不难设想其恶性到了何种程度：本周所领的工资，到周末就会贬值 20%！

> 货币是交换媒介。货币供应适度是各国宏观经济政策的主要任务之一。

## 资　本

在生产过程中，两大投入要素是劳动和资本。我们都知道什么是劳动，因为我们都是出卖自己的时间来获得工资的工人。另一大配套投入是**资本**（capital）——一种被生产出来的要素，一种本身就是由经济过程产出的耐用的投入品。资本包括一系列大量、专业化的机器、厂房、计算机、软件，等等。

绝大多数人并没有意识到我们的日常活动在多大程度上依赖于资本，包括我们居住的房屋、驱车行驶的高速公路，以及给我们输送电力和有线电视的缆线。2008 年，美国经济中的资本品净额——包括政府、企业和居民户所拥有的资本，人均已超过 15 万美元。

资本与土地和劳动不同，它在使用之前必须首先被生产出来。例如，一些公司制造纺织机械，这些机械又用来生产衬衫；另一些公司生产农用拖拉机，这些拖拉机又被用来帮助生产玉米。

资本的利用涉及到时间消费和迂回的生产手段。人们在很早以前就已经认识到那些间接的或者说是迂回生产手段，通常比直接的生产手段更加富有效率。例如，最直接的捕鱼方法是下河用手抓鱼，但这样恐怕只会很容易让你感到沮丧，却不会帮你抓到很多的鱼。通过使用钓鱼竿（属资本设备），相同时间内的捕鱼效率可能会有所提高。若使用更多的资本品，如渔网和渔船，则捕鱼的效率就会大幅度提高，足可以满足许多人的需要，还可以使专业化生产渔网和捕鱼设备的人也过上富裕的生活。

***靠牺牲当前消费而获得的增长***　如果人们愿意储蓄——节制眼前消费以备未来消费，那么，社会就能够将资源用于新的资本形成。较多的资本存量会将生产可能性边界向外推移，有助于经济的快速增长。重新观察一下图 1-5，看一看为了投资而放弃现在的消费是如何扩展了未来的生产可能性边界。高储蓄率和高投资率可以帮助我们解释中国台湾、中国大陆和亚洲其他国家和地区经济在过去 30 年的快速增长。相比之下，很多贫穷国家却陷入了一个被称为“贫困陷阱”的恶性循环中。它们收入低，几乎没有用于储蓄的东西。少得可怜的储蓄和投资只能带来缓慢的经济增长，于是这些国家的经济地位当然也就更加落后了。

小结：

> 许多经济活动都涉及到放弃现时消费以增加资本。我们每次进行投资，如新建一座工厂或修筑一条道路，增加受教育年限或提高教育质量，增加知识技术积累等，都在提高经济未来的生产率，进而增加我们未来的消费。

### 资本和私有财产

在市场经济中，资本主要归私人拥有，从投资中得到的收益也归个人所有。每块土地都有一份契据或所有权凭证；几乎每一台机器和每一幢房屋都属于某一个人或某一家公司。*产权*赋予资本所有者使用、交换、装修、挖掘、钻探等利用其资本品的权利。这些资本品也有市场价值，人们能够以任何价格购买和出售资本品。个人占有资本并能从中获取利润，是资本主义的实质之所在。

然而，尽管我们的社会是以私有财产为基础，但产权还是有限的。社会决定“你的”财产中多大部分可以传给你的后代，多大部分必须以遗产税和房地产税的形式缴纳给政府。社会决定你的工厂能够排放多少污染物，以及你的车应该停放在哪里，等等。即使是你的房子，也不是你的城堡：你必须遵守城市规划当局的法规；如果需要的话，你还必须为了修建道路而拆迁自己的房屋。

非常有趣的一点是，最有价值的经济资源，即劳动，不能像私人财产那样成为可以买卖的商品。自废除奴隶制以来，将人的赚钱能力视为一种“其他的资本品”是违法的。你不能自由地卖出你自己；你只能在某个工资价位上将自己租借出去。

---

### 资本和污染的产权

经济学家经常强调产权在有效市场经济中的重要性。产权指的是个人或企业所拥有的购买、出售和使用资本品和市场经济中其他财产的权利。这些权利由法律制度来保证，法律制度使得经济能够在一定的范围内顺利执行。对一个市场经济而言，有效而理想的法律制度应当包括：产权的界定、合同法和仲裁制度。

正如贫穷的国家所认识到的那样，如果没有法律来强制执行合同或保障公司保有其利润，就很难建立市场经济。当法律制度崩溃时，像2003年后饱受战争创伤的伊拉克，人们就会开始为其生命的安危而担忧，就很少会有时间或意愿去为未来进行长期的投资。于是产出会因此下降，生活质量也会因此而有所恶化。事实上，令人恐惧的非洲饥荒中，很多是由内战和法律秩序的瘫痪所造成的，而不是由于恶劣的气候条件。

环境问题是由于产权不健全而损害经济的又一个例子。水和空气一般来说是公共财产，即没有任何人拥有或控制它们。俗话说“三个和尚没水吃”，人们并不会考虑到其行动的所有成本。一些人或许会将垃圾倒入水中，或将烟雾排放到空气中，因为这些成本（肮脏的水和污浊的空气）主要是由其他人来承担的。相反，人们很少会将垃圾堆放在自家门前的草坪上，或在自家的起居室内燃烧煤炭，因为这些成本需由他们自己承担。

近年来，经济学家提议通过出售或拍卖污染许可证，并允许在市场上交换，从而将产权问题扩展到“环境品”之上。已经有初步迹象显示，产权的这种延伸显然有助于激励人们更加有效地减少污染。

---

我们已经重点强调了现代经济中的一些关键特征：民族和国家间的专业化和劳动分工导致高效率；不断增加的产出使得贸易成为可能；货币使得贸易能够更快、更有效地进行；在将一部分人的储蓄转化为另一部分人的资本的过程中，复杂的金融系统势必发挥着重要的作用。

## C. 政府——看得见的手

在理想的市场经济中，所有物品和劳务的价格都取决于体现消费者评价和社会成本的市场竞争，并以货币形式自愿地进行交换。这种制度无需政府的干预，就能够从社会上可供利用的资源中获取最大的利益。然而，在现实中，还不曾有一种经济能够完全依照“看不见的手”的原则顺利运行。相反，每个市场经济几乎都会遭受其制度不完善之苦，存在着诸如过度的污染、失业、金融恐慌、贫富两极分化等症状。

世界上任何一个政府，无论多么保守，都不会对经济袖手旁观。政府针对市场机制的缺陷肩负起许多责任。军队、警察以及国家气象服务等，都是常见的政府活动的领域。诸如宇宙空间探索和科学研究等公益事业，也都得到了政府的大力资助。政府或许还会对一些行业（如金融业及药业）加以监管，而对另一些（如教育和生物医学研究）则予以补贴。此外，政府还对其公民征税，并将税收中的一部分再分配给老年人和贫穷者。

政府如何行使它们的职能呢？要求公民纳税、遵守规定和消费一定数量的公共品和服务，是运行一个政府的基本活动。因为具有强制权力，政府能够行使一些在自愿交换条件下无法实现的职能。强制减少纳税人或被管制企业的收入和机会的同时，政府能够增进其他人或企业的自由与消费。

在包罗万象的政府职能中，政府对于市场经济所行使的职能主要有三项：

1. 政府通过促进竞争、控制诸如污染这类外部性问题，以及提供公共品等活动来提高经济效率。
2. 政府通过财政税收和预算支出等手段，有倾斜地向某些团体进行收入再分配，从而增进公平。

3. 政府通过财政政策和货币政策促进宏观经济的稳定和增长，在鼓励经济增长的同时，减少失业和降低通货膨胀。

以下我们简要考查政府的每一项职能。

## 效　率

亚当·斯密认识到，只有在完全竞争成立时，市场机制的优点才能充分体现出来。**完全竞争**（perfect competition）指的是什么？它指的是，没有一家企业或一位消费者足以影响整个市场的价格。例如，小麦市场是完全竞争性市场，因为即使最大的小麦农场也只能生产世界小麦产量的微不足道的一部分，从而无法对小麦的价格产生举足轻重的影响。

"看不见的手"所适用的都是完全竞争的市场经济。在这种环境下，市场能够有效地配置资源，从而经济恰好位于其生产可能性边界上面。如果所有行业都处于完全竞争均衡，正如本书后面所要看到的那样，市场将会采用最有效率的技术和最少量的投入来生产消费者最偏好的产出组合。

然而，在很多情况下市场的竞争却都不完全。其中最重要的三种情况是：不完全竞争（如存在垄断）、外部性（如污染）和公共品（如国防及灯塔）。在每一种情况下，市场不灵都会导致生产或消费的低效率，而政府在医治这些疾病中往往能够扮演一个很有用的角色。

### 不完全竞争

偏离有效市场的重要原因之一是存在不完全竞争或垄断。在完全竞争条件下，任何企业或个人都无法影响价格，而当买者或卖者能够左右一种商品的价格时，我们就认为出现了**不完全竞争**（imperfect competition）。例如，若电话公司能影响电话服务的收费水平，或者，某个工会能够左右劳动的价格，则一定程度的不完全竞争就已经出现。当出现不完全竞争时，社会的产出将会从生产可能性边界上移至边界之内。例如，当只有一家卖者（垄断者）并且漫天要价以获取超额利润时，就会出现上述情况。该物品的产出就会低于有效率的水平，从而经济的有效性就会受到损害。在这种情况下，市场的"看不见的手"就会不灵。

不完全竞争的后果是什么？不完全竞争导致价格高于成本，消费者购买量低于效率水平。过高的价格和过低的产出，是伴随不完全竞争而来的非效率的标志。

在现实中，几乎所有的行业都存在一定程度的不完全竞争。例如，航空公司在某些航线上可能没有竞争，但在其他航线却有许多对手。不完全竞争的极端情况便是垄断——惟一的卖者独自决定某种物品或劳务的价格水平。例如，微软就垄断着 Windows 操作系统的生产。

自 20 世纪以来，绝大多数国家的政府都采取了若干措施来反对垄断这种不完全竞争的极端形式。政府有时还对地区性的供水、电话和电力等垄断行业的价格和利润加以管制。此外，政府的反托拉斯法还禁止各种固定价格或瓜分市场的行为。最重要的对不完全竞争的制约是将市场对竞争者开放，无论竞争者来自国内还是国外。除非政府通过关税和管制对它们进行保护，否则很少有垄断者能够长时间地抵挡住竞争者的攻击。

### 外部性

非效率的第二种类型是溢出效应或曰外部性，它指的是强加于他人的成本或效益。市场交易一般是指人们自愿地以货币来交换物品或劳务的活动。一个企业用鸡肉制作冷藏鸡腿时，它从鸡肉市场上向所有者购买鸡肉，卖鸡者得到了鸡的全部价值。你去理发时，理发师得到了相应的时间、理发技能和理发店租金的全部价值。

但是，许多相互作用却发生在市场以外。一种情况是，航空公司制造了大量的噪音，它们一般不会因为干扰了机场附近的居民而向他们进行补偿。另一种情况是，一些公司大量投资于研究和开发，这也会对社会的其他成员产生正面的溢出效应。例如，美国电报电话公司的研究员发明了交换机从而触发了一场电子革命，但是该公司的利润增长却仅为全球社会获利中的很小的一个部分。这些事例说明，一个行动可能在市场交易之外有助于或有损于其他人的利益，即存在着根本不发生经济支付的经济交易。

**外部性**（externalities，或溢出效应）指的是企业或个人向市场之外的其他人所强加的成本或效益。

在当今世界，负外部性受到了社会的大部分关注。随着社会人口日益稠密，随着能源、化学和其他原料产量不断提高，负外部性或负的溢出效应已逐渐由微小的麻烦变成了巨大的威胁。这正是需要政府进行干预的地方。设计政府管制的目的是控制住这种外部性，如空气和水的污染、矿区的裸露、危险的排废行为、不安全的药品和食品，还有放射性物质，等等。

政府在许多方面很像一个家长那样常说“不”字：不让工人暴露在危险的工作条件下；不让工厂的烟囱排放出有毒的烟尘；不得出售危险的药品；不得不系安全带驾车，等等。在自由市场和政府管制之间寻求恰当的平衡，这是一项艰巨的工作。它要求我们对双方都进行成本效益分析。尽管如此，今天还很少有人赞成重新回到经济不受管制、企业可以随意倾倒废料（如钚）的那个混乱无序的年代。

## 公共品

尽管像污染或全球变暖等负外部性问题常常成为新闻热点，但从经济角度讲，正外部性的问题也许更为重要。考虑一下人类根除天花的努力过程。天花是一种能夺去几百万人性命，并能使更多的人终身毁容的疾病。没有私人公司愿意到需要抗病的世界上的遥远角落，承担起研究、疫苗接种和其他野外工作。私人生产激励不足，因为其收益分散在世界各地，私人公司不能从中获得回报。可见市场竞争价格并不能反映消灭传染病的收益。类似的正外部性的例子包括：高速公路网的投资建设，国家气象服务和基础科学资助。

正外部性的极端情况是公共品。**公共品**（public goods）是指这样一类商品：将该商品的效用扩展于他人的成本为零；无法排除他人参与共享。公共品最好的例子是国防。假设一国决定为守卫边境或向混乱地区派遣维和部队而增加支出。无论愿意与否，该国都需要为其行动付出代价并承担战争的成本。

然而，一旦政府决定购买公共品，市场机制依旧会发挥作用。在提供公共品（如国防或灯塔）时，政府的行为与其他任何大笔开销的个人行为并无二致。政府通过向这些物品投入足够的货币选票，使资源向那里流动。一旦投入货币选票之后，市场机制就接手过去，引导资源流入企业，从而生产出灯塔或坦克。

### 作为公共品的灯塔

灯塔是说明公共品概念的好例子。它们可以拯救生命和船只。但是灯塔的值班人却不能向过往船只一一收取费用；就算可以收费，也不能说明这种社会服务符合了效率的要求。灯塔服务只有在完全免费提供时才可能达到效用最大化。因为，为100艘船提供服务的成本并不比对一艘船提供服务时更多。

但是我们不妨稍等片刻。近期一项历史研究断定，早年位于英格兰和威尔士的灯塔，实际上是由私人提供并且也是可以盈利的。它的经费来源于政府授权其可向使用附近港口的船只征收的“灯光税”。或许我们可以由此断定，灯塔实际上并不属于公共品。

为理解这个问题，我们需要回到经济学原理上。公共品的两个关键性特征是：(1) 增加一个人消费服务所追加的成本为零（非相克性）；(2) 不排除他人享用（非相斥性）。这两个特征灯塔都具备。

但“公共”品并非是必然由公共提供的。常见的情况是没有人提供。而且，仅仅因为它是私人提供这一点，并不意味着这样提供就一定是最有效率的，或者只要经由市场机制就能够为灯塔完全地收回成本。英国的例子可以说明这样一个有趣的问题：**如果**公共品的提供能够同另一个物品或服务相连接（在这个例子中是船只的吨位），并且**如果**政府授权私人收取必要的费用，那么就会产生一个**资助**公共品的替代机制。这个办法在收费无法同吨位联系起来时收效甚微（比如在国际海域）。如果政府坚决将收取费用的权利私人化，则这个办法就会完全不起作用。

美国则是一种完全不同的情况。从早年开始，美国就相信航海救援应该由政府提供。确实，第一届国会的第一批法案之一，还有美国的第一个公共工程法，都曾这样写明：“所有的灯塔、信号灯和浮标等相应设施，其维护和维修都应该由美国的财政部进行支付。”

然而，不同于许多公共品，灯塔所需要的资金比较有限，回顾历史上没有航海服务时所发生的故事可能意味深长。一个引人入胜的案例曾经发生在美国佛罗里达东海岸。这是一条很不太平的航道，水表下几英尺处有蜿蜒200多英里长的暗礁，又处于大西洋飓风最活跃的地带。因而，这条海上通道很自然地成了风暴、海难和海盗的多发海域。

直到1825年，这里才出现了灯塔，在那以前甚至连私人的灯塔也不曾有过。当然，市场也并非没有对这里的“风险”做出过积极的反应。从私人经济中兴盛起来的是“营救产业”。营救者主要是若干隐泊在暗礁附近的船只，日夜等待着不幸船只的出现。然后他们“挺身而出”，为营救生命和打捞货物提供帮助，包括将船只拖到合适的港湾，然后要求按货物价值的一个相当大比例进行收费。营救业是 19 世纪中期南佛罗里达地区的主要产业之一。它使得基威斯特（Key West）一度成了那一带最富裕的小镇。

尽管营救者们无疑有正向的价值创造，但是他们并不具备灯塔所有的公共品特征。因为很多被抢救的货物都是被保险了的，而在航海（保险）中显然存在着很大的道德风险。营救者和遇难船长之间的默契和交易通常都以货主或保险公司的损失为前提。而只有在美国政府出资在佛罗里达海峡沿岸建设了灯塔之后，船只失事的数量才开始下降，营救者们也才逐步淡出了商界。

灯塔今天已经不再是公共品的争议焦点，而主要只是旅游者们的好奇之物。灯塔在很大程度上已经被以卫星为基础的全球定位系统（GPS）所取代。GPS 也是一个由政府免费提供的公共品。灯塔的历史提醒我们，那些由于公共品未能被有效提供而产生的问题，并非已经完全消失。

---

***税　收***　政府必须寻找收入来源，以提供公共品和实施收入再分配计划。这些收入来自于税收，即对个人和公司的收入、工资、消费品销售额和其他项目所征收的税款。各级政府（市政府、州政府和联邦政府）都征税以维持它们自身的开支。

税收听起来好像是另一种“价格”。在此，它是我们为公共品所支付的价格。但税收与价格之间存在着重大的差异：税收并不是自愿支付的。美国的每一个公民都必须服从税法，都有义务支付公共品的一部分成本。当然，作为公民，通过民主过程，我们当然是既选择了公共品，又选择了为它而负担的税收成本。但是，私人品的支出与消费之间的密切联系并不适用于税收和公共品之间的联系。我购买汉堡包，仅仅是因为我当时需要它；但我却必须支付我应当缴纳的所有税金，以支持国防和公共教育，即使我对这些东西一点也不关心。

## 公　平

以上关于垄断和外部性等市场不灵问题的讨论，主要集中在市场配置资源功能的缺陷（不完全竞争）方面，这种缺陷可以通过明智的干预办法加以矫正。为此不妨先假定，经济运行完全符合效率原则，即始终位于生产可能性边界之上，而从不移至界内，总是能够选定适量的公共品和私人品，等等。但即使在这种市场体系完美运行的条件下，市场仍然有可能导致一种缺憾。

> 市场并不必然能够带来公平的收入分配。市场经济可能会产生令人难以接受的收入水平和消费水平的巨大差异。

对于为谁生产的问题，市场机制为什么有可能提供一种不可接受的结果呢？其中一个原因在于：收入取决于一系列因素，包括努力程度、教育、继承权、要素价格和运气。由此导致的收入分配可能会同公平的结果相悖。另一个原因，不妨回头想一下，物品追随的是货币选票而不是最大满足。富人的猫所喝的牛奶，也许正是穷人孩子维持健康所必需的东西。之所以发生这种情况，是因为市场不灵吗？不，根本不是。因为市场机制正在做它应做的工作，即把物品交给那些有货币选票的人。即使是最有效率的市场体系，也可能产生极大的不公平。

市场体系中的收入分配，往往由家庭出身的偶然性所造成。《福布斯》杂志每年都会列出美国财富排名前 400 位的富豪。令人印象深刻的是，他们当中有多少人的财富系继承而来，又有多少人以所继承的财富作为跳板进而攫取了更多的财富？人们是否认为这些都天经地义？一个人仅仅因为继承了 5 000 平方英里的土地，或因其家庭所拥有的油井，就应该成为亿万富翁吗？在自由放任时代的资本主义制度下，事情就曾经是这样。

美国历史上的大部分时期，经济增长都如同涨潮一般，浮载起所有的船只，无论是穷人还是富人的收入都会有所提高。但是近 30 年来，家庭结构的变化及低技能、低教育水平劳工工资下降的现实，已经逆转了传统的潮流。伴随对市场的重新强调而来的，是更多的无家可归者、更多的贫困儿童以及许多城市中心地带的贫困化。

收入不公平在政治上或道德上也许不能为人们接受。一个国家没有必要将竞争市场的结果作为既定的和不可改变的事实接受下来；人们可以考查收入分配并判断它是否公平。如果一个民主社会不喜欢自由放任市场体系下的货币选票的分配，它可以采取一些措施来改变收入的分配。

不妨假设，选民决定要减少收入分配的不公平。在这种情况下，政府可以用哪几种方法呢？首先，它可以采用*累进税*，相对于低收入者而言，对富人按更高的税率征税。它可以对财富和巨额遗产课以重税，以砸碎世袭特权的链条。联邦所得税和遗产税就是这种带有收入再分配性质的累进税制的实例。

其次，由于低税率并不能帮助那些根本没有收入的人，因此政府可以进行*转移支付*，即向私人支付货币。今天，转移支付的对象包括老人、残疾人和拖儿带女的人，还有为失业者提供的失业保险。这套转移支付制度编织了一张“安全网”，保护不幸者免受困苦。最后，政府有时对低收入阶层的消费也给予补贴，向他们提供食品券、医疗补贴和低价住房。尽管在美国，这类支出在总支出中所占比例还是比较小。

税收和转移支付问题一直是富有争议的。当人们填写纳税申报单，或者看到薪水中巨大的扣除项时，几乎没有人认为他们所交的税收在购买公共品。但人们也感到，社会必须向每个公民提供生活基本品，如食品、教育和医疗等。

在公平问题的争论中经济学有何高见呢？作为一门科学，经济学并不能答好这类富有伦理色彩的规范性问题：我们的收入中究竟有多少应该被征税，又有多少份额应该转移给贫困家庭。在我们的民主社会中，这是一个只能由投票箱去回答的政治问题。

然而，经济学能够分析不同收入再分配方案的成本与收益。经济学家们花费了大量的时间分析不同的税收方案（比如它们应基于收入还是消费）。他们还研究了究竟是发放现金还是发放食品能够更有效地减少贫困。

经济学也可以提醒我们市场究竟带来了什么，又拿走了什么。在这个结构性变化频发的世界上，我们应该牢记：“若非得到供给和需求的恩典，倒霉的可能就是我了。”

## 宏观经济的增长与稳定

自从资本主义产生以来，它就不时地受到通货膨胀（价格上升）和经济衰退（高失业率）的周期性困扰。例如，二战后美国已经发生了9次衰退，其中有几次衰退曾经造成上百万人失业。这些波动被称为*商业周期*。

今天，由于凯恩斯和他的追随者的思想贡献，我们知道了如何控制商业周期的剧烈波动。通过审慎地运用财政政策和货币政策，政府就能够影响产出、就业和通货膨胀的水平。政府的*财政政策*就是税收权力和预算支出权力。*货币政策*涉及到货币供应量和利率水平，进而影响到资本品的投资和其他利率敏感性的支出。通过这两种基本的宏观经济政策工具，政府能够影响总支出水平、增长率与产出水平、就业率与失业率、物价水平和通货膨胀率。

最近半个世纪以来，发达工业化国家的政府成功地运用了凯恩斯革命的遗产。第二次世界大战以后的30年内，在扩张性的货币政策和财政政策的刺激下，市场经济经历了前所未有的增长。

20世纪80年代，政府开始制定宏观经济政策，以促进经济增长与生产率提高等长期目标的实现。（*经济增长*表示国民总产出的增长，而*生产率*代表每单位投入的产出或资源的利用效率。）例如，大多数工业化国家都降低了税率以刺激储蓄和生产。许多经济学家强调公众通过缩小预算赤字来增加公共储蓄的重要性，认为这是增加国民储蓄或投资的一种有用的办法。

> 促进经济稳定与增长的宏观经济政策包括财政政策（税收政策和预算支出政策）和货币政策（影响利率和信贷条件）。自从20世纪30年代现代宏观经济学产生和发展以来，政府已经成功地抑制了通货膨胀和失业的大幅度波动。

表2-1概括了当今政府所起的经济作用。该表说明了政府在提高效率、促进更公平的收入分配和追求经济的增长与稳定的宏观经济目标方面的重要职能。在所有发达的工业化社会中，我们都看到了一种**混合经济**（mixed economy），即市场决定大多数私人部门产品的价格与产量，而政府运用税收、支出和货币管理计划来调控总体经济的运行。

## 福利国家的崛起

本书主要讨论现代工业化国家的混合经济。追溯它的历史将对这一讨论有所帮助。让我们回到市场经济还未形成以前的中世纪，那时欧洲和亚洲的多数经济活动是由贵族阶层和城镇行会所把持的。然而到了大约两个世纪以前，贵族政府对价格和生产方法的控制力便开始减弱。封建的枷锁逐渐地让位于我们现在所称的“市场机制”。

对于欧洲和北美的大多数国家来说，19世纪是一个**自由放任**（laissez-faire）的时代。这种被译成“别管我们”的学说认为，政府应当尽可能少地干预经济，尽可能多地将经济决策留给市场供求机制去完成。19世纪中叶许多政府就都曾经实践着这一经济信条。

| 市场经济不灵 | 政府干预 | 政府重要的政策应对 |
|---|---|---|
| **非效率** | | |
| 垄断 | 鼓励竞争 | 反托拉斯法，放松管制 |
| 外部性 | 干预市场 | 反污染法，反烟尘法 |
| 公共品 | 鼓励有益的活动 | 提供公共教育，修筑道路 |
| **不公平** | | |
| 难以接受的收入与财富的不平等 | 收入再分配 | 收入和财富的累进税 |
| | | 收入支持或转移支付计划（如医疗补助等） |
| **宏观经济问题** | | |
| 商业周期（高通货膨胀率和高失业） | 通过宏观政策稳定经济 | 货币政策（如调整货币供给和利率等） |
| | | 财政政策（如税收和支出计划等） |
| 低速经济增长 | 刺激经济增长 | 改善税收制度的效率 |
| | | 通过减少预算赤字或增加预算盈余来提高国民储蓄率 |

表 2–1　政府能够弥补市场的缺陷

然而，19 世纪末，未加管束的资本主义的过度发展——包括腐败、危险品和贫困，导致美国及西欧工业国家纷纷放弃了完全自由放任的思想。政府逐步被赋予越来越多的经济职能：管制经济，征所得税，向老人、失业者、贫困人群提供社会保障，等等。

> 这种新的制度被称为**福利国家**（welfare state），即由市场调节日常经济生活中的具体活动，而由政府维持社会秩序，管理退休金和医疗保险，以及为贫困家庭提供救济等。

## 保守主义者的诘难

福利国家的大部分批评者担心政府干预将使天平倾斜至社会主义，这种体制下国家拥有、操作并管制着大部分经济。在 1942 年，约瑟夫・熊彼特，一位哈佛大学的经济学家，声称美国是“生活在氧气帐下的资本主义”，并正在走向社会主义。资本主义的成功产生了异化和自我怀疑，削弱了自身的效率和创新精神。

自由派的批评者，如弗里德里希·哈耶克与米尔顿·弗里德曼主张回到自由市场和政府作用最小化的时代。这些人认为政府管得过多过严，干预和侵扰个人的生活；政府创造了垄断；政府不灵和市场不灵同样普遍；高税收扭曲了资源配置；社会保障制度中不乏榨干公众钱包的威胁；环境管制挫伤了企业的进取精神；政府稳定经济的企图只会带来经济增长减缓和通货膨胀加剧。总之，在一些人看来，政府不仅没有解决问题，反而成了问题本身。

1980 年前后，潮流再次逆转。保守主义在许多国家抬头，各国政府开始减税并放松经济管制。许多国有企业被“私有化”，所得税率被降低，很多慷慨的福利项目被削减。

最富戏剧性的一点是，俄罗斯和东欧的社会主义国家都开始向市场经济转轨。推崇中央计划和政府指令的经济模式长达数十年之后，1990 年前后，这些国家终于开始艰难地转向分权化的市场经济。而共产党领导下的中国，在近 30 年里，允许私人企业和外国公司在其境内经营，逐步走向了经济繁荣。许多在印度、非洲和拉美的前社会主义政体，都已信奉市场资本主义制度，致力于减少政府在国民经济中的干预。

## 当今的混合经济

在权衡政府和市场的相对优点时，公众讨论常常会疏于理解社会所面临的选择的复杂性。市场机制的确在一些国家产生了奇迹。但是，市场需要健全的政治法律制度，以及可以促进贸易和保证金融系统稳定的社会公众基础投资。如果没有这些政府设施，市场很容易就会产生“腐败资本主义”，以及分配不公、普遍贫困和生活水平下降。

在经济实践中，成功往往有很多原因，而失败的原因往往只有一个。市场经济的成功可能会让我们忽略集体行动的一系列成就。政府计划帮助减少了贫困和营养不良，降低了肺结核和骨髓灰质炎等疾病的发病率。即使是在2008~2009年世界最大的经济体纷纷陷入严重衰退的时候，宏观经济政策也曾帮助遏止了金融市场的恐慌，缩短了商业周期的长度并降低了它的严重程度。政府所资助的科学研究已经穿透了原子，发现了脱氧核糖核酸（DNA）分子，并探测了广袤的宇宙空间。

关于政府成就和政府不灵的争论提醒我们，合理划分市场和政府的界限是一个长期而持久的课题。在刻画有效的市场机制和由公共决定的管制和再分配之间的黄金分割线的问题上，经济学是能够帮助社会的必不可缺的基本工具。一个好的混合经济应当是且必须是有限制的混合经济。那些希望将政府缩减为警察加灯塔的人只能生活在梦幻的世界中。每个有效率并且讲人道的社会都会要求混合经济的两面——市场和政府都同时存在。如果没有市场或者没有政府，现代经济运作就都会孤掌难鸣。

## 总结提要

### A. 市场机制

1. 在像美国这样的经济社会中，大多数经济决策都是在市场上做出的。此时市场是一种使买者和卖者聚在一起进行相互交易，并决定商品和劳务的价格和产量的机制。亚当·斯密认为，当个人在追求自己的私利时，市场这只“看不见的手”会导致最佳的经济成果。尽管市场远非完美无缺，但是它的确非常有效地解决了生产什么、如何生产和为谁生产的问题。
2. 市场机制按如下方式运行以决定生产什么和如何生产：人们的货币选票影响物品的价格；价格在决定各种物品的生产数量方面起主导作用。当人们需要更多的某物品时，该产品的价格就会上升，企业便能通过扩大这种物品的生产来获得利润。在完全竞争条件下，一个企业必须找出成本最低的生产方法，有效率地使用劳动、土地和其他要素；否则，它就会陷于亏损，从而被市场淘汰。
3. 在价格解决生产什么和如何生产等问题时，为谁生产的问题也同时得到解决。收入分配取决于生产要素（土地、劳动和资本）的所有权和要素价格。拥有肥沃的土地或具有“本垒打”这种难得的竞技能力的人，势必得到较多的购买消费品的货币选票。而那些没有财产且其技能、肤色或性别又不受市场重视和欢迎的人，只能获得低微的收入。

### B. 贸易、货币和资本

4. 随着经济的发展，经济日益变得专业化。劳动分工将作业任务分解成许多细微环节，以便单个劳工更容易熟练地加以完成。专业化导致生产方法日益复杂。复杂的生产方法要求许多专业技能。随着个人和国家也变得越来越专业化，它们也趋向于专门生产特定的商品，并用其剩余产品去交换更多的其他国生产的物品。以专业化为基础的自愿贸易使所有的人都能够从中受益。
5. 今天，专业化物品和劳务的交换依赖于货币，货币是贸易车轮的润滑剂。货币是能够被普遍接受的交换媒介，它包括现金和支票。货币可用于支付从苹果馅饼到斑马皮的任何物品。借助货币，个人和国家可以专门生产少数的物品，并用它们去交换其他物品；若没有货币，我们就会在以物易物的交换过程中浪费宝贵的时间。
6. 资本品（生产出来的投入品，如机器、厂房和半成品存货）使得间接生产成为可能，它大幅度地增加了一个国家的产出。这些间接的生产方法需要花费时间和资源才能启动。因此，需要暂时牺牲眼前的消费以增加未来的消费。产权制度是指用于界定资本和其他资产如何购买、出售和使用的一系列规则。没有任何一种经济制度下的私人产权是不受限制的。

**C. 政府——看得见的手**

7. 虽然市场机制是令人赞叹的组织生产和配置资源的方式，但是，市场不灵有时会导致不良的经济后果。政府可能会介入市场以弥补这些缺陷。现代经济中政府的职能在于保障效率、纠正不公平的收入分配和促进经济的稳定与增长。
8. 当存在不完全竞争或外部性问题时，市场便不能有效率地配置资源。不完全竞争，如垄断，会导致较高的价格和较低的产量。为消除这些情况，政府管制企业，或实施反托拉斯法以限制企业的行为。当企业的活动使市场以外的其他人付出代价或得到利益而并不能得到相应的补偿时，就会出现外部性问题。政府可决定介入并管制这些“溢出效应”问题（诸如对空气污染进行管制那样），政府也可以直接提供公共品（如公众健康）。
9. 市场并不一定能产生公平的收入分配，它很可能导致不可接受的极大的收入与消费的不公平。因此，政府通常选择改变由市场决定的工资、租金、利息和红利所造成的收入结构（为谁生产）。现代政府使用税收增加收入，以支持旨在保障穷人经济安全的转移支付或收入支持计划。
10. 自从 20 世纪 30 年代现代宏观经济学创建以来，政府便有了第三种职能：运用财政政策（税收和支出政策）和货币政策（影响利率和信贷条件）促进长期的经济增长和劳动生产率的提高，熨平通货膨胀与失业的周期性波动。
11. 合理划分市场和政府的界限是一个长期而持久的课题。在有效的市场机制与管制和再分配的公共机制二者之间寻找一条黄金分割线，那么经济学是能够帮助社会的必不可少的基本工具。每个有效率且讲人道的社会，都势必会要求混合经济的两个方面，即市场和政府都同时存在。

## 概念复习

**市场机制**
市场、市场机制
产品市场和生产要素市场
价格信号
市场均衡
完全竞争与不完全竞争
亚当·斯密的“看不见的手”

**现代经济的特征**
专业化和劳动分工
货　币
生产要素（土地、劳动、资本）
资本、私人财产与产权

**政府的经济职能**
效率、公平、稳定
非效率：垄断和外部性
市场机制下的收入不平等
宏观经济政策：
　财政政策与货币政策
　稳定和增长

## 补充读物和互联网站

**补充读物**

A useful discussion of globalization is contained in “Symposium on Globalization in Perspective,” *Journal of Economic Perspectives,* Fall 1998.

For examples of the writings of libertarian economists, see Milton Friedman, *Capitalism and Freedom* (University of Chicago Press, 1963), and Friedrich Hayek, *The Road to Serfdom* (University of Chicago Press, 1994).

A strong defense of government interventions is found in a history of the 1990s by Nobel Prize winner Joseph E. Stiglitz, *The Roaring Nineties: A New History of the World's Most Prosperous Decade* (Norton, New York, 2003). Paul Krugman's columns in *The New York Times* are a guide to current economic issues from the perspective of one of America's most distinguished economists; his most recent book, *The Great Unraveling: Losing Our Way in the New Century* (Norton, New York, 2003), collects his columns from the early 2000s.

A fascinating example of how a small economy is organized without money is found in R. A. Radford, “The Economic Organization of a P.O.W. Camp,” *Economica,* vol. 12, November 1945, pp. 189–201.

**互联网站**

You can explore recent analyses of the economy along with a discussion of major economic policy issues in the *Economic Report of the President* at *www.access.gpo.gov/eop/*. See *www.whitehouse.gov* for federal budget information and as an entry point into the useful Economic Statistics Briefing Room.

The study of the iPod is Jason Dedrick, Kenneth L. Kraemer, and Greg Linden, "Who Profits from Innovation in Global Value Chains? A Study of the iPod and Notebook PCs," available at *http://pcic.merage.uci.edu/papers/2008/WhoProfits.pdf*. Hal Varian's review is Hal R. Varian, "An iPod Has Global Value: Ask the (Many) Countries That Make It," *The New York Times*, June 28, 2007, available by Internet search.

## 问题讨论

1. 国民产出构成的决定因素是什么？在有些场合下，我们说存在"消费者主权"，即消费者根据个人偏好和市场价格决定如何花费自己的收入。在另一些场合下，由立法机构的政治选择对上述问题进行决策。考虑以下几个例子：运输、教育、警察、能源使用效率、医疗保健范围和电视广告。对每一种情况，说明其配置是取决于消费者主权还是政治决策。你是否希望改变其中任何一种情况下的配置方法呢？
2. 当一种物品十分有限时，必须采取某种办法配给该稀缺品。例如，拍卖、发票证、"先来先得"等。试说明每一种办法的利弊。详细解释市场机制在何种意义上"配给"了稀缺的物品和劳务。
3. 本章讨论了许多"市场不灵"的情况。在这些场合，"看不见的手"根本不灵。我们还说明了政府的职能。是否也可能存在"政府不灵"，即政府矫正市场不灵的努力甚至会导致比市场不灵更糟的后果？考虑几个政府不灵的例子。你能设想一种政府不灵非常严重，以至于生活在市场不灵中要比政府出面去加以纠正更好的情况吗？
4. 分析下列政府干预经济的情况：空气污染管制，穷人收入补偿，对电话垄断进行价格管制。就每一种情况回答：(*a*) 解释市场不灵；(*b*) 讨论政府对该问题的干预；(*c*) 解释为什么政府不灵（见问题 3 中的定义）可能是因政府干预而起。
5. 由图 2-1 可见：消费品与投资品的循环流动，伴有相应的货币的收入与支出。画出经济中货币流动的循环流动图，并将它与产出品和投入品的循环流动图做比较。货币在货币流程中的职能是什么？
6. 考虑美国历史上的三个时期：(*a*) 在 19 世纪早期，琼斯住在一个与世界其他部分隔绝的农场中；(*b*) 在 20 世纪 40 年代，史密斯住在一个国内贸易和交换已很发达，但国际贸易被二战的破坏切断的国家里；(*c*) 2009 年，霍尔住在一个促进所有国家间贸易的全球化世界中。

   假如你处于以上每一个场合，说明琼斯、史密斯和霍尔关于专业化和劳动分工的机会。解释（c）中，全球化的世界如何允许霍尔在具有更高生产力的同时又能消费到更多种类的商品。用详细的例子解释以上每种情况。
7. "林肯解放了农奴。他大笔一挥就毁灭了南方多年积累起来的大部分资本。"试评论这段话。
8. 下表列出了联邦政府主要预算支出中的一些项目。试解释每一项如何与政府的经济职能相对应。
9. 为什么说"没有代表权就不纳税"这个口号对于公共品很有意义，而对私人品却没有意义？用它来解释人们为什么反对下列情形：(*a*) 税收被过多地用于国防支出；(*b*) 过桥费收得过高；(*c*) 纽约飞迈阿密的机票价格据说过高。

**联邦政府主要预算支出重点的一些项目**

| 预算项目 | 联邦支出，2009 年（10 亿美元） |
|---|---|
| 卫生保健和医疗保障 | 713 |
| 国　防 | 675 |
| 社会保障 | 649 |
| 收入保障 | 401 |
| 自然资源和环境 | 36 |
| 国际事务 | 38 |

资料来源：Office of Management and Budget, *Budget of the United States Government*, Fiscal Year 2009.

# 供给和需求的基本原理

# 第 3 章

什么是“精明”人？他通晓世间万物的价码，但对其价值却一无所知。

——奥斯卡·王尔德

前两章介绍了经济学必须解决的基本问题：应该生产什么？如何生产？为谁生产？

我们还讨论了现代混合经济主要仰仗市场价格体系去解决上述基本问题。不妨再回顾一下，现代经济的基石是所谓的“二元君主”：消费者偏好和技术。“消费者主权”的行使通过美元投票决定：应当生产哪些东西？所生产的产品又应该流向何处？而技术则影响着成本和价格，以及决定生产哪些产品。本章的任务就在于描述在一个市场经济体系中上述生产流程是如何展开的。

市场类似于天气，总是变化莫测，风暴不时起伏，错综复杂而又富有魅力。正像研究气象一样，仔细研究市场之后我们也会发现：各种随机运动的背后，似乎也隐藏着某些确定的因素和机理。而探讨单个市场的价格和产出机理和规律的基本工具，就是供给需求分析。

以汽油价格为例，如图 3-1 所示。该图描述的是实际汽油价格，即经过总价格水平调整后的价格。二战后，由于人们爱上了汽车，并逐步迁居到郊区，因此对汽油和其他石油产品的需求急剧上升。接着，到 20 世纪 70 年代，由于石油供给限量、石油国战争以及革命运动等原因，石油生产受到限制，导致 1973 年和 1979 年以后国际油价陡然上升。此后，节能运动、汽车小型化、信息经济的发展和世界生产扩大等因素，又共同导致了汽油价格的下跌。2002 年之后的伊拉克战争以及世界对石油需求的不断增长使石油市场更加动荡。如图 3-1 所示，汽油的价格（以 2008 年不变价格计算）从 1980 年每加仑约 3.50 美元跌至上世纪 90 年代的 1.50 美元左右，然后 2008 年夏天再次上升到 4.00 美元左右。

油价剧烈波动背后的机理是什么？经济学拥有非常有力的工具来解释经济中的这类问题。这个工具被称为**供给和需求理论**。该理论说明消费者偏好如何决定商品的消费需求，同时企业成本又如何成为商品供给的基础。汽油价格的上涨，或是由于人们对汽油的需求上升，或是由于石油供给量的下降。从网络股票到钻石，再到土地，几乎每个市场的情况都是如此：供给和需求的变动势必导致产出和价格的变动。如果你能理解供给和需求是如何变动的，那么，你就已经朝着理解市场经济机理的方向迈出了一大步。

本章介绍供给和需求的概念，说明它们在单个商品竞争市场上是如何发挥作用的。我们首先讨论需求曲线，然后再讨论供给曲线。利用这些基本的分析工具，我们将能够看到市场上商品的价格如何取决于两条曲线的交点——需求和供给的力量在此处恰好平衡。正是价格的变动，即价格机制的作用，才使得供给和需求达到了这种平衡或均衡。最后在本章结束时，我们还将给出一些运用供给和需求原理进行分析的实例。

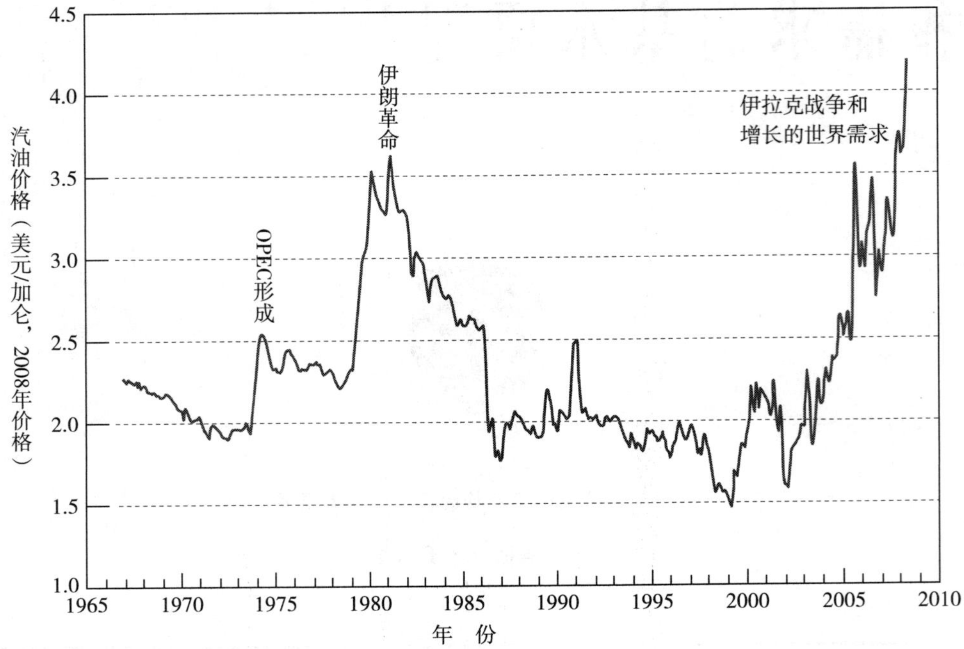


**图 3-1 汽油价格与供给和需求的变动**

近半个世纪以来，汽油价格大幅度波动。20 世纪 70 年代石油供给减少，产生了两次戏剧性的"石油冲击"，造成社会动荡，加强管理的呼声也随之高涨。新的节能技术带来的需求减少，导致 1980 年以后油价长期下降。进入 21 世纪后，对石油的国际需求剧增（与供给相比）导致价格不断攀升。供给和需求的分析工具对于我们理解这些趋势是至关重要的。

资料来源：U. S. Departments of Energy and Labor. The price of gasoline has been converted into 2008 prices using the consumer price index.

## A. 需 求 表

常识和细致的科学观察表明，人们购买一种商品的数量取决于它的价格。在相同的条件下，[1] 一种物品的价格越高，人们愿意购买的数量就越少；市场价格越低，人们购买的数量就越多。

在其他条件相同时，一种物品的市场价格与该物品的需求数量之间存在着一定的关系。这种价格与需求之间的关系可以用一张**需求表**（demand schedule）或一条**需求曲线**（demand curve）来表示。

[1] 稍后，我们会讨论影响需求的其他因素，包括收入和消费者偏好。术语"保持其他条件不变"意味着价格变化，需求的其他决定因素不变。

让我们来看一个简单的例子。表 3-1 提供了一个假想的对玉米片的需求表。在每一价格水平，我们都能够确定消费者购买玉米片的数量。例如，在每盒价格是 5 美元时，消费者每年会购买 900 万盒玉米片。

在较低的价格水平上，购买玉米片的数量较多。这样，在玉米片价格为 4 美元时，购买量为 1 000 万盒；而在价格（$P$）更低即 3 美元时，需求量（$Q$）就还要多，为 1 200 万盒。依此类推，在该表所列明的每一价格水平上，我们都能找到相应的需求量。

### 需求曲线

用图形表示的需求表就是*需求曲线*。我们将需求曲线描绘在图 3-2 中，其中，横轴代表玉米片的需求量 $Q$，纵轴代表玉米片的价格 $P$。注意：数量和价格呈反比

| 玉米片的需求表 | | |
|---|---|---|
| | (1) 价格（美元 / 盒）*P* | (2) 需求量（百万盒 / 年）*Q* |
| A | 5 | 9 |
| B | 4 | 10 |
| C | 3 | 12 |
| D | 2 | 15 |
| E | 1 | 20 |

**表 3-1　将需求量和价格结合起来的需求表**

在每一市场价格上，消费者都愿意购买一定数量的玉米片；随着玉米片价格的下降，玉米片的需求量会上升。

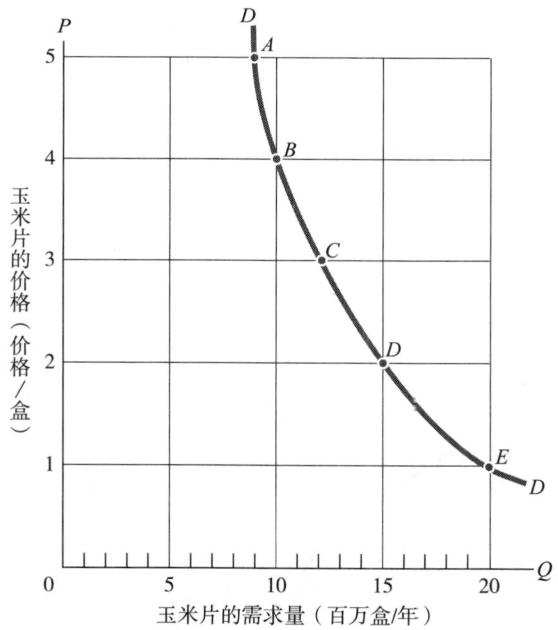


**图 3-2　向下倾斜的需求曲线将需求量和价格联系起来**

在玉米片的需求曲线中，纵轴衡量价格（$P$），横轴衡量需求量（$Q$）。表 3-1 中的每一对价格和需求量（$P,Q$）的数值都被描绘为一个点，连接各个点的平滑的曲线就是我们所要的需求曲线 $DD$。需求曲线斜率显然为负，体现的是需求向下倾斜规律。

关系，即当 $P$ 下降时，$Q$ 上升。需求曲线从西北方向东南方倾斜。这一重要性质被称为需求向下倾斜规律。该规律建立在常识和经济理论的基础之上，并经过了经验数据的检验和证明，几乎适用于一切商品，包括玉米片、汽油、大学教育和非法毒品等。

> **需求向下倾斜规律**（law of downward sloping demand）：当一种商品的价格上升时（同时保持其他条件不变），购买者便会趋向于购买更少的数量。同理，当价格下降且其他条件不变时，需求量会增加。

价格上升时，需求量为什么会趋于下降呢？原因有两个。第一个是**替代效应**（substitution effect）。当一种物品的价格上升时，我会用其他类似的物品来替代它（当牛肉价格上升时，我们可以多吃鸡肉）。价格上升抑制购买量的第二个原因是存在着一种**收入效应**（income effect）。因为，当价格上升时，我们会发现自己比以前穷了一些。汽油价格上涨一倍之后，我们的实际收入只会明显降低，削减汽油和其他物品的消费开支是很自然的。

## 市场需求

到目前为止，我们讨论需求都还是限于“上述那条”需求曲线。那么，它是谁的需求呢？我的，你的，还是每个人的？决定需求的基本因素是“个人的”偏好。但在本章，我们拟集中讨论市场需求，它所代表的是所有个人需求的总和。现实世界中，我们所能直接观察得到的往往是市场需求。

市场需求曲线是将在每一价格水平下所有个人的需求量加总而得到的。

市场需求曲线符合需求向下倾斜规律吗？当然。例如，当价格下降时，较低的价格将通过替代效应吸引新的顾客。此外，若既经过替代效应又经过收入效应，则价格的下降就会刺激原有的顾客购买更多的数量。相反，一种物品价格的上升，势必影响我们中间的一些人减少购买。

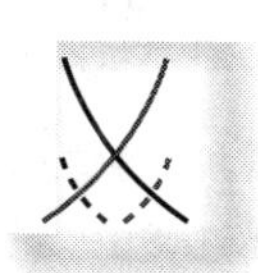

### 计算机需求的爆炸性增长

我们可以用个人电脑为例来说明需求向下倾斜规律。第一台计算机的价格极高，运算能力很有限，只有个别企业和家庭才能支付得起这笔费用。而如今我们已经很难设想，短短 20 年前，普通人竟然都还是用打字机和钢笔写作，竟然是用手工在草稿纸上计算！

近 40 年来，计算机的价格大幅度下降。低价格吸引了新的买主。越来越多的人有能力购买计算机，计算机被广泛地应用于工作、学习和娱乐。在 21 世纪，随着互联网的发展，计算机的作用越来越大，于是有更多的人努力追赶潮流。到 2007 年，全球个人计算机销售量竟然超过了 2.5 亿台！

图 3-3 描述的是美国官方统计的计算机及其外设的价格和需求量。价格表示的是购买同等质量计算机的成本，也就是说，计算机质量的快速提高已经被考虑进去。你可以看出，随着软件的发展，互联网、电子邮件和其他技术的普遍应用，计算机的价格明显地在不断下降，而产量却在以惊人的速度提高。

## 需求曲线背后的因素

玉米片、汽车或计算机的市场需求曲线是由什么决定的呢？给定某一价格，一系列因素均会影响需求量：平均收入水平、人口规模、相关物品的价格及其可获得性、个人和社会的偏好，还有其他特殊因素等。

- 消费者的平均收入是需求的重要决定因素。当人们的收入上升时，即使价格不变，个人几乎也会倾向于购买更多数量的任何物品。较高的收入会使汽车的购买量急剧上升。
- 市场规模（用人口衡量）显然影响着市场需求曲线。加州 4 000 万人口购买的苹果和汽车，可能是罗得岛

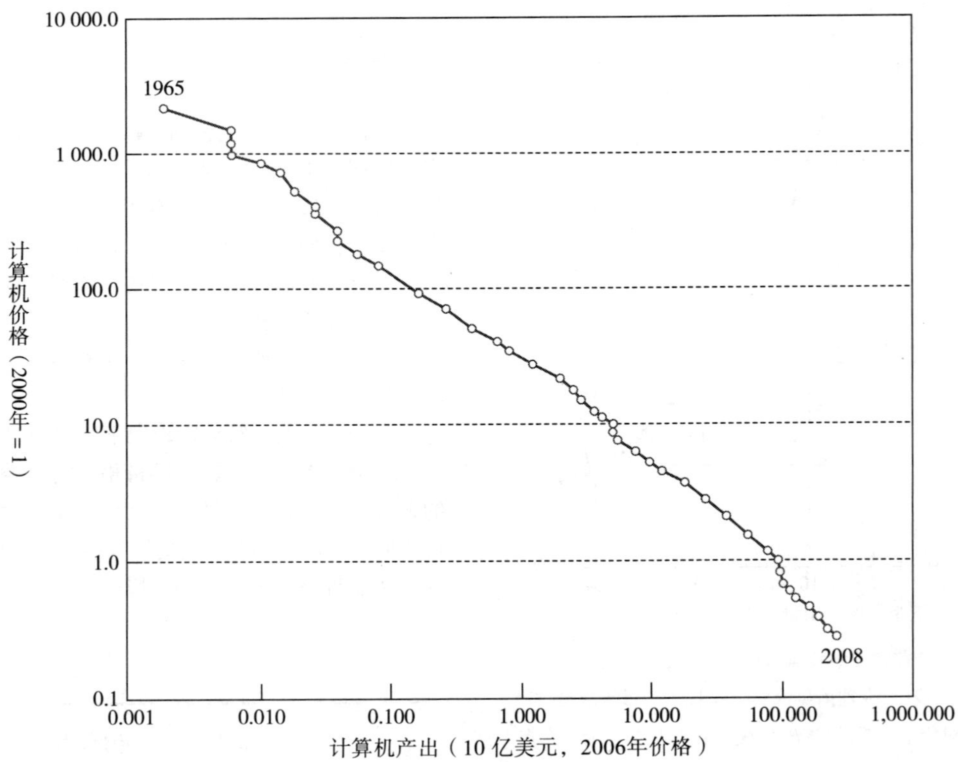


**图 3-3 计算机价格下降刺激计算机产量惊人地增长**

计算机和打印机等外设的价格，按考虑了质量指标（如内存或计算速度）的购置成本进行统计。计算机价格从 1965 年以来下降了 8 000 多倍。伴随价格下降的是：收入增长，用途日益广泛，导致计算机产量增长 14 万倍之多。

资料来源：Department of Commerce estimates of real output and prices. Note that the data are plotted on ratio scales.

| 影响需求曲线的因素 | 以汽车为例 |
| --- | --- |
| 1. 平均收入 | 收入增加，人们购买更多的汽车 |
| 2. 人口 | 人口增加导致汽车购买量增加 |
| 3. 相关商品价格 | 汽油价格下降导致汽车需求增加 |
| 4. 偏好 | 拥有车成为身份的象征 |
| 5. 特殊影响 | 包括交通工具替代，汽车安全性，未来价格预期等 |

表 3–2　许多因素影响需求曲线

州 100 万人口购买数量的 40 倍。

- 相关物品的价格及其可获得性会影响对该物品的需求，尤其是替代品之间存在着重要的联系。替代品是指具有相同功能的物品，如玉米片和麦片、钢笔和铅笔、小型汽车和大型汽车、石油和天然气。如果替代品 B 的价格下降，则物品 A 的需求会趋于下降。（不妨试问，如果计算机的价格下降，那么，人们对打字机的需求是升高还是降低呢？）
- 除了这些客观因素之外，我们还必须加上一系列被称为*品位*或*偏好*的主观因素。消费者偏好代表众多的文化和历史因素。它们可以反映出真正的心理或生理需要（对饮料、爱情或激情的需要），也可以包括人为造成的需要（香烟、毒品或迷人的赛车），还可以具有很大一部分传统或宗教的因素（美国崇尚牛肉，但食用牛肉在印度却犯禁忌；海蜇在日本是鲜美菜肴，但在美国却令人作呕）。
- 最后，在某一物品需求的背后，通常还存在着一些*特殊因素*。雨伞的需求量在多雨的西雅图较高，但在阳光明媚的菲尼克斯却较低；空调的需求在炎热的天气会上升；纽约市的汽车需求量较低，那里公共交通很方便，但是停车却是许多车主的噩梦。

表 3-2 用汽车作例子对需求的决定因素进行了总结。

## 需求的移动

随着经济生活的变革，需求在不断发生变化。只是在教科书中需求曲线才静止不动。

需求曲线为什么会移动呢？因为除物品价格以外的其他因素发生了变化。不妨考虑一个非价格变量的变化如何使需求曲线移动的例子。众所周知，在 20 世纪 90 年代经济繁荣时期，美国人的平均收入急剧增长。对汽车需求而言这是一个巨大的收入效应，于是在任何价格下汽车的需求数量都有提高。例如，如果平均收入增长 10%，在价格为 1 万美元时汽车需求数量会从 1 000 万辆增加到 1 200 万辆。这就会导致需求曲线发生移动，因为该需求数量的提高所体现的是商品价格变化以外的因素的作用。

上述这些幕后因素变化的净效应，我们称之为*需求增加*。在图 3-4 中，汽车的需求增加表现为需求曲线向右移动。必须注意：需求曲线的这种移动意味着在每一价格水平人们都会购买更多的汽车。

你可以通过回答下列问题来检验你的学习情况：温

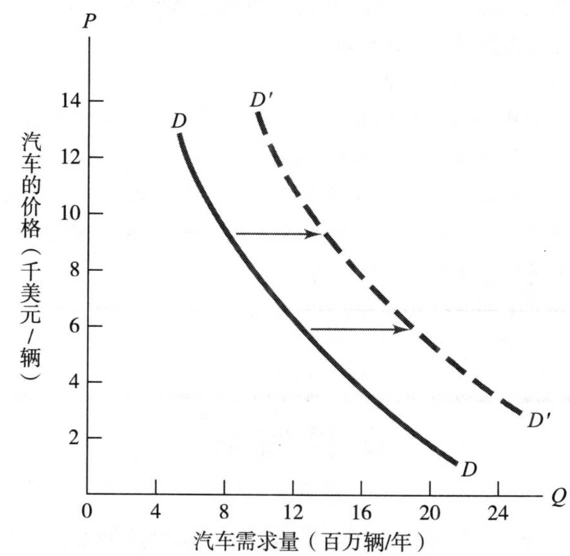


图 3–4　汽车需求的增加

影响需求的因素发生变化时，汽车需求就会受到影响。这里我们看到平均收入上升、人口规模扩大和汽油价格的降低对汽车需求的影响。我们将需求曲线的这种移动称为需求增加。

暖的冬季引起供暖石油的需求曲线是向左还是向右移动？为什么？如果年轻人对棒球失去了兴趣，转而喜欢篮球，则对于棒球比赛的门票的需求会产生何种影响？个人计算机价格的急剧下降对于打字机的需求会产生何种影响？如果蓝领工人的工资下降，而受过高等教育的人才薪水快速上升，则对大学教育的需求会产生何种影响？

> 当商品价格之外的因素变化引起购买数量发生变化时，我们称这种变化为需求变动。当所要购买的数量在每一价格水平增加（或减少）时，我们说需求增加（或需求减少）。

---

**沿着曲线的移动和曲线的移动**

切勿混淆沿着曲线的移动和曲线的移动。必须注意，不要把需求的变化（表现为需求曲线的移动）与需求量的变化（表现在价格变化之后，需求量在同一条需求曲线上移动到不同的点）相混淆。

当影响需求曲线的一种因素发生变化时，需求会发生变化。以比萨饼为例。如果收入增加，即使价格不变，消费者想要购买的比萨饼数量也会增加。也就是说，较高的收入增加了需求，使比萨饼的需求曲线向右移动。这就是比萨饼需求的移动。

与之不同的是需求量的变化。假设由于某种技术进步导致比萨饼的成本和价格下降，那么，在保持其他条件不变的情况下，消费者势必倾向于购买更多的比萨饼。但是，购买量的增加并不是来自于需求的增加，而是来源于价格的下降。这一变化体现为沿着需求曲线的移动，而不是需求曲线本身的移动。

---

# B. 供给表

现在我们从需求转到供给。市场的供给涉及企业愿意生产和销售某物品的条件。西红柿的供给告诉我们在每一价位上西红柿的销售量。更准确地说，供给表反映的是在其他条件相同时，一种物品的供给量和它的市场价格之间的相互关系。在考查供给时，应当保持不变的条件包括生产成本、相关物品的价格和政府政策。

> 一种商品的**供给表**（supply schedule）或**供给曲线**（supply curve）体现的是：在其他条件不变的情况下，该商品的市场价格与生产者愿意生产和出售的数量之间的关系。

## 供给曲线

表 3-3 是一张假定的玉米片的供给表，图 3-5 用供给曲线描绘了该表的数据。这些数据表明，在玉米片价格为每盒 1 美元时，生产者将不生产任何玉米片。在如此低的价格水平上，早餐供应商可能会将其设备用于生产其他的谷类食品，如麦麸片，以获取更多的利润。而在玉米片价格上升时，早餐供应商便会生产更多的玉米片。（这是因为）当玉米片价格进一步上升时，厂商就会发现，雇佣更多的工人，购买更多的自动化机器，以及开设更多的玉米片工厂将是有利可图的。所有这些显然都会在较高的市场价格上提高玉米片的产量。

图 3-5 显示的是单个商品的供给曲线向上倾斜的一般情况。供给曲线向上倾斜的重要原因之一是“边际收益递减规律”（后面会详细讨论这一概念）。我们不妨以葡萄酒为例来介绍一下这个重要的规律。如果社会需要更多的葡萄酒，那么，就会有更多的劳动追加到适于种植酿酒葡萄的有限的土地上，但每一个新增加的劳动所增加的产品数量则是递减的。因此，刺激产出增加所必需

**玉米片的供给表**

| | （1）<br>价格（美元 / 盒）<br>*P* | （2）<br>供给量（百万盒 / 年）<br>*Q* |
|---|---|---|
| A | 5 | 18 |
| B | 4 | 16 |
| C | 3 | 12 |
| D | 2 | 7 |
| E | 1 | 0 |

**表 3–3 供给表将供给量与价格联系起来**

该表说明，在每一价格水平上，玉米片生产商愿意生产和出售的数量。请注意，价格与供给量之间存在着正相关的关系。

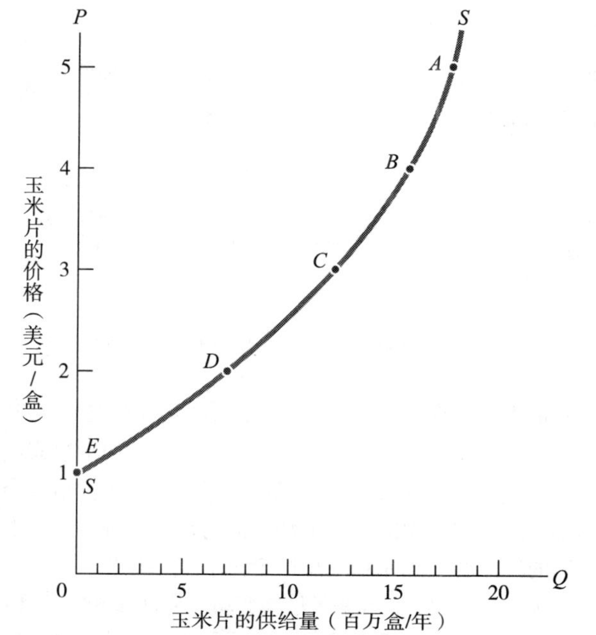


**图 3–5 供给曲线将供给量与价格联系起来**

供给曲线画出了表 3-3 中价格和数量的各种组合。连接这些点的平滑曲线，便是向上倾斜的供给曲线 SS。

的价格水平就要上升。通过提高葡萄酒的价格，社会能够诱导葡萄酒的生产者生产和出售更多的葡萄酒，葡萄酒的供给曲线因此便是向上倾斜的。同样的道理也适用于其他许多物品。

## 供给曲线背后的因素

考查供给决定因素的基本点在于：生产者提供商品为的是利润，而不是乐趣或博爱。因此，决定供给的一个关键因素便是*生产成本*。相对于市场价格而言，当某物品的生产成本比较低的时候，生产者大量供给该物品就会有利可图。当生产成本相对于价格而言比较高的时候，生产者就会提供比较少的数量，而转向其他产品的生产，甚或退出该产业。

生产成本主要取决于*投入品价格*和*技术进步*。劳动、能源或机器等投入品的价格显然会对既定产出水平的生产成本产生重大的影响。例如，2007 年石油价格急剧上升，提高了制造商的能源开销，从而提高了其生产成本，制造商便降低了供给。相反，最近 30 年来，计算机价格的下跌使得企业越来越多地用计算机取代人工，正如在工资支付和会计工作中所发生的那样。这就会导致计算机供给的增加。

另一个同样重要的决定因素是*技术进步*，即降低生产同一数量产出所需要的投入品数量的变化。这种进步包括从科学突破到现有技术的更新与挖潜，或者仅是生产流程的重新组织。例如，近年来制造商越来越富有效率。今天生产一辆汽车所需花费的劳动时间远远低于 10 年前的情况。这种技术进步使得汽车制造商可以在相同成本下生产更多的汽车。另外举个例子来说明。如果电子商务可以让购买者更方便地比较必要投入品的价格，那么，这种进步同样也会降低相应的生产成本。

然而，生产成本并非供给曲线的惟一决定因素。供给也受相关物品价格的影响，特别是那些在生产过程中能够轻易地进行替代的*相关物品的价格*。如果一种替代品的价格上升，那么另一种替代品的供给就会下降。下面以美国农业生产为例进行说明。政府提高对乙醇汽油的补贴，以减少对进口石油的依赖。乙醇汽油的生产原料主要是玉米。玉米需求的增加（玉米需求曲线移动）导致玉米价格的上升。结果，农民势必生产更多的玉米，而减少大豆的生产；最后导致大豆的供给减少、价格上升。所有这些变动，都是出于为减少进口石油依赖而采行的补贴政策。

*政府政策*也会对供给曲线产生重大影响。我们刚刚讨论了乙醇汽油补贴和玉米生产之间的关系。环境和健康方面的考虑会决定采用何种技术，而税收和最低工资法会大大提高投入品的价格。政府外贸政策会对供给产生重要的影响。例如，美国按自由贸易协定向墨西哥鞋类开放市场后，美国的鞋类供给就会上升。

最后，*特殊因素*也会影响供给曲线。气候条件对农业和滑雪产业有着重要的影响。计算机行业以富有创新精神著称，这导致计算机产品日新月异。市场结构会影响供给，而对于未来价格的预期通常会对供给决策产生重大的影响。

表 3-4 以汽车为例，列举了决定供给的重要因素。

## 供给的移动

企业不断地改变其产品和劳务的组合。引起供给发生变动的背后的原因是哪些呢？

当物品价格之外的其他因素发生变动从而引起供给数量发生变动时，我们称这种变动为供给的变

| 影响供给曲线的因素 | 以汽车为例 |
|---|---|
| 1. 技术 | 计算机化生产降低了生产成本，增加了供给 |
| 2. 投入品价格 | 工资下降，导致生产成本下降，从而供给增加 |
| 3. 相关物品价格 | 如果卡车价格下降，则轿车供给会增加 |
| 4. 政府政策 | 取消进口汽车配额和降低关税，会增加汽车总供给 |
| 5. 特殊因素 | 互联网购物和竞价使消费者能以更低廉的成本比较经销商的销售价，迫使高成本卖家出局 |

表 3-4 供给受生产成本和其他因素影响

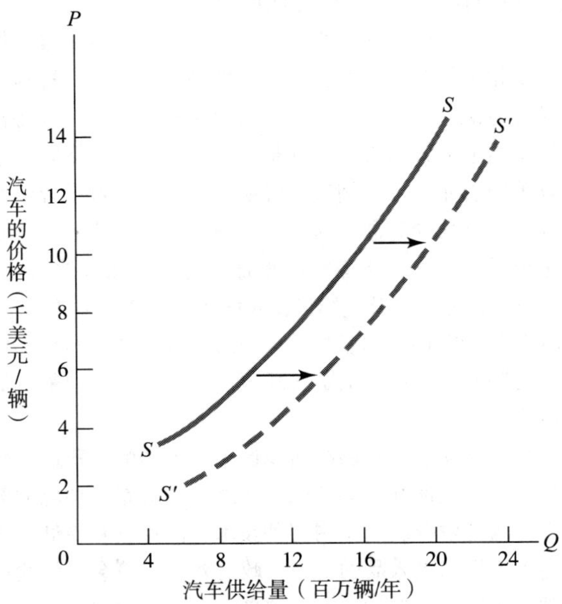


图 3-6 汽车供给的增加

生产成本下降时，汽车供给会增加。在每一价格水平上，生产者都会提供更多的汽车，供给曲线由此右移。（如果国会对汽车进口设立配额，则供给曲线会发生何种变化？）

动。从供给曲线看：在市场的每一价格水平上，当供给的数量增加（或减少）时，我们就说供给增加（或减少）。

当汽车的价格发生变动时，生产者当然也改变汽车生产的供给量，但这时供给和供给曲线却并没有发生变动。相反，只有在影响供给的其他因素发生变化时，供给才会发生变动，供给曲线也会因此移动。

我们不妨以汽车市场为例来说明供给曲线如何移动。如果引进了节约成本的计算机化的设计和生产方法，则会降低生产汽车的劳动需求量；如果削减汽车工人工资，如果日本汽车制造商的生产成本降低，或者如果政府放松了对汽车行业的某些管制规定，那么汽车的供给就会增加。这些因素中的每一个都会提高在每一价格水平上美国的汽车供给。图 3-6 说明了汽车供给的增加。

为了检验你是否理解了供给变动，请思考下列问题：如果沙特阿拉伯的革命战争导致了石油产量的下降，世界的石油供给曲线会受到什么样的影响？如果中国对美国的服装出口关税下降，服装的供给曲线将会发生怎样的变化？如果英特尔公司研究出一种可以大幅度提高计算速度的芯片，则计算机的供给曲线又会受到何种影响？

当回答上述问题时，你要切记沿着曲线的移动与曲线本身的移动之间的区别。回顾一下前文图 3-1 所示的汽油价格曲线。当石油价格上升，同时，由于 20 世纪 70 年代政治动荡而导致石油生产下降时，这些变动导致了供给曲线向内移动。当更高的价格导致石油销售量下降时，就会产生沿着需求曲线的移动。

由图 3-3 可见计算机的价格和数量的变动的历史，更像供给的变动，还是更像需求的变动？（本章最后的习题 8 将进一步讨论这个问题。）

你如何描述鸡肉价格上升导致的鸡肉生产增加的情况？又如何解释鸡饲料价格下降而引起鸡肉生产上升的情况？

## C. 供给和需求的均衡

到目前为止，我们一直孤立地分析供给和需求。我们知道在每一价格下人们愿意购买和销售的数量。我们已经看到，消费者对于玉米片、汽车和计算机的需求量是这些物品价格的函数。同样，生产者愿意供给这些物品和那些物品的数量也取决于它们的价格。而当我们把市场的这两个方面放在一起时，又会发生何种情况呢？

答案是：供给和需求的力量会相互作用，产生均衡的价格和均衡的数量，即市场均衡。*市场均衡发生在供给和需求力量达到平衡的价格与数量的点上。*在该点，买者所愿意购买的数量正好等于卖者所愿意出售的数量。之所以称这一点为均衡是因为：当供求力量平衡时，只要其他条件保持不变，价格就没有理由继续波动。

让我们分析表 3-5 中的玉米片的例子，看看供给和需求是如何决定市场均衡的；该表中的数据来自表 3-1 和表 3-3。为了找到市场价格和数量，我们发现，在某一价格上（我们需要找到一个价格，在这一价格水平上）愿意购买和愿意出售的数量正好相等。如果我们假定每盒的价格为 5 美元，那么这个价格水平能长期维持下去吗？显然不能。正如表 3-5 中 A 行所示，在 5 美元的价格水平，生产者每年愿意出售的数量是 1 800 万盒，而需求者仅仅愿意购买 900 万盒。在价格为 5 美元的条件下供给量超过了需求量，玉米片存货会堆积在超市里；由于购买得太少，而玉米片太多，所以玉米片的价格会趋于下降，正如表 3-5 中第（5）栏所示。

现在，我们假定每盒的价格为 2 美元。这一价格能够出清市场吗？看看表中的 D 行便可以发现，在 2 美元的价格下消费超过了生产。在这一价格水平，玉米片存货卖空。由于人们争相寻找他们愿意购买的玉米片，从而价格被抬高，如表 3-5 中的第（5）栏所示。

我们还可以继续考虑其他的价格水平，但是，我们还是很容易发现均衡价格为 3 美元，即表 3-5 中的 C 行。在价格为 3 美元时，消费者所愿意购买的数量正好等于生产者所愿意供给的数量，为 12 个单位。只有在价格为 3 美元时，消费者和供给者才会做出一致的决策。

> *在需求量与供给量相等的价格水平上，就会实现***市场均衡**（market equilibrium）*。在均衡点上，价格既没有上升的趋势，也没有下降的趋势。我们也称均衡价格为***市场出清价格**（market-clearing price）*。这意味着所有供给和需求的订单都已完成，账面上已经出清，需求者和供给者都得到了满足。*

## 供给曲线与需求曲线的均衡

我们通常用图 3-7 这样的供求图描述市场均衡，该图把图 3-5 中的供给曲线和图 3-2 中的需求曲线放在一起。由于这两个图在横轴和纵轴上采用了完全相同的单位，因此，我们可以把它们放在一起。

通过寻找使需求量等于供给量的价格水平，我们找到了市场均衡。*均衡价格发生在供给曲线与需求曲线的交点，即 C 点。*

我们如何知道供给曲线与需求曲线的交点就是市场均衡点呢？让我们重复先前的试验。我们从最初的每盒 5 美元的高价开始分析，这一价格表示在图 3-7 中纵轴的顶端。在这一价格水平上，供给者愿意出售的数量高于需求者愿意购买的数量。其结果是出现了过剩，即供给量超过了需求量，如图中标有“过剩”的线段所示。沿着两条曲线向下的箭头表示当市场存在着过剩时价格的运

**玉米片的需求和供给**

| | （1）<br>可能的价格<br>（美元 / 盒） | （2）<br>需求量<br>（百万盒 / 年） | （3）<br>供给量<br>（百万盒 / 年） | （4）<br>市场状态 | （5）<br>对价格的压力 |
|---|---|---|---|---|---|
| A | 5 | 9 | 18 | 过剩 | ↓向下 |
| B | 4 | 10 | 16 | 过剩 | ↓向下 |
| C | 3 | 12 | 12 | 均衡 | 中立 |
| D | 2 | 15 | 7 | 短缺 | ↑向上 |
| E | 1 | 20 | 0 | 短缺 | ↑向上 |

**表 3-5　均衡价格发生在需求量等于供给量之处**

表中显示了不同价格水平上的供给量和需求量。只有在每盒 3 美元的均衡价格时，供给量才等于需求量。价格太低会出现短缺，从而价格趋于上升；价格太高会造成过剩，从而迫使价格下降。

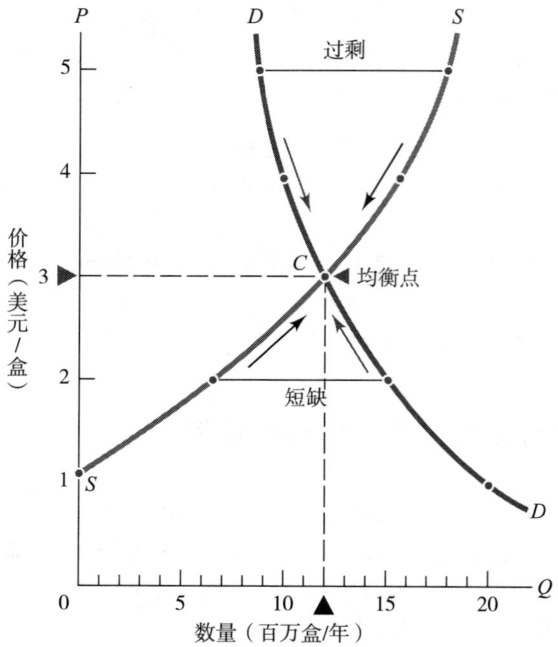


**图 3-7 市场均衡发生在供给曲线与需求曲线的交点**

市场均衡的价格和数量发生在供给曲线与需求曲线的交点。在 C 点，即 3 美元的价格水平上，企业愿意供给的数量等于消费者愿意购买的数量，当价格太低（如 2 美元时），需求量超过了供给量，出现了短缺，迫使价格上升到均衡水平。若在 4 美元的价格水平下，则会发生何种情况呢？

动方向。

在每盒 2 美元的低价上，市场出现了*短缺*，即需求量超过了供给量，如图中标有“短缺”的线段所示。在存在着短缺的情况下，购买者为得到有限的物品而展开的竞争引起价格上升，如图中向上的箭头所示。

现在，我们看到了供给与需求的平衡或均衡发生在供给曲线与需求曲线的交点，即 C 点。在 C 点，价格为每盒 3 美元，数量为 12 单位，需求量与供应量相等：既不存在短缺，也不存在过剩；价格既没有上升的趋势，也没有下降的趋势。在 C 点，而且只有在 C 点，供给与需求的力量才能达到平衡，价格也才能稳定在可以持续不变的水平上。

> 均衡价格与均衡数量发生在愿意供给的数量等于愿意购买的数量的水平上。在竞争市场上，这一均衡出现在供给曲线与需求曲线的交点上。在均衡价格水平上，市场上不存在短缺或过剩。

## 供给或需求的移动对均衡的影响

供给分析与需求分析，远不限于告诉我们均衡价格和均衡数量。它也能用于预测经济条件的变化对于价格和数量的影响。让我们换成面包的例子。假设一段时期的不良气候提高了面包的重要原料小麦的价格，从而使面包供给曲线向左移动。图 3-8（*a*）说明了这一情况。在该图中，面包的供给曲线从 *SS* 移动到 *S′S′*，而需求曲线却没有移动，因为无论收成好坏，人们每天对三明治都有同样的需求。

面包市场会发生何种变化呢？在原价格水平上，恶劣的天气最终使得面包商只能生产较少的面包，从而导致需求量超过了供给量。价格会因此上升，生产会得到刺激，因而在抑制消费降低需求量的同时，也提高了供给量。价格持续上升，直到需求量与供给量在新的均衡价格上再次达到相等时为止。

正如图 3-8（*a*）所示，新的均衡点发生在新的供给曲线 *S′S′* 与原来的需求曲线的相交点 *E′*。因此，农业欠收（或者供给曲线的任何向左移动）提高了价格，并且由于需求向下倾斜规律，需求量会降低。

假设，新的烤制技术降低了成本，从而增加了供给，即供给曲线向右下方移动。画出一条新的供给曲线 *S‴S‴*，以及与此相应的新的均衡点 *E‴*。那么，为什么均衡价格会下降，而均衡数量又会提高？

我们也可以用供给与需求原理考查需求变化如何影响市场均衡。假设家庭收入急剧增加，每个人因此想买更多的面包。这一变化在图 3-8（*b*）中表示为“需求的移动”。在这种情况下，在每一价格水平上，消费者都需要更多数量的面包。因此，需求曲线从 *DD* 向右移动到 *D′D′*。

在原来的价格水平上，需求的移动会产生面包短缺，接着会发生面包抢购。价格上升，直到供给与需求在较高的价格水平上恢复平衡。从图形上看，在图 3-8（*b*）中，需求的增加导致市场均衡从 *E* 移动到 *E″*。

在这两个移动（供给移动和需求移动）中，影响需求曲线或供给曲线的某个因素都发生了变化。在供给移动的例子中，可能是由于技术或投入品的价格发生变化。而在需求移动中，影响消费需求的诸因素（收入、人口、相关物品的价格、偏好）中的一个（或多个）发生了变化，需求表也因此发生变动（参见表 3-6）。

> 当影响需求或供给的诸因素发生变化时，就会

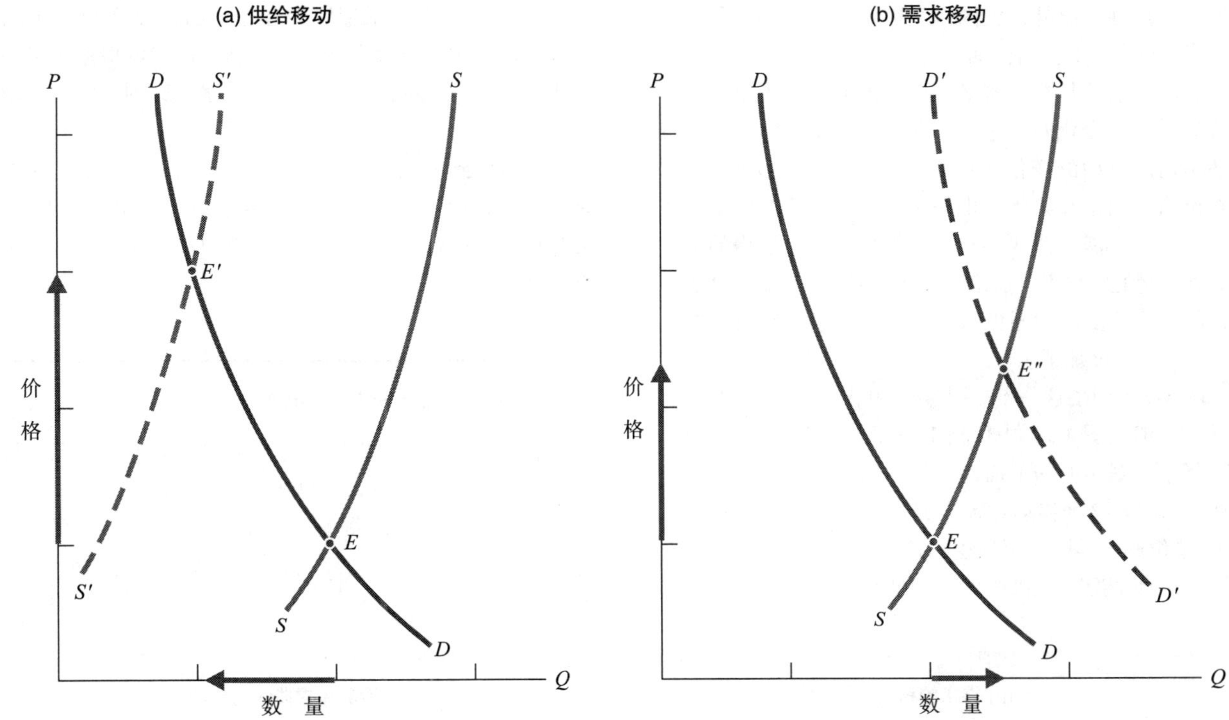


**图 3–8　供给或需求的移动改变了均衡价格和数量**

（a）如果供给曲线向左移动，初始价格水平上就会出现短缺，价格将会上升，直到愿意购买和出售的数量在新的均衡点 $E'$ 相等为止。（b）需求曲线向右移动会导致超额需求，随着均衡价格和数量向 $E''$ 移动，价格将会上升。

| | 需求和供给变化 | 对价格和数量的影响 |
|---|---|---|
| 如果需求上升…… | 需求曲线向右移动…… | 价格↑　数量↑ |
| 如果需求下降…… | 需求曲线向左移动…… | 价格↓　数量↓ |
| 如果供给上升…… | 供给曲线向右移动…… | 价格↓　数量↑ |
| 如果供给下降…… | 供给曲线向左移动…… | 价格↑　数量↓ |

**表 3–6　需求和供给的移动对价格和数量的影响**

导致需求或供给发生变动，并引起市场上的均衡价格和均衡数量也发生变动。

## 解释价格和数量的变动

如何解释价格和数量变化，这是一个重要问题。我们有时会听到："汽油需求并没有遵循需求向下倾斜的规律。2003 年到 2006 年，汽油价格飞速增长（见图 3-1），然而，美国汽油消费量只增不减。你们经济学家应该如何解释这种现象！"

在仔细分析供给和需求之前，我们不能给出一个明确的解释。但是，这个悖论最有可能的解释是*需求曲线发生了移动*，而不是单纯地沿着需求曲线移动。我们知道，中国和印度的经济飞速发展，大量进口石油，导致全球石油需求增加。此外，美国汽车数量剧增，燃油利用率又下降，也导致美国对汽油的需求增加。

经济学家总是在回答诸如此类的问题：当市场上价格或数量发生变化时，这种情况是反映了供给方面的变化还是需求方面的变化？有时，在简单的情形下，同时考查价格和数量会给你提供一条线索：究竟是供给曲线移动了，还是需求曲线移动了。例如，面包价格的上升伴随着数量的*减少*表明供给曲线向左移动（供给下降了）。价格的上升伴随着数量的*增加*则表明需求曲线可能向右移动了（需求增加了）。

图 3-9 说明了这一点。图（*a*）和图（*b*）中，数量都上升了。但是图（*a*）中价格上升了，而图（*b*）中价格却下降了。图 3-9（*a*）描绘的是需求增加，即需求曲线移动的情况。这种移动导致均衡的需求量由 10 单位增加到 15 单位。图 3-9（*b*）描绘的是沿着需求曲线移动的情况。在这种情况下，供给的移动使得市场均衡从 *E* 点移动到 *E*″ 点。结果，需求量从 10 单位增加到 15 单位。但是，在这个例子中需求没有变动，而是当消费者根据价格的变动，沿着他们的需求曲线从 *E* 变动到 *E*″ 时，需求量增加了。

不妨回到前文关于 2003~2006 年汽油消费量变化的讨论中。请解释：为什么这种情况最好是由图 3-9（*a*）去解释。还请解释：需求向下倾斜的规律在汽车市场中仍然成立。

---

**微妙的均衡概念**

“均衡”是经济学中最难以掌握的概念之一。日常生活中所见的现象应该让我们对均衡概念相当熟悉，例如，放在碗底的桔子，或是静止了的钟摆，都可以看做是一种均衡状态。

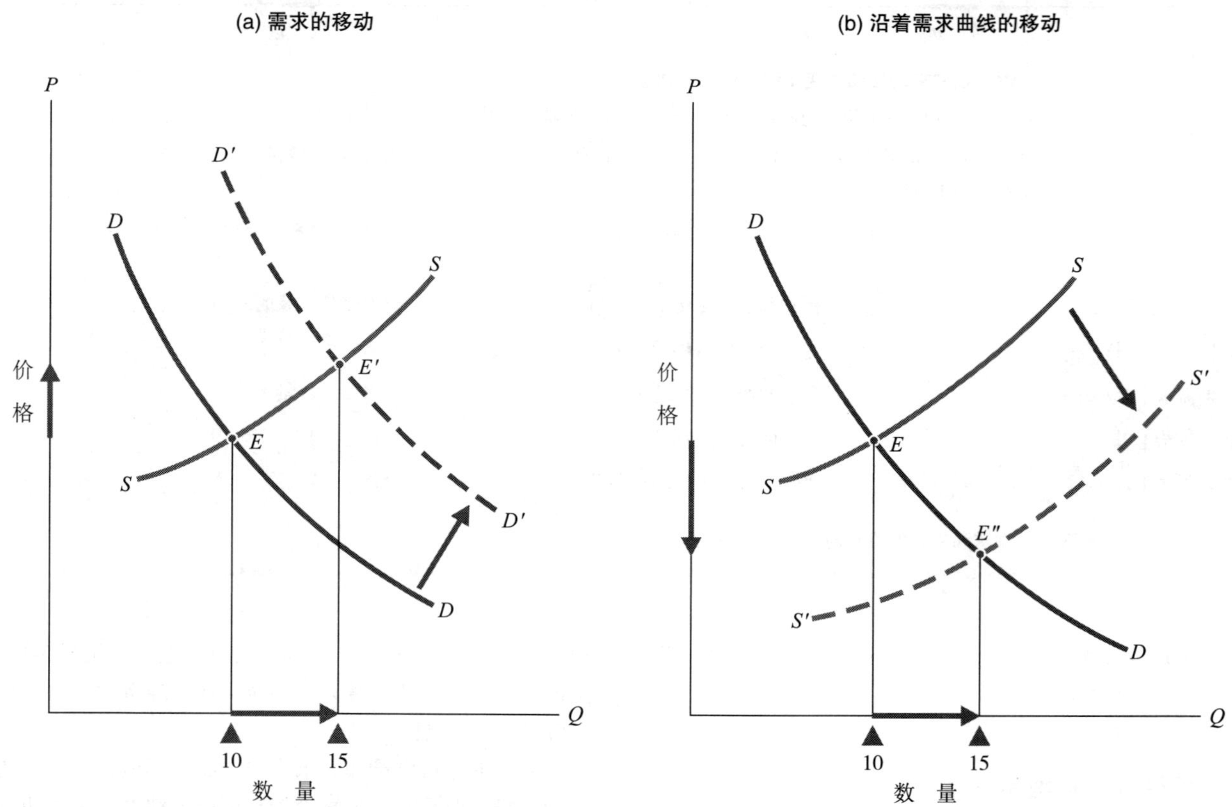


**图 3–9 曲线的移动与沿着曲线的移动**

初始均衡点为 *E*，数量为 10 单位。在（a）中，需求的增加（即需求曲线的移动）形成了一个新均衡点 *E*′，数量为 15 单位。在（b）中，供给的移动导致了沿着需求曲线的移动，均衡点从 *E* 移动到 *E*″。

在经济学中，均衡意味着市场运作中不同力量处于平衡，从而价格和数量使购买者和供应商的愿望达成一致。价格太低意味着各种力量尚未平衡——吸引需求的因素比吸引供给的因素更有力，因而存在超额需求或短缺。我们知道竞争市场是一种形成均衡的机制。如果价格太低，需求者会争相购买，抬高价格，直至达到均衡为止。

然而，均衡概念似乎具有某种诡辩性。正如一位权威所论断："不要同我谈什么供给和需求的均衡。石油的供给总是等于石油的需求。你找不出二者的差异。"从会计的角度来看，这位权威的确有理。石油生产者记录的销售量显然恰好等于石油消费者记录的购买量。但是这种算术结论并不能否定供给和需求的规律。更重要的是，如果我们没有理解经济均衡的实质，我们就无法理解各种因素是如何作用于市场及其发生作用的方式和程度。

在经济学中，我们对于能够出清的市场的销售量，即均衡数量很感兴趣。我们还想知道消费者愿意购买的数量与生产者愿意出售的数量恰好相等的价格水平。只有在这一水平上，买者和卖者才会同时达到满足。也只有在这一价格水平上，价格和数量才不会继续有变动的趋势。因此，只有当我们了解了供求均衡时，我们才能理解这样一些悖论：移民也许不会降低所移入城市的工资；土地税也许不会提高租金；以及收成不好反而有可能提高（的确是提高）农民的收入。

## 供给、需求和移民

供求分析中一个迷人、重要而又十分复杂的例子是移民在决定工资方面的作用。如果你向人请教这个问题，他们可能会告诉你加州和佛罗里达州的移民确实降低了当地人的工资。原因就在于供给和需求。他们也许会请你去看图 3-10（*a*），该图说明了关于移民的一项供求分析。根据这一分析，移民使得该地区劳动供给曲线向右移动，从而压低了工资。

严谨的经济学研究对这个简单的推理表示怀疑。最近，一项实证研究得出结论说：

> 移民对于当地劳动市场的影响很微弱。没有证据表明当地人在就业等经济方面有重大损失。大部分实证研究……发现移民占总人口的比重每增加

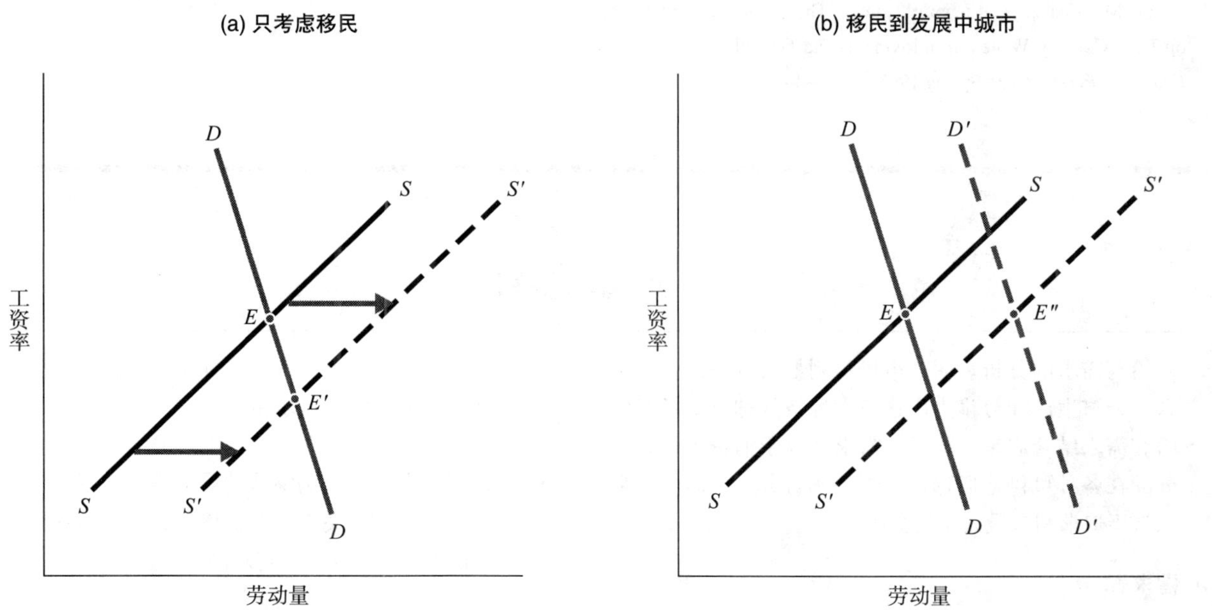


**图 3-10　移民对工资的影响**

在（a）中，新移民使得劳动供给曲线由 *SS* 移动到 *S′S′*，降低了均衡工资。但更常见的是，移民进入到劳动市场发展城市，如（b）所示，如果在该劳动市场上，供给的增长是随着需求的增长而来的，那么工资的变化则非常小。

10%，最多只会使当地的工资下降 1%。[1]

怎样解释移民对工资的影响为何如此之小？劳动经济学家强调美国人口具有很强的流动性，这就意味着新移民很快就会散布到整个国家。移民一旦成功，通常会流入到他们有可能找到工作的城市——也就是说，劳动者倾向于迁往那些经济发展强劲从而对劳动的需求增加的地方。

图 3-10（*b*）描绘了这种可能性，在供给曲线移动到 *S'S'* 的同时，需求曲线向右移动到 *D'D'*。新的均衡工资 *E''* 点，与原工资水平 *E* 点相当。另一种可能性是当移民迁入时，当地出生的居民出现迁出，因此劳动总供给并没有变动。这将使劳动供给曲线停留在初始的位置上，从而工资不会发生变动。

在说明供给需求理论工具有实证能力的时候，移民问题是一个很好的例子。

## 通过价格进行分配

现在，让我们思考一下市场机制的成就。通过决定所有投入和产出的均衡价格和均衡数量，市场将社会的稀缺品配置或配给到各种可能的用途中。谁进行配给？计划委员会、国会，还是总统？都不是，答案是市场。它通过供求的相互作用进行了这种配给。这就是所谓的**用钱包进行配给**（rationing by the purse）。

**生产什么**物品？这一问题将由市场价格信号做出回答。较高的玉米价格刺激了玉米生产，而较低的电脑价格则刺激对电脑的需求。那些拥有最多货币选票的人，对于生产什么物品往往最具有影响力。

**为谁**生产物品？钱包的力量决定了收入和消费的分配。那些拥有高收入的人会得到更大的房子、更多的衣服以及更长的假期。有钱做后盾时，那些最迫切的需求通过需求曲线都能得以实现。

就连**如何**生产的问题也取决于供给和需求。当玉米价格较高时，农民有可能使用昂贵的拖拉机和灌溉系统。当石油价格很高时，石油公司甚至会到海上进行深钻，以利用最新的勘探技术寻找新的油田。

通过本章关于供给和需求的讨论，我们已经了解：对物品的欲望（体现在需求中）如何与物品的成本（体现在供给中）相互作用。进一步学习将会加深我们对于这些概念的理解，并说明如何将这一工具应用到其他重要的领域中。尽管这只是一种初步的讨论，但它也能为我们解释现实经济世界提供一种必备的工具。

[1] Rachel M. Friedberg and Jennifer Hunt, "The Impact of Immigrants on Host Country Wages, Employment, and Growth," *Journal of Economic Perspectives*, Spring 1995, pp. 23–44.

## 总结提要

1. 供给与需求的分析表明，市场机制如何解决了生产什么、如何生产和为谁生产这三大经济问题。市场将供给和需求结合起来。其中，需求来自于消费者将收入分配在各种可供他们选择的物品和劳务上，而供给则来自于追求利润最大化的企业。

**A. 需求表**

2. 需求表说明，在其他条件保持不变的情况下，某一物品的需求量与其价格之间的关系。在其他条件如家庭收入、偏好和其他物品的价格等不变时，用图形表示的这样一种需求表便是需求曲线。几乎所有的物品都遵循**需求向下倾斜规律**。该规律表明，当一种物品的价格上升时，它的需求量会下降。这一规律用向下倾斜的需求曲线来反映。
3. 许多因素存在于市场整体的需求表的背后：家庭平均收入、人口、相关物品的价格、偏好和特殊因素。当这些因素发生变化时，需求曲线会发生移动。

**B. 供给表**

4. 供给表（或供给曲线）给出了在其他条件不变时，生产者愿意出售的一种物品的数量与该物品的价格之间的关系。一般说来，供给量与价格之间存在着正相关关系，因此，供给曲线向右上方倾斜。

5. 物品价格之外的其他因素也会影响供给。其中最重要的因素是商品的生产成本，它取决于技术状况和投入品的价格。影响供给的其他因素还包括：相关物品的价格、政府政策和特殊因素等。

C. 供给和需求的均衡

6. 在竞争市场上，供给与需求的均衡发生于供给与需求的力量处于平衡的价格水平上。均衡价格就是需求量正好等于供给量的价格。在图中，均衡价格发生在供给曲线与需求曲线的交点处。在高于均衡价格的价格水平上，生产者愿意供给的数量高于消费者愿意购买的数量，从而会出现物品过剩，对价格施加向下的压力。同样，太低的价格会产生物品短缺，购买者因此出高价购买，促使价格上升到均衡价格。

7. 供给曲线和需求曲线的移动改变了均衡的价格和数量。需求的增加，即需求曲线向右移动，会提高均衡的价格和产量。供给的增加，即供给曲线向右移动会降低价格并提高需求量。

8. 要想正确使用供求分析方法，我们必须注意：(*a*) 区分需求或供给的变动（它表示曲线的移动）与需求量或供给量的变动（它表示沿着曲线的变动）；(*b*) 保持其他条件不变，这就要求将物品价格变化的影响与其他因素变化的影响区别开来；(*c*) 识别供求均衡，它位于影响价格和数量的各种力量相互平衡的点上。

9. 竞争决定的价格将有限的物品分配到需要它们的人们的手中。

## 概 念 复 习

供给与需求分析
需求表或需求曲线，*DD*
需求向下倾斜规律
影响需求曲线的因素
供给表或供给曲线，*SS*
影响供给曲线的因素
均衡价格和均衡数量
供给曲线和需求曲线的移动
保持其他条件不变
通过价格进行分配

## 补充读物和互联网站

### 补充读物

Supply-and-demand analysis is the single most important and useful tool in microeconomics. Supply-and-demand analysis was developed by the great British economist Alfred Marshall in *Principles of Economics,* 9th ed. (New York, Macmillan, [1890] 1961). To reinforce your understanding, you might look in textbooks on intermediate microeconomics. Two good references are Hal R. Varian, *Intermediate Microeconomics: A Modern Approach,* 6th ed. (Norton, New York, 2002), and Edwin Mansfield and Gary Yohe, *Microeconomics: Theory and Applications,* 10th ed. (Norton, New York, 2000).

A recent survey of the economic issues in immigration is in George Borjas, *Heaven's Door: Immigration Policy and the American Economy* (Princeton University Press, Princeton, N.J., 1999).

### 互联网站

Websites in economics are proliferating rapidly, and it is hard to keep up with all the useful sites. A good place to start is always *rfe.org/.* A good starting point for multiple sites in economics is *rfe.org/OtherInt/MultSub/index.html,* and the Google search engine has its own economics site at *directory.google.com/Top/Science/Social_Sciences/Economics/.* Another useful starting point for Internet resources in economics can be found at *www.oswego.edu/~economic/econweb.htm.*

You can examine a recent study of the impact of immigration on American society from the National Academy of Sciences, *The New Americans* (1997), at *www.nap.edu.* This site provides free access to over 1000 studies from economics and the other social and natural sciences.

## 问题讨论

1. a. 仔细定义需求表或需求曲线。表述需求向下倾斜规律。用两个你自己经历的事例说明需求向下倾斜规律。
   b. 定义供给表或供给曲线。说明供给的增加意味着供给曲线向右下方移动。把它与需求增加所意味的需求曲线向右上方的移动做一下比较。
2. 什么因素可能增加汉堡包的需求？什么因素可能增加其供给？廉价的冷冻比萨饼对于汉堡包的市场均衡会产生何种影响？对于在麦当劳工作的青少年的工资又会产生何种影响？
3. 阐明竞争市场的价格在供给与需求的均衡点上稳定下来的理由。如果市场初始价格过高或过低，那么请分别描述由此发生的情况。
4. 说明下列表述错误的理由：
   a. 巴西的咖啡作物欠收会降低咖啡的价格。
   b. “保护”美国纺织品供应厂商免于中国纺织品的竞争会降低美国市场上纺织品的价格。
   c. 大学学费的迅速上升会降低对大学教育的需求。
   d. 通过加强禁止贩运可卡因而展开的反毒品斗争，会降低国内生产的大麻的价格。
5. 供给与需求的四条规律如下，填空，并用供给和需求图论证每一条规律。
   a. 需求的增加通常会提高价格和需求量。
   b. 需求的下降通常会______价格和______需求量。
   c. 供给的增加通常会降低价格和提高需求量。
   d. 供给的减少通常会______价格和______需求量。
6. 在下列各题中，阐明需求量的变化是由于需求的变动还是由于价格的变化而产生的，并绘图说明你的答案。
   a. 减少军事开支的结果是军用靴的价格下降。
   b. 在教皇允许天主教徒在星期五可以吃肉之后，鱼的价格下降。
   c. 汽油税的增加降低了汽油消费。
   d. 14 世纪黑死病袭击欧洲后，工资上升。
7. 考查显示汽油价格的图 3-1，然后用供求图说明下述情况对需求价格和数量的影响。
   a. 20 世纪 60 年代，运输的改善降低了美国进口石油的成本。
   b. 1973 年战争之后，石油生产者大幅度削减石油的生产。
   c. 1980 年后，小型汽车每加仑行驶公里数上升。
   d. 1995~1996 年冬季空前寒冷，意外地增加了人们对取暖用油的需求。
   e. 21 世纪初全球经济复苏导致石油价格急剧上升。
8. 观察图 3-3，此价格数量关系看起来更像供给曲线还是需求曲线？假设需求曲线在此期间内不变，绘出 1965 年和 2008 年的供给曲线，这些年份必将出现交点（$P$, $Q$）。解释什么力量促使供给曲线移动？
9. 根据下列数据，绘出供给曲线和需求曲线并确定均衡价格和均衡数量：

比萨饼的供给和需求

| 价格（美元 / 个） | 需求的数量（每学期的比萨） | 供给的数量（每学期的比萨） |
|---|---|---|
| 10 | 0 | 40 |
| 8 | 10 | 30 |
| 6 | 20 | 20 |
| 4 | 30 | 10 |
| 2 | 40 | 0 |
| 0 | 125 | 0 |

如果在每一价格水平上对比萨饼的需求增至 3 倍，则将会发生什么？如果比萨饼的初始定价是每个 4 美元，则又将发生什么？

第二编

# 宏观经济学：经济增长与商业周期

# 宏观经济学概述

# 第 4 章

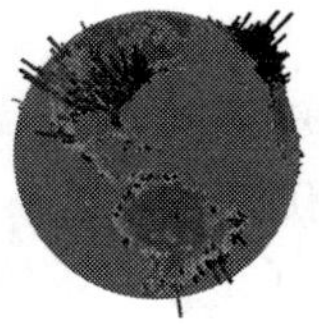

发展经济的全部目的无非是为现在和将来提供商品或服务。证明这一点的义务，我认为最好是永远交给那些宁肯少生产一些而不是多生产一点的人，那些宁肯让人力、机器或土地等生产要素闲置起来的人。但令人吃惊的是，我们竟然能够听到如此之多的为浪费辩解的理由，诸如担心通货膨胀抬头、国际收支逆差、预算收支失衡、国家债务过重以及对美元信心的丧失，等等。

**——詹姆斯·托宾**

《国民经济政策》

---

找份工作是困难还是容易？实际工资和生活水平是否正在迅速提高，或者由于通货膨胀降低了实际工资，消费者是否正拮据地量入为出？经济是否处在股价快速攀升的金融繁盛时期？或者中央银行是否正运用货币政策以竭力摆脱房价下滑和金融危机的影响？全球化和对外贸易如何影响国内的就业与产出？以上都是宏观经济学的核心问题，也是随后各章节所讨论的主题。

在开始学习之前，请记住，**宏观经济学**（macroeconomics）是将整个经济运行作为一个整体来进行研究的，所考查的是影响企业、消费者和工人的总体因素；相反，**微观经济学**（microeconomics）所研究的却是单个产品的价格、数量和市场。

研究宏观经济学以两大核心命题为主要线索：

- 产出、就业、金融环境和价格的短期波动，也即所谓的商业周期；
- 产出和生活水平的长期变动趋势，也即所谓的经济增长。

20 世纪经济学的一项主要突破是宏观经济学的发展。它促使人们更好地理解如何应对周期性经济危机和刺激经济长期增长等方面的问题。面对大萧条，约翰·梅纳德·凯恩斯创立了自己的革命性理论，它有助于揭示经济波动的决定因素，并就政府如何控制商业周期中最严重的生产过剩问题提出了对策。与此同时，经济学家也一直致力于讨论长期增长的机制问题。

宏观经济问题在 20 世纪的大部分时间里主导了美国的政治和经济的发展进程。20 世纪 30 年代，当美国以及几乎所有的工业国的生产、就业和价格体系出现瘫痪等问题时，经济学家和政治领导人都在大萧条中艰难地摸索。60 年代的越南战争和 70 年代的能源危机，给美国带来了棘手的问题——“滞胀”，低增长、高通胀并存。90 年代迎来了高增长、低失业率和低通货膨胀的黄金时期——这一不寻常的时期被称为经济学的“新时代”。然而，在 21 世纪第一个十年中，资本市场的泡沫就曾两次破灭。第一次冲击是在 2000 年，科技股的价格急剧下降；接来下的就是 2007 年之后的房价猛跌。2007~2009 年的房价下跌引发了一场深重的金融危机，进而导致了经济长期严重衰退。

宏观经济失败有时候会关系到一个国家乃至意识形态的生死存亡。前苏联领导人曾夸口在经济上超过西方。历史证明这只是一句空洞的宏观经济口号。因为，俄罗斯这个拥有丰富的自然资源和强大的军事力量的国家，在向其军队提供精良的军事装备的同时，并不能向其国民提供丰富的黄油。结果，宏观经济政策的失败导致了苏联解体、东欧剧变，并使得人们相信：只有用私人市场去控制经济，才是刺激经济增长的最佳途径。

本章介绍宏观经济学，阐释其基本概念和理论要点，以及如何用它们解释近年来许多非常重要的历史问题和政策问题。但这只是一个吊您胃口的介绍，在掌握了第二编到第四编的各章内容之后，您才有可能尽情地享用宏观经济学的盛宴。它既是经济政策灵感的源泉，也是宏观经济学家们无休止争论的领域。

## A. 宏观经济学的基本概念

### 宏观经济学的产生

20 世纪 30 年代，凯恩斯率先解释引致大萧条的经济机制，标志着现代宏观经济学的创立。二战以后，鉴于凯恩斯主义的影响不断扩大和对于下一次大萧条的恐惧，美国国会正式宣布授权联邦政府担负起稳定宏观经济增长的责任。1946 年国会通过的《就业法》是一个里程碑，其内容包括：

> 国会在此申明，联邦政府持续的政策和责任，是使用与其需要和义务相一致的一切可行的方法……来实现就业、生产和消费的最大化。

这说明国会第一次明确了政府在促进增长、就业和维持价格稳定方面的作用。《就业法》很好地拟定了宏观经济学中的三个核心问题：

1. 为什么产出和就业会不时地下降？怎样才能减少失业？所有市场经济都会经历既有扩张又有收缩的商业周期。美国商业周期的最近一次衰退发生于一场严重的金融市场危机之后。该危机始于 2007 年，房价和股价猛跌，银行则收紧了信贷。从而导致了产出和就业率的急剧跌落。全球的政治领袖们都在运用货币和财政工具来减少失业和刺激经济。

   各国不时出现长期持续的高失业率，有时甚至会长达 10 年。美国 1929 年开始的大萧条就是如此。在随后的几年里，失业人口竟上升到了占整个劳动人口的近 1/4，工业生产竟下降了一半。在现代，最深重持久的一次经济衰退发生在日本，20 世纪 90 年代之后的日本面临着物价下跌，且难以摆脱高失业和缓慢的经济增长。

   宏观经济学致力于研究这种持续失业和高通胀的根源。在分析这些现象之后，宏观经济学家给出了各种对策，如运用货币政策来改变利率和信贷条件，或者使用财政工具如税收和政府支出。千百万人的生活和财富都依赖于经济学家能否对宏观经济的重大创伤作出正确诊断，以及政府能否及时地对症下药。

2. 通货膨胀的原因是什么？如何控制它？市场经济将价格视为衡量经济价值的尺度和引导商业行为的手段。而在价格上升时期（这种现象叫“通货膨胀”），这个尺度势必失去意义。在高度通货膨胀时期，人们可能会对物品的相对价格感到困惑，在消费和投资的决策上也容易犯错误。税收负担上升，固定收入的家庭就会发现通货膨胀正蚕食其真实收入。

   结果，在宏观经济政策制定过程中，稳定的低通胀日益成了需要强调的目标。许多国家在制定经济政策时都设定了“通胀目标”，这些目标通常为每年 1% 到 3%。在过去的 20 年里，除了有一些短暂的物价上涨之外，美国成功地控制住了通胀，使得消费者物价指数的年通胀率平均为 3%。而很多国家却没有做到这一点。例如，俄罗斯，还有一些拉美国家和发展中国家，每年的通货膨胀率为 50% 或 100%，在 20 世纪 80 年代和 90 年代早期甚至达到 1 000%。在过去几年里，混乱的津巴布韦创下了通胀纪录，其 2008 年的通胀率达到了每年 20 000 000%。这样，一只鸡年初的时候值 1 万辛巴威元，到年末的时候就值 10 万亿辛巴威元。为什么美国能把通货膨胀这只老虎关在笼子里而津巴布韦却不能呢？宏观经济学建议可以采用适当的财政政策、货币政策、汇率政策，以及建立独立的中央银行等手段，以控制和解决通货膨胀问题。

3. 一国如何提高经济增长率？宏观经济学最重要的目标是关注一国的长期经济增长，这里的经济增长指的是一国单位资本的产出的增长。单位资本的产出的增长是决定其实际工资和生活水平增长率的关键因素。北美和西欧的大多数国家曾经历了两个世纪的快速增长，从而这些国家的居民也享有较高的平均收入。在过去的 50 年中，亚洲的一些国家和地区，如日本、韩国和中国台湾，使其国民生活水平有了极大的提高。近年来，中国大陆同样也取得了显著增长。不过也有少数一些国家，尤其是非洲撒哈拉以南的国家，一直饱受着人均产出和生活水平下降的折磨。

这些国家都希望知道，成功地保持经济增长的良方和对策究竟是什么。经济历史学家发现长期经济增长的关键因素包括：大多数经济活动基于井然有序的私人市场、稳定的宏观经济政策、高储蓄率和投资、开放的国际贸易，以及清廉和负责的政府机构。

所有的经济都必然面临这些目标之间的权衡问题。长期产出增长率的提高要求对教育和资本有大量的投资，而更多的投资又势必要减少对食品、服装和娱乐等当前的消费。此外，在经济增长过快，或者金融环境呈现非理性繁荣的时候，政策制定者往往不得不采用宏观政策来抑制经济增长，以防止出现通货膨胀。

没有任何一个神奇的公式可以确保达到稳定的低通胀、高就业以及快速的经济增长；要实现哪些目标，以及采用哪些合适的政策措施来达到这些目标，宏观经济学家们对此存在激烈的争论。但是一个国家若想以最有效的方式实现其经济目标，则选择适当的宏观经济政策将是至关重要的。

### 宏观经济学的创始人

宏观经济政策每一课题的讨论都必须从约翰·梅纳德·凯恩斯（John Maynard Keynes，1883~1946）开始。凯恩斯在许多方面都是一个天才。他在数学、哲学、文学等领域都有若干建树。另外，他还分身有术，经营一家大的保险公司，出任英国财政部顾问，协助管理英格兰银行，编辑一本世界闻名的经济学杂志，收集现代艺术品和珍本图书，还创立过一家巡回剧院，并娶了一位俄国最著名的芭蕾舞演员。他还是一位精通投机赚钱之道的投资家，不仅是为了自己，而且也为他所在的剑桥大学国王学院（King's College）赚过大钱。

然而，凯恩斯主要的贡献还是首创了宏观经济学和宏观经济政策的新研究方法。在凯恩斯以前，大多数宏观经济学家和政策制定者都认为，商业周期的高峰和低谷的到来如潮汐一般不可避免。长时期形成的观点使得他们在 20 世纪 30 年代大萧条面前茫然无措。凯恩斯 1936 年《就业、利息与货币通论》一书对上述问题提出了极具创造性的解释。凯恩斯有两点重要的论述：首先，市场经济中高失业率和未被完全利用的生产能力有可能长期并存；其次，认定政府的财政政策和货币政策能够影响产出，从而能够降低失业率并缩短经济衰退。

由凯恩斯首次提出的这些观点具有爆炸性效果，曾引发无数的反对和争议。二战后，凯恩斯学派的经济学开始在宏观经济研究和政府政策制定等领域占据主导地位。后来，伴随着经济学对关于供给因素、预期、工资及价格变动的研究成果的吸纳，凯恩斯主义早年一统天下的局面开始动摇。凯恩斯主义的经济学曾经保证：政府的行为可以消除商业周期，但现在已经很少有经济学家还在坚持这样一种观点。应该说，经济学和经济政策都时过境迁，已经不再是凯恩斯的伟大发现所处的那个时代。

| 目　标 |
|---|
| **产出：** |
| 　高水平产出及快速增长 |
| **就业：** |
| 　高就业，低非自愿失业 |
| **价格稳定** |
| **工　具** |
| **货币政策：** |
| 　买卖债券，管理金融机构 |
| **财政政策：** |
| 　政府支出 |
| 　税　收 |

**表 4–1　宏观经济政策的目标和工具**

上栏是宏观经济政策的主要目标，下栏是现代经济中可运用的主要的政策工具。政策制定者可以改变政策工具来影响经济活动的节奏和方向。

## 宏观经济学的目标和工具

有了关于宏观经济学基本问题的整体印象之后，我们现在讨论宏观经济政策的主要目标和工具。经济学家如何从整体上评价经济的运作绩效？政府能用哪些工具去实现其经济目标？表 4-1 列出了宏观经济政策主要的目标和工具。

### 经济成就统计

宏观经济的主要目标是高水平的和快速增长的产出率、低失业率和稳定的价格水平。以下我们给出宏观经济的关键术语的定义，并讨论其重要性。下一章我们将详细讨论宏观经济学的数据，一些关键数据可参见本章附录。

*产 出* 经济活动的最终目标是向人们提供所需要的物品和服务。对于一国经济来讲，还有什么东西能比为居民提供足够的住房、食品、教育和娱乐更为重要的呢？

一国经济总产出最全面的指标是**国内生产总值**（gross domestic product, GDP）。GDP 指的是一国在一年内所生产的所有的最终物品和劳务（啤酒、轿车、摇滚音乐会、旅行等）的市场价值之和。衡量 GDP 的方法有两种：名义 GDP，用现实市场价格衡量；实际 GDP，按固定价格或不变价格来进行统计［我们用汽车数量乘以某一年（如 2000 年）的汽车价格，来计算该年份汽车部门所创造的实际 GDP］。

实际 GDP 是衡量产出的最近似的指标，它们被用来仔细地监测一国经济的脉搏。图 4-1 是自 1929 年以来美国实际 GDP 的增长率。该增长率的定义为：

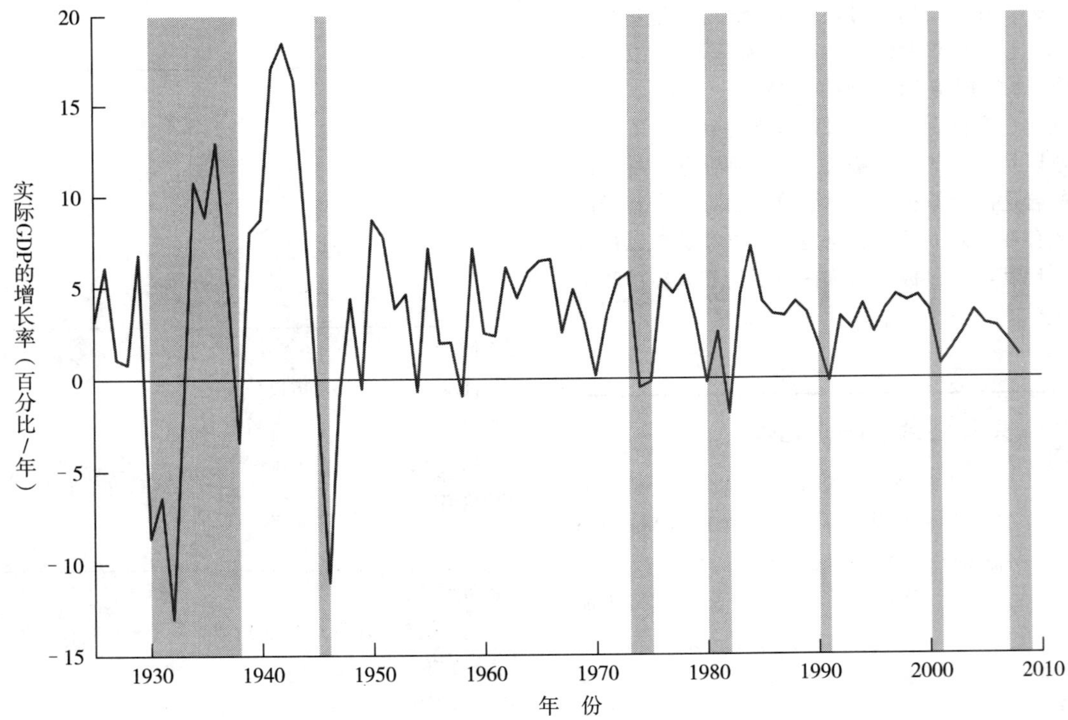


**图 4-1 1929~2008 年美国的实际国内生产总值的增长率**

实际 GDP 是经济产出的最综合的统计指标，图中给出了每年到下一年的增长率。请注意 20 世纪 30 年代大萧条期间连续的负增长率。同时，我们也可以看到，在过去几年的大稳健时期，产出比前面的时期更平稳。

资料来源：U.S. Bureau of Economic Analysis at www.bea.gov. 图中阴影部分是主要的经济衰退时期。

$$第 t 年实际 GDP 的增长率（\%）= 100 \times \frac{GDP_t - GDP_{t-1}}{GDP_{t-1}}$$

比如，2006 年实际 GDP 为 112 948 亿美元，2007 年为 115 239 亿美元（都以 2000 年的价格计算）。计算表明，2007 年实际 GDP 的全年增长率为 2.0%。确保你会进行上面的计算，这将是有益的。请注意，20 世纪 30 年代大萧条时期经济急剧下降，第二次世界大战期间经济急速增长，以及 1974、1982、1991 和 2008 年的经济衰退。

尽管商业周期中存在短期波动，但从长期看，发达国家的经济一般都呈现出实际 GDP 长期、稳定的增长和生活水平的改善，这种过程被称做经济增长。在过去的一个多世纪中，美国经济已经证明了它本身就是推动经济增长的强有力的发动机。这可以从潜在产出的增长上得到证实。

**潜在 GDP**（potential GDP）是指一国经济所能持续生产的最大产出水平。当一国经济按照其潜在生产能力运行时，劳动力和资本就会得到充分利用。当产出高于潜在产出时，通货膨胀将上升；而低于潜在产出的产出水平则容易导致高失业率。

潜在产出是由一个经济的生产能力来决定的，后者又是由可获得的投入（资本、劳动、土地等）和该经济的技术效率来决定的。潜在 GDP 多呈现缓慢而稳定的增长，因为像劳动和资本这样的投入以及技术水平的变化是缓慢的。相反，如果支出模式急剧变化，则实际 GDP 会随商业周期出现大的变动。

在商业周期的低迷时期，实际 GDP 下降至潜在产出水平以下，并且伴随着失业率的上升。例如，在 1982 年，美国经济的实际产出比潜在产出少了大约 4 000 多亿美元。这意味着，仅仅在这一年中，美国每个家庭就损失

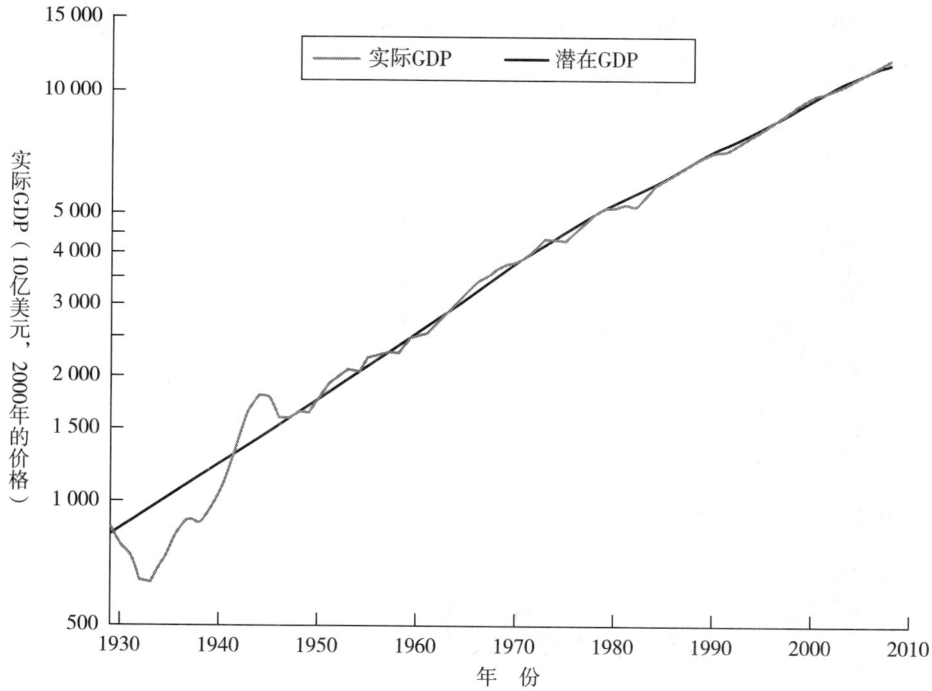


**图 4-2 美国的实际 GDP 与潜在 GDP**

当实际产出偏离潜在产出时，就会出现商业周期。比较平滑的曲线表示 1929~2008 年的潜在或趋势性的产出水平。潜在产出每年增长约 3.4%。请注意 20 世纪 30 年代大萧条时实际 GDP 与潜在 GDP 之间的巨大缺口。

资料来源：U.S. Bureau of Economic Analysis, Congressional Budget Office, and authors' estimates. 注意，实际 GDP 数据是依据有关基础统计数据直接估算出来的，而潜在产出水平只是从实际 GDP 和失业数据中推论出的分析性概念。

了5 000美元。当总产出、收入和就业连续数月明显下降，经济中很多部门出现普遍收缩，则这种经济下降被称为衰退。更严重的持续的经济低迷则被称为萧条。当经济繁荣和战争时期生产能力被开发到极限时，实际产出水平有可能在短时期内高于其潜在的产出水平，但这样高的设备利用率可能会带来通货膨胀的压力，通常情况下又不得不利用货币政策或财政政策来制止通货膨胀的上升。

图4-2是对1929~2008年间潜在的和实际的产出水平的估计。请注意，30年代大萧条时潜在产出与实际产出之间的巨大缺口。

***高就业，低失业*** 在所有宏观经济指标中，就业率和失业率最直接地被人感知。人们希求不用等太长时间就能找到一份收入丰厚的工作，当找到工作时他们还希求工作保障和良好的福利。用宏观经济学术语表达，这个最直接的目标就是高就业，与此相对应的则是低失业。图4-3显示的是过去80年间失业的变动趋势。纵轴所表示的**失业率**（unemployment rate）指的是没有被雇佣的劳动力的百分比。劳动力包括所有就业人员和正在寻找工作的失业者，不包括那些没有工作但又不打算寻找工作的人。

失业率变动与商业周期趋向一致：当产出下降时，对劳工的需求下降，失业率上升。20世纪30年代的大萧条中，失业愈演愈烈，有1/4的劳动力处于闲置状态。二战以来，美国的失业率不断波动，但避免了与经济萧条相伴的高失业水平。

***价格稳定*** 宏观经济政策的第三大目标是保持价格稳定。价格稳定指的是稳定的低通胀率。

政府部门统计人员使用**价格指数**（price index）——总体价格水平的衡量指标来描述价格的变动轨迹。一个重要的例子就是**消费者价格指数**（consumer price index，CPI，也译作消费物价指数——译者注），它度量的是消费者所购买的商品或服务的平均价格的趋势。总体价格水平常用字母$P$来表示。

经济学家通过观察**通货膨胀**或者**通货膨胀率**（inflation，or rate of inflation）来衡量价格的稳定性。它表示总体价格水平从一年到下一年的百分比变动。举个

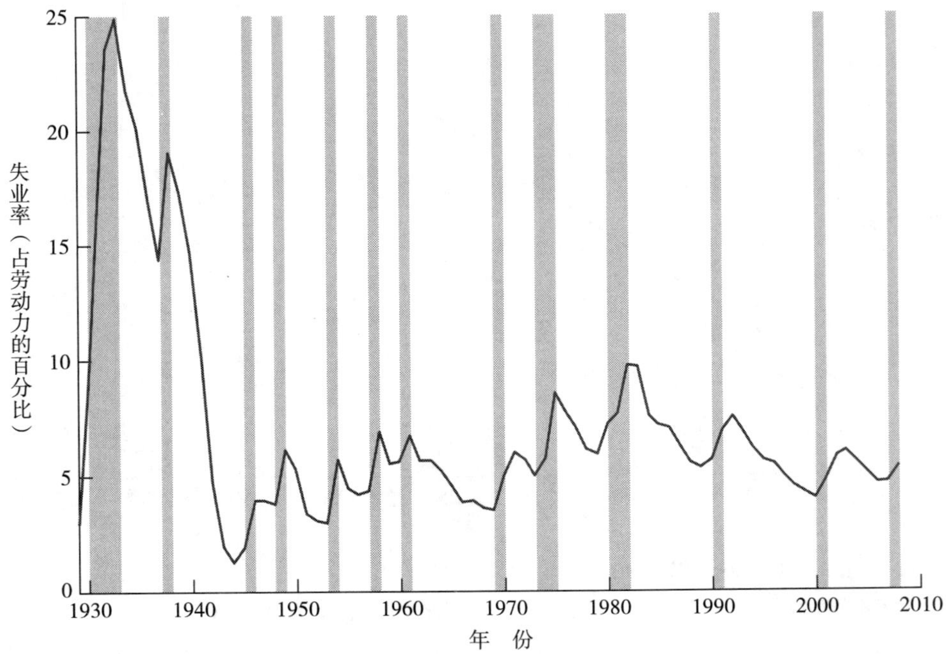


**图4–3 失业在衰退时期上升，在扩张时期下降**

失业率衡量的是那些正在寻找工作但又未能找到工作的劳动力所占的比例。失业率在商业周期的衰退阶段上升，在经济扩张阶段下降。阴影区域为美国国民经济研究局（NBER）所定义的衰退期。

资料来源：U.S. Bureau of Labor Statistics at www.bea.gov.

例子，2006 年 CPI 是 201.6，2007 年 CPI 是 207.3。计算通货膨胀率同前文计算增长率类似：

$$第\ t\ 年的通货膨胀率 = 100 \times \frac{P_t - P_{t-1}}{P_{t-1}}$$

我们可以计算出 2007 年的通货膨胀率为：

$$2007\ 年的通货膨胀率 = 100 \times \frac{207.3 - 201.6}{201.6} = 2.8\%\ /\ 年$$

图 4-4 显示了 1960~2008 年用 CPI 表示的通货膨胀率。自 20 世纪 80 年代初通胀时期结束后一直到 2008 年，年平均通货膨胀率为 3%。

当价格水平下降（即通货膨胀率为负）时，就出现通货紧缩。另一个极端是恶性通货膨胀，即一年内物价水平上涨 1 000% 或 1 000 000%。在这种情况下，比如在 20 世纪 20 年代的魏玛共和国、80 年代的巴西以及 90 年代的俄罗斯，或者近年的津巴布韦，价格实际上已毫无意义，价格体系陷于瘫痪。

价格的稳定性非常重要，因为一个平稳运行的市场系统要求价格必须准确地传递关于相对稀缺资源的信息。历史数据证明，如果通货膨胀率很高会给经济运行增加很多的成本（有些是显性的，有些是隐性的）。当通货膨胀率很高时，税收就会变得极不稳定，人们的养老金的真实价值会逐渐变小，因而会倾向于花掉实际资产而不愿意持有贬值的货币。但降低价格（通货紧缩）也是要付出代价的。因此，许多国家都寻求一条介于价格完全稳定和高通货膨胀二者之间的道路，即允许价格缓慢地爬升，并以它作为价格体系有效运行的最佳途径。

小结：

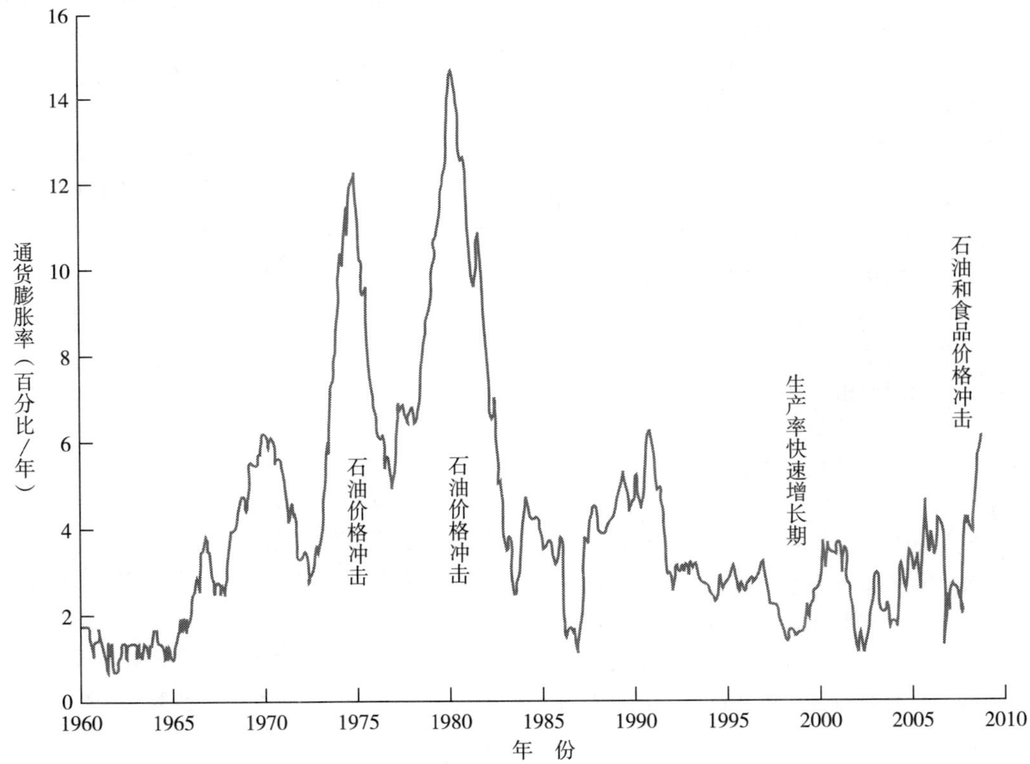


**图 4-4　美国 1960~2008 年消费物价的通货膨胀**

通货膨胀率度量物价从一年到下一年的变化率：这里我们所看到的是以消费者价格指数（CPI）所衡量的通货膨胀率。大多数通货膨胀的发生都与石油或者食品价格有关。注意到从 20 世纪 80 年代中期以来，通货膨胀都是在较短的时间段内波动。

资料来源：U.S. Department of Labor. 图中通货膨胀率均表示上一年的数据。

宏观经济政策的目标是：

1. 高的且不断增长的国民产出水平
2. 高就业、低失业
3. 稳定或温和上升的价格水平

## 宏观经济政策工具

假定你是做政府顾问的首席经济学家。国家面临着失业上升，GDP 下降。或许投机产生的房市泡沫的破灭引发了大规模的贷款违约、银行亏损，以及信用危机。或许你的国家正面临国际收支失衡的危机，存在高额贸易赤字，而外汇汇率也在急速下挫。那么，你能用哪些政策工具来降低通货膨胀，减少失业，加速经济增长，或纠正贸易失衡等问题呢？

政府有一些能用以影响宏观经济活动的政策工具。*政策工具*是一种处于政府的控制之下，并能对一个或多个宏观经济目标施加影响的经济变量。通过改变货币政策、财政政策或其他政策，政府能够避免经济周期中最坏的情况，并提高潜在产出的增长率。宏观经济的两大政策工具可参见表 4-1 的下半部分。

***财政政策*** **财政政策**（fiscal policy）是指税收和政府支出的使用。*政府支出*有两种形式：其一是政府购买，指的是政府在物品和劳务上的花费——购买坦克、修建道路、支付法官的薪水，等等；其次是政府转移支付，以提高某些群体（如老人或失业者）的收入。政府支出的数量决定公共部门和私人部门的相对规模，亦即 GDP 中有多少是以集体形式而不是以私人形式消费掉的。从宏观经济角度看，政府支出也会影响经济的总体支出水平，从而会影响 GDP 的水平。

*税收*是财政政策的另一种形式，它通过两种途径影响整体经济。首先，税收影响人们的收入。通过增加或减少家庭可支配或可花费的收入，税收可以影响人们用于购买物品和劳务的支出以及私人储蓄量。不管是短期还是长期，私人的消费和储蓄对产出和投资都有重大的影响。

此外，税收还能影响物品和生产要素的价格，因而也能影响激励机制和行为方式。美国常常采用特殊的税收条款（如投资税抵免或加速折旧）以增加投资和推动经济增长。税法中许多条款都能对工作和储蓄的激励问题产生影响，从而对经济活动也产生重大的影响。

***货币政策*** 宏观经济政策第二大工具是**货币政策**（monetary policy），它是通过政府对国家的货币、信贷及银行体制的管理来实施的。你可能见过美国的中央银行——联邦储备系统如何通过短期利率来影响经济的。美联储或者其他中央银行究竟是如何做到这一点的呢？首先，他们会设定短期利率目标，然后通过买进和卖出政府债券来达到利率目标。通过这些操作，联邦储备能够影响许多金融变量和经济变量，如利率、股价、房产价格、汇率，等等。这些金融变量进而将影响投资支出，尤其是房产投资、商业投资、耐用消费品以及进出口。

在历史上，美联储曾经在面临高通胀威胁时提高利率，从而导致了投资和消费的下降，使得 GDP 和通货膨胀率降低。最近的一次经济衰退始于 2007 年，当时美联储迅速采取行动，调低利率，提供信贷，并在传统银行机构之外增设了一系列方便和促进借贷的机制。

对每个国家来说，中央银行都是一个至关重要的宏观经济机构。日本、英国、俄罗斯以及欧盟国家都拥有强有力的中央银行。对一个“开放经济体”，也即对货物、服务和资金流动开放边界的经济体而言，汇率机制是其货币政策的一个核心部分。

尽管在深度衰退中，货币政策的效力会减弱，但它仍然是国家最经常运用的旨在平抑商业周期的工具。至于中央银行究竟如何影响经济活动，我们将在论述货币政策的章节中详细讨论。

小结：

一个国家可以采用两种主要的经济政策来实现宏观经济目标——一种是财政政策，另一种是货币政策。

1. 财政政策由政府支出和税收收入组成。政府支出会影响私人消费和集体支出的相对规模。税收是对收入的扣除，它会降低私人支出并影响私人储蓄。另外它也会影响投资和潜在产出。财政政策的主要用途是：通过影响国民储蓄和投资，从而影响长期经济增长；同时也可以用于在严重衰退中刺激支出的扩大。
2. 由中央银行执行的货币政策决定了短期利率，从而影响了信贷条件，包括对资产价格的影响，如股票、债券的价格和汇率等。利率以及其他金融环境的变化影响了商业投资、房产及对外贸易等部门的支出水平。货币政策对实际 GDP 和潜在 GDP 都有重要的影响。

## 国际联系

没有一个国家是孤岛。所有国家都越来越多地通过国际金融和国际贸易等渠道来参与世界经济——这种现象叫做全球化。随着运输和通信成本的下降，国际联系与二三十年前相比已经变得更加紧密。国际贸易已经取代了建立帝国和军事征服的历史传统，而成为了国家扩大财富及国际影响的最可靠的办法。

当美国从日本进口汽车，或者向墨西哥出口计算机时，我们从中便可以看到一条商品和服务进出口的贸易链条。当外国为其主权债务基金购买美国债券时，或者美国购买新兴国家的股票以使养老基金的投资渠道多样化时，我们从中便可以看到一条国际金融的链条。

各国对国际贸易都十分关注。一个特别重要的指标是*经常账户余额*。这个指标反映的是出口产品价值与进口产品价值的差额以及一些其他项的调整。（经常账户余额与*净出口*也即进出口的商品和服务的价值的差额，有着密切的关系。）当出口大于进口时，这个差额称为顺差；而净出口为负时则称为逆差。2007年美国出口总额为24 630亿美元，而进口和净转移支付总额为31 940亿美元，两者差额即美国的经常项目赤字为7 310亿美元。

在20世纪的大部分时间里，美国在对外贸易中都有顺差——出口额大于进口额。但到了80年代，美国的贸易格局已经发生了急剧的变化。由于美国储蓄减少以及外国储蓄增加，很大一部分外国储蓄都涌入美国。相应地，美国的经常账户余额迅速转变为赤字。由于外国投资的增加，至2008年美国外债已经达到约2.5万亿的水平。一些经济学家担心巨额外债负担会给美国带来重大风险——关于这种风险我们将在后面章节加以分析。

随着各国经济联系日益紧密，国际经济政策的制定也越来越重要，尤其是对于开放经济的小国而言。但仍要记住国际贸易和国际金融本身并不是目的。更进一步地说，国际贸易的终极目标是提高人们的生活水平。

国家所关心的主要领域是贸易政策和国际金融管理。*贸易政策*由关税、配额和其他鼓励性或限制性的进出口法规等组成。大多数贸易政策对短期宏观经济运行的影响不大，但有时候，如在20世纪30年代，严格限制国际贸易的政策曾导致经济混乱、通货膨胀和经济衰退。

第二大国际经济政策问题是*国际金融管理*，一国国际贸易受到汇率的影响，汇率是指用外国货币来表示的本国货币的价格。汇率制度是货币政策不可缺少的组成部分。对于开放经济的小国而言，管理汇率是惟一的也是最重要的宏观经济政策。

国际经济是一个联系着各国贸易和金融的复杂网络。国际经济体系顺利运行就能促进经济快速增长。但若贸易体系崩溃，全世界的生产和收入都将会受到巨大的冲击。因此，各国要考虑到贸易政策和国际金融政策对本国提高产出、增加就业和价格稳定等目标的影响。

# B. 总供给和总需求

一国经济史可由其宏观经济运行情况体现出来。经济学家采用总供求分析帮助解释产出和价格变动的主要趋势。我们先讨论这个宏观经济学的重要的分析工具，然后再用它来解释一些重要的历史事件。

## 宏观经济中的总供给和总需求

### 总供给与总需求的定义

各种不同力量如何相互作用并决定总体的经济活动？图4-5显示的是宏观经济内部不同变量之间的关系。这些变量分为两类：影响总供给的变量和影响总需求的变量。尽管这只是简单的划分，但仍有助于我们理解产出、价格和就业水平的决定因素。

由图4-5的下半部分可见影响总供给的各种因素。**总供给**（aggregate supply）是指一定时期内一国企业所愿意生产和出售的物品和劳务的总量。总供给（通常记为*AS*）取决于价格水平、经济的生产能力和成本水平。

一般说来，企业总是希望以较高的价格出售其所能生产的全部产品。在有些情况下，价格和支出水平可能会出现下降趋势，这时企业会发现其生产能力过剩。而在另外一些情况下，如在战时繁荣时期，当企业竭尽全力生产以完成订单任务的时候，工厂的生产能力就会被发挥到极点。

由此可见，总供给不仅取决于企业能够获得的价格水平，而且也取决于该经济的生产能力或潜在产出水平。潜在产出水平又取决于可供利用的生产性投入（其中最主要的是劳动和资本）的数量，以及将这些投入组合在一起的管理效率和技术效率。

国民产出和价格总水平是由总供给和总需求这把剪子的两个刀刃来共同决定的。（除了总供给之外）剪子的另一个刀刃是**总需求**（aggregate demand），指的是一定时期内经济中各部门所愿意支出的总量。总需求（通常记为 *AD*）是对商品和服务支出的总和，它既取决于价格水平，也取决于货币政策、财政政策和其他因素。

总需求的组成部分包括：*消费*（消费者所购买的汽车、食品和其他消费品）；*投资*（购置的住房、厂房以及商业设备）；*政府购买*（如聘用教师和购买导弹的支出）；以及*净出口*（即出口和进口的差额）。总需求会受物品成交价格的影响，会受战争和天气等外生因素的影响，还会受政府政策的影响。

应用总供求剪刀的两个刀刃，我们可以得到供求的均衡，如图 4-5 右边的圆内（两曲线的交点）所示。国民产出和价格水平在这一水平上达到平衡，即需求方所愿意购买的数量正好等于供给方所愿意出售的数量。而相应的国民产出和价格水平决定着就业、失业和外贸。

### 总供给曲线和总需求曲线

总供给曲线和总需求曲线常用于分析宏观经济状况。你也许还记得，我们在第 3 章曾应用市场的供给曲线和需求曲线来分析单个产品的价格和数量。一种类似的图形工具也可以帮助我们理解货币政策或技术进步如何影响总供给和总需求，从而决定总产出和总价格水平。

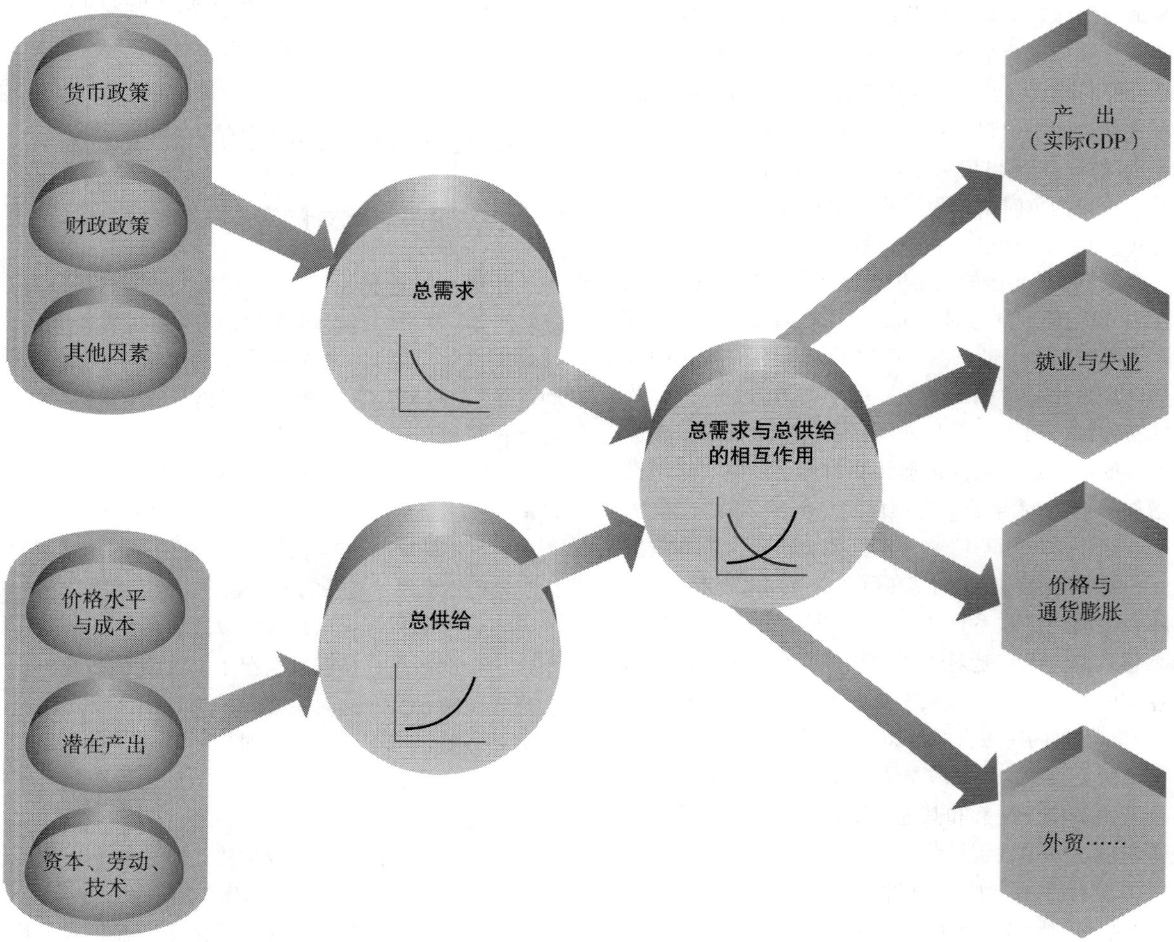


**图 4–5 总供给和总需求决定主要的宏观经济变量**

这个重要的示意图显示了影响总体经济活动的主要因素。左侧是决定总供给和总需求的主要变量，包括像货币政策和财政政策一类的政策变量，以及资本存量和劳动存量。在中间部分，总供给和总需求相交。右侧的几个六边形是主要的结果：产出、就业、价格水平以及外贸。

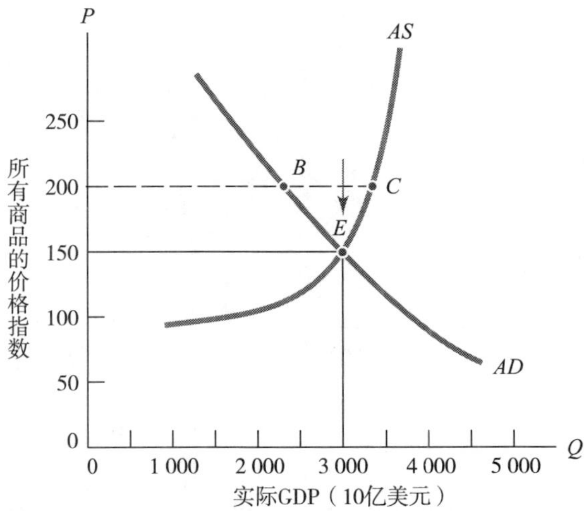


**图 4–6　总价格和总产出由总供给和总需求的相互作用决定**

其他因素不变时，*AD* 曲线代表在不同的价格水平上的总购买量。同样，其他因素不变时，*AS* 曲线表示在不同价格水平上企业所愿意生产和出售的数量。

国民产出和总体价格水平在总需求曲线和总供给曲线的交点 *E* 处达到均衡，这时企业愿意生产和出售的数量正好等于消费者和其他需求者所愿意购买的数量。

图 4-6 表示整个经济的总供给曲线和总需求曲线。横轴表示经济的总产出（实际 GDP）。纵轴表示价格总水平（用消费者价格指数即 CPI 来衡量）。我们以 *Q* 表示实际产出，以 *P* 表示价格水平。

向下倾斜的曲线是**总需求曲线**（aggregate demand curve），简称 *AD* 曲线。它表示经济中所有的当事人实体（消费者、企业、政府和外国人）在不同的总价格水平（假定其他影响总需求的因素保持不变）上将要购买的数量。由这条曲线可见，总体价格水平为 150 时，总支出为每年 3 万亿美元。如果价格水平上升到 200，总支出将下降到 2.3 万亿美元。

向上倾斜的曲线为**总供给曲线**（aggregate supply curve），简称 *AS* 曲线。这条曲线所表示的是在每一个价格水平上（假定其他影响总供给的因素保持不变）企业所愿意生产与出售的物品和劳务的数量。根据这条曲线，当价格水平为 150 时，企业愿意出售的数量为 3 万亿美元；而如果价格上升到 200，则它们所愿意出售的数量就会上升到 3.3 万亿美元。当总产出的需求水平上升时，企业将力图以较高的价格出售更多的物品和劳务。

### 关于 *AS* 曲线和 *AD* 曲线的一个提醒

有必要强调一点：千万不要将宏观经济的 *AD* 曲线和 *AS* 曲线与微观经济的 *DD* 曲线和 *SS* 曲线相混淆。微观经济的供给曲线和需求曲线指的是单个商品的数量和价格，其前提是假定国民收入、其他商品的价格这类因素保持不变。而总供给曲线和总需求曲线则不同，它体现的是总产出水平和总价格水平的决定，其前提假定是货币供应量、财政政策以及资本存量这类因素维持不变。

总供给和总需求解释的是总税收如何影响总需求、国民产出以及总体价格水平。微观经济学的供给和需求则可能会考虑，在收入固定的情况下，汽油税怎样影响汽油的购买量。这两组曲线表面上相似，但它们所解释的却是截然不同的经济现象。

同时要注意到，我们将 *AS* 曲线画成向上倾斜的，而 *AD* 曲线则是向下倾斜的。我们将在以后的章节解释这样画的原因。

***宏观经济均衡***　现在我们来看总产出和价格水平如何调整（或平衡）使总供给和总需求达到平衡。也就是说，我们可以利用总供给和总需求的概念来研究价格和产量的均衡值是如何决定的，或者我们可以找到既能满足买方又能满足卖方的实际产量和价格水平。如图 4-6 中 *AS* 和 *AD* 曲线所示，整体经济在 *E* 点达到均衡。只有在该点，即产出水平 $Q = 3\ 000$ 而价格水平 $P = 150$ 时，买者和卖者才同时满足。也只有在该点，所有需求者愿意购买的数量才正好等于所有企业愿意生产和出售的数量。

那么，经济如何达到均衡？所谓的均衡究竟是什么意思？**宏观经济均衡**（macroeconomic equilibrium）是指总产量和总价格水平这样一种组合，此时，买者和卖者都不愿意再改变他们的购买量、销售量或价格水平。

图 4-6 可以说明这一概念。如果价格高于均衡价格，比如说 $P = 200$，这时企业所愿出售的数量就会大于买方所愿购买的数量。企业愿意出售的数量是 *C*，而买方所愿意购买的数量只达到 *B*。由于企业的生产量大于消费者的购买量，物品就会在货架上堆积起来。由于商品的总供给过剩，企业就会减少生产，并削减价格。总价格水平就会开始下降或者其上升速度变慢。而当价格从过高的水平下降时，买者愿意购买的总数量与卖者愿意出售

的总数量之间的差距就会缩小。最后，价格将会下降到某个均衡点，使得总需求和总产出相等。在宏观经济达到均衡点时，既不存在供给过剩，也不存在需求过剩——从而不存在促使总体价格水平变动的压力。

## 宏观经济史：1900~2008 年

我们还可以用总供求这一工具来分析近年来美国的宏观经济史。这里我们集中讨论越战期间美国经济的扩张，以及 80 年代初货币紧缩所引发的严重衰退。此外，我们还涉及其他一些 20 世纪经济增长的经验数据记录。有关主要宏观经济变量的最新数据可见本章附录。

***战时繁荣*** 美国经济在经历了多次衰退之后走进了 1960 年代（见图 4-3）。总统约翰·肯尼迪把凯恩斯经济学带到了首都华盛顿。肯尼迪的经济顾问们力主扩张性政策，国会批准了刺激经济的举措，尤其是 1963 年和 1964 年的削减个人税和公司税。在那段时期，美国 GDP 快速增加，失业率降低，通货膨胀也得到很好的控制。到 1965 年，美国经济的增长已经达到其潜在的产出水平。

遗憾的是，政府低估了越南战争所需要的开支。国防开支从 1965~1968 年增长了 55%。甚至当严重的通货膨胀性的经济景气已经变得很明显时，约翰逊总统仍然在推迟采取旨在降低经济增长速度的痛苦的财政措施。直到 1968 年，增税和减少民用支出的措施才得以出台。但这对缓解经济过热引起的通货膨胀压力来讲，已经为时太晚。联邦储备系统也以货币供给的快速增长和低利率政策，来容忍经济的扩张。结果，在 1966~1970 年间，经济都在快速增长。在低失业和高开工率的压力之下，通货膨胀率逐步升高，开始了从 1966 年持续到 1981 年的所谓的“通货膨胀时代”。

图 4-7 说明了这个时期的基本情况。减税和国防开支都使总需求曲线从原来的 $AD$ 向右上方移到 $AD'$。这导致均衡点从 $E$ 移到 $E'$，产出和就业迅猛上升，而当产出水平超过生产能力的极限时，通货膨胀率就开始上升。经济学家由此看到：面临通货膨胀危险时，刺激经济增长比说服政策制定者通过提高税收来减缓经济增长要更加容易。面对这个教训，许多人开始质疑，运用财政政策来稳定经济是否明智？

***1979~1982 年货币紧缩*** 20 世纪 70 年代是经济混乱的时代。在此期间，石油价格上涨，小麦短缺，进口价格急剧攀升，工会斗争，工资急剧上升，美国及其他国家经济已经陷入了通货膨胀。如图 4-4 所示，1978~1980 年间通货膨胀率达到两位数。

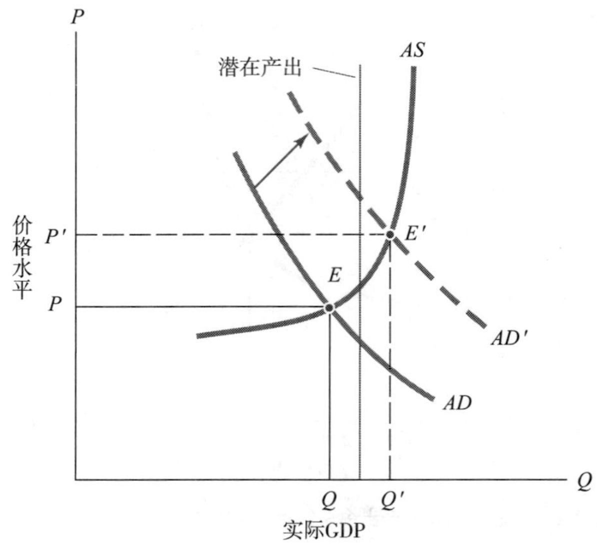


**图 4-7 战时繁荣是由总需求的增加推动的**

在战争时期，国防开支的增加扩大了总支出，把总需求曲线由 $AD$ 推移到 $AD'$，同时，均衡产量从 $E$ 移到 $E'$。当产出的增加大大超过潜在产出能力时，价格水平就会从 $P$ 急剧增加到 $P'$，战时通货膨胀也就随之而来。

两位数的通货膨胀率是不可接受的。在经济学家保罗·沃尔克（Paul Volcker）的领导下，联邦储备当局采取了措施，为减缓通货膨胀而开出了货币紧缩这剂猛药。1979 年和 1980 年，利率大幅上升，股市下跌，获得贷款很难。美联储的紧缩性货币政策减慢了消费者和企业支出的增长。受打击最为严重的是总需求中那些对利率变动比较敏感的部分。1979 年以后，住宅建设、汽车购买量、商业投资以及净出口额等全都急剧下降。

在图 4-7 中将箭头换一个方向，我们就能说明货币紧缩是如何降低总需求的。也就是说，紧缩货币政策减少支出，使总需求曲线向左下方移动，与 20 世纪 60 年代减税和增加军费的情况正好相反。

紧缩货币的影响是双重的。第一，产出会下降到低于潜在水平的位置，而失业率会急剧攀升（见图 4-3）。第二，货币紧缩和高失业将导致通货膨胀率急剧下降，从 1978~1980 年每年平均 12% 下降到接下来一段时期的大约平均 4%（见图 4-4）。货币紧缩政策成功地结束了

"通货膨胀时代"，但国家为此也付出了代价，即货币紧缩时期的高失业率和低产出。

***增长的世纪***　美国宏观经济这出"戏"的最后一幕应是自 1900 年以来近一个世纪的产出和价格的增长。从 20 世纪初至今，产出量已经增长了 34 倍。如何解释这个长期经济增长现象?

进一步研究美国经济增长可知，20 世纪美国经济年均增长率是 3.5% 左右。这一增长的部分原因在于，这个时期大量的资本、劳动甚至土地等投入的迅速增长导致了生产规模的扩大。同样重要的原因在于，新产品（如汽车）和新工艺（如计算机技术）的开发与应用带来的生产效率的提高。此外还有些看不见的因素，例如管理技术和服务水平（包括生产线改进和快速交货等技术革新）的提高，也对经济增长起了重要作用。

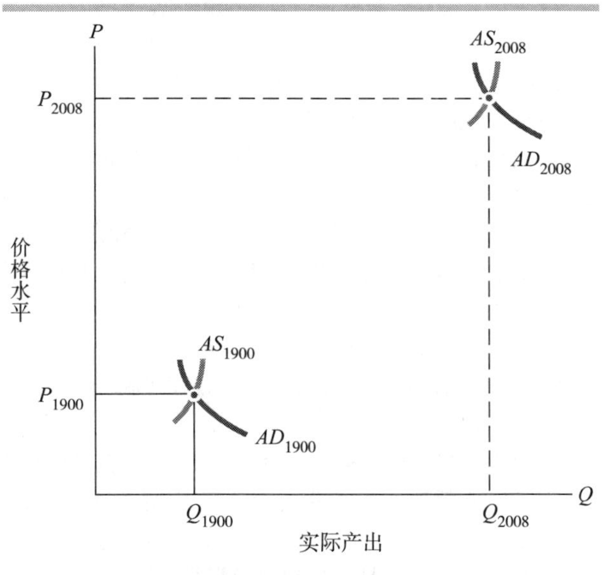


**图 4-8　潜在产出的增长决定了长期经济绩效**

一个世纪以来，劳动、资本、效率的提高导致了经济潜在生产率的极大提高，使总供给远远地向右移动。从长期来看，总供给是产出增长主要的决定性因素。

许多经济学家都认为对经济增长的统计低估了实际的增长，因为统计往往忽视新产品开发和产品质量提高所带来的生活水平的提高。例如，托马斯·库帕发明了室内卫生间之后，千百万人便不必在冬天里还顶风冒雪到室外去方便了，然而这种舒适程度的增加却是无法通过国内生产总值来体现的。

怎样用 *AS-AD* 模型描绘产出量的巨大增长呢? 图 4-8 提供了一种方法。投入增加和生产效率的提高使图中 *AS* 曲线从 $AS_{1900}$ 向 $AS_{2008}$ 大幅度右移。同时生产成本也大幅增加，比如平均小时收入由 1900 年的 0.15 美元增加到 2008 年的 30 多美元，成本上升使 *AS* 曲线向上移动。所以，总的结果正如图 4-8 所示，产出量和价格同时上升。

## 宏观经济政策的作用

在过去的半个世纪中，宏观经济政策在改善商业周期的状况方面发挥了核心作用。宏观经济学的发现与应用，以及对货币政策和财政政策重要性的肯定与局限性的思考，降低了商业周期的波动性，迎来了一个"黄金增长"（the Great Moderation）时期。财政政策，特别是货币政策的运用，使 80 年代、90 年代失业率下降，确保了价格水平的稳定。2007~2009 年当美国金融系统遭受到巨大冲击时，央行的银行家们汲取并深刻理解了 30 年代大萧条时期的教训。他们深知，金融恐慌会蔓延、银行倒闭会导致挤兑、不稳定会诱发更多的不稳定，而宏观经济的历史和理论方面的知识，以及作为最后出借人的中央银行的干预，则可以减轻银行所遭受到的冲击，并防止银行危机演变成经济大萧条。

然而，并没有一种神奇的药可以"治愈"宏观经济所遭受的所有创伤。2007~2009 年，当美国面临产出和就业的急剧跌落时，当局采取了各种货币政策和财政政策，但仍然不能完全抵消金融冲击所产生的巨大影响。迄今为止，我们所掌握的宏观经济知识，也只能够用于阻止经济萧条的来临，而绝对无法让经济衰退销声匿迹。

## 总结提要

### A. 宏观经济学的基本概念

1. 宏观经济学是对整个经济行为的研究：它分析长期的经济增长以及总产出的周期波动、失业率和通货膨胀、国际贸易与国际金融。与之相对应的是研究单个市场、价格及产出行为的微观经济学。
2. 美国在 1946 年的《就业法》中规定了其宏观经济目标为"实现就业、生产和购买力的最大化"，这是一项联邦政策。从那时起，这三个目标的优先顺序就不断变化。但是，所有的市场经济还是要面对这三个核心的宏观经济问题：
   a. 产出和就业率为什么有时会下降？如何减少失业率？
   b. 通货膨胀的根源是什么？如何控制它？
   c. 一国如何提高其经济增长率？
3. 在这些复杂问题之外的严峻事实是这些目标之间不可避免的冲突：未来居住条件的改善可能意味着即时消费的减少，遏制通货膨胀可能会带来短期内失业率的上升。
4. 经济学家评价一个经济的整体运行成功与否，是看它在多大程度上达到了以下目标：
   a. 产出和消费的高水平和高增长。（产出通常是用实际国内生产总值来衡量的。）
   b. 低失业率和高就业率，充分提供较好的就业机会。
   c. 稳定的低通货膨胀。
5. 在宏观经济学这门科学得以发展之前，各国经济就像没有舵的船一样在不断变化的宏观经济潮流中随波逐流。而今天，政府可以通过许多工具来掌握经济的航向：
   a. 财政政策（政府支出和税收）有助于决定资源在私人品和公共品之间的配置，影响人们的收入和消费，并为投资和其他经济决策提供激励。
   b. 货币政策——特别是中央银行设定短期利率——影响了所有利率、资产价格、信贷条件和汇率等。最受影响的部门是住宅建设、商业性投资、耐用消费品以及净出口。
6. 通过物品和劳务的贸易、资本的流动等，各国经济紧密联结在一起。某一个国家只是这个不断加剧的全球一体化经济中一个很小的组成部分。国际经济体系的平稳运行有助于经济快速增长，但是，当贸易流被中断或国际金融机制被破坏时，国际贸易也会在增长的引擎里洒上沙子，使其受阻和减速。如何处理国际贸易和金融问题是所有国家都要讨论的重要议题。

### B. 总供给和总需求

7. 理解国民产出和价格水平如何决定的核心概念是总供给（*AS*）和总需求（*AD*）。总需求由一国经济中的居民户、企业、政府和外国人的总支出所构成。它代表着在货币政策、财政政策及其他影响需求的因素不变的情况下，在每一个价格水平上整个社会所愿意购买的产出量。总供给描述的则是在价格、成本及市场条件不变的情况下，企业所愿意生产和出售的产出量。
8. *AS* 曲线和 *AD* 曲线与在微观经济学中所分析的供给曲线和需求曲线具有相同的形状。请注意，不要把微观经济的有关概念与总供给和总需求的概念相混淆。
9. 在 *AS* 曲线和 *AD* 曲线的交点上，宏观经济达到总体均衡，并决定了价格和产出的总水平。在均衡的价格水平上，消费者所愿意购买的数量正好是企业所愿意出售的数量。均衡产出有可能偏离充分就业时的产出或潜在产出。
10. 近期美国经济史显示出一种总供求冲击及其政策反应的不规则循环。在 20 世纪 60 年代中期，因越南战争而膨胀起来的赤字加上银根放松，导致了总需求的迅猛增长。其结果是价格和通货膨胀飞涨。在 70 年代末期，经济政策制定者通过采取紧缩性货币政策和提高利率来控制通货膨胀的上升。其结果是对利率敏感的需求（如住宅、投资、净出口等）的支出下降了。自 80 年代中期以来，美国经济已经经历了一段少有的低通胀时期，直到近期出现了温和的经济衰退为止。
11. 从长期来看，潜在产出的增长极大地提高了总供给，并致使产出和生活水平稳定提高。

## 概 念 复 习

**宏观经济学基本概念**
宏观经济学和微观经济学
国内生产总值（GDP），
　实际的和潜在的
就业，失业，失业率
通货膨胀，通货紧缩
消费者价格指数（CPI）
净出口
财政政策（政府支出，税收）
货币政策

**总供给和总需求**
总供给，总需求
*AS* 曲线，*AD* 曲线
*AS* 和 *AD* 的均衡
长期经济增长的源泉

## 补充读物和互联网站

### 补充读物

The great classic of macroeconomics is John Maynard Keynes, *The General Theory of Employment, Interest, and Money* (Harcourt, New York, first published in 1935). Keynes was one of the most graceful writers among economists. An online edition of *The General Theory* is available at *www.marxists.org/reference/subject/economics/keynes/general-theory/.*

There are many good intermediate textbooks on macroeconomics. You may consult these when you want to dig more deeply into specific topics.

### 互联网站

Macroeconomic issues are a central theme of analysis in *Economic Report of the President*. Various years are available online at *www.access.gpo.gov/eop*. Another good source on macroeconomic issues is the Congressional Budget Office, which issues periodic reports on the economy and the state of the budget at *www.cbo.gov.*

Research organizations often contain excellent online discussions of current macroeconomic issues. See especially the websites of the Brookings Institution, *www.brookings.org,* and the American Enterprise Institute, *www.aei.org.*

Some excellent blogs containing macroeconomics are the following: A blog of leading European and some American economists contains much interesting economic commentary at *www.voxeu.org;* the *International Herald Tribune* has a fine group of expert writers at *blogs.iht.com/tribtalk/business/globalization.*

## 问 题 讨 论

1. 宏观经济学的主要目标是什么？写出每个主要目标的简短定义。请详细解释为什么每一个目标都十分重要。
2. 利用本章附录的数据计算：
   a. 1981 年和 2007 年的通货膨胀率；
   b. 1982 年和 1984 年的实际 GDP 的增长率；
   c. 1970~1980 年以及 2000~2007 年的平均通货膨胀率；
   d. 1929~2008 年实际 GDP 的平均增长率；
   {提示：前文中的公式提供了计算一年期增长率的公式。计算更多年数的增长率可以用下列公式：

$$g_t^{(n)} = 100 \times \left[\left(\frac{X_t}{X_{t-n}}\right)^{1/n} - 1\right]$$

   其中 $g_t^{(n)}$ 变量 $X$ 从第 $t-n$ 年到第 $t$ 年间的平均年增长率。例如，假设第 $t-2$ 年的 CPI 为 100.0，第 $t$ 年的为 106.09，则年平均通货膨胀率为 $100 \times \left[\left(\frac{106.09}{100.0}\right)^{1/2} - 1\right] = 3\%$/ 年}
3. 下面每项对总供给或总需求将会产生什么影响？（假定其他条件保持不变）
   a. 个人所得税和公司所得税的大幅度削减（对 *AD*）；
   b. 一项削减国防开支的裁军协议（对 *AD*）；
   c. 潜在产出水平的增加（对 *AS*）；
   d. 放松银根使得利率降低（对 *AD*）。
4. 使用 *AS-AD* 分析方法说明问题 3 中的每一个事件对产

出和总体价格水平的影响。

5. 设想你自己是一个政策制定者。经济处在这样的均衡水平：$P = 100$，$Q = 3\,000 =$ 潜在 GDP。你对通货膨胀的态度是绝对“不迁就的”，也就是说，你要求价格绝对稳定在 $P = 100$ 而不管产出会发生什么情况。最后，你可以运用货币政策和财政政策来影响总需求，但你不能影响短期总供给。你认为下列情况如何应对：
   a. 投资支出突然增加；
   b. 在密西西比河发生洪灾之后，食品价格猛烈上涨；
   c. 生产率的下降导致潜在产出水平下降；
   d. 东亚经济衰退导致净出口急剧下降。
6. 在 1981~1983 年，里根政府采取了降低税收并增加政府支出的财政政策：
   a. 解释一下为什么这项政策将会增加总需求。假定只有 *AD* 曲线移动，请说明它对产出和价格水平有何影响。
   b. 供给学派认为，减税主要通过增加潜在产出水平来影响总供给。假定里根的财政手段既影响 *AS*，也影响 *AD*，请说明它对产出和价格水平的影响。请解释为什么它对产出的影响是确定的，而对价格的影响则是不确定的。
7. 1993 年国会通过的克林顿的紧缩财政政策通过增税和减少支出产生了效果。试说明这一政策的效果：（a）假设没有货币政策的干预；（b）假设货币政策完全抵消了财政政策对 GDP 的影响，并且较低的赤字引起了高投资和潜在产出的高增长。
8. 在 20 世纪 80 年代初期，美国经历了一次严重的经济衰退。考虑表 4-2 中实际 GDP 和价格水平的数据。
   a. 计算 1981~1985 年实际 GDP 的增长率和通货膨胀率。你能猜出在哪一年出现了严重的经济下滑或衰退吗？
   b. 在一个如图 4-6 一样的 *AS-AD* 图形中，画一组能够反映如下表所示的价格和产出均衡的 *AS* 和 *AD* 曲线。你如何解释你所认识的衰退呢？

| 年份 | 实际 GDP（10 亿美元，2000 年的价格） | 价格水平*（2000 年 =100） |
|---|---|---|
| 1980 | 5 161.7 | 54.1 |
| 1981 | 5 291.7 | 59.1 |
| 1982 | 5 189.3 | 62.7 |
| 1983 | 5 423.8 | 65.2 |
| 1984 | 5 813.6 | 67.7 |
| 1985 | 6 053.7 | 69.7 |

*注意：这里的价格指数是 GDP 的价格指数，它衡量 GDP 所有组成部分的价格水平。

表 4-2

# 第 4 章附录

# 宏观经济数据

| 年份 | 名义GDP（10亿美元） | 实际 GDP，2000 年的价格（10 亿美元） | 失业率（%） | CPI 1982~1984=100 | 通货膨胀率（年百分比） | 联邦预算盈余（+）或赤字（-）（10 亿美元） | 净出口（10 亿美元） |
|---|---|---|---|---|---|---|---|
| 1929 | 103.6 | 865.2 | 3.2 | 17.1 | 0.0 | 1.0 | 0.4 |
| 1933 | 56.4 | 635.5 | 24.9 | 13.0 | −5.2 | −0.9 | 0.1 |
| 1939 | 92.2 | 950.7 | 17.2 | 13.9 | −1.4 | −2.1 | 0.8 |
| 1945 | 223.1 | 1 786.3 | 1.9 | 18.0 | 2.2 | −29.0 | −0.8 |
| 1948 | 269.2 | 1 643.2 | 3.8 | 24.0 | 7.4 | 3.6 | 5.5 |
| 1950 | 293.8 | 1 777.2 | 5.2 | 24.1 | 1.1 | 5.5 | 0.7 |
| 1960 | 526.4 | 2 501.8 | 5.5 | 29.6 | 1.5 | 7.2 | 4.2 |
| 1970 | 1 038.5 | 3 771.9 | 5.0 | 38.8 | 5.7 | −15.2 | 4.0 |
| 1971 | 1 127.1 | 3 898.7 | 6.0 | 40.5 | 4.1 | −28.4 | 0.6 |
| 1972 | 1 238.3 | 4 104.9 | 5.6 | 41.8 | 3.2 | −24.4 | −3.4 |
| 1973 | 1 382.7 | 4 341.4 | 4.9 | 44.4 | 6.1 | −11.3 | 4.1 |
| 1974 | 1 500.0 | 4 319.5 | 5.6 | 49.3 | 10.4 | −13.8 | −0.8 |
| 1975 | 1 638.3 | 4 311.2 | 8.5 | 53.8 | 8.7 | −69.0 | 16.0 |
| 1976 | 1 825.3 | 4 540.9 | 7.7 | 56.9 | 5.6 | −51.7 | −1.6 |
| 1977 | 2 030.9 | 4 750.6 | 7.1 | 60.6 | 6.3 | −44.1 | −23.1 |
| 1978 | 2 294.7 | 5 015.0 | 6.1 | 65.2 | 7.4 | −26.5 | −25.4 |
| 1979 | 2 563.3 | 5 173.5 | 5.9 | 72.6 | 10.7 | −11.3 | −22.5 |
| 1980 | 2 789.5 | 5 161.7 | 7.2 | 82.4 | 12.7 | −53.6 | −13.1 |
| 1981 | 3 128.4 | 5 291.7 | 7.6 | 90.9 | 9.9 | −53.3 | −12.5 |
| 1982 | 3 255.0 | 5 189.3 | 9.7 | 96.5 | 6.0 | −131.9 | −20.0 |
| 1983 | 3 536.7 | 5 423.8 | 9.6 | 99.6 | 3.1 | −173.0 | −51.7 |
| 1984 | 3 933.2 | 5 813.6 | 7.5 | 103.9 | 4.3 | −168.1 | −102.7 |
| 1985 | 4 220.3 | 6 053.8 | 7.2 | 107.6 | 3.5 | −175.0 | −115.2 |
| 1986 | 4 462.8 | 6 263.6 | 7.0 | 109.7 | 1.9 | −190.8 | −132.7 |
| 1987 | 4 739.5 | 6 475.1 | 6.2 | 113.6 | 3.5 | −145.0 | −145.2 |
| 1988 | 5 103.8 | 6 742.7 | 5.5 | 118.3 | 4.0 | −134.5 | −110.4 |
| 1989 | 5 484.4 | 6 981.4 | 5.3 | 123.9 | 4.7 | −130.1 | −88.2 |
| 1990 | 5 803.1 | 7 112.5 | 5.6 | 130.7 | 5.3 | −172.0 | −78.0 |
| 1991 | 5 995.9 | 7 100.5 | 6.9 | 136.2 | 4.1 | −213.7 | −27.5 |
| 1992 | 6 337.7 | 7 336.6 | 7.5 | 140.3 | 3.0 | −297.4 | −33.2 |
| 1993 | 6 657.4 | 7 532.7 | 6.9 | 144.5 | 2.9 | −273.5 | −65.0 |
| 1994 | 7 072.2 | 7 835.5 | 6.1 | 148.2 | 2.6 | −212.3 | −93.6 |
| 1995 | 7 397.7 | 8 031.7 | 5.6 | 152.4 | 2.8 | −197.0 | −91.4 |
| 1996 | 7 816.9 | 8 328.9 | 5.4 | 156.9 | 2.9 | −141.8 | −96.2 |
| 1997 | 8 304.3 | 8 703.5 | 4.9 | 160.5 | 2.3 | −55.8 | −101.6 |
| 1998 | 8 747.0 | 9 066.9 | 4.5 | 163.0 | 1.5 | 38.8 | −159.9 |
| 1999 | 9 268.4 | 9 470.4 | 4.2 | 166.6 | 2.2 | 103.6 | −260.5 |
| 2000 | 9 817.0 | 9 817.0 | 4.0 | 172.2 | 3.3 | 189.5 | −379.5 |
| 2001 | 10 128.0 | 9 890.7 | 4.7 | 177.0 | 2.8 | 46.7 | −367.0 |
| 2002 | 10 469.6 | 10 048.9 | 5.8 | 179.9 | 1.6 | −247.9 | −424.4 |
| 2003 | 10 960.8 | 10 301.1 | 6.0 | 184.0 | 2.3 | −372.1 | −499.4 |
| 2004 | 11 685.9 | 10 675.7 | 5.5 | 188.9 | 2.6 | −370.6 | −615.4 |
| 2005 | 12 433.9 | 11 003.5 | 5.1 | 195.3 | 3.3 | −318.3 | −714.6 |
| 2006 | 13 194.7 | 11 319.4 | 4.6 | 201.6 | 3.2 | −220.0 | −762.0 |
| 2007 | 13 807.6 | 11 523.9 | 4.6 | 207.3 | 2.8 | −399.4 | −707.8 |
| 2008 | 14 304.4 | 11 666.0 | 5.8 | 215.2 | 4.1 | −456.5 | −727.9 |

表 4A−1

表 4A-1 所列的是本章讨论所涉及到的主要的宏观经济数据。这些数据主要来自联邦政府的网站 www.fedstats.gov、www.bea.gov、www.bls.gov。

# 第 5 章 经济活动的衡量

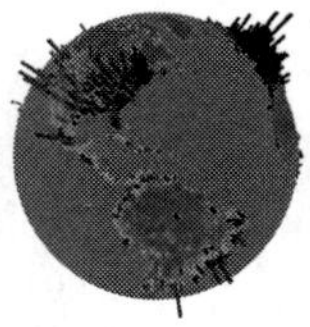

当你能衡量你所谈论的东西并能用数字加以表达时，
你才真的对它有了几分了解；
反之，你的了解就是肤浅的和不能令人满意的。
尽管了解也许只是认知的开始，但是在思考上则很难说你已经步入了科学的阶段。

——凯尔文勋爵

宏观经济学的所有概念中，最重要的指标是国内生产总值（GDP）。这个指标衡量的是一个国家一年内生产的物品和劳务的总价值。GDP 统计记录于国民收入与产出账户（或国民账户），它能帮助政策制定者据此判断经济是紧缩还是扩张，还能据此判断是否会面临严重衰退或通货膨胀的威胁。经济学家判断一国经济发展水平时，也会查核该国的人均 GDP。

GDP 和国民收入账户的其他指标看上去似乎是神秘的概念，但它们委实是 20 世纪最伟大的发明之一。仿佛卫星能探知整个大陆的天气情况一般，GDP 也可以显示一国的经济全貌。本章拟着重介绍经济学家如何衡量 GDP 和其他重要的宏观经济学指标。

## 国内生产总值：经济绩效的尺度

何谓国内生产总值（gross domestic product，GDP）？国内生产总值是我们给一国在一年内所生产的最终物品和劳务的市场总价值所起的名称。用货币这把尺子去度量一国利用其土地、劳动及资本等资源所生产的各种物品和劳务（从苹果到齐特琴）的总值，你就会得到 GDP。GDP 等于所有的消费品、投资品、政府采购以及对外国的净出口的总产量之和。

> GDP 是衡量一国物品和劳务产出总量的最综合的指标。它是一国一年内境内的消费（$C$）、投资（$I$）、政府购买物品和劳务（$G$）以及净出口（$X$）的货币价值的总和。
>
> 即，
>
> $$\text{GDP} = C + I + G + X$$

GDP 用途很广，最重要的是衡量一国经济的整体状况。如果你问经济史学家大萧条时期发生了什么，那么最好的最简洁的回答将是：

> 从 1929~1933 年，GDP 从 1 040 亿美元下降到 560 亿美元。美国经济所生产的物品和劳务的货币价值急剧下降，导致了失业率高、生活艰难、股市暴跌、企业破产、银行倒闭、社区骚乱和政治动荡。

同样，如果你问宏观经济学家 20 世纪后半叶的美国经济，他们可能回答：

> 20 世纪后半叶是世界经济史上的一段无与伦比的时期。由日本、美国和西欧各国所组成北方富裕地区，经历了有史以来人均产出最迅速的增长。从二战结束后到 2000 年，美国的人均实际 GDP 增长了近 250%。

现在我们讨论国民收入和产品账户的组成要素。首先，我们介绍衡量 GDP 的几种方法，区分实际 GDP 和名义 GDP。然后，我们讨论 GDP 的主要构成。最后，我们讨论如何衡量总体价格水平和通货膨胀率。

## 两种国民产值衡量方法：产品流量法和收入流量法

经济学家如何统计 GDP？说起来你也许会感到很吃惊，可以用两种完全独立的方法来进行统计。如图 5-1 所示，GDP 既可用产品流量来衡量，也可以用收入流量来衡量。

为说明统计 GDP 的不同方法，我们不妨首先设想，有这样一个极其简化的经济社会，其中不存在政府和外贸部门，也没有投资。我们这个小经济暂时只生产消费品，即那些供家庭购买并用于满足家庭需要的产品。（请注意：这第一个例子过于简化是为了表示出基本概念。在实际的例子中，我们会增加投资、政府和外贸部门。）

***产品流量法*** 每年，社会大众都要消费各种各样的最终物品和劳务，例如，苹果、计算机软件和蓝色牛仔裤等是物品，而医疗和理发等则是服务。这里我们只计算最终产品，即最终由消费者所购买和使用的那些东西。各个家庭用其收入购买这些消费品，如图 5-1 环形流动图上部所示。将所有花在这些最终消费品上的货币价值加总，我们就得到这个简化经济的国内生产总值。

于是，在这个简化的经济中，用最终的物品和劳务的年流量的加总方法，你可以很容易地统计出国民收入或国民产值：（蓝色牛仔裤的价格 × 蓝色牛仔裤的数目）+（苹果的价格 × 苹果的数目）+ …… 直至计入所有的最终产品。国内生产总值被定义为一国生产的最终产品流量的货币价值的总和。

因为市场价格反映了各种不同物品和劳务的相对经济价值，所以，在衡量不同物品的价值时，国家统计人员用市场价格进行加权。也就是说，不同物品的相对价格体现了居民消费该物品的最后（或边际）单位时的价值评判。

***收入法或成本法*** 另一种计算 GDP 的方法是收入法，也叫做成本法。请注意图 5-1 环形流动图的下部。其中的流量是企业从事经营活动时所付出的各种成本：包括付给劳动者的工资、付给土地所有者的租金、付给资本的利润，如此等等。另一方面，这些经营成本也是家庭从企业那里所获得的各种收入。通过计算这些收入的年流量，统计人员也能得到 GDP 的数值。

因此，计算 GDP 的第二种方法就是统计生产要素的收入（工资、利息、租金、利润）的总和，这些收入是社会最终产品的生产成本。

***两种方法的结果相等*** 现在，我们通过环形流动图上部的产品流量法和环形流动图下部的收入流量法来计算国内生产总值。哪一种计算结果更准确？答案是它们正好相等。

不妨考查一个简单的理发店的经济来理解这一点。假定理发师除了支付自己的劳动之外没有别的支出。如果他给 10 个人理了发，每人收费 8 美元，那么这个经济的 GDP 就为 80 美元。但理发师的所得（工资和利润）也正好为 80 美元。因此，不论用产品流量（80 美元的理发费）还是用成本或收入（80 美元的工资和利润）流量来衡量，这个经济的 GDP 都是一样的。

两种方法结果相等的原因，实际上是因为我们将“利润”放入了图中环流的下面，与其他收入放在一起。利润到底是什么呢？利润是在销售收入中扣除其他生产要素的成本（工资、利息和租金）之后所剩下的部分。就是这些剩余起到了自动调节的作用，使得环流下部的成本或收入的价值正好等于环流上部的物品和劳务的价值。

小结：

> GDP 或国内生产总值可用两种不同的方法来衡量：（1）在最终产品上的支出流量；（2）生产这些产出时各种投入要素的总成本或总收入。这两种方法统计出的 GDP 结果恰好相等。

## 源于企业账户的国民账户

你可能有点疑问，经济学家从哪里能找到所有的国民账户的数据？事实上，为政府服务的经济学家们拥有

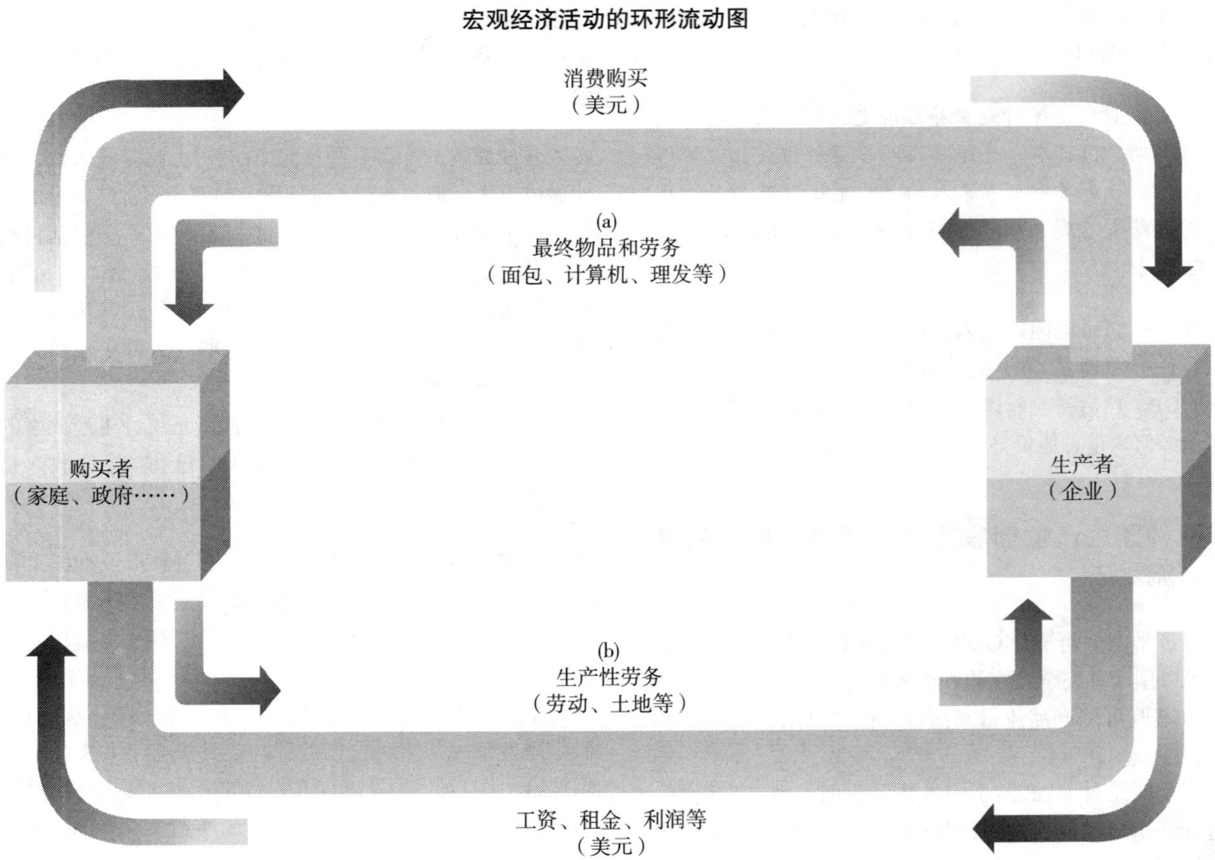


**图 5-1 GDP 既可用（a）最终产品流量来衡量，也可以用（b）成本流量来衡量**

在环形流动图上部，人们支出货币来购买最终物品与劳务，他们每年花费的货币总流量就是一种对国内生产总值的衡量。环形流动图下部衡量的是产出成本的年流量，企业以工资、租金、利息、股息和利润形式支付，构成人们的收入量。

用这两种方法所衡量出的 GDP 必定是相等的。本图形就是表示微观经济供给与需求循环的图 2-1 在宏观经济上的对应物。

广泛的资料来源：调查、所得税返还、零售业统计资料和就业数据等。

最主要的数据来源是企业账户。一个企业或一个国家的账户是一定时期内所有流量（产出、成本等）的数字记录。我们可通过设计一个仅由农场组成的经济账户来说明企业账户和国民账户的关系。表 5-1 的上半部分显示了一个普通农场一年内的耕作经营业绩。左边是最终产品销售额，右边是各种生产成本。表的下半部分说明如何设计一个简化的农业经济的 GDP 账户。假设这个简化的农业经济所有的最终产品都是由 1 000 万个完全相同的农场生产出来的。在这种情况下，只要把国民账户简单地加总，即将 1 000 万个完全相同的农场的产出和成本简单地加在一起，就能得到用两种不同方法所衡量的 GDP 数据。

## “重复计算”问题

我们把 GDP 定义为最终产品和劳务的总量。最终产品是指以消费或投资为目的而生产和出售的产品。GDP 不包括中间产品——用于生产其他产品的产品。因此，GDP 包括面包而不包括小麦，包括家用计算机而不包括计算机芯片。

| （a）一家普通农场的收益表（美元） | | | |
|---|---|---|---|
| 农场产出 | | 收　入 | |
| 产品（玉米、苹果等） | 1 000 | 生产成本： | |
| | | 工　资 | 800 |
| | | 租　金 | 100 |
| | | 利　息 | 25 |
| | | 利润（留存额） | 75 |
| 总　计 | 1 000 | 总　计 | 1 000 |

| （b）国民产值账户（百万美元） | | | |
|---|---|---|---|
| 环形图上部的产品流 | | 环形图下部的收入流 | |
| 最终产品（10×1 000） | 10 000 | 成本或收入： | |
| | | 工资（10×800） | 8 000 |
| | | 租金（10×100） | 1 000 |
| | | 利息（10×25） | 250 |
| | | 利润（10×75） | 75 |
| GDP 总额 | 10 000 | GDP 总额 | 10 000 |

**表 5-1　根据企业账户建立国民产值账户**

（a）部分显示了一个普通农场的收益表。左边是产值，右边是农场的成本。（b）部分是把 1 000 万个完全相同的农场进行加总以获得 GDP 总额。注意：来自产品一方的 GDP 与来自收入一方的 GDP 正好相等。

在运用产品流量法计算 GDP 时，剔除中间产品并不难。我们所需要做的仅仅是直接将面包和计算机记入 GDP，而避免记入生产面包所使用的小麦和面粉，或生产计算机所使用的芯片和塑料。再看一下图 5-1 中环形流动图的上部，面包和计算机出现在产品流量之中，但却找不到面粉或计算机芯片。

那么像面粉和芯片这样的产品在哪里呢？它们是中间产品，它们只在标着“生产者”的方框内循环流动。它们从来不会被消费者购买，也绝不会作为最终产品出现在 GDP 中。

***环形流动图下部的“附加值”***　一个正在学习如何计算 GDP 的统计人员可能会疑惑不解地问：

> 我可以相信，如果细心的话，环形流动图上部计算 GDP 的产品流量法能避免将中间产品计算在内。但是，当你用环形流动图下部的成本或收入进行统计时，你会不会遇到问题呢？

不管怎么说，当我们从各企业的账户中查看收益表时，是不是要把面粉厂支付给农场主的款项，面包厂支付给面粉厂的款项，还有食品零售店支付给面包厂的款项等，统统都计算进去呢？如果统统算入，则那些经过多个生产环节的款项，难道就不会出现双重甚至三重的计算？

这些问题提得很好，不过我们有一个能够解决问题的技巧。统计工作者在衡量环形流动图下部的收入时，总是小心翼翼地只将一个企业的附加值计算到 GDP 中。**附加值**（value added）指的是这样一个差额：企业的销售额同从其他企业购进的原材料和劳务的支付额之间的差额。

换句话说，在计算 GDP 中企业的收入或附加值时，统计员计入的是为购买各生产要素所支付的成本，同时要扣除所有对其他企业的支付。这样，工资、薪水、利息、股息等形式的企业成本都计入了附加值，而对小麦、钢材、电力的购买则不会计入附加值。为什么在计算 GDP 时要从附加值扣除这些从其他企业购买的价值呢？因为这些购买将会由其他企业在计算 GDP 时以附加值的形式恰当地计入。

表 5-2 所列的面包生产的几个环节可以说明：在小心地采用附加值法时，我们是如何从农场、面粉厂、面包

| 面包的收入、成本和附加值（美分／片面包） | | | | |
|---|---|---|---|---|
| | (1) | (2) | | (3) |
| | | | | 附加值（工资、利润等） |
| 生产阶段 | 销售收入 | 减：中间物品的成本 | | (3)=(1)-(2) |
| 小 麦 | 23 | 0 | = | **23** |
| 面 粉 | 53 | 23 | = | **30** |
| 烘烤的生面 | 110 | 53 | = | **57** |
| 最终产品：面包 | **190** | 110 | = | **80** |
| 总 计 | 376 | 186 | | **190** |
| | | | | （附加值合计） |

**表 5-2 GDP 是每一个生产阶段的附加值之和**

为了避免重复计算中间产品，我们计算每一生产环节的附加值，然后减去不是该环节生产的、由其他企业购进的一切原材料和中间产品的成本。注意，每一件中间产品既出现在第（1）栏又出现在第（2）栏的下一个生产阶段，因而它被减掉了。（如果我们将所有款项都加进去，而不是只计算附加值，那么 GDP 会被高估多少呢？每片面包将会高估 186 美分。）

| 产品法 | 收入法 |
|---|---|
| **国内生产总值的组成部分：** | **计算国内生产总值来源的收入法：** |
| 消费（$C$） | 薪酬（工资、薪金和补助） |
| + 国内私人总投资（$I$） | + 企业利润 |
| + 政府购买（$G$） | + 其他财产所得（租金、利息、业主收入） |
| + 净出口（$X$） | + 折旧 |
| | + 生产税 |
| **等于：国内生产总值** | **等于：国内生产总值** |

**表 5-3 国民收入和产品账户概览**

本表显示了国民账户两边的主要构成。左侧显示了产品法（或环形流动图的上部）的主要构成。符号 $C$、$I$、$G$、$X$ 经常被用于表示 GDP 的四个项目。右侧显示的是收入法（或环形流动图的下部）的主要构成。每种方法最终都会得到完全相等的 GDP。

厂和食品零售店的损益表中扣除相应的中间产品支出的。最后，两种方法的结果说明，（1）最终产品面包的销售额和（2）总收入（面包生产各环节的附加值之和）的结果相等。

附加值法：为了避免重复计算，我们严格地让 GDP 仅仅包括最终产品，而不包括用来制造最终产品的中间产品。通过计算每个生产环节的附加值，小心地扣除从其他厂商购买中间产品的支出，环形流动图下部的收入法能恰当地避免所有的重复计算，而正好只将工资、利息、租金和利润计算一次。

## 国民账户统计细节

以上我们已经概要地说明了国民收入或产品账户。在本章的以下部分我们将进一步讨论各组成部分是怎样组合在一起的。在了解完整的国民收入或产品账户之前，

| 年　份 | (1) 名义 GDP（当年的价格，10 亿美元） | (2) 价格指数（GDP 紧缩指数，1929 年 = 1） | (3) 实际 GDP（10 亿美元，1929 年的价格）$(3)=\frac{(1)}{(2)}$ |
|---|---|---|---|
| **1929** | **104** | 1.00 | $\frac{\mathbf{104}}{1.00}=104$ |
| **1933** | **56** | 0.74 | $\frac{\mathbf{56}}{0.74}=76$ |

**表 5-4　实际 GDP（或剔除了通货膨胀的影响）是用 GDP 紧缩指数去除名义 GDP 而获得的**

使用第（2）栏的价格指数，矫正第（1）栏的数字以便得到第（3）栏的实际 GDP。（问题：你能够说明以 1933 年的价格表示的 1929 年的实际 GDP 是 770 亿美元吗？*提示*：如果把 1933 年视为基期，其价格指数是 1，那么 1929 年的价格指数为 1.35。）

我们不妨先看一下表 5-3，以便能对将要分析的对象有个全面的印象。该表从产品和收入两个方面分别列举了一组统计科目。如果你了解这个表的结构以及其中各科目的内涵，那么你就能很好地理解 GDP 及其各组成部分。

## 实际 GDP 与名义 GDP：用物价指数"紧缩"GDP

我们将 GDP 定义为商品和服务的货币价值。而在计算这一货币价值时，我们使用的是*市场价格*这根标尺来衡量不同的商品和服务的价值。但价格会随时间变化，因为通货膨胀会年复一年地将价格推向更高的水平。谁愿用橡皮（每天都在你手中伸缩）标尺而不是固定不变的标尺去衡量事物呢？

用货币作为尺度时，经济学家必须解决一个问题，那就是价格变动。毫无疑问，我们需要用一根固定不变的尺子衡量国民产出和收入。经济学家能够用可靠的尺度来代替伸缩的尺度，方法是从国民产出中剔除价格增长的因素，以得到国民产出的实际值或数量指数或曰数值化了的指数。

这个方法的基本思想是用当年实际市场价格统计当年的 GDP，所得到的称为**名义 GDP**（nominal GDP），或称按现价计算的 GDP。但是，我们往往对**实际 GDP**（real GDP）所发生的变化更感兴趣。它是一种生产商品和劳务的数量指数。在计算实际 GDP 时，要先剔除价格变动或通货膨胀的影响，再记录产出的数量。可见，名义 GDP 是由变动着的价格计算而成的，而实际 GDP 则是剔除价格变动因素后的总产出的数量。

名义 GDP 和实际 GDP 之差就是 **GDP 价格**（price of GDP），该价格我们时常称为 **GDP 紧缩指数**（GDP defltor）。

举个简单的例子。一个国家在第一年生产了 1 000 蒲式耳玉米，第二年产量是 1 010 蒲式耳。每蒲式耳玉米的价格在第一年为 1 美元，在第二年为 2 美元。我们可以算出，第一年的名义 GDP 为 1 美元 × 1 000 = 1 000 美元，第二年为 2 美元 × 1 010 = 2 020 美元。这样，两年中名义 GDP 增长了 102%。

但实际产出的增长远没有那么快。为算出实际产出，我们需要使用 GDP 紧缩指数。一个通常的方法是我们将第一年作为*基期年*，即获得基准价格的年份。首先，我们将该年物价指数，即 GDP 紧缩指数，确定为 $P_1 = 1$。这意味着产出由基期年的价格计算。由上一段的数据可知，第二年的 GDP 紧缩指数为 $P_2$ = 2 美元 /1 美元 = 2。实际 GDP（$Q$）等于名义 GDP（$PQ$）除以 GDP 紧缩指数（$P$）。因此，第一年的实际 GDP 等于 1 000 美元 /1 = 1 000 美元，第二年的实际 GDP 等于 2 020 美元 /2 = 1 010 美元。这样，已经剔除了价格增长因素的实际 GDP 的增长率就为 1%，正好等于（理应如此）玉米生产量的增长率。

比较 1929~1933 年的情况，可以说明一个实际历史时期中的紧缩过程。由表 5-4 可见，名义 GDP 在 1929 年为 1 040 亿美元，在 1933 年为 560 亿美元。这表明从 1929 年至 1933 年，名义 GDP 下降了 46%。但是，政府估计这一时期价格水平平均下降了 26%。如果我们把 1929 年作为基期年，把该年的 GDP 紧缩指数定义为 1，那么就意味着 1933 年物价指数约为 0.74。因此，1933 年的 560 亿美元的实际价值大大高于 1929 年 1 040 亿美元

GDP 的一半。表 5-4 说明，以 1929 年价格计算，或者说用 1929 年的美元购买力来衡量，实际 GDP 下降到 760 亿美元。可见，名义 GDP 之所以下降过半，部分原因还在于大萧条期物价的急剧下跌，也即通货紧缩所带来的错觉。

图 5-2 中下面的一条曲线表示自 1929 年以来名义 GDP（即用每年现行货币和价格所表示的 GDP）的增长。为便于比较，将实际 GDP（以 2000 年美元表示）也放入图内。很明显，在过去 80 多年名义 GDP 的增长是由于通货膨胀所造成的货币尺度的变化而引起的。

表 5-4 说明的是计算实际 GDP 和 GDP 紧缩指数的最简单的办法。这样的计算有时会产生误导，尤其是在重要商品的价格和数量发生急剧变动的条件下。例如，近 30 年来，计算机价格急剧下降而其数量又急剧上升，就属于这种情况（在下面讨论物价指数时，我们会继续讨论这个问题）。

当不同商品的相对价格变动很大时，使用既定年份的价格会对实际 GDP 的增长率做出错误的估计。为纠正这种偏差，统计学家使用了*系列加权法*。此法使不同商品和服务的权重逐年变化，而不是固定每种商品的相对权重不变（例如，按既定年份 1990 年的权重计算），因此能反映出经济中支出模式的演化。今天，美国官方统计的 GDP 和 GDP 价格指数都是基于系列权数而得到的。它们的技术术语是“以系列美元计价的实际 GDP”和“GDP 的系列价格指数”。为简便起见，我们的讨论一般还是使用实际 GDP 和 GDP 紧缩指数。

***系列权数的进一步讨论*** 系列权数的计算细节有些难懂，但我们可以通过一个简单的例子来了解其基本思想。计算系列权数时，需要将各时期之间的相对增长率连乘，从而将产出或价格的系列连接起来。在此用一个理发经济的例子来说明。假设理发的价值在 1998 年是 300 美元，

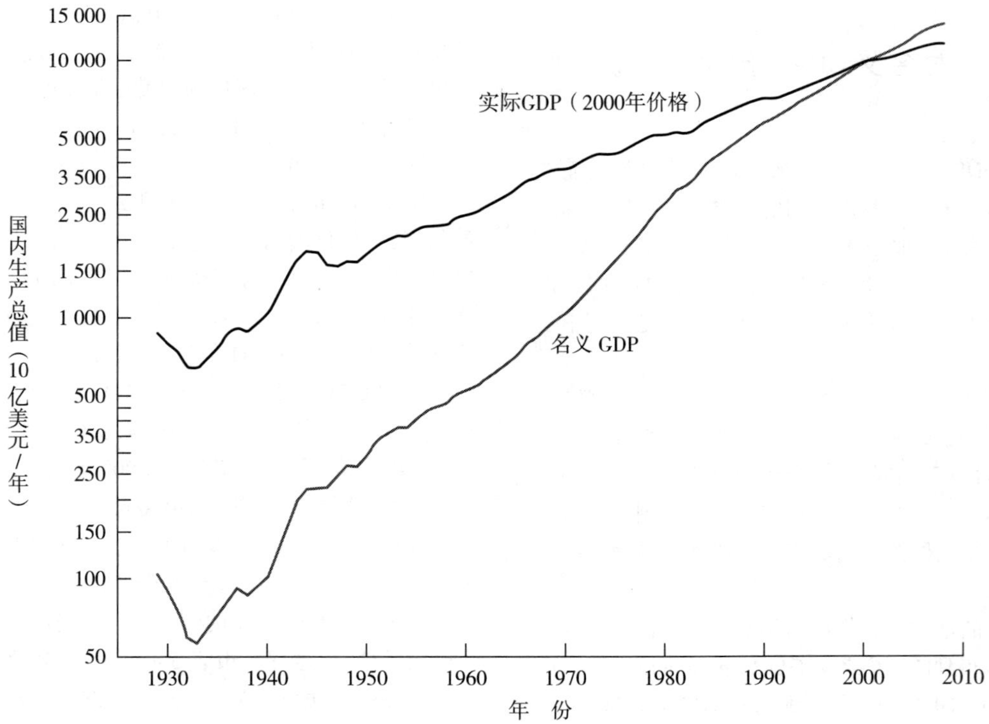


**图 5-2 名义 GDP 的增长由于价格膨胀而快于实际 GDP**

名义 GDP 的上升夸大了实际产出的上升，这是为什么呢？因为名义 GDP 的增长包括了价格的增加和产出的增长。要获得实际产出的准确度量，就必须从名义 GDP 中将价格变动因素剔除。

资料来源：U.S. Bureau of Economic Analysis

2003~2004 年理发的数量增加 1%，2004~2005 年增加 2%。那么以 2003 年的加权价格计算，2003 年实际 GDP 是 300 美元，2004 年是 $300 \times 1.01 = 303$ 美元，2005 年是 $303 \times 1.02 = 309.06$ 美元。在面对多种商品和服务的时候，我们只需简单地将香蕉、苹果、小木筏等不同组成部分的增长率加总，然后将不同商品在支出或产量中的份额作为增长率的权重即可。

小结：

> 名义 GDP（$PQ$）代表给定年份中所生产的最终产品和劳务的货币价值总量。这里的价值量是以当年的市场价格来计算的。实际 GDP（$Q$）是指从名义 GDP 中剔除了价格变化并以商品和服务的数量来计算的 GDP。下面的等式表示出了名义 GDP、实际 GDP 和 GDP 价格指数之间的关系。
>
> $$Q = \text{实际 GDP} = \frac{\text{名义 GDP}}{\text{GDP 价格指数}} = \frac{PQ}{P}$$
>
> 为了修正快速变化的相对价格的影响，美国国民账户使用系列权数来统计实际 GDP 和物价指数。

## 消　费

GDP 最重要的组成部分是消费，或叫做“个人消费支出”。消费是 GDP 最大的组成部分，近年来已达到 GDP 总额的 2/3。图 5-3 显示的是过去 80 年的 GDP 中消费所占比例的变化。消费支出分为三类：耐用品（如汽车）、非耐用品（如食品）和服务（如医疗保健）。其中增长最快的是服务领域。

## 投资与资本形成

到目前为止，我们的分析都排除了所有的资本品。然而在现实生活中，各国都将其产出的一部分用于投资（即增加能提高未来生产能力的耐用品）。投资意味着牺牲当前消费以增加未来消费。人们现在不吃掉更多的比萨饼，而是新建一个比萨饼炉，为的是将来能生产更多的比萨饼供消费。

在国民收入账户中，**投资**（investment）是指一年内一国的建筑物、设备、软件产品及库存等资本存量的增加部分。国民账户收入主要包括有形资本（如建筑物和计算机），忽略了大部分无形资本（如研发费用和教育支出）。

---

**实际投资和金融投资**

经济学家将“投资”（有时称为实际投资）定义为耐用资本品的生产。而在一般用法上，投资通常是指诸如购买通用汽车公司的股票或去开个存款户头这类东西。为了不致混淆，经济学家将这种投资称为**金融投资**。请不要将投资一词的两种用法混淆起来。

如果我从我的保险柜里取出 1 000 美元购买网络股票，这并不是宏观经济学家称作的投资，所发生的只是我将一种形式的金融资产转变为另一种形式的金融资产。只有生产出有形的资本品时，经济学家才认为形成了投资。

---

投资如何计入国民账户？如果人们用一部分社会生产能力去形成投资而非消费，那么经济统计工作者就认为，这部分产出必须计入环形流动图上部的 GDP 流量。投资意味着增加未来生产能力的耐用资本品的增多。因此，我们必须将先前的 GDP 定义做如下修改：

> 国内生产总值是一切最终产品的价值总和。除了消费品和劳务，我们还必须将总投资也包括在内。

***净投资与总投资***　修改后的定义除了包括消费之外，还包括了总投资。那么这里的“总”的含义何在？它表示的是该投资包括所有已经生产出来的投资品。总投资的另一层含义是，还没有经过折旧调整的折旧额。**折旧**（depreciation）衡量的是一年中已经消耗掉的资本额。因此，总投资包括了一年当中所增加的全部机器、工厂及房屋，尽管其中有一部分仅仅是为了替换那些将要被焚烧掉或扔进垃圾堆的旧的资本品而购置的。

如果你想要统计社会资本的增长，总投资并不是一个理想的指标。由于它没有除去必要的折旧数量，因此它太大、太笼统。

用人口增长来进行类比，会使折旧的意义更清楚。如果你要统计人口规模，你就不能简单地只计算出生人口数，因为这样显然会夸大了人口的净变动。要得到人口增量，你还必须减去死亡人数。

同样的道理对于资本也适用。要找到资本净增量，你就必须从总投资中减去以折旧形式死亡了的资本，或曰消耗掉了的资本。

因此，为了估计资本存量的增长，我们需要衡量净

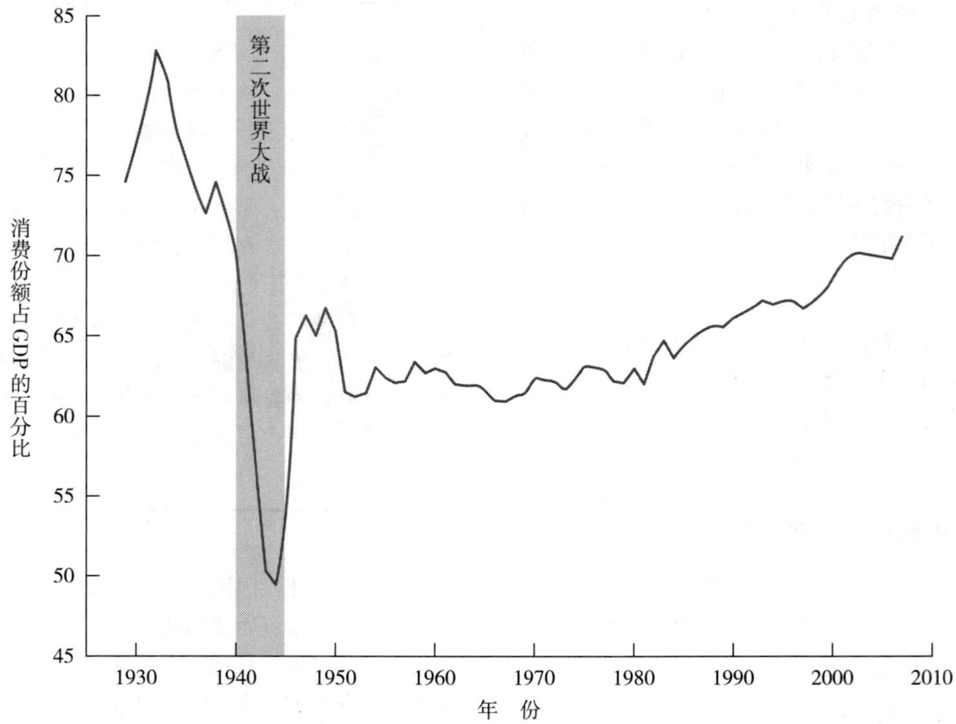


**图 5-3 国民产出中消费的份额近年来有所上升**

在大萧条时期，由于投资前景黯淡，全部 GDP 中消费所占的份额上升；二战时期，由于战争需求替代了个人需求，消费所占的份额急剧减少。近些年来，随着国民储蓄率和政府购买支出的下降，消费的增长速度快于全部产出的增长。

资料来源：U.S. Bureau of Economic Analysis

投资。净投资永远等于新投入的资本（总投资）减去死亡的资本（资本折旧）。

净投资等于总投资减去折旧。

## 政府采购

一部分国民产品是由联邦政府、州政府以及地方政府采购的，这些购买显然也是 GDP 的组成部分。一些政府采购是消费品（如军粮），还有一些是投资品（如学校或道路）。在统计政府对 GDP 的贡献时，我们只需简单地将政府所有的采购都添加到私人消费、私人投资，还有后面马上要讨论的净出口这几大流量之中。

因此，政府在其雇员身上的一切薪金支出加上它向私人企业购买的物品（激光仪、道路和飞机），均被计入产品流量的第三个类别，即“政府消费性支出及总投资”。它等于联邦、州和地方政府对 GDP 的贡献。

***排除转移支付*** 这是否意味着，政府所支出的每 1 美元都要计入 GDP 之中呢？绝非如此。GDP 只包括政府购买，不包括在转移支付上的支出。

政府**转移支付**（transfer payments）是指政府对个人的一种支付，这种支付并不用来交换受益人所提供的产品或劳务。政府转移支付的项目很多，包括失业保险、退伍军人抚恤金、老年人及残疾人的补助金等。转移支付的目的在于满足某种社会需要。由于转移支付不是用来购买当前的商品或服务的，因而不应包括在 GDP 中。

由此，如果你作为一名教师从政府那里领取了工资，那么这项对要素的支付就应该包括进 GDP。而如果你是退休工人，从政府那里领取到福利补助，那么，由于并不需要为这项支付提供劳务，它属于转移支付，因此就不应计入 GDP。类似地，政府的利息支付被认为是转移支付，因而也应该从 GDP 中扣除。

最后，不要将国民收入账户衡量政府的商品和服务支出（$G$）的方法与政府的官方预算混淆起来。当财政部计算其开支总额时，它包括了在商品和服务上的支出（$G$），再加上转移支付。

***税　收*** 应用产品流量法计算 GDP 时，我们不需要担心政府如何为其开支筹措资金。不论政府通过征税、印钞票，还是借款来支付其所购买的商品和服务，都没有什么关系。不论钱来自何处，统计人员都会将 GDP 中的政府部分计算为政府在商品和服务上的实际开销。

在产品流量法中忽略税收是恰当的，但在用收入或成本法计算 GDP 时我们必须考虑到各种税收。以工资为例，在我所得到的工资中，我必须把一部分工资以个人所得税的形式缴纳给政府。这些直接税肯定会被计入企业开支中的工资部分，同样的做法也适用于对利息、租金和利润所征收的直接税（不论是对个人还是对公司）。

再以销售税和其他间接税为例，这些税是制造商或零售商在一块面包（或在小麦、面粉和生面团阶段）上所必须支付的。假设这些间接税的总额为每块面包 10 美分，并假定面包行业所支付的工资、利润和其他附加值为 90 美分。那么使用产品流量法时，这块面包卖多少钱呢？是 90 美分吗？肯定不是。这块面包将卖 1 美元，这等于 90 美分的生产要素成本加上 10 美分的间接税。

因此，用成本法计算 GDP 时，我们必须将直接税和间接税都算做最终产品生产成本的一个组成部分。

## 净出口

美国是一个商品和服务不断地进口和出口的开放经济体。GDP 的最后一个构成部分（也是近年来越来越重要的部分）是**净出口**（net exports），即商品和服务的出口额和进口额之间的差额。

如何划清美国 GDP 与别国 GDP 之间的界限呢？美国的 GDP 代表的是在美国境内生产的全部商品和服务的价值。美国的生产量与美国的销售量有两点不同。第一，我们的一些产品（如爱荷华州的小麦和波音公司的飞机）由外国人购买并运往海外，这些项目构成了*出口*。第二，我们消费的一些产品（如墨西哥的石油和日本的汽车），又是由别国生产并运送到美国来的，这些项目构成了*进口*。

***一个数字实例*** 我们可以用一个简化了的农场经济来说明国民账户是如何统计的。假设阿格诺维亚这个农业国家共生产了 100 蒲式耳的玉米，并且进口了 7 蒲式耳玉米。其中 87 蒲式耳用于消费（$C$），10 蒲式耳给政府供养军队（$G$），6 蒲式耳以增加库存的形式用于国内投资（$I$）。此外，4 蒲式耳出口到国外，因此净出口（$X$）为 4−7，即是 −3。

那么，这个农业国家的 GDP 将如何构成呢？其构成如下：

$$\begin{aligned}\text{GDP} &= 87\,(C) + 10\,(G) + 6\,(I) - 3\,(X)\\ &= 100\text{ 蒲式耳}\end{aligned}$$

## 国内生产总值、国内生产净值和国民生产总值

尽管 GDP 在美国是运用得最广的国民产出指标，但另外两个概念也时常被采用：国内生产净值和国民生产总值。

如前所述，GDP 中包括*总*投资，即净投资加上折旧。略加思索即可发现，计入折旧就如同既算了小麦又算了面包。比较合理的衡量方法是只将*净*投资算入总产出。从 GDP 中减去折旧，就得到了**国内生产净值**（net domestic product，NDP）。如果 NDP 是比 GDP 更好的国民产出指标，那么为什么国民经济统计账户要更多地使用 GDP 呢？这样做的原因是折旧比较难以估算，而总投资则能相当精确地加以估算。

国民账户另一个统计指标是**国民生产总值**（gross national product，GNP），直到现在，它仍在被广泛地采用。GNP 与 GDP 有何不同？GNP 是*美国居民所拥有的劳动和资本*所生产的总产出量，而 GDP 则是*美国境内的劳动和资本*所生产的总产出量。

例如，美国 GDP 的一部分是由日本的本田公司在美国境内的工厂所生产的。这些工厂的利润应计入美国 GDP 但不应计入美国的 GNP，因为本田是一家日本公司。同样，当一个美国经济学家飞到日本举办一场关于棒球的收费讲座时，讲座收入应计入日本的 GDP 和美国的 GNP。对于美国来讲，GDP 与 GNP 基本相同，但对其他开放经济的国家却有很大的不同。

小结：

> 国内生产净值（NDP）等于一国在一年内所生产的全部最终产品；这里的最终产品包括净投资或

1. 从产品角度算，GDP 是以下 4 个主要构成之和：
   - 个人在商品和劳务上的消费开支（$C$）
   - 国内私人总投资（$I$）
   - 政府的消费开支和总投资（$G$）
   - 商品和劳务的净出口（$X$），或出口额减进口额
2. 从成本角度算，GDP 是以下几个主要构成之和：
   - 薪酬（工资、薪金和补助）
   - 财产所得（公司利润、业主收入、利息、租金）
   - 生产税和资本折旧

   （在使用附加价值统计法时，总是需要小心从事，以避免重复计算从其他厂商购买的中间产品。）
3. 用产品法和成本法所算得的 GDP 完全相同（这是因为遵守了用附加值进行记账的规则和将利润定义为一种剩余）。
4. 国内生产净值（NDP）等于 GDP 减去折旧。

表 5–5 国民收入和产品账户的基本概念

总投资减去折旧：

$$\text{NDP} = \text{GDP} - \text{折旧}$$

国民生产总值（GNP）是一年内一国居民所拥有的投入要素所生产的最终产品的总值。

表 5-5 提供了一个关于 GDP 重要组成部分的全面定义。

## GDP 和 NDP：数据观察

理解了上述概念后，我们现在可以观察一下表 5-6 中的十分重要的实际数据。

***产品流量法*** 先看该表的左侧。它表示用环形流动图上半部分的产品流量法所计算出的 GDP。四个主要组成部分的每一项及其在 2007 年的产量都列在这里。其中的 C、G 及其细目都不需做什么解释。

国内私人总投资需要稍加说明。它的总额（21 300 亿美元）包括企业在厂房和设备以及住宅建设上全部新增的固定投资，还包括商品库存增加。这个总数没有减去资本折旧。从总投资中扣除 17 210 亿美元的折旧后，我们得到的净投资数为 4 100 亿美元。

最后，注意净出口的巨额负值高达 7 080 亿美元。这个负值代表了这样的事实，即 2007 年美国的商品和服务的进口比出口多 7 080 亿美元。

将左侧的四个组成部分加在一起，便得到 GDP 总额为 138 080 亿美元。这就是我们的工作结果：用货币所衡量的美国经济在 2007 年的总业绩。

***成本流量法*** 现在再看表的右方，它构成环形流动图的下半部分成本流量法。这里可见全部生产成本，加上税收和折旧。

员工薪酬包括工资、薪金和其他员工补助，净利息也属于这一类。

个人的租金收入包括所得的租金。此外，如果你住自己的房，则被认为是在向自己付房租。这是国民账户中许多“设算收入”（imputations，或衍生收入）中的一个。如果我们真想衡量美国人所实际享受的住房服务，而不希望这种估计随着是否拥有这套住房而改变，那么这种租金估算方法是有其意义的。

企业的生产税单列为一项，与某些调整项目放在一起，包括难以避免的“统计误差”。统计误差反映了这样一个事实，即官方统计人员从来没有完全掌握他们所需要的每一项统计数据。[1]

和其他费用一样，被消耗掉的资本品折旧，也必须

[1] 统计工作者总是不得不使用数据不完整的报表，并经由估算等办法填充缺漏的数据。正如在化学实验室里进行测度很难等同于理想状态一样，不论按环形图上部还是环形图下部计算GDP都会出现误差。这些误差被一个称为“统计误差”的项目所弥补。在公务员中，除了有“工资”部门主任、“利息”部门主任等诸如此类的头衔外，在实际中的确也有“统计误差主任”这样的头衔。如果数据是完整的，这个主任就会失业。

| 2007 年国内生产总值（10 亿美元，当年价格） | | | | |
|---|---|---|---|---|
| **产品法** | | | **收入法或成本法** | |
| 1. 个人消费支出 | | 9 710 | 1. 员工薪酬 | 7 812 |
| 耐用品 | 1 083 | | 2. 业主收入 | 1 056 |
| 非耐用品 | 2 833 | | 3. 租金收入 | 40 |
| 服务 | 5 794 | | 4. 净利息 | 664 |
| 2. 国内私人总投资 | | 2 130 | 5. 公司利润（调整后的） | 1 642 |
| 固定投资 | | | 6. 折旧 | 1 721 |
| 非住宅投资 | 1 504 | | 7. 生产税、统计误差和调整项 | 872 |
| 住宅投资 | 630 | | | |
| 私人存货变动 | −4 | | | |
| 3. 商品或服务的净出口 | | −708 | | |
| 出口 | 1 662 | | | |
| 进口 | 2 370 | | | |
| 4. 政府消费支出和总投资 | | 2 675 | | |
| 联邦政府 | 979 | | | |
| 州和地方政府 | 1 696 | | | |
| **国内生产总值** | | **13 808** | **国内生产总值** | **13 808** |

**表 5–6　GDP 账户的两种观察方法——以真实数字为例**

左侧衡量产品流量（按照市场价格），右侧衡量成本流量（生产要素收入和折旧）。

资料来源：U.S. Bureau of Economic Analysis.

作为一种费用出现在 GDP 中。利润是一个剩余额，即从销售总额中减去所有其他成本后的部分。利润有两种：公司利润和非公司企业的净收入。

非公司企业收入是指合伙企业和个人经营企业的收入。它包括大部分农场主的收入和专业人员的收入。最后，我们看公司税前利润。

看右边一栏各项，成本流量法的统计结果也是 138 080 亿美元，与左边的产品流量法的结果一致。

## 从 GDP 到可支配收入

GDP 基本统计账户之所以令人感兴趣，不仅在于它本身，还因为它对于理解消费者和企业的行为具有重要的意义。进一步的细分将有助于说明国民账户的核算方法。

***国民收入***　为帮助理解总收入在不同生产要素中的分配，我们构造了国民收入（national income，*NI*）的数据。*NI* 代表的是劳动、资本和土地等生产要素所获得的全部收入。它是从 GDP 中减去折旧而得到的。国民收入等于工资、租金、净利息、业主收入和企业利润之和。

由图 5-4 中的头两列可见 GDP 与国民收入之间的关系。左边的一列代表 GDP，右边的一列则表明了为获得 *NI* 而必须减掉折旧部分。

***可支配收入***　第二项重要概念所提出的问题是，家庭每年实际上能有多少钱可供花费？个人可支配的收入［通常称为**可支配收入**（disposable income）或 *DI*］概念回答的就是这一问题。要想获得可支配收入，你只要计算出家庭所获得的市场收入和转移支付的收入，然后减去个人税赋便可。

图 5-4 说明了如何计算 *DI*。我们从第二列国民收入开始，减去所有的税赋，再减去企业净储蓄（企业净储蓄是利润减去折旧和股利），最后再加上家庭从政府那里所获得的转移支付。这样就得到了如图 5-4 最右边的一列 *DI*。可支配收入是指实际进入消费者手中并能由他们随心所欲地加以使用的收入。这一讨论省略了一些常常接近于零的次要项目，如统计误差和净外国要素收入。

从GDP到国民收入到可支配收入

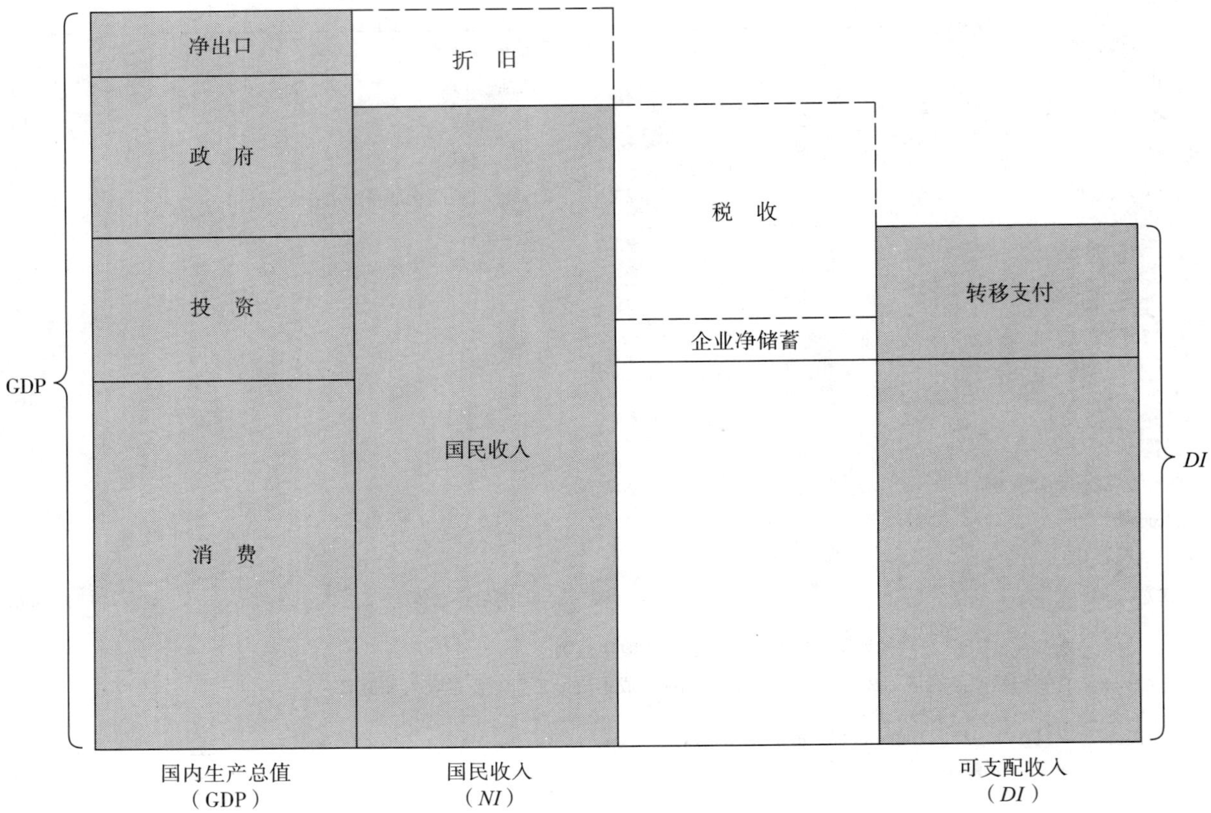


**图 5-4 根据 GDP 计算国民收入（*NI*）和个人可支配收入（*DI*）**

重要的收入概念是：（1）GDP，即所有生产要素的毛收入总额；（2）国民收入是要素收入总和，从 GDP 中扣除折旧所得；（3）个人可支配收入，它衡量的是居民户的收入总额，包括对居民户的转移支付，但扣除对居民户的税收。

下一章中我们将会看到，人们将 *DI* 划分为（1）消费支出和（2）个人储蓄。

## 储蓄和投资

如我们所知，总产出既可用于消费又可用于投资。投资是最基本的经济活动，因为它增加了资本存量，这些资本的增量能够提高未来的生产能力。国民账户核算的重要意义在于所计量的储蓄和投资恒等。这里我们说明，根据以上所描述的核算原则，所计量的储蓄正好等于所计量的投资。这是一个恒等式，是由定义得来的一个恒等关系。

举个简单的例子，假定不存在政府或外贸部门。投资指国民总产出中未被消耗的部分；储蓄指国民总收入中未用于消费的部分。由于国民总收入和国民总产出相等，这说明储蓄恒等于投资。简言之：

$$I = \text{产品法得到的 GDP} - C$$
$$S = \text{收入法得到的 GDP} - C$$

但由于两种方法所得的 GDP 必然相等，因此，我们得到：

$I = S$：所计量的储蓄与所计量的投资恒等

这是最简单的情况。为完成讨论，我们必须考虑增加企业、政府和净出口因素。在储蓄方面，总储蓄或国民储蓄（$S^T$）必须分为两类：来自居民户和企业的私人储蓄（$S^P$）和政府储蓄（$S^G$）。政府储蓄等于政府预算盈余，或税收收入与支出间的差额。

在投资方面，总投资或国民投资（$IT$）等于国内私人总投资（$I$）加上外国净投资，即净出口（$X$）。因此，完整的储蓄—投资恒等式为：[1]

$$
\begin{aligned}
\text{国民投资} &= \text{私人投资} + \text{净出口} \\
&= \text{私人储蓄} + \text{政府储蓄} \\
&= \text{国民储蓄}
\end{aligned}
$$

或者

$$I^T = I + X = S^P + S^G = S^T$$

由定义可知，国民储蓄总是等于国民投资。投资的组成部分包括国内私人总投资和国外投资（净出口）。储蓄的来源是私人（家庭和企业）储蓄和政府储蓄（政府预算盈余）。私人投资加净出口等于私人储蓄加政府预算盈余。无论经济处于商业周期的哪一阶段，这种恒等关系都必然成立。

## 国民账户之外的问题

现存经济和社会体制的拥护者经常争辩说，市场经济创造了人类历史上实际产出的前所未有的快速增长。资本主义的崇拜者也称颂道："看，自由市场思想为 GDP 带来多么巨大的增长。"

尽管如此，批评者还是指出了 GDP 统计指标的缺陷。GDP 统计不仅计入了很多值得怀疑的项目，而且忽略了许多有价值的经济活动。正如一位批评者说："不要对我讲你的所有产量和金钱，以及你的国内生产总值。对我来讲，国内生产总值代表的只不过是国内污染总值！"

我们的看法如何呢？GDP 难道没有包括政府所生产的炸弹、导弹和付给监狱看守的工资吗？犯罪增加了家用警报系统的销售额，难道不是被加在了 GDP 之上吗？砍伐那些难以再生的红杉林，不也表现为国民账户中的产出增加吗？GDP 指标不是无法解释像酸雨的形成、温室效应这样的环境退化吗？

近年来经济学家们试图采用新的统计方法，以便修正广为采用的 GDP 指标的缺陷，使数据能更好地反映我们这个经济所提供的、真正能给人们带来满足的产品数量。新账户试图扩展传统账户的边界，使它能涵盖一些重要的非市场行为，并修正传统账户所包括的有害的经济活动。让我们来讨论一下其中若干被忽略或遗漏了的项目。

***所遗漏的非市场性活动***　回忆一下，标准的国民收入账户主要包括市场活动，但许多有意义的经济活动都发生在市场之外。例如，高校学生在人力资本方面进行投资。国民账户记录了学费，却忽略了机会成本（即因上学而放弃的收益）。有研究表明，如果将在教育领域和其他领域的非市场性投资包括进来，国民储蓄率至少提高两倍。

同样，许多居民户活动产生很多有价值的"准市场性"产品和服务，例如做饭、洗衣和照顾小孩。最近一份对没有报酬的家务工作的评估表明，这部分价值达市场性消费总额的 50%。市场账户最大的遗漏恐怕是闲暇时间的价值。平均而言，美国人花在创造效用的休闲活动上的时间与他们工作赚钱的时间大体相当。而休闲时间的价值却被排除在官方统计的国民账户之外。

你可能很想了解地下经济活动。地下经济活动不向政府报告收入情况，却涉及市场活动的各个领域，包括赌博、卖淫、贩毒，以及非法移民所从事的工作、服务交易和走私等。实际上，国民收入统计人员在衡量国民产出时将会有意排除非法活动——社会舆论认为这些活动是"坏事"而不是"好事"。日益膨胀的海洛因交易也不可能被如实地计入 GDP。至于其他合法的却没有如实申报的活动，比如未上报的小费收入，商务部只能根据来自国内税务局（Internal Revenue Service，IRS）的调查和审计进行估计。

***所遗漏的环境破坏活动***　除了遗漏的经济活动，GDP 指标有时还会忽略经济活动所导致的有害后果。一个重要的例子是忽略了对环境的破坏。例如，假定市郊居民使用了 1 000 万度电维持空调工作，使用每度电付给公用事业公司 10 美分。这 100 万美元补偿了公司在劳动、设备和燃料方面的成本。现在假设发电所产生的污染损害了周围住户的生活环境，而该公司却没有为这种外溢效应付出货币代价。在这种情况下，我们对产出的计量就不仅应该加入电的价值（GDP 已经计入），而且还应该减去由于污染而对环境造成的损害（但 GDP 却没有这样做）。

[1] 这里，我们只讨论私人投资，因此将政府采购视为消费。今天，大多数国家的国民收入账户的政府采购都分为消费和有形投资两大部分。如果我们将政府投资包括在内，则国民投资和政府预算盈余都会相应上升。

假定除了10美分直接成本之外，每度电给周围住户所造成的环境损害为2美分。这就是公用事业公司没有偿付的污染的外部成本，此外部成本总计应为20万美元。在扩充的国民收入账户，为矫正这些隐蔽的成本，我们必须从100万美元的“电产品”中减去20万美元的“污染损失”。实际上在经济账户中政府统计人员并没有减掉污染成本。

在构建扩充的国民收入账户方面，经济学家已经取得了长足的进步。该账户旨在补入传统的国民核算账户不曾涵盖的活动。扩大核算账户的基本原则是尽可能多的记录各种经济活动，无论这些活动是否发生在市场体系之内。举例来说，对研发价值的估价，非市场性的人力资本投资的估价，对未计报酬的家政活动的估价，对森林的估价，还有对休闲时间的估价，都可被计入统计指标并纳入扩充的国民收入账户。经济学家甚至开设了气候变暖和空气污染的损害统计账户。这些账户完善之后，我们对国民经济将能有一幅更为完整的统计图画。

尽管如此，值得在此提请注意的一点是，即便是最细致的经济账户，也不过是用以衡量经济活动的。事实上经济学家也无法奢望去衡量日常生活中每一个人的满意、快乐或痛苦。这一观点在罗伯特·肯尼迪的最后的演讲中最为精彩：

> GDP并没有考虑到我们孩子的身心健康、教学质量或嬉戏快乐，没有反映我们的诗歌之美和婚姻稳定，也没能包括我们在公共问题争论中的点子和公务员们的正直。它既不能衡量我们的机智，也不能衡量我们的勇气；既不能衡量我们的智慧，也不能衡量我们的学识；既不能衡量我们对祖国的热爱，也不能衡量我们对祖国的贡献。

## 价格指数和通货膨胀

本章我们已经集中讨论了国民产出的计量问题和它的构成。但人们同时还关心总体价格的变动趋势，关心通货膨胀。这些术语是什么意思呢？

让我们首先仔细地定义：

> **价格指数**（price index）是计量平均价格水平，用$P$表示。**通货膨胀**（inflation）意味着整体价格水平的上升，用$\pi$表示。**通货膨胀率**（rate of inflation）则指整体价格水平的变化率，它可用以下公式衡量：
>
> $$t\text{ 年的通货膨胀率} = \pi_t = 100 \times \frac{P_t - P_{t-1}}{P_{t-1}}$$

近代历史的大多数时间都是正的通货膨胀。与通货膨胀相对的概念是**通货紧缩**（deflation），指的是总体物价水平的下降。20世纪后半叶通货紧缩鲜有发生。在美国，最近一次消费物价低于前一年的情况出现在1955年。持续的通货紧缩表现为价格连续几年下降，并伴随着经济萧条，比如20世纪30年代和19世纪90年代美国的状况。日本于20世纪后20年所经历的通货紧缩，使其遭受了长期而缓慢的衰退。

### 价格指数

每当报纸告诉我们“通货膨胀率在上升”时，其确切含义是指价格指数在向上移动。价格指数是一系列商品和服务的价格的加权平均值。在计算价格指数时，经济学家赋予每一价格的权数是根据该商品在整体经济中的重要程度来决定的。最重要的价格指数包括消费者价格指数、GDP紧缩指数和生产者价格指数。

***消费者价格指数*** 应用最广的通货膨胀指标是消费者价格指数，简称CPI，由美国劳工统计局（BLS）提供。CPI衡量的是城市消费者为购买一揽子市场消费品和服务而支付的平均价格。政府每月要统计大约八万种消费品和两百多种服务品的价格。主要分以下八类：

- 食品和饮料（早餐谷物、牛奶和零食）
- 住房（房租、业主自住租金、室内家具）
- 服装（衬衫、毛衣和首饰）
- 交通（新车、汽油、机动车保险费）
- 医疗（处方药、医疗服务、眼镜）
- 娱乐（电视、运动器械、门票或入场券）
- 教育和通信（大学学费、计算机软件）
- 其他商品和服务（理发、丧葬费）

消费者价格指数的一揽子样本中各商品的价格权数如何确定？如果仅将不同的价格简单加总或用数量来计算，显然都是不明智的。在构造价格指数时，应该依据每个商品在经济中的重要程度来衡量该商品价格的权数。

在计算传统的CPI时，对应于消费者各项支出在其全部支出中的相对重要性，每一项支出都被给定一个固定权重。每一权重都和消费者在该项目上的预算开支成比例，而权重现又由 2005~2006 年消费者支出调查统计所决定。2008 年，住房及相关支出在 CPI 中所占比重最大，占消费者预算开支的 42% 以上。而购买新车及其他交通工具的开支仅占消费者预算支出的 7%。

### 消费者价格指数的计算

值得花点时间掌握消费者价格指数变动的计算公式。书中所给的公式当然没有问题，但我们必须说明如何用这个公式进行计算，尤其是在面对众多的商品和服务时。整体的消费物价指数的变动，是各部分加权平均变动的结果：

$$t\text{ 期 CPI 的变动百分比} = 100 \times \left\{ \sum_{\text{所有商品}} [\text{商品 } i \text{ 在}（t-1）\text{期的权重}] \times [\text{从第}（t-1）\text{期到第 } t \text{ 期商品 } i \text{ 的价格变动百分比}] \right\}$$

此处，举一例具体说明。下表给出了实际价格变动和相对重要性的数据：

| 类　别 | 相对重要性 2007 年 12 月（%） | 2007 年 12 月 ~ 2008 年 12 月的变化（年百分比） |
|---|---|---|
| 食品和饮料 | 14.9 | 4.4 |
| 住　房 | 42.4 | 3.0 |
| 服　装 | 3.7 | −1.4 |
| 交　通 | 17.7 | 8.2 |
| 医　疗 | 6.2 | 4.6 |
| 娱　乐 | 5.6 | 1.3 |
| 教育与通信 | 6.1 | 3.0 |
| 其他商品和服务 | 3.3 | 3.2 |
| **总　计** | **100.0** | **4.0** |

经计算可知，2007 年 3 月到 2008 年 3 月间的通货膨胀率为每年 4.0%（本章末的问题 9 提供了进一步的计算）。

本例基本上说明了传统 CPI 是如何度量通货膨胀的。简化计算和真实计算的唯一差别在于，真实的 CPI 包含了更多的商品和地区。除此之外，计算方法完全相同。

***GDP 价格指数***　另一种广为使用的价格指数是 *GDP* 价格指数（有时也被称作 GDP 紧缩指数），我们在本章前面曾遇见过它。GDP 价格指数是一国生产的所有商品和服务（消费、投资、政府购买、净出口）的价格水平，而不是某一部分（如消费）的价格水平。它和传统的 CPI 的另一不同之处在于，它是一个系列加权指数，考虑到了不同商品所占份额的变化。此外，GDP 的各组成部分（如投资品、计算机和个人消费等）也有紧缩指数。它们有时也被用做 CPI 的补充。

***生产者价格指数（PPI）***　该指数最早出现在 1890 年，是劳工统计局公开发布的历史最久的一套连续统计数据。它衡量的是生产或批发环节的价格水平。主要基于大约 8 000 种商品的价格，包括食品、制成品、矿产品等。计算 PPI 的固定权数是每种商品的净销售额。由于这种指数非常详细，在商业领域广为使用。

### 矫正价格偏差

准确地计量价格是实证经济学的核心任务之一。价格指数不仅能影响通货膨胀率，而且也会影响实际产出和生产率的统计。经由政府政策，价格指数还会影响货币政策、税收政策、政府转移支付计划（如社会保障）和许多私人合同。

消费者价格指数可用于衡量生活成本。若告知你这种统计非常困难，你很可能会感到惊讶。其中有些是属于价格指数内在的难题，如指数数值问题（index-number problem），即不同的价格是如何进行加权或平均的。传统的 CPI 指数中每一种商品都固定了权数，所以当消费者用价格低廉的商品代替昂贵的商品时，CPI 就会高估生活成本。

能源价格的例子可以说明这个问题。20 世纪 70 年代石油价格迅速上涨，人们普遍减少了在石油方面的支出，倾向于购买小型汽车或减少旅行。然而，CPI 却仍然假定人们购买相同数量的石油，即使石油价格增至双倍。这样显然会夸大生活成本的增加。统计学家通过采用不同的加权方法设计出使指数数值问题降到最小程度的方法，例如，随支出变化调整权数。但是政府统计人员刚刚尝试使用这种 CPI 的新算法。

一个更重要的问题是：**在新产品以及改良的产品和服务带来新贡献时，价格指数很难随之进行调整。**有个例子可以说明这一点。近年来，消费者从节能荧光灯泡中受益良多，同样的亮度其耗电成本只有老式的白炽灯泡的四分之一，然而却没有一种价格指数能够计入这种质量改善。同样，激光唱片、数字唱片取代了老式唱片，带有成百个频道的卫星电视或有线电视取代了只有少数几个频道的画质不好的老式技术，空中航行取代了公路和铁路旅行，还有其他成千上万的产品和服务都得到了改善，这类进步都没能在价格指数中得到体现。

近期研究表明，如果价格指数能反映质量变化，这些年的CPI就不会增长得如此之快。在涉及医疗保健问题时，这个问题就特别麻烦。在过去的20年里，医疗保健价格飞速上涨，然而我们却没有对其质量进行如实的计量，而且CPI中完全忽视了新产品的引入，例如取代昂贵的外科手术的药物疗法。

以斯坦福大学的迈克尔·波斯金为首的著名的经济学家小组估计，对CPI的这种高估至少为每年1%。数值虽小，但意义重大。这说明我们的实际产出可能被过度低估了相同的幅度。如果CPI的偏误被传导到了GDP紧缩指数，那么在过去的20年中，美国每小时的产出增长率每年被低估了1%左右。

这个发现也意味着，生活成本调整（被用做社会保障金，也在税收体系使用）对于人们生活成本的变化进行了过度的补偿。多年来这一偏差对税收和收益都有重要影响。价格指数对于许多技术人员来说不是深奥的利率概念。价格指数和产出指数的合理确定，直接影响到我们的政府预算、退休计划，甚至我们评估国民经济运行的方式。

鉴于自己的研究成果及其所受到的指责，劳工统计局已经着手对CPI指数工作进行全面的反思与调整。其中最重要的一项创新，是自2002年开始公布的“系列消费者价格指数”，它用可变权数体系对固定权数价格指数进行了扩充和修正，说明了消费者进行的替代。在其公布的10年内，消费者惊讶地发现，比起传统的CPI，系列CPI的增长是如此的缓慢。这表明，有关传统CPI夸大了通货膨胀率的批评是有道理的，尽管夸大的幅度可能低于波斯金委员会估计的数字。[1]

## 国民账户简评

本章介绍了经济学家如何衡量国民产出和总体的物价水平，回顾了国民产出的统计方法并分析了GDP的缺陷。关于这些指标的适用性，我们可以得出什么样的结论呢？这些指标能反映主要的发展趋势吗？这些指标能够充分度量总的社会福利吗？阿瑟·奥肯（Arthur Okun）的论述给出了恰当的回答：

> 毫不奇怪，国家的繁荣并不能确保社会的幸福。正如个人的发展并不能确保家庭的幸福一样。GDP的增长绝不可能抵消由一场不受欢迎并未能取胜的战争所带来的紧张局势，不可能消除由于种族偏见所引起的长期的良心冲突，不可能平定泛滥的黄潮，也不可能阻止年轻人对其独立性的空前强调。尽管如此，经济的繁荣……毕竟还是成功地实现我们的抱负的先决条件。[2]

[1] 参见本章“补充读物”中关于CPI的讨论。

[2] *The Political Economy of Prosperity* (Norton, New York, 1970), p. 124.

# 总 结 提 要

1. 国民收入账户和产品账户包含了一国收入和产品的主要指标。国内生产总值（GDP）是衡量一国商品和服务的产量的最综合的指标。它由一国在给定年份中的消费（$C$）、国内私人总投资（$I$）、政府采购（$G$）以及净出口（$X$）4个部分的货币价值之和构成。回忆下面的等式：

$$GDP = C + I + G + X$$

有时简化为将国内投资与净出口加在一起得到国民投资总额（$I^T = I + X$）：

$$\text{GDP} = C + I^T + G$$

2. 由于将利润定义为一种剩余，我们能够保证使用环形流动图上部的产品流量方法和使用环形流动图下部的成本流量方法所计算出的 GDP 的结果是一致的，正如图 5-1 所示。成本法使用了生产要素的收入，并仔细地计算了附加值，以便消除对中间产品的重复计算。它在统计了所有的（税前）工资、利息、租金、折旧以及利润收入的总和之后，再加上企业的所有的间接税成本。GDP 不包括像政府公债利息或福利补助金这样的转移支付项目。
3. 通过使用物价指数，我们能够“紧缩”名义 GDP（即用现价计算的 GDP）以得到更准确的实际 GDP 指标（即用某一个基年的货币购买力所表示的 GDP）。使用这样一种物价指数可以照顾到由于价格水平变化所造成的统计尺度的变动。
4. 当一个国家所生产的资本品大于目前以折旧形式所消耗掉的部分时，净投资为正。由于折旧很难准确地加以估计，统计工作者认为，与净投资的数字相比，总投资的数字要更为可靠一些。
5. 国民收入和可支配收入是另外两个官方统计科目。可支配收入（*DI*）是指在扣除税收支付、未分配利润中的公司储蓄以及转移支付之后，人们实际上剩下来的能够用于其消费或储蓄的收入。
6. 根据国民账户的规则，所计量的储蓄必然正好等于所计量的投资。在一个假设的只存在居民户的经济中，这一点是显而易见的。而在一个完整的经济中，私人储蓄加政府盈余等于国内投资加国外净投资。储蓄与投资的恒等意味着：不论经济是景气还是萧条，社会是和平还是战争，储蓄与投资的恒等关系都必然成立。这也是由国民收入账户的定义所决定的。
7. 国内生产总值甚至国内生产净值都不是一个完美的衡量真正的经济福利的指标。近年来，统计学家开始做一些修正，对一些非市场活动（如家务劳动和环境外部性问题）进行衡量。
8. 总体价格水平上升时，会出现通货膨胀（价格水平下降时则会出现通货紧缩）。今天，我们用价格指数（成千种独立商品的加权平均的价格水平）来计量总体价格水平和通货膨胀。最重要的价格指数是消费者价格指数（CPI），它衡量的是消费者的一揽子商品和服务的支出与基期年份的支出之比率。最近的研究表明，CPI 有高估的趋势，原因是指数数值问题和新产品和改良产品的遗漏，政府已经采取措施对这一偏差进行修正。
9. 重温本章和前一章的重要公式：
   a. 某一时期 GDP 增长的计算：
   $$t\text{ 年实际 GDP 的增长} = 100 \times \frac{\text{GDP}_t - \text{GDP}_{t-1}}{\text{GDP}_{t-1}}$$
   b. 一种商品的通货膨胀率的计算：
   $$t\text{ 年的通货膨胀率} = \pi_t = 100 \times \frac{P_t - P_{t-1}}{P_{t-1}}$$
   c. 多年的经济增长率的计算：从第（$t-n$）年到第 $t$ 年
   $$g_t^{(n)} = 100 \times \left[\left(\frac{X_t}{X_{t-n}}\right)^{1/n} - 1\right]$$
   d. 多种商品的通货膨胀率的计算：

$$\text{CPI 的变动百分比} = 100 \times \left[\sum_{\text{所有商品}} (\text{商品}i\text{的权重}) \times (\text{商品}i\text{的价格变动百分比})\right]$$

# 概 念 复 习

国民收入和产品账户（国民账户）
实际 GDP 和名义 GDP
GDP 紧缩指数
$\text{GDP} = C + I + G + X$
净投资 = 总投资 − 折旧
从两种等价的角度来看 GDP：
　产品（环形流动图上部）
　收入（环形流动图下部）
中间产品，附加值
NDP = GDP − 折旧
政府转移支付
可支配收入（DI）
投资—储蓄恒等式
　$I = S$
　$I^T = I + X = S^P + S^G = S^T$
通货膨胀，通货紧缩
价格指数：
　消费者价格指数（CPI）
　GDP 价格指数
　生产者价格指数（PPI）
增长率公式

## 补充读物和互联网站

### 补充读物

A magnificent compilation of historical data on the United States is Susan Carter et al., *Historical Statistics of the United States: Millennial Edition* (Cambridge, 2006). This is available online from many college websites at *hsus.cambridge.org/HSUSWeb/HSUSEntryServlet*. A review of the issues involving measuring the consumer price index is contained in "Symposium on the CPI," *Journal of Economic Perspectives,* Winter 1998.

Robert Kennedy's remarks are from "Recapturing America's Moral Vision," March 18, 1968, in *RFK: Collected Speeches* (Viking Press, New York, 1993).

### 互联网站

The premium site for the U.S. national income and product accounts is maintained by the Bureau of Economic Analysis (BEA) at *www.bea.gov*. This site also contains issues of *The Survey of Current Business,* which discusses recent economic trends.

A comprehensive launching pad for government data in many areas is "FRED," assembled by the Federal Reserve Bank of St. Louis at *research.stlouisfed.org/fred2*. The best single statistical source for data on the United States is *The Statistical Abstract of the United States,* published annually. It is available online at *www.census.gov/compendia/statab/*. Many important data sets can be found at *www.economagic.com/*.

A recent review of alternative approaches to augmented and environmental accounting is contained in a report by the National Academy of Sciences in William Nordhaus and Edward Kokkelenberg, eds., *Nature's Numbers: Expanding the National Accounts to Include the Environment* (National Academy Press, Washington, D.C., 1999), available at *www.nap.edu*.

## 问 题 讨 论

1. 仔细说明下列概念的定义，并举例说明：
   a. 消费
   b. 国内私人总投资
   c. 政府的消费性和投资性采购（计入 GDP）
   d. 政府转移支付（不计入 GDP）
   e. 出口
2. 你有时会听到，“你不能将苹果和橙子相加。”这说明，在计算国民账户时，我们可以并且的确将苹果和橙子相加，请解释计算方法。
3. 观察第 4 章附录中的数据。找到 2006 年和 2007 年名义 GDP 和实际 GDP。计算 GDP 紧缩指数。2007 年名义 GDP 和实际 GDP 的增长率各是多少？ 2007 年的通货膨胀率是多少（按 GDP 紧缩指数计算）？比较应用 GDP 紧缩指数计算的通货膨胀率和应用 CPI 计算的通货膨胀率。
4. 孤岛上的鲁宾逊生产了 1 000 美元的环形流动图上部的产品。他支付了 750 美元的工资、125 美元的利息和 75 美元的租金。他的利润应该是多少？如果鲁宾逊的产量的 3 / 4 用于消费，其余的用于投资，用生产法和收入法计算鲁宾逊孤岛的 GDP，并说明用这两种方法所算得的 GDP 必然相等。
5. 下面是一些伤脑筋的问题。你能否说明为什么下列各项不被计入美国的 GDP 之中？
   a. 优秀的厨师在自己家里烹制膳食
   b. 购买一块土地
   c. 购买一幅伦勃朗的绘画真品
   d. 我在 2009 年播放一张 2005 年录制的 CD 所获得的价值
   e. 电力公司排放的污染物对房屋和庄稼的损害
   f. IBM 公司设在英国的工厂所创造的利润
6. 考虑一个阿格诺维亚农业社会，我们在本章正文中的“一个数字实例”部分里曾讨论过它的 GDP。建一个类似于表 5-6 的国民收入账户，假设每蒲式耳小麦的成本为 5 美元，没有折旧，工资占国民产出的 3 / 4，企业间接税占政府支出来源的 100%，其余的收入算做农民的租金收入。
7. 回顾对 CPI 偏差的讨论。解释为什么没有考虑到新产品的质量改进会导致 CPI 偏高？选择一个你熟悉的产品，解释它的质量如何改进，以及价格指数如何难以跟上质量的变化。
8. 近 10 年来，妇女的有偿工作时间增加，无报酬的工作时间减少。

a. 工作时间的增加如何影响 GDP？

b. 解释为什么所衡量的 GDP 的增加会高估真实产出的增量。并解释包括了家庭生产活动的扩充的国民账户如何处理这种由非市场活动向市场活动的转变。

c. 解释下面这个悖论：当一个人与和他（她）的花匠结婚成家时，会减少 GDP。

9. 考察前文“计算 CPI”专栏中的价格变动数据：

a. 利用公式计算 2007 年 3 月至 2008 年 3 月 CPI 增长的百分比，精确到小数点后两位。确认表中数据是精确到小数点后的一位数的。

b. 2007 年 3 月 CPI 的值是 205.10。请计算 2008 年 3 月 CPI 的值。

10. 罗伯特·肯尼迪有关国民产值核算缺陷的评论还包括：“国民生产总值应包括空气污染、烟草广告和高速公路上行驶的救护车，它计入了家里安装高级防盗门和为囚犯建造的监狱，还应涵盖红杉林的破坏和苏必利尔湖的消亡”。请列出你的清单，重新设计国民收入核算账户以纳入这些活动的作用。

# 第 6 章 消费与投资

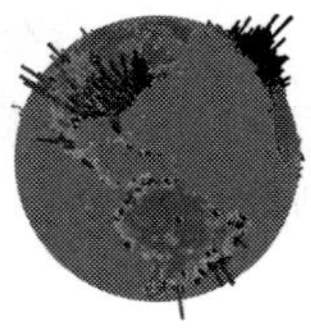

米考伯的公式：

每年收入 20 英镑，支出 19 英镑 19 先令 6 便士，结果等于幸福；

每年收入 20 镑，支出 20 英镑 6 便士，结果等于痛苦。

——狄更斯

《大卫·科波菲尔》

消费和投资是国民产出的主要构成部分。各国当然都追求高水平的消费，诸如房屋、食品、教育和娱乐。毕竟，经济活动的目的无非是要将劳动和资本等投入要素转换成消费品。

但是储蓄和投资，也即产出中没有被消费掉的那一部分，也在国民经济活动中扮演着重要的角色。储蓄和投资比较多的国家，其产出、收入和工资增长率也往往都比较高。19 世纪的美国经济、20 世纪的日本经济，以及近 10 年来的东亚经济"奇迹"等，都是以这种模式为特征的。相反，那些将大部分国民收入都用于消费的国家，如非洲和拉丁美洲的很多贫穷国家，只能拥有过时的资本、低水平的教育和落后的技术，其生产率和实际工资的增长也就都比较缓慢。相对于收入而言，高的消费一般都会引致低投资和经济增长缓慢；而高的储蓄则会引致高的投资和经济快速增长。

在经济周期的扩张时期和收缩时期，消费与收入的互动关系所发挥的作用大相径庭。当消费迅速增长时，总支出或总需求就会增加，短期的产出和就业率也会提高。20 世纪 90 年代末美国经济的繁荣，在很大程度上就是由消费者支出的快速增长所驱动，而当美国消费者勒紧裤带之后，2007~2009 年的衰退便处于酝酿之中。

消费和投资是宏观经济学中十分重要的部分，本章我们将就此问题进行讨论。

## A. 消费和储蓄

本节分析消费和储蓄行为，首先考查个人支出模式，然后观察总消费行为。回忆第 5 章的内容可知，消费（更精确地说，个人消费支出）指的是居民户在最终产品与服务上的支出。储蓄则是个人可支配收入中未用于消费的部分。

消费是 GDP 中最大的组成部分，过去 10 年中它大约占总支出的 70%。消费的主要项目是什么呢？最重要的是住房、汽车、食品和医疗。表 6-1 列出了消费的若干主要项目，并将它们分成了三大类：耐用品、非耐用品和服务。这些类别本身都是大家所熟悉的，但它们各自的相对重要程度，特别是服务类产品在个人消费中不断提高的重要性，值得我们进一步认真研究。

| 消费的种类 | 2007 年消费品的价值（10 亿美元） | | 占消费总额的百分比 |
|---|---|---|---|
| **耐用品** | | **1 083** | 11.2% |
| 汽车和零部件 | 440 | | |
| 家具和家用设备 | 415 | | |
| 其　他 | 227 | | |
| **非耐用品** | | **2 833** | 29.2% |
| 食　品 | 1 329 | | |
| 服装和鞋类 | 374 | | |
| 能　源 | 367 | | |
| 其　他 | 763 | | |
| **服　务** | | **5 794** | 59.7% |
| 住　房 | 1 461 | | |
| 家务开支 | 526 | | |
| 交　通 | 357 | | |
| 医疗保健 | 1 681 | | |
| 娱　乐 | 403 | | |
| 其　他 | 1 366 | | |
| **个人消费支出总计** | | **9 710** | **100%** |

*表* 6–1　**消费的主要构成**

我们将消费分为三类：耐用品、非耐用品和服务。随着食品等基本需要得到满足和家庭预算中医疗保健、娱乐和教育的比重不断增大，服务部门的重要性正在增加。

资料来源：U.S. Department of Commerce, available at *www.bea.gov*

## 预算支出模式

在美国，不同家庭的消费支出模式有什么不同呢？任何两个家庭都不可能以完全相同的方式来花费他们的可支配收入。然而统计数字显示，人们将收入分配于食品、衣着和其他项目上的方式具有可以预测的规律性。关于家庭预算支出模式的上千次调查结果显示，这些行为模式在总的特性上具有明显的一致性。[1] 图 6-2 可以说明这一点。

贫困家庭必然将其收入的大部分花在诸如食品和住房等生活必需品方面。当收入提高时，在很多食品类消费品上的开支会增加，人们会吃得更多、更好。尽管如此，收入增长过程中人们在食品上的边际支出是有限的。因此，当收入进一步增加后，食品支出占总支出的比例势必会下降。

在收入达到很高的水平之前，人们用于衣着、娱乐和汽车开支的增长会快于相应的税后收入的增长，奢侈品支出的增长会快于收入的增长。最后，观察和比较各家庭的情况可以发现，收入增长时储蓄的上升会非常迅速，而储蓄应该是所有支出项目中最大的“奢侈品”。

[1] 图6–1所示的支出模式被称为“恩格尔定律（Engel’s Law）”。这是根据19世纪普鲁士统计学家恩斯特·恩格尔的名字命名的。平均消费支出行为的确相当有规律地随收入的变化而变化。但是，平均值并不能说明全部情况。在每一收入档次内，围绕平均值的消费差异也相当大。

### 20 世纪消费模式的演进

技术、收入、社会影响力的不断变化使美国的消费模式随时间推移而发生急剧变化。1918 年，美国家庭在食品和饮料上的平均开销占收入的 41%。而今天这个比例只有 14%。这个明显的下降背后的原因是什么呢？主要原因是食品支出的增长比收入的增长要缓慢。同样，服装支出占家庭收入的比例也从 20 世纪初的 18% 下降到今天的 4%。

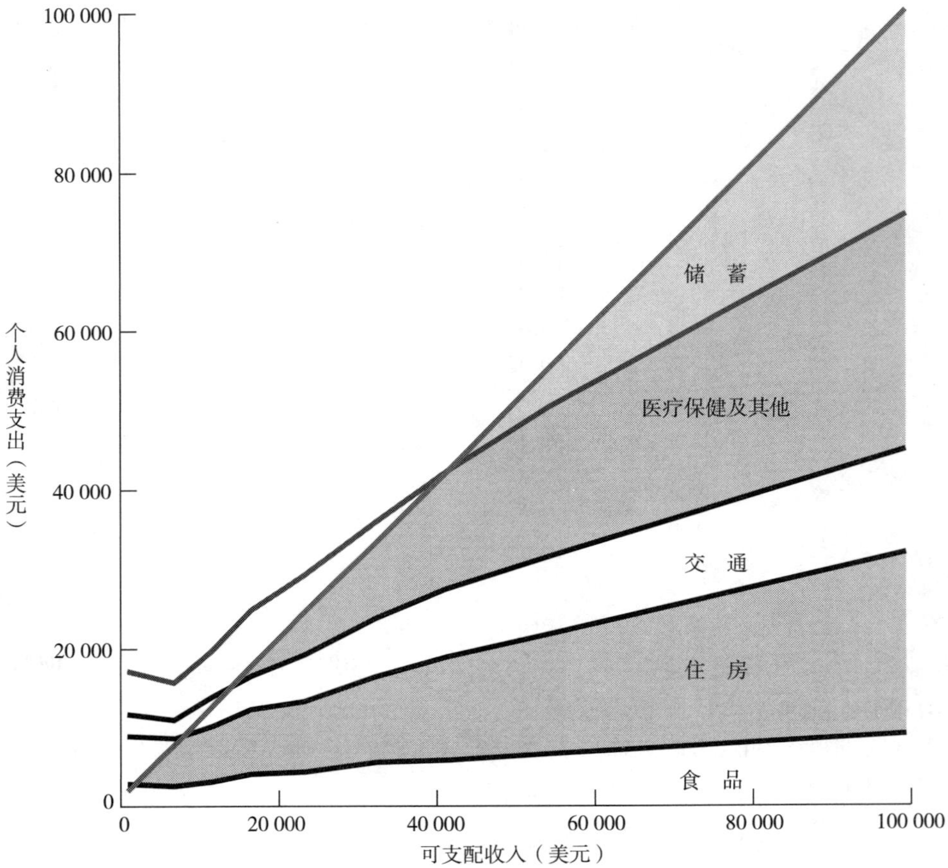


**图 6-1 家庭预算支出的一般模式**

调查表明，可支配收入作为消费支出的一个决定因素是很重要的。注意：食品支出在收入的百分比中随着收入的提高而下降。此处还要注意，在低收入时，储蓄为负值，但在高收入时，有大幅度的增长。

资料来源：U.S Department of Labor, *Comsumer Expenditure Surveys*, *1998*, available on the Internet at *www.bls.gov/csxstnd.htm*

那么，让美国人投入越来越多的"奢侈品"是什么呢？一个最大的项目是交通。1918 年，美国人将收入的 1% 花在汽车上，当然，亨利·福特直到 1908 年才卖出他的第一辆 T 型车。而今天，平均每个有驾照的司机有 1.2 辆汽车，我们也不必为每 1 美元中的 11 美分是与汽车相关的交通支出而大惊小怪。娱乐支出情况如何呢？现在，家庭支出中有很大一部分是用在电视、移动电话和录像机等这些 75 年前还没有问世的项目上。住房支出比重与以前大致相同，都为支出总额的 15%。不过，今天的这些美元已经可以买一套更大的房子，而且能装满可使家务劳动更省力的耐用消费品。

10 年来，消费支出中增长最快的部分是医疗保健。令人吃惊的是，消费者医疗保健的现金支出在家庭预算中的比重，现今的情况和 20 世纪初期的差别竟然不大。其主要的原因是政府的医疗保健支出的日益增长。

## 消费、收入和储蓄

收入、消费和储蓄紧密相连。更准确地说，**个人储蓄**（personal saving）是可支配收入中没有用于消费的部

| 项　目 | 2007 年金额（10 亿美元） |
|---|---|
| **个人收入** | 11 663 |
| 减：个人纳税 | 1 493 |
| **等于：个人可支配收入** | 10 171 |
| 减：个人支出（消费和利息支出） | 10 113 |
| **等于：个人储蓄** | 57.4 |
| 备注：储蓄占个人可支配收入的百分比 | 0.6 |

表 6-2　**储蓄等于可支配收入减去消费**

资料来源：U.S. Burea of Economic Analysis, available at *www.bea.gov*

分。储蓄等于收入减去消费。

表 6-2 显示的是美国 2007 年的收入、消费和储蓄之间的关系。先看个人收入（如第 5 章所述，个人收入由工资、额外福利、利息、租金、股息、转移支付等组成）。2007 年个人收入中大约有 12.8% 用于交纳个人税。剩下的 101 710 亿美元为**个人可支配收入**。家庭的消费（包括利息）支出占可支配收入的 99.4%，剩下的作为个人储蓄的部分为 574 亿美元。表中最后一项是很重要的指标**个人储蓄率**（personal saving rate）。它是个人储蓄额占个人可支配收入的比例（2007 年为 0.6%）。

经济研究已经表明，收入是消费和储蓄的首要决定因素。不论是从绝对值还是其占收入的百分比来看，富人的储蓄都多于穷人，非常穷的人根本没有储蓄。不仅如此，只要他们能借到钱或减少其财富，他们还会进行负储蓄。也就是说，他们的消费比收入还要多，从而使往日所积累的储蓄减少，或陷入更深的债务之中。

表 6-3 所列出的数据，是从美国家庭预算研究报告中选取的可支配收入、储蓄和消费。第（1）栏是可支配收入的 7 个档次，第（2）栏是每档收入水平上的储蓄额，第（3）栏是每档收入水平上的消费支出量。

收支相抵点是指一般家庭既不储蓄也不负储蓄，而是恰好消费掉其全部收入，这一般发生在 2.5 万美元的收入档次。低于该点时，比如说 2.4 万美元的一档，家庭的实际消费就会多于其收入，负储蓄是 200 美元。而在高于该点 2.5 万美元时，家庭才开始出现正的储蓄［+200 美元和第（2）栏其他的正数储蓄额］。

第（3）栏显示的是每一收入档次的消费支出量。由于每 1 美元的收入都被分成两部分：消费和所剩的储蓄，所以第（3）栏和第（2）栏并不是独立的，它们加在一起必定等于第（1）栏。

|  | (1) 可支配收入（美元） | (2) 净储蓄 + 或负储蓄（-）（美元） | (3) 消费（美元） |
|---|---|---|---|
| A | 24 000 | −200 | 24 200 |
| B | 25 000 | 0 | 25 000 |
| C | 26 000 | 200 | 25 800 |
| D | 27 000 | 400 | 26 600 |
| E | 28 000 | 600 | 27 400 |
| F | 29 000 | 800 | 28 200 |
| G | 30 000 | 1 000 | 29 000 |

表 6-3　**消费和储蓄主要由收入决定**

消费和储蓄随着可支配收入的增长而上升。在这里，人们进行零储蓄的收支相抵点是 2.5 万美元。在这个收入水平上，每当收入增加 1 美元时，消费增加多少？储蓄增加多少？（当我们比较 B 行和 C 行时，可以得出答案，分别是 80 美分和 20 美分。）

为说明消费如何影响国民产出，我们需要引入一些新的分析工具，需要了解每增加 1 美元收入，会使消费和储蓄增加多少美元。这个关系可表示如下：

- 消费函数，与消费和收入相关；
- 与消费函数相配对的是储蓄函数，它与储蓄和收入相关。

## 消费函数

**消费函数**（consumption function）是宏观经济学最重要的范畴之一，它反映的是消费支出水平与个人可支配收入水平之间的关系。这个概念是凯恩斯提出来的，其假设的前提是，消费和收入之间存在着一种以经验为依据的稳定关系。

我们可以用图形来生动地说明消费函数。图 6-2 绘出了表 6-3 所列出的 7 个收入档次。横轴表示可支配收入［表 6-3 中的第（1）栏］，纵轴表示消费量［第（3）栏］。收入与消费的每一组合都用一个小圆点加以表示。然后，

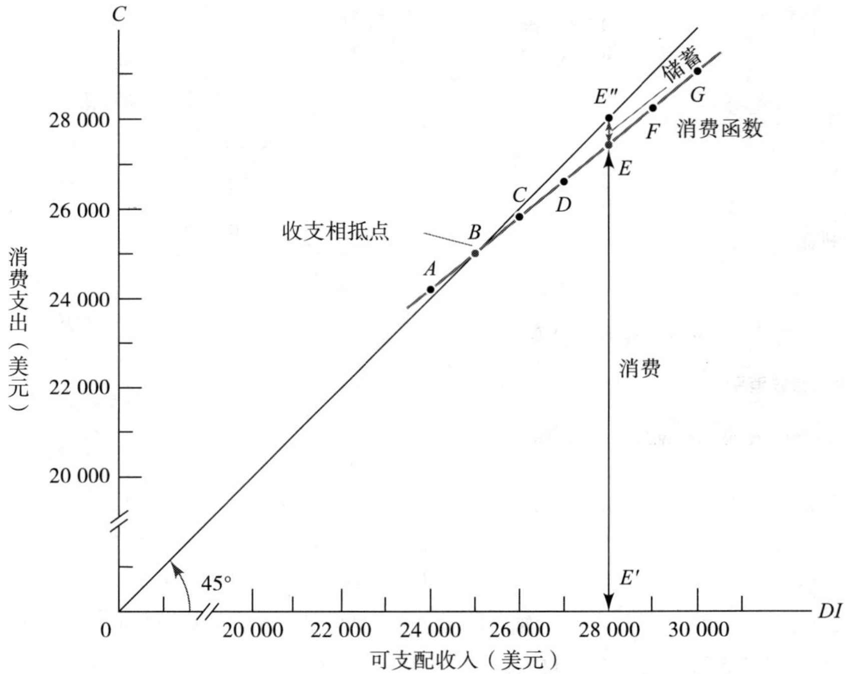


**图 6–2 消费函数的图形**

经过 $A$、$B$、$C\cdots G$ 的曲线就是消费函数。横轴代表可支配收入水平（$DI$），对于每一个 $DI$ 水平，消费函数说明了家庭的货币消费水平（$C$）。注意：消费随着 $DI$ 的增加而上升。45° 线可以帮助我们找到收支相抵点，也可以帮助我们看到净储蓄的大小。

资料来源：表 6-3。

我们用一条平滑的曲线将所有的点连接起来。

图 6-2 所显示的消费与收入之间的关系，也就是消费函数。

***盈亏平衡点*** 为理解这个图形，我们先观察一下从原点向右上方引出的一条 45° 线。由于横轴和纵轴使用了完全相同的刻度，因此 45° 线具有一个非常独特的性质。45° 线上的任何一点到横轴的垂直距离（消费）和到纵轴的水平距离（可支配收入）都正好相等。你可以单凭眼睛或刻度来验证。

因此，45° 线会马上告诉我们消费支出是等于、大于还是小于可支配收入水平。消费曲线与 45° 线的交点是盈亏平衡点（break-even point，也译作收支相抵点），代表家庭收支相抵时的可支配收入。

在图 6-2 中，这个收支相抵点是 $B$。这时，消费支出正好等于可支配收入，处于此点的家庭既不举债也不储蓄。在 $B$ 点的右方，消费函数处于 45° 线以下。弄清收入和消费之间的关系可以考查一下图 6-2 中从 $E'$ 到 $E$ 的线段。在收入为 28 000 美元时，消费水平为 27 240 美元（见表 6-3）。从 E 点的消费函数处于 45° 线之下这一事实我们可以看到，这时的消费少于收入。

一个家庭的收入如果没有用于消费就必然是用于储蓄。45° 线使我们能找到家庭储蓄的数量是多少。净储蓄是用从消费函数到 45° 线的垂直距离来衡量的，正如图中储蓄箭头所指的 $EE''$ 线所示。

45° 线还告诉我们，$B$ 点左方的家庭支出大于它所得到的收入。消费超过收入的部分就是“负储蓄”，其数量是用消费函数与 45° 线之间的垂直距离来衡量。

小结：

> 在 45° 线上的任何一点，消费都正好等于收入，家庭的储蓄为零。当消费函数处于 45° 线之上时，家庭是负储蓄。当消费函数处于 45° 线之下时，家庭有正储蓄。负储蓄或储蓄的数量通常以消费函数

与 45° 线之间的垂直距离来衡量。

## 储蓄函数

**储蓄函数**（saving function）表明的是储蓄水平与收入水平之间的关系。图 6-3 是该函数的图形。我们还是以横轴表示可支配收入，但纵轴现在则表示储蓄，不论其数值是正的还是负的。

储蓄函数是直接从图 6-2 中得到的。它是 45° 线与消费函数的垂直距离。比如，在图 6-2 中的 *A* 点我们看到，由于这时消费函数处在 45° 线上方，因此家庭的储蓄为负值。图 6-3 直接表示出该点的负储蓄状态，*A* 点的储蓄函数处于零储蓄线之下。同理，在 *B* 点的右方，由于储蓄函数处于零储蓄线上方，因而呈现出正的储蓄。

## 边际消费倾向

现代宏观经济学认为，消费对收入变化所做出的反应具有十分重要的意义。这个概念叫做边际消费倾向。

**边际消费倾向**（marginal propensity to consume，*MPC*）是指当可支配收入每增加 1 美元时，人们所增加的消费量。

"边际"一词在经济学中广为采用，用以表示"额外的"或"增加的"意思。例如，"边际成本"是指多生产 1 单位产出所需要增加的成本。"消费倾向"指的是所愿意接受的消费水平。边际消费倾向指的是每增加 1 美元可支配收入所引起的额外的或（愿意）增加的消费量。

表 6-4 以更直观的方式重新排列了表 6-3 的数据。首先我们看它与表 6-3 的相似之处。然后注意第（1）栏和第（2）栏，看消费支出如何随收入水平的上升而增加。

第（3）栏说明如何计算边际消费倾向。从 B 到 C，收入从 25 000 美元增加到 26 000 美元，增加了 1 000 美元。消费增加了多少？消费从 25 000 美元增加到 25 800 美元，即增加了 800 美元。所以，增加的消费占所增加的收入的 80%。在每 1 美元增加的收入中，80 美分用于消费，20 美分用于储蓄。

以上计算反映的是一个线性消费函数的例子——*MPC* 为常数。通过计算，可以验证在这个线性消费函数上，任意一点的 *MPC* 均为 0.8。实际上，真实消费函数很有可能并不是完全线性的，但是线性函数却是对我们研究对象——真实消费函数的一种合理的近似。

***作为几何斜率的边际消费倾向***　我们已经知道如何根据消费和收入的数据来计算 *MPC*。图 6-5 则说明如何用几何图形计算 *MPC*。在 *B* 点或 *C* 点附近画一个小三角形。当我们从 *B* 点移向 *C* 点时，收入增加了 1 000 美元，而消费则增加了 800 美元。因此，在这个范围内 *MPC* 为 800 美元 /1 000 美元 = 0.80。但是，正如第 1 章附录所言：曲线的斜率等于"高度比长度"。[1] 由此可知消费函数的斜率和边际消费倾向是一致的。

消费函数的斜率所衡量的是可支配收入每变动 1 美元时所引起的消费量的变动，也即边际消费倾向。

[1] 对于曲线，我们用该点切线的斜率来计算。

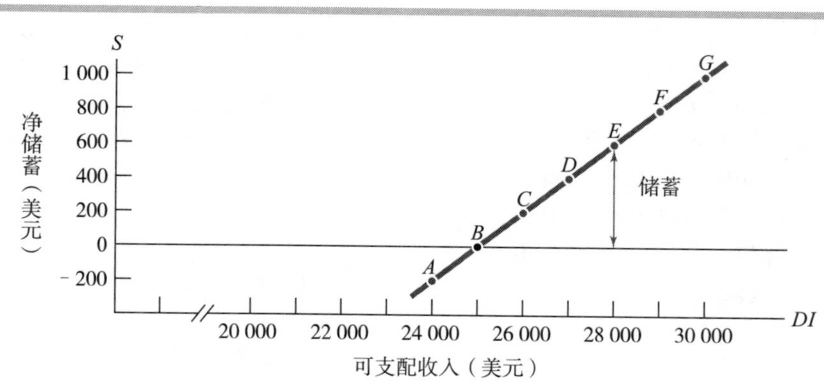


**图 6–3　储蓄函数是消费函数的镜像**

储蓄曲线是通过从收入中减去消费而得到的。从图形上来看，在图 6-2 中，从 45° 线上垂直地减去消费函数就得到了储蓄函数。注：与图 6-2 一样，收支相抵点 *B* 也就是处于 25 000 美元的收入水平。

| | (1)<br>可支配收入<br>（税后）<br>（美元） | (2)<br>消费支出<br>（美元） | (3)<br>边际消费倾向<br>（MPC） | (4)<br>净储蓄<br>（美元）<br>(4) = (1) − (2) | (5)<br>边际储蓄倾向<br>（MPS） |
|---|---|---|---|---|---|
| A | 24 000 | 24 200 | | −200 | |
| | | | 800/1 000 = 0.80 | | 200/1 000 = 0.20 |
| B | 25 000 | 25 000 | | 0 | |
| | | | 800/1 000 = 0.80 | | 200/1 000 = 0.20 |
| C | 26 000 | 25 800 | | 200 | |
| | | | 800/1 000 = 0.80 | | 200/1 000 = 0.20 |
| D | 27 000 | 26 600 | | 400 | |
| | | | 800/1 000 = 0.80 | | 200/1 000 = 0.20 |
| E | 28 000 | 27 400 | | 600 | |
| | | | 800/1 000 = 0.80 | | 200/1 000 = 0.20 |
| F | 29 000 | 28 200 | | 800 | |
| | | | 800/1 000 = 0.80 | | 200/1 000 = 0.20 |
| G | 30 000 | 29 000 | | 1 000 | |

**表 6–4 边际消费倾向和边际储蓄倾向**

没有用于消费的每 1 美元可支配收入必然被储蓄起来。增加的每 1 美元可支配收入或者用于增加消费，或者用于增加储蓄。将这些事实结合在一起，我们就能计算出边际消费倾向（*MPC*）和边际储蓄倾向（*MPS*）。

### 边际储蓄倾向

与边际消费倾向并存的还有其镜像——边际储蓄倾向。**边际储蓄倾向**（marginal propensity to save，*MPS*）被定义为在所增加的每 1 美元可支配收入中被用来增加储蓄的部分。

为什么 *MPC* 和 *MPS* 会具有镜像关系呢？回想一下，可支配收入等于消费加储蓄，这意味着增加的每 1 美元可支配收入都必然分为相应增加的消费和储蓄。因此，如果 *MPC* 为 0.80，那么 *MPS* 就必定为 0.20。（而如果 *MPC* 是 0.6 或 0.99，那么 *MPS* 又应该是多少呢？）对照表 6-4 的第（3）栏和第（5）栏可以证明，在任何收入水平上，*MPC* 与 *MPS* 之和都正好等于 1，不多也不少。不论何时何地，都有 $MPS + MPC = 1$。

### 定义简要复习

让我们简要地复习一下已经学过的几个主要的定义：

1. 消费函数反映消费水平与可支配收入水平之间的关系。
2. 储蓄函数反映储蓄水平与可支配收入水平之间的关系。由于所储蓄的就是未被消费的，因此储蓄曲线和消费曲线互为镜像。
3. 边际消费倾向（*MPC*）是增加 1 美元可支配收入所增加的消费量。在图形上，它是消费函数的斜率。
4. 边际储蓄倾向（*MPS*）是增加 1 美元可支配收入所增加的储蓄量。在图形上，它是储蓄函数的斜率。
5. 由于每 1 美元可支配收入中未被消费的必然是被储蓄起来了的，因此，$MPS \equiv 1 - MPC$。

## 国民消费行为

到目前为止，我们所考查的一直是在不同的收入水平下，普通家庭的预算模式和消费行为。现在我们来讨论一个国家的整体消费情况。从家庭行为研究转到国民经济趋势研究，是宏观经济学的一个基本方法：开始先

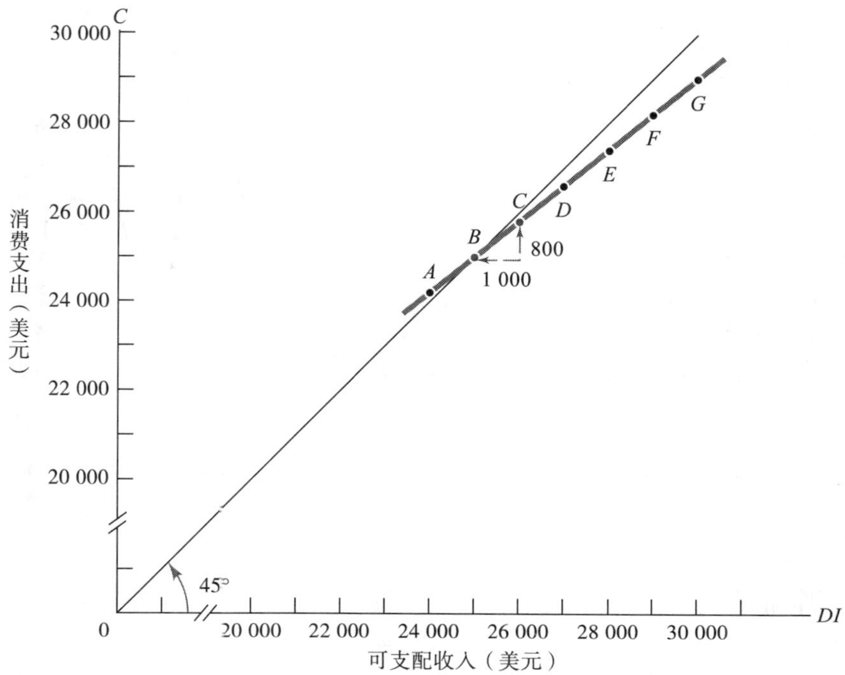


**图 6-4　消费函数的斜率就是 *MPC***

为了计算边际消费倾向，我们作出一个直角三角形，并通过直角三角形的高与底的关系来衡量消费函数的斜率。从 *B* 点到 *C* 点，可支配收入增加了 1 000 美元，而消费增加了 800 美元。用 *C* 的变动量除以 *DI* 的变动量所得到的斜率，就是 *MPC*。如果消费函数在任何一点都是向上倾斜的，那么这对边际消费倾向来说意味着什么呢？如果消费函数是一条直线，斜率为常数，则对边际消费倾向又意味着什么呢？

考查个体的经济活动，然后加总或集合所有个体以研究整体经济的运作方式。

为什么我们要对国民消费趋势感兴趣？消费行为对于理解短期商业周期和长期经济增长都极为重要。短期看，消费是总支出的主要组成部分。当消费急剧变动时，很可能会通过对总需求的冲击来影响产出和就业。这种机制将在凯恩斯宏观经济学有关章节中讨论。

此外，消费行为之所以重要，还在于那未被消费掉的部分即储蓄是一国可用于投资新资本品的部分，而投资又是长期经济增长背后的推动因素。消费和储蓄行为是理解经济增长和商业周期的关键。

## 消费的决定因素

我们的分析从影响消费支出的主要因素开始。在一国的社会生活中，是什么因素决定消费支出的数量呢？

***可支配收入***　由图 6-5 可见 1970~2008 年间，消费是多么紧密地随每年可支配收入的变动而变动。经济衰退中当可支配收入减少时，消费通常也都会随之减少。而当可支配收入（*DI*）由于减税而增长时，消费也会随之增长。1981~1983 年大规模削减个人所得税的影响，可以从可支配收入 *DI* 和消费 *C* 的相继增加中得到体现。

***永久性收入和消费的生命周期模型***　最简单的消费理论只是用当年收入水平去预测消费数量。下列例子说明了为什么其他因素也很重要：

> 如果恶劣的天气毁坏了庄稼，则农民就要动用以前的储蓄去消费。
>
> 同样，法学院的研究生们因为坚信毕业后的收入会远高于本科毕业生的微薄收入，所以在校期间通常会借钱消费。

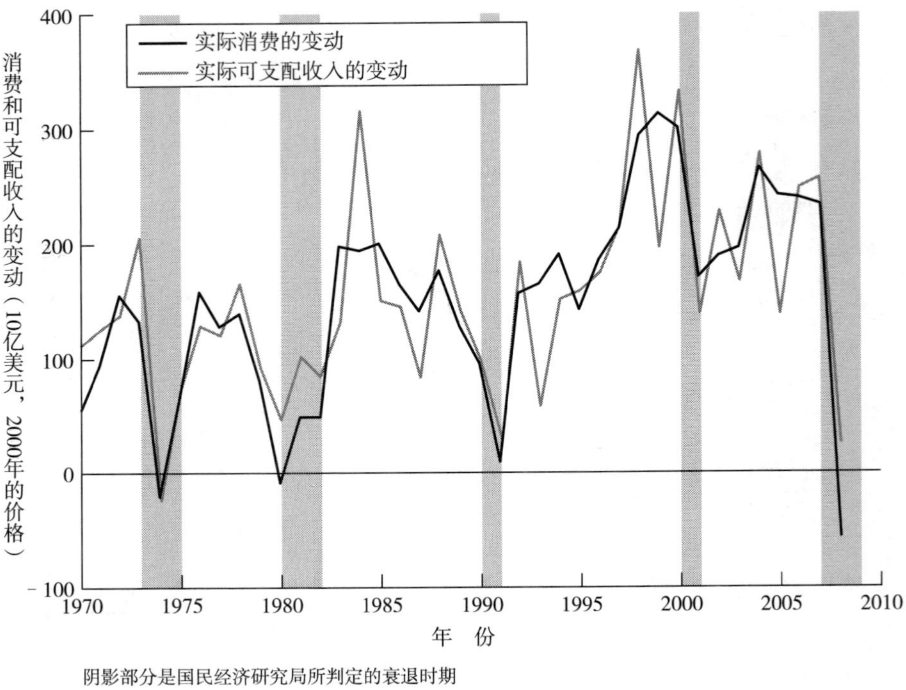


**图 6-5 1970~2008 年，消费与可支配收入的变化**

可以看到，消费紧随可支配收入的变化而变化。宏观经济学家可以根据历史消费函数对消费做出比较准确的预测。衰退一般都会带来消费减少，因为收入已减少。

资料来源：U.S. Department of Commerce. 实际可支配收入系依据个人消费支出的价格指数进行计算的。

在这些情况下，他们事实上是在考虑“当前收入和未来收入为既定，在不增加新债务的原则下，我今天究竟应该消费多少？”

有证据表明，一般说来，消费者在选择其消费水平时，既会考虑当前收入，也会预期其长期收入。为理解消费对长期收入趋势的依赖关系，经济学家提出了永久性收入理论和生命周期假说。

*永久性收入*（permanent income）指的是收入的趋势水平，也即剔除了暂时的或瞬时的影响（如天气、意外的收入或损失等）之后的收入。根据永久性收入理论，消费主要是永久性收入的反应。这一理论暗示，消费者不会对所有的收入变化做出相同的反应。如果收入的变动看来是永久性的（比如被晋升到可以提供可靠的更高收入的工作岗位上），那么人们就可能会消费所增加的大部分收入。另一方面，如果收入的变动具有明显的暂时性（比如一次性的奖励，或一次偶尔的好收成），那么所增加收入的大部分就会被储蓄起来。

*生命周期假说*（life-cycle hypothesis）认为，人们储蓄是为了熨平生命全程中消费的波动。一个重要的目标是保障退休后仍有一份适当的收入。因此，人们倾向于在工作时储蓄，以便为退休后储备资金，并力争在有生之年将所累积的储蓄消费殆尽。生命周期假说暗示，像社会保障可以为退休人员提供慷慨的收入支持计划，从而会减少中年劳工的储蓄，因为他们不再需要为退休存过多的钱。

***财富和其他影响*** 另一个决定消费数量的重要因素是财产。假定有两个消费者，他们每年的收入都是 5 万美元，其中一个有 20 万美元的银行存款，而另一个则没有任何储蓄。第一个消费者有可能消费其部分财富，而第二个消费者则没有财富可以利用。较多的财富会导致较多的消费这一事实，称为*财富效应*（wealth effect）。

通常，财富每年变化不大。但是，财富的迅速增加或减少会导致消费支出的重大改变。一个重要的历史事件是 1929 年之后的股票市场崩溃，大量的财富化为乌有，账面上富有的资本家一夜之间变成了穷人。一些经济史学家相信，1929 年股票市场崩溃之后财富的急剧下降减少了消费支出，并因此加重了大萧条。

在过去的 10 年中，房地产价格的波动对美国的消费有着显著的影响。从 2000 年到 2006 年，家庭房地产的总价值上升了 7 万多亿美元（相当于每户上涨大约 7 千美元）。许多居民户都进行了房地产再融资，将先前的房贷转手，或动用自己的储蓄。这是近年储蓄率降低的原因之一，我们很快就会讨论这一点。

然而，什么东西在上升之后都难免会接着下降。在 2009 年年初，居民房屋的平均价格自 2006 年的峰值降低了 30%。房价降低所导致的财富效应很快拉低了这几年的消费支出。

## 国民消费函数

讨论了消费行为理论之后，我们可以得出这样的结论：这些影响因素是复杂的，包括可支配收入、财富和对未来收入的预期。我们可以将简单的消费函数描绘在图 6-6 中，这幅散点图表示的是 1970~2008 年的数据，图上每一点都代表某一年的消费和可支配收入水平。

此外，你可以画一条图 6-6 的通过各散点的线，称为“拟合的消费函数”。这个拟合的消费函数表明了在过去 38 年中消费是多么紧密地随着可支配收入的变动而变动。实际上，经济史学家已经发现，消费和可支配收入之间的密切关系可以追溯到 19 世纪。

### 个人储蓄率的下降

尽管长期消费行为相对稳定，但近 30 年来美国的个人储蓄率却呈明显下降的趋势。根据国民账户的统计，在 20 世纪大部分时间里，美国的平均个人储蓄率为个人可支配收入的 8%。但是从 1980 年开始，储蓄率开始下降，现在接近 0（见图 6-7）。

储蓄率的下降引起了许多经济学家的警惕。因为从长期看，一国资本存量的增长很大程度上是取决于该国的国民储蓄率。国民储蓄包括私人储蓄和政府储蓄两部分。当一国储蓄较多时，其资本存量就会迅速增长，从而使潜在的产出能力迅速提高。而当一国的储蓄率较低时，它的设备和工厂就会变得陈旧，基础设施就会开始变得破旧不堪。（这里的讨论排除了从国外借款的因素，那不应该是永久收入的组成部分。）

个人储蓄率剧烈下降的原因是什么呢？这是个颇有争议的问题，但经济学家们指出了以下几种潜在的原因。

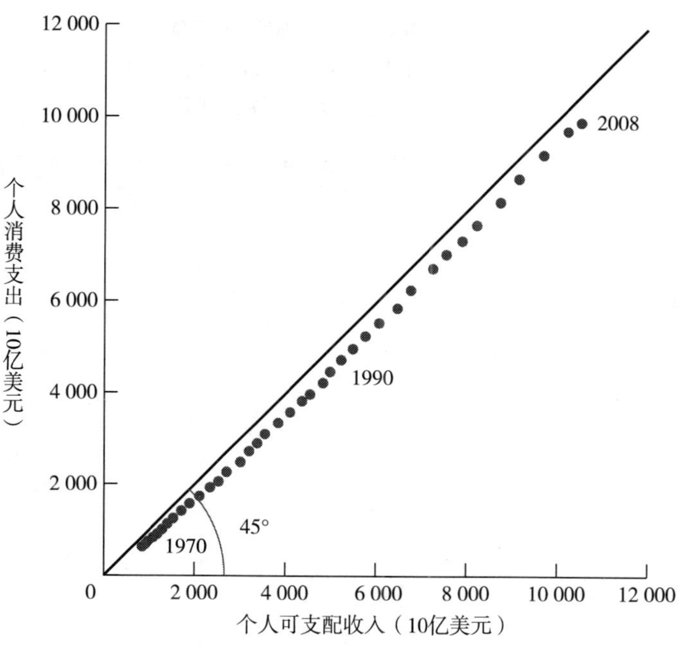


**图 6-6 美国 1970~2008 年的消费函数**

这幅散点图表示个人可支配收入和消费。我们画一条 45° 线，表示消费正好等于可支配收入。接下来，通过这些点画一条消费函数线。务必弄清楚你所画的线的斜率就是边际消费倾向 *MPC*。你能否证明拟合线的 *MPC*，也即拟合线的斜率接近 0.96？

资料来源：U.S. Bureau of Economic Analysis.

- **社会保障体系**。一些经济学家认为，社会保障体系的建立已经消除了某些私人储蓄的必要性。在早些年代，正如生命周期模型对消费的解释那样，一个家庭将会在具有工作能力的时期进行储蓄，以便为退休后积累一笔储备金。而今天，政府征收社会保险税并支付社会保险金，从而降低了个人为退休而进行储蓄的需求。其他的收入支持体系也具有相似的效果，即降低为困难时期进行储蓄的必要性。对农民的灾难保险，对工人的失业保险，对贫困者和年老者的医疗保健服务等，都减少了人们的预防性储蓄的动机。
- **金融市场**。在经济史上的大多数时期，金融市场仍然存在着许多缺陷。人们发现，不论是购买房子、资助教育还是开办企业，要想为这些有价值的活动借到钱都很困难。随着金融市场的发展（通常是在政府的帮助下），新的借贷手段将使人们能够更容易借到钱。一个好的例子是信用卡的流行，它鼓励人们借款，尽管利率相当高。二三十年前，一个人如果没有足够的资产，就很难得到 1 000 美元以上的借款。而今天，每天邮箱里人们都能发现信用卡消费的促销广告，一周内就能收到多个高达超过 5 000 美元的促销信贷的情况已不再鲜见。

  资金来源中最大的和终极的麻烦可能就是 2000 年年初开始流行的“次级”抵押贷款。该贷款可以是 100% 的房屋价值，有时还面向并没有可靠收入的人群。当房屋价格下降时，账面上违约房贷竟高达几千亿美元，由此全世界的投资者都遭受了巨大的损失。
- **财富的快速增长**。1990~2007 年个人储蓄下降的部分原因在于个人财富的快速增长，首先股票市场非常繁荣，随后是房价开始起飞。经济学家计算出，到 2000 年，仅仅是财富效应就可能为个人储蓄率的下降贡献 3 个百分点。

## 储蓄的另一种衡量

在这里你可能会问，“如果人们的储蓄这么少，为什么还有那么多的富人？”这个问题提得好，它所涉及的问题是，如何衡量个人储蓄。对于家庭和整个国家而言，储蓄的衡量方法是不同的。这是因为国家的储蓄是在国民收入账户和产品账户中统计，而个人储蓄则在个人资产负债表中记账。国民账户中的储蓄是可支配收入（不包括资本利得）与消费之间的差额。而资产负债表所计算的储蓄，是个人实际净资产价值（资产与负债的差额，并根据通货膨胀进行调整）的年度变化，它包含了资本

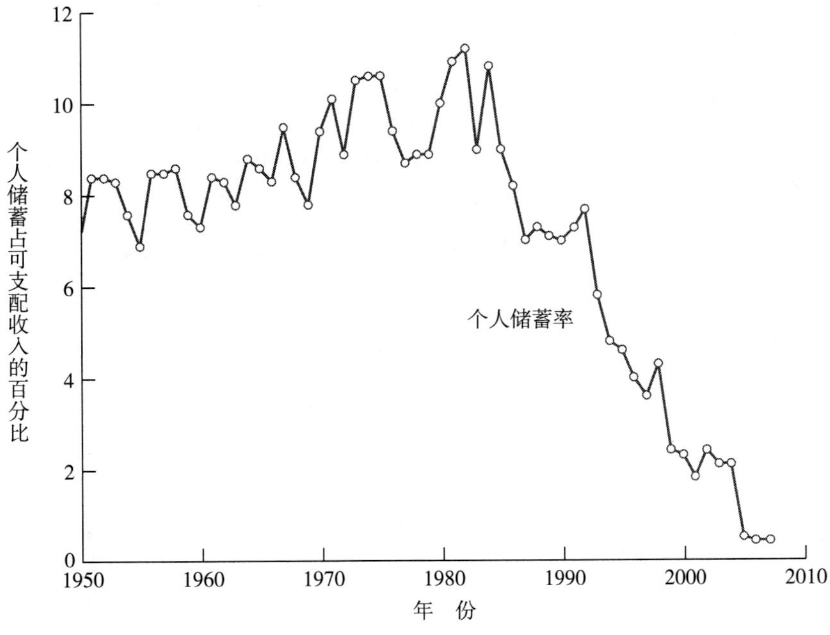


**图 6-7 个人储蓄率的下降**

经历了二战后一段时期的缓慢增长，个人储蓄率从 1980 年开始急剧下降。

资料来源：U.S. Bureau of Economic Analysis.

利得的实际价值。

如果我们仔细看看 1997~2007 年的资产负债表，那么，从餐桌角度看，储蓄率还是相对高的。用 2007 年的价格衡量，平均每个居民户的净价值由 157 000 美元上升到了 191 000 美元。这个净价值的变动占到可支配收入的 17%。所以资产负债表中的储蓄率是 17%，而国民账户上的储蓄率是 2%，如图 6-7 所示。

这一不同角度是否意味着我们可以为美国经济的发展松一口气呢？可能还不行。原因在于过去 10 年内高的储蓄率很大程度上只是体现为一种“账面价值”的增加。股价的上升，或者像房屋的已有资产的价格上涨，并非必须反映经济的生产率或“真实财富”的情况。尽管泡沫经济中资产价格上升使人们感到更富裕，但实际上经济并未能生产出更多的汽车、计算机、食品或住房。而且，如果每个人都想卖房子，他会发现价格下降，结果是大家都无法将账面财富转为真实的消费。

所以，经济学家担心国民收入账户中储蓄率的下降是有理由的。尽管由于股票市场或房产市场的繁荣，消费者感到更加富裕了，但实际上，一个国家只有在生产出更多的有形与无形的资产的时候，才确实是变得更加富裕了。

## B. 投　资

仅次于消费的私人支出的第二个构成部分是投资。在宏观经济学中，投资起两个作用。第一，它是支出的一个很大且很易变动的部分，投资的大幅度变动会对总需求产生重大影响，这又会进一步影响商业周期。第二，投资导致资本积累。建筑物和设备存量的增加，能提高一国的潜在产出，从而促进长期的经济增长。

因此，投资发挥着双重作用，既经由总需求而影响短期产出水平，又通过对资本形成的作用而影响潜在的产出和总供给，从而能够左右长期产出的增长。

**经济学中“投资”的含义**

注意，宏观经济学家所使用的“投资”或“实际投资”，代表的是生产性资产和资本品（如计算机或卡车）存量的增加。亚马逊公司新建一座仓库，或史密斯一家新建一座房子，都说明出现了投资活动。

许多人在购买一块地、养老保险或买进其他财产凭证时，也都认为自己在投资。从经济学角度讲，这些实际上都只是金融资产的交易，或曰“金融投资”。因为，这只不过是金融资产在不同的人之间的交换而已，净效应为 0，而真正的投资只能是指实际资本的增加。

### 投资的决定因素

在这部分讨论中，我们着重于私人国内总投资，即 $I$（一国投资中的国内组成部分）。然而 $I$ 只是社会总投资的一个组成部分，社会总投资不仅包括 $I$，而且还包括国外投资、政府投资和在人力资源和知识进步上的无形投资。

私人国内总投资的主要类型是：住宅建筑，企业对固定设备、软件和建筑的投资，以及存货的增加。在本文中，我们将重点关注商业投资，但是这些原则也可以应用到其他部门的投资。

企业为什么要进行投资呢？归根结底，企业只有在预计到购买资本品会给它带来利润，也即会带来大于投资成本的收入时，才会进行投资。这个简短的论断包含了理解投资的三个基本要素：收入、成本和预期。

#### 收　入

如果一项投资有助于厂商出售更多的产品，则它将会增加企业的收入。这表明，决定投资的一个十分重要的因素是整体产出水平（或 GDP）。当原有的工厂处于闲置状态时，相对来说，企业对新厂的需求就不大，从而投资数量也较小。更为一般地说，投资取决于整体经济活动将会产生的收益。大多数研究认为，投资对商业周期反应敏感。

#### 成　本

决定投资水平的第二个因素是投资的成本。由于投资品会持续使用多年，因此投资成本的计算，比起对别的商品如煤或小麦的成本计算，要更为复杂一些。对耐用品而言，资本的成本不仅包括资本品的价格，而且包括为它借款的利息和厂商为其收入所付的税金。

为理解这一点，请注意投资者经常是通过借款（如通过抵押贷款或在债券市场上出售债券）来为购买资本品筹措资金。借款的成本是什么呢？是借入资金的利息率。回想一下，利率是在一段时期中为借用货币所支付的价格。例如，借 1 000 美元使用 1 年，你也许不得不支付 8% 的利率。在家庭购买住房的情况下，利率通常就是抵押贷款利率。

另外，政府的税收也会影响投资。一个重要的税种是联邦公司所得税。由于联邦政府的公司所得税要从公司的每最后 1 美元的利润中拿走 35 美分（边际税率——译者注），因而会抑制公司的投资。有时，政府对某些特定的活动和领域有特殊的税收优惠政策。例如，政府为鼓励住房投资，就允许居民户从应税收入中扣除不动产税和为抵押贷款所支付的利息。

### 预　期

另外，利润预期和对企业的信心对于投资的决定非常重要。投资首先是对未来的一种赌博，意味着企业需要权衡确定的现期成本和不确定的未来收益。如果企业担心俄罗斯政治形势不稳定，就不会乐意到那里去投资。反之，如果企业认为电子商务对富人非常重要，则他们无疑将会加大在该领域的投资力度。

但是，经济学家也意识到情感在权衡时会起作用，所以由直觉促成的投资与用电子数据表促成的一样多。这一点在凯恩斯探讨市场经济不稳定的根源时曾被强调：

> 即使排除了投机所导致的不稳定，这里的不稳定性也有由人类本性所带来的，也即，我们大部分的积极活动都源于自发的乐观情绪，而并非是数学上的预期，不论是道德的、享乐主义的，还是经济的。我们想做正事的决定（整个进程和后果往往需要酝酿很多时日），大部分也许只能体现着某种动物精神。**动物精神**（animal spirits）是一种自发的冲动，它是有所为而不是无所为的，也并非加权平均和概率量化各种好处的结果。

因此，投资决策命悬于对未来的预期或预测的细线之上。但是，准确的预测是非常困难的。企业花费了大量的精力分析投资的可行性，并试图缩小有关投资决策的不确定性。

关于投资决策背后的因素的讨论，可以小结如下：

> 企业投资的目的是为了赚取利润。由于资本品要延用许多年，投资决策取决于：(1) 新投资导致的产出水平；(2) 影响投资成本的利率和税收；(3) 企业对未来经济状况的预期。

## 投资需求曲线

分析投资的决定因素时，我们着重讨论利率与投资之间的关系。因为政府主要（经由中央银行）靠利率来影响投资，所以这个关系特别重要。为说明利率与投资的关系，经济学家将这两种数据的关系列成了表，并绘制了**投资需求曲线**（investment demand curve）。

考查一个简化的经济。在这里，企业可以投资于不同的项目：A、B、C，等等，一直到 H。为简化计算，假设所投资的东西的耐用期都很长（如发电厂或建筑物），以至于我们可以忽略资本更新的需要。此外，再假设它们每年都能获得一个固定的净收入，并且不存在通货膨胀。表 6-5 列出了每一投资项目的财务数据。

先考虑项目 A。这个项目的成本为 100 万美元。它有很高的收益：每投资 1 000 美元每年可以获得 1 500 美元的收益（这代表每年 150% 的收益率）。第（4）栏和第（5）栏显示的是投资的成本。为简化起见，假定投资所需要的资金全部都是按市场利率借入的，利率分别按 10% 和 5% 计算，如第（4）栏和第（5）栏所示。

这样，在年利率为 10% 时，借款 1 000 美元的成本是每年 100 美元，正如第（4）栏数字所示；在年利率为 5% 时，每 1 000 美元 1 年期借款的成本就是 50 美元。

最后，第（6）栏和第（7）栏显示的是每项投资所能获得的年净利润。项目 A 有利可图，在利率为 10% 时，每投资 1 000 美元的年净利润是 1 400 美元。而项目 H 则赔钱。

回顾一下可见：为了在不同的投资项目之间做出抉择，企业会比较各项投资所能获得的年收益和投资的成本，而投资成本的大小取决于利率的高低。年收益和年成本之间的差额就是年净利润。当年净利润为正数时，这项投资就赚钱；而当年净利润为负值时，则表示投资会亏本。

观察表 6-5 的最后一栏。这一栏显示的是利率为 5% 时的年净利润。可以看到，按照这个利率水平，投资项目 A 到 G 都将有利可图。因此，我们可以预期，追求利润最大化的企业将会投资于所有这 7 个项目，从而使投

| (1) | (2) | (3) | (4) | (5) | (6) | (7) |
|---|---|---|---|---|---|---|
| | | | 在不同年利率下的每借 1 000 美元的成本 | | 在不同年利率下的每 1 000 美元投资的年净利润 | |
| 项　目 | 项目总投资（百万美元） | 每 1 000 美元投资的总收益（美元） | 10%（美元） | 5%（美元） | 10%（美元）(6) = (3) − (4) | 5%（美元）(7) = (3) − (5) |
| A | 1 | 1 500 | 100 | 50 | 1 400 | 1 450 |
| B | 4 | 220 | 100 | 50 | 120 | 170 |
| C | 10 | 160 | 100 | 50 | 60 | 110 |
| D | 10 | 130 | 100 | 50 | 30 | 80 |
| E | 5 | 110 | 100 | 50 | 10 | 60 |
| F | 15 | 90 | 100 | 50 | -10 | 40 |
| G | 10 | 60 | 100 | 50 | -40 | 10 |
| H | 20 | 40 | 100 | 50 | -60 | -10 |

**表 6–5　投资的盈利性取决于利率**

这个经济中有 8 个投资项目，按收益的高低顺序排列。第 (2) 栏显示了每个项目所需要的投资。第 (3) 栏计算了每 1 000 美元投资的年收益。第 (4) 栏和第 (5) 栏显示的是每项投资的成本，其假设条件是所有资金都是借入的，利率分别是 10% 和 5%。表中利息和利润的数值都是按每借入 1 000 美元计算的。

最后两栏计算了每 1 000 美元项目投资每年所能获得的净利润。如果净利润是正数，那么寻求最大利润的企业将进行投资。如果是负数，那么投资项目将会被放弃。

请注意一点：盈利与否的投资分界点如何随着利率的提高而变动。（如果利率升至每年 15%，分界点将会位于何处呢？）

资总额达到 5 500 万美元［根据第（2）栏］。这就是说，在利率为 5% 时，投资需求将为 5 500 万美元。

然而，假设利率上升到 10%，那么这些投资的融资成本就会增加一倍。从第（6）栏我们看到，在利率为 10% 时，项目 F 和 G 也将变得无利可图。投资需求将降至 3 000 万美元。

我们可以用图 6-8 来表示这一分析结果。这个图形显示的是*投资需求曲线*，它是关于利率的一个向下倾斜的阶梯形函数。该曲线说明了在每一利率水平上企业将会投资的数量。这个数量是通过把每一利率水平上全部有利可图的投资数量加总在一起而得到的。

因此，如果市场利率为 5%，那么理想的投资水平将会出现于 *M* 点，其投资总额为 5 500 万美元。在这个利率水平上，从项目 A 到项目 G 都可以接受。如果利率上升到 10%，项目 F 和项目 G 将会被挤出；在这种情况下，投资需求将会处于图 6-10 中的 *M′* 点，这时投资总额为 3 000 万美元。[1]

## 投资需求曲线的移动

我们已经明白利率是如何影响投资水平的。但投资还受其他因素的影响。例如，GDP 的增加将会使投资需求曲线向外移动，如图 6-9（a）所示。

企业税收的增加将会对投资起抑制作用。比如说政府税收拿走了表 6-5 第（3）栏中的净收益的一半，而第（4）栏和第（5）栏的利息成本又没有减少。因此第（6）栏和第（7）栏中的净利润就会下降。［请你证明，在利率为 10% 时，对第（3）栏征收 50% 的税收将使停止投资点提高到项目 B 和项目 C 之间，从而投资需求会降至 500 万美元。］对投资收益增加税收的情况如图 6-11（b）

[1] 在后面我们将讨论当价格变化时，用实际利率是合适的，它代表的是从名义或货币利率中剔除通货膨胀后的利率。

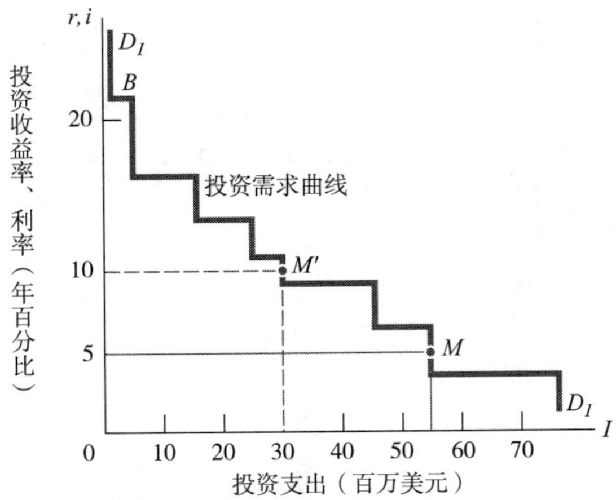


**图 6–8 投资取决于利率**

向下倾斜的阶梯形投资需求曲线绘出了在每一个利率水平上企业将会投资的数量，这个数量是按表 6-5 的数据计算出来的。每一级阶梯代表一个投资量。由于项目 A 的收益率是如此之高，以至于无法将它标在图形之中，所能看到的最高阶梯是项目 B，如图左上方所示。在每一个利率水平上，所有净利润为正数的项目都将被投资。

所示。

从一个历史案例中，我们也可以看到预期是怎样进入投资需求曲线的。20 世纪 90 年代后期，投资者为所谓的“新经济”和互联网而疯狂。基于失去控制的计划，他们对并不实际存在的公司大量投资，甚至一些有经验的投资者也屈服于“动物精神”，例如时代华纳投资了 1 800 亿美元给一家名为美国在线的网络公司。图 6-9（c）展示了在 20 世纪 90 年代企业的乐观预期如何改变了投资需求曲线。而当科技股的泡沫在 2000 年破灭时，对软件和相关设备的投资需求也急剧下降，图 6-9（c）中的曲线又大幅度地向左移动回来。由这两个例子可见一斑：预期对投资的影响是何等的强大。

在理解了影响投资的因素之后，对于“投资是支出中最容易变动的部分”这一点，你也许就不会再感到奇怪。投资行为的不可预测性,来源于以下几个不确定因素：新产品的成功或失败，税率及利率的变化，政治倾向和为稳定经济而采取的措施，以及经济生活中类似的随机事件，等等。事实上，在每一个商业周期中，投资的波动都是经济繁荣或衰退的驱动力。

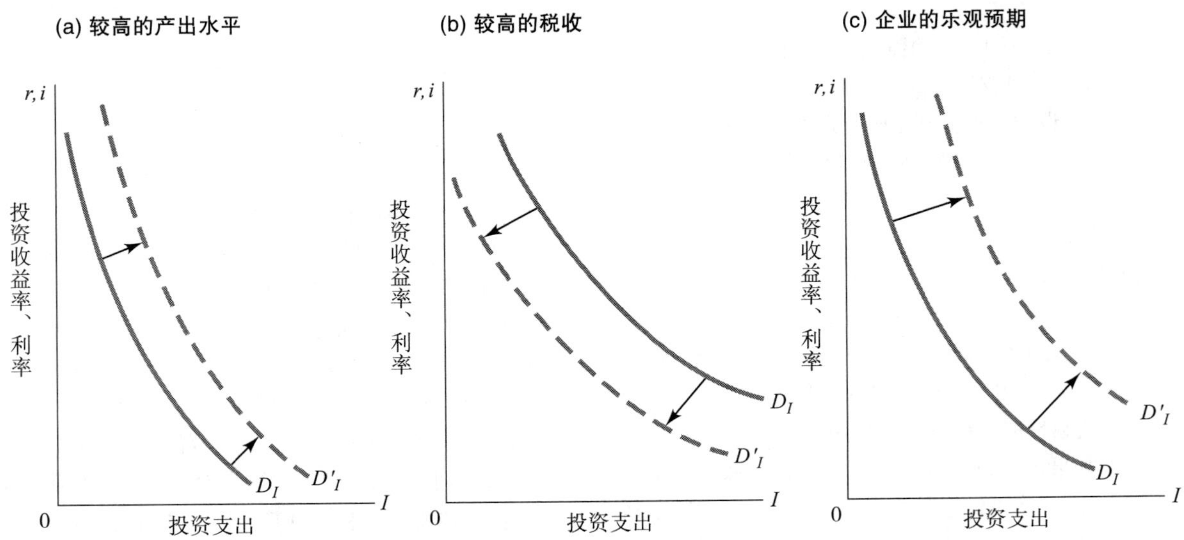


**图 6–9 投资需求曲线的移动**

在投资需求曲线中，箭头所表示的是：（a）较高的 GDP 水平的影响；（b）增加资本所得税的影响；（c）企业乐观预期的影响。

## 走向总需求理论

现在，我们已经完成了对宏观经济学的基本概念的介绍。我们已经考查了决定消费和投资的因素，并已经看到，消费和投资会随着时间的变化而波动，有时波动还会相当剧烈。

就此而言，宏观经济学可分两大主题：商业周期和经济增长。以下几章我们将开始对商业周期进行讨论，它关注短期产出、就业和价格的波动。现代商业周期理论主要基于凯恩斯主义。它分析探讨了金融、投资、政府支出、税率和对外贸易的波动。这些波动往往因“引致消费效应”而放大，并决定总需求。我们会学到，政府明智地应用财政政策和货币政策，将如何削减衰退和通胀的严重性；而失败的政策也会放大这些波动。可见本章所讨论的消费和投资理论，将是商业周期这一重头戏中的主要角色。

## 总 结 提 要

### A. 消费和储蓄

1. 可支配收入是消费和储蓄的一个重要决定因素。消费函数是一条将总消费与可支配收入联系起来的曲线。由于每 1 美元收入不是被储蓄起来就是被消费掉，所以储蓄函数是消费函数的另一面或者说是它的镜像。
2. 回忆消费函数和储蓄函数的主要特征：
   a. 消费函数（或储蓄函数）揭示的是消费（或储蓄）水平与可支配收入水平之间的联系。
   b. 边际消费倾向（*MPC*）是增加 1 美元可支配收入所导致的消费的增加量。
   c. 边际储蓄倾向（*MPS*）是增加 1 美元可支配收入所导致的储蓄的增加量。
   d. 图形上，*MPC* 和 *MPS* 分别是消费函数和储蓄函数的斜率。
   e. $MPS \equiv 1 - MPC$。
3. 把个人消费函数加在一起，我们就得到了国民消费函数。它的最简单形式是把总消费支出量表示为可支配收入的函数。其他变量，如永久性收入、长期收入趋势以及财富，对于消费模式也有重要的影响。
4. 个人储蓄率在过去的 30 年中迅速下降。经济学家将这种下降归因于社会保障、政府医疗保健计划和资本市场的变化，以及财富效应。因为个人储蓄是国民储蓄和投资的主要组成部分之一，所以储蓄的下降会损害经济发展。尽管人们因为股票市场的繁荣感到更加富裕，但实际上国家的真实财富只有在生产出有形的和无形的资产时才会增加。

### B. 投　资

5. 支出的第二个主要组成部分是国内私人总投资，包括对住宅、厂房、软件及设备的投资。厂商投资的目的是为了赚取利润。因此，决定投资的主要经济力量包括投资所能产生的收益（主要受到商业周期的影响），投资的成本（取决于利率水平和税收政策），以及对未来情况的预期。由于投资的决定因素取决于一些极难预见的未来事件，因此，投资是总支出中的一个最易变动的部分。
6. 一个重要的关系是将投资支出水平与利率联系起来的投资需求曲线。由于投资的盈利性随影响资本成本的利率反向变化，所以我们可以得出一条向下倾斜的投资需求曲线。当利率下降时，更多的投资项目将变得有利可图。

## 概念复习

**消费和储蓄**
可支配收入，消费，储蓄
消费函数和储蓄函数
个人储蓄率
边际消费倾向（*MPC*）
边际储蓄倾向（*MPS*）
*MPC* + *MPS* ≡ 1
盈亏平衡点
45° 线
消费的决定因素：
  当前可支配收入
  永久性收入
  财 富
  生命周期效应

**投 资**
投资的决定因素：
  收 入
  成 本
  预 期
利率 *I*
投资需求函数
动物精神

## 补充读物和互联网站

### 补充读物

Economists have studied consumer expenditure patterns in order to improve predictions and aid economic policy. One of the most influential studies is Milton Friedman, *The Theory of the Consumption Function* (University of Chicago Press, 1957). A historical overview by an economic historian is Stanley Lebergott, *Pursuing Happiness: American Consumers in the Twentieth Century* (Princeton University Press, Princeton, N.J., 1993).

Firms devote much management time to deciding about investment strategies. A good survey can be found in Richard A. Brealey, Stewart C. Myers, and Franklin Allen, *Principles of Corporate Finance* (McGraw-Hill, New York, 2009).

### 互联网站

Data on total personal consumption expenditures for the United States are provided at the website of the Bureau of Economic Analysis, *www.bea.gov.*

Data on family budgets are contained in Bureau of Labor Statistics, "Consumer Expenditures," available at *www.bls.gov.*

Data and analysis of investment for the U.S. economy are provided by the Bureau of Economic Analysis at *www.bea.gov.*

Milton Friedman and Franco Modigliani made major contributions to our understanding of the consumption function. Visit the Nobel website at *nobelprize.org/nobel_prizes/economics* to read about the importance of their contributions to macroeconomics.

## 问题讨论

1. 总结食品、服装、奢侈品和储蓄的模式。
2. 在运用消费函数和投资需求曲线分析问题时，我们需要区分这些曲线本身的移动和沿着这些曲线的变动。
   a. 详细说明哪些变化能够引起这两条曲线发生移动，哪些变化能够导致沿着这两条曲线的变动。
   b. 用文字和图形两种方法说明下列因素是会引起消费曲线移动，还是会引起沿着消费曲线的变动：可支配收入增加，财富减少，股票价格下跌。
   c. 用文字和图形两种方法说明下列因素是会引起投资需求曲线的移动，还是会引起沿着投资需求曲线的变动：预期下一年的产出量下降，利率上升，对利润征税加重。
3. 表 6-4 中的 *MPC* 和 *MPS* 究竟是如何计算出来的？通过计算 *A* 点 *B* 点之间的 *MPC* 和 *MPS* 加以说明。说明为什么 *MPC* + *MPS* ≡ 1 永远成立。
4. 在每一个收入水平上我都消费掉全部收入。画出我的消费曲线和储蓄曲线。我的 *MPC* 和 *MPS* 分别是多少？
5. 估算一下你去年的收入、消费数量和储蓄数量。如果你进行的是负储蓄（你的消费数量大于你的收入数量），那么负储蓄的资金来源是什么？按表 6-1 所列示的每一种主要类型估计你的消费构成。

6. “沿着消费曲线，收入的变化大于消费的变化”这句话对 *MPC* 和 *MPS* 分别意味着什么？

7. “可支配收入的变化会导致沿着消费曲线的变动；而财富或其他因素的变化则会导致消费曲线的移动。”就各种情况以图解的方式解释该论断。

8. 以下各项对表 6-5 和图 6-8 所说明的投资需求函数会产生什么影响？

   a. 第（3）栏所列示的每 1 000 美元投资的年收益增加一倍。

   b. 利率上升到每年 15%。

   c. 加入第 9 个项目，它的前三栏数据是（J，10，70）。

   d. 对第（6）栏和第（7）栏所显示的净利润征收 50% 的税收。

9. 应用问题 8（c）中的扩大了的投资需求表，并假定利率为 10%，分别计算问题 8 中从 a 到 d 的情况下，投资数量各为多少。

10. **有难度的问题**：根据生命周期模型，人们每年的消费数量取决于他们一生的收入，而不是当前的收入。假设你的预期未来收入（按不变美元计算）如表 6-6 所示。

    a. 假设储蓄没有利息。你最初也没有储蓄。再假设你想“熨平”你的消费（每年享受相同数量的消费），因为每增加 1 美元消费所能获得的满足是递减的。请推导出你在这 5 年之中的最佳消费轨迹，并将数字填入第（3）栏。然后计算出储蓄数量，并填入第（4）栏。将你每年的期末财富或累积的储蓄数填入第（5）栏。你在头 4 年里的平均储蓄率是多少？

    b. 其次，假设政府社会保险计划在你每一个工作年中征收 2 000 美元的税，并在第 5 年为你提供 8 000 美元的退休金。如果你仍然打算熨斗平你的消费，那么计算你修改过的储蓄计划。社会保险计划对你的消费的影响是什么？对你在头 4 年中的平均储蓄率有何影响？你能否理解为什么有些经济学家认为社会保险会降低储蓄水平？

| (1)<br>年份 | (2)<br>收入<br>（美元） | (3)<br>消费<br>（美元） | (4)<br>储蓄<br>（美元） | (5)<br>累积储蓄（年末值）<br>（美元） |
|---|---|---|---|---|
| 1 | 30 000 | ______ | ______ | ______ |
| 2 | 30 000 | ______ | ______ | ______ |
| 3 | 25 000 | ______ | ______ | ______ |
| 4 | 15 000 | ______ | ______ | ______ |
| 5* | 0 | ______ | ______ | 0 |

*退休

表 6-6

# 第7章 商业周期和总需求理论

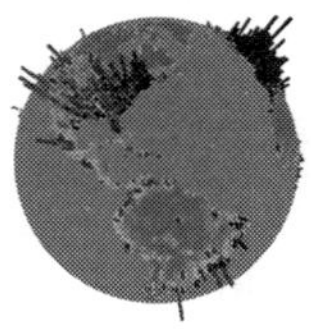

*亲爱的布鲁斯特，错误并不在于命运，*
*而在于我们自己。*

——**威廉·莎士比亚**
*《裘利斯·凯撒》*

自建国之初起美国经济就一直处于经济周期之中。某些时期经济形势很好：就业机会充分、工厂加班加点、利润丰厚。“繁荣的20世纪90年代”对于美国经济来说就是这样一个时期。经济快速增长、失业率低，产能利用率高。不过，这个时期和先前的长期扩张明显不同，通货膨胀率始终很低。

繁荣时期通常最终都以不幸而告一段落。在19世纪和20世纪早期，以及2007~2009年，金融危机都导致了持续的悲观情绪，商业危机、信用恶化，银行和金融系统动荡不安。在经济低迷的时期，工作非常难找，工厂生产能力闲置、利润微薄。尽管这些经济低迷的时期通常都是短暂而温和的，如2001年3月至11月的经济衰退。但偶尔也会出现如同美国20世纪30年代和日本20世纪90年代那样的大萧条，经济萎缩持续了10年，且导致了世界范围内的经济低迷。

经济活动中上述短期波动称为*商业周期*，这是我们本章的中心内容。宏观经济学的一个中心课题就是研究商业周期。产生商业周期的原因是什么呢？政府采取何种政策才能降低商业周期的危害？在20世纪30年代之前，经济学家们对于这些问题还知之甚少，直到凯恩斯在他那革命性的宏观经济学理论中揭示出了总需求对于决定商业周期波动的关键作用之后。凯恩斯主义经济学认为：*总需求的变动在短期内会对总产量、总就业和总价格水平产生强烈的影响。*

本章主要讨论商业周期的基本特点，并阐述产出决定原理。本章的结构如下：

- 首先分析商业周期的基本要素。
- 然后概括总需求理论的基本框架，并讨论现代商业周期如何在这个框架中运作。
- 接下来，建立乘数模型，即最简单的凯恩斯总需求模型。
- 最后，我们将乘数模型应用于财政政策如何影响产出的分析之中。

## A. 什么是商业周期

*经济发展的历史表明：经济的增长方式从来都不是按部就班、一成不变的。*一个国家可以享受好几年令人兴奋的经济扩张和繁荣，以及股市（如20世纪90年代）

和楼市（如 21 世纪早期）的快速增长。随之而来的非理性繁荣可能导致非理性的悲观情绪，正如 2007~2009 年的情况那样，贷款方停止了以优惠条件继续发放住房抵押贷款和汽车贷款，银行还收紧了其他商业贷款，支出减少。其结果是国民产出下降、失业率上升、利润和实际收入减少。

最后，经济衰退逐渐落至谷底，然后便开始复苏。复苏有可能恢复不到原先的经济状况，也有可能强劲得足以启动下一轮的经济扩张。经济繁荣一方面也许意味着较长时期内需求持续旺盛，就业机会充足，生活水平不断上升；另一方面，繁荣也可能伴随着通货膨胀、价格上扬和投机猖獗，紧接着便是另一轮经济衰退。

产出、通货膨胀率、利率和就业的波动构成了商业周期，商业周期是所有市场经济的共同特征。

## 商业周期的特点

究竟怎样精确定义“商业周期”？

**商业周期**（business cycles，也译作“经济周期”——译者注）是国民总产出、总收入、总就业量的波动，持续时间通常为 2~10 年，它以大多数经济部门的扩张或收缩为标志。

经济学家们一般将商业周期划分成两个主要阶段，即衰退和扩张。“谷”和“峰”代表的是周期的转折点。由图 7-1 可见商业周期先后继起的各个阶段。**衰退**（recession）是总产出、总收入和就业的连续下降期，通常延续 6 个月至一年，以经济中许多部门广泛的紧缩为标志。**萧条**（depression）指的是规模广泛且持续时间长的衰退。

国家经济研究局（NBER）是个私人性质的研究机构。它长期对国民经济的收缩和扩张做半官方的判定。国家经济研究局对“衰退”的定义是：“国民经济活动全面显著放缓，通常要持续几个月甚至更长的时间。主要表现在实际 GDP、实际收入、就业、工业生产和零售业等各个方面。”（更多的衰退信息详见本章末所附的网站。）

另一个常用的定义是：如果实际 GDP 连续两个季度下降，则应视为“衰退”。（本章末的第 12 题将比较两种定义的差别。）

尽管我们把短期波动叫做“周期”，但请注意商业周期的形式是不规则的。没有两个完全相同的商业周期，也没有像测定行星或钟摆那样的精确公式，可用来预测商业周期的发生日期和持续时间。相反，就其不规则性而言，商业周期可能更像天气那样变化无常。图 7-2 显示的是美国近代历史上的商业周期。你可以看到商业周期就像山脉一样，有着千姿百态的山峰和山谷。有些山谷

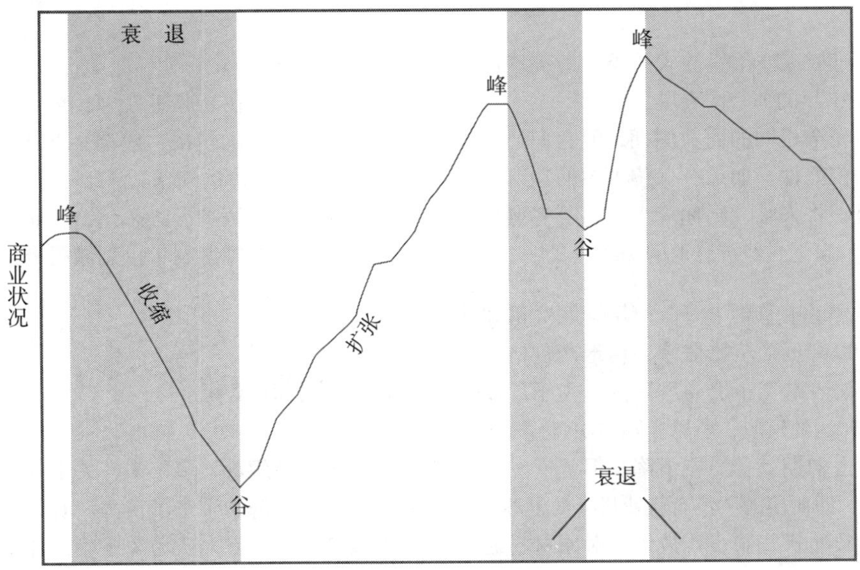


**图 7–1　商业周期像年份一样也有季节性**

商业周期是经济活动的不规则扩张和收缩。（这是最近一次商业周期中工业每月生产的实际数据。）

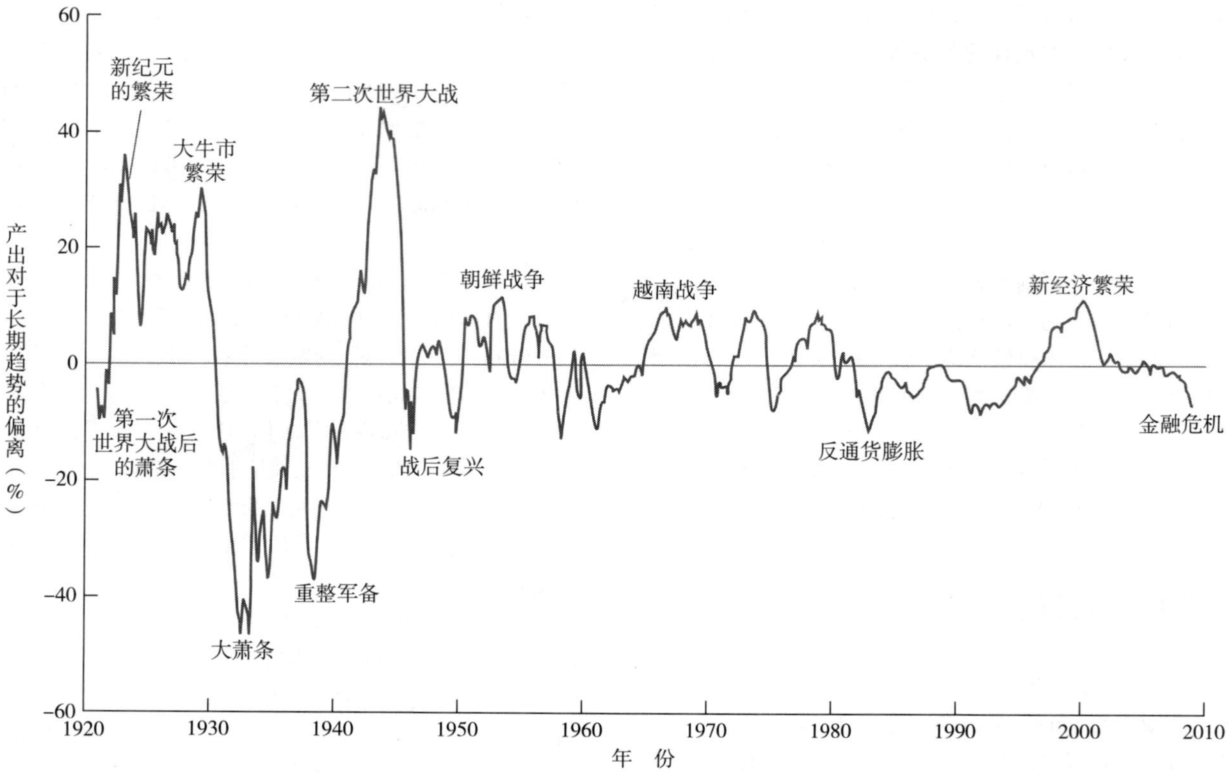


**图 7–2 自 1919 年以来的商业活动**

工业生产围绕长期趋势不规则地波动。你是否觉得经济波动近年来变得稳定了呢?

资料来源：Federal Reserve Board，detrended by authors.

深幽且宽阔，如 20 世纪 30 年代的大萧条；另一些山谷浅显且狭窄，如 1991 年的那一次衰退。

尽管没有两个完全相同的商业周期，但它们通常却具有一种家族式的相似性。如果有一位可靠的经济预言家宣称下一次衰退即将来临，则你应当预感哪些典型的现象会随之而来呢？以下是经济衰退的普遍特征：

- 通常，投资在衰退中急剧下降。由于金融危机和美联储提高利率以降低通货膨胀率，房地产价格首先开始下降。消费者购买也会急剧下降。由于厂商会对此做出压缩产量的反应，所以实际 GDP 会下降。
- 就业通常在衰退初期就会急剧下降。但其恢复有时却要慢于经济，即所谓的“没有就业机会的复苏”。
- 产出下降，导致通货膨胀步伐放慢。对原材料的需求下降，导致其价格跌落。工资和服务的价格下降的可能性比较小，但在经济衰退期它们的增长趋势会放慢。
- 企业利润在衰退期急剧下滑。由于预期到这种情况，普通股票的价格一般都会下跌，就像是投资者嗅出了经济下滑的气味。
- 通常，当经济形势恶化、就业率下降，美联储就会开始降低短期利率以刺激投资，同时其他利率也会随之下降。

## 商业周期理论

***外因论与内因论*** 多年来，关于商业周期根源的大量争论给宏观经济学带来了活力。有人认为商业周期源于货币政策波动，有人认为源于生产冲击，还有人认为源于外部支出的变动。

各种解释显然还不会有一个最终的结论，但是将这些不同的理论划分成两类可能是有益的，即外生的和内生的。外因论是在经济体系之外的某些要素的波动中寻找商业周期的根源，如战争、革命、选举；石油价格、发现金矿、移民；新土地和新资源的发现；科学突破和技术创新；甚至太阳黑子、气候变化和天气等。

外因论的一个例子是二战的爆发。德国和日本在欧洲大陆、亚洲和美国引爆战争，导致武器军备生产快速扩张和军事开支大幅增加，从而导致总需求增加，最终致使美国经济从大萧条中走了出来。这里我们看到的是一个外生事件，即战争，导致了美国军费开支的大幅增加，进而出现 20 世纪美国最大的一次经济扩张。（这个问题稍后我们还会详细分析）

与外因论不同，内因论则在经济体系内部寻找商业周期的机制和原因。这种理论认为，任何一次扩张都孕育着新的衰退和收缩，任何一次收缩也都包含着可能的复苏和扩张。美国历史上许多次经济周期都是源于金融体系的内部周期。正因为如此，我们才将注意力集中在货币金融学上。

### 金融危机和商业周期

世界范围内的资本主义的一个共同特点是在 19 世纪中经常出现的虚假繁荣，曾导致经济大萧条，且在最近 20 年中美国又出现了几次类似的情况。以下是一些实例。

***早期资本主义的恐慌*** 19 世纪目击了美国狂热的投机浪潮，尤其是在运河、土地和铁路等领域。毋庸置疑“动物精神”会取代理性投资而发挥作用。其结果是铁路过度修筑、土地价格畸高，债务负担过多过重。企业破产导致银行坏账、出现挤兑风潮和银行危机。产出和价格也在经济恐慌中急剧下跌。最后，当最坏的情况统统出现并终于过去之后，经济便会进入新一轮的扩张。

***恶性通货膨胀*** 有些时候，过热的经济会导致严重通货膨胀，甚至是恶性的通货膨胀。当价格月平均增长高达或超过 100% 时，就会出现恶性通货膨胀。历史上最著名的恶性通货膨胀出现在 1923 年的德国。政府无法通过税收和借款来维持财政开支，于是便开始大量印刷钞票。到 1923 年年底，印刷纸币的面额越来越大，德国流通中的纸币的最大面额竟然高达 250 亿马克！今天，各国中央银行都时刻警惕着哪怕是最温和的通货膨胀。

***新经济泡沫*** 经典的投机繁荣模式在 20 世纪 90 年代末竟然又一次出现。在“新经济”中，增长和创新都异乎寻常，各种软件、互联网和新涌现的 dot.com 等，都在新经济的股市中酿成了投机繁荣。企业通过互联网出售服务,寄送免费的电子生日贺卡,发行“Flooz.com”[1] 的股票，所卖出的都不过是并不值钱的电子货币。大学生们也纷纷放弃学业，梦想一夜暴富。所有这些都促进了计算机、软件和远程通信等实际投资的增长。从 1995 年到 2000 年，信息处理设备的投资增加了 70%，占这一时期实际 GDP 增长的五分之一！

最后，投资者终于开始怀疑这些企业的真实价值，亏损开始累积并逐步到达极致。于是，在股价上涨前疯狂买空的冲动转而变成了在股价暴跌前争相卖空的金融恐慌。2003 年，一般的“新经济公司”的股票，纷纷从每股 100 美元下降到几美分。许许多多这样的公司都陷入倒闭。弃学的大学生也重新返回了校园，他们已经变得更加明智，尽管还没有更加富有。

***房地产泡沫*** 相隔不到十年，另一场金融危机又席卷而来，同样这也是创新浪潮的结果。但是在这场危机中，“创新”只不过就是推进金融产品的“证券化”。这种创新是将某个金融产品，如住房抵押贷款的债券票据，尽力细分、反复包装，然后再在证券市场上推销出售。虽然证券化本身并不是一个新事物，但是现在打包和再打包的范围已经空前扩大。评级机构已经无法为这些新型证券的风险进行准确的评级，而很多人却认为这些证券具有和黄金一样高的投资价值，从而大量买进。最典型的例子就是“次级抵押贷款”债券，这些用来购买住房的贷款，基本上就没有考虑借款人的收入水平和工作情况。截至 2007 年年初，这些新型证券的总价值已经高达 1 万亿美元！

如果房地产价格能够像 1995 年那样不断攀升，那么所有的一切都将会处于良性的循环之中。然而，到 2006 年房地产泡沫终于破灭，其场景犹如十年前股市泡沫破裂的再度上演。许多新型证券都失去了其原有价值。结果，它们不仅不再是最高评级的 3A 级证券，而是成了垃圾

[1] 译者注：Flooz.com (1998~2001)：Flooz.com很想成为在线货币提供商，它的梦想是取代信用卡，可惜这个计划过于宏大。.com时代有很多好的创意，但Flooz.com绝不是其中的一个。虽然Flooz.com从投资者那里得到了3 500万美元资助，并且签下了Tower Records、Barnes &Noble、Restoration Hardware等零售巨头，但还是在2001年8月倒闭了，一起倒闭的还有它的竞争对手Beenz.com。

债券。由于银行和其他金融机构也都遭受到重大的损失，因此它们也开始紧缩信贷和大量减少抵押贷款。经济活动的风险溢价因此大幅提高。

美联储紧急采取了一系列的措施以放松银根，降低利率和扩张信贷，但即便如此，也只能是杯水车薪。随着股市经历了一个世纪以来最严重的下挫，导致许多金融机构濒临破产。许多大型投资公司也都在金融恐慌中消失。于是美联储和财政部开始联手放贷注资，以帮助几大金融机构走出困境。尽管采取了诸多空前有力的措施，但经济还是在2007年年底深深地陷入了衰退之中。

也许你已经看出以上案例的某些共同特征。后面的几章，我们将用经济学理论来加以解释。

## B. 总需求和商业周期

本章第一部分讨论了产出、就业和价格的短期波动，在市场经济中这些波动构成了商业周期的基本特征。许多对于商业周期波动的解释都依赖于总需求理论。这一部分将对其展开深入讨论。

### 总需求理论

总需求的主要组成部分是什么？它们怎样与总供给相互作用并决定产出和价格？它如何解释总需求的短期波动会影响GDP？为了更好地认知推动经济发展的动力，我们现在需要更仔细地研究一下总需求。而到下一部分，我们还将引出最简单的总需求模型：乘数模型。

**总需求**（aggregate demand，*AD*）是指在其他条件不变的情况下，在某一给定的价格水平上人们所愿意购买的产出的总量，也即所有生产部门所愿意支出的总量。它包括：消费、国内私人投资、政府采购商品与服务，以及净出口。这4个组成部分如下：

1. 消费。由上一章内容可知，消费（*C*）主要取决于可支配收入，而可支配收入是指个人收入减去税赋。其他影响消费的因素包括：收入的长期趋势、居民财富、总体价格水平。总需求分析主要关注那些决定实际消费数量（即名义的或货币的消费量除以消费者价格指数）的因素。
2. 投资。投资（*I*）支出包括对建筑物、软件和设备的私人购买以及库存品的增加。我们曾在第6章的分析中说明，决定投资的主要因素是产出水平、资本成本（取决于税收政策、利率和其他金融条件），还有对将来的预期。经济政策赖以影响投资的主要渠道是货币政策。
3. 政府采购。总需求的第三个组成部分是政府对商品与服务的采购（*G*）：如购买像坦克和教科书这样的商品，以及对法官和公立学校教师的服务所支付的费用。与私人消费和投资不同，总需求的这一部分是直接由政府的支出政策所决定的。例如，五角大楼购买一架新式战斗机时，这一产出会直接加到GDP中。
4. 净出口。总需求最后一个组成部分是净出口（*X*），它等于出口额减进口额。进口取决于国内的收入和产出、国内和国外价格的比率，还有本国货币的汇率。出口（亦即别国的进口）是进口的镜像，由外国的收入和产出、相对价格和外汇汇率来决定。因此，净出口将取决于国内的和国外的产出、相对价格和汇率。

由图7-3可见*AD*曲线及其四大组成部分。价格水平为*P*时，我们可以看到消费、投资、政府支出和净出口分别处于什么样的水平，它们的总和为GDP或*Q*。这一价格水平上的四项支出流量之和，就是该价格水平上的总支出量或总需求量。

### 向下倾斜的总需求曲线

由图7-3你应该会注意到总需求曲线是向下倾斜的。这意味着如果其他条件保持不变，当经济中整体价格水平升高的时候，实际支出水平会下降。

总需求曲线向下倾斜的原因何在？最主要的原因在于一些收入或财富的构成要素并不随价格上升而上升。比如，一些个人的收入是以名义货币定义的，譬如，政府的某种转移支付、最低工资和企业退休金。因此当价格上升时，实际可支配收入下降，从而导致实际消费支出下降。

另外，一些财富构成要素可能在名义货币上是固定的。如持有现金和债券，等于获得了一个承诺，在一定时期内可获得一定数量的货币。如果价格水平上升，这些财富的真实价值就会下降，这也会导致实际消费支出下降。

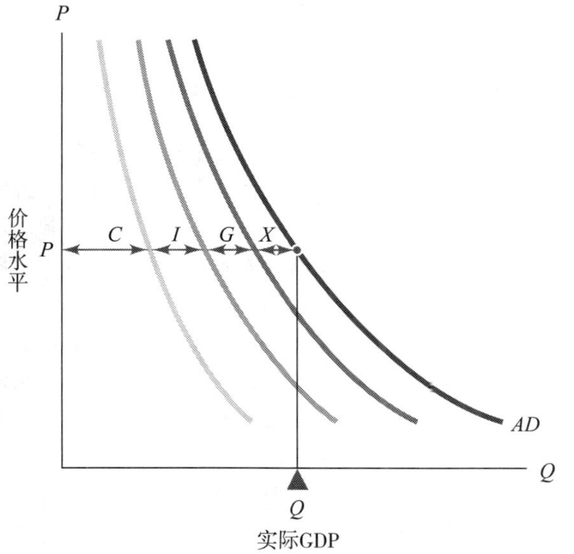


**图 7–3 总需求的构成**

总需求（*AD*）有四个部分组成：消费（*C*）、国内私人投资（*I*）、政府在商品与服务上的支出（*G*）和净出口（*X*）。

当宏观经济政策变化时（如货币政策变化，政府支出或税率的变化）或外部事件改变了支出（如影响 *X* 的外国产出水平变化，或影响 *I* 的企业信心的变化），总需求曲线就会发生变动。

我们用图 7-4（a）来说明价格水平上升的影响。假设在 *B* 点上经济处于均衡状态。这时价格水平为 100（按照不变价格），实际 GDP 为 3 万亿美元。再假设价格上升了 50%，于是价格指数 *P* 由 100 上升到 150。在更高的价格水平上，可支配收入的下降导致实际支出下降。总的实际支出下降到 2 万亿美元，正如 *C* 点所示。这里我们可以看到，更高的价格水平怎样使得实际支出减少。

小结：

> 总需求曲线是向下倾斜的，这表明在其他条件保持不变的情况下，实际支出会随着价格水平的上升而下降。由于价格对实际收入和实际财富的影响，价格上升会导致实际支出下降。

## 总需求的移动

我们已经看到，在其他条件不变的情况下，经济中总支出量会因价格水平的上升而趋于下降。然而，其他条件也可能会发生变化，从而也会引起总需求的改变。那么，能够引起总需求变动的主要决定因素是什么呢？

我们可以将决定 *AD* 的因素划分为两类，如表 7-1 所示。一类是由政府控制的宏观经济政策变量，包括货币

| 变量 | 对总需求的影响 |
|---|---|
| | **政策变量** |
| 货币政策 | 货币供给增加会降低利率并放宽信贷条件，从而增加投资和耐用品的消费数量。如果一国的经济环境是开放的，那么货币政策将会影响其汇率和净出口。 |
| 财政政策 | 政府对商品和劳务上的采购增加，会直接增加支出总量；减税或增加转移支付会提高可支配收入数量，并导致消费量的增加。税收刺激政策，比如投资税减免，可以导致在某个领域支出增加。 |
| | **外生变量** |
| 国外产出 | 对外产出的增长会导致净出口的增加。 |
| 资产价值 | 股票价格的上升增加家庭财富，从而增加消费数量，而且，这还会导致较低的资本成本，并使企业投资增加。 |
| 技术进步 | 技术进步可以为商业投资提供新的机会。重要的例子如铁路、汽车和计算机。 |
| 其他 | 计划经济体中政府的失败刺激了外国投资；冷战结束、和平突然降临，世界原油产量上升，油价下降；良好的气候使得农产品价格下降。 |

**表 7–1 许多因素都能使总需求增加并使 *AD* 曲线向外移动**

总需求曲线体现的是总支出数量与价格水平的联系。但是，许多其他因素都影响总需求，有些是政策变量，有些则是外生变量。表中显示的是总需求增加和 *AD* 曲线向外移动的变化。

政策（中央银行赖以影响货币供给量和其他金融条件的手段）和财政政策（税收和政府支出）。表 7-1 说明了政府的这些政策如何影响总需求的各个组成部分。

第二类是外生变量，或由 *AS-AD* 框架以外的因素所决定的变量。如表 7-1 中所示，这类变量有的超出了宏观经济分析的正常范围（如战争或革命），有的不在国内政策控制之内（如外国经济活动），还有一些（如股票市场）则具有明显独立的变动性。

*AD* 曲线背后的这些变量会产生什么影响呢？不妨观察一下二战中军费开支剧增对经济的影响。战争的额外支付包括前线部队支出、购买军火和运输费用。这些采购将使 *G* 的支出量增加。除非某些其他支出构成能够抵消 *G* 的增加，否则 *AD* 曲线将会随着 *G* 的增加而向右上方移动。同理，重要新发明引起新投资的盈利性增加，或者房地产价格上升会导致消费者财产价值增加等，都会引起总需求的增加和 *AD* 曲线的向右上方移动。

图 7-4（b）显示了表 7-1 中变量的变化怎样影响 *AD* 曲线。为检验你的理解程度，请你设计一个相似的表，列出那些将会使总需求减少的因素（参见本章结尾“问题讨论”的第 2 题）。

### 两点提示

不妨稍作停顿，注意两点提示。

1. 我们首先强调宏观经济学的需求曲线与微观经济学的需求曲线的区别。回忆有关供给和需求的讨论，微观经济学中的需求曲线以纵轴表示单个商品的价格，以横轴表示该商品的产量，并假定其他商品价格及消费者的总收入保持不变。

而在宏观经济学的总需求曲线上，一般价格水平沿纵轴变化，总产量和总收入沿横轴变化。与此相反，在微观经济学的需求曲线那里，收入和产量是保持不变的。

最后，微观经济学需求曲线斜率为负，是由于当价格升高时消费者用其他商品来替代所讨论的商品。肉价上升导致对肉的需求量下降，这是由于消费者用面包或土豆替代肉的结果，也就是说，人们可以多用相对便宜的商品而少用相对昂贵的商品。

但是，宏观经济学总需求曲线向下倾斜的原因则大不相同。当总体价格水平上升时，总支出数量

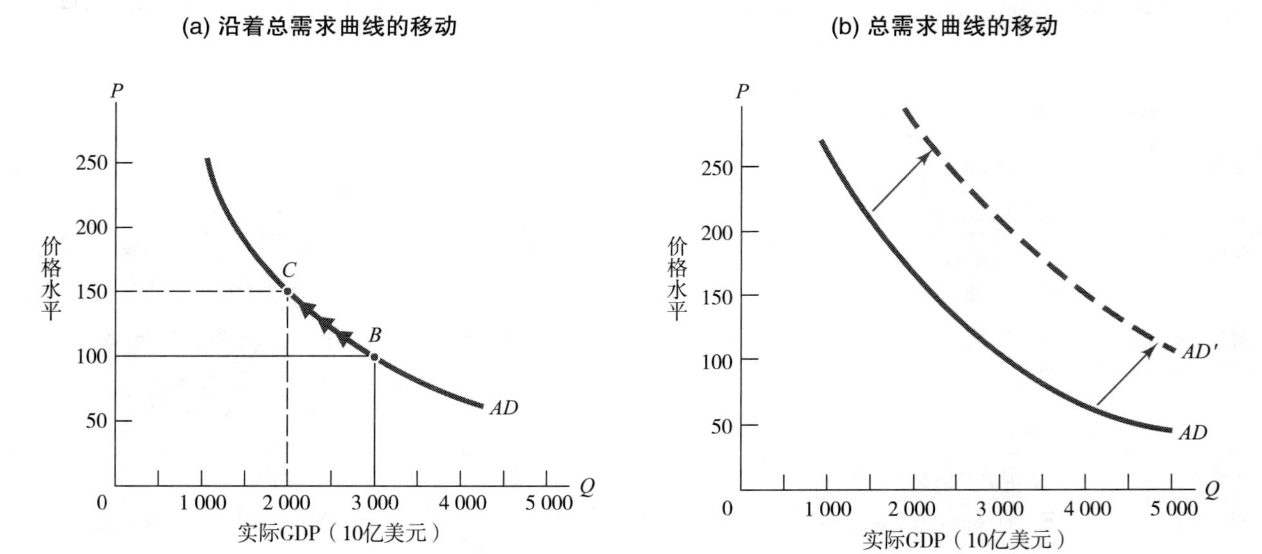


**图 7-4 沿着总需求曲线的移动和总需求曲线的移动**

在（a）中，价格水平上升的同时保持名义货币供给量不变，会导致实际可支配收入下降、利率上升以及对利率敏感的投资和消费支出的下降。在这里，假定其他因素不变，我们会看到一次*沿着 AD 曲线的移动*，从 *B* 至 *C*。

在（b）中，其他因素不再保持不变。那些决定 *AD* 曲线的基本变量（比如货币供给量、税收政策、军费开支）所发生的变化会导致某一给定价格水平上的总支出量发生变化。这会引起 *AD 曲线的移动*。

下降主要是因为消费者的实际收入和实际财富减少，从而导致消费的减少和利率的提高，继而投资支出减少。

2. 回顾**沿着曲线移动**和**曲线移动**的主要差别。由图 7-4（a）可见沿着总需求曲线移动的例子。当更高的石油价格减少了可支配收入时，这种情况就会出现。图 7-4（b）表示总需求曲线的移动。战争期间支出的急剧上升就是这种情况。当你分析具体的政策或冲击的影响时，一定要区分这二者的差别。

## 商业周期和总需求

商业周期波动的一个重要根源就是对总需求的冲击。图 7-5 表示总需求的下降如何降低产出水平。假设经济开始处于短期均衡的 *B* 点，然后，因为金融恐慌或者税收缩减，总需求曲线左移至 *AD′*。如果总供给没有变化，则经济会达到一个新的均衡点 *C*。注意产出从 *Q* 下降至 *Q′*。另外，新的均衡价格和通货膨胀率也下降了。

经济扩张的效应正好相反。假设战争导致了政府支出急剧增加，结果是 *AD* 曲线右移，产出和就业率上升，价格和通货膨胀率也上升。

产出、就业和价格的周期性波动通常源于总需求的变化。总需求的变化是因为相对于经济的生产能力，消费者、企业或者政府的支出发生了变化。当总需求的变化导致了经济的急剧走低，则经济便进入了衰退甚至是萧条。而若经济活动持续升温，则会导致通货膨胀。

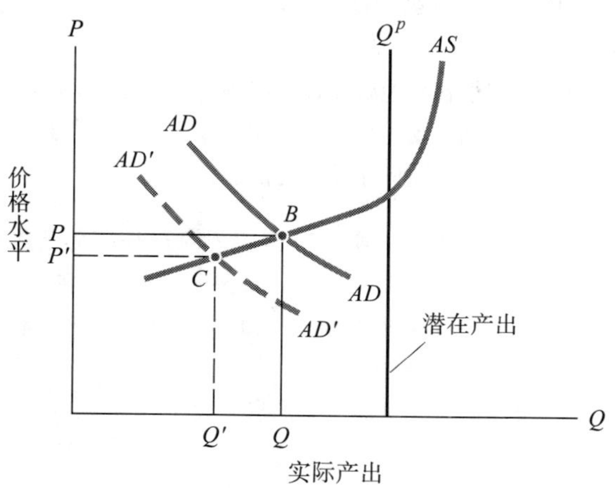


**图 7–5　总需求下降导致经济下滑**

相对于扁平的不变的 *AS* 曲线来说，*AD* 曲线向下移动导致较低的产出水平。注意，因为 *AD* 曲线向下移动，所以实际产出相对于潜在产出下降，而且使衰退加剧。

## 商业周期可否避免

在上世纪的最后 25 年中（见图 7-2），美国商业周期的历史显示出商业周期明显趋于平缓的态势。1940 年以前，我们目睹了很多的危机和萧条。如 19 世纪 70 年代、90 年代，20 世纪 30 年代，都存在持久的衰退。然而，自 1945 年以来，商业周期的波动已经变得不那么频繁，而且也温和了许多，许多跨入新千年的美国人恐怕还从未目睹过真实的萧条。

到底是什么东西在改变呢？有人认为资本主义发展到现在，自然会比早期更平稳。一个原因在于政府部门已经更具规模而且更为可靠。但更重要的一个原因还应该在于，当前人们对于宏观经济学已经有了更深刻的理解，政府已经能够运用货币手段和财政手段来预防各种冲击演化成衰退，制止经济像滚雪球一样地从衰退陷进萧条。

在经济的平稳时期，人们经常宣称商业周期已经消除。现实情况真是如此吗？在上世纪的最后 25 年，商业周期在美国已经得到控制，但它在其他国家和地区却更加肆虐。不妨让我们重温下面的一段话，它是大经济学家亚瑟·奥肯的名言，对于 2007~2009 年的经济衰退尤其适用：

> 现在，普遍的认识是，衰退从根本上说是可以防止的，它们就像飞机失事而不像飓风。但我们从来没有能够从地球上消除飞机失事，当然也不清楚是否有足够的智慧和能力去消灭衰退。危险并未消失，那些可以导致周期性衰退的因素仍然潜伏在飞机的两翼，等待着飞行员的某种失误。

# C. 乘数模型

商业周期的最基本的宏观经济学理论认为，总需求的变化导致产出、价格和就业产生了频繁而又无法预测的波动，这种波动被称为商业周期。经济学家试图理解“支出的变动”和“产出与就业的变动”之间究竟存在着什么样的传导机制。这种理解商业周期最简单的方法就是凯恩斯的乘数模型。

当经济学家们试图理解为什么战时大量军事支出会导致 GDP 的快速增长；为什么 20 世纪 60 年代或 80 年代的减税曾经引发了一场时间较长的经济扩张；为什么 90 年代末的投资繁荣会带来美国历史上时间最长的经济扩张时，常常可以在乘数模型中找到最简明的解释。

究竟什么是**乘数模型**（multiplier model）？它是一个用来解释短期产出水平如何被决定的宏观经济学的理论范畴。“乘数”名称来自这样一个发现，即外生支出（如投资）的 1 美元变动会引起 GDP 的 1 美元以上的（或多倍的）变动。乘数模型是建立在一个关键的假设上，即工资和价格都是固定的，同时社会资源是未被充分利用的，此外，本章我们还要暂时忽略货币政策的作用和金融市场对经济变化的反应。现在我们假设没有国际贸易和国际金融。这些将会在之后的章节中详细阐述。

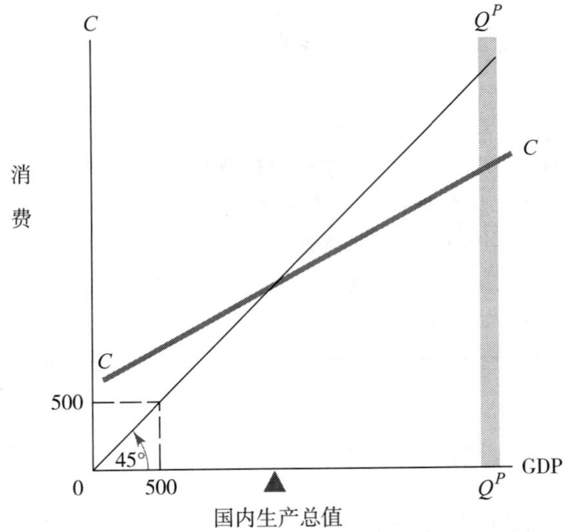


**图 7–6 国民收入决定消费水平**

回忆第 6 章中的消费函数，*CC*。它表示与每一个收入水平相对应的意愿消费数量（此模型中收入等于 GDP）。图中标有“500”的两点强调了 45° 线的重要性质：在 45° 线上的任意一点到纵横两轴的距离都刚好相等。标着 $Q^PQ^P$ 的阴影部分所表示的是潜在的 GDP 水平。

## 总支出对产出的决定

讨论乘数模型，不妨首先分析一下投资支出和消费支出如何与收入共同决定国民产出。这被称为决定国民产出的总支出法。

请回忆第 6 章中国居民消费函数的图形。图 7-6 是一个提示图，消费函数表示为 *CC* 线。它体现的是，与每一个收入水平相对应的意愿中的消费数量。由于我们忽略了税收、转移支付和其他项目，因此，可支配收入将等于国民收入，也等于 GDP。

我们用图 7-7 表示总支出和产出水平之间的关系。这个图形有时被称作“凯恩斯交叉”（Keynesian cross），因为它表示当支出曲线与 45° 线相交时，产出与支出相等。（如果你不清楚 45° 线的重要性，请回顾第 6 章的内容。）

我们首先画出消费函数 *CC* 线，然后将总投资加到消费曲线上。通常，投资取决于利率、税收政策和人们对经济形势的信心。简单起见，我们将投资作为外生变量，也即投资水平由模型以外的因素决定。假设，有这样一个投资机会，即不论 GDP 水平如何，每年的投资均为 2 000 亿美元。在图 7-7 中，我们将投资加到消费曲线之上，注意 $C + I$ 曲线比 *C* 曲线正好高出 *I* 个单位，这表明投资是由外生变量决定且保持不变。

$C + I$ 曲线表示总支出（或 *TE*），等于意愿投资（固定为 *I*）加上消费。在图 7-7 中表示为上方的 $C + I$ 曲线或 *TE* 曲线。

最后，我们画出一条 45° 线，沿着这条线，纵轴上的支出都正好等于横轴上的产出。在 45° 线上的任何一点，意愿支出（以纵轴衡量）都正好等于总产出（以横轴衡量）。

现在我们很容易地就能计算出图 7-7 中的均衡产出水平。只有在计划的支出总量（由 *TE* 曲线代表）等于总产出量的那一点上，经济才处于均衡状态。

> 总支出曲线（或 *TE*）表示对应于每一个产量水平，消费者和企业愿意或计划支出的数量。在图 7-7 中 $TE = C + I$ 曲线与 45° 线的交点 *E*，经济处于均衡状态。这是因为，在这一点上，对消费和投资的意愿支出数量正好等于总产出量。

### 均衡含义提醒

分析商业周期或者经济增长的时候我们经常会考虑宏观经济均衡。这个术语到底是什么意思呢？**均衡**

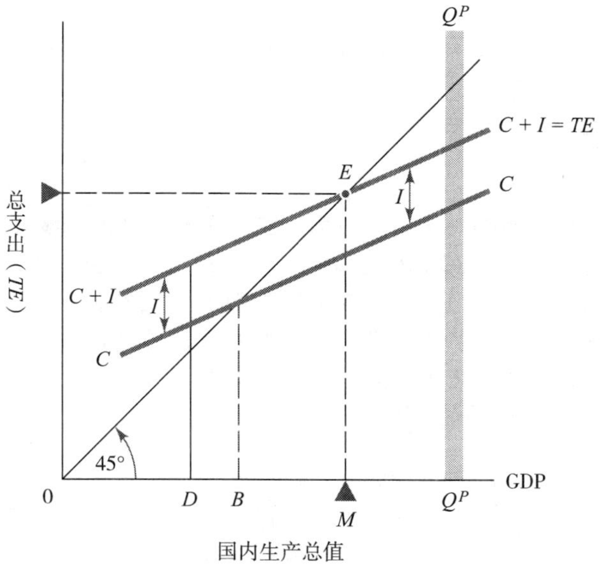


**图 7-7　当总支出（TE）等于产出时，决定了均衡的国民生产总值**

CC 线表示消费函数（如图 7-6 所示）。II 箭头表示不变的投资水平。把 II 加到 CC，就可以得到表示总投资支出和消费支出总和的 TE 曲线。沿着 45° 线，支出总等于 GDP。均衡的 GDP 水平在 E 点，即 TE 曲线与 45° 线的交点。只有在此处，$C + I$ 曲线表示的意愿支出等于产出。

（equilibrium）就是不同的力在作用时达到平衡的一种状态。例如，如果你看到一个球正在滚下山坡，那么这个球就不是处在一种均衡的状态中，因为在这个过程中存有一个力在推动球向山下滚动，因此称之为**非均衡**（disequilibrium）。而当这个球滚到山下静止下来的时候，作用在球上的若干力就达到了平衡，那么这个球也就达到了“均衡”。

同理，在宏观经济中，一个均衡水平的产出就是当支出和储蓄中的各种力达到了平衡。在均衡状态下，产出的水平总是趋向稳定，直到影响经济的力有所改变，均衡才会被打破。

将均衡的概念应用于图 7-7 中，我们可以看到 E 点是一种均衡。只有在 E 点，*意愿支出 $C + I$ 才等于实际产出*。在任何其他产出水平上，意愿支出和产出水平都不相等。在除 E 点外的任何一点，企业都会觉得其生产得过多或者过少，从而势必想要改变其产出水平以回到均衡状态。

## 调节机制

只知道 E 是均衡点是不够的。我们还需要理解为什么某一产出水平是均衡水平，以及如果产出水平偏离均衡水平时，则会发生什么？这里我们考虑三种情况：计划支出高于产出，计划支出低于产出，以及计划支出正好等于产出。

在第一种情况下，假设计划支出高于产出，用图 7-7 中的 D 点表示，在此产出水平上，$C + I$ 支出曲线处于 45° 线上方，所以计划支出高于产出。这意味着，消费者愿意购买的物品的数量大于企业预期的数量。这时汽车销售商将会发现他们的存货逐渐消失，电脑厂商向分销商配货的周期也会越来越长。

在这种非均衡状态，汽车经销商和电脑经销商将会增加它们的订货。汽车厂将会重新雇佣被解雇的工人并加快生产线运转，电脑厂商也会加快组装和配送。生产的增加将导致产出水平的增加。这样，*总计划支出与总产出之间的差异就导致产出数量的调整*。

你也许可以推知，当产出水平低于均衡水平时将会发生什么情况。

最后，来看第三种情况，即计划支出正好等于产出的情况。在均衡处，企业会发现它们的实际销售量正好等于预测的销售量。存货数量同计划相等。也不存在计划外的订单。企业不可能通过改变产量来增加利润，因为消费需求已经得到满足。因此，产出、就业、收入和支出将保持一致。在此种情况下，GDP 保持在 E 点，我们称其为*均衡状态*。

> GDP 的均衡水平出现在 E 点，此处，计划支出等于计划产量。在任何其他产出水平上，消费和投资的意愿支出都不等于计划产出。任何偏离实际水平的计划都将导致企业改变产量和雇佣工人的数量，从而使得经济重新回到 GDP 的均衡水平。

## 数据分析

举个数据例子也许有助于说明，为什么在计划支出等于计划产出量时，产出会达到均衡。

表 7-2 给出了关于消费、储蓄和产出的简单例子。收支相抵的收入水平（消费等于收入）假设为 3 万亿美元。假设收入每变动 3 000 亿美元会导致储蓄变动 1 000 亿美元和消费变动 2 000 亿美元。换句话说，为了使问题简单

化，假设边际消费倾向 *MPC* 为一个常数，其数值为 2/3。

假设投资是外生的，投资规模将保持在 2 000 亿美元，如表 7-2 第（4）栏所示。

第（5）栏和第（6）栏是关键。第（5）栏显示的是 GDP 总量，不过是将第（1）栏简单地复制到第（5）栏。第（6）栏表示在每一 GDP 水平上的计划总支出，它等于计划消费量与计划投资量之和，实际上即为数字表示的图 7-7 中的 $C+I$ 曲线。

当所有企业作为一个整体，生产的产出过多（多于消费者和企业想要购买的数量之和）时，企业就会非自愿地积压商品存货。

从表 7-2 的第一行可见，如果企业最初生产的 GDP 为 4.2 万亿美元，而计划的或意愿的支出数量［第（6）栏］只有 4 万亿美元，在这种情况下，则过多的存货就会累积起来。企业将缩减产量，GDP 就会下降。表 7-2 中最下边一行所表示的情况与此相反，总支出数量为 3 万亿美元，而产出数量为 2.7 万亿美元。于是存货会逐渐耗尽，企业会扩大生产从而增加总产出。

我们还可以看见，一旦其生产量大于它们能够以有利的价格销售的数量时，作为一个整体的厂商就会缩减作业量，从而 GDP 趋于下降。当销售的数量大于目前产量时，它们就会增加产量，GDP 就会上升。

只有当第（5）栏的实际产出正好等于第（6）栏的计划支出（*TE*）时，经济才会处于均衡状态。只有在均衡状态时，它们的销售量正好继续维持总产出的现有水平。GDP 既不扩大也不缩小。

## 乘　数

乘数究竟在哪里呢？为回答这一问题，我们需要考查外生的投资变化如何影响 GDP。投资的增加会提高产出和就业水平，这在逻辑上是必然的。但是会提高多少呢？乘数模型说明，投资的增加将会引起更大的乃至数倍的 GDP 的增加，也即投资所引起的 GDP 的增加量会大于投资本身的增加量。

**乘数**（multiplier）是指外生支出变化 1 美元对于总产出的影响。在简单的 $C+I$ 模型中，乘数是总产出变化率和投资变化率的比率。

请注意，乘数的定义是指外生支出的变动所导致的每单位总产出的变动。这表明支出的某些组成部分是在模型外给定的。在上面提到的例子中，外生的变量是投资。稍后我们会看到同样的方法也可用于讨论政府支出、出口以及其他项目变化对于总产出的效应。

例如，假设投资增加 1 000 亿美元，如果这个增加导致产出增加 3 000 亿美元，则乘数就是 3。而若所引起的产出增量为 4 000 亿美元，则乘数就为 4。

| 产出等于计划支出的 GDP（10 亿美元） | | | | | | | |
|---|---|---|---|---|---|---|---|
| (1) | (2) | (3) | (4) | (5) | | (6) | (7) |
| GDP 和 *DI* 的水平 | 计划消费 | 计划储蓄 (3)=(1)−(2) | 计划投资 | GDP 的水平 (5)=(1) | | 计划投资和消费的总和，*TE* (6)=(2)+(4) | 导致的产出变动趋势 |
| 4 200 | 3 800 | 400 | 200 | 4 200 | > | 4 000 | 收　缩 |
| 3 900 | 3 600 | 300 | 200 | 3 900 | > | 3 800 | 收　缩 |
| **3 600** | **3 400** | **200** | **200** | **3 600** | **=** | **3 600** | **均　衡** |
| 3 300 | 3 200 | 100 | 200 | 3 300 | < | 3 400 | 扩　张 |
| 3 000 | 3 000 | 0 | 200 | 3 000 | < | 3 200 | 扩　张 |
| 2 700 | 2 800 | -100 | 200 | 2 700 | < | 3 000 | 扩　张 |

**表 7-2　用算术方法，可将均衡产出视为计划支出量等于 GDP 的水平**

表中加粗的一行表示均衡的 GDP 水平。在这个水平上，正在被生产出来的 3.6 万亿美元正好等于居民计划消费和厂商计划投资的总和。在该行以上的两行，企业将被迫进行非意愿的存货投资，并将缩减产量，直至达到均衡的 GDP。请你解释在该行以下各行趋于均衡 GDP 的扩张趋势。

***木屋和木匠*** 　乘数为什么大于 1？假设我利用闲置资源建造了一幢价值 1 000 美元的木屋。我的木匠和木材生产者会因此增加 1 000 美元的收入。但事情并未到此为止。如果他们的边际消费倾向均为 2/3，则他们会支出 666.67 美元购买新的消费品。因而这些商品的生产者又会增加 666.67 美元。如果他们的 *MPC* 也是 2/3，则他们又会支出 444.44 美元，或者说是 666.67 美元的 2/3（或是 1 000 美元的 2/3 的 2/3）。这个过程会一直继续下去，每一轮新支出都是上一轮收入的 2/3。

这样，我最初的 1 000 美元的投资就导致了一系列次一轮的再消费支出。尽管这一系列的再支出永无止境，但其数值却是一次比一次减少。最终的总和是一个有限的量。

应用简单算术，我们可计算出总的支出增量：

$$\left.\begin{array}{c} 1\,000.00\text{美元} \\ + \\ 666.67\text{美元} \\ + \\ 444.44\text{美元} \\ + \\ 296.30\text{美元} \\ + \\ 197.53\text{美元} \\ + \\ \vdots \\ \hline 3\,000.00\text{美元} \end{array}\right\} = \left\{\begin{array}{r} 1 \times 1\,000\text{美元} \\ + \\ \frac{2}{3} \times 1\,000\text{美元} \\ + \\ (\frac{2}{3})^2 \times 1\,000\text{美元} \\ + \\ (\frac{2}{3})^3 \times 1\,000\text{美元} \\ + \\ (\frac{2}{3})^4 \times 1\,000\text{美元} \\ + \\ \vdots \\ \hline \frac{1}{1-\frac{2}{3}} \times 1\,000\text{美元，或 } 3 \times 1\,000\text{美元} \end{array}\right.$$

这就说明，如果 *MPC* 等于 2/3，则乘数为 3。它包括最初的投资（倍数）1 和所引发的一系列次轮消费（倍数）2。

如果 *MPC* 是 3/4，相同的演算会得出乘数是 4，因为 $1 + 3/4 + (3/4)^2 + (3/4)^3 + \cdots\cdots$ 的总和为 4。如果说 *MPC* 是 1/2 的话，则乘数为 2。[1]

因此，乘数的大小取决于 *MPC* 的大小。或者，我们也可以用 *MPC* 的相关概念，即边际储蓄倾向（*MPS*）。如果 *MPS* 等于 1/4，则 *MPC* 为 3/4，而乘数为 4。如果 *MPS* 为 1/3，则乘数为 3。如果 *MPS* 为 $1/x$，则乘数为 $x$。

现在可以明确地看到，简单的乘数总是边际储蓄倾向的“倒数”，因此，等于 1/（1−*MPC*）。简单的乘数公式是：

$$\text{产出的变动} = \frac{1}{MPS} \times \text{投资的变动}$$

$$= \frac{1}{1 - MPC} \times \text{投资的变动}$$

### 乘数模型与 *AS–AD* 模型的比较

了解了乘数模型，你也许会问，是否能用我们在第 4 章中所学到的 *AS-AD* 模型来解释乘数模型呢？事实上，这是两个相同的方法。乘数模型就是总需求—总供给模型的一个特例。它解释了在特定的精确假设下，*AD* 是如何受消费和投资支出影响的。

乘数模型的核心假设是：在短期内价格和工资都是固定不变的。这个假设过于简单，因为在现实生活中价格是迅速变化的。但是该假设却捕捉到一个要点，即如果某些工资和价格具有粘性——这是不争的事实，那么一些使得 *AD* 发生移动的变化就会导致产出的变化。在以后的章节中我们还会回到这一重要的命题上来。

图 7-8 说明了乘数分析与 *AS-AD* 方法之间的关系。（b）图展现了当产出等于潜在产出时，一条完全垂直的 *AS* 曲线。而在潜在产出线的左侧，由于存在着闲置资源，产出主要由总需求大小决定。当投资增加时，会引起 *AD* 增加，从而使均衡产出上升。

同样的经济过程也可以用图 7-8 上面的乘数图形来描述。乘数图形中的均衡给出了与 *AS-AD* 均衡相同的产出水平，二者都得到了实际 GDP 的数量 *Q*。它们只不过是强调了决定产出的不同特点。

这一讨论还指出了乘数模型的一个非常重要的特点。对于描述萧条甚至衰退来说，它也许是个十分有用的模型。然而它却不能应用于充分就业时期。一旦当工厂正以其最大生产能力运作，同时所有的劳工都已经被雇佣时，那么，对于这样一种经济来说，就不可能再增加产出了。

## D. 乘数模型中的财政政策

几个世纪以来，经济学家们已经认识到财政政策（政府的税收和支出计划）的分配作用。人们也早已知道，财政计划有助于决定国民产出应当如何在集体消费和私人消费之间分配，以及如何在人口中分担公共支出的负担。

---

[1] 无穷几何级数的公式是：

$$1 + r + r^2 + r^3 + \cdots + r^n + \cdots = 1/(1 - r)$$

其中*MPC*（$r$）的绝对值小于1。

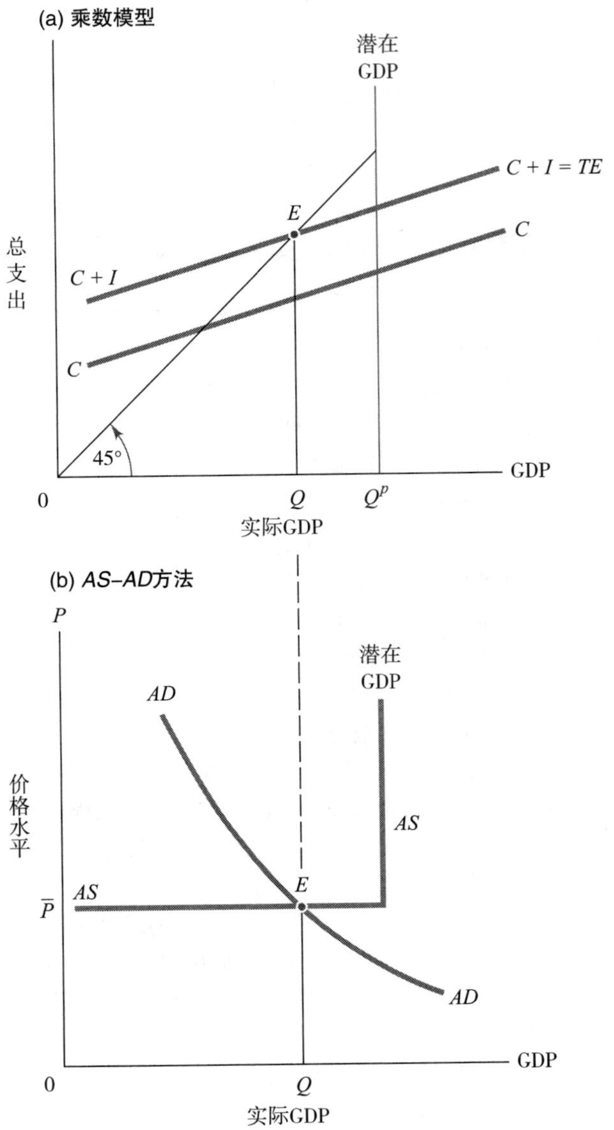


**图 7–8 乘数模型如何与 AS–AD 方法相关**

乘数模型是一种理解 AS-AD 均衡如何运作的方法。

（a）上图表示乘数模型中的产出—支出均衡。在 E 点，支出线正好与 45° 线相交，导致了均衡产出 Q。

（b）这一均衡也可以在下图中看到，这时 AD 曲线与 AS 曲线相交于 E 点。在简单乘数模型中，假设工资和价格固定，所以 AS 曲线是水平的，直到达到充分就业为止。两种方法都引出了完全相同的均衡产出，即 Q。

随着现代宏观经济学理论的进一步发展，一个十分令人惊奇的事实已经被揭示出来：政府财政对产出、就业和价格的短期变动也有着重要的宏观影响。财政政策对经济活动有重大影响，这一点促使了凯恩斯主义的宏观经济政策理论的出台。该理论认为：为缓和商业周期，政府行为具有积极的作用。这一点被著名的宏观经济学家诺贝尔经济学奖得主詹姆斯·托宾（James Tobin）阐述如下：

> 凯恩斯主义的政策，首先体现为宏观经济政策对实际经济目标所做出的显著贡献，尤其对实现充分就业和国民收入实际增长这样的目标。其次，凯恩斯主义者要求积极主动的管理。第三，凯恩斯主义者希望将财政政策和货币政策紧密结合起来，共同促进宏观经济目标的实现。

在这一部分，我们将用乘数模型说明政府采购如何影响产出。

## 财政政策怎样影响产出

为了理解政府在经济活动中的作用，我们需要考查政府的支出和税收，以及这些活动对私人部门支出所产生的影响。现在我们通过在 $C+I$ 中加入 $G$ 来修改前面的分析，从而可以得到一条新的总支出曲线 $TE=C+I+G$。当政府及其支出和税收被考虑进来时，我们就可以在图形中用这条曲线来描绘宏观经济的均衡状态。

为了使问题简化，我们在分析政府采购的影响之前，先假设税收总量是固定不变的（这种不随着收入和其他经济变量变动的税收称为*一次性总付税收*）。但是，即使假定税收的货币价值不变，我们也不能再忽视可支配收入与国内生产总值的差别。在简化（不考虑外贸、转移支付或折旧）条件下，第 5 章曾告诉我们，GDP 等于可支配收入加税收。但是，在假定税收保持不变时，GDP 和可支配收入 *DI* 之间永远相差一个相同的数量；这样，将税收考虑进来以后，我们仍能用 *CC* 曲线来对应 GDP 而不是 *DI*。

图 7-9 显示的是：存在税收时消费函数是如何改变的。我们用粗黑线 *CC* 画出初始无税收的消费函数。此时，GDP 等于可支配收入。我们使用和表 7-2 中一样的消费函数，所以，当 GDP（和 *DI*）为 3 000 时，消费量也是 3 000，等等。

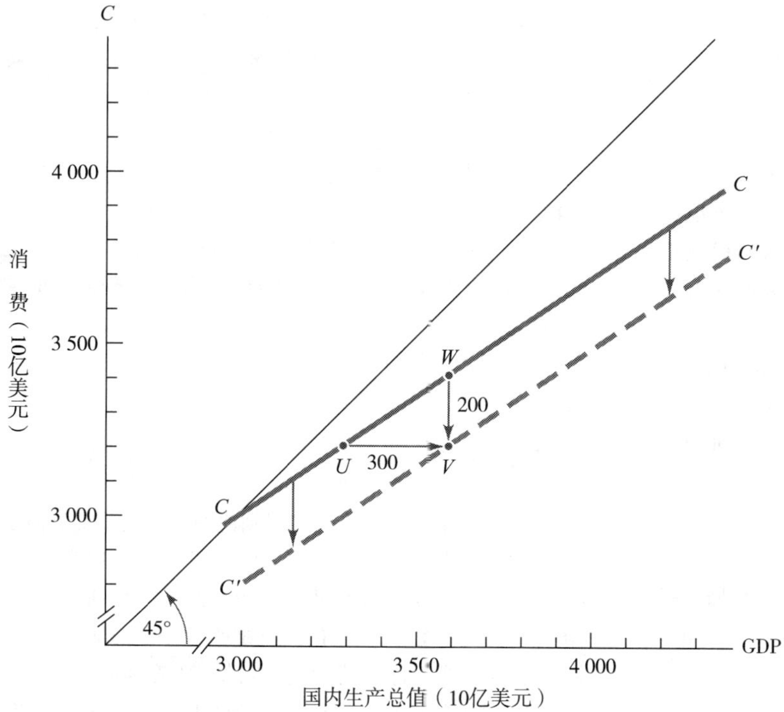


**图 7-9　税收减少可支配收入，使 *CC* 曲线向右下方移动**

每 1 美元税收会使 *CC* 曲线向右移动 1 美元。*CC* 曲线的右移也意味着 *CC* 曲线的下降，但向下移动的幅度小于向右移动的幅度。这是为什么呢？因为向下的移动幅度等于向右的移动幅度乘以 *MPC*。因此，如果 *MPC* 为 2/3，向下移动的幅度就是 2/3 × 3 000 亿美元 = 2 000 亿美元。这证明 WV = 2/3 *UV*。

现在引入为数 300 的税收。在 *DI* 为 3 000 时，GDP 必须等于 3 300 = 3 000 + 300。当 GDP 为 3 300 时，消费仍为 3 000，因为 *DI* 为 3 000。由此，可将消费曲线向右移到 *C'C'*，就能将消费写成 GDP 的函数；向右移动的数量 *UV* 正好等于税收的数量，即 300。

同样，我们还可以将新的消费曲线画成向下移动了 200 的一条平行线。如图 7-9 所示，200 是将收入的下降量 300 乘以边际消费倾向的数值 2/3 的结果。

现在再看总需求的构成，第 5 章曾告诉我们，GDP 由 4 个部分组成：

GDP = 消费支出
　　+ 国内私人总投资
　　+ 政府对产品和服务的采购
　　+ 净出口
　　$= C + I + G + X$

现在假定经济是封闭的、不存在对外贸易，则 GDP 由前 3 项组成，即等于 $C + I + G$。（当我们讨论开放条件下的宏观经济学时再将最后一项净出口加上。）

图 7-10 可显示政府采购的影响。这个图与本章前一部分中所用的图（见图 7-7）几乎完全相同。在这里，我们在消费和投资量上加入了新的支出流 *G*。如图所示，我们在消费曲线和固定投资量之上，又加入了一个新变量 *G*（政府在商品和服务上的支出）。也就是说，曲线 $C + I$ 与新曲线 $TE = C + I + G$ 之间的垂直距离就是 *G* 的数额。

为什么我们简单地将 *G* 加在消费和投资之上呢？因为政府建筑一座房子的支出（*G*）与私人建筑一座房子的支出（*I*）对宏观经济具有相同的影响。同样，包括购买政府办公用车的公共消费支出（*G*）与私人购买轿车的消费支出（*C*）对就业也具有相同的作用。

我们最后得到由三者叠加在一起的 $TE = C + I + G$，可计算出，在每一 GDP 水平上的总支出量。现在，我们必须根据它与 45° 线的交点来找出 GDP 的均衡水平。在 GDP 的这个均衡水平，如图 7-10 中的 *E* 点，总的计划支出量正好等于总的计划产出量。因此，将政府采购加入了乘数模型后，*E* 点就是产出量的均衡水平。

## 征税对总需求的影响

为什么政府征税会降低总需求和 GDP 的水平？增加税收会减少我们的可支配收入，而可支配收入的降低又会使我们减少消费。很明显，如果投资和政府支出保持不变，那么消费支出的减少将会降低 GDP 和就业水平。因此，在乘数模型中，增加税收而不增加政府支出，将会降低实际 GDP。[1]

回过去看看图 7-9 就能知道这其中的原因。该图中，上方的 *CC* 曲线代表不存在税收时消费函数的水平。但这一曲线还不是消费函数，因为消费者的收入必须纳税。假定不论在何种收入水平上，消费者所交纳的税收都是 3 000 亿美元；这样，在每个产出水平，*DI* 都正好比 GDP 少 3 000 亿美元。

如图 7-9 所示，这一税收水平可以用消费曲线向右移动 3 000 亿美元来表示。这一向右移动还可以表现为向下移动。如果 *MPC* 为 2/3，那么向右移动 3 000 亿美元就可以视为向下移动 2 000 亿美元。

在我们的乘数模型中，税收无疑会降低产出。图 7-10 说明了这一点。当税收增加时，*I* + *G* 保持不变，但税收的增加将会降低可支配收入，从而使消费曲线 *CC* 向下移动。因此，*C* + *I* + *G* 曲线也会向下移动。你可以用铅笔在图 7-10 中画一条新的较低的 *C* + *I* + *G* 线。证实该线与 45° 线的新交点，必然是一个较低的 GDP 均衡水平。

记住 *G* 是政府在商品和服务上的支出。它不包括转移支付，如失业保险或社会保障支付。这些转移支付被视为负税收。因此，最好将这里所考虑的税收（*T*）看成是税收减去转移支付。这样，如果直接税和间接税总额为 4 000 亿美元，而所有的转移支付为 1 000 亿美元，那么净税收 *T* 就等于 4 000 亿美元 – 1 000 亿美元 = 3 000 亿美元。（你能否看出：为什么社会保障增加会降低 *T* 而增加 *DI*，从而使 *C* + *I* + *G* 曲线向上移动，并且使 GDP 的均衡水平增加？）

## 数值例子

以上论点在表 7-3 中都能得到说明。该表非常类似于表 7-2，它说明了在最简单的乘数模型中产出的决定因素。第（1）栏表示 GDP 初始水平，第（2）栏表示固定税收 3 000 亿美元；第（3）栏的可支配收入等于 GDP 减去税收；第（4）栏为计划消费量，它是 *DI* 的函数；第（5）栏是固定计划投资数量；第（6）栏为政府支出水平；第（7）栏为计划支出总量 *TE*，它等于第（4）栏至第（6）栏

[1] 严格地说，本章提到的税收指的是净税额，即税收额减去转移支付。

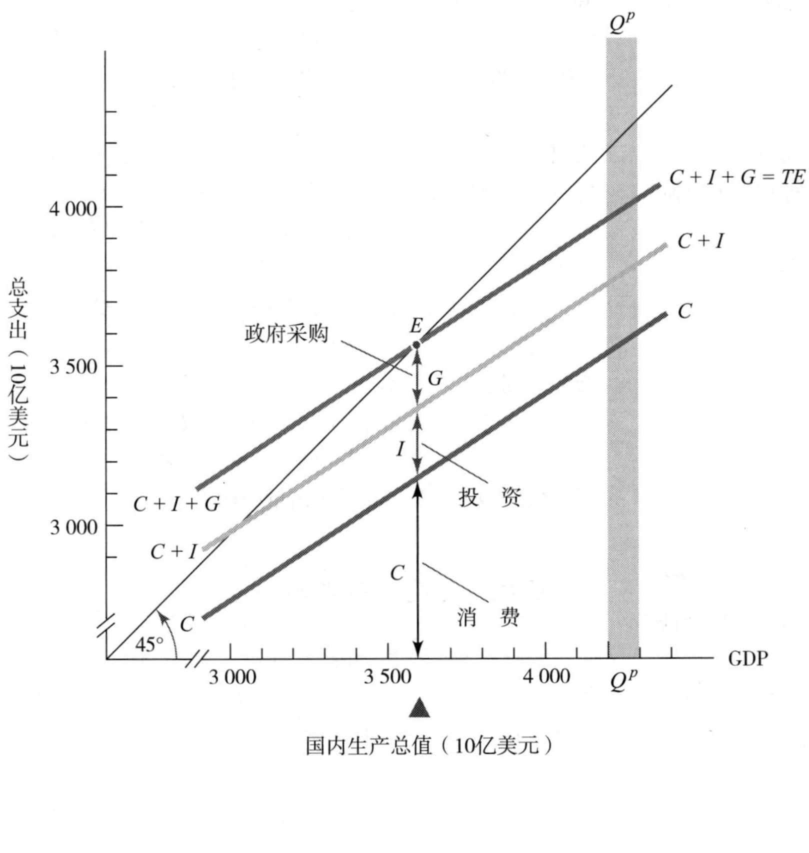


**图 7-10 把政府采购像投资那样加上去以决定均衡 GDP**

现在在消费支出与投资支出之上，我们加上政府在商品和服务上的支出。这使我们得到新的计划总支出曲线 *TE* = *C* + *I* + *G*。在该曲线与 45° 线的交点 *E* 上，我们得到了 GDP 的均衡水平。

之和，即 $C+I+G$。

最后，我们对比第（7）栏的总意愿支出量 $TE$ 与第（1）栏的 GDP 初始水平。如果意愿支出量高于 GDP，厂商为满足支出水平将增加产量，于是产出增长。如果意愿支出量低于 GDP，则产出下降。这种趋势，如最后一栏所示，会使我们确信，产出一定会在 36 000 亿美元的水平上达到均衡。

## 财政政策乘数

乘数分析说明，政府财政政策是一种作用与投资十分相似的高能支出。投资与财政政策之间的相似性说明，财政政策对于产出量也应具有乘数效应。这一点无疑非常正确。

**政府支出乘数**（government expenditure multiplier）是指政府在商品和服务上每增加 1 美元开支所能引起的 GDP 增长。政府在商品或服务上的一项采购，会引致一系列的再支出：如果政府修一条公路，修路工将会用其收入的一部分购买消费品；这又会接着引起出售消费品的人收入的增加，而增加的收入的一部分又会被花掉。在所考查的简单模型中，$G$ 每增加 1 美元对 GDP 的最终效果与 $I$ 每增加 1 美元的效果是一样的，即乘数都为 $1/(1-MPC)$。图 7-11 说明 $G$ 的变动如何导致 GDP 的更高水平，而且 GDP 增长额会数倍于政府购买量的增加额。

为说明政府每多花 1 000 亿美元所产生的影响，图 7-11 中的 $C+I+G$ 曲线向上移动了 1 000 亿美元。GDP 的最终增加量则等于最初支出的 1 000 亿美元乘以支出乘数。在这个例子中，由于 $MPC$ 为 2/3，乘数是 3，所以均衡的 GDP 水平增加 3 000 亿美元。

这个例子及常识告诉我们，政府支出乘数和投资乘数是完全相同的，它们被统称为**支出乘数**（expenditure multiplier）。

请注意，乘数具有双向作用。如果政府开支下降，而税收和其他因素保持不变，GDP 的下降幅度将等于 $G$ 的变化量乘以乘数。

$G$ 对产出的影响也可以从表 7-3 中的数据例子说明，你可以用铅笔填入一个不同的 $G$，比如说 3 000 亿美元，并找出 GDP 的均衡水平。它会给出与图 7-11 相同的答案。

小结：

> 政府在商品和服务上的支出（$G$）是决定产出和就业的一个重要因素。在乘数模型中，如果 $G$ 增加，那么产出的增加幅度就是 $G$ 的增加量乘以支出乘数。因此，政府开支就具有了一种通过抑制或刺激产出而影响商业周期波动的潜能。

含有政府支出的产出决定（10 亿美元）

| (1) GDP 的初始水平 | (2) 税收 ($T$) | (3) 可支配收入 ($DI$) | (4) 计划消费 ($C$) | (5) 计划投资 ($I$) | (6) 政府支出 ($G$) | (7) 计划总支出 ($C+I+G$) | (8) 导致的经济变动趋势 |
|---|---|---|---|---|---|---|---|
| 4 200 | 300 | 3 900 | 3 600 | 200 | 200 | 4 000 | 收缩 ↓ |
| 3 900 | 300 | 3 600 | 3 400 | 200 | 200 | 3 800 | 收缩 ↓ |
| **3 600** | **300** | **3 300** | **3 200** | **200** | **200** | **3 600** | **均衡** |
| 3 300 | 300 | 3 000 | 3 000 | 200 | 200 | 3 400 | 扩张 ↑ |
| 3 000 | 300 | 2 700 | 2 800 | 200 | 200 | 3 200 | 扩张 ↑ |

表 7–3　政府支出、税收及投资也决定均衡 GDP

由表可见，当把政府在商品和服务上的支出加入到乘数模型中的时候，产出将如何决定。在这个例子中，税收是“一次总付”的或不受收入水平影响的。因此可支配收入等于 GDP 减 3 000 亿美元。总支出等于 $I+G+C$（由消费函数所决定的消费）。

在产出水平小于 36 000 亿美元的两行中，计划支出量大于产出量，因而产出会扩张。而产出水平大于 36 000 亿美元的两行也是难以持久的，并会导致收缩。只有在产出水平为 36 000 亿美元时才达到均衡产量，即计划支出量等于产出量。

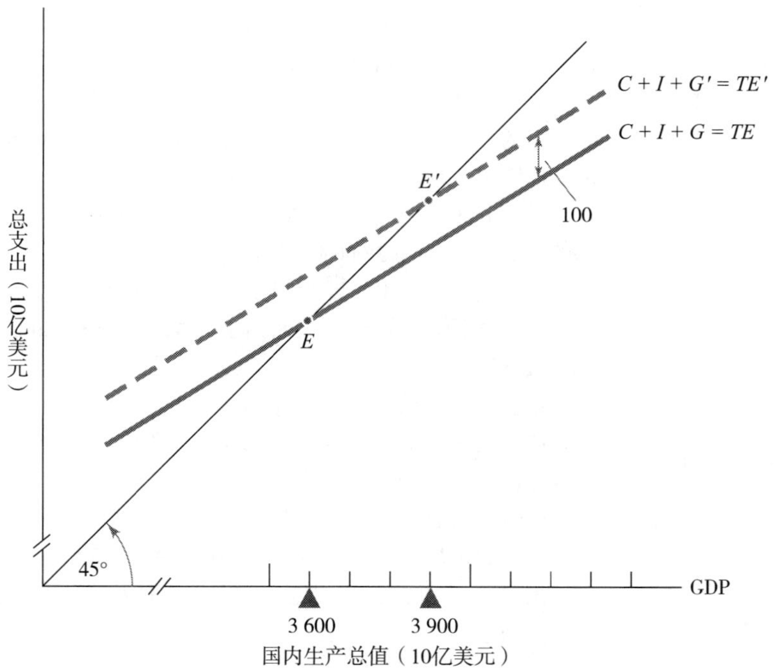


**图 7–11　增加 G 对产出的影响**

假设政府增加了 1 000 亿美元的国防开支，以对付中东油田所面临的威胁。这使得 $C+I+G$ 曲线向上移动了 1 000 亿美元，成为 $C+I+G'$。

这时新的均衡 GDP 水平处于 45° 线上的 $E'$ 点，而不是 $E$ 点。由于 $MPC$ 为 2/3，新的产出水平增加了 3 000 亿美元。这就是说，政府支出乘数为：

$$3=\frac{1}{1-{}^{2}\!/\!_{3}}$$

（如果 $MPC$ 为 3/4 或 9/10，那么政府支出乘数将会是多少呢？）

### 战争对于充分就业是必需的吗

历史上，经济的扩张始终伴随着战争。从表 7-4 中可以看出，过去主要的战争通常都伴随着军事开支的大幅增长。例如，在二战期间，在 1941 年 12 月日本轰炸珍珠港之前，国防支出费用占 GDP 的比重增加近 10%。实际上，很多学者都认为，美国经济从大萧条中崛起主要是因为二战所带来的军备扩张。同样的但规模较小的朝鲜战争和越南战争中，类似的经济扩张也存在着。

不过，上世纪 90 年代初的海湾战争却曾经导致了一场经济衰退。出现这种反常的原因在于当时的军事开支的增加非常有限，而战争所导致的心理因素的副作用远远超过了政府支出增长的作用。

这些心理因素是什么呢？ 1990 年 8 月伊拉克入侵科威特之后，消费者和投资者变得恐慌起来，进而减少了他们的支出。此外，国际油价飙升也降低了人们的实际收入。直到 1991 年 2 月美国获胜之后，这些心理因素才得以矫正。

那么 2003 年年初伊拉克战争的影响又是怎样的呢？这场战争不像历史上的大多数大战，而是更类似于海湾战争。战争时期美国在国防上的开支几乎没有什么增长，而同期却一直伴随着高涨的国际原油价格，消费者和企业投资者的谨小慎微共同刮起了一场阻挡经济前进的顶头风。

战时支出对经济扩张的作用是关于乘数模型功能的最为直接和最有说服力的案例之一。确保你已经理解了这个潜在的机制，以及为什么经济扩张的规模如表 7-4 所示的那样有所不同。

## 税收的影响

税收也会影响 GDP 均衡水平，尽管与支出乘数相比税收乘数要小一些。考虑这样一个例子。假设经济正处于其潜在 GDP 水平，这时国家增加了 2 000 亿美元的国防开支。这种突然增加国防开支的情况在美国历史上可谓屡见不鲜：20 世纪 40 年代早期的第二次世界大战，1951 年的朝鲜战争，60 年代中期的越南战争，以及 80 年代早期里根执政期间的美苏军备竞赛。再假设经济规划者希望通过增加税收，来抵消增加 2 000 亿美元的政府支出（$G$）对 GDP 所产生的影响。那么税收应该增加多少呢？

我们肯定要大吃一惊。为了抵消 $G$ 增加 2 000 亿美

| 来自国防支出的经济刺激 | | | |
|---|---|---|---|
| 战　争 | 战争或<br>军备扩张时期 | 国防支出占<br>GDP 百分比的增量 | 在军备扩张期间<br>实际 GDP 增加的百分比 |
| 一　战 | 1916~1918 | 10.2 | 13.0 |
| 二　战 | | | |
| 珍珠港战争之前 | 1939~1941 | 9.7 | 26.7 |
| 整个二战期间 | 1939~1944 | 41.4 | 69.1 |
| 朝鲜战争 | 1950.3~1951.3 | 8.0 | 10.5 |
| 越南战争 | 1965.3~1967.1 | 1.9 | 9.7 |
| 海湾战争 | 1990.3~1991.1 | 0.3 | –1.3 |
| 伊拉克战争 | 2003.1~2003.2 | 0.1 | 0.5 |

**表 7–4　经济繁荣伴随着军事开支的大规模增长**

由表可见，战争或军备扩张时期，军备扩张的规模及由此产生实际 GDP 的增长。那些主要的战争都曾产生了持续的经济繁荣，但是最后两次战争，由于军事开支增加较少，因此对经济的影响也较小。

资料来源：Department of Commerce, National Income and Product Accounts, available at *www.bea.gov*, and estimates by authors. The dates are year and quarter. Hence, 1950:3 is the third quarter of 1950.

元的影响，我们需要增加的税收将大于 2 000 亿美元。在以下数字例子中，我们可以从图 7-9 中找出税收（或 $T$）增加的准确数量。该图说明 $T$ 增加 3 000 亿美元会使可支配收入减少，并且在 $MPC$ 为 2/3 时导致消费量正好下降 2 000 亿美元。换句话说，增加 3 000 亿美元税收将会使 $CC$ 曲线向下移动 2 000 亿美元。这就是说，虽然国防开支增加 10 亿美元可以使 $C+I+G$ 线向上移动 10 亿美元，但税收增加 10 亿美元却只能使 $C+I+G$ 曲线向下移动 10 亿美元的 2/3（当 $MPC$ 为 2/3 时）。因此，要抵消国防开支增加所产生的影响，就需要 $T$ 比 $G$ 有更大幅度的增加。

> 在影响产出方面，变动税收是个有力的工具。但是税收乘数小于支出乘数，小的幅度为一个 $MPC$ 因子，即：
>
> $$\text{税收乘数} = MPC \times \text{支出乘数}$$

税收乘数之所以小于支出乘数，原因显而易见。当政府在 $G$ 上支出 1 美元时，这 1 美元会直接花费在 GDP 上。而另一方面，当政府减少 1 美元税收时，这 1 美元只有一部分花费在 $C$ 上，另一部分则会被储蓄起来。这种对 1 美元的 $G$ 和 1 美元的 $T$ 所做出的不同反应，就足以使税收乘数低于支出乘数。[1]

## 乘数模型和商业周期

乘数模型是商业周期最简单的模型。它可以表明由于创新和悲观情绪导致的投资变化，以及战争导致的政府支出的波动，如何使得产出发生剧烈的变动。假设战争爆发，国家军费开支增加（如表 7-4 中案例所示）。$G$ 增加，从而导致产出增加数倍，如图 7-11 所示。回顾图 7-2，你可以看到战争怎样引起产出（相对于潜在产出）的大

[1] 为了简化，我们取税收乘数的绝对值（由于该乘数实际为负值）。我们可以通过前面所列出的"支出的系列轮数"方法来说明不同的乘数。假设 $MPC$ 为 $r$，那么如果 $G$ 上升一个单位，支出的总增加额就是各轮再支出的总和：

$$1+r+r^2+r^3+\cdots=\frac{1}{1-r}$$

现在，如果税收减少 1 美元，那么消费者新增加的可支配收入的（$1-r$）倍会用于储蓄，并在第一次支出中花掉 $r$ 美元，在以后各次中，总支出便是：

$$r+r^2+r^3+\cdots=\frac{1}{1-r}$$

因此，税收乘数是 $r$ 倍的支出乘数，而这里的 $r$ 是 $MPC$。

量增加。同理，假设大批的创新导致了投资的快速增长，正如 20 世纪 90 年代的新经济中出现的情况。这会导致 $C + I + G$ 曲线的上移，从而导致更高的产出。你不妨再检查一下图 7-2 中的结果，确保你应用 $C + I + G$ 曲线来分析这些案例；此外也确保你能够解释为什么一国发生革命会导致投资急剧减少，从而有可能引发衰退。

经济学家经常将乘数模型和投资的加速数原理相结合，作为商业周期的内部理论。在该理论中，每次扩张都蕴涵着衰退和收缩，而每次收缩也同样蕴涵着复苏和扩张，这似乎已经是一条准规律、一个循环往复的链条。根据加速数原理，快速的产出增长会促进投资成倍增加。而较高的投资水平又反过来促进产出增长。这种互动会一直持续下去，直到经济产能达到饱和，在该点，经济增长开始趋缓。而在相反的情况下，较慢的经济增长速度会导致投资支出减少，进而通过乘数作用使得经济陷入衰退。这个过程同样会产生一种互动，直到经济滑落到波谷，然后再开始转入复苏。这种商业周期内部理论阐述了一种机制，就像潮汐涨落一般，而外部冲击只会经以周期形式在经济过程内部传播。（见本章末的 11 题）

> 乘数模型和投资波动的交互作用，体现了投资行为中乐观情绪与悲观情绪的交替，也解释了其他外部支出的变动如何导致我们所说的商业周期的波动。

### 乘数模型的前景

以上我们已经对凯恩斯主义乘数模型进行了导论性阐释。下面我们对其前景进行展望，并解释乘数模型如何更广泛的应用于宏观经济学。我们的目标是理解什么在决定一国的国民产出。在长期，一国产出和生活水平主要由其潜在产出决定。但是在短期，企业经营状况会推动经济围绕其长期趋势上下浮动。我们借助乘数模型所分析的正是产出与就业对长期趋势的偏离。

在过去的半个世纪中，乘数模型对商业周期理论的影响可谓深远。尽管如此，它对于经济过程的刻画还是过于简单。其中最重要的一个省略是，金融市场和货币政策对经济的影响。产出的变化会影响利率，而这又反过来影响经济。另外，最简单的乘数模型也省略了国内外经济的互相作用。最后，模型还省略了经济的供给方面，也即支出和总供给及价格的相互作用。所有这些问题都将在稍后的章节中进行补充。这里的模型只是我们理解经济诸多复杂问题的一个台阶。记住这一点非常重要。

乘数分析主要关注支出随短期产出波动而变动。在乘数分析框架中，财政政策经常被视为稳定经济的工具。不过政府还有另一个同样强有力的武器，即货币政策。虽然货币政策的作用机制完全不同，但用它对抗失业和通货膨胀问题还是很有优势的。

在随后的两章中我们将要分析经济学中一项最有趣的内容：货币和金融市场。一旦明白了中央银行如何决定利率和信贷水平，那么，我们就会更充分地理解，政府怎样才能驯服那些在资本主义发展的大部分历史时期中一直狂暴不羁的商业周期。

## 总结提要

### A. 什么是商业周期

1. 商业周期是国民总产出、总收入和总就业量的波动，它以许多经济部门的大范围扩张和收缩为标志。所有发达的市场经济中都有商业周期现象发生。我们可将其区分为扩张、高峰、衰退、低谷这样几个阶段。
2. 许多商业周期都发生在总需求的变化导致产出、就业和价格变动的时候。当消费者、企业或政府的支出改变（相对于经济的产能）时，总需求就随之而发生变动。总需求的下降导致衰退甚至萧条。经济活动的升温又可能会导致通货膨胀。
3. 商业周期理论因其所强调的外生因素和内生因素的不同作用而各不相同。技术、选举、战争、汇率变动或石油价格冲击等这些外生因素，通常都被看做对波动有重要影响。而大部分理论都强调这些外生扰动与内在机制（如乘数、投资需求变动）之间存在着相互作用，例如金融市场泡沫和动荡。

B. 总需求理论和商业周期

4. 古代社会在农业欠收时要遭受饥荒的折磨。现代市场经济，则会因为总需求不足导致商业条件的恶化和高失业率，从而在产品富裕的时候也会遭受贫困的威胁。有时候，过量的政府支出和过分依赖增发货币都会导致无法控制的通货膨胀。理解影响总需求的各种力量，包括政府的财政政策和货币政策，将有利于帮助经济学家和政策制定者采取措施平抑商业周期的波动。
5. 总需求所代表的是假定其他条件不变时，在给定的价格水平上愿意购买的总产出的数量。支出构成包括：（*a*）消费，主要取决于可支配收入；（*b*）投资，取决于当前产出和未来产出预期，以及利率和税收水平；（*c*）政府在商品与服务上的开支；以及（*d*）净出口，取决于国外和国内的产出和价格水平，以及外汇汇率。
6. 总需求曲线不同于微观经济分析中所使用的需求曲线。*AD* 曲线是在政策和外生变量不变的情况下，将所有产出构成的总支出数量与总体价格水平联系在一起。总需求曲线之所以向下倾斜，主要是由于更高的价格水平会导致实际收入和实际财富的减少。
7. 能够使总需求发生变动的因素包括：（a）宏观经济政策，例如货币政策和财政政策；以及（b）外生变量，比如外国的经济活动、技术进步以及资产市场的变动。当这些因素发生变化时，就会使 *AD* 曲线移动。

C. 乘数模型

8. 乘数模型提供了一种理解总需求对产出影响的简明方法。在这个最简单的方法中，居民户消费是可支配收入的一个函数，而投资则是一个固定不变的量。人们的消费愿望和企业的投资意愿通过调整产出而得到平衡。国民产出的均衡发生在计划支出与计划产出相等时。用支出—产出的分析方法我们也可以得到这一结论，均衡产量出现于总支出（*TE*）即消费加投资曲线（$TE = C + I$）与 45° 线的交点处。
9. 如果产出暂时地高于均衡水平，则企业将会发现其产出量大于销售量，而产品存货将会非自愿地堆积，利润也会骤减。因此，厂商势必要削减生产、解雇工人，使产量回到均衡水平。惟一能够维持的产量水平，是当买方自愿的购买量正好等于企业所愿意生产的数量时才能达到。因此，在简化了的凯恩斯乘数模型中，乐曲的基调是由投资来决定，而消费则按这个音乐起舞。
10. 投资对产出有*乘数效应*。当投资变化时，产量将首先增长相同的数量。但是，这种产出增加也意味着消费者的收入增加。消费者花费这些额外的收入时，便会启动由此引致的一系列次轮消费支出和就业。
11. 如果人们总是把所增加的每 1 美元收入中的 $r$ 用来消费的话，那么乘数链条的总和将是：

$$1 + r + r^2 + \cdots = \frac{1}{1 - r} = \frac{1}{1 - MPC} = \frac{1}{MPS}$$

从数值上看，最简单的乘数等于 *MPS* 的倒数，或者 $1/(1-MPC)$。

12. 需要着重记住的两点是：（*a*）基本的乘数模型强调总需求变动对产出和收入影响的重要性；（*b*）它一般适用于有闲置资源存在的情况。

D. 乘数模型中的财政政策

13. 对财政政策所做的分析，详细说明了凯恩斯乘数模型。它说明了在税收和投资不变的条件下，政府开支增加就其本身而论，就像投资增加一样，对国民产出有扩张效应。总支出 $TE = C + I + G$ 曲线会向上移动，与 45° 线相交于更高的均衡点。
14. 在投资和政府支出不变的条件下，税收的减少就其本身而论，会提高国民产出的均衡水平。对照 GDP 而作出的 *CC* 消费曲线，因税收的削减而向上和向左移动。但是，由于新增可支配收入中有一部分被用于储蓄，因此用于消费的新增货币，将没有新增的可支配收入那么多。所以，税收乘数要小于政府支出乘数。

## 概念复习

**商业周期波动或商业周期**

商业周期或商业周期波动

商业周期的阶段：

高 峰

低 谷

扩 张

收 缩

衰 退

外生的和内生的周期理论

**总需求**

总需求变动和商业周期变动

总需求，*AD* 曲线

总需求的主要构成：*C*，*I*，*G*，*X*

向下倾斜的总需求曲线

决定并导致 AD 曲线移动的因素

**基本乘数模型**

$TE = C + I + G$ 曲线

产出和支出：计划支出水平与和实际支出水平

投资的乘数效应

乘 数

$$= 1 + MPC + (MPC)^2 + \cdots$$

$$= \frac{1}{1 - MPC} = \frac{1}{MPS}$$

**政府采购和税收**

财政政策：

$G$ 对均衡 GDP 的影响

$T$ 对 $CC$ 和 GDP 的影响

政府采购（$G$）和税收（$T$）的乘数效应

$C + I + G$ 曲线

## 补充读物和互联网站

### 补充读物

The quotation from Okun is Arthur M. Okun, *The Political Economy of Prosperity* (Norton, New York, 1970), pp. 33 ff. This is a fascinating book on the economic history of the 1960s written by one of America's great macroeconomists.

The classic study of business cycles by leading scholars at the National Bureau of Economic Research (NBER) is Arthur F. Burns and Wesley Clair Mitchell, *Measuring Business Cycles* (Columbia University Press, New York, 1946). This is available from the NBER at *www.nber.org/books/burn46-1*. The multiplier model was developed by John Maynard Keynes in *The General Theory of Employment, Interest and Money* (Harcourt, New York, first published in 1935). Advanced treatments can be found in the intermediate textbooks listed in the Further Reading section in Chapter 4. One of Keynes's most influential books, *The Economic Consequences of the Peace* (1919), predicted with uncanny accuracy that the Treaty of Versailles would lead to disastrous consequences for Europe.

### 互联网站

A consortium of macroeconomists participates in the NBER program on economic fluctuations and growth. You can sample the writings and data at *www.nber.org/programs/efg/efg.html*. The NBER also dates business cycles for the United States. You can see the recessions and expansions along with a discussion at *www.nber.org/cycles.html*.

Business-cycle data and discussion can be found at the site of the Bureau of Economic Analysis, *www.bea.gov*. The first few pages of the *Survey of Current Business*, available at *www.bea.gov/bea/pubs.htm*, contain a discussion of recent business-cycle developments.

## 问题讨论

1. 区分沿着 *AD* 曲线移动和 *AD* 曲线本身的移动。解释为什么潜在产出的提高会使 *AS* 曲线外移，并导致经济沿 *AD* 曲线移动。解释为什么减税可以使 *AD* 曲线外移（增加总需求）。
2. 列出一个类似于表 7-1 的表格，写出将会导致总需求下降的事件。（你的答案应该是举出不同的事例，而不仅仅是改变表 7-1 中所列因素的变化方向。）
3. 近年来出现了一种新的真实商业周期理论（或称为 RBCs）（这种方法将在第 17 章中进一步讨论）。该理论认为商业周期是由于对生产率的冲击并传递到经济体系中而引起的。

a. 在 *AS-AD* 框架中说明 RBC 理论。

b. 讨论 RBC 理论是否能够解释本章中描述的商业周期的一般特点。

4. 简单的乘数模型中，假设投资总是等于零。说明在这种特殊情况下，均衡产出将出现于消费函数的收支相抵点。为什么当投资量为正时，均衡产出将高于该消费函数的盈亏平衡点？

5. 仔细定义什么是乘数模型中的均衡？在下列情形中分别解释为什么该情况不是一种均衡？同时描绘在每一种情况下，整个经济会如何反应以重新达到均衡？

a. 在表 7-2 中，GDP 为 33 000 亿美元。

b. 在图 7-7 中，实际投资为零，产出水平为 *M* 点。

c. 汽车销售商发现新车的存货远远大于他们的预期。

6. 重新设制表 7-2，假设计划投资等于（*a*）3 000 亿美元；（*b*）4 000 亿美元，则 GDP 的最终差额是多少？这个差额比 *I* 的变动大还是比它小？为什么？当 *I* 从 2 000 亿美元下降到 1 000 亿美元时，GDP 必然会下降多少？

7. 请给出乘数的（*a*）一般定义；（*b*）算式；（*c*）几何图形。当 *MPC* 分别等于 0.9、0.8、0.5 时，算出乘数的数值。

8. 运用支出的系列“轮”数或曰级数方法，用文字说明为什么税收乘数小于支出乘数。

9. “即使政府花费数十亿美元用于浪费性的军备，这一行为在衰退时期也能够创造就业。”请对这句话加以讨论。

10. **有难度的问题**：国民产出的增长主要依靠储蓄和投资，并且我们从小就受到教育并笃信勤俭节约重要，“省下来的一分钱就是赚到的一分钱”，但是，储蓄得越多对经济就越有利吗？在一次饶有兴趣的争论（称为节约悖论）中，凯恩斯指出，当人们想储蓄得更多时，其结果并不意味着整个国家能够储蓄得更多。

根据这个观点，假设人们决定储蓄得更多。储蓄更多意味着消费更少，即消费函数曲线的下移。用图 7-7 中的乘数模型说明储蓄更多怎样使得 *TE* 曲线下移。解释它为什么会降低产出而没有增加了储蓄。直觉上，假如在一个给定的商业环境中，人们试图增加储蓄，降低消费，销售量就会下降，厂商就会减少生产。请解释产量会下降多少。

这就是节约的悖论：当集体决定储蓄得更多时，其结果却会导致产出和收入的减少，而储蓄并不增加。

11. **有难度的问题——说明乘数 - 加速数的原理和机制**：找两颗骰子，看看能否用下面的方法产生出与商业周期类似的某种东西。将两颗骰子每次掷出的点数的和加以记录，要达到 20 次以上。将连续的数值取周期为 5 的移动平均，然后将其描绘在图上，看起来会很像 GDP、失业或通货膨胀的运动轨迹。

这样得到的一个序列是 7，4，10，3，7，11，7，2，9，10…。其平均值为（7 + 4 + 10 + 3 + 7）/5 = 6.2，（9 + 10 + 2 + 7 + 11）/5 = 7，等等。为什么这看起来像商业周期呢？

［提示：由骰子产生的随机数字就像是投资或战争的外生冲击。移动平均则好像经济体系（或一把摇椅）的内生乘数或平抑机制。两者放在一起，就产生了一个类似周期的东西。］

12. **数据问题**：比之 NBER 使用的主观定义，有些经济学家更倾向于使用客观的、量化的衰退定义。这些经济学家将 GDP 至少连续两个季度下降称作衰退。请注意，这并不是本书介绍的 NBER 界定衰退的标准。

a. 找到美国 1948 年之后实际 GDP 的季度数据。登录经济分析局网站 *www.bea.gov* 可获得这些数据。将数据放入电子表格的列中，相应的数据也放入另一列。

b. 在电子表格中计算每个季度实际 GDP 的年增长率，利率为年利率。计算如下：

$$g_t = 400 \times \frac{x_t - x_{t-1}}{x_{t-1}}$$

c. 在这种定义下，哪些时期经济曾进入衰退？客观定义和 NBER 定义在哪些年份得出了不同的结论？

# 第 8 章 资本、利息和利润

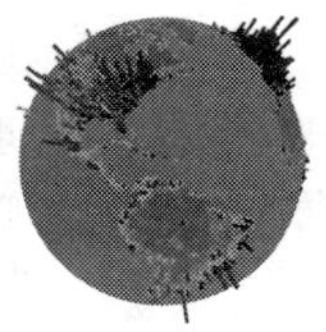

你的蛋糕完全可以既保留下来而又不影响食用：将它出借并收取利息即可。

——佚名

美国是“资本主义”私有制经济，这样说的意思是这个国家的资本和其他资产主要都归私人所有。到 2008 年，美国的人均净资本的存量超过了 15 万美元。其中 67% 由私人公司拥有，14% 由私人拥有，19% 属于政府。此外，美国财富的所有权主要集中在那些最富有的美国人手中。在资本主义制度下，个人和私人企业拥有大部分的储蓄，拥有大部分的财富，获取这些投资的大部分利润。

本章主要研究资本。我们首先讨论资本理论的基本概念，包括“迂回性”概念和投资收益率的各种测算方法。然后我们将转向资本供求这个重要问题。这将会加深我们对于自由市场经济的某些重要特征的了解。

## A. 利息和资本的基本概念

### 什么是资本

首先，我们对本章将要讨论的资本和金融的重要概念做一个简约的界定。**资本**（capital）包括那些生产出来的耐用品，它们在进一步的生产中被作为生产性投入。有些资本能连续使用几年，有些则可能持续使用一个世纪或更长。但资本的基本特征是：它既是一种投入又是一种产出。

在早期，资本主要包括有形资产。三种重要的有形资本是：建筑（如工厂和住宅）、设备（耐用消费品，如汽车；耐用生产设备，如机床和卡车）以及投入和产出的存货（如经销商的汽车存货）。

现今，无形资本已经越来越重要。例如软件（如计算机操作系统）、专利（如微处理器）和品牌（如可口可乐）等。斯坦福大学的罗伯特·霍尔称其为“e 资本”，以区分传统的有形资本和越来越重要的知识资本。

### 投资的价格和租费

资本在资本市场上交易。例如，波音公司将飞机卖给航空公司，航空公司再用这些特殊的资本品，加上软件、熟练劳动、土地和其他投入品，进行“航空旅行”这个服务品的生产和销售。

大多数资本归使用它们的企业所有，但有些资本是由其所有者租借出去的。为暂时使用资本品进行的支付叫做租费。房东可能将一套公寓租给一个学生使用一年——每月 800 美元的支付就构成了一项租费收入。我们要将固定要素（如土地）的租金（rent）收入与耐用要素（如资本）的租费（rentals）区别开来。

### 资本和金融资产

个人和公司都拥有各种不同种类的资产。一种就是我们上面讨论的生产性投入资本，如用来生产其他产品和服务的计算机、汽车和厂房等。但是我们必须把这些有形资产和金融资产区分开来，后者本质上就是一些纸张或电子记录。更准确地说，金融资产是一方对另一方的货币要求权。例如，房屋抵押贷款就是银行对房屋所有者按月支付本金和利息的要求权，这些支付的钱款将用来偿还为买房所借的原始贷款。

通常，在抵押贷款的情况下，有形资产将作为一项金融资产的根据（或作为抵押品）。而在其他情况下，如学生贷款，金融资产的价值则可以来自于以个人未来收入能力为基础的还款承诺。

人们都很清楚，有形资产是经济的重要组成部分，因为它们可以提高其他要素的生产率。而金融资产的作用又是什么呢？它们的重要性产生于储蓄者和投资者之间的不匹配。学生们需要钱来上大学，但他们现在没有收入或存款来支付这笔费用。而那些正在工作并为退休存钱的成年人，会有一些超过消费需要的收入可以提供给学生。金融体系机构众多，有银行、共同基金、保险公司和养老基金等，通常还有政府贷款和政府担保作为补充。通过它们可以把储蓄者的资金引向投资者。如果没有这种金融系统，企业就不能进行开发新产品所必需的大规模投资；人们不存够全部房款，就不能买到房子；学生如果事先不存够必需的大笔学费，就不能上大学。

### 投资收益率

假设你拥有一些资本并将它投放了出去，或者，你拥有若干现金并将它借给了一家银行或者一家小企业。或者你可能想通过抵押贷款去购买一座房子。你一定很自然地想知道借款的成本或贷款的报酬。这个付出去或收进来的数量，称为**投资收益率**（rate of return on investments）。在按固定利息计算金融资产的收益的情况下，这些收益称为**利率**（interest rate）。从经济学角度看，利率或投资收益是借款或贷款的价格。由于期限、风险、税收情况和其他投资属性的不同，投资的收益也往往大不相同。

本章我们将用较多的篇幅来阐释和理解这些概念。以下是一个提要：

1. 资本包括生产出来的耐用品，它们在其他产品的生产中被作为生产性投入。资本包括有形资产和无形资产。
2. 资本在资本市场上交易。为暂时使用资本品所做的支付叫做租费。
3. 我们必须能区分金融资产，它本质上就是一些纸张，其价值源于对其他有形或无形资产的所有权。
4. 投资收益率和特殊情况下的利率是借款和贷款的价格。我们通常以百分比 / 年为单位计算资金的收益率。

## 收益率和利率

现在我们更加详细地考察资本和金融理论的主要概念。我们先给投资收益率下个定义，它是最一般的概念。然后我们将该定义应用于金融资产。

### 资本的收益率

任何经济体最重要的任务之一，就是将其资本在各种可能的投资之间进行分配。一国应将其资本投入到像钢铁这样的重型制造业，还是投入到像互联网这样的信息技术产业？英特尔应该建造一个价值 40 亿美元的工厂来生产下一代的微处理器吗？这些问题都涉及到昂贵的投资——今天付出货币以取得未来的收益。

为了作出最佳投资决策，我们需要一种衡量资本报酬的标准。一个重要的指标是**投资收益率**（rate of return on investment），即每 1 美元资本投入在 1 年中能够获取的净收益。

我们以某汽车出租公司为例。丑小鸭出租公司以 20 000 美元的价格购买了一辆二手汽车，并将其租出去。减去所有费用（收入减去工资、办公用品和能源消耗等费用）并忽略汽车价格变化，丑小鸭公司每年的净租费收入为 2 400 美元。其年收益率为 12%（2 400 美元 ÷ 20 000 美元）。请注意，收益率是单位时间的一个纯粹的或无单位的数字，也就是说它的计算方法是：（每一时期的美元）/（美元），通常按每年的百分比计算。

上述概念对比较各种投资非常有用。假设你正在考虑各种不同的投资机会：出租汽车、油井、公寓、教育等等。那么你怎么决定进行哪些投资呢？

一个有效的方法就是比较各种投资的收益率。对每一种投资，你先要计算该资本品的成本，然后估算该资产能够带来的年净收益或这项资产的租费收入。年净租费收入与成本的比率就是投资收益率。它告诉你投资的每1美元给你带来的收益，这是根据每1美元投资每年能得到的美元数或百分比来衡量的。

> 投资收益率是每1美元投资的年净收益（租费收入减去费用）。它是一个纯粹的或无单位的数字——年百分比。

*关于酒、树和钻井设备* 这是几个投资收益率的例子。

- 我以100 000美元买了一块地，一年之后以110 000美元卖出。如果没有其他费用，这次投资的收益率就是10 000美元/100 000美元，或年收益率为10%。
- 我以100美元的劳动成本种了1棵松树，25年后，长成的树以430美元出售，这项资本投资25年的收益率为330%，这相当于年收益率为6%；即总收益等于100美元 ×（1.06）$^{25}$ = 430美元。
- 我购买了一套价值20 000美元的石油钻井设备，10年中它每年的租费收入为30 000美元。但每年我的燃料、保险和维修支出的费用为26 000美元。4 000美元的净收益用于支付利息和对20 000美元原始支付分期10年的偿还。钻井设备的收益率是多少？从统计数据表上看：年收益率是15%。

### 金融资产和利率

对于金融资产，我们使用一系列不同的术语来衡量收益率。当你购买一份债券或者将钱存入储蓄账户时，这项投资的金融收益称为利率。例如，如果你在2008年购买了一份1年期债券，那么你每年将会得到大约3%的收益。这意味着，如果你在2008年1月购买1 000美元债券，那么在2009年1月你的债券将价值1 030美元。

通常你可以看到，利率是以每年x%表示，这是一笔资金借入（或贷出）一整年能够得到的利息；对于更短或更长的时期，利息支付会相应地按比例调整。

## 资产的现值

大多数资产能在一定时期内产生一种租费流或收入流。例如，如果你拥有一幢公寓楼，你会在其使用年限内收取租费，就像果园的主人每年都会从树上采摘果实一样。

假设你对拥有并管理一幢楼感到厌倦，并已经决定出售它。为了给楼确定一个合理的价格，你需要决定该楼的全部的未来收入流的现在价值。这些收入流的价值称为该项资本资产的现值。

> **现值**（present value）是未来收入流的现在的货币价值。它是这样计算的：在当前的利率下，计算出现在需要投资多少货币才能产生该项资产的未来的收入流。

让我们从一个非常简单的例子开始。假设有人要卖给你一瓶酒，酒味要在一年后才能变得纯正，那时你可以按11美元的价格出售。假定市场利率是每年10%，这瓶酒的现值是多少呢？即现在你必须为这瓶酒付多少钱？你要付10美元，因为在今天市场利率为10%的情况下，投资10美元在一年后价值将为11美元。所以，下一年11美元的酒在今天的价值是10美元。

### 永久性资产的现值

我们通过考查永久性资产的情况，给出现值的第一种计算方法。永久性资产是一种像土地一样的资产，可以一直存在下去，每年支付$N$美元，直到永远。我们现在要找出现值$V$，如果年利率是$i$，那么现值就是每年收益恰为$N$美元的现在的投资的货币量。计算公式很简单：

$$V = \frac{\$N}{i}$$

其中：$V$ = 土地的现值（美元）

$N$ = 永久性资产的年收入（美元/年）

$i$ = 以小数表示的利率（比如，每年0.05或5/100）

这就是说，如果利率永远是每年5%，一个产生不变收入流的资产将以其年收入的20（= 1 ÷ 5/100）倍出售。在这种情况下，一个每年带来100美元收益的永久性资产的现值是多少？在5%的利率下，其现值为2 000美元（= 100美元 ÷ 0.05）。

这个计算永久性资产现值的公式也可以用来对股票进行估值。假定在未来无限期内，泉水公司可以为公司股东每股分配1美元的股利，股票的折现率为每年5%。股票的价格就应该为每股20美元，即$P$ = 1美元/0.05 = 20美元（这些数字已经过通货膨胀调整，所以分子为"实际股利”，分母为“实际利率”或“实际折现率”)。

## 折现的一般公式

在考查了永久性资产这一简单例子后，我们现在转入更一般的情形，研究未来收入随时间变化的资产的现值。关于现值的一个要点是：未来的支付没有现在的支付值钱，所以相对现在来说它们应当被折现，就像远处的目标看起来比近处的目标要小一样。从时间的角度来看，利率也造成了类似的收缩。

让我们举个有点怪异的例子。[1] 假设有人建议在 100 年后你要支付给你的继承人 1 亿美元，那么你今天要支付多少？根据现值的一般规则，要算出从现在起 $t$ 年之后支付的 $P$ 美元的现值，就得问问你自己，今天必须投资多少美元，在 $t$ 年后才能生成 $P$ 美元。假设利率为每年 6%，据此计算每年的增长量，开始的 $V$ 美元在 $t$ 年后将生成 $V\times(1+0.06)^t$ 美元。于是，我们只需将这个表达式反过来找出现值：从现在起 $t$ 年后支付的 $P$ 美元的现值只有 $P/(1+0.06)^t$ 美元。用这个公式，我们算出 100 年后支付的 1 亿美元的现值是 294 723 美元。

在大多数情况下，资产的收入流量中包括好几项内容。在现值计量中，每 1 美元都要按时间排好，首先，对未来收入流量的每一部分根据支付日期进行必要的贴现，计算出其现值，然后将各个现值加在一起，总额就是该项资产的现值。

现值 $V$ 的准确公式如下：

$$V=\frac{N_1}{1+i}+\frac{N_2}{(1+i)^2}+\cdots+\frac{N_t}{(1+i)^t}+\cdots$$

在这个等式中，$i$ 是单期市场利率（假定为常数），$N_1$ 是第 1 期的净收入（可为正数也可为负数），$N_2$ 是第 2 期的净收入，$N_t$ 是第 $t$ 期的净收入，依此类推。支付流量（$N_1$，$N_2$，…，$N_t$，…）根据上面给出的公式计算出的现值就是 $V$。

例如，假设年利率为 10%，我明年将得到 1 100 美元，3 年后将得到 2 662 美元，这个流量的现值就是：

$$V=\frac{1100}{(1.10)^1}+\frac{2\,662}{(1.10)^3}=3\,000$$

[1] 本章后面的习题9就提出现实生活中这样一个问题，如果曼哈顿这块地被荷兰人购买，它的现值是多少？

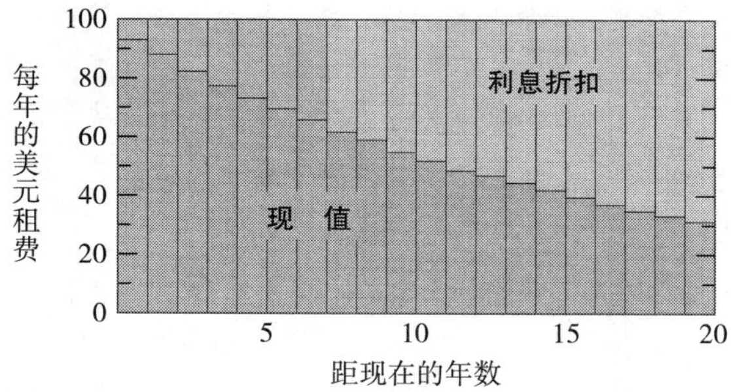


**图 8-1　一项资产的现值**

图中下面的部分表示的是：在利率为每年 6% 时，一部 20 年中每年支付 100 美元净租费的机器的现值。上面灰色的部分被折扣掉了。解释为什么提高利率会使上面部分面积增大而资产的市场价格减少。

图 8-1 说明了一部机器的现值的计算。这部机器在 20 年内每年净租费固定为 100 美元，最后没有残值，它的现值不是 2 000 美元而是 1 157 美元。注意，由于时间因素，较晚年份的美元的币值是逐级递减或者说是被折现了的。折现后的全部面积（下面部分面积）代表了机器的总现值，即所有的未来收入流量的现时价值。

## 使现值最大化

折现公式告诉我们，知道某项资产的未来收入之后，如何计算出该资产的现时价值。但是不要忘记，一项资产的未来收入通常取决于经营决策：一辆卡车我们用 8 年还是用 9 年？是一年还是一个月彻底检修一次？是用一辆便宜的不耐用的卡车，还是用一辆价格昂贵的耐用车？

有一条规则可以给所有的投资决策一个正确的答案：计算各种可能的决策所能带来的现值，然后依照使现值最大化的原则进行权衡。用这种方法，你将会有更多的财富，随便你以任何时间任何方式花费。

### 利率和资产价格

当利率上升时，许多资产的价格会下降。例如，如果联邦储备委员会突然采取了紧缩的货币政策，并提高了利率，你一般都会发现债券和股票的价格将会出现下降。我们可以用现值概念来说明其中原由。

我们先前的讨论表明：一项资产的现值取决于未来的收益流和利率。随着利率变化，现值进而资产的市场价值都会变化。举例如下：

- 有一张 1 年期债券，初始年利率为 5%。如果债券从现在开始每年收益 1 000 美元，那么它的现值为：1 000 美元 /1.05=952.38 美元。现在假定年利率上升为 10%。那么债券的现值只有 1 000 美元 /1.1=909.09 美元。资产的价格随着利率上升而下降。
- 考虑永久性资产的情况，它每年收益 100 美元。在年利率为 5% 时，永久性资产的现值为：100 美元 /0.05=2 000 美元。现在，如果年利率上升为 10%，那么现值就会下降到 1 000 美元。

可见，资产的价格与利率呈反向变动，因为资产的现值是随着利率的上升而下降的。而且，长期资产价格的变化大于短期资产价格的变化。这是因为，大多数收益都产生于未来，因此利率变化对长期资产价格的影响更大。

资产价格对利率的依赖性是金融资产的一般属性。股票、债券、不动产和许多其他长期资产的价格，都是随着利率的上升而下降的。

## 利率的神秘世界

教科书通常只是说“该利率 (*the* interest rate)”，好像利率只有一个似的，但在实际中，现今复杂的金融体系中有着许许多多的利率。如果你翻看《华尔街日报》，你就会发现一页接一页的全都是金融利率。利率主要取决于贷款人或借款人的具体情况。我们不妨讨论一下它们的主要差别。

贷款的*期限或到期日*不同，即距离它们必须被清偿的时日的时间长度不同。贷款期限最短的只是一个晚上。短期证券的期限一般不超过 1 年。公司经常发行期限为 10 年到 30 年的债券和期限不超过 30 年的抵押贷款。长期证券的利率通常要高于短期证券，因为只有当借款者能够增加收益时才愿意放弃对其资金的快速存取。

贷款的*风险*也不同。一些贷款几乎没有风险，而其他的一些则极具风险性。当投资者投资于有风险的企业时，他们要求获得风险溢价。世界上最安全的资产就是美国政府债券。这些债券以政府的十足信用和征税能力为保证。风险中等的债券是有信誉的公司、州政府和居住地的借款。风险性投资，面临相当大的违约或无力支付的可能性，它包括那些濒临破产的公司、紧缩税基的城市，或者像阿根廷那样，背负大量外债且政局又不稳定的国家。

美国政府支付的是“无风险”利率，在过去的 20 年中，短期债券的利率从 0 变动到每年 15%。风险较大的证券的利率可能高于无风险利率 1%、2% 甚至 10%。这个溢价所体现的是由于可能存有违约损失而需要向借款者提供补偿的数额。

资产的*流动性*不同。如果一项资产在其价值只有很小减耗的情况下能够迅速转变为现金，则称该资产具有流动性。大多数有价证券（包括普通股票、公司债券和政府债券）都能够以接近它们当前价值的价格迅速地转变为现金。非流动性资产包括不存在完善市场条件下的独特的资产。例如，如果你在某个小城镇拥有一座别具一格的维多利亚大厦，你会发现很难迅速地或者很难以接近它的实际市场价值的价格将它卖掉。也就是说，你的房子是一项非流动性的资产。由于迅速实现资产价值的风险和困难比较大，非流动性的资产或贷款往往需要比流动性、无风险的资产或贷款支付更高的利率。

了解了资产的上述三大属性（此外还有税收情况、管理成本等其他因素等）之后，看到这么多不同的金融资产和利率我们也就不会觉得奇怪了。图 8-2 和表 8-1 显示的是过去 50 年中美国的一些重要利率的变动情况。在下面的讨论中，请注意当我们说到“利率”时，我们一般都是指的短期的政府债券的利率，如 90 天的国债利率。由图 8-2 可见，其他利率的上升和下降，绝大多数都与短期利率相一致。

### 实际利率和名义利率

利息是以美元支付，而不是以一般的房屋、汽车或产品支付。*名义利率*是以每 1 美元投资每年所得到的美元收入来衡量的。但是，美元有时会成为扭曲的标准。房屋、汽车和产品的价格通常会随时间变化而变化，而现今价格水平通常会由于通货膨胀而上升。也就是说，以美元支付的利率不能衡量借款者实际以产品和服务形式获得的收益。假定今天你以每年 5% 的利率借出 100 美元。一年后你将会得到 105 美元。但是，由于价格随时

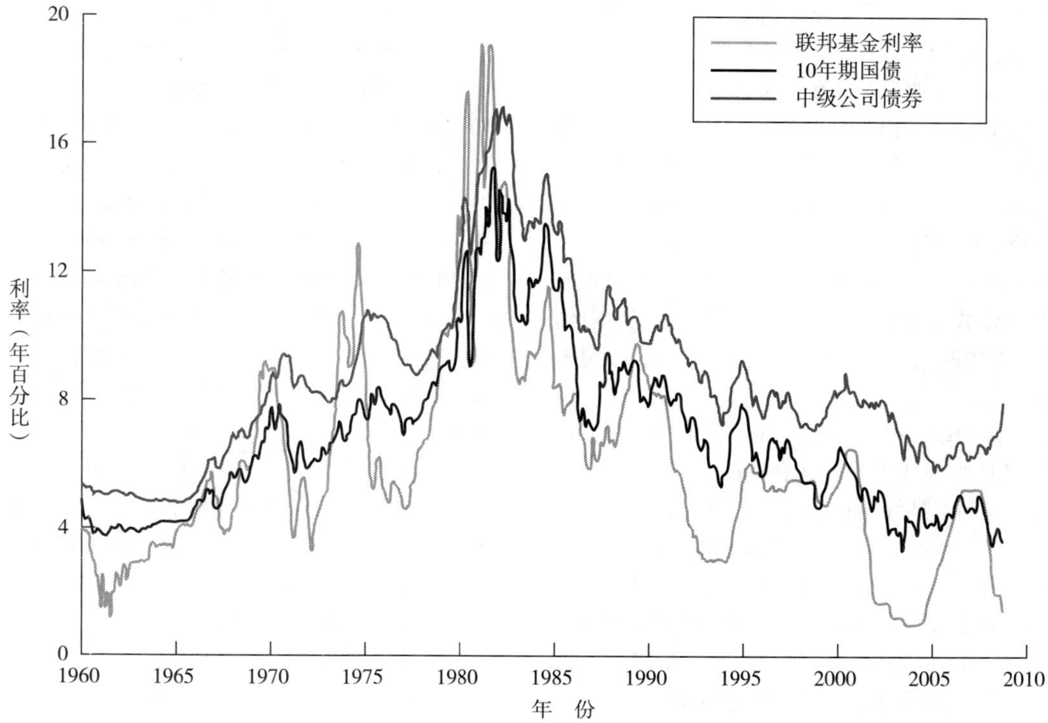


**图 8-2　大多数利率同方向变动**

该图表明了美国经济中主要利率的变动情况。联邦基金利率通常最低，它由联邦储备委员会在货币政策中设定。长期的、风险较高的利率通常高于安全的短期利率。

资料来源：Federal Reserve System, available at *www.federalreserve.gov/releases/*.

| 资　产 | 时　期 | 名义收益率（%/ 年） | 实际收益率（%/ 年） |
|---|---|---|---|
| **政府债券** | | | |
| 3 个月 | 1960~2008 | 5.2 | 1.0 |
| 10 年 | 1960~2008 | 6.9 | 2.7 |
| **公司债券** | | | |
| 安全的（Aaa） | 1960~2008 | 7.7 | 3.4 |
| 有风险的（Baa） | 1960~2008 | 8.7 | 4.4 |
| **公司股票** | 1960~2008 | 9.9 | 5.6 |
| **消费信贷** | | | |
| 抵押贷款（固定利率） | 1971~2008 | 9.2 | 4.9 |
| 信用卡 | 1972~2008 | 16.4 | 11.8 |
| 汽车贷款 | 1972~2008 | 10.4 | 6.0 |

**表 8-1　主要金融资产的利率**

安全的政府债券的收益率最低。注意：消费者要为信用卡债务支付大量罚金（学生更要当心）。实际利率是名义利率减去通货膨胀之后的利率。Aaa 债券是最安全的公司债券，而 Baa 具有较大的破产风险。

资料来源：Federal Reserve Board, available at *www.federalreserve.gov/releases/*, and Department of Commerce.

间变化，你拥有的 105 美元不能使你买到与年初你所能买到的同样数量的产品。

很明显，我们需要另一个概念来衡量以实际产品和服务表示的投资收益，而不是以美元来表示。这个概念就是实际利率，用于衡量我们放弃现在的商品能得到的未来的商品数量。实际利率是由名义或货币利率对通货膨胀率进行修正后得到的。

**名义利率**（nominal interest rate，有时也称为货币利率）是以货币形式衡量的货币的利率。阅读报纸时看到利率或者图 8-2 中的利率，都是名义利率。它给出了每美元投资的美元收益。

相反，**实际利率**（real interest rate）则对通货膨胀进行了修正，其计算公式为：名义利率减去通货膨胀率。例如，假设名义利率是每年 8%，通货膨胀率是每年 3%，则我们可以计算实际利率为：8% – 3% = 5 %/ 年。

举一个简单的例子，假设你所生活的某个经济体中惟一的产品是面包；进一步假设面包第一期的价格为 1 美元 1 个，面包的通货膨胀率是每年 3%。如果你以每年 8% 的利率借出 100 美元，一年后你会有 108 美元。然而，由于存在通货膨胀，下一年你只能购买 105（而不是 108）个面包。实际（或面包的）利率是 8% – 3% = 5%。[1]

> 在通货膨胀时期，我们务必用实际利率而不是用名义利率或货币利率来计算投资收益，该投资收益以每年能够获得的产品的多少来表示。实际利率近似等于名义利率减去通货膨胀率。

---

### 世界上最安全的投资

美国国债通常被认为是一项无风险投资。它的缺点之一是支付美元固定利率。这意味着，如果通货膨胀上升，实际利率很容易变成负值。

1997 年，美国政府引入通胀保值债券（TIPS）来解决这一问题。通胀保值债券将利息和本金与通货膨胀联系起来，可以在存续期内支付固定的实际利率。

这种特殊债券运作如下：每年本金价值都会根据消费者价格指数（CPI）的增加进行调整。举一个具体的例子：在 2000 年 1 月，财政部发行了一个利率为 4.25%、10 年期的通胀保值债券。在 2000 年 1 月和 2003 年 6 月之间，消费者价格指数增加了 12%。因此，在 2000 年购买的同一个 1 000 美元的债券在 2003 年 6 月价值 1 120 美元。如果财政部在 2003 年 6 月支付利息，利息将为 1 120 美元 ×4.25%，而不再是标准债券情况下的 1 000 美元 ×4.25%。不妨进一步假设 2000~2010 年年均通货膨胀率为 3%。这意味着，债券的赎回本金价值为 1 343.92 美元［=1 000 美元 ×（1.3）$^{10}$］，而常规的债券只有 1 000 美元。

只要人们预期下一年会有通货膨胀，通胀保值债券的利率就会小于标准国债的利率。例如，2008 年 4 月，标准 10 年期国债的名义利率为 3.6%，而 10 年期的通胀保值债券的实际利率为 1.2%。这表明普通投资者预期 10 年的年均通货膨胀率为 3.6% – 1.2% = 2.4%。

长期债券的名义利率和实际利率的差异如图 8-3 所示。上面的线表示名义利率，而下面的线表示所计算出的长期实际利率。另外，从 2003 年开始的点（的轨迹）表示通胀保值债券的实际利率。由图可知：1960~1980 年名义利率的上升纯粹是幻觉，因为在这些年间，名义利率与通货膨胀率同时上升。而 1980 年后，实际利率急剧上升并且在随后 10 年中保持着较高水平。通胀保值债券的数据表明，在 2007~2008 年的次贷危机期间，实际利率曾急剧下降。

经济学家长期以来一直是物价指数债券的偏好者。领取退休金的人更可以购买这种债券，以保证他们的退休金不会因为通货膨胀而贬值。同理，为孩子教育着想的父母们也可以将部分储蓄以这种方式进行投资，因为这能与一般的价格水平保持同步的变化。甚至货币政策制定者也发现了物价指数债券的价值，因为常规债券和通胀保值债券的利息之间的差异表明了预期通货膨胀的变化。许多经济学家的莫大困惑在于：政府引进这项意义重大的创新为什么需要花费如此之长的时间？

---

## B. 资本、利润和利息理论

以上我们已经界定了基本概念，下面我们讨论关于

[1] 实际利率的准确代数描述如下：令 $\pi$ 为通货膨胀率，$i$ 为名义利率，$r$ 为实际利率。如果你今天投资 1 美元，1 年后你会得到（$1+i$）美元。然而，价格升高了，所以 1 年后你需要用（$1+\pi$）美元购买今天用 1 美元就能买到的同样的产品数量。放弃今天购买 1 单位产品，你可以在未来购买（$1+r$）单位产品，其中，$(1+r)=(1+i)/(1+\pi)$。当 $i$ 和 $\pi$ 很小时，$r=i-\pi$。

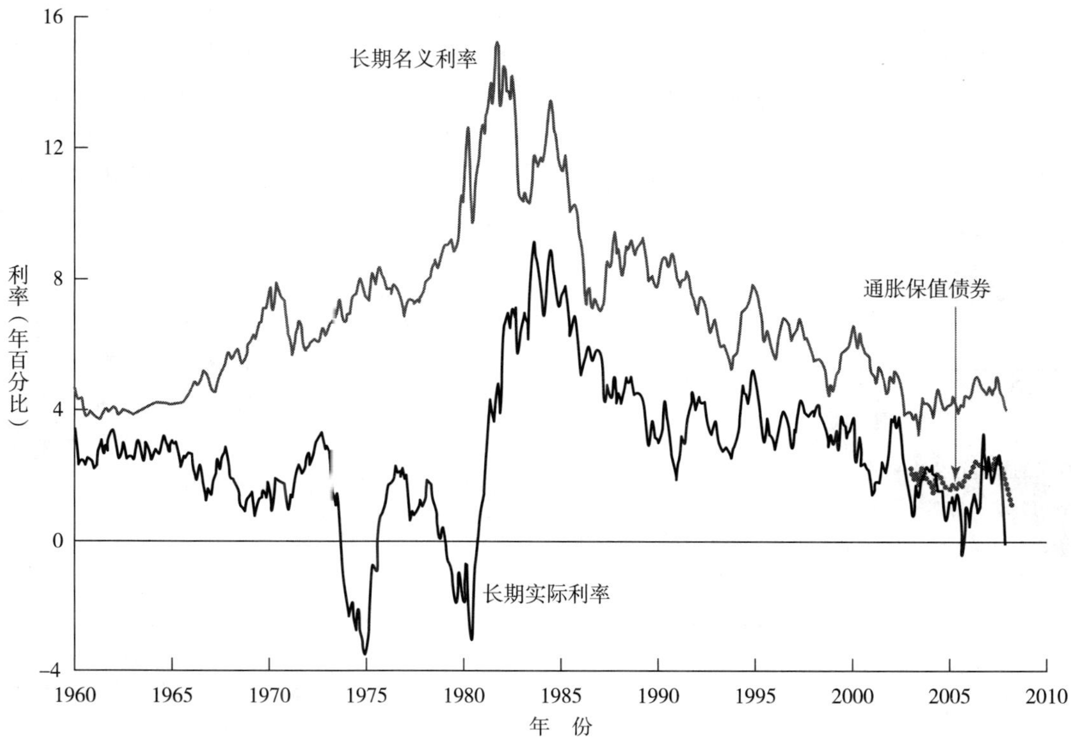


**图 8-3 名义利率和实际利率**

上面的线表示长期国债的名义利率。下面的线表示计算出的实际利率，它等于名义利率减去前一年已实现的通货膨胀率。可以看出，1980 年以前，实际利率呈下降趋势，而 1980 年以后，实际利率急剧上升。从 2003 年开始的点线表示长期通货膨胀指数证券的实际利率。

资料来源：Federal Reserve Board, Department of Labor.

资本和利息的理论，解释资本的供给和需求是如何决定收益的，诸如实际利率和利润等。

## 资本的基本理论

### 迂回性

在第 2 章，我们注意到对资本品的投资会导致间接的或迂回的生产。开始我们用手抓鱼，但最终我们发现，先造渔船和编织渔网、再用渔船和渔网来捕鱼会更加划算，因为那样比用手能捕到更多的鱼。

换言之，投资于资本品涉及到牺牲现在的消费以增加今后的消费。减少今天的消费可以释放现在的劳动用来编织渔网，以便今后能捕到更多的鱼。就最一般的意义而言，资本是生产性的，因为所放弃的今天的消费能在未来获得更多的消费。

为理解这一点，我们假设有两个完全相同的小岛，每个岛都拥有相同数量的劳动和自然资源。A 岛直接用原始的基本要素生产食物和衣着等消费品，不使用任何生产出来的资本品。而 B 岛就比较节省，它牺牲了现在的消费，用节省下来的资源和劳动生产了一些资本品，如犁、锹和织布机。在这样暂时牺牲了现在的消费之后，B 岛就有了大量的资本品。

图 8-4 说明了 B 岛的经济如何走在 A 岛的前面。计算每个岛在维持现有资本存量的条件下享有的消费量。B 岛由于节省并使用了迂回的资本密集型的生产方式，享有的未来消费量就要比 A 岛多。B 岛由于其初始牺牲的 100 单位现时消费，而可以获得多于 100 单位的未来消费。

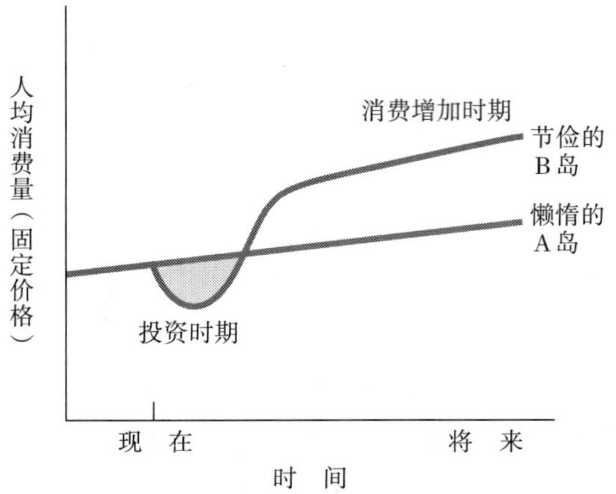


**图 8–4 今天的投资产生未来的消费**

两个岛屿最初劳动和自然资源的禀赋相同。A岛比较懒惰，不进行任何投资，其人均消费增长缓慢。节俭的B岛在开始的一段时期放弃了一些消费进行投资，而在未来享有了更多的消费。

通过牺牲现在消费并生产资本品，社会可以提高其未来的消费量。

## 收益递减和对资本的需求

当一个国家越来越多地牺牲其消费以积累资本，生产变得越来越迂回或间接时，会发生什么样的情况呢？我们发现：收益递减规律将会起作用。以计算机为例，最初的计算机很昂贵，使用强度很高。40年前，科学家们都曾致力于提高计算机主板的耐用程度，当时那些大型主机的功能还比不上现在的个人电脑。到2009年，全美国计算机的计算和存储能力比那时增长了百万倍以上。因此，由于计算机投资相对快于劳动、土地和其他投资的增长，计算机功能的边际产品（存储器的最后一次运算或最后一个字节的价值）大幅下降。推而广之，随着资本积累的增加，收益的递减规律就会开始起作用，投资的收益率就会开始下降。

令人惊讶地是，在过去的两个世纪，尽管我们的资本存量增长了许多倍，但资本的收益率却并没有大幅下降，它一直保持在较高的水平。这是因为，创新和技术变革创造新盈利机会的速度，与旧有投资抹杀新机会的速度同样快捷。尽管计算机比许多年以前功能强大了成千上万倍，但它在社会的每个角落的新用途（从医疗诊断到电子商务）都使得继续对计算机投资仍然有利可图。

### 欧文·费雪：锐意改革的经济学家

欧文·费雪（Irving Fisher，1867~1947年）是一位多才多艺的天才和改革者。他的开创性的经济学研究，既包括关于效用基础理论的研究，又包括对商业周期、物价指数和货币改革方面的资本理论和现实问题的探讨。

他的基本贡献之一，是在《资本和收入的性质》（1906）和《利息理论》（1907）中提出了关于资本和利息的一套完整的理论。费雪描述了利率和其他不可量化的经济要素之间的相互作用。然而，费雪说明了决定利率的两个支点：表现为“时间贴现”的尽早消费偏好和表现为“边际成本收益率”的投资机会。费雪还首先揭示了利息、资本和经济之间的内在关系，他在《利息理论》的综述中这样写道：

> 事实上，利率不仅只是用在商业合同上，它还渗透在所有的经济关系中。它是将人们与未来联系起来的纽带，是人们作出长远决策的依据。利息通常会影响证券、土地和资本品的价格，也会影响租金、工资和所有的“相对”价格。利息还对财富的分配有着深远的影响。简言之，所有关于交换和分配的合约的公平性都有赖于利率作精确的调整。

费雪的研究一直致力于实证应用。他的追求经由计量经济学学会而得以实现。该学会是在他的倡导下创建的，旨在促进“经济理论与统计学和数学进一步密切结合，理论数量方法和实证数量方法进一步结合”。

除了纯经济学方面的研究，费雪在日常生活中也是一个改革者。他曾游说国会用“补偿美元”取代金本位制。他曾因自己感染了肺结核而成了一名健康促进人士，并竟然成了“个人卫生15条准则”的热情倡导者。其中包括许多硬性规定和特殊要求，例如，必须咀嚼100下之后方可吞咽。据传闻，由于既没有酒而又要求客人细嚼慢咽，结果是，费雪家的宴会在纽黑文市是很难活跃气氛的。

1929年，费雪作出了他最著名的一次预测，他认为股票市场已经进了“繁荣后的持久平稳期”。他按照自己的预测来运作自己的资金，结果在大萧条期间他损失了自己大量的财产。

尽管费雪的金融才干颇受质疑，但他的经济学遗产却为后人发扬光大，使他成了美国有史以来公认的最伟大的经济学家之一。

## 利息决定和资本收益

我们可以用古典的资本理论来理解利率是如何决定的。家庭通过在一定时期内抑制消费和积累储蓄为投资供给资金。同时，企业需要资本品与劳动、土地和其他投入要素相配合。从根本上说，企业的资本需求是受其生产商品从而获得利润的欲望驱使的。

我们也可以看看欧文·费雪在一个世纪以前所做的解释：

> 资本的数量和收益率由以下两个相互作用的因素来决定：（1）人们没有耐心为了等待将来的消费（也许是因为退休，或俗语所说的未雨绸缪之类）而去节约和积累更多的资本品，而是很容易趋向于即时消费；（2）给所积累的资本带来或高或低收益的各种投资机会。

为理解利率和资本收益，我们现在考虑完全竞争的、没有风险和通货膨胀的、理想的封闭经济。为决定是否投资，追求利润最大化的企业总会将其资金的成本与资本收益率进行比较。如果收益率高于企业能借到的资金的市场利率，它就会从事这项投资；如果利率高于投资的收益率，企业就不会投资。

这种过程会持续到什么时候呢？企业逐渐会就所有收益率高于市场利率的机会进行投资。在现有的利率水平上，当企业意愿投资的量等于此利率可以引致的储蓄的量的时候，就会达到均衡状态。

> 在没有风险和通货膨胀的竞争经济中，资本的市场收益率会等于市场利率。市场利率起到两个作用：它将稀缺的资本品分配到具有最高收益率的用途中去；它还引导人们牺牲当前消费以提高资本存量。

## 资本收益图表分析

我们可以分析一个简单的例子来说明资本理论，在该例中，所有的实物资本品都相同。此外，我们还假设经济处于一个没有人口增长或技术变革的稳定状态中。

如图 8-5 所示，*DD* 是资本存量需求曲线；它表示资本的需求数量与收益率之间的关系。像资本这样的要素需求是一种派生需求——需求来自于资本的边际产品，即追加资本所能带来的那种新增产出。

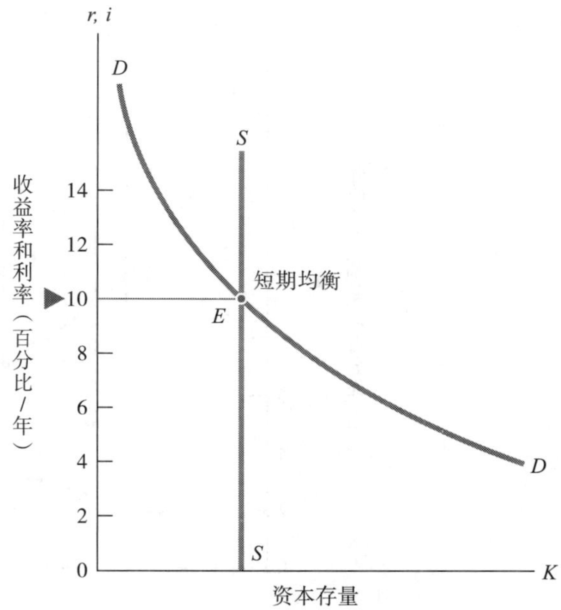


**图 8–5　利息和收益的短期决定**

短期内经济从过去继承了一定的资本存量，图中表示为垂直的 *SS* 资本供给曲线。短期供给曲线与资本需求曲线的交点决定了短期资本收益及短期实际利率，每年 10%。

投资的收益递减规律可由图 8-5 中资本需求曲线向右下倾斜来体现。当资本非常稀缺时，最有利可图的项目的收益率很高。逐渐地，人们就会积累资本以便从所有这些高收益项目中获利，在总劳动和土地固定的情况下，收益逐渐递减。于是人们开始不得不投资于收益较低的项目，在图中这种行为表现为沿着需求曲线逐渐下滑。

***短期均衡***　我们现在可以看出供给和需求如何相互作用。在图 8-5 中，过去的投资产生了一个既定的资本存量，在图中为垂直的短期供给曲线 *SS*。企业对资本品的需求，如图中向右下倾斜的需求曲线 *DD* 所示。

在供给和需求的交点 *E* 上，资本正好全部分配给有需求的企业。在这种短期均衡下，企业愿意按年利率 10% 借款以购置资本品。在该点，资金贷出人也正好满足于按照 10% 的年利率来供应资金。

这样，在我们这个简单、无风险的世界里，资本的收益率正好等于市场利率。任何较高的利率都会使企业不愿借钱进行投资；任何较低的利率会使企业抢购过于短缺的资本；只有在 10% 的均衡利率下，供给和需求才

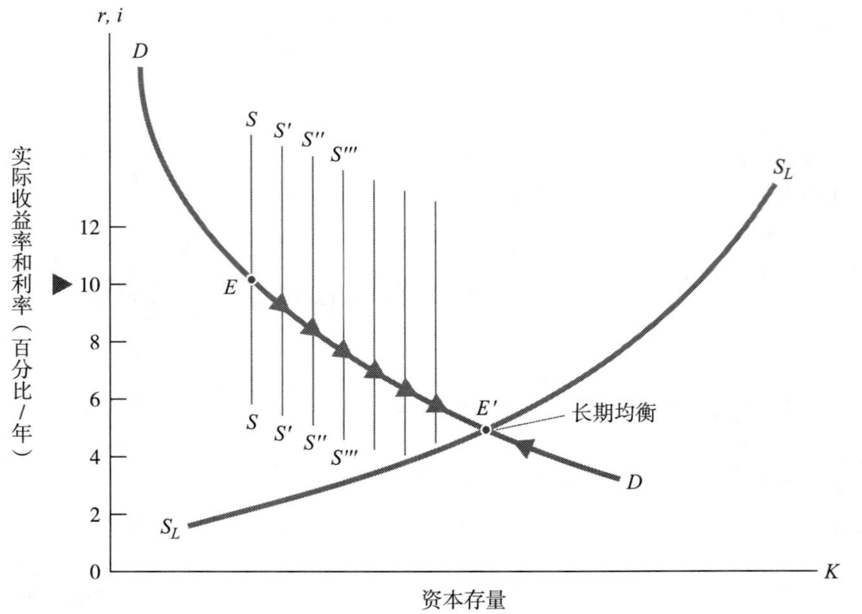


**图 8–6　资本供求的长期均衡**

在长期中社会积聚了资本，所以供给曲线不再是垂直的了。如图所示，财富和资本的供给对于更高的利率作出反应。在初始的短期均衡点 *E*，存在净投资，所以经济按图中箭头方向沿需求曲线 *DD* 移动。在 *E′* 点，净储蓄为零，达到了长期均衡。

是均衡的（这正好是实际利率，因为这里没有通货膨胀）。

但是在 *E* 点达到的均衡只在短期内是持续的，在这个高利率上，人们愿意积累更多财富，即继续储蓄和投资。这意味着资本存量会增加。但由于边际收益递减规律，收益率和利率会下降。当资本增加而其他投入（如劳动、土地和技术）不变时，增加的资本品存量的收益率就会降低。

这一过程见图 8-6。注意资本的形成是从 *E* 点开始的。所以，由于每一年都有净投资，资本存量都比上一年多一点。随着时间推移，人们逐渐沿着 *DD* 曲线向下移动，如图 8-6 中箭头所示。图中可见到一系列非常细的短期资本供给曲线 *S*，*S′*，*S″*，*S‴*……这些曲线表示短期资本的供给如何随资本的累积而增加。

***长期均衡***　均衡逐渐出现在图 8-6 中的 *E′* 点，正好是资本的长期供给曲线（图中为 $S_LS_L$）与资本需求曲线的交点。当实际利率降到企业拥有的意愿存量与人们所愿提供的财富数量相当时，就达到了长期均衡。在长期均衡点上，净储蓄停止了，净资本积累为零，资本存量不再增加。

随着所有投资机会被用完，投资是否会逐渐降为零？一些经济学家（如约瑟夫·熊彼特）将投资过程比作拉小提琴：在技术不变的情况下，随着资本积累降低资本收益，琴弦会逐渐停止下来。但是在经济达到稳定之前，一个外部事件或发明拉动了琴弦，会使投资再次运作起来。

> 当人们愿意持有的资产价值与企业生产所需的资本量恰好相等时，在这一实际利率上，资本存量就达到了长期均衡。

## 利润作为资本的收益

我们已经分析了资本收益的决定因素，现在我们转到利润分析。除工资、利息和租金之外，经济学家经常提到的第四种收入称为利润。什么是利润？一般来说，它们与利息和资本收益有什么不同呢？

## 申报利润统计

在提出经济学的概念之前，我们先介绍会计中的计量方法。会计将利润定义为总收入和总成本之间的差额。要计算利润，先计算总销售收入，然后减去所有费用（工资、薪金、租金、材料、利息、消费税和其他支出），剩余的部分就称为利润。

然而，在分析利润时，区分会计利润和经济利润很重要。会计利润（也称为营业收入）是会计在财务报表中计算的剩余收入。经济利润是减去所有成本之后的收入，包括货币成本和隐含或机会成本。这些利润概念之所以不同，是因为会计利润忽略了一些隐含收益。企业所拥有的要素的机会成本称为隐含收益。

例如，大多数企业都只拥有其资本的大部分，因为公司的全部资本所应有的机会成本或隐含收益并不能在会计帐面上得到反映。因此，会计利润包括企业所拥有的全部资本的隐含收益。大公司的经济利润等于营业利润减去企业拥有的资本的隐含收益和其他没有完全由市场价格补偿的成本。经济利润一般小于营业利润。

## 利润的决定因素

在市场经济中是什么因素决定公司的利润率？利润实际上是各种不同收益的组合，包括所有者的资本隐含收益、承担风险的回报和创新利润。

***作为隐含收益的利润***　大多数所申报的企业利润，基本上是企业所有者所提供的资本和劳动等生产要素的报酬。例如，有些利润是企业所有者提供的个人工作的收入——如在小型事务所工作的医生或律师。另一部分是企业所拥有的土地的租金收入。在大公司里，大多数利润都是投入的资本的机会成本。

这样，在平常我们称为利润的东西中，有一些实质上不过是“隐含租费”、“隐含租金”和“隐含工资”，它们是企业自有要素的收益。

***作为承担风险回报的利润***　利润也包括对承担投资风险的回报。大多数企业都要承担违约风险，这种风险在某项贷款或投资不能得到执行时发生，比如因为借款人破产。此外，还有许多可投保风险，如火灾和飓风。这些

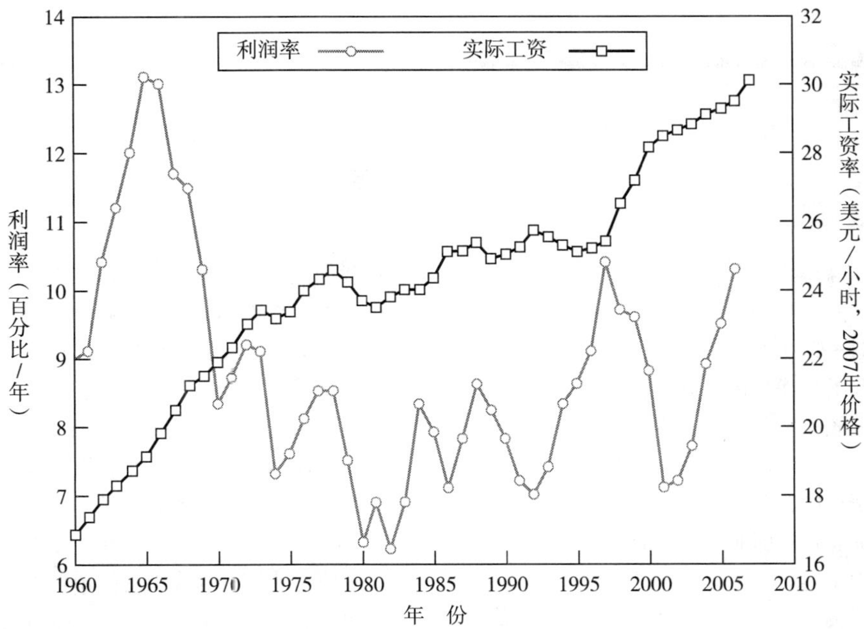


**图 8-7　美国的工资和利润率的发展趋势**

劳动和资本的收益近年来是如何变化的？平均实际工资一直在增长。美国企业资本的税前利润率在 20 世纪 60 年代中期达到顶峰之后，就开始急剧下滑，在接下来的 30 年基本保持在平均每年 8% 左右。

资料来源：U.S. Departments of Commerce and Labor.

可以通过购买保险来加以解决。另一种风险是投资的不可投保风险或系统风险。一个公司可能对商业周期高度敏感，这意味着它的收入会随着总产出的波动而起伏。所有这些风险必须要么通过购买保险来预防，要么在利润中获得风险溢价。

*作为创新报酬的利润* 第三种利润是创新和发明的收益。不断增长的经济会不断创造出新的产品和服务——从19世纪的电话到20世纪初的汽车，再到现代的计算机软件。这些新产品是研究、开发和市场营销的产物，我们称那些将新产品、新工艺带入市场的人为创新者或企业家。

所谓的“创新者”是指什么？创新者是那些有远见、有创意、敢于引进新思想的人。亚历山大·格雷厄姆·贝尔（电话）、杰克·凯尔比（集成电路）和凯瑞·穆里斯（聚合酶链反应）等，这些伟大发明家的发明给我们的经济带来了巨大的变革。

每一项成功的创新都造成了暂时性的垄断。我们可将创新利润（有时称为熊彼特利润）视为创新者或企业家的暂时性超额收入。这些利润是暂时性的，很快就会由于竞争者和模仿者的出现而消失。而在一种创新利润的源泉消失之时，另一种创新又将诞生。只要经济不断创新，创新利润总是会存在。

公司利润是国民收入中一个最不稳定的组成部分。因此，获得公司利润的权利（由公司股票或股权来表示）就需要一个可观的风险溢价才能吸引规避风险的投资者。这一用以抵补投资风险的股权的额外回报，称为股权溢价。经验研究表明，在20世纪，平均每年的股权溢价大约在5%左右（参见表8-1）。

> 利润是一种剩余收入，等于总收入减去总成本。利润包括隐含收益（如所有者的资本的收益）、承担风险的回报和创新利润。

### 劳动和资本收益的实证发现

最后，我们看一看在过去的40年中，美国的劳动和资本的收益的实际变动趋势，如图8-7所示。实际工资（指根据消费者价格指数变化进行调整后的平均每小时收入）一直在上涨。资本的税前利润率在20世纪60年代中期达到顶峰，之后就一直在下降，在过去的30年资本的税前利润率保持在每年平均8%左右。

## 总结提要

**A. 利息和资本的基本概念**

1. 回忆下列定义：
   - 资本：用于进一步生产的耐用产成品。
   - 租费：资本品的年净货币收益。
   - 投资收益率：资本的年净收益与资本的货币价值之比（以每年的百分比衡量）。
   - 利率：金融资产的收益，以每年的百分比衡量。
   - 实际利率：剔除通货膨胀因素后的资金收益，也以每年的百分比衡量。
   - 现值：由某项资本产生的未来收入流的当前价值。
2. 利率是金融资产的收益率，以每年的百分比衡量。人们愿意支付利息，因为借来的资金使他们能够购买产品和服务，以满足当前的消费需求或进行有利可图的投资。
3. 我们能观察到各种各样的利率。这些利率由于许多因素的存在而不同，如贷款期限或到期日、投资的风险和流动性以及利息税等。
4. 名义或货币利率一般在通货膨胀期间会上升，这反映了货币的购买力会随着价格的上升而下降这一事实。我们使用实际利率来计算以实际产品或服务表示的利息收益，它等于名义利率减去通货膨胀率。
5. 资产在未来会产生收入流。通过折现，我们可以把未来收入流转换为今天的货币价值。转换的方法是，找出愿意按既定市场利率进行投资的货币的数量，该数量的货币可以在未来产生同样的收入流。
6. 精确的折现公式如下：$t$年后可得到的每1单位货币收入的现值$V$是1美元/$(1+i)^t$，因此，对任何净收入流（$N_1$，$N_2$，…，$N_t$），我们有：

$$V = \frac{N_1}{1+i} + \frac{N_2}{(1+i)^2} + \cdots + \frac{N_t}{(1+i)^t} + \cdots$$

其中 $N_t$ 是未来 $t$ 年收入的货币价值。

**B. 资本、利润和利息理论**

7. 第三种生产要素是资本，即能进一步用于生产过程的耐用产成品。最为一般地讲，进行资本投资意味着推迟消费。社会通过推迟当前消费来建造厂房或设备，以增加未来的消费。一个经济事实是，迂回生产能产生一个正的收益率。
8. 利率这一因素在经济中可以起到两个方面的作用。作为驱动因素，它刺激人们储蓄和积累财富。作为配给因素，它使社会仅选择那些收益率最高的投资项目。然而，随着资本越来越多地积累起来，在收益递减规律的作用下，资本的收益率和利率都会因竞争而降低。对社会来说，下降的利率是其采用了更多收益率较低的资本密集型项目的信号。
9. 储蓄和投资所涉及的是等待未来消费，而非今天的消费。这种节省与资本的净生产率相互作用，决定着利率、资本的收益率和资本存量。用来购买资本的资金或金融资产，是由那些愿意牺牲当前消费以换取未来更多消费的居民户所提供的。资本需求来自那些有多种迂回投资项目的公司。在长期均衡中，利率是由资本的净生产率和居民户为未来消费而牺牲当前消费的意愿这二者之间的互动情况所决定的。
10. 利润是收入与成本之差。记住：经济利润与会计利润不同。经济学区分三类利润：(*a*) 利润的一个重要来源是隐含收益。公司通常拥有许多自己的非劳动生产要素——资本、自然资源和专利。在这种情形下，自己拥有的投入的隐含收益就构成利润的一个部分。(*b*) 另一个决定利润的因素是无法规避的风险，尤其与商业周期有关的风险。(*c*) 最后，引入新产品或创新的企业家可以获得创新利润。

## 概念复习

资本，资本品
有形资产和金融资产
租费，资本收益率，利率，利润
现　值
实际利率和名义利率

期限、风险、非流动性导致的利率溢价
通货膨胀指数债券
抑制当前消费以进行投资
现　值

利率决定中的两个因素：
　迂回性收益和尽早消费偏好
利润的来源：隐含收益，风险，创新

## 补充读物和互联网站

### 补充读物

The foundations of capital theory were laid by Irving Fisher, *The Theory of Interest* (Macmillan, New York, 1930). You can pursue advanced topics in finance theory in an intermediate textbook such as Lawrence S. Ritter, William L. Silber, and Gregory F. Udell, *Principles of Money, Banking, and Financial Markets,* 11th ed. (Addison Wesley Longman, New York, 2003). The standard reference on U.S. monetary history is Milton Friedman and Anna Jacobson Schwartz, *Monetary History of the United States 1867–1960* (Princeton University Press, Princeton, N.J., 1963).

Modern capital and finance theories are very popular subjects and are often covered in the macroeconomics part of an introductory course or in special courses. A good book on the subject is Burton Malkiel, *A Random Walk down Wall Street* (Norton, New York, 2003). A recent book surveying financial history and theory and arguing that the stock market was extraordinarily overvalued in the bull market of 1981–2000 is Robert Shiller, *Irrational Exuberance,* 2nd ed. (Princeton University Press, Princeton, N.J., 2005). A recent summary of evidence on the efficient-market theory by Burton Malkiel and Robert Shiller is found in *Journal of Economic Perspectives,* Winter 2003.

### 互联网站

Data on financial markets are plentiful. See *finance.yahoo.com* for an entry point into stock and bond markets as well as information on individual companies. Also see *www.bloomberg.com* for up-to-date financial information.

Data on financial markets are also produced by the Federal Reserve System at *www.federalreserve.gov.*

## 问题讨论

1. 计算下列收入的现值，其中 $I_t$ = 未来 $t$ 年的收入，$i$ 为年固定利率，用百分比来表示。如果计算结果不是整数请精确到小数点后两位。
   a. $I_0 = 10$，$I_1 = 110$，$I_3 = 133.1$；$i = 10$
   b. $I_0 = 17$，$I_1 = 21$，$I_2 = 33.08$，$I_3 = 23.15$；$i = 5$
   c. $I_0 = 0$，$I_1 = 12$，$I_2 = 12$，$I_3 = 12$；……；$i = 5$
2. 比较耐用资产的四种收入：(*a*) 土地租金；(*b*) 资本品的租费；(*c*) 资本品的收益率；(*d*) 实际利率。各举一例。
3. 利率问题（可能需要计算）：
   a. 你以每年 13.5% 的利率投资 2 000 美元。6 个月后你的总余额是多少？
   b. 当你从已经兑现的利息收入中继续获取利息时，则该利息是复合的。今天我们所说的大多数利率应该都属复合利率。现在，如果你以 10% 的复合年利率投资 10 000 美元，期限为 3 年，那么每年年末该投资连本带利的总价值是多少？
   c. 考虑如下数据：1977 年的消费者价格指数为 60.6，1981 年为 90.9。1978~1981 年，政府债券的利率为（以每年的百分比表示）：7.2、10.0、11.5 和 14.0。计算 1978~1981 年 4 年的平均名义利率和实际利率。
   d. 短期国债通常折价销售，比如，一个期限为 90 天、面值为 10 000 美元的短期国债，以这样一种价格出售：在到期日募集 10 000 美元会产生一个市场利率。如果市场利率为每年 6.6%，那么期限为 90 天、面值为 10 000 美元的短期国债的价格是多少？
4. 现值问题：
   a. 考虑 1 年期债券的现值问题。在利率为 1%、5%、10% 和 20% 的情况下，分别计算债券的现值。
   b. 在年利率为 1%、5%、10% 和 20% 的情况下，每年收益 16 美元的永久性资产的现值是多少？
   c. 比较 a 和 b 的答案。哪一种资产对利率变化更敏感？定量分析其差异。
5. 应用利息的供给和需求的分析，解释在资本理论中下列事件将如何影响利率？
   a. 一项创新使资本在每一级水平的边际产品都增加。
   b. 居民户想要持有的财富量减少。
   c. 对资本报酬征收 50% 的税（在短期和长期）。
6. 请看图 8-5 和图 8-6，回忆经济如何从每年 10% 的短期均衡利率移向长期的均衡。解释如果技术变革导致资本需求曲线上移，在长期和短期内会发生什么情况。如果政府的债务变得非常巨大，人们资本供给的很大一部分被吸收到政府债务中去，又会出现什么情况？画出两种情况下的新的曲线。
7. 解释一项永久性收入流的折现公式。贴现率为 5% 时，一项每年带来 100 美元的永久性收入价值多少？每年带来 200 美元的呢？每年带来 $N$ 美元的呢？贴现率为 10% 或 8% 时，一项每年带来 100 美元的永久性收入价值多少？利率翻倍对于一项永久性收入（比如永久性债券）的资本价值有何影响？
8. 请回忆收敛几何级数的代数公式：

$$1 + K + K^2 + \cdots = \frac{1}{1 - K}$$

   在任何时候 $K$ 都小于 1。如果设 $K = 1 / (1 + i)$，你能否证明永久性收入的折现公式：$V = N$ 美元 $/i$？请运用常识给出另一种证明。如果一张彩票以 6% 的利率每年向你和你的继承人支付 5 000 美元，则它的现值是多少？
9. 曼哈顿的土地在 2008 年价值约 1 500 亿美元，假设现在是 1626 年，你是想购买曼哈顿土地的荷兰人的经济顾问，并假设计算现值时，相应的利率是每年 4%。你认为 24 美元的购买价是一笔好交易吗？如果利率是 6%、8%，你的答案会如何变化？（提示：对每一利率，按 2008 年的地价推算土地在 1626 年的现值，然后将它与 1626 年的购买价相比较。对这个例子进行简化，假定土地所有者对土地不收取租金。更进一步，假定每年的租金等于土地价值的 2%。）

10. 利率的提高往往会带来资产价值的下跌。为了证明这个结论，请计算下面两项资产的现值，令年利率分别为 5%、10%、20%：

a. 每年 100 美元的永久性收入。

b. 一年以后一棵圣诞树可以卖 50 美元。

请解释为什么长期资产的价格对利率变动的敏感性要高于短期资产。

# 第 9 章 货币和金融体系

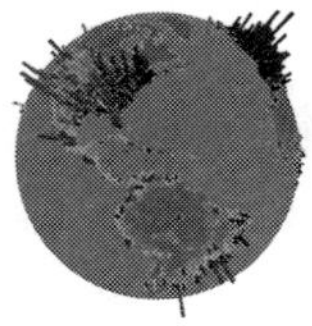

*历史上，货币一直这样地困扰着人们：*
*要么很多却不可靠，要么可靠但又稀缺，二者必居其一。*

——加尔布雷思
*《不确定的年代》*(1977 年)

---

金融系统是现代经济中最为重要和最富创新的部门。它建立了重要的循环系统，使资源能够从储蓄者向投资者转移。早期的金融由一系列银行和乡村信用社组成，而今天的金融体系却是一个巨大的、国际性的银行体系、证券市场、养老基金和一系列的金融工具。自从第二次世界大战以来，金融体系曾一直运转良好，极大地促进了经济的健康发展。而当银行破产、人们对金融体系丧失信心之时，信贷便会紧缩，投资也会受阻，经济增长就会减缓，正如 2007~2009 年发生的国际金融危机那样。

## 货币传导机制概要

宏观经济学的一个重要话题就是*货币传导机制*，指的是中央银行（在美国是联邦储备银行）会同其他银行和经济机构决定利率、金融情况、总需求水平、产出和通货膨胀水平，也即实施货币政策的全过程。

不妨以下列 5 个步骤来表述货币传导机制。

1. 依据调控目标和经济形势，中央银行确定并发布一个短期目标利率。
2. 中央银行进行公开市场业务以实现利率目标。
3. 中央银行的新目标利率和市场对未来金融情况的预期，二者共同决定总体的短期和长期利率、资产价格水平和汇率。
4. 利率水平、信贷宽松、资产价格和汇率的变动会影响投资、消费和净出口。
5. 投资、消费和净出口的变动通过总供给 – 总需求机制影响产出路径和通货膨胀。

我们将用三章篇幅来讨论这个机制，各章内容分别是货币、金融和中央银行。在前面的第 8 章中我们曾讨论了决定利率和资本的主要因素。本章的讨论将集中在私人金融部门，包括金融体系结构（A 部分）、货币需求（B 部分）、银行（C 部分）和证券市场（D 部分）。下一章中我们将讨论中央银行和金融市场如何与实体经济相互作用，以决定产出和通货膨胀。学完这几章之后，我们应能理解货币传导机制的不同步骤。这当然也是宏观经济学的一个重要组成部分。

## A. 现代金融系统

### 金融体系的作用

金融部门是一个将商品、服务和国内外金融市场联结起来的经济循环系统。为了消费和投资，家庭和企业需要经由货币金融体系进行相互借贷。人们可能会借入或者贷出资金，因为他们的现金收入时常与他们的意愿支出不匹配。例如，学生一般都会有超出他们现阶段收入的学费和生活开支的消费需求。他们通常通过学生贷款筹集超额开支。同样，双职工家庭可能通过购买股票或债券，将部分收入储蓄起来以备日后退休时所需。可见他们实际上是在为退休金而融资。

与金融相关的活动发生在**金融系统**（financial system）中。它包括市场、企业和其他机构，执行家庭、企业和政府的各种金融决策。金融系统的重要组成部分包括货币市场（将在本章后面讨论）、固定利率的债券或抵押贷款等资本市场、能取得公司所有权的股票市场，还有交易不同国家货币的外汇市场。美国绝大多数的金融系统由旨在盈利的经济实体组成，但是非营利性的政府机构，如联邦储备系统和其他监管实体等，在保证金融系统的有效性和稳定性方面也起着特别重要的作用。

借贷行为经由各种金融中介发生在金融市场上。**金融市场**（financial market）同其他市场一样，只不过它的产品和服务包括股票和债券等金融工具。重要的金融市场包括股票市场、债券市场和外汇市场。

提供金融服务和产品的机构叫做**金融中介**（financial intermediaries）。金融机构和其他企业有所不同，它们的资产更多是金融资产，而非厂房和设备那样的实物资产。很多零售金融交易（如银行业务或购买保险）更多通过金融中介而不是直接在金融市场交易。

最重要的金融中介是商业银行，它从家庭或其他组织那里吸收存款资金，然后将它们贷给需要资金的企业和其他人。银行也“创造”货币这种特定产品。另一重要的金融中介包括保险公司和养老基金，它们提供专业化的服务，如保险政策和保证居民退休生活的投资。

而第三类金融中介“集中”并“细分”各种证券，包括共同基金（代表小投资者持有债券和公司股票）、抵押品再销售者（从银行购买抵押品，并将他们重新包装上市，销售给其他金融机构）和“衍生”公司（购买资产，再打包细分成不同的部分）。

由表 9-1 可见美国金融机构所拥有资产的增长和组成。在这一领域中有着非同寻常的增长和创新，比如，所有资产对 GDP 的比率已经从 1965 年的 1.5 增加到 2007 年的 4.5。如此快速增长的原因主要在于*金融中介*的拓展，也即资产被购买、打包和多次出售的过程。金融中介的目的是将不流动的资产转变成流动的资产，以便小型投资者也能购买。到 2007 年年底，金融中介机构已拥有资产 61 万亿美元，大约每个家庭 53 万美元。显然，在人们所投资的领域中，一项关乎该领域动向的深入研究，不仅能有助于政策制定，而且也有助于家庭的理财投资决策。

### 金融系统的功能

由于金融系统是现代经济中非常重要的部门，让我们探讨一下它的主要功能。

- 金融系统在不同时间、部门和地区间*转移资源*。这一功能使投资被更有效地利用而不是浪费在不需要的地方。以上我们已经涉及学生贷款和退休储蓄的例子。下面是一个发生在国际金融领域的例子。日本是储蓄率极高的国家，现在正通过贷款和国外直接投资等方式将资源转移到投资机会激增的国家——中国。
- 金融系统对经济有*控制风险*的作用。从某种意义上说，风险管理类似于资源转移：它将风险从那些最需要降低风险的人或部门中转移出来，转移或分散给那些风险承受力和适应性更强的人或部门。例如，房屋火灾保险可为你承担高达 20 万美元的损失，让风险分摊到成千上万的保险公司股东们的头上。
- 金融系统根据单个储蓄者或投资者的需求*吸收和发放资金*。作为一个投资者，你可能只想在普通股票的多样化组合中投资 1 万美元，但有效地选购一个 100 种股票的组合也许需要投资 1 000 万美元。在这种情况下，共同基金便应运而生。基金可以拥有 1 000 个投资人，可以选购上述股票投资组合，然后再接受你的 1 万美元的认购并管理你的投资。作为回报，这个运作良好的共同基金可能需要你每年为你 1 万美元的基金投资承担 30 美元的管理费。此外，现代经济要求大型公司拥有数十亿美元的土地和设备投资，个人很难负担得起。就算有人非常有钱、能够独立进行投资，他恐怕也不会愿意将自己所有

| | 1965 | | 2007 | |
|---|---|---|---|---|
| | 全部资产（10 亿美元） | 占全部资产的百分比 % | 全部资产（10 亿美元） | 占全部资产的百分比 % |
| 美联储 | 112 | 11 | 2 863 | 5 |
| 商业银行 | 342 | 33 | 11 195 | 18 |
| 其他信贷机构 | 198 | 19 | 2 575 | 4 |
| 保险和养老基金 | 325 | 31 | 16 557 | 27 |
| 货币市场和共同基金 | 43 | 4 | 11 509 | 19 |
| 政府支持的抵押贷款公司 | 20 | 2 | 9 322 | 15 |
| 资产支持证券 | 0 | 0 | 4 221 | 7 |
| 证券经纪人、经销商和其他 | 10 | 1 | 3 095 | 5 |
| 全部 | 1 050 | 100 | 61 337 | 100 |
| 占 GDP 的百分比 | 146% | | 450% | |

**表 9-1 美国主要的金融资产**

过去的 40 年里，金融领域发生了迅速的变革。这个表格显示了所有金融机构的资产，占 GDP 的百分比从 146% 上升到 450%。在银行和其他信贷机构的重要性下降的同时，对冲基金和政府支持的抵押担保机构不断扩大。若干重要金融工具在上世纪 60 年代还根本就不存在，如资产支持证券。

资料来源：Federal Reserve Board, Flow of Funds, available at *www.federalreserve.gov/releases/z1/*, level tables.

的鸡蛋都放在同一个篮子里。因此，现代公司制度便应运而生。公司有能力吸引许多投资人买自己的股票，从而可以将分散的投资集中起来，从事规模巨大且更具风险性的投资。

- 金融系统发挥着重要的*票据交换所的功能*，从而促进付款人（买者）和收款人（卖者）之间的交易。例如，当你经由支票账户出具一张支票购买新电脑时，票据交换所就会在你的银行账户借方上记一笔，同时也在那家电脑公司的银行账户的贷方上记一笔。正是这一功能使得资金在全世界快捷地进行转换。

### 资金的流动

我们可以通过一幅**资金流动**（flow of funds）图显示金融市场的简化账户，如图 9-1 所示。这幅图显示了两组经济当事人（储蓄者和投资者），通过金融中介和金融市场进行储蓄和投资的典型范例。图 9-1 是高度简化的，现实中却有许多不同种类的金融资产或金融工具，我们在下文中将会看到。

## 金融资产的类别

**金融资产**（financial assets）是经济中一个参与者对另一个参与者的货币要求权，主要包括*以美元计价的资产*（支付货币固定为美元）和*有价证券*（其价值代表的是所占有的实体资产的价值）。表 9-2 显示的是截止到 2007 年年底美国主要的金融工具。金融资产的全部价值为 142 万亿美元，大约每个家庭 120 万美元。当然，尽管其中许多资产是相互抵消的，但这些巨额数字也表明了当今金融体系的庞大。

以下是主要的金融工具或资产：

- *货币*和它的两个组成部分作为一种特殊资产，将在这一章后面详细地给出定义。
- *储蓄账户*，指的是在银行或信贷机构的存款，通常由政府担保，有固定的本金价值，其利率由短期市场利率决定。
- *信贷市场工具*，由政府或私人机构以美元为单位发行的证券。联邦政府债券被认为是最安全的投资。其他的信贷市场工具有不同程度的风险，包括公司抵押贷款、公司证券和垃圾债券。

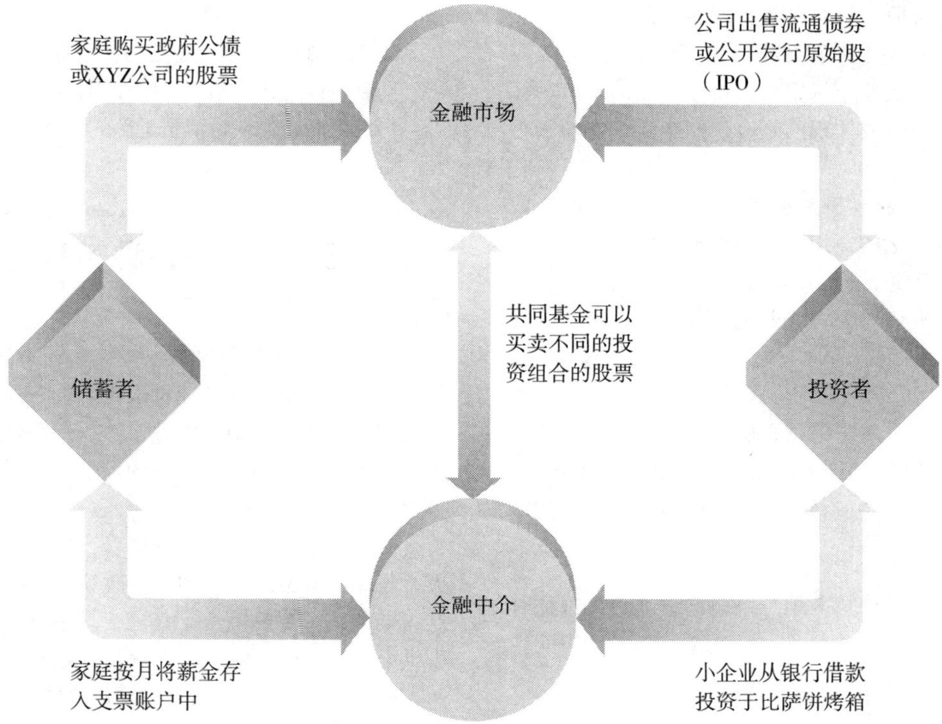


**图 9–1　经济中资金流的流通渠道**

储蓄者和投资者通过金融市场和金融中介跨时间、跨空间和跨部门地转移资金。一些资金流动（如购买 XYZ 公司 100 股股份）直接通过金融市场，而其他（如购买共同基金份额或将资金存入你的支票账户）则经由金融中介。

| 金融工具 | 全部（10 亿美元） | 比　重 |
|---|---|---|
| 货币（$M_1$） | | |
| 　现金 | 774 | 0.5 |
| 　支票存款 | 745 | 0.5 |
| 储蓄存款 | 7 605 | 5.4 |
| 货币市场和共同基金 | 10 852 | 7.6 |
| 信贷市场工具 | | |
| 　政府和政府发起的 | 12 475 | 8.8 |
| 　私人的 | 38 660 | 27.2 |
| 公司和非公司权益 | 29 355 | 20.7 |
| 保险和养老金储备 | 13 984 | 9.9 |
| 杂项信贷和其他 | 27 470 | 19.4 |
| **全部，所有金融工具** | **141 921** | **100** |

**表 9–2　2007 年美国主要的金融工具**

这个表格显示的是美国的家庭、公司和其他企业所拥有的金融资产。其整体价值要大于金融机构所发行的票据总额，因为许多资产是由其他实体如政府发行的。

资料来源：Federal Reserve Board, Flɔw of Funds, available at *www.federalreserve.gov/releases/z1/*, level tables.

- 普通股（一种股票权益）是指对企业的所有权。它们从公司的净利润中获取红利。公开交易的股权（或称普通股）由股票市场定价，将在后面的章节进行讨论。非公司股权体现的是合伙制企业、农场和小企业的价值。
- 货币市场基金和共同基金是一种基金，它拥有数百万甚至数十亿的短期资产或股权，然后被细分成若干部分，以便小型投资者购买。
- 养老金是指人们对公司或养老金计划所持资产的所有权。在工作期间由员工和公司共同建立这笔基金，在员工退休后以养老金的形式发给员工。
- 金融衍生产品（属于信贷金融工具）是新形式的金融工具，它们的价值依附或衍生于其他资产的价值。一个重要的例子是股票期权，其价值依附于它的基准股票。

请注意，这些金融资产中并未包括大多数人都拥有的一项最重要的资产——住宅。住宅是有形的，因此不属于金融资产。

### 利率回顾

在第 8 章，我们曾具体讨论了回报率、现值和利率。现在我们不妨仔细回顾一下这些概念。以下是主要的知识点。

> 利率是借入资金所支付的价格。我们通常以每年所支付的利息数量占所借本金的百分比来计算利率。利率可分成很多种，取决于期限、风险、税收负担和借入资金者等各种属性。

举几个例子来说明利息是如何被计算出来的：

- 当你大学毕业时你名下只有 500 美元，你决定以现金形式加以保存。如果你分文未花，那么年终时你仍然有 500 美元，因为通货的利率是零。
- 随后，你将 2 000 美元存入一家地方银行的储蓄账户，储蓄存款的年利率为 4%。那么在年终时，银行会将 80 美元利息记入你的账户，这样该账户的金额就增加到 2 080 美元。
- 你开始工作并决定购买一套价值 10 万美元的房子。你去当地银行申请了 30 年期固定利率为每年 5% 的抵押贷款。每个月你的抵押贷款还款额为 536.38 美元。注意这个还款额略高于所签订的每月 0.417（5/12）的利息率。这是为什么呢？因为它不仅包括利息，而且还包括本金的分期摊还。当你支付了 360 个月之后，你就付清了全部的贷款。

## B. 货币的各种特殊形态

让我们转向货币的各种特殊形式。只要思量一下，你就会觉得货币实在是一种很奇妙的东西。我们勤勤恳恳地赚生活所需的钱，但每张钞票却都仅仅是一张又一张的纸片，并没有什么内在的价值。货币只有在我们花掉它的时候才产生效用。

但是从宏观经济学的角度看，货币的重要性非常之大。当今，货币政策（和财政政策）是政府用来稳定商业周期的最重要的两个工具之一。中央银行可以控制货币供给、信贷和利率，在经济增长缓慢时刺激经济增长，而当通货膨胀的压力上升时减缓经济增长。

若金融系统能得到很好的管理，产出就会稳步增长，价格也同时能保持稳定。相反，如果金融体系不稳定，如遭到战争或革命清洗的国家，则会导致通货膨胀或经济萧条。的确，20 世纪世界上大部分危机重重的宏观经济问题，都可以追踪到管理不当的货币体系上来。

现在，让我们认真地讨论货币的定义和对于货币的各种需求。

### 货币的演变

#### 货币的历史

货币是什么？**货币**（money）是能够被普遍接受的充当交易媒介的任何一种东西。鉴于货币有一段久远而引人入胜的历史，我们的学习也不妨从货币的产生和演变开始。

***以物易物*** 在一本早期的关于货币的教科书中，当斯坦利·杰文斯想要说明社会引入货币所带来的变革时，他曾引用过下面的例子：

> 若干年前，巴黎拉利克剧院的歌手塞利小姐……曾在社会群岛举办过一次演唱会。作为演唱歌剧

"Norma"中的一首咏叹调和其他几首歌的报酬，她得到门票收入的 1/3。

经清点，她的报酬包括 3 头猪、23 只火鸡、44 只鸡、5 000 个椰子，还有很多香蕉、柠檬和橘子……在巴黎……这些家畜和水果可能值 4 000 法郎。这就是唱 5 首歌的优厚报酬。然而在社会群岛，货币是稀缺的。由于塞利小姐自己无法消费掉这些收入中的大部分，她最后只好用水果去喂猪和家禽。

这个例子说明了什么是**以物易物**（barter），即用一种物品（服务也是一种物品——译者注）交换其他物品。与以物易物相对比的是通过使用货币进行交换，因为猪、火鸡、柠檬都不是可以普遍被我们或是塞利小姐接受的、能够用来买东西的货币。尽管以物易物比起没有贸易来说实在是一大进步，然而它操作起来还是极不方便。如果不采用货币这一重大的社会发明，则复杂的劳动分工将会变得不可思议。

随着经济发展，人们不再直接用一种物品与另一种物品相交换。相反，他们通过出售商品获得货币，然后再用货币购买他们所需要的物品。初看起来，用两次交易代替一次交易，似乎使事情变得更复杂了。如果你手里有苹果而心里却想要胡桃，那么直接用苹果交换胡桃，不是要比拿苹果卖钱，再用钱买胡桃更简单一些吗？

然而，事实的回答却恰恰相反：两笔货币交易要比一笔以物易物来得简单。例如，一些人可能想购买苹果，而另一些人则可能想卖出胡桃。但是，要找到一个愿望刚好与自己相反，即愿意卖胡桃而又想买苹果的人，却是件很不容易的事。用典型的经济学语言来讲，经常出现的情况并不是"需求的双重巧合"，而是"缺乏巧合"。因此，在以物易物的条件下，除非一个饿着肚子的裁缝恰巧找到一个既有食物又想买条裤子的没有衣服穿的农民，否则双方都不可能直接进行交易。

广泛进行简单交易的社会无法克服以物易物的缺陷。只有使用可以共同接受的交易媒介，即货币，才能保证农民可以从裁缝那里买裤子，裁缝可以从皮匠那里买鞋子，而皮匠可以从农民那里买皮革。

***商品货币***　在人类历史上，作为交易媒介的货币最初是以商品形式出现的。许多不同的商品在不同时期都曾被当做货币使用，如牛、橄榄油、啤酒、葡萄酒、铜、铁、金、银、戒指、钻石和烟草，等等。

上述每种东西都有优点和缺点。牛不能分成很小的单位。虽然葡萄酒会由于储存而提高品质，但啤酒就不能如此。橄榄油是一种良好的流质货币，可以随心所欲地被分为很小的单位，但用起来却有点粘手（不好携带），如此等等。

到 18 世纪，商品货币几乎全部局限于金银这样的金属。这些形式的货币具有*内在价值*，也即本身具有使用价值。由于货币有内在价值，政府就没有必要再去保证它的价值。货币的数量也可以通过市场对金银的供求来管理。不过金属货币也有缺点，一是需要动用稀缺资源从地下开采它；二是会仅仅由于偶然发现矿藏而突然变得丰富起来。

自从中央银行开始控制货币，通货体系就比从前要稳定得多。现在，货币的内在价值已经成了它最不重要的方面。

***现代货币***　商品货币时代已经让位于*纸币*（paper money）时代。货币的本质现在已经很清楚了。人们需要货币并不是因为货币本身，而是因为它可以买到的东西。我们并不想直接消费货币，而是要把它花出去。即使我们选择把货币储存起来，它的价值也仅仅在于我们以后能够花掉它。

纸币的普遍使用是因为它是一种方便的交易媒介。纸币容易携带和储存。依靠精心雕凿的底版，能够防止伪造纸币，从而保证了它的价值。私人不能合法地制造货币，因而纸币是稀缺的东西。供给上的这种限制条件使得纸币具有价值。它可以购买商品。只要人们能够使用纸币支付他们的账单，只要它被接受为一种支付手段，它就起到了货币的功能。

政府发行的纸币正在逐渐被*银行货币*(bank money)所取代（我们很快还会讲银行货币，即支票账户的问题）。

几年前，许多人预测我们将进入无现金社会。他们预测现金和支票账户会被电子货币所取代，比如现在许多商店所发行的充值卡。但在现实中，大多数消费者还是不愿意接受电子货币。他们更相信并偏好政府担保发行的货币和支票。某种程度上讲，电子转账、贷记卡和电子银行已经在取代支票，但是它们还不能被看做是一种新的货币，而只能看做是*应用*支票账户的一种新形式。

## 货币供给的构成

现在让我们进一步看看美国人所使用的各种货币。宏观经济学研究的*货币总额*称为 $M_1$，也称为*交易货币*。早先经济学家也曾关注其他的货币概念，如 $M_2$。这些概念涵盖了更多的资产，对于观察长期经济的大趋势常常很有用，但是它在今天的货币政策中已经很少被采用。以下是 $M_1$ 的组成部分：

- **通货** 通货是银行体系以外的硬币和纸币。对于 1 美元或 5 美元钞票，大部分人只知道它上面印着一位美国政治家的画像，带有一位政府官员的签名，以及每一张都有一个数字标明它的面值。观察一张 10 美元或其他面值的钞票，你或许会看到上面印着“联邦储备券”的字样。但是纸币用什么东西做“担保”呢？许多年以前，纸币是由黄金或白银担保。现在已经不再需要这样担保了。今天，美国所有的硬币和纸币都是法定货币。这就是说，政府规定了某物为货币，即使该物品本身并没有价值。硬币和纸币是法定清偿手段，所有公共的或私人的债务都必须接受它作为偿还手段。硬币和纸币（它们之和称为通货）加起来约占 $M_1$ 即交易货币总额的 1/2。
- **支票存款** 交易货币的另一个组成部分是银行货币。这是指存于银行或其他金融机构、能够开支票以及根据你的需要提取的资金和存款。用专业术语来说，它们被称为“活期存款及其他支票存款”。如果我在阿尔伯克基国民银行有 1 000 美元的支票账户，那么这笔存款就可以看成货币。为什么？道理很简单，我能够据此开出支票来购买商品。我账户中的存款是一种交换媒介，因此它也被算做交易货币。

同学们经常考虑一个问题，那就是信用卡是不是货币呢？事实上，它们不是。原因是，信用卡实际上是提供一种很方便（却并不便宜）的方法来借钱。当你使用信用卡支付时，你必须在未来的一个时间点用货币进行偿付。

图 9-2 显示了 $M_1$ 对 GDP 比例的变动趋势。在过去的半个世纪里，该比率下降了 3 个基点。同时，其他金融资产增长迅速。

> 货币可以是任何一种在交易中能够被普遍接受的交换媒介。今天，我们把交易货币定义为 $M_1$，即公众所拥有的通货和支票存款的总和。

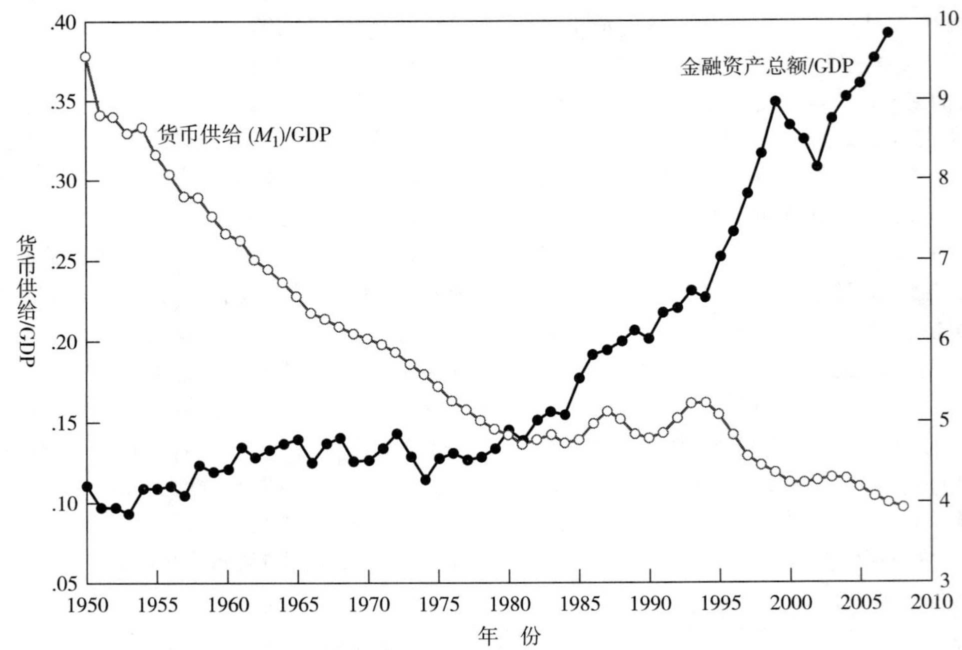


**图 9-2 每单位 GDP 所拥有的货币和金融资产总额**

全部金融资产占 GDP 的比重迅速增加，同时货币供给占 GDP 的比重逐渐下降。注意规模上的不同。这里金融资产总额的定义与表 9-1 相同。

资料来源：Financial data from the Federal Reserve Board; GDP from the Bureau of Economic Analysis.

## 货币需求

对货币的需求不同于对冰淇淋或电影的需求。人们需要货币，并非因为货币本身。你不会去吃硬币，也很少因其雕版艺术价值而将 100 美元的钞票贴在墙上。相反，我们需要货币是因为它作为贸易和交换的一种润滑剂，能够间接地为我们服务。

### 货币的职能

在分析货币需求之前，让我们明确一下货币的职能。

货币最主要的职能是充当*交易媒介*。没有货币，我们就要不断四处奔波，寻找能与我们进行易货交易的人。当货币体系不能正常地发挥作用时，货币的价值就体现出来了。例如，在 20 世纪 90 年代初俄罗斯放弃了它的中央计划体系之后，由于卢布不能再充当一种可以被广泛接受的交易媒介，所以人们需要花费几个小时排队抢购商品，并竭力多换取美元或其他外汇。

货币也可以作为*核算单位*，用来衡量物品的价值。正如用千克表示重量一样，我们用货币衡量价值的大小。采用这种通用的核算单位可以极大地简化我们的经济生活。

货币有时还被当做*价值贮藏手段*。与股票、房地产或黄金等有风险的资产相比，货币相对来讲没有风险。早期，人们将持有现金视为保持财富的一种安全方式。今天，当人们为他们的财富寻找一个安全的场所时，绝大部分财富还是以非货币资产的形式来保存的，如储蓄账户、股票、债券和房地产。

### 持有货币的成本

持有货币的机会成本又是什么呢？货币的机会成本很高，因为它的收益率要比其他的安全资产低。货币的名义年收益率为 0。支票存款账户有时有较低的利率，但是这个利率通常要比货币市场共同基金或储蓄账户低。例如，在 2000~2007 年，货币的年收益率为 0，同期支票账户的平均年收益率为 0.2%，短期的货币基金的年收益率为 4.6%。如果货币（现金和支票账户）的年均权重收益率为 0.1%，那么持有货币的机会成本相当于每年 4.5%（= 4.6% − 0.1%）的负利息。表 9-3 是货币的利率（和其他安全的短期资产相比）。

持有货币的成本是所放弃的持有其他资产的利息收入。这一成本和短期利率很接近。

### 货币需求的两个原因

***货币的交易需求***　人们需要货币最主要的原因是人们的收入和支出并不发生在同一时期。比如，我也许在每月的最后一天领薪水，但是我需要在一个月 30 天里都可以买食品、报纸、汽油和服装。需要货币来支付购买或交易商品、服务和其他东西，这种需求构成了对货币的*交易需求*。

例如，假定一个家庭每月有 3 000 美元的收入，以现金形式持有，并且在当月内都会把它们花完。计算结果将会表明该家庭所持有的货币余额平均为 1 500 美元。

这个例子能帮助我们了解货币需求对不同的经济影响如何进行反应。如果所有价格和收入都增加一倍，对货币的名义需求量显然也就增加一倍。因此，如果名义 GDP 增加一倍，而实际 GDP 或其他实际变量保持不变，那么对于货币的交易需求也会增加一倍。

货币需求又是怎样随着利率的变动而变动的呢？当利率上升时，该家庭可能会说："让我们在月初将一半货币存入支票账户，而将另一半存入每年获利 8 % 的储蓄账户。然后，到 15 日，再从储蓄账户中取出 1 500 美元存入支票账户，以便清偿后两个星期的账单。"

这意味着当利率上升且家庭决定将其一半收入存入储蓄账户时，该家庭的平均货币持有量从 1 500 美元减少到 750 美元。这表明货币持有量（或对于货币的需求量）对利率可能十分敏感：如果其他条件不变，当利率上升，对货币的需求量会下降。

***资产需求***　除了能满足交易需求之外，你也许还想知道，货币是否可用于价值贮藏。现今我们的答案是"不可常用"。现代经济中，人们偏好于将其非交易性资产投放在安全的、有利息的资产中，例如储蓄账户或货币基金。假若你每月需要放 2 000 美元在你的支票账户中以保证日常开支，而在储蓄账户中你还有 5 万美元。显然，你首先会考虑将 5 万美元储蓄投资于货币基金以赚取 4.6% 的年利息，而不是放在支票账户中只赚取 0.2% 的年息。10 年后，前者的价值将为 78 394 美元，而后者则仅为 51 009 美元。（相信你能算得出这些数字）

尽管如此，还是有例外的情况——货币本身就具有价值贮藏的功能。在早期的金融体系中，除了货币之外

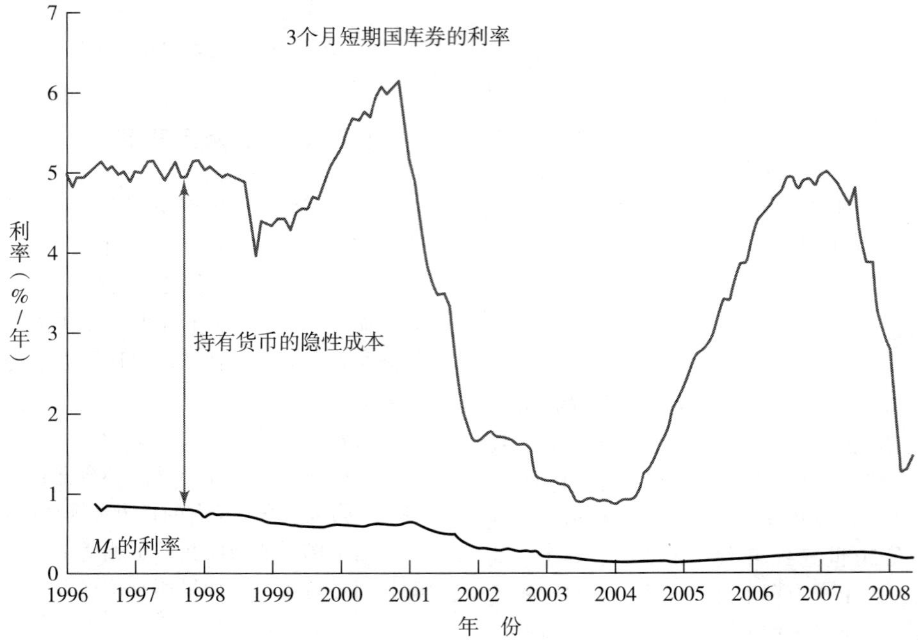


**图 9-3 货币和短期安全资产的利率**

本图显示了货币的回报率（货币零回报率和支票账户回报率二者的平均）及其与短期政府债券回报率的比较。二者的差额即是持有货币的隐性成本。

资料来源：Treasury interest rate from Federal Reserve; interest rate on checking accounts from Informa Research Services, Inc.

就没有其他可靠的资产，于是货币本身就会成为一种很有吸引力的资产。当一国面临高通货膨胀，或者本币即将贬值，或者金融体系不可靠的时候，美元就普遍地被视为一种安全资产。即使是在经济发达的国度，当利率为0时，人们也会选择持有货币。这种情况被称为流动性陷阱，是中央银行极度担心的问题，因为在这种情况下它们将没有能力控制利率。我们将在下一章中讨论这种情况。

> 我们拥有狭义货币 $M_1$ 的主要原因是为满足交易需求。这意味着货币是可接受的交换媒介，我们可用它购买商品和支付账单。当收入增加，我们所需购买的商品价值也就会增加，那么就需要有更多的货币用于交易，所以对货币的需求就增加了。在现代金融体系中，一般对 $M_1$ 没有或者仅有少量的需求。

## C. 银行和货币供给

上面我们已经分析了金融体系的基本结构，现在让我们来讨论商业银行和货币供给。如果你回顾一下本章开头关于货币传导机制的表述，那么你就会发现处在第三个环节的银行活动是关键。尽管货币在所有的金融资产中不过是一个很小的组成部分，但在调整利率进而影响宏观经济运行方面，中央银行和商业银行的互动却能够发挥重大作用。

银行成立的目的是为了给它们的所有者赚取利润。一个商业银行就是一个相对简单的企业，为顾客提供特定服务并从顾客那里获取报酬。

表9-3显示的是美国所有商业银行的综合的资产负债表。资产负债表反映的是一个企业在某一时点上的财务状况，按资产（企业所拥有的各项目）和负债（企业所

| 2008 年美国商业银行整体的资产负债表（10 亿美元） | | | |
|---|---|---|---|
| 资　产 | | 负债和净值 | |
| 准备金 | 43 | 支票存款 | 629 |
| 贷　款 | 6 250 | 储蓄和定期存款 | 5 634 |
| 投资和证券 | 2 265 | 其他负债 | 2 643 |
| 其他资产 | 1 404 | 净值（资本） | 1 056 |
| 总　额 | 9 961 | 总　额 | 9 961 |

**表 9–3　美国商业银行的整体资产负债表**

商业银行是多样化经营的金融机构，是支票账户存款的主要提供者，而支票存款是 $M_1$ 的一个重要组成部分。开设支票账户之后存款可以按支付需要随时提取，因此可用作交易媒介。保有准备金的主要原因是满足法律要求，而不是应对意外提款。（注意，除了资产和负债以外，银行还保有一个比例不大的净值或曰资本，负债对净值的比率称作“杠杆率”。像 2007~2009 年所经历的那样，若银行的各种资产同时恶化，则杠杆率高的金融机构的系统风险也高。）

资料来源：Federal Reserve Board, available at *www.federalreserve.gov/releases/.*

欠的各项目）分别入账列示。资产负债表中每一项目的价值，都是按其实际市场价值或其历史成本计入的。[1] 总资产与总负债的差额称为净值。

除了细节部分，一份银行的资产负债表与任何一个企业的资产负债表都非常相似。银行资产负债表的独特之处在于资产方有被称为“准备金”的项目。**准备金**（reserves）是用于银行业的术语，指受中央银行管理的一种特殊的银行资产。准备金等于银行持有的通货加上联邦储备银行的存款。早先银行准备金是为满足客户提款之需，而今天却主要是为满足法定准备金率的要求。我们将会在下一章中详细讨论这个问题。

## 金匠铺如何发展成银行

商业银行最初产生于英格兰，发端于金匠们承接保管黄金和贵重物品的业务。起初，这种店铺很像物品寄存处或仓库。寄存人留下他们想保存的黄金，得到一张收据，以后再根据收据支付一小笔保管费用，取回他们的黄金。

一个典型的金匠铺的资产负债表是什么样子呢？也许像表 9-4 那样。保险箱里已经存入了 100 万美元的货币，而且所有这些钱都是现金资产（这就是资产负债表中的“准备金”项目）。为了平衡这笔资产，存在着一笔数量相同的活期存款。所以，100% 的存款都是准备金。

假如金匠铺存在于今天，它的活期存款将是货币供给的一部分，即“银行货币”。但是银行货币恰好抵消置于银行保险柜中并可从流通中退出的普通货币（黄金或通货）数量，并没有创造货币。这个过程并不比公众决定将 5 分硬币换成 1 角硬币更有意义。*具有 100% 准备金的银行体系对货币和宏观经济的影响是中性的，因为它对货币供给没有影响。*

我们可以进一步讨论，如果纸币发行以 100% 黄金作为担保，那么情况将会是什么样的？在这种情况下，你可以画出一个新的表格 9-4，只要用“黄金券”替代“活期存款”即可。黄金券就可以成为一种通货，成为 $M_1$ 的组成部分。不妨再看一下，货币供给量是不变的，因为所有通货都 100% 地以黄金作为担保。

| 准备金率为 100% 时的金匠银行的资产负债表 | | | |
|---|---|---|---|
| 资　产 | | 负　债 | |
| 准备金 | 1 000 000 | 存　款 | 1 000 000 |
| 总　额 | 1 000 000 | 总　额 | 1 000 000 |

**表 9–4　第一个金匠银行对活期存款保有 100% 的准备金**

在最初的银行体系下，存款都有 100% 的准备金，不可能经由准备金创造货币。

[1] 资产负债表，资产和负债在《微观经济学》第7章曾详细地讨论过。

## 部分准备金银行

不妨让我们转向部分准备金银行，以进一步讨论现代银行体系。在这里银行很快就会发现，并不需要将黄金白银 100% 地都用于准备金，以应对银行券兑现和存款提取。客户根本就不会在同一个时间前来银行要求兑现。银行只要针对其银行券和存款保留一部分准备金就可以进行安全的经营。这是向现代复杂金融体系首先迈出的一小步。

为揭示“部分准备金银行”的内涵，我们假设所有金融机构都按习惯或者法定要求，对其存款保有至少 10% 的准备金。再假设金匠银行的老总突然醒悟并说道：“我们并不需要 100% 地留有不生钱的黄金作为准备金。事实上，我们可以用 90% 的黄金去放贷，而仍然可以有足够的资金应对存款客户的需求。”

于是，金匠银行出借了 90 万美元，而只保有 10 万美元作为准备金。初期的结果如表 9-5 所示。该银行投放出 90 万美元，也许是为杜克公司建玩具厂。

但事情至此还未完结。杜克公司接受了 90 万美元贷款后，会将该款存在其银行账户中以应对玩具厂开支。为简便起见，我们不妨假设杜克公司在金匠银行也有支票存款账户。于是一个有趣的结果便可见于表 9-6：金匠银行恢复了 90 万美元的准备金。事实上，杜克公司接受了贷款之后，还是会将这 90 万美元再借给金匠银行。（若杜克公司将这笔钱存放到其他银行，则传导过程也并不会改变。也就是说，那家银行也会额外增进 90 万美元的准备金。）

既然银行现在只需要保持 190 000 美元的准备金（10% × 1 900 000），因此它可以借出 810 000 美元。很快，这 810 000 美元又会出现在银行的存款上。这个存款、贷放、再存款、再贷放的过程像一条逐步延续收敛下去的链条。

| 只有部分准备金的金匠银行的资产负债表 | | | |
|---|---|---|---|
| 资 产 | | 负 债 | |
| 准备金 | 100 000 | 活期存款和 | |
| 投 资 | 900 000 | 黄金券 | 1 000 000 |
| 总 额 | 1 000 000 | 总 额 | 1 000 000 |

**表 9-5 对存款和银行券保有 10% 的准备金的金匠银行**

后来，金匠银行意识到没有必要保持 100% 的准备金，于是它决定投资 90%，而只持有 10% 的准备金应对存款和银行券。

| 杜克公司将所得贷款存入银行账户后金匠银行的资产负债表 | | | |
|---|---|---|---|
| 资 产 | | 负 债 | |
| 准备金 | 1 000 000 | 活期存款和 | |
| 投 资 | 900 000 | 黄金券 | 1 900 000 |
| 总 额 | 1 900 000 | 总 额 | 1 900 000 |

**表 9-6 公司将贷款存入银行后，银行拥有了超额准备金，因而可以再贷出**

杜克公司将 90 万美元存进银行账户，使金匠银行的准备金又增加到 100 万美元。很快，超额的准备金势必被再次贷出。

## 整个银行系统的最终均衡

现在我们将所有这些存款创造加总起来：开始的存款 100 万美元，再加上 90 万美元，再加上 81 万美元，等等。加起来总共为：

$$
\begin{aligned}
\text{存款总量} &= 1\,000\,000 + 1\,000\,000 \times 0.9 + 1\,000\,000 \times 0.9^2 + \cdots\cdots \\
&= 1\,000\,000\,[\,1 + 0.9 + 0.9^2 + \cdots\cdots + (0.9)^n + \cdots\cdots\,] \\
&= 1\,000\,000\left(\frac{1}{1-0.9}\right) = 1\,000\,000\left(\frac{1}{0.1}\right) = 10\,000\,000
\end{aligned}
$$

最终，全部的存款和现金为 1 000 万美元，是准备金的 10 倍。假设金匠银行是唯一的银行，或者我们把银行体系看做一个整体，我们就会看到如表 9-7 所示的资产负债表。这里有个规律，一旦银行只需要部分准备金，那么最终的货币供给总量就是准备金的倍数。

我们也可以直观地得到答案。这个累计结果，只有在系统中所有银行都保持 10% 的准备金时才会出现。换

| 所有银行均衡后合并的银行资产负债表 | | | |
|---|---|---|---|
| 资 产 | | 负 债 | |
| 准备金 | 1 000 000 | 活期存款和 | |
| 投 资 | 9 000 000 | 黄金券 | 10 000 000 |
| 总 额 | 10 000 000 | 总 额 | 10 000 000 |

**表 9-7 当银行体系再无超额准备金时，最后达到均衡的银行资产负债表**

将所有银行视为一个整体，共备有 100 万美元准备金。银行将所有超额准备金都贷放出去后，准备金只保留存款和银行券的 10%，货币总量最终将是准备金的 10 倍（1/0.1）。

言之，银行体系的最后均衡点在于：10% 的存款（$D$）等于全部准备金。何种水平的存款才能满足这个条件呢？答案是：$D$ = 1 000 万美元。

当银行对其存款只保持部分准备金时，他们事实上是在创造货币。而整个银行体系的货币总量一般都会等于全部准备金乘以准备金率的倒数。

$$\text{银行货币} = \text{总准备金} \times \left(\frac{1}{\text{准备金率}}\right)$$

### 现代银行体系

姑且不再谈金匠银行的故事。这些究竟如何能同今天的银行体系相联系呢？令人吃惊的答案是，除了若干细节，故事所描述的传导过程几乎完全同今天的银行体系类似。这里我们不妨列出现代银行体系的关键因素：

- 银行的存款准备金比率必须保持在至少 10% 的水平，形式是现金，或是在美国联邦储备中的存款（下一章将会具体说明）。
- 美国联邦储备在目标利率水平上出售或购入准备金。目标利率由联邦储备事前确定。（也在下一章具体讨论）。
- 作为 $M_1$ 的组成部分，支票账户存款的规模，也因此由准备金账户所决定，而准备金账户余额则依据法定准备金率而定。

在结束本节之前，有几点我们需要说明一下。第一，商业银行所需要做的，远远不只是简单地开设与经管支票账户，如表 9-3 所示的那样。这个事实会让货币监管当局的工作变得复杂起来，但却并不能改变货币政策的基本操作机制。

如果名义利率接近于 0，那么第二个复杂问题就出现了，这就是“流动性陷阱”，下一章我们将会讨论。

## D. 股 票 市 场

不妨让我们以一次股票市场漫游来结束本章的讨论。股票市场是资本主义体系中最富魅力的部分。**股票市场**（stock market）是买卖公众所拥有的公司股票（企业所有权）的场所。据估计，2008 年美国的这些所有权凭证的价值为 21 万亿美元。股票市场是我们公司经济的核心。

纽约股票交易所是美国主要的股票市场，它买卖 1 000 多种证券。另一个重要的市场是纳斯达克，在 2000 年后它的股票价格有瞬间的增长并随后突然崩溃。每一个大的金融中心都有股票交易所，其中最主要的位于东京、伦敦、法兰克福、上海，当然还有纽约。

### 各种资产的风险和收益

在我们讨论股票市场问题之前，我们需要介绍一些金融经济学的基本概念。在本章前面我们已经说明，不同资产具有不同的特征。其中最重要的两个特征是收益率和风险。

收益率是指从一项有价证券中获得的全部货币收入（以占该时期最初价格的百分比来衡量）。对于储蓄账户和短期债券来说，收益率只是利率。对大多数其他资产来说，收益还包括由资本损益所带来的收入（如红利等），资本损益即在两个时期内资产价值的增加或减少。

我们可以通过股票数据来说明股票的收益率（这里忽略税收和佣金）。假定在 1996 年年底，你购买了美国公司价值 10 万美元的股票组合。那么，在接下来的 3 年中，你的实际回报率（包括了红利和资本利得，并剔除了通货膨胀）是每年 32%。

然而，在为这些丰厚回报激动不已之前，你必须清醒地认识到，股票市场同样也会出现下跌。1999 年以后的 3 年中，股票实际价格每年都下跌了 19%。而 2008 年的情况就更加糟糕，股价在一年就下跌了 38%！

事实上，有一些资产的收益率是可以预测的，而另一些资产却有很大的风险性。这引出了投资的另一个重要特征：风险。**风险**（risk）指投资收益的可变性。如果我购买了收益率为 6 % 的 1 年期国债，这将是个无风险的投资，因为我肯定将会得到我的收益。而如果购买的是 1 万美元的股票，我就不能确定它们在年底时的价值。

经济学家们用收益的标准差来衡量风险，这是一种离散测度，它大约可以将 2/3 的变化包含在内。[1] 例如，从 1908~2008 年，普通股的实际年平均收益率是 6%，

[1] 标准差是用来衡量变化性的一种方法，在任何一本基础的统计学教材中都可以见到。它粗略等于一组数相对于均值的平均偏差。标准差的精确定义是一个变量偏离均值的方差的平方根。例如，如果一个变量值为1，3，1，3，则平均值或期望值为2，标准差为1。

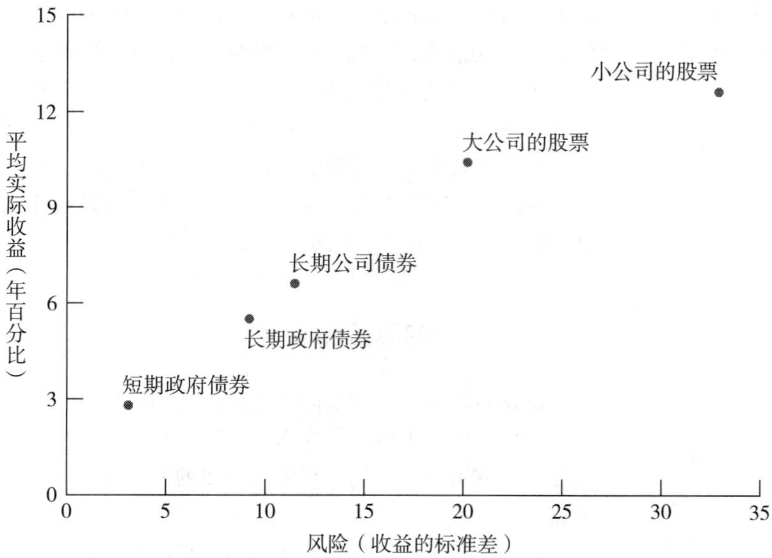


**图 9-4 1926~2005 年重要投资的风险和收益**

投资的平均收益和风险各不相同。债券是比较安全的，而股票有着更高的收益率，但也要面对更大的风险。本图显示的是不同金融资产的历史风险和收益。因为市场的原因，预期的风险和收益也许会显著地异于历史数据。

资料来源：Ibbotson Associates, 2006.

标准差是 16%。这表明，在 2/3 的时间里其收益率是处于 –10%（= 6% – 16%）和 22%（= 6% + 16%）之间。

考虑到收益和风险，个人投资者一般更偏好高收益率，但他们同时也偏好低风险，因为他们是*风险规避型*的。这意味着必须有更高的收益率才能吸引他们投资于那些风险更大的项目。因此，从长期看，债券类的安全投资的平均收益率低于股票类的风险投资，也就毫不奇怪了。

表 8-1 给出了一些重要投资项目的历史收益或利率。图 9-4 又列出几项最重要资产的*风险—收益图*。该图纵轴表示的是平均实际（或是剔除通货膨胀影响的）收益，横轴表示的是历史风险记录（以标准差衡量）。注意风险和收益之间有很强的正相关。

## 泡沫和崩盘

金融史是经济学中最有意思的一个部分。时常，当市场热衷于狂乱的投机时，理性的判断被抛诸脑后，随之而来的则是价格的下跌和悲观的情绪。

投资者有时可以分为两种：根据公司实际状况进行投资的投资者和竭力想要透析市场心理的投资者。根据公司状况投资的理论认为，资产应该依据它们的内在价值来估价。例如，对于普通股股票而言，内在价值就是股息现值的期望值。如果一种股票固定的年红利是 2 美元，而相应的贴现率是每年 5%，则其内在价值为每股 40 美元（2/ 0.05 = 40）。根据公司状况进行投资的方法是缓慢但安全的致富之路。

但是那些缺乏耐心的躁动者却不幸为凯恩斯所言中，凯恩斯认为投资者更容易担心市场上的心理变化，更倾向于投机资产的未来价值，而不是耐心等待股票表现出它们的内在价值。他认为，“为一项价值 30 美元的投资付出 25 美元是不理智的，如果你也认为 3 个月后它的市价将是 20 美元的话。”市场心理学家竭力想知道一般的投资者在想些什么，这需要考虑到一般投资者如何看待一般投资者的问题，此外还需要考虑其他一系列的因素。

如果一种狂乱的情绪充斥市场，则可能导致投机泡沫和市场崩溃。当价格的上升仅仅是因为人们断定它们在不久的将来将会升高的时候，*投机泡沫*也就产生了。这情况与我们曾经引用的凯恩斯的名言正好相反。一块地也许只值 1 000 美元，但如果你注意到一股房地产热潮使该地价格每年上升 50%，你也许会以 2 000 美元的价格买下它，并且期待着在来年能以 3 000 美元的价格再卖给别人。

投机泡沫中往往充满着这样的自我承诺。如果人们是因为相信股票会升值而去购买股票，那么他们的购买行为本身就会抬高股票价格。这将导致人们更多地购买，就会使这个泡沫涨得更大。但是，与那些玩纸牌或赌博的人不同，股票交易中并不明确知道谁输谁赢。当然，这些赚头都是账面上的，而且如果每个人都试着变现的话，它就会消失。但是为什么有人要卖出利润丰厚的证券呢？价格抬升源于希望和梦想，而非源于公司利润和股息分红的迅速升高。

历史上这种投机价格曾被抬升到远高于它们内在价值的泡沫现象可谓比比皆是。在 17 世纪的荷兰，一场郁金香热将郁金香的价格抬高到甚至超过房屋的价格。18 世纪，一个虚幻的关于南海公司将会使它的股票持有者致富的承诺，使南海公司的股票上涨到不可思议的水平。在更近的一个时期，类似的泡沫曾经发生在生物技术、日本地产、新兴市场，以及一家叫做 ZZZZ Best 的真空吸尘器公司（它的业务是为黑手党洗钱）。

所有这些泡沫经济中最著名的事件，是发生在 20 世纪 20 年代的美国股票市场。在那个“沸腾的 20 年代”，出现了令人难以置信的股市繁荣，所有的人都在买进和卖出股票。这个疯狂的牛市中大多数是以保证金的形式购买的。这意味着购买者只需支付部分现金就可以买到价值 1 万美元的股票，差额部分以新买的股票作为抵押来进行支付。当 Auburn 汽车公司或 Bethlehem 钢铁企业的股票一夜之间就可以飞涨 10% 的时候，向股票经纪人支付每年 6%、10% 或 15% 的利息又算得了什么呢？

投机泡沫总是要破裂的，有时还会导致经济恐慌。20 世纪 20 年代的投机之后，很快跟着就是 1929 年的恐慌和崩盘。该事件同时也拉开了痛苦而漫长的 20 世纪 30 年代大萧条的序幕。经过 1933 年大萧条的洗礼后，市场下跌了 85%。

股票市场的变动趋势可以用**股票价格指数**进行跟踪记录。股票价格指数是一揽子公司股票价格的加权平均数。通常使用的有包括 30 家大公司的**道琼斯工业指数**（DJIA）以及**标准普尔 500 指数**（S&P 500），后者是美国最大的 500 家公司股票价格的加权平均数。还有**纳斯达克**（NASDAQ）**综合指数**，是 3 000 多家上市公司股票价格的加权平均数。

由图 9-5 可见，自上世纪以来标准普尔 500 指数的历史变动趋势。下边的曲线表示平均的名义股票价格，它记录了某一个月的实际平均价格。上边的曲线表示的是

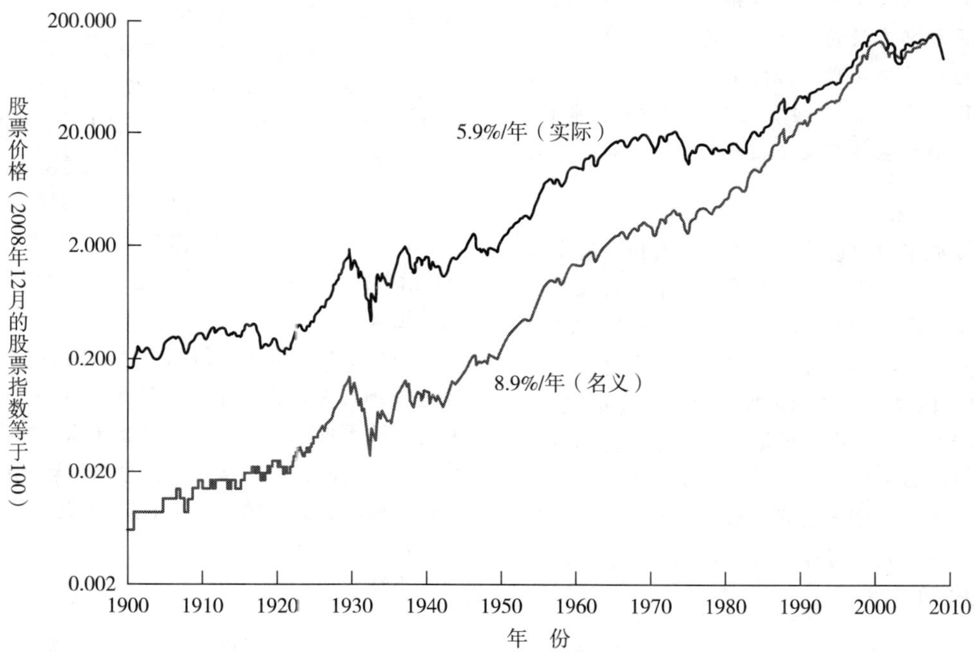


**图 9-5　股票价格惟一可以保证的就是它会波动**

图中标准普尔指数（S&P 500）所勾画的是美国最大 500 家公司股票价格的加权平均数的变动轨迹。它包括了股息再投资。下方曲线显示的是名义股票价格：从 1900~2008 年，平均每年增长 8.9%。上方曲线显示的是实际标准普尔指数，它是用消费者价格指数进行矫正而得到的。它平均每年仅增长 5.9%。

资料来源：Standard and Poor, Bureau of Labor Statistics.

股票的实际价格，它等于名义价格除以消费价格指数。两条曲线在 2008 年 12 月的股票指数等于 100。股票的平均增长率按照美元计算为每年 8.9%，但剔除通货膨胀影响后仅为 5.9%。

长期看，股票是一种好的投资方式，但是它的短期风险特别大。例如从 2007 年 10 月到 2008 年 11 月，股票价格竟然下降了 52%！是否有一个童话中的“水晶球”能让我们预测到股票价格的未来变动？这显然是现代金融理论的一大难题。

## 有效市场与随机游走

经济学家和金融专家们对于投机性市场（比如股票市场和外汇市场）的价格进行了长期研究。一个重要的假设是投机性市场一般是“有效率”的。此发现在经济学家和金融分析家中引发了极大的争议。

**有效市场理论**（efficient-market theory）的本质是什么？简言之：

> 证券市场在吸收个别股票和整个股票市场的新信息方面是极其有效的。只要新消息一传来，它就会非常快速地反应在股票价格上。依据过去数据或基本理论预测股票价格的金融系统产生的投资收益，不可能高于随机地持有风险相当的个股投资组合的投资收益。[1]

有一则幽默故事可以说明上述思想。有位金融学教授和他的学生在校园中漫步时，突然发现地上好像有一张 100 万美元的支票。教授对学生说：“不要费心去捡它。若真是 100 万美元，绝不会掉在这里！”换言之，大庭广众之下，你想只要弯一下腰就能发大财，怎么可能？

上世纪后半叶，关于有效市场的悖论已经得到数以百计的案例研究的普遍证实。这并不是说你绝对不可能通过遵循某个经济学法则或公式而致富，而是说，一般而言，这些规则或公式不可能比随机选择的、多样化的投资组合具有更好的结果。

***有效市场观的理论依据*** 金融学家花费了许多年时间分析股票和债券市场，并试图弄明白，为什么正常运行的金融市场不允许超额利润的持续存在？对此，有效市场理论可以做出解释。

**有效金融市场**（efficient financial market）是指这样一种市场，即所有新信息都会很快被市场参与者领悟并立刻反映到市场价格之中。例如，拉齐 -T 石油公司刚刚在阿拉斯加海湾发现石油，这是在星期二上午 11 点 30 分宣布的。拉齐 -T 公司股票的价格将会在什么时间上涨呢？有效市场理论认为，市场参与者会立即做出反应，并将拉齐 -T 公司股票的价格抬高到应有的高度。简而言之，在每一个时点上，市场都已经消化了可以得到的全部最新消息，并且将它包含在资产价格之中。

> 有效市场理论认为，市场价格已经包含了所有可以得到的信息。依靠查看过去的信息或以往价格变化的模式来赚钱是不可能的。股票的收益主要由它对于市场的相对风险来决定。

***随机游走*** 有效市场论为分析有组织的市场中的价格变动提供了一种重要的分析方法。根据这种方法，把股票价格在一段时间内的变化标在图上，它看上去应该是非常不规则的，就像随机游走一样。

当某种价格的随时变动完全无法预见时，它就呈现出**随机游走**（random walk）的模式。例如，掷一枚硬币，看其落地时是正面朝上还是背面朝上。正面朝上记为“加 1”，背面朝上记为“减 1”。然后连续投掷 100 次，记下得分，并把它画在图纸上。这条曲线就是一条随机游走线。现在，为了比较，再画出微软公司股票价格或标准普尔 500 指数在 100 天里的变动。注意这三种图形看起来是多么的相似。

为什么投机价格类似于一种随机游走呢？经济学家经过仔细思考认识到下面的道理：在一个有效市场中，所有能够预见到的事情都已经被计算在价格之中了。影响股票或商品价格的正是新消息的出现。再者，新闻必然是随机的和无法预见的（如果能够预见的话，就不称其为真正的新闻了）。

小结：

> 有效市场理论解释了为什么股票价格的变动看起来如此没有规律。价格会对新闻和意料之外的事情做出反应。但是，人们无法预见那些意想不到的事情，因为它们有可能向任何一个方向变动，就像投掷硬币的结果或下个月的暴风雨。由于股票价格会随着无规则事件的发生而变动，因此股票价格本

[1] 这一定义取自Malkiel在2003年的论文，请参考补充读物。注意“效率”在金融理论中不同于在经济学的其他部分的定义。这里的“效率”指的是信息能够被迅速地吸收，而不是资源产出最大化。

身的变动也是无规则的，就像随机游走一样。

*有效市场观的限制条件*　尽管有效市场观一直是经济和商业的金融规则，但也有人认为它过于简单，并有误导之嫌。以下是对有效市场观的一些保留意见：

1. 研究者已经在可预测的股票价格运动中找到了许多的"背反"。例如，相对于价格而言，红利和收益越高的股票在后市的表现反而越好。同样，急剧的上升或下降之后，股票价格通常都伴有回调或反向的运动。在有些人看来，这些背反现象应当是市场无效率的有力例证；而在另一些人看来，这些背反只能反映分析家们倾向于挖掘数据来寻找其实并不存在任何关系的范式。
2. 观察历史数据的经济学家会问，股票价格的剧烈波动事实上所反映的是新信息这种说法是否真有道理？历史上，1987 年 10 月 15 日到 19 日股票市场价格是急剧下降的。有效市场论暗示，这种下降是由那些预期公司未来收益的现值减少的经济事件引起的。对有效市场的批评观点认为，不存在能够使股票价值在 4 天内变化 30% 的消息。有效市场论者在这个批评面前沉默了。
3. 最后，有效市场观适用于单个股票但不一定适用于整个市场。有些经济学家已经发现了长期股票市场价格存在着自我回旋摆动的证据。可能这些摆动反映了金融领域总体情绪的变化。这些长期摆动在 20 世纪 20 年代和 90 年代可能是由于投资者的乐观主义心理和上升的股票价格，而在 20 世纪 30 年代和 2007~2008 年，则可能是因为投资者在股票下跌时的悲观主义情绪造成的。然而说我们认为整个股票市场反映了"非理性繁荣"并且价值被高估的话，我们又能做些什么呢？我们个人对股票的买卖不足以抵消整个国家的情绪。此外，如果在股市高峰到来的前一两年做出错误地预期，我们就会被洗劫一空。因此，从宏观经济学角度看，如果没有强有力的经济力量介入并纠正情绪的波动，投机市场将表现出悲观情绪或乐观情绪的波动。

## 个人金融策略

研究经济学可能并不会使你致富，但是，现代金融学原理却无疑可以帮助你明智地投资，避免犯最糟糕的金融错误。经济学在个人投资决策中给了你哪些经验？我们从那些智者的建议中选择五个原则以供参考：

经验 1：了解你的投资。进行一项好的投资最重要的一点就是在决策时要谨慎并且实事求是。对于重要的投资要认真分析有关资料并听取专家的意见。那些宣称已经找到快速成功之路的言论是值得怀疑的。你不可能依靠观察星象而变得富有（尽管有的投资顾问不可思议地向客户兜售占星术）。从长期看，直觉不会起作用。而且，华尔街上最好的头脑也不见得能胜过平均指数（道琼斯指数、标准普尔指数等）。

经验 2：分散，分散，这是金融预言家的法则。关于金融的一条重要经验是分散你的投资。"不要把所有的鸡蛋放在一个篮子里"就是对这个规则的一种表述。通过将资金分散到不同的投资，你能够在降低风险的同时继续获得高收益。计算结果表明，通过将财富在一个广泛的投资领域中分散，例如购买不同的普通股票、一般债券和通货膨胀指数债券、房地产以及国内外的证券，人们可以在获得好收益的同时将投资风险降至最低。

经验 3：考虑普通股指数基金。股票市场上的投资者可以通过持有由多种普通股股票投资组合来获得较高的收益，并最小化投资风险。指数基金是一个使投资具有多样化的好工具，它是许多公司股票的投资组合，根据公司的市值来衡量它在资产组合当中的比重，并跟踪类似于标准普尔 500 这样的主要股指。指数基金的一个主要优势在于低费用和低流转税。

经验 4：最小化不必要的费用和税收。人们经常会发现，他们投资收益的相当一部分都用来支付了税收或其他费用。比如，一些共同基金在你购买基金时收取了很高的初始费用以外，每年还可能收取资产 1% 甚至 2% 的管理费用。而且，那些特别管理的基金因为有着高流转率而不得不为资本利得交纳大额税款。当日交易员（Day Traders）也许会在每次进出市场时得到乐趣，也许他们还觉得是在赚钱，但实际上他们却要支付庞大的佣金和投资费用。如果仔细选择你的投资，就会避免这些不必要的投资收入流失。

经验 5：使你的投资与你的风险偏好相一致。你可以投资于风险更高的项目从而提高预期收益（见图 9-4），但必须仔细考虑你可以承受多大的风险，包括财务和心理两个方面。正如一个投资顾问所言，投资总是"吃得好"与"睡得香"之间的矛盾。假如你由于担心市场的涨跌而失眠，你就应该减少风险，而去购买美国财政部的按通货膨胀指数调整的国债来保值。但从长期来看，你可能就要一直在陋室中安睡。假如你想吃得好并能忍受痛苦，你可以更多地投资于股票，包括那些外国市场和新兴市场上的股票，并在你的投资组合中加上小公司的股票，但最好少买短期债券，少将钱存入银行。

这些都是历史和经济的教训。读了所有这些，如果你仍然想要试一下你在股票市场上的手气，那么不要气馁。请牢记美国最伟大的金融家伯纳德·巴鲁克的告诫：

> 如果你打算放弃其他一切事情，而像医学院学生学习解剖学那样，仔细研究整个市场的历史和背景以及所有主要上市公司的股票，如果你真的能做到所有这一切，而且除此之外，你还有大赌徒那样的冷静头脑，有超乎常人的第六感觉，以及有雄狮一般的勇气，那么，你就会有一丝希望。

## 总结提要

**A. 现代金融系统**

1. 现代经济中金融系统跨时间、跨空间和跨部门地对资源进行转移。资金在金融系统内的流动通过金融市场和金融中介。金融系统的主要功能是转移资源、控制风险、吸收和发放资金以及出清交易。
2. 利率是为借入资金而支付的价格，用每借 1 美元每年需支付的利息数量占本金的百分比来衡量，即年利率。人们之所以愿意支付利息，是因为借来的钱使他们能够购买商品或服务以满足当前消费需要，或者用于营利性的投资。
3. 回顾一下所列的金融资产的清单，尤其是货币、债券和股票。
4. 研读货币传导机制。它指的是货币政策的全部实施过程：通过中央银行、商业银行以及与其他各经济部门相互作用决定利率、金融松紧政策、总需求、总产出和通货膨胀率，来实施货币政策的过程。务必确认你对那五大步骤的每一步都已经完全理解。

**B. 货币的特殊形态**

5. 货币是可以被普遍接受的作为交易媒介或支付手段的任何物品。货币也具有记账单位的功能。货币与其他经济物品不同的是其价值来自于社会约定。我们衡量货币的价值并非根据货币的直接效用，而是间接地根据它的购买力。狭义（交易）货币（$M_1$）——由通货和支票存款组成。
6. 人们持有货币最重要的原因是需要支付账单或购买商品，这被称作交易需求。但是，由于持有货币会产生机会成本，人们通常只会将一小部分资产以货币形式持有。当我们持有货币时，我们就牺牲了利息收益。由此可知，人们对货币的需求是有限度的。

**C. 银行与货币供给**

7. 银行是商业化的企业，经营的目的在于为它的所有者赚取利润。银行的一个主要职能是为顾客开设支票账户。法律要求银行为其支票存款保持法定准备金。准备金可以是备用现金或在联邦储备银行的存款。
8. 在 100% 准备金的情况下，银行体系不会创造货币，正如最简单的金匠银行的例子。为了说明问题，我们考查法定准备金率为 10% 的情况。这时银行系统作为一个整体，能够对联邦储备机构的每 1 美元按 10:1 的比例创造银行货币。

   记住公式：

   银行货币 = 总准备金 ×（1/ 准备金率）

**D. 股票市场**

9. 资产具有不同的特性。最重要的是收益率和风险。收益是在特定时期从一种证券中得到的货币总收入。风险是指一种投资收益的不确定性，由统计学的标准差衡量。因为人们总是规避风险的，所以只有更高的收益才能诱使他们去购买更具有风险的资产。
10. 股票市场（其中纽约股票交易所是最重要的股票市场），是买卖大公司股票的地方。股票价格在历史上充满了剧烈的波动，比如 1929 年的大崩盘和 2008 年的熊市。人们使用股票价格指数，如“标准普尔 500”

以及人们所熟悉的“道琼斯工业平均指数”来记载股票价格的变动趋势。

11. 股票价格的现代经济理论通常重点研究有效市场理论。所谓有效市场，是指在该市场上全部信息都被投机者迅速吸收，并反映在市场价格之中。在有效市场中没有轻易可得的利润。观察昨日的新闻或过去的价格变动形式或商业周期，都无助于预测未来的价格变动。因此，在有效市场上，价格由于意外事件而变动。由于意外事件本身是随机性的，所以股票价格和其他投机价格的变动也是无规则的，就像随机游走一样。

12. 请将以下五条个人金融原则牢记在心里：(*a*) 了解你的投资；(*b*) 分散，分散，这是金融预言家的法则；(*c*) 考虑普通股指数基金；(*d*) 最小化不必要的费用和税收；(*e*) 使你的投资与你的风险偏好相一致。

## 概念复习

**现代金融系统**

金融系统，金融市场，金融中介

金融系统的功能

主要金融资产或工具

持有货币的机会成本，即利息

**货币的特殊形态**

货币 ($M_1$) = 银行体系外流通的通货和支票账户

商品货币，纸币，银行货币

货币需求的动机：

　交易需求（今天）

　资产需求（在一脆弱的金融体系中）

**银行和货币供给**

银行准备金（库存现金和在美联储的存款）

部分准备金银行

银行货币 = 准备金 / 法定准备金率

**股票市场**

普通股票（公司股权）

有效市场，股票价格的随机游走

指数基金

个人投资的五个原则

## 补充读物与互联网站

### 补充读物

There are many fine histories of money. A good one is John Kenneth Galbraith, *Money, Whence It Came, Where It Went* (Houghton, Boston, 1975). There are many good textbooks on monetary economics. The standard reference on U.S. monetary history is Milton Friedman and Anna Jacobson Schwartz, *Monetary History of the United States 1867–1960* (Princeton University Press, Princeton, N.J., 1963).

Modern capital and finance theory are very popular subjects often covered in the macroeconomics part of an introductory course or in special courses. Good books on the subject are Burton Malkiel, *A Random Walk down Wall Street,* 9th ed. (Norton, New York, 2007). A recent book surveying financial history and theory and arguing that the stock market was extraordinarily overvalued in the bull market of 1981–2000 is Robert Shiller, *Irrational Exuberance*, 2d ed. (Princeton University Press, Princeton, N.J., 2005). A recent summary of evidence on the efficient-market theory by Burton Malkiel and Robert Shiller is found in the *Journal of Economic Perspectives,* Winter 2003.

### 互联网站

Review our list of good blogs in Chapter 4.

Basic data on money, interest rates, and monetary policy can be found at the website of the Federal Reserve, *www.federalreserve.gov.* Interesting articles on monetary policy can be found in the *Federal Reserve Bulletin* at *www.federalreserve.gov/publications.htm*. The best comprehensive data on finance are from the Federal Reserve flow of funds at *www.federalreserve.gov/releases/z1/.*

A good source for data on financial markets is *finance.yahoo.com*. If you are interested in the latest buzz on stocks, you might visit the Motley Fool at *www.fool.com.*

## 问题讨论

1. 假设银行对其存款持有 20% 的准备金而不是 10%。假设准备金不变，重新制作表 9-7 的资产负债表。在这种情况下货币供给乘数是多少？
2. 下列各项对货币（$M_1$）需求会产生什么影响（假设其他因素不变）？
   a. 实际 GDP 增加
   b. 价格水平上升
   c. 储蓄存款和国库券的利率上升
   d. 所有价格、工资和收入都增加一倍（你能准确计算出对货币需求的影响吗？）
   e. 银行支付的支票账户的利率增加
3. 支票账户的隐性成本等于安全的短期资产（比如国库券）的收益减去支票账户的利率。下列各项对以支票账户形式持有货币的机会成本会产生什么影响？
   a. 1980 年以前（当时法律规定的支票存款利率为 0），市场利率从 8% 上升到 9%。
   b. 2007 年（当时货币利率达到市场利率的 1/4），利率从 4% 减少到 2%。
   c. 如果货币需求对货币机会成本的弹性是 –1，那么在上述各种情况下，请预计货币需求对市场利率的变化做何种反应？
4. 解释一下，下列各项在美国应否被视为货币供应（$M_1$）的组成部分：储蓄账户、地铁票、邮票、信用卡、借记卡、星巴克现金消费卡，俄罗斯人在莫斯科花费的 20 美元的账单？
5. 解释为什么最好的投资组合不应包括货币（运用本章 D 部分的知识）。持有货币的机会成本概念与你的回答一致吗？若支票账户的回报率与零风险投资的回报率相同，则你的回答应该做什么样的改动？
6. 根据有效市场理论，下列事件对于通用汽车公司股票的价格有什么影响？
   a. 出乎意料地宣布政府打算在明年 7 月 1 日提高公司税。
   b. 国会通过授权法案 6 个月后的 7 月 1 日降低公司税率。
   c. 出乎专家们预料的一则通告：美国要在明年对中国的进口轿车设置配额。
   d. 通过在 12 月 31 日颁布法规来实施 **c**。
7. 美联储打算对银行准备金支付利息。
   a. 假设准备金的利率比市场利率要低 1%，则银行还会像先前那样持最少量的超额准备金吗？这是否会影响“总结提要”第 8 点中的银行货币方程式？
   b. 假设利率等于市场利率。则 **a** 题中的问题应该如何回答？
   c. 基于对 **b** 题的回答，说明为什么当市场利率为零（流动性陷阱）时，准备金和银行货币之间的关系变得松动起来？
8. 假设有一个巨型银行，比如说叫做美国巨人银行，它持有所有人的所有支票存款，并受 10% 法定准备金规定的约束。如果准备金增加了 10 亿美元，那么巨人银行的贷款数量能否超过准备金增加值的 90%？这能否改变最终的货币供给乘数？对每一回答作出说明。
9. **有难度的问题**：期权是指在一个既定日之前，以一个既定的价格来买进或卖出一种资产（股票、债券、外汇、土地等）的权利。看涨期权是买权，而看跌期权则是卖权。假设你有一个看涨期权可以买 100 股高波动率的股票，Fantasia.com 的执行价格是每股 10 美元，可以在接下来的 3 个月的任意时间行使。Fantasia.com 目前的价格是每股 9 美元。
   a. 解释为什么期权的价格大于每股 1 美元？
   b. 假设期权明天就到期，到时候股票上涨 5 美元和下跌 5 美元的概率都是 50%，那么今天期权的价格是多少？
   c. 若将 **b** 中的 5 美元换成 10 美元，则期权的价值将会发生什么样的变化？（在其他条件不变时），请说明，股价的波动性提高为什么能够导致期权价格上升。
10. 这个问题是“许多投机性金融资产的价格看起来像是随机游走”的注脚。
   a. 掷硬币 100 次。一次正面算做“加 1”，而一次反面算做“减 1”。记录该结果。把它画在一张图纸上。这便是一种随机游走。（那些有计算机的人，可以通过一个计算机程序，如 Excel，来做这件事，Excel 有随机数字发生器和绘图功能。）
   b. 然后，记录若干个星期内你特别喜爱的公司股票的收盘价格（或取自网络）。把价格随每天的时间变化画出来。比较 **a** 的随机数字和你的股票价格，或者把它拿给你的朋友看，问朋友是否发现不同？如果它们没有不同，则说明股票价格就像随机游走。

# 货币政策与经济

第10章

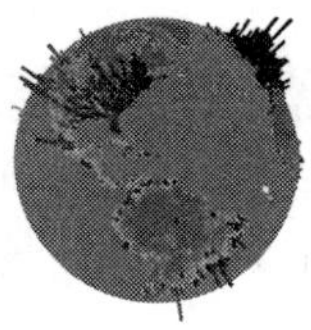

人类有史以来已经有三项伟大的发明：火、轮子与中央银行。

——威尔·罗杰斯

今天，我们应该到哪里去寻找最有影响力的宏观经济政策制定者呢？去白宫、国会，还是去联合国或者世界银行？或许，你会很惊讶，他们就在华盛顿特区的联邦储备系统总部一座灰暗的大理石建筑里。美联储（Fed）就是在这里，确定短期利率水平并借货币给金融机构，从而全面地影响金融市场、财富总额、产出、就业和价格。事实上，联邦储备的影响力不仅仅限于美国的50个州，它甚至还通过金融与贸易等渠道，影响到全球的每一个角落。

美联储的中心目标是将通货膨胀稳定在较低的水平。同时，它还致力于国民产出的稳步增长、低失业率，以及保证金融市场的规范有序。如果产出增长过快，通货膨胀上升，联邦储备委员会就有可能会提高利率，这等于给经济增长踩了刹车，同时也减轻了价格压力。

2007~2009年，无论是对于美联储，还是对于其他国家的中央银行来说，都是一个特别具有挑战的时期。在此期间，不良投资和过度杠杆都曾导致银行和其他金融机构的财务健康状况明显恶化。进而又致使股票和债券的价格都出现了大幅度的下降，银行经营也大幅度地萎缩，还有一些大银行陷于破产。美国联邦储备、欧洲中央银行，还有美国和外国的政府相继提供了数万亿美元的贷款、贷款保证、国有化项目和其他的财政援助。所有这些举措的设计目标，都在于阻止金融市场瘫痪，并减少随之而来的经济衰退的严重性和破坏性。

世界各国都设有中央银行来负责管理该国货币事务。本章第一部分将以美国联邦储备系统为中心，讨论中央银行的目标和组织结构，说明联邦储备怎样进行货币政策操作，还有货币政策的传导机制。而在第二部分，我们将探讨货币政策中若干主要问题。

## A. 中央银行和联邦储备系统

本节开始我们将介绍中央银行的总体概况。而在下一节则详细讨论中央银行如何运用各种不同的政策工具，以及这些工具是如何用来影响短期利率的。

### 中央银行概论

中央银行是一个政府机构，主要负责一国的货币事务。本节我们的研究对象是美国联邦储备系统，重点讨论其历史、目标和功能。

## 历 史

19 世纪，美国曾遭受银行恐慌的困扰。当人们在同一时间想要将他们的银行存款立刻变为现金的时候，恐慌便会出现。由于银行体系只拥有占银行存款一部分的准备金，所以当人们来到银行时，他们发现银行没有足够的现金来满足每个人的提款要求。随之通常就会发生银行倒闭和经济下滑。在 1907 年的大恐慌之后，骚乱和反思曾导致 1913 年《联邦储备法案》的产生。法案的宗旨是“帮助建立联邦储备银行，提供有弹性的通货，提供商业票据的再贴现手段，在美国建立更有效的银行监管，还确立了其他的目标”。这便是最初的联邦储备。

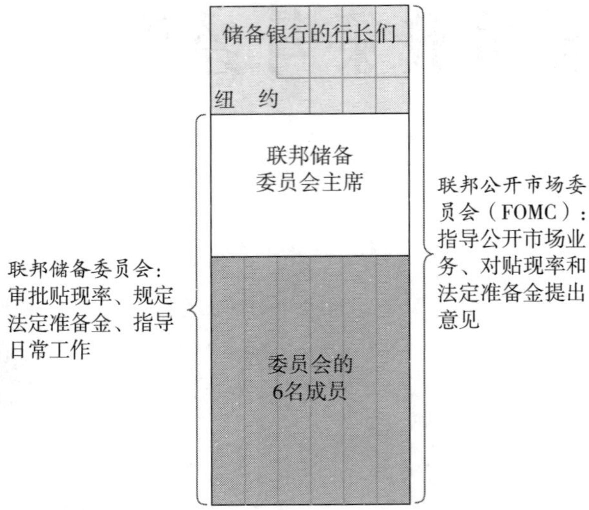


**图 10-1 货币政府的主要决策者**

两大重要的委员会是货币政策制定的中心。拥有 7 个成员的联邦储备委员会审批贴现率变动并规定法定准备金，而联邦公开市场委员会指导银行准备金的设定。联储主席同时领导这两个机构。每个方格的大小代表对应个人或团体的相对权力。请注意主席那一格的大小。

## 组织结构

**联邦储备系统**（Federal Reserve System）现由设在华盛顿特区的联邦储备委员会和区域性的联邦储备银行组成。联邦储备系统的核心是联邦储备委员会。委员会由 7 名成员组成，各成员由总统提名，经参议院批准，任期可达 14 年。委员会的成员一般都由经济学家或专职的银行家担任。

此外，区域性的联邦储备银行有 12 家，分别设在纽约、芝加哥、里士满、达拉斯、旧金山以及其他主要城市。这些区域性机构最初是在平民党时代设立的，其主旨在于保证不同的地区在银行事务上享有相同的发言权，并防止中央银行权力过分集中在华盛顿或东部银行家手中。今天，每个联邦储备银行都在监管本区域的银行、操作国民支付体系以及参与全国货币政策的制定。

联邦储备系统关键的决策机构是联邦公开市场委员会（FOMC）。它的 12 名拥有表决权的成员包括：7 名联邦储备管理委员会委员和 5 名来自地区联邦储备银行的行长，其中 5 名来自各区联邦储备银行的行长由各区联邦储备银行行长轮流担任。这是个十分重要的班子，因为它控制着货币政策最重要的工具：短期利率的制定。

处于联邦储蓄系统顶端的是联邦储备委员会主席。他由总统提名，经参议院批准上任，任期 4 年，可以连任。联邦储备委员会的主席掌管着联邦储备管理委员会，同时也任联邦公开市场委员会的主席，是联邦储备的公开发言人，在决定货币政策方面具有非常大的权力。联储的现任主席是本·伯南克，他在 2006 年被任命为主席，是著名的经济学者，曾任普林斯顿大学的经济学教授，在担任主席之前他曾是联邦储备委员会的委员。伯南克接任的是艾伦·格林斯潘的主席职位。艾伦·格林斯潘是一位稳健的经济分析师，他在长期担任联储主席期间（1987~2006），在美国经济事务上享有很高的威望。

尽管联邦储备系统表面上结构松散，但其权力实际上是相当集中的。联邦储备委员会举行会议时，12 个地区的联储银行的行长都参加，在联储主席的领导下制定和贯彻货币政策。联邦储备系统的结构如图 10-1 所示。

## 中央银行的目标

在将注意力放在美国联邦储蓄系统之前，我们先简要介绍一下世界各国中央银行的目标。我们可以将中央银行的一般性目标划分为三种类型：

- 多目标。许多中央银行都有综合性的目标以保持经济稳定。在具体的目标追求中，可能是低的稳定的通货膨胀、低的失业率、快速的经济增长、协调财政政策、稳定的汇率。
- 通货膨胀目标。近些年来，许多国家已经采取明确的通货膨胀目标。在这样的目标要求下，中央银行通常采取政策使通货膨胀率保持在低的但是正的范围内。例如，英格兰银行制定的货币政策是努力使每年通货膨胀率保持在 2%。

- 汇率目标。有些国家有固定的汇率政策和开放的资本市场，那么该国家就不能够进行独立的货币政策制定（这在本书“开放经济的宏观经济学”章节可以看到）。在这种情况下，中央银行制定货币政策就可看做是以汇率为目标的。

联储的货币政策目标可以归于第一种类型，即“多目标”。在《联邦储备法案》中，联储就被设置为：“有效促进充分就业、稳定价格、合理的长期利率的目标”。今天，这种目标被解释为，在保持实体经济健康运行的同时，也保持低的稳定的通货膨胀率这样一种双重要求。下面即为联储对自身角色的看法：

> 美国联邦储备的目标包括：使经济增长与其潜在的扩张能力一致；使就业率维持在较高水平；使物价稳定（即货币的购买力保持稳定）；以及使长期利率保持在合理状态。[1]

### 联邦储备的功能

联邦储备系统有四大主要的功能：

- 通过设定短期利率实施货币政策。
- 作为“最后贷款人”，保持金融体系的稳定并控制系统风险。
- 监督和管理金融机构。
- 为银行和政府提供金融服务。

我们将主要考查上述功能的前两项，因为它们对宏观经济活动的影响最为重要。

### 中央银行的独立性

在考查联邦储备系统组织结构时，你可能会自然地问道：“联储属于立法、司法、行政三大政府部门中的哪一方呢？”答案是值得关注的。联邦储备系统在名义上是一家公司，为所有作为其成员的商业银行所共有，但在实际上，它却是一个公共机构。它直接对国会负责并细心听取总统的建议。一旦它赢利的目标与公共利益发生冲突时，它就会毫不犹豫地选择服从公共利益。

然而首要的是，联储是个独立的机构。尽管联储咨询国会和总统的意见，但最终还是根据它自己对国家经济利益的看法来决定货币政策。所以，联储有时会与行政部门发生冲突。几乎每一位总统都曾对联储的政策提出过建议。当联储的政策与行政当局的目标发生冲突时，总统有时会用严厉的措辞。然而，联储虽然通常总会很有礼貌地听取意见，但仍然会选择他们自己认为的对国家最为有利的做法，因为它的决定不受其他任何人的左右。

经常有人批评联储过于独立——由一小部分未经选举的人控制国家的金融市场是不民主的。这种观点是值得冷静思考的，因为未经选举的团体有时会失去与社会和经济现实之间的联系。

而主张联储自主的人士则认为，独立的中央银行是国家通货的监管人和恶性通货膨胀的最好防护者。此外，独立性还能保证货币政策不为党派政治目标所破坏，而类似情况在那些由行政部门控制中央银行的国家里时有发生。历史研究表明，在降低通货膨胀方面，那些有独立中央银行的国家，往往比那些将中央银行置于选举出来的政府官员制约之下的国家要成功得多。

小结：

> 每一个现代国家都有一个中央银行。设于华盛顿的联邦储备委员会，再加上 12 个地区联邦储备银行，构成了美国的中央银行。它的主要使命是制定货币政策，以影响货币和信贷条件，达到低通货膨胀、高就业率和稳定的金融市场的目标。

## 中央银行是怎样决定短期利率的

中央银行之所以能够站在宏观经济舞台的中央，就是因为它们在很大程度上能够决定短期利率。我们不妨现在就探讨联储的这一功能。

### 联储操作业务概览

联储是通过改变短期利率（被称为联邦基金利率）来制定其政策的。**联邦基金利率**（federal funds rate）是银行之间相互借贷，交易在联储准备金账户余缺资金时所支付的利率。它是一种以美元计价的短期（隔夜）无风险利率。联储运用以下重要的货币政策工具来控制联

---

[1] 见*The Federal Reserve System: Purposes and Functions*, p. 2, under “Websites” in this chapter’s Further Reading section.

邦基金利率。

- 公开市场业务——在公开市场上买卖美国政府债券，以影响银行的准备金水平。
- 贴现窗口融资——设定商业银行、其他存款机构、一级交易商（在最近，一级交易商也可以向联储借款）可以向联储借取资金时所用的利率（该利率称为贴现率）以及关于抵押要求。
- 法定准备金政策——针对银行和其他金融机构的存款，确定并有权变动法定准备金比率。

对货币政策的描述如下：当经济状况改变时，联储判断经济是否偏离了关于通胀和产出的预定路径以及其他的目标。如果经济偏离了所预定的目标，则美联储就会宣布改变其目标利率，也即联邦基金利率。为了实现新的目标利率，联储将进行相应的公开市场操作并改变贴现率。上述措施进而逐级影响整个利率体系和资产价格，并最终改变总体经济运行方向。

## 联邦储备银行的资产负债表

为了理解联储怎样进行货币政策的操作，我们需要先讨论一下联邦储备系统合并的资产负债表，如表 10-1 所示。美国政府证券（如公债）在历史上一直占据着美联储资产的大部分。从 2007 年开始，美联储将它的操作业务扩展到了短期标售、交易商信贷和贷款保证，在 2008 年，这些新扩展的账户余额也成了联邦储备资产的组成部分。不过，对于我们理解联储通常怎样决定利率来说，资产负债表的精确组成并不一定是必要的。

看一下负债方，有两个独特的项目：通货和准备金。联邦储备通货是联储的主要负债，它包括我们每天使用的硬币和纸币。另一个重要的负债项目是银行准备金余额，它是商业银行在联邦储备银行的存款余额。这些存款数量再加上银行库存现金，就是我们一直在谈论的**银行准备金**。

下面我们介绍本节计划内容的剩余部分：首先，我们将更详细地解释联储传导货币政策时所用的三大工具。我们将说明准备金的供给怎样经由联储的公告、公开市场业务和贴现率政策而得以决定。然后，我们将讨论短期利率是如何为“由联储控制准备金的供给”这个最重要的因素所决定。

## 操作程序

联邦公开市场委员会每年召开 8 次会议以决定货币政策，并向它的操作机构，即纽约的联邦储备银行下达指示。纽约联邦储备银行每天进行公开市场操作。

今天，联储主要通过对联邦基金利率即银行准备金的同业拆借利率设定短期利率目标来进行操作。图 10-2 显示的是近些年的联邦基金利率，图中阴影部分表示经济衰退期。你可以看到联储倾向于在经济衰退前降低利

**2008 年 9 月，12 家联邦储备银行的合并资产负债表**
**（10 亿美元）**

| 资　产 | | 负债和净值 | |
|---|---|---|---|
| 美国政府证券 | 479.8 | 联邦储备通货 | 832.4 |
| 贷款、短期标售和回购协议 | 322.5 | 存款： | |
| 其他各种资产 | 181.0 | **银行准备金余额** | **47.0** |
| | | 其他存款 | 14.4 |
| | | 其他各种负债 | 89.5 |
| 总　额 | 983.3 | 总　额 | 983.3 |

表 10-1　**通过改变资产负债表，美联储决定着短期利率和信贷条件**

美联储通过买卖它的资产（政府证券和回购协议）可以控制它的负债（银行存款和联邦储备券）。美联储通过改变准备金的数量来决定联邦基金利率，进而影响 GDP、失业和通货膨胀。

资料来源：联邦储备委员会：*www.federalreserve.gov/release/h41.*

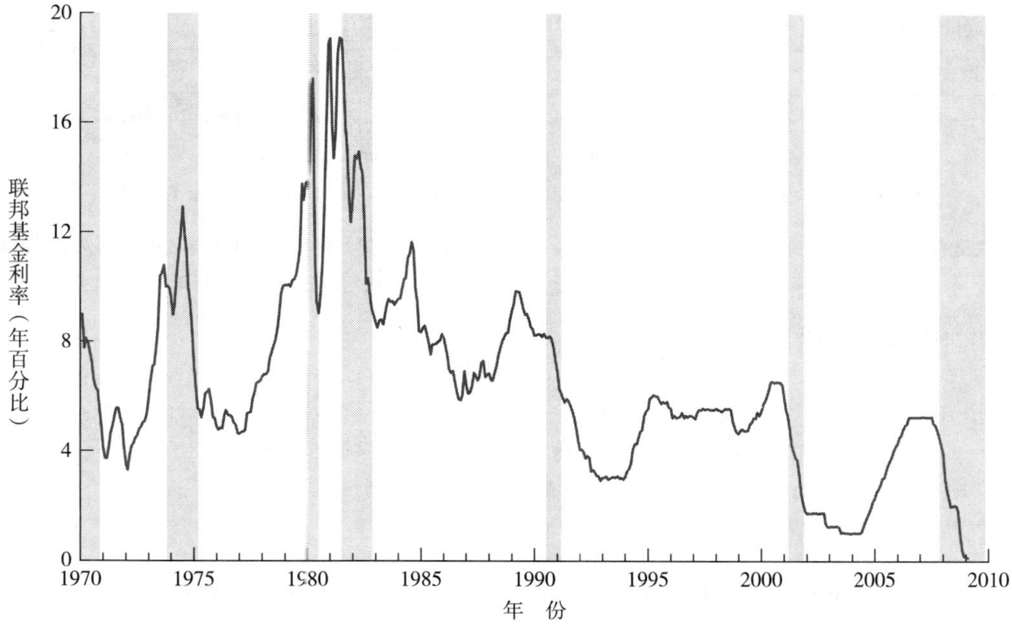


阴影部分是NBER衰退。

**图 10-2 美联储决定联邦基金利率**

联邦基金利率是银行间借出准备金收取的利率，美联储可以设定联邦基金利率。联邦基金利率随之影响所有其他的利率，尽管利率间的联系是变化的，并受到未来利率预期和整个金融状况的影响（参考图 8-2 显示的其他主要利率）。注意在 2008 年末联邦基金利率接近 0，此时经济陷入流动性陷阱。

资料来源：联邦储备委员会。

率，以及在经济繁荣时提高利率。如果你回头去看图 8-2，你将看到其他的利率是如何随着联邦基金利率一起变化的。然而，它们之间的联系又并不十分密切。尽管决定利率的总体水平和变动趋势的机构是联储，但显然还是有许多其他的因素也同时在影响和制约着利率水平和金融条件，这可以从利率有时沿不同的方向变动的事实而得到证实。

## 联储如何影响银行准备金

货币政策最重要的一点是联储对银行准备金的控制。而这是一个复杂的过程，需要我们仔细的研究。通过法定存款准备金要求、公开市场业务和再贴现政策的联合运用，联储通常都能在很有限的约束条件下决定银行准备金的数量。为此，我们先回顾一下这些政策工具的具体细节。

### 公开市场业务

**公开市场业务**（open-market operations）是中央银行实施货币政策的主要工具。联储通过在公开市场上买卖政府证券而影响银行准备金的数量。

联储是怎样决定买卖政府证券的数量呢？首先它观察决定准备金的需求和供给的因素，判断其趋势是否与联邦基金利率的目标值相一致。以这些判断为基础，联储将决定买入或卖出政府证券的数量，使联邦基金利率接近所确定的目标值。

不妨假定一下，根据经济预测，联储需要卖出价值 10 亿美元的证券。于是，在公开市场上，联储就会与一级交易商进行交易。这些交易商包括 20 家大的商业银行，以及像高盛和摩根这样的证券经纪人。这些交易商一般利用它们在联储上的账户买进证券。交易结束后，联储总的存款会减少 10 亿美元。于是，此次公开市场业务的净影响是整个银行体系的准备金将减少 10 亿美元。

| 联储的资产负债表（10 亿美元） | | | |
|---|---|---|---|
| 资 产 | | 负 债 | |
| 证 券 | 500 – 1 | 公众持有的通货 | 410 |
| 贷 款 | 10 | 银行准备金 | 100 – 1 |
| **总资产** | **510 – 1** | **总负债** | **510 – 1** |

表 10–2（a） **联储的公开市场销售减少了银行准备金**

| 商业银行的资产负债表（10 亿美元） | | | |
|---|---|---|---|
| 资 产 | | 负 债 | |
| 准备金 | 100 – 1 | 活期存款 | **1 000 – 10** |
| 贷款和投资 | 900 – 9 | | |
| **总资产** | **1 000 – 10** | **总负债** | **1 000 – 10** |

表 10–2（b） **准备金的减少导致银行减少了贷款和投资，直至以 10:1 的法定准备金率减少货币供给**

中央银行为了将利率提高至其目标值，卖出证券，减少准备金。

在（**a**）中，联储在公开市场上卖出价值 10 亿美元的证券。当交易商支付这些证券时，准备金减少 10 亿美元。

在（**b**）中，我们看到的是公开市场业务对商业银行的资产负债表的影响。在法定存款准备金率为 10% 的情况下，银行减少贷款和投资。其净影响是紧缩货币和提高利率。

表 10-2（a）表明了一次 10 亿美元公开市场业务对联储资产负债表（这张资产负债表也是假设的）的影响。黑体字栏是公开市场业务前的资产负债表，深黑体字栏目显示的是该项公开市场业务对联储资产负债表的影响。这笔公开市场业务使联储资产负债表中的资产和负债均减少 10 亿美元，即联储卖出了 10 亿美元政府债券，而它的负债也下降了相同的数额，即减少了 10 亿美元的银行准备金。

现在我们看看这笔公开市场业务对于商业银行的影响，表 10-2（b）为商业银行的合并资产负债表。假定商业银行在中央银行保留的准备金为其存款总额的 10%。该笔公开市场业务进行之后，准备金减少 10 亿美元的同时存款也仅减少 10 亿美元，因此商业银行会发现他们的准备金出现了短缺。于是商业银行必须出售若干投资项目以及收回一部分短期贷款，以达到法定存款准备金的要求。这会导致相应银行的存款出现成倍的收缩。到这一连锁反应最终结束时，各商业银行的存款总共会减少 100 亿美元。与此相应，银行资产负债表的资产方也发生了变化［请仔细阅读表 10-2（b）中的深黑色数字］。

贷款和投资的收缩会导致利率提高。如果联储预测正确，那么利率就会变动至联储新的目标值。

而若联储预测错误，则联储将会怎样做呢？联储只需要在第二天买进或卖出准备金就可以做出与新目标相应的调整。

## 贴现率政策：公开市场业务的支撑

联储可利用它的第二种工具来实现它的目标。贴现窗口是当银行、一级交易商需要额外资金时可以借款的工具。联储对所借的资金按照“贴现率”收取利率。贴现率对不同的用途和机构来说会有轻微的差别。一般讲，主要的贴现率要比联邦基金利率高出 1/4 到 1/2 个百分点。

经由贴现窗口可达到两个目的。第一，当准备金在短期内不足时，它可以借出资金补充准备金，从而与公开市场业务形成互补。第二，当机构的信贷条件突然变得紧张时，它可以为机构的流动性提供支撑。

直到最近，贴现窗口一直很少使用。而在 2007~2009 年的信贷危机中，联储曾打开贴现窗口，以便客户在纷纷变得紧张而需要立刻提款时银行能够借到资金。在这一时期，为了给紧张的金融市场提供更多的流动性，联储以多途径扩大借款能力。它扩宽了所允许的抵押物的界限，增加了可以向贴现窗口借款的一级交易商，为不良债券提供担保以帮助濒临破产的银行，向私有银行购买来自非银行企业的票据。上述举措都是为了减少因金融机构不能支付它们的债务、金融体系失效以及企业和家庭不能获得信贷而带来的恐惧。

***最后贷款人*** 像银行之类的金融机构具有先天的不稳定性。正如我们看到的，由于它们的负债是短期的，容易遭受密集提款的冲击；而它们的资产却是长期的，缺乏流动性。有时候，银行和其他的金融机构不能履行它们对客户的义务。这也许是出自对现金的周期性需要，更

甚者，也许是出自存款者对银行失去信心从而同时要求立刻取款。在这种情况下，当银行用尽它们的流动性资产和信贷额度时，中央银行就可能会及时介入并充当最后贷款人的角色。这种功能可以用前美联储主席艾伦·格林斯潘的话来很好地描述：

> 如果我们乐于享用杠杆化了的金融中介体系的长处，那么管理金融体系风险的重担就不应当仅仅落在私人部门的肩上。杠杆通常都会传递风险，从而可能（虽然可能性很小）产生连锁反应。即如果违约没有被阻止，那么它就会逐级传递，从而在金融体系内累积，直至泡沫最终破裂。而在它变得具有破坏性之前，只有中央银行出面，利用它的无限供应货币权，才很有可能中断上述传导过程。可见，中央银行必然会介入其中而成为最后的贷款人。

今天，贴现窗口主要用来确保货币市场平稳运行。它提供额外的流动性，也是银行需要最后贷款人时可以仰仗的地方。

## 法定准备金的作用

***准备金的性质*** 前面章节我们已经说明了银行准备金和银行货币之间的关系。在一个自由市场的银行系统中，谨慎的银行家总会在手头保留一些准备金。他们需要以现金形式保留存款的一小部分，来支付那些提取存款或者开具支票的存款者。

许多年前，银行家就已经意识到，尽管存款是一经提取就必须立即支付的，但还是很少会出现所有存款都在同一时间内被提取的情况。如果所有的存款者突然在同一时点提取存款，那么就必须保持着与存款总额完全相等的准备金。然而这样的情况却并不曾发生。就某一天而言，一些人存款之际，往往是另一些人取款之时，这两种交易的数量通常可以相互抵消。

可见早期的银行并不需要将 100% 的存款都作为没有创造功能的准备金，因为存在库中的准备金显然不会产生利息。很快银行就发现用超额储蓄进行投资可以获利。通过将大部分存款投放于盈利性资产，而只保留很小一部分存款作为现金储备，商业银行就能最大化地获取利润。

向持有部分准备金的银行转变，即银行持有存款的一部分而不是 100% 作为准备金，实际上这具有革命性意义。它导致了具有杠杆作用的金融机构的产生，而这些具有杠杆作用的金融机构在今天已经支配着我们的金融体系。

***法定准备金要求*** 19 世纪时，银行有时并不能保留足够的准备金以满足存款者的要求，从而有时便会导致银行危机。因此，从那时起，就像现在联邦储备规则下形成的制度一样，银行必须保留一个特定比率的支票存款作为准备金。在早期，准备金要求是控制货币数量的重要组成部分（在本章的后面讨论）。在今天联储主要以利率为目标的情况下，准备金要求是货币政策中相对并不那么重要的工具。

准备金要求适用于各类支票账户存款。根据联邦储备条例，银行必须持有支票存款的一个固定比例作为准备金。这个比例被称为**法定准备金比率**（required reserve ratio）。银行准备金由库存现金（即银行持有的通货）和银行在联邦储备系统的存款形式保有。

表 10-3 说明了现行法定准备金的比率和联储自行变动法定准备金率的权力。这里的一个关键概念是法定准备金比率的水平。它的变化范围从对支票存款的要求是 10%，到对个人储蓄存款的要求为零。在我们的例子中，为简便起见，使用的是 10% 的准备金比率。但我们应该了解，实际的法定准备金比率可以随时变动。

正常情况下，法定准备金所规定的水平都高于银行所自愿持有的水平。这样高的准备金比率要求主要是为了确保准备金需求比较容易预测，以便于联储能够更精确地控制联邦基金利率。

联储在 2008 年开始对银行准备金支付利息。这种做法的初衷是准备金利率可作为联邦基金利率的下限，从而可以更好地控制联邦基金利率。例如，如果联邦基金利率的目标值是 3.5%，而准备金利率是 3%，贴现率是 4%，那么联邦基金利率将实际上被限定在 3%~4% 的范围内，这样联储就能够更容易达到其目标利率。在 2007~2009 年的金融危机中，金融环境发生了不寻常的变化，经济曾陷入流动性陷阱之中。这些我们将在本章后面进行讨论。

## 联邦基金利率的决定

既然我们探讨了基本的货币政策工具，我们就能够分析联储是怎样决定短期利率的。图 10-3 说明了其基本过程。由该图可见银行准备金的需求与供给。

| 存款类型 | 准备金比率（%） | 联储可变动的范围（%） |
|---|---|---|
| 支票（交易）账户 | | |
| 0~4 400 万美元 | 3 | 不允许有变动 |
| 4 400 万美元以上 | 10 | 8~14 |
| 定期和储蓄存款： | | |
| 个　人 | 0 | |
| 非个人： | | |
| 偿还期在 1.5 年以内的 | 0 | 0~9 |
| 偿还期在 1.5 年以上的 | 0 | 0~9 |

**表 10-3　对金融机构的法定准备金比率的要求**

准备金要求所依据的是法律和相关规定。准备金比率一栏所表示的是每一类存款必须以联储不生息存款或手头现金形式所持有的百分比。大银行的支票类账户需要有 10% 的准备金，而其他主要存款则没有准备金要求。联储有权在一定范围内改变法定准备金的比率，但是只有当经济形势的发展要求必须对货币政策做出重大改变时，它才可以行使这一权力。

资料来源：*Federal Reserve Bulletin*, March 2008.

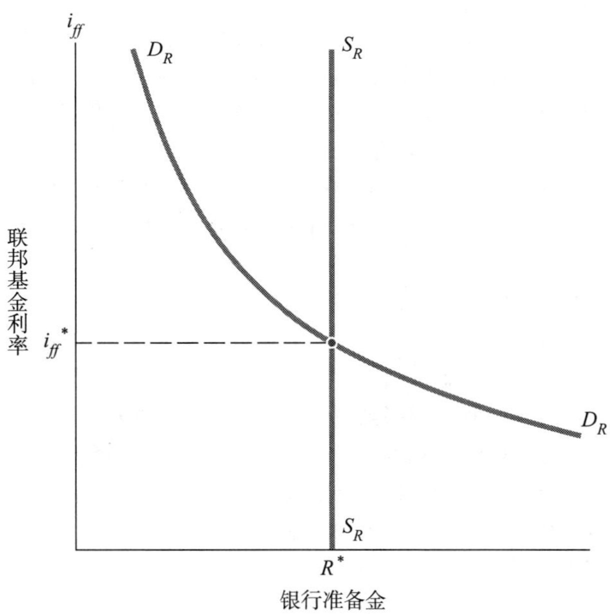


**图 10-3　决定联邦基金利率的银行准备金的供给和需求**

随着利率的上升，银行准备金的需求下降，这反映了当利率上升时，货币需求下降，从而支票存款下降。联储的利率目标是 $i^*_{ff}$。通过公开市场业务提供合适的准备金数量 $R^*$，联储可实现其目标值。

首先，我们考虑银行准备金的需求。在上一章我们知道，银行要求持有的准备金由支票存款的总额和法定准备金比率所决定。因为支票存款的需求与利率呈反向变动的关系，因此当利率上升时，银行准备金的需求也随之下降。银行准备金的需求，如图 10-3 所示，是一条向下倾斜的曲线 $D_RD_R$。

其次，我们需要考虑准备金的供给。银行准备金的供给由公开市场业务决定。通过买进和卖出证券，联储控制着整个系统内准备金的规模。联储购买证券会增加银行准备金的供给，卖出证券则相反。

当准备金的供给和需求相等时，联邦基金的均衡利率便得以确定。这其中重要的一点是，联储可以通过合理的证券买卖，即通过公开市场业务来实现它的目标。

图 10-3 仅仅表明了在非常短的时间内的供给和需求。因为联储每天都在干涉市场，加之市场参与者知道联储的利率目标，所以联储能够保持联邦基金利率接近其目标值。图 10-4 展示了一个月或一个月以上的准备金的供给和需求。可见，中央银行实质上使得准备金的供给在联邦基金目标值处具有完全的弹性。这表明联储如何实现其每周的基金利率目标值和每月的基金利率目标值。

联邦基金利率作为市场上最重要的短期利率，由银行准备金的供给和需求决定。通过不断地监控市场，按

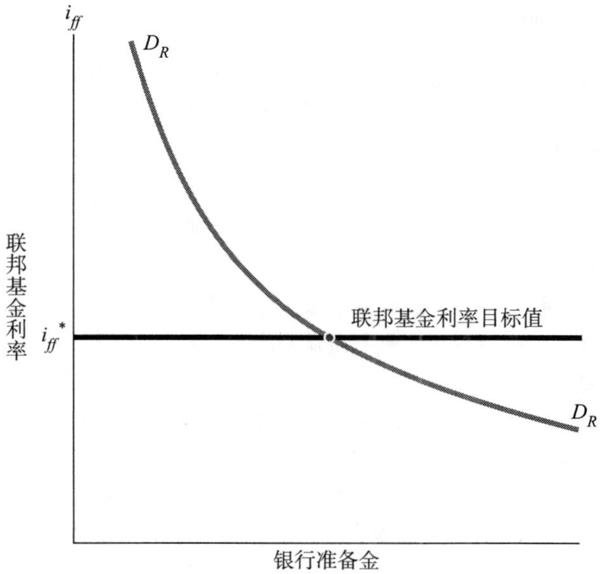


**图 10-4 联储通过不断的干涉市场，可以实现其利率目标值**
由于联储每天都通过公开市场业务（如图 10-3 所示）进行干涉，所以它能够在很小的范围内实现其目标值。

需要通过公开市场业务增加或减少准备金，联储可以确保短期利率非常地接近其目标利率。

## B. 货币传导机制

### 简要概述

考查了货币理论的主要组成部分之后，我们现在来讨论一下**货币传导机制**（monetary transmission mechanism），即货币政策影响产出、就业、价格以及通货膨胀的途径。在前一章开始部分，我们已经大致介绍了货币传导机制，现在我们对此进行更加详细的讨论。

1. *中央银行提高目标利率*。中央银行根据自己的目标和经济状况宣布短期利率目标值。联储也可以改变贴现率和借款方式等规定。作出这些决策是基于当前的经济形势，特别是通货膨胀、产出增长、就业和金融信贷条件。
2. *中央银行实施公开市场操作业务*。中央银行每天进行公开市场操作业务，以达到其联邦基金利率的目标值。如果联储希望对经济进行降温，则它就会卖出证券，从而减少准备金，提高短期利率；而如果经济面临衰退威胁，则联储就会买进证券，从而增加准备金供应，降低短期利率。通过公开市场操作业务，联储将短期利率稳定在其目标值附近。
3. *资产市场对货币政策的反应*。在给定未来金融信贷条件预期的情况下，随着短期利率的变化，银行会调整它们的贷款、投资及其利率与期限。短期利率的当前值和未来的预期值的改变，加上其他金融的和宏观的影响因素，决定着整个的长期利率格局。利率上升会降低资产的价格（例如股票、债券、房屋的价格）。在浮动汇率的经济中，利率上升还会提高其外汇汇率。
4. *投资和其他支出对利率变动的反应*。假设联储为了降低通胀而提高利率。在利率上升、信贷收缩、财富减少、汇率上升的共同作用下，投资、消费和净出口都会减少。企业也会缩减它们的投资计划。同样，当抵押贷款利率上升时，人们会推迟房屋购买，减少住房投资。此外，在一个开放的经济体中，美元汇率上升会降低净出口。因此，紧缩货币会降低总需求中对利率敏感的组成部分的支出。
5. *货币政策最终影响产出和价格*。总供给与总需求分析（也可以说，乘数分析）说明了投资和其他自主性支出的变化怎样影响产出和就业水平。如果联储紧缩货币和信贷，那么总需求 *AD* 的下降将降低产出水平，导致价格增长更缓慢，从而抑制通货膨胀。

我们可以将上述步骤总结如下：

货币政策变动
→利率、资产价格、汇率相应变化
→影响投资 $I$、消费 $C$ 和出口 $X$
→影响总需求 $AD$
→影响产出 $Q$ 和价格 $P$

请务必理解：从“中央银行目标利率的改变”到“对产出和价格的最终影响”的各步骤的顺序与路径。我们已经深入地讨论了该传导顺序的第一步，接下去我们将讨论其对整个经济的影响。

### 货币政策的改变对产出的影响

我们现在利用图形来分析货币传导机制。

***利率和投资需求*** 我们可以利用图 10-5 来追踪货币传导机制的前几个环节。图 10-5 将我们以前见过的两幅图放在了一起：(a) 为准备金的供给与需求；(b) 为投资需求曲线。为简化分析，我们假设没有通货膨胀、没有税收、没有风险。那么，在该假设下，图 (a) 中的联邦基金利率和图 (b) 中的企业和居民的资本成本相同，在这种简化条件下，实际利率 $r$ 等于中央银行利率 $i_{ff}$。货币政策使利率等于 $r^*$，相应地，$r^*$ 对应的投资为 $I^*$。

接下来，考虑经济状况发生改变的情况。假设经济形势恶化。这可能是由于战后军费支出的下降，也可能是由于泡沫破灭后投资的减少，还可能是因为恐怖袭击之后消费者信心不足。联储分析经济情况后，决定通过公开市场操作业务降低利率。结果便是利率从 $r^*$ 下降到 $r^{**}$，如图 10-6 (a) 所示。

如图 10-6 (b) 所示，紧接着是投资对利率变化的反应。当其他因素不变时，随着利率的降低，投资需求从 $I^*$ 增加到 $I^{**}$。(我们之所以强调其他因素不变，原因在于其他因素发生变化会导致投资需求曲线发生移动，这可能会导致实际投资的下降。不过，相比没有该货币政策而言，实施货币政策后的投资下降的幅度会较小。)

***投资和产出变化*** 如图 10-7 所示，货币传导机制的最后一个环节是对总需求的作用。图 10-7 与第 7 章中说明乘数机制的图是一样的。我们已经知道总支出 $C+I+G$ 是总产出的函数（图中总产出用水平轴来表示）。最初的利率是 $r^*$，在中央银行实施扩张的货币政策之前，产出在较低的水平 $Q^*$。

接下来，假设联储采取措施来降低市场利率，如图 10-6 所示。利率降低使投资从 $I^*$ 增加到 $I^{**}$，即在图 10-7 中，总支出线向上移动到 $C+I(r^{**})+G$。结果是产出增加至 $Q^{**}$。正如联储在面对经济状况恶化时所希望的那样，该图表明了货币政策是怎样依次传导而最终增加了产出。

上述图形分析显得过于简化。它省略了许多对总需求产生影响的其他因素。例如货币政策对财富的影响，进而对消费的影响；汇率对外贸的影响；信贷条件的改变对支出的直接作用；等等。此外，我们也没有充分地说明货币政策怎样影响通货膨胀。尽管如此，该简图还是阐释了货币传导机制的要义。

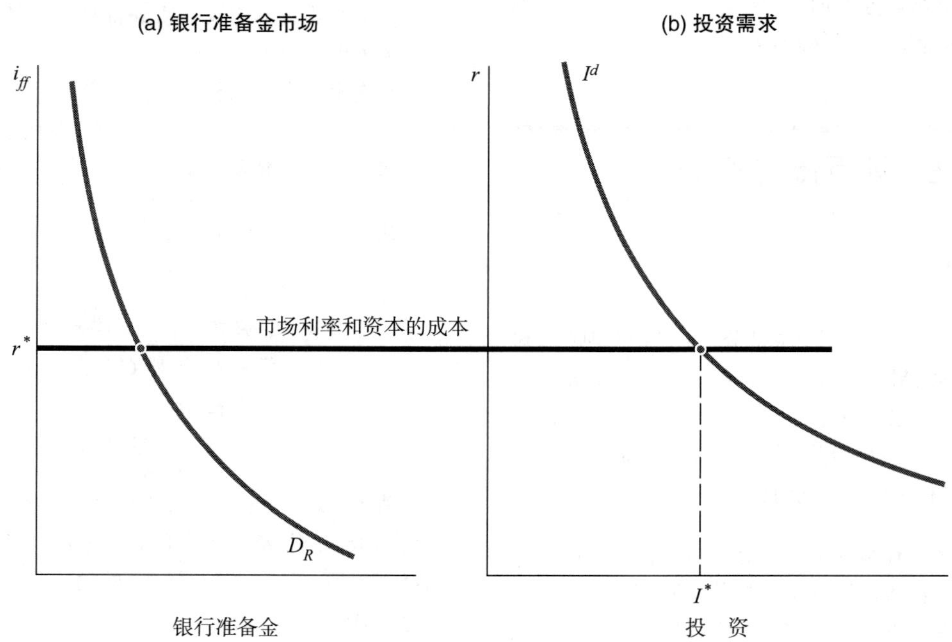


**图 10-5 利率决定企业和居民投资**

此图显示了货币政策和实体经济之间的关系。(a) 联储通过公开市场操作业务来控制短期利率；(b) 假定没有通货膨胀和风险，利率便决定着企业和居民投资的成本，即 $r=r_{ff}$。总投资作为总需求 $AD$ 中对利率最敏感的部分，图中的位置在 $I^*$。

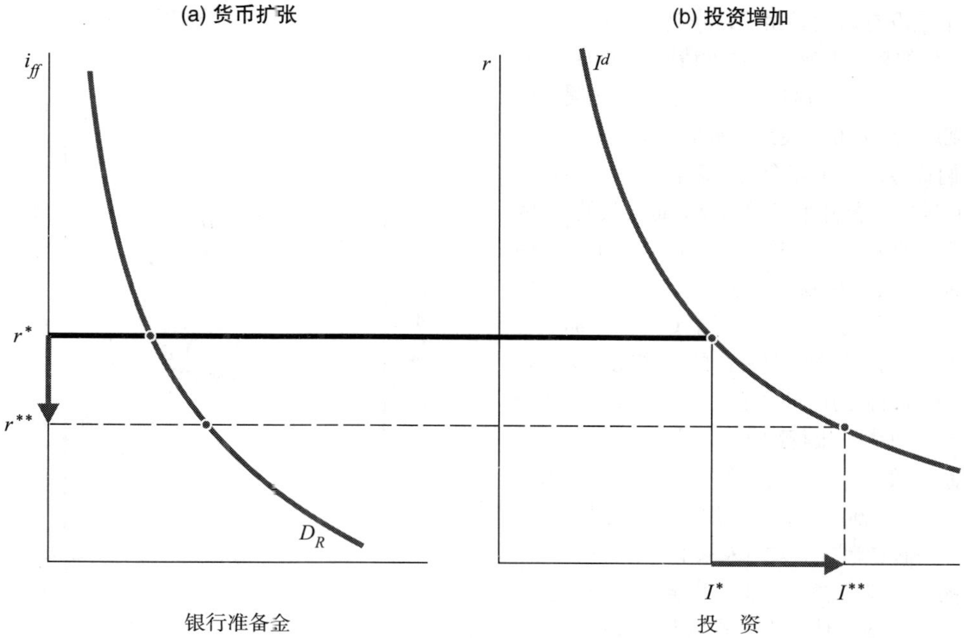


**图 10–6　货币扩张降低利率，从而使投资增加**

假设如 2007~2008 年一样，经济低迷。（a）联储买进证券，增加准备金，降低利率；（b）假定其他因素不变，它的作用是利率下降，资产价格上升，从而刺激企业和居民投资。我们可以看到投资从 $I^*$ 增加到 $I^{**}$。

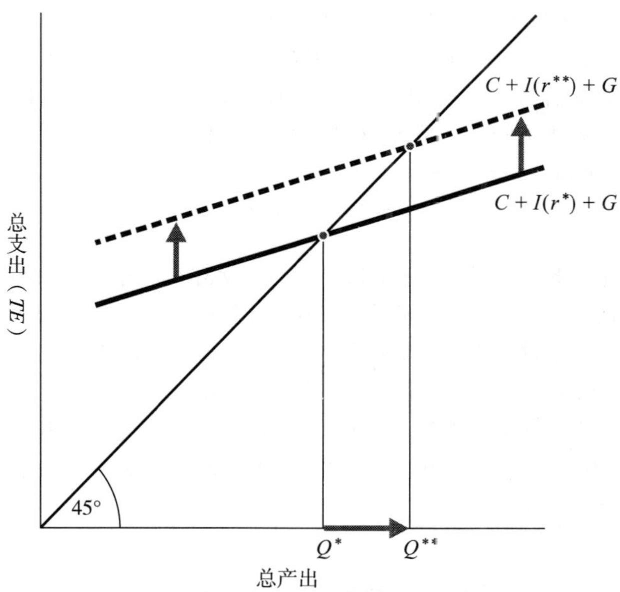


**图 10–7　货币扩张降低利率、增加产出**

利率从 $r^*$ 降低到 $r^{**}$，当其他因素不变时，投资从 $I(r^*)$ 增加到 $I(r^{**})$。这导致总支出曲线 $C+I+G$ 向上移动，产出从 $Q^*$ 增加至 $Q^{**}$。到此，货币传导机制便完成了。

货币政策运用公开市场操作业务和其他工具来影响短期利率。然后，短期利率和其他经济因素相互作用，影响其他利率和资产价格。通过影响对利率敏感的支出（例如企业和居民投资），货币政策有助于控制产出、就业和通货膨胀。

## 流动性陷阱的挑战

当名义利率接近 0 时，中央银行就会面临一个最大的挑战。这种情况就是我们所提到的**流动性陷阱**（liquidity trap）。在美国，该情况曾在 20 世纪 30 年代的大萧条时期以及 2008~2009 年期间发生过。

当短期无风险利率为 0 时，短期无风险债券就等同于货币。货币需求对利率的弹性就会无穷大。在此情况下，银行就没有理由节省持有的准备金。它们从准备金中获得的利率与进行短期无风险投资所获得的利率基本上是相等的。例如，在 2009 年年初，银行从准备金中获得的利率每年为 0.10%，从短期国债中获得的利率为 0.12%。

因此，中央银行公开市场操作业务对利率和金融市场的影响就很小或没有影响。相反，联储购买证券，银行仅仅是增加它们的超额准备金。这种情况在2008~2009年期间报复性地发生了，当时超额准备金从10亿美元的正常水平增加到超过9 000亿美元的水平。实际上，银行将联储当作它们资金的一个安全的存款箱！（务必理解为什么在流动性陷阱中公开市场操作业务是无效的。）因为联储不能降低短期利率，所以在流动性陷阱中，联储不能通过正常的货币传导机制来刺激经济。

如果中央银行不能将短期利率降至0以下，那么它是否能够采取其他的措施来刺激萧条的经济呢？这便是在2009年年初联储面临的两难境地。一种措施是试图降低长期利率。这需要中央银行购买长期债券，而不是像平常一样将注意力放在短期证券。第二种措施是降低风险证券的风险溢价。从2007~2009年信用危机的早期开始，联储就和财政部一起，朝这个方向采取了强有力的措施。这些措施包括购买不良资产，向非银行金融机构开启贴现窗口，购买商业票据，对大范围的私人金融资产进行贷款。上述措施的目的在于改善金融市场的流动性和增加信贷的可获得性。关于联储在这段时期的这些活动，一个很好的回顾是参考本章末“补充读物”中所引用的联储主席伯南克在2009年的一篇演讲。

## 总需求－总供给框架中的货币政策

图10-5、图10-6和图10-7说明了货币政策的改变如何引起总需求的增加。现在我们可以运用总供给和总需求曲线来说明总需求的增加对于宏观经济均衡的影响。

货币供给的增加导致总需求增加，引起*AD*曲线右移，如图10-8所示。这种移动说明，在存在闲置资源（这时*AS*曲线相对平缓）的情况下货币扩张的作用。这里，货币的扩张使总需求由*AD*移动到*AD′*，总体均衡由*E*移动到*E′*。这个例子说明货币的扩张能增加总需求，并对实际产出产生有力影响。

因此扩张性的货币政策的整个影响过程依次如下：公开市场操作业务降低市场利率。市场利率降低会刺激那些对利率敏感部门的支出，包括企业投资、住房购买和净出口等。总需求通过乘数机制得以增加，从而使产出和价格高于原有水平。因此，基本顺序是：

$$r\text{下降} \rightarrow I、C、X\text{上升} \rightarrow AD\text{上升} \rightarrow Q\text{上升和}P\text{上升}$$

为彻底理解这个十分重要的顺序，不妨再考虑一下采取紧缩性货币政策时所呈现的相反情况。例如，联储决定提高利率，以减缓经济增长并降低通货膨胀率。你可以通过改变货币政策的最初变化方向沿着图10-5至图10-7中的顺序进行分析。因此当采取紧缩性货币政策时，会看到货币、利率、投资以及总需求将会怎样相互作用。然后，在图10-8中，观察当*AD*曲线向左移动时将如何使产出和价格下降。

扩张的货币政策

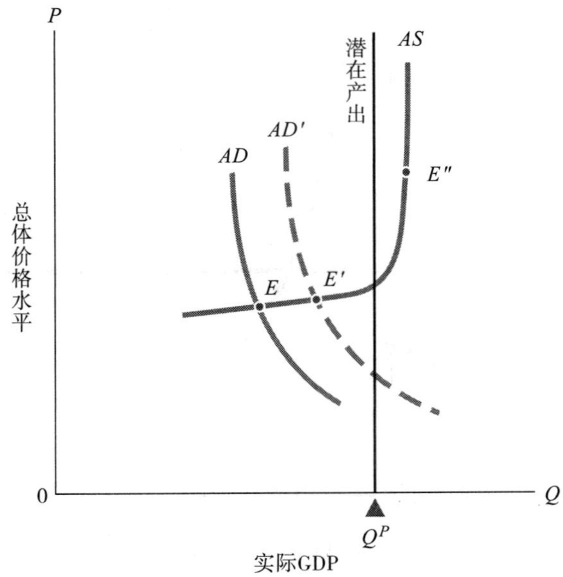


**图10-8 一项扩张性的货币政策会使*AD*曲线向右移动，并提高产出和价格水平**

图10-5至图10-7表明了货币扩张如何导致投资的增加，从而使得产出成倍地增加。这会引起*AD*曲线向右移动。

在*AS*曲线比较平缓的（凯恩斯主义的）区域中，货币的扩张主要影响实际产出，对价格则只有轻微的影响。在充分就业的经济中，*AS*曲线近乎于垂直（如*E″*点所示），货币的扩张将主要提高价格和名义GDP，而对实际GDP则几乎没有影响。如果*AS*曲线是垂直的，那么，在长期中你知道货币政策为什么对实际产出不会产生影响吗？

## 货币政策的长期影响

本章的分析主要集中在货币政策和商业周期。也就是说，本章考虑的是货币政策和利率在短期内如何影响产出。

然而，我们需要认识到，在长期还存在一组不同的因素在发挥作用。刺激经济的货币政策并不能使产出长期高于潜在产出。如果中央银行长期将利率维持在过低水平，经济就会过热，通胀压力将会出现。在低利率下，利率预期可能上升，非理性冲动可能取代理性思考。一些分析家认为，正是 20 世纪 90 年代长时期的过低利率才引发了股票市场泡沫。也有人认为 21 世纪初的房地产市场泡沫同样也是由相同的机制所引发的。

因此，货币扩张在长期中将主要影响价格水平，而对实际产出很少产生或者不会产生影响。如图 10-8 所示，在短期中，当经济中存在闲置资源，从而 *AS* 曲线相对平缓时，在短期内货币供给的变化将影响总需求和实际 GDP。然而，在后面章节对总供给的分析中，我们将会看到在长期中，随着工资和价格的调整，*AS* 曲线将趋向于垂直或近乎于垂直。由于价格和工资的调整及近乎于垂直的 *AS* 曲线，长期中 *AD* 曲线变动对产出的影响就削弱了，而对价格的影响则变得显著。*这意味着在长期中，随着价格和工资变得更具有弹性，货币政策的变化对价格水平影响较大，而对实际产出影响较小。*

那么，这种短期与长期的区别能够给人一种什么样的直觉呢？假设货币政策降低利率。开始，实际产出会较大地增加，而价格也会适当地上升。然而，随着时间的推移，工资和价格开始得到比较充分的调整，以满足更高的价格和产出水平。劳动市场和产品市场上的需求膨胀使得工资和价格上升，工资得到调整以反映更高的生活成本。最终，扩张的货币政策会导致国民经济中实际产出不变而价格上升。名义变量（包括货币供给量、准备金、政府债务、工资、价格、汇率，等等）的水平增高，而实际变量却没有发生变化。在这种情况下，我们说*货币是中性的*，即货币政策的变动对实际变量并没有什么影响。

还应注意到，我们关于货币政策作用的讨论并没有涉及财政政策。然而在现实中，不论政府奉行何种政策，每个发达经济体都会同时采用财政政策和货币政策。每一种政策都有其长处和不足。在以下各章中，我们将综合考查货币政策和财政政策在应对商业周期和促进经济增长方面的作用。

## C. 货币经济学的应用

我们已经考查了货币政策和中央银行的基本要点，现在转而分析货币在宏观经济学中的两个重要应用。首先，我们回顾一下具有影响力的货币主义理论，然后考察货币政策在全球化背景下的应用。

### 货币主义以及货币和价格数量论

金融和货币体系不能自我管理。包括中央银行在内的政府机构必须制定关于货币标准、货币供给量以及货币和信贷的收缩与扩张的基本政策。关于管理货币的最佳途径问题，目前还存在着不同的看法。有些人主张“反其道而行之”的积极政策，即当存在通胀威胁时就提高利率，而当经济衰退时就降低利率。另一些人则怀疑政策制定者是否有足够的能力运用货币政策对经济进行“微调”，从而达到预期的通货膨胀和失业水平。他们主张将货币政策限制在控制通货膨胀这个目标上。于是有货币主义者主张相机抉择的货币政策应该为固定的货币供给增长规则所取代。

在回顾基本的主流货币理论后，本节将分析货币主义，讨论古老的货币和价格的数量论，追溯货币主义的历史。在此我们也将会看到货币主义与现代宏观经济理论有着密切的联系。

#### 货币主义的根源

**货币主义**（monetarism）认为，货币供给是决定名义 GDP 短期变动和价格长期变动的主要因素。当然，凯恩斯主义宏观经济学也承认，货币在决定总需求时所起的关键作用。货币主义和凯恩斯主义的主要区别在于：货币在决定总需求时被赋予的重要程度。凯恩斯主义理论认为，除了货币之外，还有许多其他因素也影响总需求；而货币主义则强调，只有货币供给的变动才是决定产出和价格变动的主要因素。

为了理解货币主义学说，我们需要理解*货币流转速度*这个概念。

### 交易方程式和货币流转速度

货币的周转有时非常缓慢。在两次交易之间，它会在床垫下或银行账户上滞留很长的时间。而在另一些时间，特别是在急剧的通货膨胀期间，人们会迅速地抛出货币，因而货币会在人们的手上迅速地流转。货币周转的速度通常用货币流转速度这一概念加以表述，它是由剑桥大学的艾尔弗雷德·马歇尔和耶鲁大学的欧文·费雪提出来的。货币流转速度用于衡量货币供应中每一单位美元在一年中平均被用于购买商品和服务的次数。相对于支出流量而言，当货币数量很大时，货币的流转速度就低；当货币转手十分迅速时，货币流转速度就高。

货币流转速度的概念是在**交易方程式**（equation of exchange）中正式提出来的。方程式的表达式为：[1]

$$MV \equiv PQ \equiv (p_1q_1 + p_2q_2 + \cdots\cdots)$$

其中，$M$ 代表货币供给，$V$ 代表货币流转速度，$P$ 代表价格总水平，$Q$ 代表实际总产出水平。两边除以 $M$ 后，它可以被重新表述为**货币流转速度**（velocity of money）的定义：

$$V \equiv \frac{PQ}{M}$$

我们通常将 $PQ$ 衡量为总的收入或产出（名义 GDP）。相关的速度概念为货币收入周转率。

> 周转率是货币在经济中流通的速度。**货币收入周转率**（income velocity of money）是名义 GDP 与货币存量的比率。

举个简单的例子，假设经济只生产面包，GDP 由 4800 万块面包构成，每块面包售价为 1 美元。因此 GDP = $PQ$ = 4800 万美元 / 年。如果货币供给为 400 万美元，那么根据定义，$V$ = 12 次 / 年。这意味着当收入用来每月购买一次面包时，货币每年周转 12 次，或者说每月周转一次。

### 价格数量论

定义了周转率这一值得关注的新变量之后，我们现在要描述一下早期的货币主义专家如何运用周转率的概念来解释总体价格水平的变动。这里关键性的假设是货币周转率相对稳定，并且可以预测。根据货币主义的理论，货币周转率之所以稳定，是因为它主要反映的是人们何时收入何时支出的模式。如果人们每月得到一笔收入，并倾向于在一个月中平均地花完其全部收入，那么一年的收入周转率就是 12 次。假设所有的价格、工资、收入可能会翻番，由于支出模式不变，所以货币收入周转率不变，货币需求翻倍。只有当个人或企业改变其支出模式或付款方式时，收入周转率才会发生变化。

基于上述关于周转率相对稳定的观点，一些早期的经济学家运用周转率来解释价格水平的变动。这种方法称为**货币和价格的数量论**（quantity theory of money and prices），它将周转率的定义改写如下：

$$P \equiv \frac{MV}{Q} \equiv \left(\frac{V}{Q}\right)M \approx kM$$

这一方程式是由周转率的原始定义得出的，这个表达式是以变量 $k$（更简洁地）替换了原先方程中的 $V/Q$，然后解出 $P$。我们将方程写成这种形式，是因为许多古典经济学家认为，如果交易方式是稳定的，$k$ 就会成为常数，或保持相对稳定。此外，他们往往还假定就业是充分的，即实际产出平稳增长。将这两个假定条件结合起来，$k \approx (V/Q)$ 在短期内就接近常数，长期内则会稳定地递减。

数量论的含义是什么呢？我们可以从上述方程式中看出，如果 $k$ 为常数，价格水平的变动就会与货币供给量成比例。稳定的货币供给量将会带来稳定的价格。而当货币供给迅速增长时，价格也会同样地变动。同理，如果货币供给每年扩大 100 倍或 100 万倍，则经济就会发生急剧的或恶性的通货膨胀。事实上，在恶性通货膨胀时期，货币数量论可以得到最生动的体现。在后面的图 16-4 中，请注意当德国魏玛共和国的中央银行大量印刷纸币时，其价格如何上涨了数十亿倍。这就是最极端情况下的货币数量论。

要理解货币数量论，必须记住，货币与面包、汽车等普通商品具有根本的区别。我们需要面包是为了食用，需要汽车是为了行路。但我们需要货币却仅仅是因为用它能够买到面包或汽车。如果津巴布韦现在的物价是几年前的 1 亿倍，那么人们自然会需要 1 亿倍的货币才能购买到他们以前所能购买到的物品。货币数量论的核心就在于，只要其他条件保持不变，货币需求量与价格水平成比例上升。

---

[1] 定义方程式时采用的是恒等号“≡”，而不是通常使用的等号“=”。使用恒等号是为了强调它们是“恒等的”，即该方程式根据定义总是成立的。

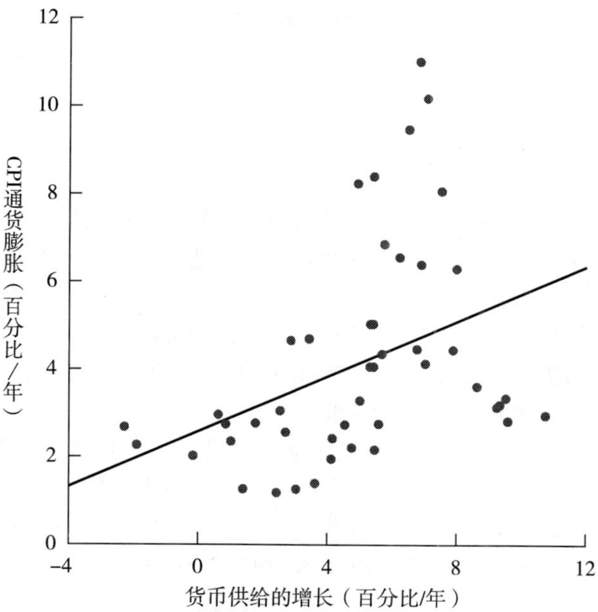


**图 10–9　数量理论在美国（1962~2007）的实际情况**

数量理论表明，货币供给变化 1%，价格也应变化 1%。过去半个世纪的数据绘成的散点图和拟合线说明数量理论是多么得简化。虽然通货膨胀确实与货币增长相关，但相关性不大。在关于通货膨胀的章节可以看到，失业和商品价格等其他变量也影响通货膨胀。问题：假定货币流转速度不变，产出每年增加 3%，如果货币是中性的，散点图将是怎样的？

资料来源：货币供给来自联邦储备委员会，CPI 来自劳工统计局。数据为 3 年的变动平均数。

事实上，货币流转速度一般随着时间缓慢增加，于是 *k* 值也可能是随着时间缓慢变化。此外，在正常时期，货币和价格数量论仅仅是现实的粗略近似。图 10-9 描述了最近半个世纪货币供给增长和通货膨胀之间的散点图。从图中货币供给和价格之间并不完全相关的关系可以看出，尽管美国货币供给增长更快的时期也是通货膨胀更高的时期，但明显也存在着其他的因素在发挥作用。

货币和价格的数量论认为，价格变动与货币供给变动成比例。尽管这种理论只是一种粗略和近似的判断，但它的确有助于解释货币增长缓慢的国家会出现温和的通货膨胀，而在货币增长迅速的国家中物价水平则会急剧上涨。

### 现代货币主义

现代货币主义经济学是二战后由芝加哥大学的米尔顿·弗里德曼及其众多的同行和追随者们发展起来的。在弗里德曼的领导下，货币主义者向凯恩斯主义的宏观经济学提出了挑战，并强调了货币政策在稳定宏观经济方面的重要性。在 20 世纪 70 年代，货币主义学派分离成两个独立的思想流派。其中一个坚持原有的传统，下面我们将会讨论。另一个较年轻的分支成为今天颇具影响的新古典学派，我们将在第 17 章加以分析。

纯粹的货币主义者认为“只有货币才是重要的”。这意味着价格和产出仅由货币供给决定，而影响总需求的其他因素（如财政政策）对总产出或价格则没有影响。此外，尽管货币供给的改变在短期内可以影响实际产出，但在长期内，实际产出则由劳动力、资本和技术的要素供给所决定。该理论预言在长期内*货币是中性的*。这意味着，在正确进行预期和不考虑商业周期的基础上，长期看，（1）名义产出与货币供给量同方向同比例变化；（2）实际变量（产出、就业和失业）则独立于货币供给。

### 货币主义者的政策纲领：固定的货币增长

在第二次世界大战以后的时期，货币主义者在制定宏观经济政策方面扮演了重要的角色。货币主义者坚持认为，尽管货币在短期内影响实际产出，但货币在长期对实际产出却没有影响，并且货币在短期内影响产出还有一个长而多变的时滞。于是这种观点产生了货币主义者的中心原则——**固定的货币供给增长规则**（fixed-money-growth rule）：中央银行应该使货币供给以固定的速率增长，并且坚定地维持这一速率。

货币主义者相信，固定的货币增长率能够消除现代经济中造成不稳定的主要因素，即货币政策反复无常的不可靠的变动。他们认为，我们实际上应该用可以获得固定货币供给增长率的计算机取代联储。这种电脑化政策能够保证货币供给不会突然急剧增加。在稳定的货币流转速度下，名义 GDP 将以稳定的速度增长。在适宜低的货币供给增长情况下，经济不久将可以实现物价稳定。上述便是货币主义者的主张。

### 货币主义者的实验

在 20 世纪 70 年代后期，当美国的通货膨胀率上升至两位数时，许多经济学家和政策制定者都相信，货币政策是有效对抗通货膨胀的惟一希望。1979 年 10 月，联邦储备委员会的主席保罗·沃尔克曾向通货膨胀发起了一轮猛烈的反攻，被称为*货币主义者的实验*。在这项实验中，联储的运作程序发生了很大改变。它不再以利率为中心，而是试图稳定银行准备金和货币供给的增长。

联储希望这种货币管理的数量方法能够减缓名义 GDP 的增长率，进而降低通货膨胀水平。此外，一些人还相信，有规律的货币政策能够快速降低通货膨胀预期。一旦人们的预期降低，经济就可以在潜在的通货膨胀率下经历相对不痛苦的下降。

货币主义者的实验在减缓名义 GDP 增长以及降低通货膨胀率方面取得了成功。通过紧缩货币，利率急剧上升。通货膨胀率从 1980 年的每年 13% 降低至 1982 年的 4%。货币主义者的实验使得任何关于货币政策有效性的怀疑论调都平息了下来。货币确实发挥了作用，货币确实是重要的。紧缩货币能够使经济摆脱通货膨胀。然而，在 1980~1983 年期间，通货膨胀的下降却是以经济大衰退和高失业为代价的。

## 货币主义的衰落

看似悖论的是，正当货币主义的实验成功地根除了美国经济中的通货膨胀之时，在金融市场上发生的变化却动摇了货币学派的现实经济基础。货币主义实验前后，周转率变得极不稳定。谨慎的经济学研究已经表明，货币流转速度明显会受利率的影响，从而不应再被视为一个独立于货币政策的常数。

图 10-10 描述了在 1960~2007 年期间货币流转速度的趋势。在 1960~1979 年间，$M_1$ 的流转速度增长相对稳定，致使许多经济学家相信货币流转速度是可以预测的。在 1980 年后，当 1979~1982 年间的高利率激发了包括货币市场账户和生息支票账户在内的金融创新时，货币流转速度变得日益不稳定。一些经济学家认为，货币流转

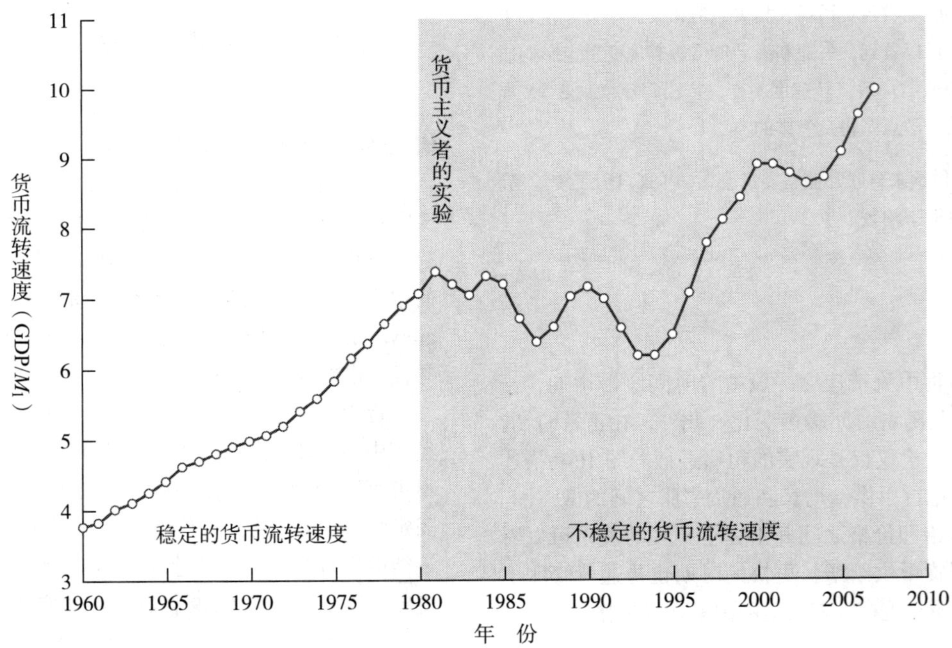


**图 10-10 $M_1$ 的收入周转率**

货币主义者假定货币流转速度是稳定的，因此他们认为应保持固定的货币供给增长率。在 1979 年以前，货币流转速度是稳定增长的，并且是可以预测的。但从 1980 年（图中阴影部分）开始，活跃的货币政策、更高于变化的利率和金融创新导致了货币流转速度的极度不稳定性。

资料来源：流转速度通过名义 GDP/$M_1$ 的比值定义。货币供给来自联邦储蓄委员会，GDP 来自商务部。

速度变得不稳定实际上正是由于这一时期过分重视货币总量目标而造成的。

由于货币周转率越来越不稳定，美联储渐渐不再以它作为货币政策的风向标。在 20 世纪 90 年代早期，联储开始依靠诸如通货膨胀、产出和就业之类的宏观经济指标来诊断经济状况。政策的主要工具是利率，而不再是货币供给。

现在对大多数的中央银行来说，货币主义不再是有用的宏观经济理论。事实上，在 2007~2009 年的衰退时期，联储在它的目标中并没有包含货币数量。但是这也没有降低货币政策的重要性，在世界各国的宏观经济政策中，货币政策依旧是主要的组成部分。

货币主义者认为，在决定产出和价格的因素中“只有货币才是重要的”，而在长期中货币则是中性的。今天，尽管货币主义不再是宏观经济学的主流，但是货币政策仍是大型市场经济体稳定政策的主要工具。

## 开放经济中的货币政策[1]

中央银行在开放经济中尤其重要，因为它们管理着准备金流和汇率，并监测国际金融的发展。随着全球经济日益一体化（一种通常被称为全球化的过程），中央银行必须学会管理货币的外部流动和内部等目标。本部分将讨论开放经济中货币管理的若干主要问题。

### 国际间的联系

没有一个国家是与世隔绝的孤岛。所有的经济体都通过商品和服务的国际贸易以及资本和金融资产的流动而相互联系。

联系两个国家的一个重要的国际金融因素就是汇率。正如我们在后面章节将看到的那样，国际贸易和国际金融包含对不同的世界通货的使用，这些世界通货通过被称为外汇汇率的相对价格相互联系。因此，欧元与美元的相对价格就是这两种通货的汇率。

一个重要的汇率体系是浮动汇率制，即一国的汇率由市场供求力量来决定。今天，美国、欧洲和日本都实行浮动汇率制度。这些地区可以独立于其他国家实施自己的货币政策。本章的分析主要针对浮动汇率制度下货币政策的操作。

一些经济体，例如今天的中国香港、中国大陆以及早期的所有国家，采用的几乎都是固定汇率制。它们让本国的货币“钉住”一种或多种外国货币。当一个国家实行固定汇率制时，它必须使本国的货币政策与其货币所钉住的国家保持一致。例如，假如香港拥有开放的金融市场，且它的货币与美元保持着固定汇率，则香港就必须和美国保持同样的利率水平。

联储在国际金融体系中起到政府政策执行机构的作用。在浮动汇率制下，中央银行的主要目标是防止外汇市场上混乱局面的发生，例如可能由政治危机所引发的混乱局面。联储可以买卖美元或者与外国中央银行合作来确保汇率不至于发生异常的变动。然而，不像早先固定汇率的年代，联储不会通过“干预”市场而使汇率保持在特定的位置。

此外，当发生国际金融危机时，联储经常率先与其他国家和国际机构合作开展救援工作。1994~1995 年墨西哥发生债务危机时，联储就曾发挥了重要的作用；1997 年发生东南亚金融危机和 1998 年发生全球流动性危机时，联储也曾联合其他国家合力稳定金融市场；此外，联储在 2001~2002 年阿根廷债务危机中也发挥了稳定市场的重要作用。同样，在 2007~2008 年期间，许多国家的金融机构都开始遭受巨额亏损，于是美联储和其他国家的中央银行联合起来提供流动性，阻止投资者恐慌从一个国蔓延到更多的国家。

## 开放经济中的货币传导

随着经济日趋开放和汇率制度的变迁，过去 30 多年来美国的货币传导机制已经进一步发展。在小国或那些更开放的经济体，如英国、加拿大，货币政策和对外贸易的关系一直是主要的问题。但自从 1973 年国际汇率制度进入浮动时期，以及各国对外联系日趋密切以来，国际贸易和国际金融在美国宏观经济政策中占据了新的主导地位。

让我们在浮动汇率制度下分析货币政策如何通过国际贸易影响经济。设想美联邦储备当局紧缩货币供给。这项举措使得以美元计账的资产的利率上升。受美元高利率的吸引，投资者纷纷购买美元证券，导致浮动汇率

[1] 这部分相对有些超前。可以在学习开放经济的宏观经济学章节（第13和14章）后加以讨论。

制下的美元升值。美元升值进而鼓励美国的进口，减少了美国的出口。所以，美国净出口额下降，降低了总需求量。这既会降低实际 GDP，也将减小通货膨胀率。我们将在第 13 章和第 14 章中更详细地讨论宏观经济中的国际部分。

对外贸易打开了货币传导机制中的另一条渠道。如同影响国内投资一样，货币政策对国际贸易也有同样的影响：紧缩货币会减少净出口，因而降低产出和价格。货币政策对国际贸易的影响进一步强化了对国内经济的冲击。

## 从总需求到总供给

我们已经完成对总需求决定因素的介绍和分析。我们考查了总需求的基础，并且知道 *AD* 是由外部因素（如投资和净出口）与政府政策（如货币政策和财政政策）共同决定的。在短期中，这些因素的变动将会导致支出的变动及产出和价格的变动。

在当今多变的和全球化的世界中，经济会受到来自国内和国外两个方面的冲击。战争、革命、股票市场暴跌、房地产泡沫、金融和货币危机、石油价格冲击以及政府的失误等，不是引发高通货膨胀，就是引发高失业，或者，在滞胀时期，两种情况同时出现。由于市场不具有消除宏观经济波动的自动自我纠正机制，因此当今的政府负有减轻商业周期波动的责任。

尽管在 1990 年、2001 年和 2008 年美国曾经历过经济衰退，但是我们仍然可以说，到目前为止，美国还是很幸运地避开了严重的长期经济低迷的情况。相比之下，在过去超过 25 年的时间里，其他国家好像就不曾有这样的幸运。日本、许多欧洲国家、拉丁美洲、俄罗斯和东南亚诸国，都曾经历过高水平的通货膨胀和失业，也都曾经历过货币危机和生活水平急剧下降的风暴。这些现象提醒我们，不存在一个万能的良方，能够让现代经济在面临各种冲击时都能消除失业和通货膨胀。

关于短期宏观经济学的讨论到这里应该说已经告一段落。从下一章开始，我们的讨论将转向有关经济增长、开放经济和经济政策等领域。

## 总结提要

**A. 中央银行和联邦储备系统**

1. 每一个现代国家都有一个中央银行。美国的中央银行由设于华盛顿的联邦储备委员会和 12 个地区联邦储备银行所构成。它的主要使命是制定货币政策，以影响货币和信贷条件，实现低通货膨胀、高就业率和稳定的金融市场。
2. 1913 年建立的联邦储备系统（或“联储”），控制着全美国的货币与信贷，起着“最后贷款人”的作用。它由联邦储备委员会和联邦公开市场委员会（FOMC）掌管。联储作为一个独立的政府机构进行活动，在决定货币政策方面具有很大的自主权。
3. 联邦储备系统有四大主要功能：通过设定短期利率制定货币政策；作为“最后贷款人”保持金融体系的稳定和控制系统风险；监督和管理金融机构；为银行和政府提供金融服务。
4. 联储有三个主要的政策工具：（a）公开市场业务；（b）银行以及一级交易商（在最近，一级交易商也可以向联储借款）借款的贴现窗口；（c）对存款机构的法定准备金要求。
5. 联储是通过改变一种被称为联邦基金利率的短期利率来制定其货币政策的。联邦基金利率是银行间相互借贷，在联储账户上交易准备金余额时所支付的利率。联储通过管理其货币政策工具（其中主要是公开市场操作业务）来控制联邦基金利率。

**B. 货币传导机制**

6. 请记住重要的货币传导机制，即货币政策转变为产出、就业和通货膨胀变化的途径。
   a. 中央银行根据自己的目标和经济状况宣布短期目标利率。
   b. 中央银行每天进行公开市场操作业务以达到其联邦基金的目标利率。

c. 中央银行的目标利率和对未来金融状况的预期决定整个短期和长期利率格局、资产价格和汇率。

d. 利率水平、信贷条件、资产价格和汇率共同影响投资、消费和净出口。

e. 投资、消费和净出口通过 *AD-AS* 机制影响产出和通货膨胀。

我们可以将货币政策的传导总结如下：

货币政策的改变

→利率、资产价格、汇率的变动

→影响投资 $I$、消费 $C$、净出口 $X$

→影响总需求 $AD$

→影响产出 $Q$ 和价格 $P$

7. 尽管我们经常仅从“利率”和“投资”的角度描述货币传导机制，但实际上，货币传导机制是一个极为繁复的过程，各种各样的金融条件的改变都会影响不同类型的支出。受影响的部门包括：住房建筑，受抵押贷款利率和房价变动的影响；企业投资，受利率和股票价格变动的影响；耐用消费品的支出，受利率和贷款条件的影响；州政府和地方政府的投资支出会受到利率的影响；而净出口，则由受利率影响的汇率来决定。

C. 货币经济学的应用

8. 货币主义者认为，货币供给是短期实际 GDP 和名义 GDP 变动的主要决定因素，同时也是长期名义 GDP 变动的主要决定因素。货币收入周转率（$V$）被定义为名义 GDP（$PQ$）与货币供给量（$M$）的比值，即 $V \equiv PQ/M$。当货币收入周转率不变时，价格和货币供给同方向同比例变化。货币主义者认为，货币供给应以一个低的固定的速率增长。统计研究表明，货币流转速度明显与利率相关，而这一发现动摇了货币主义的政策建议。

9. 在一个开放的经济中，国际贸易联系加强了货币政策对国内经济的影响。在浮动汇率制下，货币政策的变化能影响汇率和净出口，构成了货币传导机制的另一个作用。贸易联系能够加强货币政策的影响，就像它对国内投资的影响一样，它也同方向地作用于净出口。

## 概念复习

**中央银行**

银行准备金

联邦基金利率

联邦储备资产负债表

公开市场业务：买和卖

贴现率，向联储借款

法定准备金要求

联邦公开市场委员会（FOMC）

联邦储备委员会

**货币传导机制及其应用**

准备金的供给和需求

货币传导机制

对利率敏感的支出

*AD-AS* 框架下的货币政策

货币“中性”

$M$ 影响产出的第二条路径

## 补充读物和互联网站

### 补充读物

Alan Greenspan's memoir, *The Age of Turbulence* (Penguin, New York, 2007) is a valuable history of the last half-decade as well as of his stewardship of the Federal Reserve.

The *Federal Reserve Bulletin* contains monthly reports on Federal Reserve activities and other important financial developments. The *Bulletin* is available on the Internet at *www.federalreserve.gov/pubs/bulletin/default.htm*.

The quotation on the lender of last resort is from Alan Greenspan, "Remarks," Lancaster House, London, U.K., September 25, 2002, available at *www.federalreserve.gov/boarddocs/speeches/2002/200209253/default.htm*.

The governors of the Fed often bring informed economic expertise to monetary and other issues. See speeches at *www.federalreserve.gov/newsevents/*. A particularly influential speech by current Fed chair Ben Bernanke on the "global savings glut" is at *www.federalreserve.gov/boarddocs/speeches/2005/200503102/default.htm*.

### 互联网站

*The Federal Reserve System: Purposes and Functions*, 9th ed. (Board of Governors of the Federal Reserve System, Washington, D.C., 2005), available online at *www.federalreserve.gov/pf/pf.htm*, provides a useful description of the operations of the Fed. Also, see the Further Reading and Websites sections in Chapter 11 for a more detailed list of sites on monetary policy. An excellent review of the Federal Reserve's response to the credit crisis of 2007–2009 is contained in a speech by Fed chair Ben Bernanke, "The Crisis and the Policy Response," January 2009, available at http://www.federalreserve.gov/newsevents/speech/bernanke20090113a.htm.

If you want to know which Reserve Bank region you live in, see *www.federalreserve.gov/otherfrb.htm*. Why are the eastern regions so small?

Biographies of the members of the Board of Governors can be found at *www.federalreserve.gov/bios/*. Particularly interesting are the transcripts and minutes of Fed meetings, at *www.federalreserve.gov/fomc/*.

## 问题讨论

1. 利用图 10-5 至 10-7 回答下列问题：
   a. 在 2007~2008 年，联邦储备担心房地产价格下降会减少投资。那么联邦储备可以采取哪些措施来刺激经济？这将如何影响银行准备金、利率和投资（假定其他因素不变）？
   b. 在 1979 年，联储担心通货膨胀上升而希望降低产出。请回答 **a** 中同样的问题。
2. 假设你是联储委员会主席，现在经济正步向衰退，你被召到国会听证。请你针对议员的询问写出一份说明，概括性地解释你将采取何种货币政策以防止衰退。
3. 考虑一下表 10-1 中联储的资产负债表。假设对支票账户的准备金要求为 10%，而对其他账户的准备金要求为零，请制作一份相应的银行资产负债表（就像上一章中的表 9-3 一样）。
   a. 假设联储通过公开市场操作业务卖出 10 亿美元的政府证券，以此制作一份新的资产负债表。
   b. 制作一份联储将法定准备金比率从 10% 提高到 20% 时的新的资产负债表。
   c. 假设银行从联储借到 10 亿美元的准备金。这将会使资产负债表发生什么变化？
4. 假设商业银行拥有 1 000 亿美元的支票存款和 40 亿美元的库存现金。再假设法定准备金要求为支票存款的 10%。最后假设公众持有 2 000 亿美元总量固定的货币。中央银行的资产只有政府证券。
   a. 为中央银行和银行系统制作资产负债表。注意必须包含银行在中央银行的存款。
   b. 现在假定中央银行决定进行公开市场操作业务，向公众出售 10 亿美元的政府证券。制作新的资产负债表。回答 $M_1$ 发生了什么样的变化？
   c. 最后，运用货币传导机制图，说明该政策对利率、投资以及产出的定性影响。
5. 艾伦 · 格林斯潘回忆说："我只能遗憾地说，联储的独立性不是固定不变的。联邦公开市场委员会的自由裁量权是由法规授予的，当然也可以由法规收回"（*The*

*Age of Turbulence*，p.478f.）。试解释中央银行的独立性为什么可以影响货币政策的实施？如果中央银行不是独立的，那么其货币政策的改变会如何对选举压力做出反应？你是否认为一个新的国家需要一个独立的中央银行？并予以解释。

6. 流动性陷阱是中央银行面临的噩梦之一。当名义利率接近 0 甚至等于 0 时，流动性陷阱便会出现。因为证券的利率不可能低于 0，所以当利率降为 0 时，货币政策是无效的。
   a. 试解释为什么政府债券的名义利率不能为负？（提示：通货的名义利率是多少？你会持有利率低于通货的债券吗？）
   b. 如果流动性陷阱与价格下降（也称为通货紧缩）同时出现，那么将会是特别严重的现象。例如，在 20 世纪初，日本的物价每年下降 2%。如果日本的名义利率是 0，那么这期间日本的实际利率是多少？在这期间，日本银行可以制定的最低实际利率是多少？
   c. 基于 **b** 问题，试解释在通货紧缩和衰退期间流动性陷阱对于货币政策来说是一个严重问题的原因。

7. 1990 年德国统一之后，重建东德的支出导致德国总需求迅速扩张。德国中央银行对此做出反应，放慢货币增长并将德国的实际利率提高。解释为什么人们预期德国的这一货币紧缩能够导致美元的贬值？为什么美元贬值会刺激美国的经济活动？并解释那些本国货币钉住德国马克的欧洲国家为什么会发现，随着德国利率的升高并带动欧洲其他国家利率一起升高，它们的经济势必陷入很深的衰退？

8. 在 2007 年 12 月，联邦公开市场委员会发表声明："联邦公开市场委员会将寻求能使价格稳定和产出持续增长的货币和金融条件。为了促进长期目标的实现，委员会将联邦基金利率从 4.50% 降低至 4.25%。"试解释该货币扩张背后的宏观经济学原理。这将有助于你阅读联邦公开市场委员会（FOMC）的会议记录（网址：*www.federalreserve.gov/monetarypolicy/files/fomcminutes20071211.pdf*）。

第三编

# 经济发展、经济增长与全球经济

# 第11章 经济增长

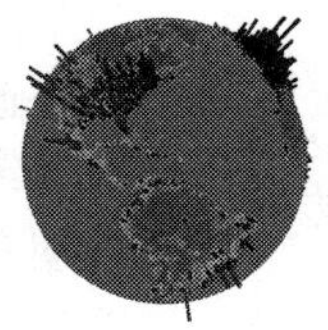

*产业革命是一曲既无开头也无结尾的乐章，它仍在奏响。*

**——霍布斯鲍姆**

*《革命的年代》*（1962年）

如果你翻看一下上个时代的历史照片，那么你会很快地意识到，在过去的几个世纪、几十年中，普通家庭的生活水平已经发生了多么巨大的变化！今天的家庭已经拥有形形色色的一个世纪以前很难想象的物品。从娱乐生活上看，等离子电视、高清晰度DVD和便携式媒体设备等，都属前所未有。同样在信息传播上，互联网所提供的大量的信息，过去也只有去图书馆才能查阅得到。那时，甚至在大多数的图书馆，也都只有一小部分已出版的知识文献可供读者利用。医疗条件方面也可谓今非昔比，美国历史上的南北战争时期，士兵就仅仅因为受到感染而死亡。

以上普通家庭可获得的物品和服务在品种、数量和质量上的巨变，都是经济增长在人类社会生活福利中的具体表现。在宏观经济学中，经济增长说明了一个过程。在这个过程中，经济积累了大量的资本设备，推动了尖端科技的发展，经济变得更加稳健和富有效率。一个十年又一个十年、一个时代又一个时代，长期看，以人均产出或家庭消费所衡量的一国生活水平，现在已基本上都取决于总供给和生产率的水平。

本章首先研究经济增长理论，然后运用这些理论具体地分析美国等富庶国家的经济活动所具有的历史趋势。下一章我们通过讨论努力追赶西方富国的发展中国家的困境，来研究收入水平的另一个侧面。这两章都着重于说明国际贸易和金融对宏观经济的影响。

## 经济增长的长期意义

仔细分析美国经济史我们会发现，自1900年以来，实际GDP已经增长了35倍；而自1800年以来则更是已经增长了1000多倍。现代经济的显著特征之一就是产出快速增长，这与几百万年以前人类历史起源时期相比，可谓形成了强烈的对比。这也许是20世纪最重要的一个经济现象。持续快速的经济增长使得先进工业国能给它的居民提供更多的福利——更好的食物、更大的住房、更多的医疗，以及对污染的控制，对孩子的普及教育，更多的军事装备，以及为退休者提供养老金。

由于经济增长对于提高人民生活水平如此重要，所以它已经成为一项核心的经济政策目标。经济增长竞赛中速度最快的国家，例如19世纪的英国和20世纪的美国，已经成为其他国家寻求富裕之路的典范。相反，一些经济滑坡的国家却常常遭受政治与社会动荡。1989~1991年发生在东欧和前苏联的革命，也是由于那些国家的居民将本国在社会主义条件下的经济停滞，与相邻西方市场经济国家的经济快速增长相比较而引发的。经济增长无疑已成为各国长期经济成就的一个最重要的标志。

经济增长涉及长期潜在产出的增长。人均产出的增长是政府的重要目标，因为它关系到平均实际收入和生活水平的提高。

## A. 经济增长理论

我们不妨先对“经济增长”给出一个准确的定义。**经济增长**（economic growth）代表的是一国潜在的GDP或国民产出的增加。也可以说，当一国生产可能性边界（*PPF*）向外移动时，就实现了经济增长。

与此密切相关的一个概念是*人均产出增长率*。它决定一国生活水平提高的速度。国家主要关注的是人均产出的增长，因为它将带来平均收入的提高。

在一个高收入国家，经济增长的长期模式是怎样的呢？由表11-1可见，包括北美、西欧的主要国家，还有日本、澳大利亚在内的高收入国家自1870年以来的经济增长史。我们看到在这段历史时期，产出是稳定增长的。此外，对生活水平更有影响力的因素是每小时产出的增长，它的变动与生活水准的提高密切相关。在整个时期中，每工时的产出平均每年增长2.3%。如果我们把这136年的增长率综合统算，那么最终人均产出将是开始时的22倍（确信你能算得这个数字）。

这种增长背后的主要力量是什么呢？一国应该怎样做才能提高它的经济增长率呢？21世纪增长前景又会怎样呢？所有这些都是在分析经济增长过程中必须面对的问题。

### 经济增长的四个轮子

经济增长的良方是什么呢？首先需要说明的一点是，条条道路通罗马。有许多成功的策略可以实现经济的自我持续增长。例如，英国最早开始进行工业革命，包括发明蒸汽机和铁路、强调自由贸易等，并在19世纪成为世界经济的领导者。日本则相反，它加入经济增长竞赛的时间较晚。日本最初是通过模仿外国技术，限制进口保护国内工业，然后大力发展自己的制造业和电子业，最终成功地发展了本国经济。

虽然发展途径各不相同，但所有快速发展的国家都有一些共同点。经济增长和经济发展的基本机制都是一样的，当初它们成就了英国和日本，如今也适用于中国和印度这样的发展中国家。事实上，研究经济增长的经济学家已经发现，无论是穷国还是富国，经济增长的发动机必定安装在相同的四个轮子上。这四个轮子或者说经济增长的要素就是：

- 人力资源（劳动供给、教育、技能、纪律、激励）
- 自然资源（土地、矿产、燃料、环境质量）
- 资本（工厂、机器、道路、知识产权）
- 技术变革和创新（科学、工程、管理、企业家才能）

| | 平均年增长率（%/年） | | | |
|---|---|---|---|---|
| **时　期** | **GDP** | **每个工时 GDP** | **总工作时间** | **劳动力** |
| 1870~1913年 | 2.5 | 1.6 | 0.9 | 1.2 |
| 1913~1950年 | 1.9 | 1.8 | 0.1 | 0.8 |
| 1950~1973年 | 4.8 | 4.5 | 0.3 | 1.0 |
| 1973~2006年 | 2.6 | 2.2 | 0.4 | 1.0 |
| **总计时期** | **2.8** | **2.3** | **0.5** | **1.0** |

**表11–1　发达国家的增长模式**

在上个世纪，主要高收入国家如美国、德国、法国以及日本经济增长迅速。产出的增长快于投入的劳动的增长，这反映了资本增长和技术进步。

资料来源：Angus Maddison, *Phases of Capitalist Development* (Oxford University Press, Oxford, 1982). 作者对部分数据作了修订和更新。从1870年开始的数据包括16个主要国家，而较近期的数据包括31个发达国家。

通常，经济学家用总生产函数（*APF*）来表明这些因素之间的关系。总生产函数将国民总产出与总投入和技术联系在一起。它的数学表达式是：

$$Q = AF(K, L, R)$$

其中 $Q$ = 产出，$K$ = 资本的生产性作用，$L$ = 投入的劳动，$R$ = 投入的自然资源，$A$ 代表经济中的技术水平，$F$ 是生产函数。随着资本、劳动、资源等投入要素的增加，我们可以预计产出也会增加，尽管随着生产要素投入的不断增加，这种产出增加会发生收益递减现象。我们可以考虑一下技术对于提高投入要素生产率的作用。**生产率**（productivity）是指产出与投入的加权平均值的比率。由于新发明的出现或者对国外先进技术的引进，技术水平（$A$）得到提高，技术的进步可以使一国在相同投入水平条件下生产出更多的产出。

现在让我们来分析这四个因素对经济增长所分别做出的贡献。

## 人力资源

劳动投入包括劳动力数量和劳动大军的技能。很多经济学家认为，所投入的劳动力的质量，如劳工的技能、知识和纪律性，是经济增长的最重要的因素。一个国家可以购买高速计算机、现代通信设备、复杂的发电装置和超音速战斗机。但是，这些资本品只有那些有技术的、经过培训的劳工才能有效地使用和维护。提高劳工的知识水平、健康程度和纪律意识，以及短时期内提高劳工的电脑操作技能，都将极大地提高劳动生产率。

## 自然资源

产出的第二大典型要素是自然资源。这里所指的重要资源包括耕地、石油、天然气、森林、水资源和矿产资源等。一些高收入国家，如加拿大和挪威，就是凭借其丰富的资源，在石油、天然气、农业、渔业和林业等方面获得高产而发展起来的。与它们类似，美国由于拥有广袤的良田，所以才成为当今世界最大的谷物生产国和出口国。

但在当今世界上，自然资源的拥有量并不是经济发展取得成功的必要条件。纽约市的繁荣主要源于它高密度的服务业。许多几乎没有自然资源可言的国家，如日本，通过大力发展依靠更多劳动和资本而非本土资源的产业而变得繁荣昌盛。

## 资　本

资本包括有形的资本品，如公路、电厂、卡车、电脑等设备，以及无形的物品，如专利、商标和计算机软件等。经济学史中最典型的故事常涉及资本积累。19 世纪，横跨北美大陆的铁路将工商业引至美国的心脏地带。而在此之前，那里还处在与世隔绝的状态。20 世纪以来，对汽车、公路和电厂的投资浪潮大幅度地提高了劳动生产率，也为创建全新的工业体系提供了基础设施。许多人士都认为，计算机和信息技术对于整个 21 世纪的作用，会如同早年的铁路和公路一样。

我们已经知道，积累资本意味着需要牺牲多年的当前消费。凡是经济快速增长的国家，一般都会在新的资本品上进行大量的投资。在大多数经济高速发展的国家，用于净资本形成的资金都占到了产出的 10%~20%。不过美国则与高储蓄国家形成了鲜明的对比。2008 年，美国的国民净储蓄率从二战后第一个 40 年期间的平均 7% 下降到接近于零。低储蓄率是由低水平的私人储蓄以及庞大的政府财政赤字造成的。低储蓄率可以从大量的对外（贸易）赤字得到验证。经济学家担心低储蓄率将会阻碍未来几十年的投资以及经济增长，庞大的外债规模也可能会对汇率和实际的工资水平造成较大的负面影响。

说到资本，我们不应该只是局限于计算机和工厂。还有许多投资是由政府部门所承担的，这些投资对私人企业部门的有效运作是必不可少的。这些投资被称作**社会分摊资本**（social overhead capital），包括旨在促进商业和贸易的大规模的前期项目投资。其中重要的项目包括公路、灌溉和引水工程、公众医疗保健事业等。所有这些都涉及不可分割的或曰整体性的大规模投资，有时这些投资还具有规模报酬递增的特征。这些工程通常都具有外部经济或溢出效应，私人公司无法投资经营，所以政府才必须介入，以保证这些社会分摊投资或曰基础设施投资能够有效率地进行。还有一些投资，如运输和通信系统等，会涉及“网络外部效应”问题，其生产率取决于使用网络的人口数。

## 技术变革和创新

除上面讨论的三个典型因素之外，生活水平的快速提高还依赖于第四个重要因素——技术进步。历史上，增长过程本来就不像单纯的增加钢厂或电厂数量那样是一种简单的复制。事实上，正是层出不穷的发明和技术进步，促进了欧洲、北美和日本的生产潜力的巨大增长。

今天我们正目睹新技术爆炸式地发展，特别是在计算机技术、通信（例如互联网）和生命科学领域。尽管如此，就美国社会而言，它已经不是首次受到基础性发明的猛烈推动。电力、无线电、汽车和电视等新技术，在早些年的美国经济发展中已经迅速地扩散。图 11-1 显示了 20 世纪主要发明的传播状况。这条 S 形曲线反映的是新技术传播的一般情况。

**技术变革**（technological change）是指生产过程的变革，或是新产品、新服务的引进。蒸汽机、发电机、抗生素、内燃机、宽体喷气式飞机、微处理器和传真机等作业流程方面的发明极大地提高了劳动生产率。基础性的产品发明还包括电话、收音机、飞机、照相机、电视、计算机和录像机等。

当今社会最活跃的技术变革发生在信息技术产业。如今，一台小巧的笔记本电脑的性能已远胜过 20 世纪 60 年代速度最快的计算机，一条光缆可以同时承载 20 万个对话，而在早些时候这需要 20 万根铜线。这些发明都是技术变革中最引人注目的成就。然而，实际上，技术进步是由一系列或小或大的技术改进过程所组成。以美国为例，政府每年颁发 10 万余个专利许可证，在现代经济中数百万的细微之处的革新已是常规活动。

由于技术进步对于提高生活水平十分重要，长期以来经济学家们一直都在考虑如何促进技术进步。技术进步是一个复杂的、多层面的变化过程，迄今为止人们还没有发现一个公认的成功模式。

不妨看看历史上的一些例子。日本丰田汽车公司成功地灌输了自下而上不断进行质量改进的职场道德，这使得丰田跻身世界汽车工业的前列。硅谷的计算机业则是另一个不同的模式。在硅谷，技术变革源于勇于探索的企业家精神、宽松适度的政府管制、自由的知识产权国际贸易，以及富有吸引力的利润丰厚的股权激励。经济学家们也意识到，仍然存在一些方式在扼杀着创新精神。在中央计划经济条件下，由于国家管制枷锁沉重、盈利动机缺乏、价格机制无效乃至普遍滋生腐败，所以

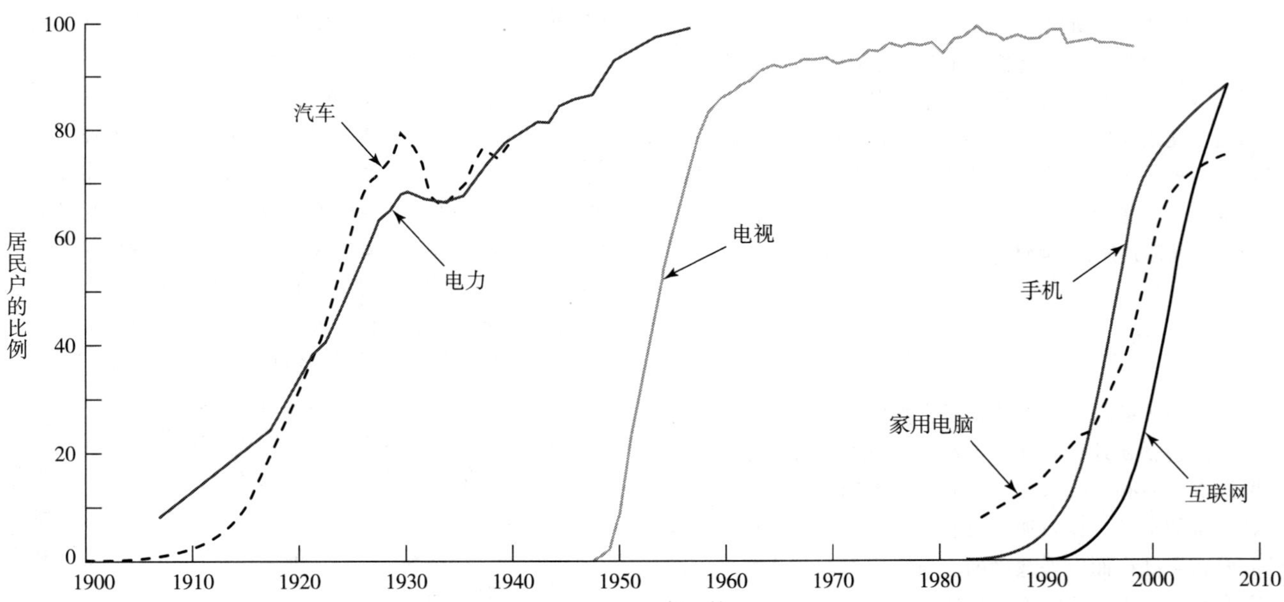


**图 11-1 主要技术的传播**

今天的信息技术，如移动电话、电脑和互联网，在美国社会得到了快速的传播。类似的传播方式在过去其他基础发明中也可以看到。

资料来源：*Economic Report of the President*, 2000, updated by authors.

| 经济增长的因素 | 例　子 |
| --- | --- |
| 人力资源 | 劳动力的规模 |
| | 工人素质（教育、技能和纪律） |
| 自然资源 | 石油和天然气 |
| | 土壤和气候 |
| 资本存量 | 住宅和厂房 |
| | 机　器 |
| | 知识产权 |
| | 社会分摊资本 |
| 技术和企业家精神 | 科学与工程知识水平 |
| | 管理技能 |
| | 创新的回报 |

**表 11–2　经济增长的四个轮子**

经济增长无疑需要构架在劳动、自然资源、资本和技术这四个车轮之上。不过，由于国家不同，车轮也有可能大不相同，一些国家对车轮的利用可能要比另一些国家有效率得多。

在前苏联的许多部门中都可以见证技术停滞。

表 11-2 总结了经济增长的四个轮子。

### 制度、激励与创新

在很长时期内，全球的产出和财富的增长主要取决于知识水平的提高。但在人类历史上，在新技术创新、新知识传播以及激励人们投身工作等方面，制度因素的起步却比较晚——直到近 500 年以来，才在西欧缓慢发展。威廉·鲍莫尔曾经深刻地指明了这个问题：

> 亚历山大博物馆是罗马帝国技术创新的中心。在公元前的第一个世纪，那里的人们事实上已经了解了今天我们所使用的各种机械装置，包括使用蒸汽机。但它们看起来仅仅像是精巧的玩具而已。蒸汽机也只是被用于开启或关闭神庙的大门。[1]

鲍莫尔和经济史学家乔尔·莫科尔都认为，激励和制度的发展对于技术创新具有至关重要的作用。他们还特别指出，私人所有制、专利制度以及基于规则的法律仲裁体系等，都是培育创新的工具。

[1] 参见本章后面“补充读物”中鲍莫尔的著作。

## 经济增长理论

毋庸置疑，谁都希望经济增长。但是，关于实现这一目标的最好方法，人们却有很多不同的看法。一些经济学家和政策制定者强调需要增加资本投资；另一些则主张用政策鼓励研发活动和技术变革；还有一些人看重良好教育对劳工队伍的作用。

长期以来，经济学家们一直致力于研究经济增长中各种决定因素的相对重要性。在接下来的讨论中，我们将看到有关经济增长的各种理论。这些理论为我们找出增长背后的推动力提供了一些线索。最后在本章的结尾，我们将讨论从上个世纪的增长模式中我们能够学到关于增长的哪些东西。

### 斯密和马尔萨斯的古典动态模型

早期的经济学家，如亚当·斯密和马尔萨斯，强调土地在经济增长中的重要作用。在《国富论》(1776 年)中，亚当·斯密提出了关于经济发展的指导性意见。他首先假设处在一种田园时代：“一切事物都处于它的原始状态，没有土地占有和资本积累。”在那个时代，土地可供所有人自由地免费使用，资本积累也还没有凸显其重要性。

在这样一个黄金时代，什么才是经济增长的动力呢？由于土地可以自由使用，于是随着人口的增加，人们只能不断地开垦土地和扩大耕地面积，就像历史上美国西进运动中的垦荒者所经历的那样。因为没有资本，所以人口翻一番，国民产出也正好随之翻一番。实际工资的情况又会如何呢？因为没有土地租金或资本利息，所以工资就是全部的国民收入。由于产出的扩张与人口的增加是同步的，因此人均实际工资会长期不变。

但是，这样一个黄金时代势必不可能永远地维持下去。最终，随着人口继续增加，所有的土地都将被占用和开垦。一旦再无多余的土地可以开垦，则土地、劳动和产出的平衡增长也将不复存在。于是，新增加的劳动开始拥挤在已开发的土地上。土地变得稀缺，租金开始提升，以便社会能就不同的用途对土地进行分配。

人口继续增长，国民产出也在增长。但产出的增长一定会远慢于人口的增加。这是为什么呢？随着新增劳动力不断地被投入到面积既定的土地上，每个劳动力可以使用的耕地面积势必减少，收益递减规律势必开始发挥作用。劳动力与土地的比率的不断提高，导致劳动的边际产出下降，实际工资率的下降也会随之而来。[1]

情况最坏能到什么程度呢？冷峻的马尔萨斯牧师认为，人口的压力会使经济状况恶化到劳工们处于仅能维持生存的最低生活水平。马尔萨斯推断道：一旦工资高于最低生存线，人口将会增长；而若工资水平低于最低生存线，则会导致死亡率升高，人口也将会减少。只有在最低生存工资水平上才会实现人口的稳定均衡。于是他认为工人阶级命里注定要过一种野蛮的、肮脏的、短命的生活。这幅阴暗的画面使得托马斯·卡莱尔指责经济学为“沉闷的科学”。

图 11-2（a）显示的是斯密的黄金时代的经济增长过程。当人口翻一番时，生产可能性边界（PPF）则在各个方向上移两倍，可见该增长并未受到土地或资源的限制。图 11-2（b）显示的是悲观的马尔萨斯的情况，人口翻一番导致食品和服装不到 1 倍的增长，当更多的人拥挤进有限的土地上的时候，减少的收益也会导致人均产出降低。

[1] 本章的理论依据的是微观经济学的一个重要发现。在包括完全竞争的简化条件下分析工资的决定时，我们可以看到工人的工资率将等于所雇佣的最后一个工人的额外或边际产出。例如，如果最后一个工人对于整个公司产出的贡献是每小时价值12.5美元的产品，那么在自由竞争条件下，公司愿意支付每小时12.5美元的报酬给那位工人。同理，土地的租金是由最后1单位土地的边际产出所决定，而实际利率是由资本的最小生产单位的边际产出所决定。

## 存在资本积累的经济增长：新古典增长模型

马尔萨斯的预言明显地落空了，因为他没有认识到技术创新和资本投资可以克服收益递减规律的影响。土地已经不再成为生产的制约因素。取而代之的是，第一次工业革命带来的动力机器增加了产量，工厂使工人聚集在规模巨大的企业中，铁路和汽船把相隔遥远的世界各地连接在一起，钢铁使制造出更坚固的机器和更快的机车成为可能。当市场经济进入 20 世纪的时候，第二次工业革命开始了，电话、汽车、电力等一些重要的产业成长起来。资本积累和新技术成为影响经济发展的支配性力量。

在 21 世纪，经济增长的动力会是什么呢？也许计算机、软件和人工智能方面的进步会引发另一次工业革命。也可能正如一些生态悲观主义者所警告的，随着气候的

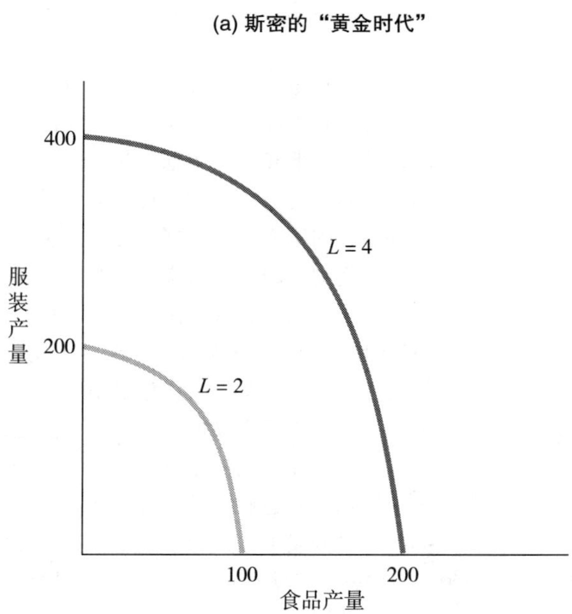


**图 11-2 斯密和马尔萨斯的古典动力学**

在（a）中，生产可能性边界上无限的土地意味着当人口翻番的时候，劳动也简单地随之疏散，使得所产出的食品和服装变成原来的两倍。在（b）中，有限的土地意味着人口从 200 万增加到 400 万会导致收益递减。注意：当投入的劳动力翻番的时候，潜在的食品产出仅仅增加了 25%。

变化、海平面上升和干旱等，将会引发人口迁徙，造成社会动乱和经济衰退，一个当代马尔萨斯的阴霾将会笼罩在富裕国家的头上。

为理解资本积累和技术变革对经济的影响，我们必须了解**新古典经济增长模型**（neoclassical model of economic growth）。这一理论由麻省理工学院的罗伯特·索洛提出。他因为这一理论和其他对经济增长理论的贡献，于 1987 年获得了诺贝尔经济学奖。新古典增长模型是理解发达国家经济增长过程的基本工具，并被用于有关经济增长源泉的实证性研究。

---

### 经济增长的倡导者

罗伯特·索洛（Robert M.Solow）出生于布鲁克林，曾在哈佛大学就读，后于 1950 年到麻省理工学院经济系学习。在那以后的几年中，他提出了新古典增长模型，并应用到增长要素核算分析理论之中。该理论在本章后面将会加以讨论。

索洛最重大的研究成果之一是 1956 年出版的《经济增长理论的拓展》。该书是对本章所介绍的新古典增长模型的一种数理分析。索洛的研究成果非常重要，由诺贝尔评奖委员会的评价我们可见一斑：

> 索洛的理论模型对经济分析有着重要的影响。除了作为一个分析增长过程的工具，它还在其他几个不同的领域中都得到了推广。该模型被推广到引入其他多种生产要素的情形，而且也根据随机因素的假设做了修正。一般均衡分析中采用的一些"数理"模型所具备的动态联系的特征，也是以索洛的模型为基础。然而最为重要的一点还是，索洛增长模型构建了现代宏观经济理论赖以形成的基本框架。
>
> 索洛的研究激起了各国政府对于发展教育、加强研究和开发等活动的更多兴趣。任何一个国家、任何一个长期的经济报告……都无一例外地沿用了索洛式的分析技术。[1]

索洛还致力于经济增长的实证性研究、自然资源经济学和资本理论的发展。此外，索洛还曾担任肯尼迪政府的宏观经济顾问。

索洛不仅因为他对经济学的热情，而且也因为他的幽默而闻名。他担心对社会声誉的渴求正导致某些经济学家夸大自己的知识。他批评经济学家中存在着"一种明显的不可遏制的急切心情，要将他们的科学拔高到超越科学本身的极限程度，总想将问题回答得比自己有限的理解复杂问题的能力更为精巧的程度。而没有人喜欢说'我不知道'"。

作为一个文笔生动的作家，索洛担心向公众解释经济学是非常困难的。在他获得诺贝尔奖后举行的新闻发布会上，他有一句妙语："你的读者对你的注意力长度比你的一个句子还要短。"尽管如此，索洛继续在属于他的经济学领域中辛勤劳作。世界也越来越注意倾听麻省理工学院这位经济增长的倡导者的声音。

---

***基本假定***　新古典增长模型描述的是这样一种经济，该经济使用两种投入要素（资本和劳动）生产一种同质产品。与马尔萨斯的分析不同，在这里，劳动的增长是给定的。另外，假定经济是竞争性的，并且总在充分就业的水平上运行。由此，我们就能够分析潜在产出增长。

新古典增长模型中新的、重要的组成部分是资本和技术变革。先假定技术保持不变。资本由已经生产出来的、可用于生产其他物品的耐用品所组成。资本品包括建筑物（如厂房、房屋）、设备（如计算机、机床）和存货（包括成品与半成品）。

为方便起见，我们假定只有一种资本品（称为 $K$）。然后我们以资本品的总数量来衡量总资本存量。实际计算中，我们估算全部资本品的美元价值（如设备、建筑和存货的固定美元价值）。假如 $L$ 是工人的数量，那么（$K/L$）等于人均资本量，或称为资本 – 劳动比率。这样我们就可以在假定技术不变的新古典增长模型下，写出我们的总产出方程：$Q=F(K, L)$。

现在回到经济增长过程，经济学家强调**资本深化**（capital deepening）的必要性。资本深化是指人均资本量随时间推移而增长的过程。这里是一些资本深化的例子：农民使用柑橘采摘机而不再靠非技术性的体力劳动；道路修筑者使用挖土机而不再雇使用锄和铲的劳工；银行用成千上万的自动取款机代替先前的出纳柜员。这些都是经济发展人均资本量增加的例子。其结果是，农业、道路修筑业、银行业中的人均产出都有了极大的提高。

资本深化过程中资本报酬会发生什么变化呢？在技术水平既定的条件下，工厂和设备较快的投资速率会降

[1] 引自诺贝尔经济学奖委员会，网址：*www.nobel.se/laureates*。

低资本收益率。[1]因为最有价值的投资项目总是最先实施，越是靠后的投资，价值就会越小。一旦完整的铁路网或电话系统建立起来之后，新的投资就只能向人口较少的地区分流或重复已有的线路。这些靠后的投资的收益率，会低于人口密集区之间最初的线路投资的收益率。

另外，随着资本的深化，劳工的工资率将会上升。为什么呢？因为每个劳工都有更多的资本可供他在工作中利用，因而他的边际产品也会提高。结果，竞争性的工资率会随着劳动边际产品的提高而相应地提高。

我们可以将新古典增长模型中资本深化的影响概括如下：

> 如果资本存量的增加快于劳动力的增加，那么就会发生资本深化。如果没有技术变革，资本深化将会带来人均产出的增长，带来劳动边际产品和实际工资的增加；它还会导致资本收益的递减并降低资本收益率。

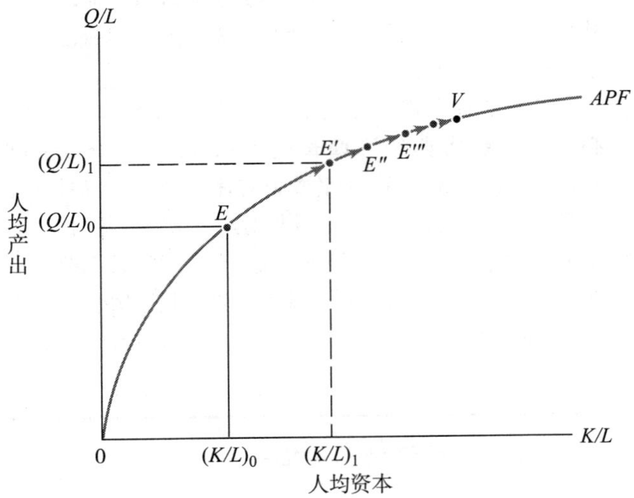


**图 11–3 经由资本深化的经济增长**

当人均资本数量增加时，人均产出也会增加。这个图形表现了“资本深化”的重要性，或者说增加人均资本的必要性。但是请记住，要保持其他要素不变，如技术、劳动力的质量和自然资源等。

## 新古典模型的几何分析

由图 11-3 我们可以分析资本积累的效应。该图显示了总生产函数，纵轴表示人均产出，横轴表示人均资本。在本章开始时讨论过的所有其他变量，诸如土地数量、自然资源贡献以及最重要的变量，即经济所使用的技术等，在此都作为常量而保持不变。

社会积累资本时将会发生什么情况呢？由于每个工人都有越来越多的资本可以利用，所以整个经济开始上升，到达总生产函数（曲线）的右边。假定资本–劳动比率上升，从 $(K/L)_0$ 增加到 $(K/L)_1$，那么人均的产出量也上升，从 $(Q/L)_0$ 增至 $(Q/L)_1$。

劳动力和资本的要素价格又会发生什么变化呢？随着资本的深化，资本的边际收益递减规律开始起作用，所以资本收益率和实际利率下降。（图 11-3 中曲线的斜率是资本的边际产品，当资本深化时，可以看到该斜率变小。）此外，由于每个工人可以利用更多的资本，所以工人的边际生产率提高，实际工资率也随之上升。

如果每个工人的资本使用量由于某种原因而下降了，则相反的情形就会出现。例如，战争会消耗一国很大一部分资本，并降低资本–劳动比率，因此战后会出现资本稀缺及资本收益升高的现象。这样，我们先前对资本深化作用的文字总结就由图 11-3 的分析而得到了验证。

***长期稳定状态*** 无技术变革的新古典增长模型中的长期均衡是怎样的呢？最终，资本–劳动比率会停止升高。长期看，经济会进入一种稳定的状态：资本深化终止，实际工资停止增长，资本收益和实际利息率也保持稳定。

我们可以用图 11-3 说明经济是怎样向稳定状态移动的。随着资本继续积累，资本–劳动比率会沿着图中箭头从 $E'$ 上升到 $E''$，再到 $E'''$，直到资本–劳动比率不再增长的 V 点。在该点上，人均产出（$Q/L$）不再变动，实际工资也停止了增长。

> 没有技术变革，人均产出和工资的增长就会停滞。这个结果，比起马尔萨斯所预言的那个“维持生存工资”的世界来，显然要好得多。但是，新古典增长模型的长期均衡已经表明：假如经济增长仅仅是靠资本积累，而这种资本积累又只不过是靠用现存的生产技术来增加工厂数目的话，那么生活水平的提高最终还是会停滞。

## 技术变革的中心作用

尽管资本积累模型是理解经济增长的一个很好的开

[1] 如果市场是完全竞争的，同时也不存在风险、税收或通货膨胀，那么，资本回报率将等于债券和其他金融资产的实际利率。

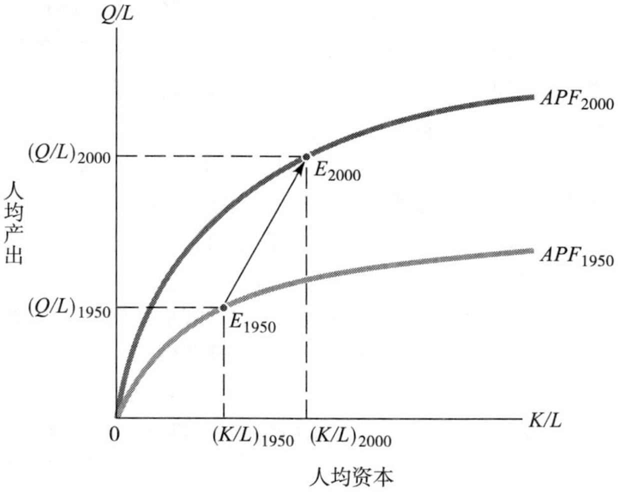


**图 11-4　技术进步使生产函数曲线向上移动**

作为技术进步的结果，总生产函数曲线随着时间推移向上移动。因此，技术进步加上资本深化就导致了单位人工产出和实际工资的提高。

端，但它仍然有一些重要的问题没有解答。首先，模型预言在技术水平不变的前提下，实际工资最终将停滞。但在上个世纪中，实际工资并非停滞不动。可以提前参考图 11-5（c）。该图表明：在上个世纪中，实际工资的增长超过了 8 倍。简单的资本积累模型既不能解释为什么经过一段时间劳动生产率会有巨大的提高，也不能解释不同国家间人均收入的巨大差异。

它所忽略掉的是技术变革。我们可以将技术变革表示为图 11-4 中总生产函数的上移。在这个图中，我们同时给出了 1950 年和 2000 年的总生产函数曲线。由于技术变革，总生产函数曲线从 $APF_{1950}$ 上移到 $APF_{2000}$。曲线上移表明，由于众多新工艺和新产品的出现，如电子工业、电子商务、冶金技术的进步以及医疗技术得到改进等，生产率提高了。

因此，除了前文讨论的资本深化之外，我们还必须考虑技术进步的作用。资本深化和技术变革的总和用图 11-4 中的箭头来表示，它使人均产出从 $(Q/L)_{1950}$ 增长到 $(Q/L)_{2000}$。经济没有停滞不前，而是人均产出增加、工资上升和生活水平提高。

不断变革的技术对于利润率和实际利率的影响，也特别引起人们的兴趣。作为技术进步的结果，实际利率无需下降。发明创造提高了资本生产率，抵消了利润率下降的趋势。

## 技术变革作为一种经济产出

到现在为止，我们一直将技术变革视为科学家和发明家所赐予的神秘的东西，就像是天赐甘露一样。近期对经济增长的研究开始关注*技术变革的源泉*。这项研究，有时被称作*新增长理论*，或称“内生技术变革理论”，其目的在于探讨私人市场力量、公共政策决定以及相关制度如何引导出技术变革的不同模式。

一个重要的观点是技术变革是经济体系的一种产出。爱迪生的灯泡是基于在那以前许多年中人们探索和设计各种灯泡的结果；晶体管的发明脱胎于贝尔实验室的科学家们试图改进电话信号转换装置的努力；新药剂的问世离不开制药公司曾花费上亿美元用于研制和测试。聪明而又幸运的人可以取得巨额回报，甚至像微软的比尔·盖茨一样，成为亿万富翁。但也有很多失败的发明者或公司，最终以囊中空空如也而告终。

技术的另一个与众不同的特点在于它们都是公共品，或用一句术语来说，是一种“非竞争性”物品。这意味着，它可以同时被很多人使用而不怕被用光。就一种新计算机语言、一种神奇的新药、一个新的炼钢工艺设计而言，我在这里的使用绝不会减少它在你那里的效用，或在英国人、日本人以及其他任何人那里的使用。除此之外的一个特征是，产生这种发明的代价很昂贵，但复制它的成本却很低廉。技术变革的这些特征导致了严重的市场不灵，它意味着由于其他人可以很容易地复制这些发明，而使得发明者有时很难从其发明中获取合理的回报。

对于最基础性的研究来说，市场不灵最严重。公共政策在这方面发挥了重要的作用。首先，政府通常会通过政府补助、提供研究设施等举措来支持基础科学的研究。如果没有政府和非营利性的支持，数学、自然科学和社会科学方面的基础研究将无法进行。另外，政府必须注意确保那些以盈利为目的的发明者能够有足够的动力来从事研究和开发。政府越来越关注*知识产权*，如专利权和版权，为那些创造性的活动提供足够的市场回报。

新增长理论的主要贡献是什么？它改变了我们关于增长过程和公共政策的思维方式。如果技术水平不同是导致各国生活水平差异的主要原因，且假定技术是一个可以生产出来的要素，那么关于经济增长的政策就应该着重关注国家怎样才能提高技术水平。这正是新经济增长理论的代表人之一，斯坦福大学的保罗·罗默所总结出的经验：

在全面理解长期经济成功的决定因素方面，经济学家可以再一次取得进步。最终，我们可以向政策制定者提供一些比标准的新古典学派更具洞察力的观点，更节省、也更学院化。我们有能力参加当前的政策辩论。这些辩论涉及对私人研究提供税收补贴、给从事研究开发的合资企业以反垄断豁免权、跨国公司的活动、政府特许权的作用、贸易政策与创新之间的相互关系、对知识产权的保护范围、私人企业和大学之间的合作、挑选接受公共资助研究项目的机制，还有明确的政府引导型技术政策的成本和收益，等等。[1]

小结：

在投入既定的条件下，技术变革能够使产出增加，因而它是国民经济增长的关键因素。新增长理论试图揭示产生技术变革的过程。这种理论强调技术变革是一种容易引起严重的市场不灵的产出。因为技术是一种公共品，它的生产成本昂贵但复制成本却很低廉。政府正在不断地加大力度来保护那些开发新技术的人或企业的知识产权。

## B. 美国经济增长的模式

### 经济增长的事实

本章第一部分讲述的是经济增长的基本理论。但经济学家不会满足于理论探讨。从世界各国看，主要的研究课题是应用经济增长这个重大的理论工具去分析经济增长过程中的各种要素的作用。对于各种经济增长模式的理解和把握，将有助于我们揭示和回答为什么一些国家繁荣，而另一些国家却衰退？

图 11-5 描述了 20 世纪以来美国经济发展的主要趋势。大多数主要的工业化国家的模式也类似。

图 11-5（a）显示的是实际 GDP、资本存量和人口的变动趋势。人口和就业量从 1900 年以来增长了 3 倍以上。同时，实物资本存量增长了 14 倍。这样，人均资本量（*K/L* 比率）就增长了 4 倍多。显而易见，资本深化是 20 世纪和 21 世纪初美国资本主义的一个重要特征。

产出的增长又是怎样的呢？在一个不存在技术进步的经济中，产出的增长应该介于劳动增长和资本增长之间。事实上，图 11-5（a）中的产出曲线并非处在两条要素曲线之间，而是在两条曲线的上方。这就说明了技术进步一定提高了资本和劳动的生产率。

在大多数人眼中，经济增长的业绩是应当按照工资、薪金和额外福利来衡量的。这在图 11-5（c）中表现为实际小时报酬（或曰剔除了通货膨胀因素的工资和额外福利）的增长态势。在 20 世纪大部分时间里，每小时劳动收入都呈现着明显增长的趋势。这与我们从资本 – 劳动比率的增长和稳定的技术进步中所预期到的结果是一致的。

实际利率（以剔除了通货膨胀的长期国债利率计算）显示在图 11-5（d）中。资本的利润率虽然大于反映风险和税收的无风险利率，但是它的波动却是与实际利率相似的。实际利率和利润率的波动在商业周期中和战争时期都很剧烈，但就整个时期而言，却没有呈现出明显的上升或下跌趋势。或是出于偶然，或是由于某种经济机制的内在作用，技术变革大体上刚好抵消资本报酬递减的那一部分。

图 11-5（c）中，黑色实线表示每工时的产出。与人们从资本深化和技术进步中可以得到的预期一样，人均产出一直在稳步上升。

虽然工资与人均产出的上升速度相同，却并不意味着劳动这一要素获取了生产率提高的全部果实。应该说，这意味着在整个时期中劳动在总产出中保持了大致相同的份额，资本也同样获得了相应的份额。实际上，再仔细观察图 11-5（c）就会发现，自 1900 年以来，实际工资保持与人均产出相同的增长速度。更精确地说，实际工资年均增长率为 1.8%，而人均产出的年增长率为 2.2%。这些数字说明，劳动在国民收入中的份额（也称财产份额）在过去 100 年的时间内几乎没有发生变动。

### 经济增长的七个基本趋势

研究发达国家经济史的经济学家发现，大多数国家都具有如下趋势：

1. 资本存量增加的速度远比人口和就业量的增长速度要快，原因是资本深化。
2. 1900 年以来的大部分时期，实际平均小时收入都呈现强劲的上升趋势。
3. 20 世纪劳动报酬在国民收入中所占的份额相当稳定。

[1] 参见本章“补充读物”部分关于保罗·罗默的介绍。

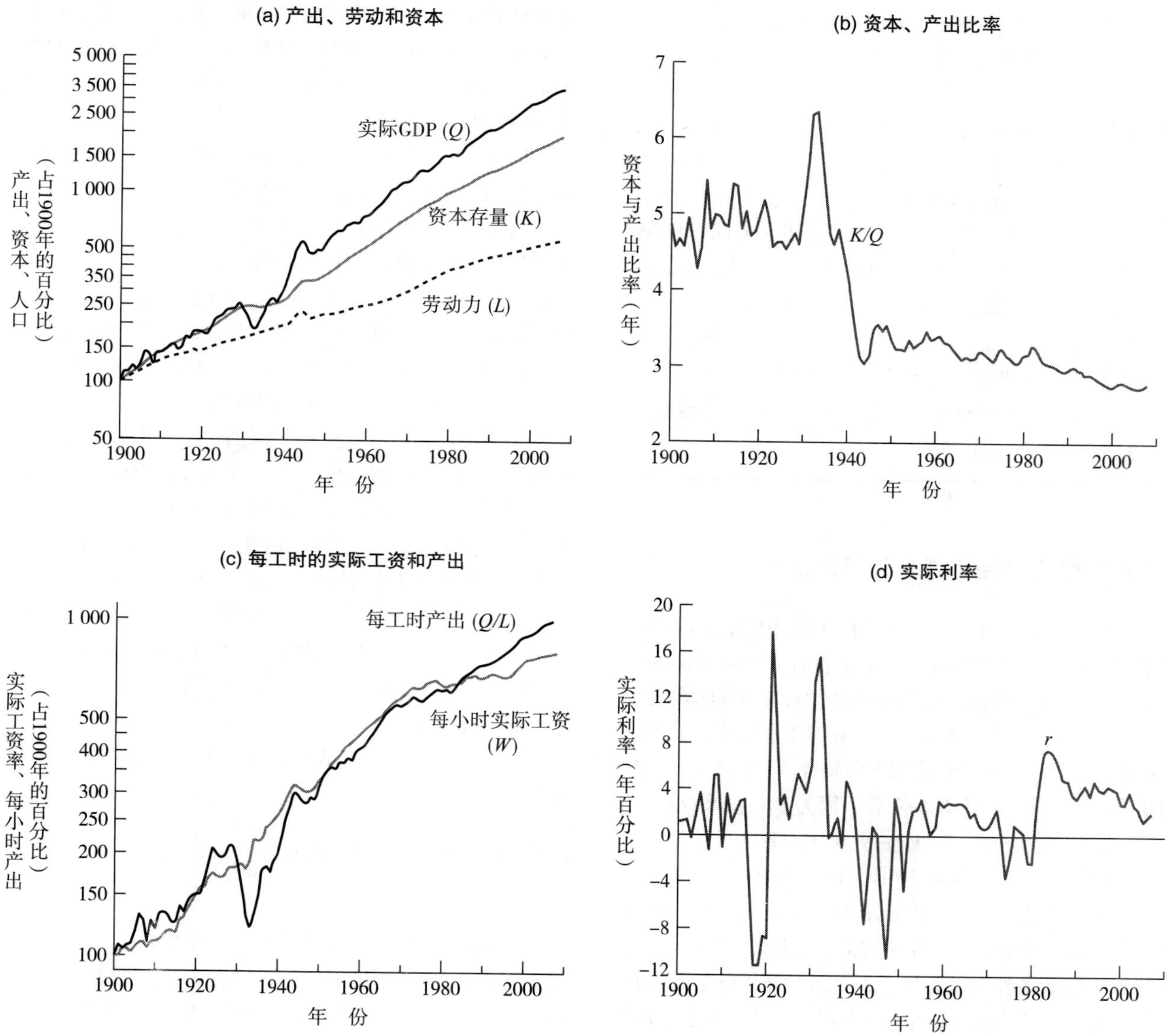


**图 11–5　经济增长有着惊人的规律性**

（a）资本存量的增长快于人口和劳动力供给。然而，由于技术进步，总产出的增长更快于资本的增长。（b）在 20 世纪上半叶，资本—产出比率大幅下降，随后，下降速度减慢。（c）实际收益平稳增长，其增长率和整个时期每工时平均产出的增长率相同。（d）实际利率自 1900 年的走势不明朗，这意味着技术变革抵消了资本积累所造成的收益递减。

资料来源：U.S. Departments of Commerce and Labor, Federal Reserve Board, U.S. Bureau of the Census, and Susan Carter et al., *Historical Statistics of the United States: Millennial Edition* (Cambridge University Press, Cambridge, U.K., 2006), available online.

4. 实际利率和利润率有较大波动，特别是在商业周期中。但在 20 世纪后期它们没有表现出明显的上升或下降的趋势。
5. 按照边际收益递减规律，在技术条件不变的情况下，资本－产出比率应稳步上升。但自 20 世纪初以来，这一比率实际上是下降的。
6. 1900 年以来的大部分时期，国民储蓄占 GDP 的比率和投资占 GDP 的比率一直是稳定的。但是，自 1980 年以后，美国的国民储蓄率急剧地下降了。
7. 不考虑商业周期的影响，国民产值年平均增长率约为 3.3%。产出增长大大高于加权平均后的资本、劳动和资源投入的增长，表明技术创新在经济增长中起着十分关键的作用。

## 七大趋势与经济增长理论的联系

虽然经济史上这 7 个趋势不同于物理学中那些永恒不变的定理，但它们的确勾画出了新时期经济增长的基本事实。这些趋势如何与我们的经济增长理论相吻合呢？

趋势 2 和趋势 1（发生资本深化时工资率升高）与图 11-3 中新古典学派的增长模型十分吻合。趋势 3（工资份额相当稳定）是一个有趣的巧合，因为多个表示 $Q$ 与 $L$、$K$ 之间关系的生产函数都与这一趋势相一致。

然而，趋势 4 和趋势 5 则提醒我们，技术变革一定在此起到重要的作用。所以，图 11-4 中表明技术不断改进的那个图，要比图 11-3 所描述的稳定状态更贴近现实。在技术不变的条件下，如果 $K/L$ 比率上升，稳定的利润率和稳定的（或下降的）资本－产出比率就不可能保持。总的说来，这些都与资本深化条件下边际收益递减规律相矛盾。因而，我们必须认清技术进步在解释现代经济增长的 7 个趋势时所起的关键作用。我们的模型已经肯定了我们的直觉所告诉我们的。

## 经济增长的源泉

我们已经知道，发达的市场经济的增长依赖于劳动、资本的增长和技术革新。但是劳动、资本和技术的相对贡献又是怎样的呢？为回答这个问题，我们需要分析一下增长的数量和增长核算的有用方法。对任何一个国家来说，这个方法都是经济增长数量分析的第一步。

***增长核算方法*** 对经济增长的详细研究依赖于**增长核算**（growth accounting）。这种核算技术不同于我们前面所见的资产负债表或国民产值核算。它可以区分不同因素对增长趋势所起的不同作用。

增长核算一般开始于前面提到过的总生产函数，$Q = AF(K, L, R)$。因为土地的数量是常数，所以常忽略不计。运用初级微分知识和简化假设，我们可以用投入的增加和技术革新的贡献来表示产出的增长。产出（$Q$）的增长可以分解为三个部分：劳动（$L$）的增长乘以它的权数；资本（$K$）的增长乘以权数；技术变革（T.C.）本身。

我们暂不考虑技术变革，并假设规模报酬不变，这意味着劳动（$L$）和资本（$K$）同时增长 1%，会导致产出增长 1%。但如果 $L$ 增长 1%，$K$ 增长 5%，那么人们可能错误地推测 $Q$ 将增长 3%，即 1% 和 5% 的简单平均。为什么错了呢？因为两种要素对产出的贡献并非一定相等。事实上，国民收入的 3/4 应归功于劳动，只有 1/4 归于资本，也就是说增加劳动比增加资本对产出增长的贡献更大。

如果劳动对增长的贡献是资本的 3 倍，那么上述问题的答案可以这样计算：$Q$ 将每年增长 2%（= 1% × 3/4 + 5% × 1/4）。投入要素的增加，再加上技术变革，就是增长的所有源泉。

因而，每年的产出增长率可以从增长核算的基本方程得出：

$$Q\text{ 增长的 \%} = \frac{3}{4}(L\text{ 增长的 \%}) + \frac{1}{4}(K\text{ 增长的 \%}) + \text{T.C.} \qquad (1)$$

其中，"T.C." 代表技术变革（或全要素生产率），它提高了生产率；1/4 和 3/4 是每一种投入对经济增长的相对贡献。在完全竞争条件下，这些比例等于两种要素在国民收入中所占的份额。当然，如果生产要素相对份额变了，或者有其他要素加入，那么这些比例也会变化。

为解释人均产出增长，我们不将 $L$ 当作独立的增长来源。因为资本占产出的 1/4，所以我们从方程（1）可以得出：

$$\begin{aligned}\frac{Q}{L}\text{ 增长的 \%} &= Q\text{ 增长的 \%} - L\text{ 增长的 \%} \\ &= \frac{1}{4}\left(\frac{K}{L}\text{ 增长的 \%}\right) + \text{T.C.} \qquad (2)\end{aligned}$$

上述关系式清楚地表明，在没有技术创新时资本深化对人均产出的影响。人均产出的增长只是人均资本增长速度的 1/4，这正好反映了边际收益递减规律。

最后还有一个重要的问题是我们能够衡量 $Q$ 的增长、$K$ 的增长、$L$ 的增长以及 $K$ 和 $L$ 的份额，但怎样去衡量技术变革 T.C. 呢？我们没有办法衡量，而只能推算 T.C.，即计算了投入产出的其他部分后的剩余。这样，T.C. 就可以通过方程（1）的变形计算出来：

$$\text{T.C.}=Q\text{ 增长的 \%}-\frac{3}{4}(L\text{ 增长的 \%})-\frac{1}{4}(K\text{ 增长的 \%}) \quad (3)$$

这一方程可以帮助我们批判性地回答许多关于经济增长的重要问题，如人均产出的增长中有多少由资本深化带来？有多少由技术变革带来？社会进步主要是依靠节俭和放弃当前消费吗？或者，我们生活水平的不断提高，是不是对发明家的独创性和创新者—企业家的敢作敢为的奖赏呢？

***数值例子***　为确定劳动、资本和其他要素对产出增长的贡献，我们在方程（2）中代入 1900~2008 年期间 $Q/L$ 增长的数据。自 1900 年以来，工作时间每年增加 1.4%，$K$ 每年增长 2.6%，$Q$ 每年增长 3.3%。经由数学运算，我们可以发现：

$$\frac{Q}{L}\text{增长的 \%}=\frac{1}{4}\left(\frac{K}{L}\text{增长的 \%}\right)+\text{T.C.}$$

即

$$1.9=\frac{1}{4}(1.2)+\text{T.C.}=0.3+1.6$$

所以，在人均产出每年 1.9% 的增长中，大约 0.3% 是由资本深化带来的，而最大的部分，即 1.6% 则来源于技术变革。

***详细的研究***　更全面的研究改进了简单计算的结果，但仍然显示出非常相似的结论。表 11-3 是美国劳工部分析 1948~2007 年间增长来源的结果。这一时期中，产出（以私人企业部门的总产出衡量）以平均每年 3.5% 的速度增长。投入要素的增长（资本、劳动和土地）每年所做的贡献为 2.1%，因此**全要素生产率**（total factor productivity），即产出增长减去所有投入要素加权总和的增长，或者称作技术进步，平均每年是 1.4%。

在美国，劳动和资本的增长在产出增长中的贡献比例大约为 60%，剩余的 40% 归功于教育、研究和开发、创新、规模经济、知识进步以及其他因素。

其他国家经济的增长模式则与此不同。例如，学者们用增长核算方法研究前苏联，该国经济从 20 世纪 30 年代到 60 年代中期迅速增长。然而，这种高增长率主要来自于资本和劳动投入的强行增加。前苏联解体之前的几年中，由于中央计划体制越来越失去功效、腐败深化和激励机制恶化，生产率实际上是下降的。在前苏联解体之前的半个世纪中，它的全要素生产率的估计增长速

**1948~2007 年不同因素对美国实际 GDP 增长的贡献**

| | 每年增长（百分比） | 累计增长（百分比） |
|---|---|---|
| **实际 GDP 的增长（私人企业部门）** | **3.52** | **100** |
| **增长来源：** | | |
| **投入要素的贡献** | **2.14** | **61** |
| 资　本 | 1.21 | 34 |
| 劳　动 | 0.94 | 27 |
| **全要素生产率增长**（研发、教育、知识进步及其他来源） | **1.39** | **39** |

**表 11–3　知识进步胜过资本对经济增长的贡献**

使用增长核算方法，把私人企业部门 GDP 的增长分解到对其有贡献的各种要素中。最近的全面研究发现，资本增长占产出增长的 34%，教育、研发以及其他知识上的进步对总产出增长的影响则占到了 39%，对人均产出增长的影响则超过 50%。

资料来源：U.S. Department of Labor, “Historical Multifactor Productivity Measures (SIC 1948-87 Linked to NAICS 1987-2007)”, at *www.bls.gov/mfp/home.htm*.

度要低于美国和其他主要市场经济国家。只有通过中央政府的强制力将产出转移到投资（消费之外）上，才能抵消其制度的低效率。

## 当前生产率变动趋势

仔细研究生产率的走势可以发现，无论是短期（年度）还是中长期，它都在发生剧烈的变动。图 11-6 显示的是劳动生产率的增长。从二战到 20 世纪 60 年代末，生产率一直保持较快的增长。

然后，从 1973 年左右开始，有几年生产率增长乏力，甚至有所下降。经研究发现，这个时期生产率的增长停滞根源于国际油价飙升、管制变严、物价影响、工资控制、能源产业全面管制，以及研发经费削减。

经济学家之所以关注生产率问题，是因为它对于实际工资和生活水平的提高关系重大。图 11-5（c）可表明自 1900 年以来，实际工资水平是如何遵循每工时生产率的变动轨迹而增长的。而表 11-4 就是对于这一统计计量结果的数量说明。也许小学算术知识就可以说明，如果劳动收入在国民收入中的比重保持不变，那么实际工资的增长就会与劳动生产率的增长保持同等的速率。[1]

### 生产率的反弹

经济学家们期待着生产率增长情况的好转，希望信息技术革命能带来经济的快速增长。的确，信息技术的创新（计算机硬件、软件和通信）给经济领域的每一个角落都带来了惊人的变化。计算机的价格在近 30 年里下降了超过千倍。电子邮件和互联网改变着零售业的面貌。计算机成为商业的神经系统，它们被用于航空定价和订

[1] 为了考查这一关系，将劳动的份额写作 $W \times L = s \times P \times Q$，其中，$s$ 是劳动份额，$W$ 是名义工资率，$L$ 是工作时间，$P$ 是价格指数，$Q$ 是产出。两边同时除以 $L$ 和 $P$，得到（$W/P$）= $s \times$（$Q/L$），表明实际工资等于劳动的份额乘以劳动生产率。因此，只要劳动在国民收入中的份额是一定的，实际工资就会与劳动生产率以相同的速度增长。

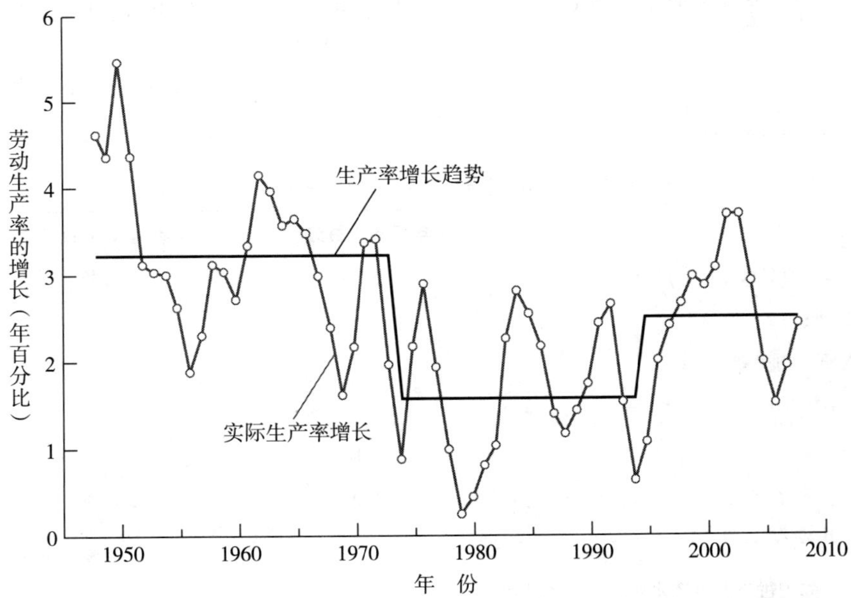


**图 11-6 1948~2008 年美国企业劳动生产率的增长**

在 20 世纪 70 年代以前，劳动生产率增长迅速，而到 20 世纪动荡的 70 年代则开始出现下降。从 90 年代开始，信息技术，尤其是计算机产生的巨大利益，使生产率的增长开始反弹。

资料来源：Bureau of Labor Statistics. Data were downloaded from the St. Louis Fed database at *research.stlouisfed.org/fred2*.

| 生产率和实际工资 | | |
|---|---|---|
| | 年均增长率（百分比） | |
| 时　期 | 劳动生产率 | 实际工资 |
| 1948~1973 | 3.1 | 3.3 |
| 1973~1995 | 1.3 | 1.5 |
| 1995~2008 | 2.6 | 2.6 |

**表 11–4　实际工资与生产率增长的镜像关系**

就长期而言，实际工资水平将与劳动生产率的变动保持同步。随着 1973 年生产率的下滑，实际工资水平的增长也大幅下降。

资料来源：美国劳工部。生产率按美国不同企业部门计算而得，名义工资按照私人企业的价格指数做了调整。

票系统，浏览各商场的商品的价格和数量，调度电力、兑付支票、催缴赋税，以及向学生们发送学费账单。一些经济学家认为，计算机就像生产的新的第四大要素。

计算机革命的影响从始于 1995 年前后的生产率统计数据中可以明显地看出。在 1973~1995 年间，劳动生产率增长缓慢，然后从 1995 年到 2008 年，以每年 2.6% 的增长率一路攀升。

正如保持收入份额不变的模型所预测的，实际报酬随着劳动生产率平行移动，如表 11-4 所示。1948~1973 年，实际工资的平均增长率为 3.3%，1973~1995 年，增长率下降到每年 1.5%，1995~2008 年，增长率又迅速增加到 2.6%。

有鉴于此，热衷人士提出了“新时代”和“美国资本主义的全新世界”的说法。甚至连以谨慎著称的前美联储主席艾伦·格林斯潘，也都成为了技术变革的热衷者，他说道：“新技术被应用于实践的速度显著加快这一事实证明了这样的一个论断，近期劳动生产率的加速，不仅只是一个突兀的现象，或者统计上的失常，而是至少部分地反映出更加深化且不断发展的技术，的确改变了世界经济的面貌。”

对数据进行了仔细研究的经济学家们发现了有关生产率反弹的一些有趣的事实。以下是生产率加速的一些重要因素：

- *计算机领域的生产率爆炸式增长*。计算机领域的生产率爆炸式增长（及相应的价格下降）格外显著。研究过计算机技术的经济学家们估计，该部门的生产率增长率为每年 20%~30%。从经济角度看，这一点很重要，因为计算机更深地渗透到了美国经济之中。到 20 世纪 90 年代末，信息技术产品对整个生产率增长的贡献几乎达到了一半，尽管 2000 年信息技术泡沫的破裂降低了这一比例。
- *资本深化*。1995 年以来，投资保持了高速增长。公司大量地投资计算机和软件，以充分利用计算机不断降低的价格和新软件效能提高带来的好处。
- *未被统计的产出*。新经济的许多进步是不能通过生产率的统计进行反映的。互联网、电子邮件和手机的显著发展，大部分都被生产率的统计所遗漏。一些经济学家发现，软件和通信设备的生产率都被严重低估（参见第 5 章中关于价格统计的讨论）。换个角度说，我们可以认为，消费者通过网上购物节省了时间，从传统信件转变为电子邮件和移动电话的便利节省了时间和邮资，这些都没有反映到生产率的统计上。还有一些人认为计算机所带来的真实收益，要在未来很长一段时期才能充分体现出来。斯坦福大学的经济史学家保罗·戴维对过去的发明进行研究后认为，经济生活要充分享受基础创新的好处，还需要几十年的时间。

生产率更快的增长无论是否是经济的永久特点，计算机都非常明显地以惊人的速度改变着我们的经济和生活。

本章关于经济增长原理的讨论不妨到此告一段落。下一章拟将这些原理应用到那些正在努力提高生活水平的贫穷国家。而在本编所余下的章节中，我们还将探讨国际贸易和国际金融。

## 总结提要

### A. 经济增长理论

1. 经济增长分析考查的是在长期中导致潜在产出增长的各个因素。人均产出的增长是政府关注的一个重要目标，因为它与提高实际平均收入和生活水平有关系。
2. 回顾不同时间、不同地点各国的实际情况，我们知道经济增长总是依靠四个轮子：(a)劳动力的数量和质量；(b)土地和其他自然资源的丰富程度；(c)资本积累存量；还有或许是最重要的(d)技术变革和创新，它们使同样的投入可以获得更大的产出。但是，这四者之间没有唯一的组合，美国、欧洲和亚洲国家追寻经济成功的道路各不相同。
3. 斯密和马尔萨斯的古典模型从土地和人口角度讨论了经济发展。在没有技术变革时，增长的人口最终占据了所有的免费使用的土地。由于人口密度的增加触发了边际收益递减规律，所以土地租金上涨而竞争性的工资下降。当工资降到生存水平线时——低于该线，人们就不能维持生活——经济就处于马尔萨斯均衡状态。但实际上，技术变革可以通过劳动生产率曲线不断上移，从而使大多数国家的实际工资和人均生产率得到长期增长。
4. 在新古典增长模型中，包含相应的劳动投入的资本积累成了现代增长理论的核心。这种方法以总生产函数为工具，将投入、技术和潜在GDP总量联系起来。在没有技术变革和创新的情况下，由于资本收益递减，人均资本的增长（资本深化）将不同步于人均产出的增长。因此，资本深化将降低资本收益率（等于无风险竞争条件下的实际利息率），同时提高实际工资。
5. 技术变革使同等投入获得更多的产出，推动总生产函数曲线向上移动，因此在同样的劳动和资本投入下，获得更多的产出。最近关于“新增长理论”的分析就致力于揭示技术变革发生的内在机制。这种理论强调：(a)技术变革是经济体系的一种产出；(b)技术是一种公共的或非竞争性的物品，可以同时为许多人使用；(c)产生新的创造发明代价昂贵，但复制却很便宜。这些特点意味着，政府必须重视通过加强知识产权保护来保证发明者有足够的动力从事研究和开发。

### B. 美国经济增长的模式

6. 从数据中可以看到20世纪以及21世纪早期经济增长的几个趋势。其中的重要发现有：实际工资和每小时平均产出稳定上升；实际利率无明显变动趋势；资本—产出比率下降。这些主要趋势能够与加进了技术进步因素的新古典增长模型相一致。这样，经济理论证实了经济发展史告诉我们的道理——是技术进步提高了投入要素的生产率，并且提高了工资和生活水平。
7. 最后一个趋势，即1900年以来潜在产出的持续增长，引出了关于什么是经济增长的源泉这一重要课题。借助数理分析技术，经济学家通过增长核算证实，“经济剩余”的源泉（例如技术变革和教育）对GDP的增长和劳动生产率的作用超过了资本深化。
8. 1970年以后，由于能源价格提高、环境保护加强和其他结构变化的抑制作用，生产率增长减慢。然而，在20世纪90年代后期，生产率的爆炸式增长和在计算机及其他信息技术领域的投资，导致可统计的劳动生产率增长速度急剧上升。

## 概念复习

增长的四个轮子：
- 劳动力
- 自然资源
- 资 本
- 技 术

总生产函数

斯密的黄金时代

资本－劳动比率

马尔萨斯的生存工资

新古典增长模型

随着资本深化，$K/L$ 上升

新增长理论

技术是一种可以被生产出来的物品

经济增长的 7 个趋势

增长核算：

$Q$ 增长的 % = 3/4（$L$ 增长的 %）+ 1/4（$K$ 增长的 %）+ T.C.

$Q/L$ 增长的 % = 1/4（$K/L$ 增长的 %）+ T.C.

## 补充读物和互联网站

### 补充读物

One of the best surveys of economic growth is Robert Solow, *Economic Growth* (Oxford University Press, Oxford, U.K., 1970). See his pathbreaking article, "A Contribution to the Theory of Economic Growth," *Quarterly Journal of Economics,* 1956. The text reference is William Baumol, "Entrepreneurship: Productive, Unproductive, and Destructive," *Journal of Political Economy,* October 1990, pp. 893–921.

You may want to read some excellent books on economic growth. David N. Weil, *Economic Growth* (Pearson, Addison-Wesley, New York, 2006) is an advanced survey of the subject. David Warsh is an excellent economic journalist; his *Knowledge and the Wealth of Nations* (Norton, New York, 2006) explores the origins of the new growth theory. Benjamin Friedman, *The Moral Consequences of Economic Growth* (Knopf, New York, 2006) explores the moral and historical dimensions of economic growth, with some surprising conclusions.

### 互联网站

A website devoted to economic growth is maintained by Jonathan Temple of Oxford, *www.bristol.ac.uk/Depts/Economics/Growth/*, and contains many references and links, as well as access to growth data. The articles by Solow and Baumol are available at *www.jstor.org*.

Technological change is often associated with particular inventions. The lives and patents of great inventors can be found at *www.invent.org/hall_of_fame/1_0_0_hall_of_fame.asp*.

## 问题讨论

1. **混合增长备忘：**像金融经济学一样，经济增长理论和经济计量都依赖于增长率的计算。一期的年增长率用百分比表示为：

$$g_t = 100\times\left(\frac{x_t}{x_{t-1}}-1\right)$$

同理，$n$ 期的年增长率用百分比计算为：

$$g_t^{(n)} = 100\times\left[\left(\frac{x_t}{x_{t-n}}\right)^{1/n}-1\right]$$

a. 现在回顾第 4 章附录中的宏观经济数据表。计算 1980~1981 年和 1980~1982 年实际 GDP 的年增长率。

b. 接下来，计算从 1995 年到 2000 年劳动生产率的增长率，假设实际产出和劳动投入的指数如下：

| 年份 | 劳动投入 | 产 出 |
|---|---|---|
| 1995 | 100.00 | 100.00 |
| 2000 | 110.29 | 126.16 |

2. "如果政府强调知识产权，资助基础科学，控制商业周期，那么我们将会看到经济增长的速度将会令古典经济学家吃惊。"解释上述说法的含义。

3. “如果没有人口增长也没有技术变革，持续的资本积累最终将毁灭资本家阶层。”请解释为什么这种状况会使实际利息率为零，并使利润消失？
4. 回忆本章的增长核算方程（1）。如果劳动每年增长1%，资本每年增长4%%，技术变革每年为1.5%，计算产出的增长率。

   如果发生下列变化，则答案又将如何：
   a. 劳动增长率降低为每年0%。
   b. 资本增长率升高为每年5%。
   c. 劳动和资本在GDP中占有相同的份额。

   请计算上述各种变化单独发生时的人均产出增长率。
5. 利用生产可能性曲线解释马尔萨斯预言及其存在缺陷的原因。坐标系中，用一轴表示人均食物量，另一轴表示人均工业品量。假定食品行业存在劳动收益递减，但工业品行业中劳动收益不变。
6. **为熟悉微积分的同学而准备的有难度的问题**：了解微积分知识的人能够很容易地掌握本章所讨论的增长核算框架的本质。回答该问题要基于重要的柯布道格拉斯生产函数。它是一个特殊的代数公式，可以写为：$Q_t = A_t K_t^{\alpha} L_t^{(1-\alpha)}$。它被广泛应用于实证研究之中。
   a. 验证产出的增长率为：

   $$g(Q_t) = g(A_t) + \alpha g(K_t) + (1 - \alpha) g(L_t)$$

   其中，$g(X_t)$为该变量的增长率。
   b. 高级课程将会说明：在完全竞争条件下，$\alpha$为资本在国民收入中的份额，（$1-\alpha$）为劳动在国民收入中的份额。若劳动在国民收入中的份额为75%，则请推导正文中的增长核算公式。
7. **有难度的问题**：许多人担心，计算机带给人类的命运将会与拖拉机和汽车带给马的命运一样：由于技术变革使得马成为过时的东西，所以本世纪初马的数量已经急剧下降。如果我们把计算机看做是一种特殊的生产性资本$K$，那么将它们引入图11-3后，对资本—劳动比率会产生什么影响？如果劳动力数量不变，总产量是否会下降？在什么样的条件下实际工资会下降？你知道为什么关于马的类比在这里并不适用吗？

# 经济发展的挑战

第12章

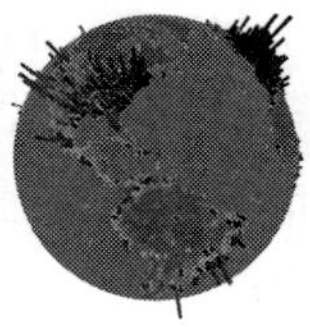

我相信物质主义。我相信健康的物质主义所带来的一切：可口的食物、干爽的房屋、舒适的鞋袜、方便的缝纫机、排水排污管道、24小时热水、沐浴卫生间、电灯、轿车、宽阔的道路、明亮的街区、远离乡土的长假、新颖的念头、快马良驹、投机的交谈、影院、歌剧、交响乐、流行乐队，等等。我相信，这一切东西每一个人都应当享有。那些还未曾享用过这些东西便离开了尘世的人们，也许很有可能犹如圣人一般地高雅，或如诗人一般地丰富，然而那却是因为他们本来就高雅、就丰富，而绝对不是因为他们被剥夺了这些物质享受。

——弗朗西斯·哈克特

今天地球上的人们生活水平差距悬殊，两极分化。一极是富裕的北美和西欧，占世界总人口1%的最富裕的人，却享受着世界20%的收入和消费；另一极是贫穷的非洲和亚洲，大约10亿人口处于绝对贫困的境地，温饱问题尚且不能解决，生活就更是毫无舒适可言。

是什么原因造成各国贫富差异如此悬殊？世界能否在贫富悬殊状态下和平共处呢？穷国可以采取哪些步骤来提高本国人民的生活水平？富国又应当承担起什么样的责任？

发展中国家所面临的这些发展进程中的问题，是现代经济学所面临的最大挑战之一。正是在这个领域，经济学分析工具不仅能够导致人们的日常生活水平天上地下；也正是在这个领域，经济学还可以在学术上关系到人类的生死存亡。本章首先分析人口，然后讨论发展中国家的特点。第二部分则考查发展中国家不同的经济发展道路，特别是成功的亚洲模式和失败了的前苏联的实验。

## A. 人口增长与经济发展

### 马尔萨斯与沉闷的科学

穷国的技术发展速度能跟上人口增长速度吗？由于高出生率，还有像艾滋病那样的疾病，非洲人是不是就注定要生活在贫困的边缘？这是近两个世纪以来经济学中一直最热的话题。

关于人口数据的经济分析要回溯到牧师马尔萨斯那里，这个人我们在上一章经济增长的分析中曾经提到过。马尔萨斯在反驳父亲有关人类总在进步的完美主义论调时，第一次提出了他的观点。后来，他的观点变得如此强烈，使他最终写出了《人口论》(1798年)。该书当时非常畅销，并从那时起影响了全世界人们关于人口问题和经济增长的思维方式。

马尔萨斯的研究始于本杰明·富兰克林关于美国殖民地的考查。那里资源丰富，人口每隔25年左右就要翻一番。随后，他提出了人口增长的一般趋势的假定：除非是由于食物供应有限，否则人口数量就会按照指数方式，或者说几何级数的速度增长。最终，一代又一代翻番的人口数量——1，2，4，8，16，32，64，128，256，512，1024，……变得如此之大，以至于地球上再也找不出足够的空间让所有的人都有安身之地。

在研究了指数增长之后，马尔萨斯还有一记杀手锏。这一次，他放出了“边际收益递减”这个魔术师。他指出，因为土地是固定的，食物将按照算术级数，而不能与人口的指数增长（比较1，2，3，4，…和1，2，4，8，…）同步。马尔萨斯沮丧地总结道：

> 当人口翻番、再翻番时，就好像地球不断地被等分、再等分。直到最后，地球会收缩得如此之小，以至于食物的生产降低到人类生存所必需的水平以下。

当边际收益递减规律应用于固定的土地供给时，食物的产量显然不能与人口的几何增长速率保持一致。

事实上，马尔萨斯并非说人口必定会呈几何级数增长。这不过是在不加阻止的情况下才能发生的一种趋势。他曾经描述过一些随时随地能促使人口数量降低的因素。在他的著作（第1版）中，他特别指出了提高死亡率的那些确定因素：瘟疫、饥饿和战争。然后他提出了希望，指出减缓人口增长可以通过诸如禁欲和延迟结婚等“道德约束”。

这一边际收益递减法则的重要应用，显示了一个简单的理论能产生多么大的影响。马尔萨斯的思想有着极其深远的影响。他的著作被用来支持对英国的贫困法进行严厉的修订。由于受马尔萨斯理论的影响，人们认为应让穷人尽可能地感到不舒适。按照这种观点，政府不能改善穷人的福利，因为任何收入增长都会导致工人增加生育，直至所有人的生活水平降到仅够生存的水平。

---

### 复利和指数增长

指数增长和复利是经济学重要的分析工具。当一个变量从一个时期到另一个时期以固定比率增长时，指数（或几何）增长就发生了。例如，当数量为200的人口以每年3%的比例增加时，在起始年份（第0年），人口数为200；第1年，人口数为 $200 \times 1.03$；第2年为 $200 \times 1.03 \times 1.03$；…；第10年为 $200 \times 1.03^{10}$，如此类推。

当用货币进行连续投资时，如果获得的是复利，那么这就意味着过去的利息也产生了利息。能够赚取复利的货币呈几何增长。一项有趣的计算是，如果按照复利计算存款的话，印第安人出售曼哈顿岛所获得的26美元，到今天将价值几何？若从1626年起将这笔存放在捐助基金中，每年能获得6%的回报，那么到了2010年，它将价值1360亿美元。

**70法则**（rule of 70）是关于复利的一个有用的法则。它表明每年以g比率增长的数量每隔（70/g）年将翻一番。例如，每年以2%速度增长的人口35年之后将会翻一番；如果你的投资基金每年有7%的回报率，那么每隔10年你的投资将会翻一番。

---

***马尔萨斯预言的缺陷*** 尽管马尔萨斯的统计研究工作非常仔细，但是今天的人口学家们还是认为他的观点过于简单化了。在对边际收益递减的讨论中，马尔萨斯从未预料到工业革命所带来的技术奇迹，也没有认识到计划生育和新技术能让家庭有降低出生率的能力。事实上，在1870年以后，当生活水平和实际工资快速增长时，西方大部分国家的人口增长率却开始下降了。

在马尔萨斯以后的一个世纪里，在欧洲和北美，技术的进步拓宽了生产可能性边界。实际上，技术变革的速度非常之快，使产出的增长远超出人口的增长，从而使得今天的实际工资已经有了极大的提高。然而马尔萨斯理论中的正确部分，对于我们理解当前存在着人口和食物供给不平衡的贫困国家中的人口变化趋势仍然有重要的作用。

***人口萎缩？*** 在转向穷国面临的问题之前，最重要的一点是应该认识到，现代很多富国所面临的问题并不是人口爆炸，而是人口萎缩。事实上，当今几乎每一个富国的人口的自然增长率都为0或负数，这意味着每个妇女生育的子女数为2个甚至更少。今天大部分发达国家的人口之所以还在增长，主要还是因为移民。在预期寿命不断延长的今天，人口不变甚至缩减势必给国家财政带来巨大压力，因为国家面临着医疗保健和社会养老的巨额支付。

### 增长的极限和新马尔萨斯主义

每当出现新的社会潮流或科学发现时，早先的思想就常常为人们旧话重提。许多反增长论者和环境保护论者都坚持认为，经济增长要受自然资源和环境容量的限制，于是，马尔萨斯学派的理论就再次成为热门话题。

关于增长潜力的担忧，主要是由 20 世纪 70 年代早期“罗马俱乐部”的一系列研究所引起。著名的计算机研究报告《增长的极限》及其 1992 年的续篇《超越极限》，这些都是马尔萨斯学派再次出现的表现。新马尔萨斯主义的预测甚至比马尔萨斯更悲惨：

> 如果目前世界人口增长、工业化、污染、食物问题，以及资源枯竭等趋势继续保持下去，那么我们这个星球将会在下一百年增长到极限。最有可能的一个结果就是，人口和工业产能会出现一次突兀而无法控制的骤减。

由于发展中国家人口快速增长的警报和 20 世纪 70 年代石油价格的螺旋式上升，以及随之而来的主要的工业国的生产率增长出现了大的滑坡等现象，有关增长的批评言论逐渐为人们所接受。第二轮的悲观主义浪潮出现在最近 10 年。它所关心的是长期经济增长中的环境约束问题。今天人们所担忧的问题主要包括：地球正在变暖，包括由于使用矿物燃料而导致的气候变暖；酸雨的广泛存在；南极洲上空出现了“臭氧层空洞”以及温带地区臭氧的消失；砍伐森林，尤其是毁灭热带雨林，很可能造成全球生态系统的失衡；土壤被侵蚀将威胁农业的长期发展；大气中二氧化碳浓度上升，引起海洋酸化；物种的灭绝对生态系统和许多宝贵的生物资源都构成了威胁；等等。

新马尔萨斯主义的经济分析与早期马尔萨斯论密切相关。马尔萨斯认为粮食产出受制于生产中的边际收益递减，今天的增长悲观论者则认为增长受制于自然环境有限的吸收能力。有人主张，我们可以在全球气候发生危变之前，限制使用矿物燃料。不过，减少矿物燃料使用势必会减缓长期的经济增长。

但是，这里有一个关键的区别。早期马尔萨斯学派的分析主要是针对私人品，如土地、食物和石油；而今天所关注的问题却涉及外部性和公共品。在这些领域，不受管制的市场价格往往提供扭曲的信号。

资源枯竭和环境限制对于经济增长的影响的经验证据究竟如何呢？事实是，相对于一般物价水平来说，大多数初级产品如谷物、能源和木材的价格上涨速度要比普通商品缓慢得多。尽管如此，许多经济学家更关心的是外部性问题，特别是全球公共品，如气候变暖问题，各国就很难就化解这个问题达成合作协议。我们还可以回顾一下关于核扩散问题的条约的艰难历程，从中也可以发现全球合作协议是何等地难以达成。或许，全球经济的未来就取决于如何去解决这些新的马尔萨斯困局。

## B. 贫穷国家的经济增长

### 发展中国家的一般状况

**发展中国家**（developing country）的含义是什么？发展中国家最重要的特征是人均收入低，另外，人们的健康水平普遍较差，文化水平低，普遍营养不良，并且缺乏资本。许多落后国家的市场和政府机构的功能较弱，腐败和国内冲突很多。这些国家的人口出生率却又比较高，而且同时存在着较多的人口流失，尤其是高技能劳工的流失。

表 12-1 所给的一些基本数据，可以帮助我们了解世界经济各主要成员的基本状况，以及关于经济不发达的主要指标。该表将低收入和中等收入国家分为 6 个区域。

由该表可见许多值得注意的特征。很明显，低收入国家要比像美国这样的发达国家贫穷得多。他们的人均收入大约只相当于高收入国家的 1/20。表中的数据使用购买力平价（purchasing-power-parity，PPP）来衡量相对收入。市场汇率倾向于低估低工资国家的收入。（使用购买力平价汇率估算生活水平的情况将在第 13 章讨论。）请注意在 21 世纪初世界经济曾呈现出强劲的增长，这也波及和影响到最贫困的地区。

另外，还有许多社会指标和健康指标能体现贫穷在低收入国家所造成的影响。人们的预期寿命低于高收入国家的预期寿命，教育普及率及文化水平都是最低的。

在发展中国家之间也存在很大的差别。它们当中一些极端贫困的国家，如刚果、埃塞俄比亚、利比里亚，至今仍处在饥饿的边缘；其他一些原先贫困的国家或地区，则已于二三十年前开始好转，并已经上升到中等收入国家的行列。其中比较成功的如斯洛文尼亚、新加坡和韩国，它们已经脱离了发展中国家的行列，其中最成功的国家的人均收入已经达到了高收入国家的水平。昨

| 地 区 | 人 口 | | 出生时预期寿命 | 人均 GDP | | 教 育 | 净移民 |
|---|---|---|---|---|---|---|---|
| | 总数，2006 年（百万） | 增长率，2000~2006（%/ 年） | | 2006（美元） | 增长率，2000~2006（%/ 年） | 成人文盲率（%，15 周岁及以上） | 移民率（每 1000 人） |
| 东亚和太平洋（中国，印度尼西亚，……） | 1 900 | 0.9 | 71 | 6 820 | 7.6 | 9 | −2.0 |
| 东欧和中亚（俄罗斯，波兰，……） | 460 | 0.0 | 69 | 9 660 | 5.7 | 2 | −0.4 |
| 拉美和加勒比海（巴西，墨西哥，……） | 556 | 1.3 | 73 | 8 800 | 1.8 | 10 | −1.2 |
| 中东和北非（埃及，伊朗，……） | 311 | 1.8 | 70 | 6 450 | 2.3 | 27 | −0.9 |
| 南亚（印度，巴基斯坦，……） | 1 493 | 1.7 | 63 | 3 440 | 5.1 | 42 | −0.2 |
| 撒哈拉以南的非洲（尼日利亚，埃塞俄比亚，……） | 770 | 2.3 | 47 | 2 030 | 2.3 | 41 | −0.1 |

**表 12–1 不同国家区域的重要指标**

世界银行将发展中国家分为 6 个区域。每个区域都有如表中所列的反映其经济发展的几大重要指标。注意，低收入国家有更高的文盲率和对外移民率。有些低收入国家的人均预期寿命接近于富裕国家。

资料来源：World Bank, *World Development Report*, and data at *www.worldbank.org.*

天获得成功的发展中国家，明天将会成为高收入国家。

### 低收入国家的生活

为更好地说明发达国家和发展中国家的巨大差异，不妨设想你自己是某一低收入国的公民，如你是马里、印度或孟加拉国的一名普通的 21 岁青年人。你很贫穷，甚至在你为所生产和消费的商品满打满算之后，你的年收入也很难达到平均 2000 美元。而一名生活在北美洲的条件相当者，很可能每年平均要挣到超过 3 万美元。不过，当想到世界上平均每 4 个人中只有 1 个人的年收入可能超过 5000 美元时，你或许会感到一丝安慰。

在你的同胞中，每两个人中就有一个像你这样一字不识。你的预期寿命只相当于发达国家人均预期寿命的 4/5，你已有两个兄弟姐妹在成年之前夭折。出生率很高，在妇女未接受教育的家庭尤其如此，同时死亡率也比有良好医疗保健体系的国家要高得多。

在你生活的国度，大部分人都靠农业为生，只有很少的人可以不从事粮食生产而在工厂里工作。你在工作中所使用的马力数只相当于富裕的北美工人所使用的 1/60。你几乎不懂科学，所了解的知识大多仅限于本村的传统习俗。

你经常挨饿，所吃到的食物基本上都是粗粮或大米。也许你在自己的国家受到过一点基础教育，但却像你的大多数朋友一样未上过中学，而只有极少数最富裕的人才能升入大学。你在庄稼地里劳动时间很长，根本享受不到机械的好处。到了夜里，你睡的只是一块草席。房间里几乎没有什么家具，可能只有一张桌子和一台收音机。你惟一的交通工具可能只是一双旧靴子。

## 人力资源开发

对世界上最贫穷国家人们生活的描述可以说明两个问题：适当的、可以满足基本生活需求的收入水平是重要的；生活水平的标志不仅仅只是市场收入。富有创新意识的经济学家如诺贝尔奖得主阿马蒂亚·森和耶鲁大学的古斯塔夫·拉尼斯强调，评价一个国家的发展时，还应考虑其他因素，如健康、预期寿命、入学率、成人识字率和妇女独立性以及人均消费的增长，这些都是发展中国家的重要目标。

图 12-1 是预期寿命和人均 GDP 的散点图。可以看出，预期寿命和人均产出二者之间存在着很强的正相关关系。当然也有例外，有些国家，例如博茨瓦纳、赤道几内亚和南非，预期寿命相对人均收入水平较低，这是因为他们受到艾滋病的威胁。贫穷国家都没有较高的预期寿命，但是，像希腊、哥斯达黎加这样的国家却有着与美国同样甚至更高的预期寿命，这其中的主要原因在于美国的医疗体系的设计存在缺陷。

# 经济发展的四大要素

我们已经知道什么是发展中国家，现在就来分析一下低收入国家提高生活水平的过程。上一章分析经济增长问题时，我们曾探讨过美国提高潜在生产水平的具体过程，它所依靠的四个车轮是：(1) 人力资源；(2) 自然资源；(3) 资本；(4) 技术。其他国家经济增长的支撑因素也不例外，无论是穷国还是富国，都必须凭借同样的四大因素来促进经济发展，只是还要与本国的国情相结合。下面让我们来看看这四个车轮分别是如何在发展中国家运转的，以及公共政策怎样指引经济增长沿着令人满意的方向前进。

## 人力资源

***人口爆炸：马尔萨斯的遗产***　许多穷国举步维艰，似乎永远都在原地踏步。甚至当一个穷国的 GDP 上升时，它的人口也同时在上升。请回忆上一章我们对马尔萨斯人口陷阱的讨论：人口的增长如此之快，以致收入停留在

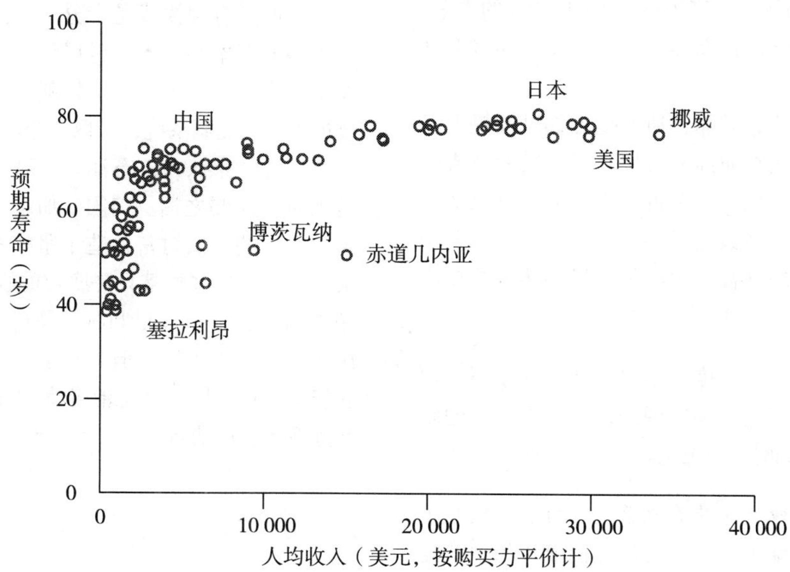


**图 12-1　2000 年的预期寿命和收入**

预期寿命与人均收入高度正相关。高收入保证了对医疗保健的更多投资，反过来，健康的人口也更具有生产力。注意，一些中等收入的非洲国家已经被艾滋病严重困扰，这威胁着他们的健康和经济发展。

资料来源：United Nations Development Programme, *Human Development Report*, 2002.

维持生计的水平。虽然高收入国很久以前就已经将马尔萨斯远远地抛在身后，但非洲却是高出生率和低收入并存，仍旧在马尔萨斯的陷阱中不能自拔。人口爆炸远未停止，人口学家预测，未来 25 年贫困国家还会增加 10 亿人口。

穷国难以在高出生率下摆脱贫困，但并非没有路径可以缓解人口过多的压力。一个办法是采取各种积极的举措控制人口增长，其中有些措施甚至会违背当地盛行的宗教信条。很多国家为控制人口增长而引入教育计划，颁发计划生育津贴。

对致力于提高人均收入的国家来说，有希望完成一个*人口转型*（demographic transition）的任务，即人口将逐步在低出生率和低死亡率的水平上达到稳定。一旦国家足够富裕，婴儿死亡率就会下降，人们就会自愿地降低生育率。当妇女受过教育且开始有所作为时，她们就会将生命中较少的部分用于生儿育女。家庭也会放弃数量求质量——将时间和收入集中起来为较少的孩子提供更好的教育。在墨西哥、韩国、中国台湾等国家和地区，在收入上升、国民所受教育程度提高的时候，生育率都出现了急剧的下降。

发展经济和控制生育的成效会缓慢地为人们所感觉到。一些穷国的出生率已经从 1960 年的 4.4% 下降到 2005 年的 2.7%，但仍然明显高于高收入国 1.1% 的水平。因此，反对因人口过度增长而导致贫困的斗争还将会继续下去。

但是人口转型的任务并非在所有地方都已经提上了议事日程。尽管艾滋病在非洲人群中蔓延及其所造成的预期寿命缩短问题，要比早几个世纪中的大瘟疫更加严峻，但是热带非洲的大多数地区人口仍然继续保持着快速的增长。马尔萨斯的预言仿佛幽灵一样仍然徘徊在广大的中非地区。

***人力资本*** 除了人口增长过度，很多发展中国家还必须关注人力资源的质量问题。一般说来，发展中国家的政府在制定经济发展计划时，总要强调下列一些特殊项目：

1. *控制疾病，提高健康和营养水平*。其目的不仅在于使人们生活得更幸福，而且要使他们能成为生产能力更高的劳动力。卫生保健机构和安全饮用水的提供都是极其有用的社会资本。
2. *提高教育水平，减少文盲并加强劳工培训*。受过教育的人会成为具有更高生产能力的劳动力。因为他们不仅能更有效地利用资本，采用新技术，而且更善于从错误中汲取教训。为获得先进的科学、工程、医药以及管理等方面的知识，发展中国家向外国派出最优秀的人才，并让他们把最先进的东西带回来，这将有利于该国的发展。但是，这些国家必须注意人才外流问题，即大部分有才能的人都流到高工资的国家去了。
3. *最重要的一点是，不可低估人力资本的重要性*。大多数其他要素可以从国际市场上购买到，但大多数劳动力都是在本国生成的，尽管有时可以通过移民增加劳动力。在发展中国家，精良的采掘机、武器或生产设备，往往因为劳工缺乏必要的操作和维修技能而不能利用和修理。在陷入这种困境时，熟练劳工的重要性就不言而喻了。

## 自然资源

亚洲和非洲的一些穷国的自然资源十分贫乏，而且它们所具有的这些有限的土地和矿产还必须在稠密的人口中进行分配。或许，发展中国家最有价值的自然资源就是耕地。这些国家绝大多数劳动力都从事农业生产。因此，充分利用土地（适宜的水土保持、肥料和耕作方法）有助于提高穷国的产出。

土地所有制模式是十分关键的，它可以鼓励农民投入更多的资本和技术力量以提高土地的产量。如果农民能得到土地的所有权，他们就会乐于改善土地状况，如改进土地的灌溉系统，采取适当的办法保持水土。

经济学家认为，石油或矿藏所带来的自然财富并非是绝对的天赐之福。美国、加拿大、挪威这样的国家曾经用它们的自然财富构造了坚实的工业扩张基础。而在某些国家，这些财富只是腐败的政府官员或军阀们掠夺、*寻租*（rent seeking）的目标。像尼日利亚和刚果（扎伊尔）矿产资源非常丰富，但其地下资源却没有转化为生产力和资本，这是因为其统治者将财富敛入自己的银行账户，并挥霍于奢侈消费。

## 资　本

现代经济要求一系列多样化的资本品。国家必须抑制当前消费以形成富有成效的迂回的生产能力。但是，对于一个接近最低生活水平的最贫困国家而言，这一点无异于抢劫。当你在非常贫困之际，要求你降低当前消费以提供未来消费，显然是不可能的。

发达国家可以用不少于 20% 的产出来形成资本。与此相比，一些最穷的农业国却常常只能用国民收入的 5% 形成储蓄。而且这种低水平储蓄中的很大一部分，还要用来为不断增长的人口提供住房和简单的劳动工具，因此几乎剩不下什么钱来用于发展。

不妨讨论一个储蓄率已经成功提高的国家。即便真的高到了一定的水平，该国还是需要花费数十年的时间积累资本，以修建高速公路、电信系统、医院、发电厂和其他能构建有效经济结构的资本品。

在获得最先进的资本品之前，发展中国家必须首先建设其*基础设施*，或基础社会资本，这包括市场经济发展所必须依托的许多大型项目。例如，地方农业顾问帮助农民了解新谷物和良种；连接不同市场之间的公路网；伤寒或白喉的预防接种等公共保健医疗计划，该计划不仅可以预防已接种者患上该类疾病，而且由于控制了疾病的蔓延，没有接种疫苗者也会因此得到防护。以上这几种情况，任何一个企业都不可能从中回收全部的社会收益。因为任何私人企业都无法向成千上万甚至上百万得益者收取费用。由于这类基础设施不可分割，也由于它具有外部效应，所以政府必须介入保证对这些项目必要的资金投入。

> 在许多发展中国家，一个最迫切的问题是储蓄少得可怜。特别是在最贫困的地区，刻不容缓的当前消费需求同稀缺资源的项目投资一直在争夺资金。其结果，经济快速增长所必不可少的生产性投资势必变得过少。

---

### 国外贷款与债务危机

既然依靠国内储蓄形成资本困难重重，那么为什么不从国外贷款呢？经济理论告诉我们，一个富国在投资开发好的项目的时候，不仅可以使自己获利，而且也能使投资项目的所在地或所在国获利。

但是外国借款在取得收益的同时，也必然伴随着风险。富国贷款给穷国的历史显示出某种循环：机会、贷款、利润、投资过热、投机、危机、资金枯竭。随后出现的是新一轮的借贷循环，只是主角常被换成了另一群"见钱眼开"的乐天派投资商。可谓一场危机可能还没有忘却，另一轮投资便又热浪再起。

回顾一下**新兴市场**的传奇是很有启发意义的。新兴市场指的是迅速成长的中低收入国家，他们对外资有着极大的吸引力。20 世纪 90 年代，富国的投资者将其资金转向国外，以追求比在国内更高的投资回报率；而穷国迫切需要得到这些资本以利于开展各种开发项目，因而也十分欢迎这些外国资金流入本国。90 年代，从泰国到南非，各种贷款和股权投资都增长得很快。

图 12-2 给出了新兴市场国家有价证券的息差，这反映了新兴市场国家为了吸引投资所必须支付的风险溢价。当人们感觉风险较低时，信贷息差就会较低；而当投资者担心这些国家可能还不起贷款时，也就是当风险价值上升时，信贷息差就会出现攀升。

只要新兴市场不断成长，一切看上去都似乎平安无事，回报率也很稳定。但是，随着投资增速减缓和一系列银行危机事件，巨额短期资金从泰国、印度尼西亚和韩国纷纷外流。数额巨大的银行贷款都需要按时偿还，这导致这几个国家的货币供应量急剧上升。由于这几个国家中大多数都实行固定汇率制度，因而只能依靠抛售外汇储备进行干预。最后，东亚各国一个接一个地发现自己的货币大幅度贬值。于是许多国家向国际货币基金组织（IMF）求援，以期获取所急需的短期资金，但 IMF 要求它们必须采取紧缩性的货币政策和财政政策。这些因素导致东亚各国经济衰退。1998 年俄罗斯债务出现违约时，对新兴市场的投资曾出现恐慌，信贷息差也随之迅速上升。

3 年内，大多数国家经过减缓产出增长、降低实际工资、重新安排债务以及贸易顺差等**调整措施**，终于从危机中恢复过来，重新开始了经济增长，全球经济再一次从金融危机中幸存。此后 10 年，如图 12-2 所示，信贷息差或风险溢价逐渐降低，这种状况一直持续到 2007 年美国金融危机爆发。

---

## 技术变革与创新

经济发展所依赖的最后一个也是最重要的车轮是科学技术进步。这方面，发展中国家具有一个有利条件——渴望在分享发达国家技术进步的过程中受益。

***技术模仿***　现在的穷国绝对不需要培养出一个现代的牛顿来发现万有引力定律，因为它可以从任何一本物理书中读到。穷国也不必在漫长而曲折的工业革命道路上，像现今工业化国家所经历过的那样，一步一步地向上攀

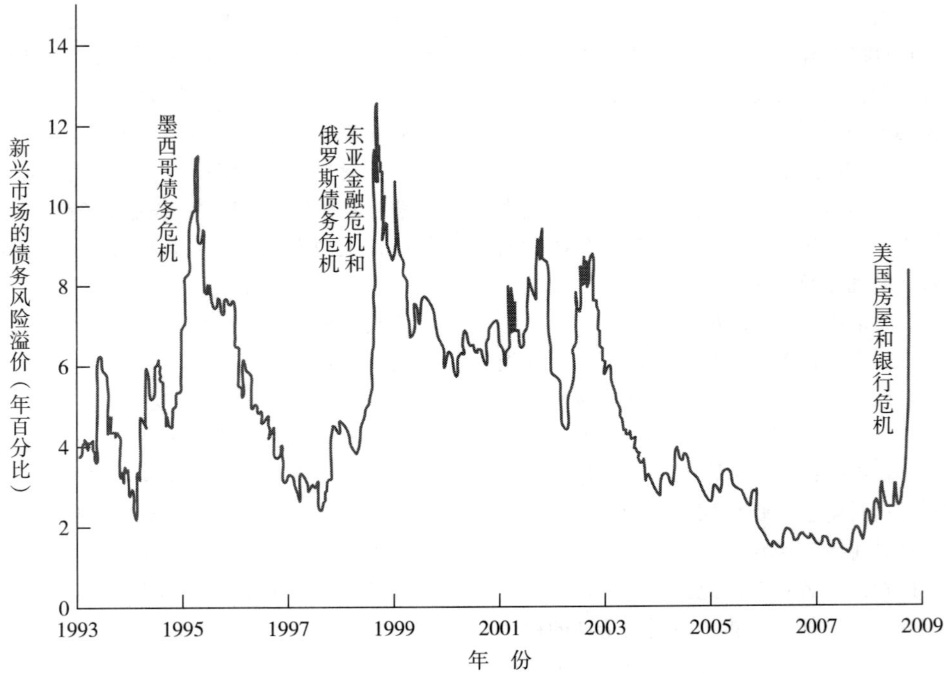


**图 12–2 1993~2008 年新兴经济体的债权息差**

息差反映了新兴经济体为借款所支付的风险溢价，即相对于美国安全的有价证券的利息差额。注意，在 1995 年墨西哥债务危机及 1998 年东亚金融危机和俄罗斯债务危机时，息差都曾大幅上升。在 21 世纪前几年市场长期繁荣的情况下，投资者都十分乐观，而这种乐观情绪在 2007~2009 年金融危机时结束，此时，息差也大幅上升。

资料来源：International Monetary Fund.

登。他们如今可以买到各种大企业家们过去做梦也不曾想到的拖拉机、计算机和纺织机械设备。

日本和美国的发展史清楚地表明了这一点。美国的发展向世界其他国家提供了一个鼓舞人心的例证。与汽车有关的各种突破性技术发明虽然几乎无一例外地都来源于国外，但是，福特公司和通用汽车公司却将这些外国发明物应用到经济实践当中，并迅速地成为世界汽车业的领袖。

日本加入世界工业国竞赛行列比较晚，直到 19 世纪末，它才开始派遣留学生去西方学习先进技术。在加快本国经济发展步伐的过程中，日本政府发挥了积极主导的作用。它修建铁路，兴办各种公用事业。由于引进国外的生产技术，日本今天已经成为世界上第二工业大国。日本和美国的情况说明，一个国家怎样才能通过引进国外科技，并使之适用于本国市场条件而兴旺发达起来。

***企业家精神和创新*** 从日本和美国的历史看，引进并采纳外国技术似乎是经济发展的简单诀窍。你可能会说："只要出一趟国，照抄一些高效率的方法，并将它们用在国内生产的实践当中，便可以坐等产量一个劲儿地增长了。"

事实上，技术变革的实施过程并非如此简单。你当然可以送一本有关化学工程的教科书给某一穷国，但是，如果缺少掌握这门工程技术的科学家、工程师以及企业家，如果不具备足够的资本，那么，我们就很难设想这个穷国可以建立起一座运转良好的化工厂。请记住，先进的技术是为了满足先进国家的具体条件而发展起来的。这些具体条件包括大批掌握先进技术的工程技术人员和劳动力、可靠的电力供应、及时的备件供应以及维修服务。而一些较穷的国家不可能全面具备这些条件。

促进经济发展的关键任务之一，是培养起一种企业家精神。一个国家如果不具备一批乐于承担风险、勇于开办新工厂、采纳新技术并敢于引进新式经营理念的企业家或管理者，就不可能走上繁荣丰裕之路。从根本上说，当产权明晰、完整、税率较低且可以预测，而其他有可能扭曲盈利（例如腐败）的行为又比较少的时候，创新和企业家精神才有可能蓬勃发展。政府的某些投资，诸如扩大对农民的服务、为劳动者提供教育和培训机会、创办各种管理类学校，也可以帮助培育这种企业家精神。

在穷国，腐败现象非常普遍。发展经济学家罗伯特·克里特加尔德曾就腐败如何给经济增长埋下隐患问题发表过如下见解：

> 从广义上讲，腐败是出于非官方目的并滥用职权。腐败包括受贿、巧取豪夺、滥施影响、包庇、欺骗、敛财、挪用公款等等。
>
> 破坏游戏规则的腐败行为，如破坏司法系统、财产权、银行和信贷，势必阻碍经济和政治的健康发展。而允许污染者污染河流或默许医院勒索病人等腐败行为，则会造成对环境和社会风气的腐蚀。但若腐败成了常态，则其影响就会削弱经济。可见，尽管每个国家都存在一定的腐败现象，但其类型和程度却都有所不同。体制本身的腐败往往是最致命的杀手，它可以破坏游戏规则。这也是大多数不发达地区陷入困境的主要原因。

应对腐败挑战的主要困难就在于维护公正性的国家机构，自身通常就存在腐败。

## 从恶性循环到良性循环

我们已经强调过，穷国所面临的巨大障碍是如何将经济进步所必不可少的四大要素结合起来。这四大要素即劳动力、资本、资源和创新。此外，这些穷国还发现，妨碍自己发展的种种困难在贫困的恶性循环中彼此加强。

由图 12-3 可见，发展中国家的一个障碍如何引发其他障碍的恶性循环过程。低收入导致低储蓄率；低储蓄率妨碍资本增长；资本不足妨碍了在生产中新设备的使用，从而阻碍生产率的迅速提高；而生产率水平低下又造成低收入。另外一些与贫穷有关的因素也在这个过程中得到了自我加强。伴随着贫穷而来的是教育、文化和技术水平低下，这反过来又阻碍新技术的使用和技术改进，并导致人口的快速增长，而人口的迅速增长将消耗掉所增加的产出，包括粮食。

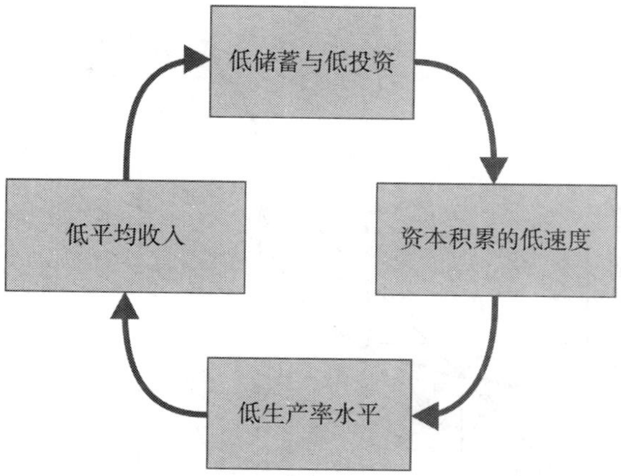


**图 12–3 贫困的恶性循环**

许多妨碍发展的因素在此得以自我强化。低收入水平妨碍储蓄，阻碍资本增长，抑制生产率提高，从而低收入水平仍在延续。若要成功地获得发展，则需要采取一系列举措在很多环节上去打破这一循环。

陷入恶性循环的国家可能在贫困的陷阱中难以自拔。在经济存在多重均衡时这种情况就可能会出现，其中还可能存在着一种极其有害的均衡。低水平陷阱在自然科学和社会科学的许多领域都会出现，如图 12-4 所示，其横轴表示 $t$ 期的平均收入，纵轴表示 $t+1$ 期的平均收入。非线性增长曲线 $y_{t+1}=f(y_t)$ 表明收入如何随时间变化。其中 45 度线是经济增长与衰退的分界线。当增长曲线上的某一点位于 45 度线的上方时，表明 $t+1$ 期收入要高于 $t$ 期收入，因此收入是增长的；而当增长曲线与 45 度线相交时，收入保持恒定，经济达到均衡点。

S 型增长曲线的一个特殊性质是它会导致多重均衡。较低的交点表明在 $Y^*$ 水平存在一个不好的低水平均衡陷阱；而较高的交点则表明在 $Y^{***}$ 水平存在一个高水平的均衡。现代经济增长理论指出低水平陷阱源自高人口增长率、低生产率以及低开放度。

要克服贫困陷阱需要在许多方面努力。有些发展经济学家建议用一种"大推进"来打破上述的恶性循环。若一国能够同时采取一系列步骤来增加投资、提高健康和教育水平、发展技术并且控制人口增长，则该国就可以打破这种贫困的恶性循环，并促使经济按照一种良性循环的轨迹迅速发展。如图 12-4，如果经济能将自身推进到 $Y^{**}$ 的右侧，那么经济就能上升到持续的经济增长。

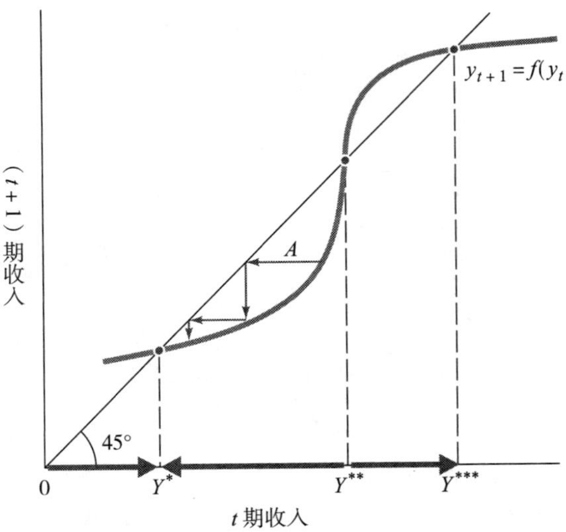


**图 12–4 一些国家有可能陷入贫困的陷阱**

当恶性循环导致收入螺旋形下降时，一国可能在 $Y^*$ 陷入低水平均衡陷阱。注意，开始一国收入在 0 和 $Y^{**}$ 之间，最后是如何回到低水平陷阱的。如开始点在 $A$，顺着箭头看收入是如何一步步回到 $Y^*$ 的。但是，如果一国有某种巨大的推动力使得收入水平超过 $Y^{**}$，就可享受增长的良性循环到达高收入水平 $Y^{***}$。低水平陷阱可能源自低收入、健康状况差、低储蓄率、低投资率以及低生产率的相互作用。

## 经济发展战略

我们知道，各国为使经济迅速增长，必须将劳动力、资源、资本和各种技术结合在一起。但是这还不是一个现实可行的发展模式。因为这无异于在说，一个参加奥林匹克运动会的短跑选手必须跑得像风一样快。那么，究竟是什么原因使一些国家在经济发展的竞赛中比另一些国家跑得更快呢？穷国又怎样才能开始走上经济发展的阳关大道？

长期以来，历史学家和社会学家们一直对不同国家经济增长速度的差异问题很感兴趣。早期的一些理论强调气候差异，指出所有发达国家都位于地球上的温带这一事实。另外一些学者却认为，民俗习惯、文化背景或宗教也是一个关键因素。马克斯·韦伯就曾强调，“新教的伦理道德”是推动资本主义发展的重要力量。近代的曼克尔·奥尔森则论证说，当一个国家的决策组织结构变得脆弱，各利益集团或垄断寡头势力已经阻碍社会和经济变革的时候，该国就会开始衰落。

毫无疑问，这些理论在某个特定时期和某个特定地点都是有效的。但是，它们并不适用于对整个经济发展进行一般性的解释。韦伯的理论并不能说明，为什么世界文明的发源地出现在近东和希腊，而后来在世界上领先的欧洲人当时却还在住洞穴、穿兽皮。在繁忙的中国，哪里能找到新教徒的伦理规范？还有，如何解释像日本这样一个具有严谨的社会组织结构和强大的院外活动集团的国家，是怎样成为了当今世界上生产率最高的经济大国之一呢？

甚至在现代，人们仍然习惯性地用简单的整体理论来解释经济发展。人们曾经认为进口替代政策（用国货代替进口品）是最安全的发展战略。20 世纪 70 年代，对劳动密集型技术的依赖曾经被认为是先进的。而今天，正如我们所看到的那样，经济学家已经倾向于强调对外向型市场力量的依赖。对于使用过于简单的方法解释复杂过程的人们，这段历史应该是一个警示。

然而，从对不同的经济发展问题的研究中，历史学家和发展经济学家们学到了许多东西。到底学到了些什么呢？下面所概述的就是近年来有关这个问题的重要思想。这里所提到的理论都试图阐明各国怎样冲出贫困的恶性循环，怎样启动经济发展的四个车轮向前奔驰。

### 落后假说

这种观点强调经济发展的国际背景。如前所述，与那些沿着工业化道路率先发展起来的国家相比，现在的穷国具备某些它们所不曾有过的重要优势。如今的发展中国家，可以汲取发达国家的资本、技能和技术。该假说由哈佛大学的亚历山大·格申克龙提出。他认为相对落后本身，很可能会有助于经济发展。相对落后的国家可以购买先进的织机、高效率的水泵、神奇的种子、各种化肥以及现代医药用品。由于可以依靠发达国家的工艺技术，发展中国家今天的发展速度明显要快于 1780~1850 年的英国或西欧国家。正是由于低收入国家能够从领先者那里学到更高效率的生产技术，我们才期望看到，在前沿技术问题上各国之间存在着某种*趋同现象*。比之高收入国，贫困国家或低收入地区的经济增长一般都更加迅速，此时，趋同现象产生。

### 工业化和农业

在大多数国家，城市的收入几乎是乡村收入的两倍。

一些富裕国家的主要经济支柱是工业和服务业。因此，许多国家便匆忙得出结论说，工业化是富裕的原因，而不是富裕的结果。

对于这类推论，我们必须持谨慎的态度，因为它们常混淆了因果关系。有些人这样说："富人开的是宝马车，但开宝马车却不会使你成为富翁。"同理，经济学也无法确定，一个穷国是否应坚持拥有自己的民航公司和大钢铁厂。这些并不是经济增长所必需的基础设施。

近几十年来，一些国家试图以牺牲农业为代价来加速工业化步伐。它们的教训已经使很多分析家开始重新考虑农业的作用。工业化是资本密集型的，它吸引大批工人涌入城市，并经常造成大量失业。而提高农业劳动生产率需要的资本或许要少一些，同时又能为剩余劳动力提供就业岗位。的确，假如孟加拉国能将自己的农业劳动生产率提高 20%，而不是全力发展用以取代进口钢铁制品的本国钢铁业，那么，它就可以让渡出更多的资源来生产生活用品。

### 国家和市场

很多发展中国家的文化传统都同市场机制格格不入。市场上的企业竞争或追求利润的行为，往往与这些国家的传统做法、宗教信仰和既得利益相悖。然而，近几十年来的经验还是证明，广泛地借助市场，能够提供管理经济和加速经济增长的最有效的途径。

市场导向政策的主要要素是什么？它主要包括确立私人财产和所有权的优势，外向型的贸易政策，低水平的关税和尽可能少的贸易限制，以及培育竞争，等等。此外，处于稳定的宏观经济环境之中，市场才能良好运转。这种稳定的宏观经济环境要求税收是可预测的，而且通货膨胀率低。

### 增长和外向型经济

经济发展的一个基本问题是一国的对外贸易战略。发展中国家应当自给自足，用国产货代替进口品（即进口替代战略）吗？或者，应该努力于增进效率，提高竞争力，并拓展国际市场和降低贸易壁垒，以便能够买得起自己所需要的进口品（即开放型经济或外向型经济战略）吗？

直到 20 世纪 80 年代，进口替代政策在拉丁美洲一直都很盛行。该政策通常体现为，为制造业设立高关税壁垒，以保护本地厂商生产和销售那些本可以进口的商品。

开放政策中的一项政策是尽可能降低贸易壁垒，并主要使用关税而非配额或其他非关税壁垒的手段。这种政策对资金流动的干扰较小，允许让供给和需求去引导金融市场的运作。它避免了国家对进出口的垄断，并将政府管制控制在有序的市场经济所必需的最低限度内。最重要的是，它应该主要依靠有利有弊的私有化市场机制去引导生产，而不是推行公有制或政府计划体制的控制或命令。

外向型政策的最成功范例是东亚的新兴工业化国家和地区。在我们父辈生活的时代，中国台湾、韩国、新加坡这样的国家和地区的人均收入曾经只是最富足的拉丁美洲国家的 1/4 或 1/3。但是，通过将国民收入的很大一部分储蓄起来，并将这些资金导入高回报的出口产业，在 20 世纪 80 年代末，东亚的新兴工业国和地区超过了每一个拉美国家。成功的秘密并非在于教条式的自由放任政策，因为事实上政府介入了某些计划并进行了干预。开放和外向型政策使得这些国家和地区获得了规模经济和国际专业化分工的好处，从而增加了就业，有效地利用了国内资源，使得劳动生产率快速增长，生活水平也有了很大的提高。

尽管对外开放带来了许多收益，但若开放过度，特别是对于短期资金流动不加限制，很有可能会招致投机者的攻击。所有投入进来的东西，投资人随时都有可能收回和撤出。这就有可能酿成金融危机和银行危机，正如我们在本章前面所讨论过的东亚经济一样。

### 总结评价

发展经济学家根据几十个国家在几十年中的经验数据，就政府如何推动经济迅速发展问题得出了如下结论：

> 要建立和维持一个健康的经济环境，政府的作用至关重要。政府必须推崇法治，强调合同的有效性，防治腐败，并使其政策有利于竞争和创新。政府在教育、医疗、通信、能源、交通等社会常规资本上的投资可以起到重要的作用，但在那些政府没有比较优势的产业，则必须依靠私人部门。政府应当抵制诱惑，不应当把所有的生产都放在国内，要坚定地促进对外贸易和外商投资开放，这些都将有助于国民经济各部门能快速地向着国际先进水平看齐。

## C. 经济发展模式选择

人们总在不断寻找新办法来提高自己的生活水平。经济学的要义之一，是驱动贫困国家为自己探寻一条致富道路。本书深入调查过美国的混合市场经济。该经济以自由市场为基础，一定程度上混合了政府的干预。除此之外，还有没有其他的可行之路呢？

### 各种“主义”的盛宴

纯粹的自由市场经济是一个极端，那里最好的政府是最小的政府。另一个极端是彻底的共产主义模式，在那里政府执行的是体现集体意志的经济指令，个人主义是行不通的。在这两个极端之间，是混合的资本主义、有管理的市场经济、社会主义和若干混合模式。这里，我们简要地介绍一些有影响的其他增长和发展战略。

1. *亚洲管理市场模式*。这是韩国、中国台湾、新加坡和其他一些东亚国家和地区为其经济设计的战略，特征是将强有力的政府监控同强大的市场力量相结合。
2. *社会主义模式*。社会主义包含一系列的不同模式。第二次世界大战后的西欧，建立在民主框架上的社会主义政府扩大了福利国家的范围，对工业进行了国有化，对经济实行了计划管理。然而近年来，这些国家大力放松管制和实行私有化，又回到了自由市场的框架之下。
3. *苏式共产主义模式*。多年来，对市场经济的最彻底的替代是前苏联模式。在前苏联模式下，国家拥有所有的土地和几乎全部的资本，决定工资和绝大部分的物价，还指导经济的微观运作。

#### 两难困境的核心：市场还是指令

考查各种经济模式，结论似乎是许多令人迷茫的各种“主义”的罗列。的确，各国经济组织方式的选择具有非常广泛的多样性。

> *但是，在关于各种经济模式讨论的全过程中，都始终贯穿着下列核心的问题：一国经济的决策，是应该主要依靠私有市场，还是主要依靠政府指令？*

模式的一端是*市场经济*。在市场体系中，人们的行动是自愿的，其行为的主要目的是获取金钱或个人满足。企业购买生产要素并生产产品，都是按照一种能使利润达到最大化的原则来决定投入和产出的。消费者提供生产要素并购买消费品，也以获得最大程度的满足为目的。生产和消费的协议都是应用货币手段，根据自由市场确定的价格，在买者和卖者之间自愿形成。尽管个人与个人之间的经济权利有很大差别，但个人与企业的关系在本质上是平等的，从根本上说都是自愿的而非等级强制的。

模式的另一端是*指令经济*。在这里，决策是由政府官员们做出的。在这种体制中，人与人的关系是纵向从属的，并由多层权力机构来实现对经济的控制。负责计划的官员决定生产*什么*、*如何*生产和*为谁*生产。金字塔的最高一级进行重大决策并提出经济计划的主要内容。计划被分解并沿着官僚阶梯逐级向下传达，基层负责计划的执行，并且越往下走，越要更多地注意计划的细节。个人的积极性是依靠强制和法规制裁来推动的；组织强迫个人接受来自上级的命令。交易和命令可能使用货币，也可能不使用货币；贸易可能按照既定的价格进行，也可能不按照这样的价格进行。

在市场经济和指令经济这两者之间，是社会主义和有管理的市场经济。在这两种情况下，虽然政府的作用小于指令经济，但政府在引导和指导经济方面仍起着重要的作用。市场与指令之间的这种紧张关系，贯穿于所有关于经济体制的讨论中。下面，让我们更仔细地看一下混合市场经济的几种可选择模式。

### 亚洲模式

#### 亚洲“龙”

发展经济学家有时关注东亚国家和地区，并把它们看成是发展战略的成功典范。半个世纪以来，韩国、新加坡和中国台湾等，都取得了惊人的经济增长，这些国家或地区有时也被称为“*东亚奇迹*”。表 12-2 对比了亚洲各条“龙”与其他主要地区最近的经济发展状况。拉美和撒哈拉以南的非洲经济一直保持正的增长率。但是，再看看东亚和太平洋地区，尤其是中国，这些国家一直有着惊人的增长率，尤其是在近 30 年。

| 地　区 | 人均 GDP 的平均增长率 | | |
|---|---|---|---|
| | 1962~1973 | 1973~1995 | 1995~2006 |
| 东亚和太平洋地区 | 3.6 | 4.8 | 6.4 |
| 　中　国 | 4.0 | 4.7 | 8.2 |
| 南　亚 | 2.0 | 2.5 | 4.4 |
| 　印　度 | 2.2 | 2.3 | 4.9 |
| 拉美和加勒比海地区 | 4.0 | 1.7 | 1.5 |
| 撒哈拉以南的非洲 | 2.8 | 0.7 | 1.7 |

**表 12-2　驱动亚洲龙增长的基础因素分析**

资料来源：*World Development Indicators* (2008)，available at *www.worldbank.org/*.

世界银行最近一份调查分析了不同地区的经济政策，以确定是否出现了新的经济模式。[1] 调研结果证实了一些普遍观点，同时也发现了一些令人惊讶的事实。主要有以下几点：

- **投资率**。亚洲龙都奉行高投资率这个古典秘诀，以确保经济能从最新的技术中获利，并能建成必要的基础设施。亚洲龙的投资率比其他地区几乎要高 20 个百分点。
- **宏观经济的基础**。成功的国家或地区都在宏观经济政策上力求稳定，保持低通货膨胀和高储蓄率。它们重视人力资本和物质资本的投资，在教育方面的投资也比其他发展中国家和地区要高得多。而其金融系统则致力于确保币值的稳定和坚挺的通货。
- **出口导向**。亚洲龙大都是出口导向型的，往往是通过低汇率促进出口，通过财政政策刺激出口，并引进那些在高收入国家最具有实用性的技术。

### 中国的崛起

过去 30 年的经济发展中，最令人吃惊的是高速增长的中国经济。1949 年建国后，中国采行了苏式中央集权的计划经济体制。1966~1976 年文化大革命带来了高度空前的市场集中，经济大幅度下滑。在革命领袖毛泽东逝世以后，新一代领导人得出了一个结论：共产党要想继续执政，就必须进行经济改革。1977 年到 1997 年，在邓小平的领导下，中国下放了很多经济权力，并允许和鼓励竞争。

为促进经济增长，中国的领导人大刀阔斧地进行了改革，建立了经济特区，允许资本家和外资企业在内地经营。中国经济增长最快的是沿海开放地区，如南部靠近香港的地区和上海。这些地区与国外经济联系比较紧密，吸引了相当可观的外国投资。中国政府还允许私人企业和外国公司不受中央计划体制的约束，与国有企业共同发展。这些富有创造力的所有制形式在中国迅速发展，到 21 世纪初，其产值已经占到了中国 GDP 的一半以上。

中国经济的持续快速增长令观察家们叹为观止，其惊讶程度几乎不亚于苏联经济的崩溃。如表 12-2 所示，中国人均 GDP 的增长率从 1962~1973 年的每年 4% 上升到 1995~2006 年的 8.2%。最近十年，中国对美国的出口每年增长超过 17 个百分点。到 2008 年，中国每年的出口额接近 2 万亿美元，并积累了超过 1.5 万亿美元的外汇储备。

目前，全世界都在密切关注中国经济模式的未来。外向型经济政策，尤其是在引进外资方面毋庸置疑的成功，是中国经济政策的一个特别显著的特征。

## 社会主义模式

社会主义作为一种学说，是基于马克思和其他 19 世纪激进思想家的思想发展起来的。社会主义模式处于一个中间地带，它位于自由放任的资本主义同接下来我们将要讨论的中央计划模式之间。社会主义模式的共同特

[1] 参见本章“补充读物”中关于世界银行对东亚奇迹的研究。

征如下：

- 生产资源由政府所有。社会主义者普遍认为应该降低私人财产的作用。对铁路和银行等关键产业应该实行国有化（即由国家拥有和经营）。近年来，由于许多国有企业绩效较差，许多发达民主国家对国有化的热情已经减退。
- 计划。社会主义者对于“秩序混乱”的市场心存疑虑，怀疑“看不见的手”配置资源的效率。他们坚持认为需要有一个计划机制来协调不同的部门。近年来，计划者强调用补贴的形式来促进高新技术产业，如微电子、飞机制造和生物技术产业的发展。这些政策有时被称为“产业政策”。
- 收入再分配。严格行使政府征税权力，以减少继承的财富和过高的收入。在西欧有些国家，边际税率高达98%。累进税收入用于提供社会保障补贴、免费医疗保健以及“从摇篮到坟墓”的（全程）社会福利事业，以增加贫困阶层的福利，并保障最低生活标准。
- 和平和民主的演进。社会主义者往往主张用和平和渐进的方式扩大政府的所有权——通过选举投票，而不是通过枪弹革命。

伴随着计划经济的低效率、欧洲的经济停滞，还有各国市场经济的成功，纯粹的指令经济模式已经逐渐不为人们所赞同。沉思的社会主义者正从挫败中努力梳理，以求为这一经济理论分支找到一条通向未来的路。

## 失败了的模式：中央计划经济

很多年来，发展中国家都关注前苏联和其他共产主义国家实现工业化的模式。共产主义既从理论上批判了西方的资本主义，又提出了看似行之有效的经济发展战略。我们先看一看马克思主义和共产主义的理论基础，再检验一下苏式指令经济在实践中的应用。

---

### 卡尔·马克思：革命的经济学家

表面上看，卡尔·马克思（Karl Marx，1818~1883）过着平静的生活——他钻研大不列颠博物馆的藏书，为报纸写文章，对资本主义进行学术探讨。尽管最初就读于德国的大学，但他的无神论、宪政观和激进的思想，使他投身于新闻工作。最终他流亡到巴黎和伦敦，完成了他批判资本主义的巨著——《资本论》(1867，1885，1894)。

马克思著作的核心内容是剖析资本主义的优势和缺陷。马克思认为所有商品的价值都是由劳动内容决定的，劳动包括直接劳动，也包括先前投入的内含在资本设备中的间接劳动。举例来说，一件衬衫是由纺织工人的劳动加上制造织布机的工人的劳动所共同构成的。通过计算所有的劳动在所产出的产品中的价值，马克思致力于证明利润（由工人劳动创造而被资本家所占有的那部分产出）是一种“剩余价值”。

根据马克思的观点，工人只有通过从资本家手中夺取工厂和其他生产资料，才能打破资本家对剩余价值的无偿占有。他在1848年的《共产党宣言》中写道：“让统治阶级在共产主义革命面前发抖吧，无产阶级在这个革命中失去的只是锁链。”统治阶级确实在马克思主义的影响下颤抖了一个多世纪！

像许多伟大的经济学家一样，但比大多数经济学家又更富热情，马克思为劳动人民的斗争所感动，并致力于改变他们的生活。在马克思的墓碑上有一段他自己的话：“迄今为止，哲学家们只是用不同的方式解释世界，而问题在于改变世界！”我们这篇纪念马克思的短文，将以一位十分著名的历史学家以塞亚·伯林爵士的评语来作结：“19世纪没有一位思想家能够像卡尔·马克思那样，对于全人类有着如此坦率、准确和强有力的影响。”

---

### 马克思的预言

马克思认为资本主义不可避免地要被社会主义所代替。在马克思的学说中，技术进步使资本家通过用机器代替工人以获得更多利润。但不断扩大的资本积累带来了相互矛盾的后果。一方面，随着资本供给增长，资本的利润率会下降；另一方面，由于工作岗位减少，失业率升高，工资下降。用马克思的话说，失业后备大军会不断增加，工人阶级变得越来越穷，工人的工作条件恶化，工人们会逐渐成长起来并从工作中摆脱出来。

当利润下降、国内投资机会越来越少时，统治资产阶级会走向帝国主义。资本会到国外寻求更高的利润率。根据这个理论（尤其是后来被列宁所发展的理论），帝国主义国家会占有更多的殖民地，并不遗余力地压榨他国的剩余价值。

马克思认为，资本主义制度不能持续这种不平衡的增长。马克思预言，在资本主义制度下会越来越不平等，受压迫的无产阶级会逐渐觉醒。因为大面积贫穷会导致宏观经济呈现负消费，因此商业周期会越来越剧烈。最后，严重的经济危机将会敲响资本主义的丧钟。正如以前的封建主义一样，资本主义也已经造就了自己的掘墓人。

对历史的经济学解释是马克思对西方思想的不朽贡献之一。马克思强调，经济利益才是处在观念背后并决定着人们价值观的东西。为什么工商业的经理阶层会为保守势力投赞成票，而工人领袖则会支持那些带头要求提高最低工资和增加失业补贴的人？马克思认为，原因就在于人们的信念和意识形态所体现的是他们所处的社会经济阶层的物质利益。事实上，马克思理论对于主流经济学来说并不陌生。他所归纳和演绎的是亚当·斯密（经济学之父——译者注）关于自我利益的睿智分析。所不同的是，马克思将市场上的美元选票发展成了选举中的政治选票，甚至是街头堡垒战中的子弹选票。

### 从书本到策略：苏式指令经济

马克思广泛地描述了资本主义的缺陷，但他并没有为美好的社会主义留下具体的行动方案。他认为，共产主义将在发展程度最高的工业化国家出现。事实上，封建主义的俄国接受了马克思主义的观点。让我们来看看这个既令人神往而又令人震惊的经济史篇章。

***历史根源***　前苏联几乎是各种指令经济理论的实验室，所以对前苏联共产主义的分析，对于经济学来说都特别重要。一些经济学家曾宣称社会主义不可能实施，但前苏联的经验却证明这一点是错的。它的倡导者们还认为共产主义终将取代资本主义，但前苏联的历史反驳了这一点。

尽管 1880~1914 年期间，沙皇俄国的经济迅速增长，但与美英等工业化国家相比仍然是相当落后的。第一次世界大战给俄国带来了很多的困难，也使共产主义者执掌了政权。从 1917~1933 年，在确定中央计划体制之前，前苏联曾尝试过几种社会主义模式。但由于不满于缓慢的工业化步伐，斯大林在 1928 年前后决定进行一项新的激进主义的冒险——实行农业集体化，强制推行工业化，对经济实施中央集中计划。

前苏联大跃进的其中一部分，是通过引入计划经济来加快工业化的步伐。1928~1933 年的第一个五年计划确定了苏联计划经济的优先发展部门：重工业优先于轻工业，消费品工业只有在其他优先发展部门都实现目标后才能加以考虑。尽管曾经出现过许多的改革和变动，但前苏联经济所采取的一直都是指令经济，东欧各国在第二次世界大战之后所效法并沿用的也是这种模式，直到 20 世纪 80 年代末这种模式在前苏联失败为止。

***指令经济如何运作***　在苏式的指令经济中，大规模的产出清单都由政策制定者决定。前苏联的军备支出总是占产出和科研资源的一个相当重要的部分。另一个优先项目是投资。消费要在其他应当优先保证的部门得到满足之后才能够加以考虑。

在很大程度上，如何生产的决策也是由计划当局决定。计划人员首先决定最终产出的数量（生产什么），然后从产出出发，回过头来决定如何投入以及如何组织厂商生产。甚至连投资决策的细节都是由计划人员来制定的。厂商的灵活性只限于决定劳动投入的组合。

很明显，没有一个计划体系可以细化所有厂商的所有行为——这需要每年下达数以万亿计的命令。于是，许多具体的决策必须留给工厂的负责人。由此产生了一系列所谓的“委托－代理问题”，这使得指令性经济深陷困境。

委托－代理问题的出现是因为顶层的委托人想要通过适当的激励机制让下级（或称“代理人”）人员按照上级的意图来行事。在市场经济中，利润和价格充当着消费者和生产者之间的协调机制。但指令经济由于无法找到像利润和价格那样作为激励代理人的方式而陷入绝境。

一个失败的解决委托－代理问题的有用例子是前苏联的图书出版业。在市场经济中，书籍出版与否主要取决于盈利与亏损分析。而在前苏联，由于利润是禁忌，所以计划者用数量指标来进行决策。最初的管理激励是按照出版社生产书籍的数量来进行奖励，因此出版社印出了成千上万本没有人读的小薄书。面对这种激励带来的后果，计划者（委托人）转而要求页数，相应地，生产者（代理人）转而用洋葱皮那么厚的纸张和大号字体来印制出厚厚的书籍。计划者再转而以字数为标准，出版社的反应是用小号字体来印刷大部头的书籍。在所有这些过程中，“消费者”却始终都不曾在激励机制所考虑的范围之内。

所有国家的组织都存在委托－代理问题。但在苏联模式中，对于各种浪费几乎没有实质性的制约机制（如市场上的破产行为和公共品的选择机制等）。

***经济绩效比较*** 从第二次世界大战结束后直到20世纪80年代中期，美国和前苏联这两个超级大国在舆论导向、军事优势和经济支配权等方面展开了竞争。那么，这个指令经济在经济增长竞赛中的表现究竟如何呢？任何回答这个问题的尝试都会遇到一个问题，即缺乏可信赖的统计资料。直到最近，大多数经济学家仍相信从1928年到60年代中期，前苏联经济的增长速度甚至要快于北美和西欧。60年代中期以后，前苏联经济的增长停滞，产出开始下降。

对东西德国历史的比较也可以作为比较市场经济和指令经济运行绩效的例子。这两个国家在第二次世界大战结束后几乎是从同样的生产率水平和工业结构上开始发展的。经过市场经济在西德发展40年而指令经济在东德发展40年之后，东德的生产率降到了西德生产率的1/4~1/3的水平。而且，东德经济增长所倚重的是中间产品，还有那些对消费者来说没有多大价值的商品。在东德，数量而不是质量，是整个经济的发展目标。

***利弊权衡*** 权衡利弊之后，前苏联中央计划的经验说明了什么呢？前苏联模式已经证明，指令经济有能力动员和组织资本和劳动力，既生产大炮，也生产黄油。但是，由于前苏联经济与世（西方）隔绝，技术、贸易和人力资源的有效配置长期受到限制，因而随着时间的推移，该模式势必日益陈旧和过时。糟糕的激励机制堵塞了创新的源泉。在同那些市场开放的经济体的激烈竞争中，特别是在世界各国对商品和服务的质量要求日益提高的同时，前苏联却往往只能够出口原材料和军事设备。

推行中央计划的晚期，经济增长率已经放慢，人均收入也已经下降。正如大家所看到的，前苏联的领导者们最终不得不放弃集中的中央计划体制。前苏联体制无论是在道德上、政治上，还是在经济上都已经宣告破产。

## 从马克思到市场

从1989年开始，前苏联和东欧国家纷纷放弃了指令经济实验，并开始大力引入市场经济。

对于许多国家来说，回归资本主义的道路是艰难的，其遭遇的挑战包括：（1）放开价格，让供给和需求去决定；（2）对于享受补贴的企业加以严格预算约束；（3）企业私有化，让私人机构做出关于购买、销售、定价、生产、借贷等各项决策；（4）建立市场制度，如现代银行体系，为商业建立法律框架，并运用财政政策和货币政策等工具。

一些国家，如斯洛文尼亚和捷克，其经济转型相当迅速，目前在民主市场转型上正迅速融入欧盟。俄罗斯将其大部分能源产业重新国有化，并已成为世界能源基地。其他一些国家，目前仍陷于独裁、腐败和僵化的经济结构中。对于许多试图建立市场经济制度的国家来说，这里的经验教训应该是十分有用的。

## 结束警语：谨慎乐观

本章阐述了贫困国家在其致富和追求自由（本章开头提到过的干净的住房、教育、电灯、良驹、汽车以及休假等）的道路上所面对的问题及前景。达到这些目标的前景如何？

我们不妨以哥伦比亚大学地球研究所的杰弗里·萨克斯和杰出发展经济学家安德鲁·华纳的一段冷静的评价来作为结束：

> 今天的世界经济与19世纪末很相似。一个全球化的资本主义体系正在形成，大多数国家和地区都在开放国际贸易和协调经济制度。正如在19世纪一样，新一轮的全球化浪潮也向加入了这个体系的各国做出了承诺，它将领导世界各国完成全球经济制度的趋同任务。
>
> 然而风险也同时存在：俄罗斯、中国和非洲的市场化改革能否巩固，领先国家之间的国际协议能否维持……过去了的25年，市场资本主义的扩张是一个充满希望和意义深远的历史性大事，再过25年，一个自由民主的、基于市场经济的世界体系能否确立，我们能否为她庆功摆好，恐怕还要取决于大家在未来的洞察判断和远见卓识。

# 总结提要

## A. 人口增长与经济发展

1. 马尔萨斯的人口理论以边际收益递减法则为基础。他指出，如果人口不受约束，将会以几何级数（或指数）增长，一代又一代地翻番。但是，增长的人口将只有更少的土地和自然资源可供利用。因为边际收益递减，收入最好是呈算术级数增长。人均产出将趋于下降，所以，最后人口数量将会被稳定在仅够人类生存的物质水平上。
2. 在过去的两个世纪中，马尔萨斯和他的追随者们受到了多方面的指责。批评者指出，马尔萨斯主义忽略了技术进步的可能性和控制生育在减少人口增长方面的重大作用。新马尔萨斯主义注意到了经济增长中的环境约束，尤其在全球变暖问题上，市场提供了扭曲的信号。

## B. 贫穷国家的经济增长

3. 世界上的大多数人口生活在发展中国家，那里的人均收入水平相对较低。这类国家经常表现出的特点是：人口增长迅速，文化水平低下，健康状况较差，农业人口比例高。
4. 经济发展的关键是依靠这样四个基本因素，即人力资源、自然资源、资本以及技术。人口的爆炸性增长带来的收益递减等问题（正如马尔萨斯所预言的）一直困扰着那些最贫困的国家。于是，提高人口的健康水平、教育水平和技术水平，就必然会在建设性的议事日程上占据极其重要的优先地位。
5. 穷国的投资率和储蓄率都很低，这是因为人们收入太低，几乎不能为未来储蓄。贫困国家的国际融资鉴证了近两个世纪以来的许多危机。
6. 技术的变革通常与投资和新设备密切相关。发展中国家可以采纳发达国家的生产效率较高的先进技术，这给它们的经济发展带来了巨大的希望。这需要一种企业家精神。因此，发展的基本任务之一是促进国内稀缺的企业家精神的成长。
7. 为数众多的经济发展理论有助于解释在某一时期，上述关于经济增长的四大要素或存或缺的原因。今天，发展经济学家强调，相对落后的经济具有后发增长优势，应当重视农业的作用，注意划分好市场与政府的界限，等等。最新形成的一个共识是开放经济具有优势。
8. 一国应注意避免落入贫困的陷阱，即贫困的恶性循环导致糟糕的经济表现，并将一国拖入持久的贫困。
9. 回忆我们关于政府政策作用的总结评价：(a) 推崇法制；(b) 增加在人力资本和社会基础设施等关键领域的投资；(c) 将公共部门限制在其有比较优势的范围内；(d) 对外来投资和国际贸易保持开放。

## C. 经济发展模式选择

10. 作为经济发展模式，许多“主义”与混合市场经济进行了长期的竞争。可以选择的战略包括东亚的有管理的市场模式、社会主义模式和苏式指令经济。
11. 日本和亚洲龙（韩国、中国香港、中国台湾、新加坡）的有管理的市场模式，在最近的 25 年中已经被证明是十分成功的。其中关键的因素包括：稳定的宏观经济环境、高投资率、健全的金融体系、教育的快速改善、出口导向型的外贸和技术政策。
12. 社会主义模式介于资本主义和共产主义模式之间，它强调生产资料的政府所有权、国家的计划管理、收入再分配以及向更加公平的社会的和平过渡。
13. 一项关于苏式指令经济的资源配置问题的研究表明，中央集中计划式的资源配置在价格和产出方面存在严重的扭曲。早期苏联经济主要依靠能源密集型的重工业和军事工业，近年由于经济停滞和创新激励缺乏，导致俄罗斯以及其他中央计划经济国家的收入水平远远落后于北美、日本及西欧。这些国家所采用的都是各有特色的混合型市场经济体制，而并非中央指令型经济模式。

## 概念复习

**人口理论**
马尔萨斯人口理论
算术级数增长与几何级数增长
**经济发展**
发展中国家
发展指标
发展的四大要素
恶性循环，良性循环
贫困陷阱
落后假说
**经济发展模式选择**
两难选择的核心：市场与指令
社会主义模式，共产主义模式
委托－代理问题
指令经济

## 补充读物和互联网站

### 补充读物

One of the most influential books of all times is T. R. Malthus, *Essay on Population* (1798, many publishers). An online version can be found at *www.ac.wwu.edu/~stephan/malthus/malthus.0.html.* The influential books by the new Malthusians Donella H. Meadows, Dennis L. Meadows, and Jørgen Randers are *The Limits to Growth* (Potomac, Washington, D.C., 1972) and *Beyond the Limits* (Chelsea Green, Post Mills, Vt., 1992).

The study on the East Asian miracle is contained in World Bank, *The East Asia Miracle: Economic Growth and Government Policies* (World Bank, Washington, D.C., 1993). The quotation at the end is from Jeffrey Sachs and Andrew Warner, "Economic Reform and the Process of Global Integration," *Brookings Papers on Economic Activity,* no. 1, 1995, pp. 63–64.

A highly readable account of developments in Soviet economic history is contained in Alec Nove, *An Economic History of the U.S.S.R.,* 3d ed. (Penguin, Baltimore, 1990). A careful study of the Soviet economic system is provided by Paul R. Gregory and Robert C. Stuart, *Russian and Soviet Economic Performance and Structure,* 6th ed. (Harper & Row, New York, 1997).

### 互联网站

The World Bank has information on its programs and publications at its site, *www.worldbank.org;* the International Monetary Fund (IMF) provides similar information at *www.imf.org.* The United Nations website has links to most international institutions and their databases at *www.unsystem.org.* A good source of information about high-income countries is the Organisation for Economic Cooperation and Development (OECD) website, *www.oecd.org.* U.S. trade data are available at *www.census.gov.* You can find information on many countries through their statistical offices. A compendium of national agencies is available at *www.census.gov/main.*

Population data are available from the United Nations at *www.un.org/popin/.* One of the best sources for studies of developing countries is the World Bank, especially the annual *World Development Review* at *www.worldbank.org.* The quote from Klitgaard was published in *Finance and Development,* March 1998, and can be found at *www.gwdg.de/~uwvw/icr.htm.*

## 问题讨论

1. 几何级数是一个等比数列（$g_1$，$g_2$，…，$g_t$，$g_{t+1}$，…），每一项都是它前一项的同样的倍数：

$$\frac{g_2}{g_1}=\frac{g_3}{g_2}=\cdots=\frac{g_{t+1}}{g_t}=\beta$$

如果$\beta=(1+i)>1$，则组合像复合利息一样会呈指数增长，其中$i$是利率。算术级数是一个等差数列（$a_1$，$a_2$，$a_3$，…，$a_t$，$a_{t+1}$，…），其中每一项与其前一项之差都是固定的：

$$a_2-a_1=a_3-a_2=\cdots=a_{t+1}-a_t=\cdots=\lambda$$

请各举一例。请证明，当$\beta>1$时，几何级数必定超过算术级数。并请将这一点与马尔萨斯的理论联系起来。

2. 回顾马尔萨斯的理论：不受限制的人口会呈几何级数增长，而食物（受制于边际收益递减）只能以算术级数增长。运用数字例子说明，在人口不受限制的条件下，当边际收益递减导致食物的产出增长慢于劳动投入时，为什么人均食物产出会出现下降。
3. 你是否赞同本章开头所引用的那段崇拜物质利益的话？在经济发展带来的福利清单中，你认为还应该增加什么？
4. 请描述一下促进经济发展的四个主要因素。结合这些因素，谈谈高收入的石油出口国是怎样致富的？像马里这种人均资本、土地及技术水平都很低的国家，有什么样的发展希望？
5. 有些人很惧怕“不发达经济的恶性循环”。在贫困国家，迅速增长的人口会侵蚀掉任何由技术进步带来的成果，并降低人们的生活水平。低人均收入使国家致力于解决温饱问题，而无法留出储蓄和投资。大部分人口都依靠农业生存，几乎没有希望改善教育水平、降低生育率或者实现工业化。假如你是这个国家的顾问，你将提出什么样的建议来打破这种恶性循环呢？
6. 请将某发展中国家今天的境况与其 200 年前可能会面对的境况相比较（这两个时期的人均收入水平相等），结合推动经济发展的四个车轮，说明今天的发展中国家可能遇到的有利条件和不利条件。
7. 今天的一些经济学家质疑：完全开放经常账户和金融账户是否明智。他们认为对短期资金自由流动不加控制，会更容易受到投机者的攻击。限制短期资金流动各有利弊。你认为应该对短期资金流动采用税收控制，还是数量限制？
8. 剖析苏式指令经济下，生产什么、如何生产和为谁生产三大问题。将你的分析与市场经济解决这三大问题的方案进行比较。
9. **有难度的问题**（供那些学习了第 11 章增长核算的学生们使用）：我们可以把增长核算的方程式扩展到包括三个因素，并写出下面的方程式：

$$g_Q = s_L g_L + s_K g_K + s_R g_R + \text{T.C.}$$

$g_Q$ = 产出的增长率，$g_i$ = 投入的增长率（$i$ = 生产的投入：$L$ 为劳力，$K$ 为资本，$R$ 为土地和其他自然资源），$s_i$ = 每一项投入对产出增长的贡献，由它在国民收入中的份额衡量（$0 \leqslant s_i \leqslant 1$ 和 $s_L + s_K + s_R = 1$）。T.C. 代表技术变革。

   a. 在一些最穷的发展中国家，资本所占份额几乎等于零，其主要的资源就是农业用地（是固定不变的），也几乎没有技术变革。你能根据这一方程式来阐明马尔萨斯的假说中，人均产出很可能停滞不前，甚至不断下降的原因吗（即 $g_Q < g_L$）？
   b. 在发达的经济体，土地资源所占份额实际上降为零。在这种情况下，为什么会导致上一章中我们学过的增长核算方程？ 你能用这个等式来阐明一些国家是如何逃出马尔萨斯收入停滞陷阱的？
   c. 根据对未来发展持悲观看法的经济学家（其中包括罗马俱乐部中的“新马尔萨斯主义者”）的观点，T.C. 将接近于零，可获得的自然资源供给也在逐渐减少，而资源所占份额却很大并且在日益上升。这种论点是否能解释工业化社会的未来前景可能会很暗淡？你会质疑新马尔萨斯主义者的哪些假设条件？

# 第13章 汇率与国际金融体系

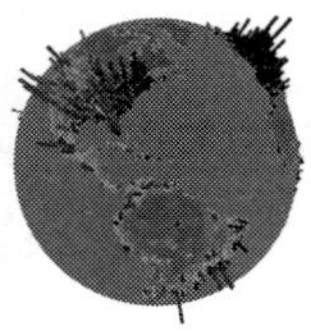

国际贸易的效益在于：生产要素在全世界范围内被更加有效地利用。

——约翰·斯图尔特·米尔

从经济上讲，可以说没有哪个国家是完全与世隔绝的。当经济衰退或金融危机的警钟敲响的时候，其令人惊恐的声浪显然会波及全世界的各个角落。

我们可以将20世纪划分为两个不同的时期，来说明上述观点。1914~1945年这一时期的特点是破坏性竞争，国际贸易锐减，金融封闭严重，热战、冷战和贸易战，专制和衰退。与之相反，二战以后，大多数国家参与了日益增强的国际经济合作，拓宽了贸易渠道，加强了金融市场的整合，扩大了民主，并加快了经济增长。上述两个阶段之间的鲜明对比表明，能否明智地管理本国和全球经济的意义是何其重大。

国家之间的经济纽带是什么？从经济学看，最重要的无疑是国际贸易和国际金融。国际之间的商品贸易和服务贸易，使得人们能够受惠于各国比较优势下的专业分工所带来的各种好处。通过出口那些本国生产相对有效率的商品和服务，进口那些本国生产缺乏效率的商品和服务，就可以提高本国人民的生活水平。在现代经济中，国际贸易总是借助多种货币进行。而鉴于允许人们使用和交换不同的货币，国际金融体系事实上充当着促进国际贸易和国际金融的润滑剂。

国际贸易有时被视为一种达尔文主义所描述的那种零和争斗。好一点说，该观点具有误导性；坏一点说，该观点就是错误的。同所有自愿交易一样，国际贸易和国际金融可以改善所有交易参与者的福利。当美国向日本出口小麦和进口汽车并在交易过程中使用美元和日元作为支付媒介时，这些交易会降低两国的商品价格并提高两国人民的生活水平。

但是，经济一体化（有时称为全球化）并不是毫无危险。有些时期（如21世纪初）表现相对平静，而有些时期则呈现接连不断的危机。20世纪30年代，金本位崩溃、国际贸易体制濒于瘫痪。70年代则出现了固定汇率制度的瓦解、石油禁运以及通货膨胀的急剧上升。90年代金融危机接连爆发：1991~1992年欧洲汇率体制的信心危机；1994~1995年墨西哥货币崩溃危机；1997年东亚金融和货币危机；1998年俄罗斯债务危机和全球资本流动性危机；以及拉丁美洲的一系列金融危机。

在经历一段较为平静的时期之后，世界又在2007~2009年遭受了打击，而这次打击来自美国（这个世界上最为发达的经济体）的房地产泡沫的破灭、抵押品赎回权的丧失以及金融失败。当发生在美国的金融危机蔓延至世界时，经济体系的全球化属性在2007~2009年得以彰显。而走出所有这些危机，需要牵涉其中的主要国家的财政和货币当局的共同努力与慎重管理。

本章和下一章将探讨国际宏观经济学。所讨论的问题包括国际货币体系的管理原则（这也是本章主要内容），以及对外贸易对产出、就业和价格的影响（将在下一章讲述)。

今天，国际宏观经济学领域中还存在着许多有争议的问题：对外贸易究竟是增加还是减少了我们的产出和就业？国内储蓄、国内投资和贸易平衡之间究竟存在着什么关系？为什么金融危机不断爆发并从一国蔓延到另一国？欧洲货币联盟的建立对欧洲的宏观经济有何影响？为什么美国在 20 世纪最后 10 年中成了世界上最大的债务（贸易逆差和资本流入——译者注）国？探讨这些问题的真谛具有极高的经济价值。

## 对外贸易的趋势

所谓的**开放经济**（open economy）指的是那些投身于国际贸易的经济。一个很有用的衡量开放程度的指标是一国的出口或进口占其 GDP 的比重。图 13-1 显示的是美国在过去半个世纪进口和出口份额的变化趋势。二战后的头几年，因支持欧洲重建，美国每年都有大量的贸易顺差。但是，进口和出口份额在 20 世纪 50 年代和 60 年代都比较低。随着海外经济的增长和国际贸易壁垒的降低，美国的国际贸易份额稳定增长。在 2008 年，美国的国际贸易额已经平均占到了 GDP 的 13%。

也许你会感到惊讶，美国竟然是一种相对自给自足的经济。在图 13-2 中，有关各国的对外贸易比重可以表明，一些小国和那些高度一体化的地区（如西欧）都要比美国更加开放。此外，就美国而言，某些产业的开放度要明显高于整个国民经济的开放度，特别是钢铁、纺织、家用电器和汽车等制造产业。而教育、医疗保健等产业在很大程度上都与国际贸易无缘。

# A. 国际收支平衡表

## 国际收支账户

这里我们不妨先回顾一下一国是如何进行国际核算

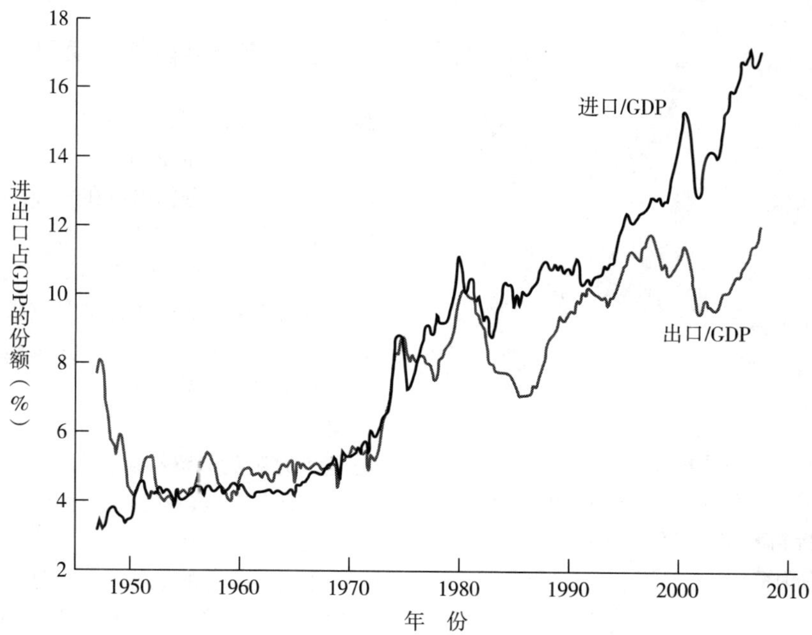


**图 13-1　美国对外开放程度的上升**

像所有主要的市场经济国家一样，自二次世界大战后，美国的对外贸易的开放度不断上升，结果是与国际贸易相关的产出和消费所占的份额上升。自 20 世纪 80 年代以来，美国的进口远远超过出口，从而使美国成为世界上最大的债务国。

资料来源：U.S. Bureau of Economic Analysis.

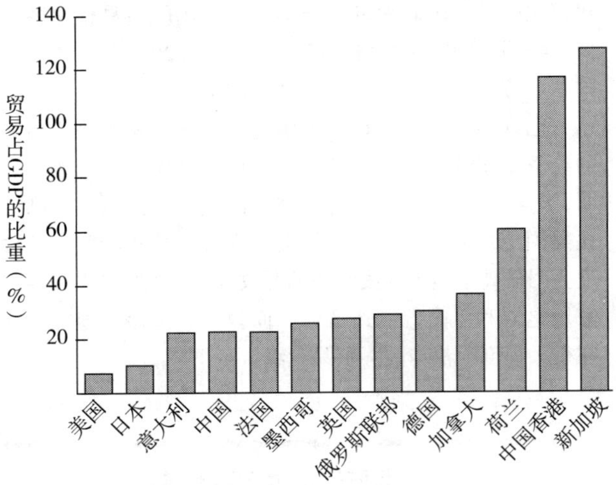


**图 13–2 各地经济的开放程度**

如美国等大国，贸易份额比较小，而小国如新加坡，其贸易额要超过它们的净产出。

资料来源：世界贸易组织。2002~2005 年的贸易份额是商品进出口值除以 GDP。

**Ⅰ. 经常账户**

商品（或“贸易余额”）

服　务

投资收益

单方转移支付

**Ⅱ. 金融账户**

私　人

政　府

官方储备变动

其　他

**表 13–1 国际收支平衡表的基本要素**

国际收支平衡表分两大部分。经常账户代表商品和服务的收支和转移支付；金融账户包括金融资产和负债的购入与售出。一个重要的原则是两者之和必须为零，即：

$$经常账户 + 金融账户 = \text{I} + \text{II} = 0$$

的。经济学家通过利润表和资产负债表来记录经济运行的绩效，而在国际经济学领域，主要的手段则是国际收支平衡表。一国的**国际收支平衡表**（balance of international payment）是对该国与世界其他各国经济交往的系统记录，其主要内容包括经常账户和金融账户。其基本结构见表 13-1，以下我们逐一讨论表中的各项。

## 借方和贷方

像其他账户一样，国际收支平衡表将每笔交易记作“+”或“–”，其基本会计原则是：

> 如果一笔交易能为该国赚取外汇，就记为贷方项目，是正值。如果一笔交易要花费外汇，就是一个借方项目，记作负值。总的来讲，出口为贷方，进口为借方。

出口能赚取外汇，所以是贷方项目；进口需要花费外汇，所以是借方项目。美国从日本进口照相机，如何记录呢？因为我们最终要用日元支付，很显然它要记在借方。至于美国人从国外赚得的投资利息和红利则又应如何对待呢？显然它应该记在贷方，因为像出口一样，它为我们赚取了外汇。

## 国际收支平衡表的项目

***经常账户余额*** 表 13-1 中的第一部分是**经常账户余额**（balance on current account）。它包括所有的收入和支出项目：商品和服务的出口和进口、投资收益、转移支付。经常账户余额从性质上讲，与一国的净收入相类似；而在概念上，它又与国民产出账户中的净出口相类似。

过去很多作者所关注的是**贸易余额**（trade balance），它由商品进口和出口构成，主要包括初级产品（如食物和燃料）和制成品。历史上，重商主义者曾一味追求贸易盈余（出口大于进口），他们称之为“贸易顺差”，而总是竭力避免“贸易逆差”，即贸易赤字（进口大于出口）。直到今天这一观点仍有市场，许多国家仍然致力于追求国际贸易盈余。

不过，今天的经济学家们通常都回避这种说法，因为国际贸易赤字不一定有害于一国的经济。正如我们将看到的，国际贸易赤字实际上是国内投资和国内储蓄之间的不平衡的一种反映。常见的一种情况是，一国之所以出现贸易赤字，是因为该国的储蓄率低（也许是因为政府赤字），也可能是因为该国的投资盈利率高（例如美国就属于这种情况）。而相反的情况，即贸易盈余则源于

| 2007 年美国国际收支平衡表（10 亿美元） | | | |
|---|---|---|---|
| (a) 项　目 | (b) 贷方（+） | (c) 借方（-） | (d) 净贷（+）或净借（-） |
| **Ⅰ. 经常账户** | | | **-739** |
| a. 商品贸易余额 | 1 149 | -1 965 | -815 |
| b. 服　务 | 479 | -372 | 107 |
| c. 投资收益 | 782 | -708 | 74 |
| d. 单方转移支付 | | | -104 |
| **Ⅱ. 金融账户［贷出（-）或借入（+）］** | | | **739** |
| a. 私人借贷 | 1 451 | -1 183 | 268 |
| b. 政府 | | | |
| 美国官方储备资产变动 | | | -24 |
| 其他国家官方资产在美国的变动 | | | 413 |
| c. 统计误差 | | | 83 |
| **Ⅲ. 经常账户和金融账户总计** | | | **0** |

表 13-2　2007 年国际收支平衡表的基本内容

资料来源：U.S. Bureau of Economic Analysis. Note that the totals may not equal the sum of the components because of rounding.

一个国家拥有高储蓄并且国内很少有有效率的投资（例如，沙特拥有巨大的石油收入，但却缺乏投资机会）。

除了商品之外，服务项目在国际贸易中正在日益变得重要。服务包括航运、金融服务、境外旅游等项目。经常账户下的第三个项目是*投资收益*，它包括国外投资收益（如美国在国外的资产收益）。过去 20 年来的一个重大发展就是服务和投资收益的增长。最后一个项目是转移支付，它代表不需要以商品和服务作为回报的单方面的支付。

表 13-2 简要地说明了 2007 年美国国际收支的情况。注意它有两个主要部分——经常账户和金融账户。每个项目的名称列在（a）栏，贷方记在（b）栏，借方记在（c）栏，（d）栏列的是净借贷。在表中，如果某个项目能增加美国的外汇储备，就记为贷；如果会减少美国的外汇储备，就记为借。

2007 年，美国的商品出口（贷方）额为 11 490 亿美元，但商品进口（借方）额为 19 650 亿美元，借贷净差额为贸易逆差 8 150 亿美元。这个贸易赤字在（d）栏的第二行列出。（一定要弄清为什么这里的代数符号是“-”而不是“+”。）从这个表中我们还可以看到，净服务和净投资收入项目均为正数。而包括商品贸易、服务、投资收入以及单边转移在内的经常账户赤字在 2007 年为 7 390 亿美元。

（我们省略了额外的一个账户项目，即资本项目，它包含资本的转移。在大多数情况下，该项目非常小，可以忽略。）

***金融账户***　现在我们已经完成了经常账户的分析，但美国如何为其 2007 年 7 390 亿美元的经常账户赤字进行融资呢？答案是，它必须借款或缩减其外国的资产。因为根据定义，要么你为自己所买的东西付款，要么你就得借款。这意味着*从整体上看国际收支的最终差额必须为零*。

金融账户的交易是美国公民与外国公民之间的资产交易。例如，当日本的养老基金购买美国的政府证券，或美国公民买了德国企业的股票时，就发生了这种交易。

借和贷的问题在金融账户中要比经常账户略微复杂一些。总体规则来自复式记账法，即增加一国资产和减少其债务都记入借方；相反，减少一国资产和增加其债务则记入贷方。借方用负号（－）表示，而贷方则用正号（+）表示。

如果你用下面这个规则，则可以很容易地确定在金融账户中哪些项目为贷,哪些项目为借。你可以设想一下，美国总是在进口和出口股票、债券或其他证券，你就可以把这些进口和出口像其他进出口一样对待。当我们从国外借款时，我们向其他国家发出借据（以国库券或公司股票的形式），获得外国货币。获得的外汇应记在贷方，还是记在借方呢？很显然应记贷方，因为它把外汇带入了美国。

同样，如果美国银行向国外提供贷款，以资助在墨西哥建立一个计算机组装厂，那么美国银行是在从墨西哥进口借据，从而使美国外汇流失。很显然，这在美国的国际收支账户上是一个借方项目。

由表第Ⅱ行可见，美国在 2007 年是一个净借入国。美国从国外借的比借给国外的要多，从而是一个“借据”的净出口国（净借入国），其总净额为 7 390 亿美元。[1]

---

### 富有的借款者悖论

国家盈余与赤字的一般模式是什么？你可能这样认为，穷国因拥有较高的资本利用率而向富国借款，而富国则由于自己的投资机会耗尽而借钱给穷国。

的确，这个模式存在于美国大部分的历史中。在 19 世纪，美国的进口量超过出口量。当时，欧洲借款给美国弥补这个差额，进而得以使美国继续进行资本积累。美国是一个典型的年轻且正在成长中的债务国。从大约 1873 年到 1914 年之间，美国的贸易余额逐渐改变为盈余。此后，在第一次及第二次世界大战期间，美国借款给它的盟友英国与法国，以满足它们战争装备和战后援助的需要。战后，美国成为债权国，国外投资收入表现为盈余，相应地，商品贸易呈现赤字。

由于金融全球化，整个世界格局已今非昔比。在一个金融开放的世界，盈余和赤字在很大程度上取决于储蓄与投资的差额。由表 13-3 可见当今世界主要区域的概况。此表表明，各国的借贷情况实际上与经济发展水平没有关联，而主要由储蓄及投资的模式来决定。在表中最引人注目的是美国，它虽然富有但却仍向海外借钱。我们将在下一章探讨这个富有的借款者悖论背后的原因。

| 经常账户余额（10 亿美元） | |
|---|---|
| 地　区 | 2007 年 |
| **富有，但低储蓄** | |
| 美　国 | –739 |
| **富有，但高储蓄** | |
| 日　本 | 211 |
| 其他富国 | 160 |
| **资源富饶并且多样化** | |
| 石油输出国组织 / 中东 | 257 |
| 俄罗斯 | 76 |
| **贫穷，但高储蓄** | |
| 中　国 | 372 |
| **贫穷，但低储蓄** | |
| 撒哈拉以南的非洲 | – 25 |
| **其　他** | – 45 |

**表 13–3　2007 年全球经常账户模式**

美国是世界上最大的借款国，它具有低储蓄率和稳定的投资环境。重要的储蓄国包括富有的具有高储率的国家（如日本）、寻求金融多样化的资源富饶型国家（如俄罗斯和石油输出国），以及贫穷的高储蓄率国家（如中国，储蓄率高于投资率）。最穷的国家只有很小的资金净流入。

资料来源：International Monetary Fund, *World Economic Outlook*, available online at *www.imf.gov.*

---

[1] 如同在所有的经济统计中一样，国际收支账户必然也存在统计上的错误（称为“统计误差”）。它反映了许多商品与金融的交易（从小的货币交易到毒品交易）没有能够被记录下来的这一事实。我们将这些统计误差包括在表13–2中的Ⅱ（c）行。

## B. 汇率的决定

### 外汇汇率

我们都很熟悉国内贸易。当我购买佛罗里达的橘子或加利福尼亚的计算机时，很自然地会想到用美元支付。

所幸的是，种橘子的人和生产计算机的厂商也希望得到以美元支付的账款。所以，这些贸易就都很自然地可以用美元进行。国内贸易相对比较简单。

而现在，如果我的工作是销售日本的自行车，那么交易就会变得复杂起来。对于自行车制造商来说，它们需要得到的货币是日元而不是美元。于是，为进口日本自行车，我就必须先用美元购买日元，然后再用日元付款给日本的制造商。同理,如果日本人想购买美国的商品，则他们也必须先获得美元。可见，这里新增的一个环节所涉及的就是外汇问题。

> 对外贸易涉及不同国家货币的使用。**外汇汇率**（foreign exchange）是以另一国货币来表示的本国货币的价格，其高低最终由**外汇市场**（foreign exchange market）决定。外汇市场是不同货币进行交易的场所。

让我们先观察一下，大多数国家都有自己的货币，如美国的货币是美元，日本的货币是日元，墨西哥的是比索，等等。（欧洲国家是个例外，它们使用共同的货币欧元。）我们习惯上以 1 单位本币能购买多少外国货币这一标价法来衡量外汇汇率，以符号 $e$ 来表示。举例讲，美元的汇率可以是 1 美元兑换 100 日元（￥100/$）。

当我们想把一国货币兑换成另一国货币时，需要按照汇率进行计算。举例来讲，如果在 2008 年的夏天到墨西哥旅游，你用 1 美元可以兑换到约 11 个墨西哥比索。美元和其他任何一个国家的货币之间都有一个汇率。在 2008 年，1 美元相当于 0.68 欧元、0.54 英镑、103 日元。

通过外汇兑换，我就有可能购买一辆日本自行车了。假设它的报价是 2 万日元，并且我可以在报纸上查到日元兑美元的汇率。假设汇率为 100 日元 / 1 美元，我便可以到银行将我的 200 美元兑换为 2 万日元，这样，我就能以厂家想要的货币来购买自行车了。

你应该了解一个日本进口商如果想从美国进口卡车时，他需要做些什么。例如，日本进口商想从美国出口商那里购买价值 3.5 万美元的卡车，那么，日元必须兑换成美元。当汇率为 1 美元兑 100 日元时，你会看到，购买卡车需要花掉 360 万日元。

就商务人员和旅游者进行进出口交易而言，也许只要懂得这一点也就差不多了。但是，只有懂得外汇供求和外汇市场运行的决定因素，我们才能掌握好有关外汇汇率的经济学。

> 外汇是以另一个货币来表示一个货币的价格。我们是以每一个国内货币单位可以购买的外国货币数量，来衡量外汇 $e$ 是多少：
>
> $e$ = 外国货币 / 国内货币 = 日元 / 美元 = 欧元 / 美元 = ……

## 外汇市场

与其他商品的价格一样，外汇汇率在大多数时期都不是固定的，汇率每周、每个月都会由于供求的变化而发生波动。外汇市场是交易不同国家的货币并决定外汇汇率的场所。外汇在许多银行和专门做外汇业务的企业那里进行零售环节的交易。在纽约、东京、伦敦和苏黎世这些有组织的市场上，每天都要进行数以千亿美元的外汇交易。

我们可以利用熟悉的供求曲线来说明市场如何决定外汇的价格。由图 13-3 可见美国和日本的交易中美元的供给和需求情况。[1] 美元的供给来自美国那些需要日元来购买日本商品、服务或金融资产的人们；对美元的需求来自于日本那些打算购买美国商品、服务或进行投资，因而需要以美元进行支付的人们。外汇的价格，即外汇汇率，就是供给和需求达到平衡时的那个价格。

让我们首先考虑供给方面。当美国人需要日本的汽车、照相机和其他商品，以及去东京度假的时候，外汇市场上就产生了对美元的供给。另外，如果美国人想要购买日本的资产，比如购买日本公司的股票，也会需要外汇。总之，当他们购买外国商品、服务和资产时，美国人就会供给美元。

在图 13-3 中，纵轴表示汇率 $e$，以每单位本币合多少单位外币来衡量，也就是每单位美元值多少日元或墨西哥比索等等。你一定要注意理解这里所用的单位。横轴表示外汇市场上美元的买卖数量。

美元的供给由向上倾斜的 *SS* 曲线表示。向上倾斜表明，当外汇汇率上升时，每单位美元所能购买的日元数将会增加。这意味着，在其他情况不变的条件下，日本商品的价格相对美国商品的价格下跌了，因此，美国人会倾向于购买更多的日本商品，美元的供给也因此而上升。

让我们以自行车为例来说明供给曲线向上倾斜。如果汇率从 100 日元 /1 美元升至 200 日元 /1 美元，价值 2 万日元的自行车的价格将会从 200 美元降至 100 美元。

[1] 这是个简化的例子，仅考虑日本和美国之间的双边贸易。

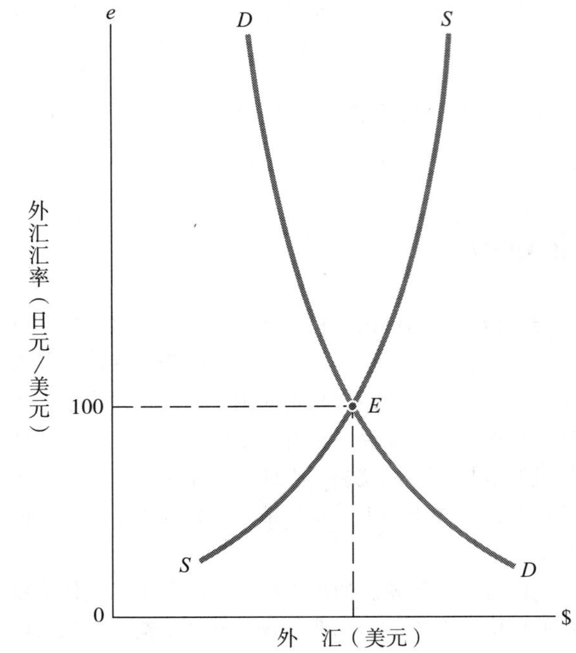


**图 13–3 外汇汇率的决定**

外汇的供给和需求背后，是商品和服务的交易以及金融资产的流动。对美元需求的背后，是日本购买美国商品和对美国进行投资的需求；美元的供给则来自那些想得到日本的商品和资产的美国人。均衡点出现在 *E* 点，如果外汇汇率高于 *E*，就会出现对美元的超额供给。除非政府用官方储备购买这些超额供给，否则市场就会把汇率压低到供求均衡的 *E* 点。

在其他条件不变的情况下，日本的自行车将会变得更有吸引力，而美国人在外汇市场将需要更多的美元购买更多的日本自行车。因此，在汇率水平更高的价位上，美元的供给也会更多。

是什么因素导致了对美元的需求（图 13-3 中 *DD* 表示对美元的需求曲线）？当外国人购买美国的商品、服务和资产时，就会需要美元。比如，一位日本学生要买一本美国的经济学教科书或去美国旅游，她就需要美元支付这些商品；或者，当日本航空公司购买一架波音 767 时，就会增加对美元的需求。如果日本的养老基金会在美国投资股票，那么它也需要购买美元。总而言之，当外国人购买美国商品、服务和资产时，他们就会需要美元进行支付。

图 13-3 中的需求曲线向下倾斜，表明随着美元的贬值（日元因而变得更贵），日本居民将购买更多的外国商品、服务和投资，因而在外汇市场上他们就需要更多的美元。考虑一下当美元汇率从 100 日元 /1 美元降至 50 日元 /1 美元时会发生什么样的情况。以前卖 20 万日元（2 000 美元 ×100 日元 / 美元）的美国计算机，现在只卖 10 万日元（2 000 美元 ×50 日元 / 美元）了。日本购买者因而会倾向于购买更多的美国计算机，从而对美元的外汇需求量就会更大。

市场力量促使汇率升降以实现供求平衡，价格将会稳定在均衡汇率上。在此汇率水平上，人们意愿的买入量恰好等于意愿的卖出量。

> 外汇的供求平衡决定了一种货币的汇率。图 13-3 中 *E* 点所示的 100 日元 /1 美元的市场汇率是均衡汇率，它既没有上升也没有下跌的趋势。

我们已从美元的供给和需求两个方面讨论了外汇市场。但由于这个市场所涉及的是两种货币，因此我们也可以用同样的方法很容易地讨论日元的供求。为掌握这一点，你不妨画一张供求图：横轴是日元，纵轴是其汇率（美元 / 日元）。如果从美元角度看，100 日元 / 美元是均衡汇率，那么 0.01 美元 / 日元则应当是这一汇率的倒数。作为练习，不妨对相应的市场做同样的分析。你会看到在这两者中，日元与美元的情形恰恰形成一种对照：美元的供给是日元的需求，而美元的需求则是日元的供给。

要真正理解外汇市场，还需要进一步地拓展我们的分析。现实中有许多种不同的货币，因此我们有必要理解每种货币的供求情况。在拥有众多国家的世界中，多边的交换和贸易（代表着来自全球各地的需求和供给）关系决定着各种外汇的汇率。

### 汇率变动术语

外汇市场有一套特定的术语。当以一种或所有其他货币表示的某种货币的价格下降时，称为**贬值**；而以另一种货币表示的一种货币的价格的上升称为**升值**。在上面的例子中，当美元价格由 100 日元 /1 美元上升到 200 日元 /1 美元时，就是美元升值，同时可知日元发生了贬值。

在对美元的供求图中，汇率 *e* 的下降表示美元的贬值，*e* 的上升表示美元的升值。

当一个货币所采用的是固定汇率时，所采用的术语也相应有所变动。所谓的**降值**（devaluation），是指一个国家将其在市场上的官方币值降低；而所谓的**增值**（revaluation），则发生在官方外汇汇率被提高的时候。

例如，1994 年 12 月墨西哥在保护比索时，将官方汇率由 1 美元兑 3.5 比索降到 1 美元兑 3.8 比索，就是对货币进行降值。但很快墨西哥就发现自己没有能力维护这种新平价，只好又让汇率“浮动”，结果，比索的下跌或贬值得更多。

当一国货币相对于其他国家的货币价值下跌时，我们说该国货币经历了一次**贬值**，而外国货币经历了一次**升值**。

当一国由官方确定的外汇汇率被调低时，我们说该国货币经历了一次**降值**；而当官方外汇汇率被调高时，则说该国货币经历了一次**增值**。

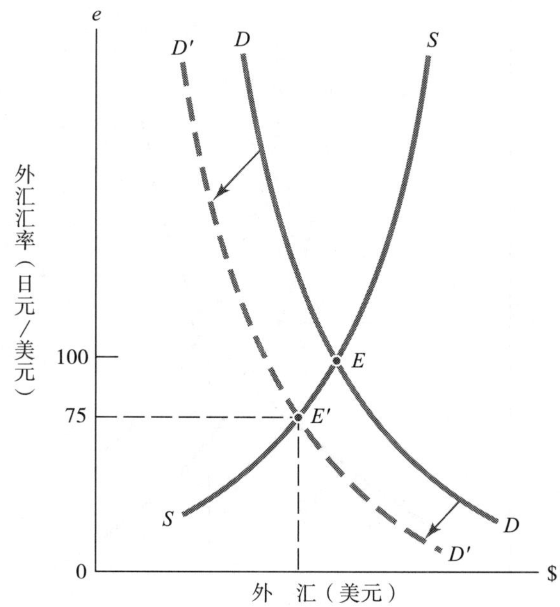


**图 13–4　对美元需求的下降导致美元贬值**

假设日本发生了衰退或通货紧缩，减少了日本人对美元的需求。这会使美元需求曲线由 *DD* 向左移到 *D′D′*，从而美元贬值、日元升值。想一想，为什么新的汇率会减少美国人对日本商品的购买？

### 贸易行情变动对汇率的影响

如果外汇需求变动，则会发生什么情况呢？例如，日本出现了经济衰退，进口需求下降，结果对美元的需求减少，这一结果如图 13-4。对美国的商品和服务购买以及投资的下降减少了市场上对美元的需求。这种变化在图中表现为需求曲线的左移。结果是汇率下降，即美元贬值、日元升值。在较低的汇率下，美国人向国际市场供给的美元数量会减少，因为现在日本商品价格高、买得少了。而且，日本人对美元的需求量会由于经济衰退而下降。汇率会变动多少呢？只要供给和需求再次达到平衡即可。在图 13-4 所示的例子中，美元汇率由 100 日元 /1 美元跌到了 75 日元 /1 美元。

在当今世界，汇率经常会对涉及金融账户在内的变化作出反应。假设美联储升高美元利率，这将导致美元资产比外国资产更具吸引力，因为相对于外国证券的利率而言，美元的利率升高。结果对美元的需求上升，美元升值。这一过程如图 13-5 所示。

### 汇率和国际收支账户

汇率与国际收支账户调整之间有什么联系？在最简单的情况下，我们假设汇率由私人部门的供给和需求决定，而不受政府的干预。不妨考虑一下 1990 年德国统一后所发生的情况，当时德国的中央银行决定提高利率以抑制通货膨胀。货币紧缩后，外国人将他们的一些资产转为德国马克，以便从德国的高利率中获益。于是，在旧的汇率水平上产生了对德国马克的额外需求。换言之，按旧的汇率，人们愿意买进德国马克并相应卖出其他货币。（你可以再画一次图 13-5 以说明这个情况。）

这里你会看到汇率是如何起到一个均衡器的作用的。对德国马克的需求增加时，德国马克就会升值，而其他货币例如美元就会贬值。汇率的这一变化将一直持续，直至金融账户和经常账户恢复平衡。

外汇汇率的上述变化对于贸易流量有着重要影响。德国马克的升值将使得德国商品在外国市场上变得更加昂贵，而外国商品将在德国变得更加便宜，这导致德国出口的下降与进口的增加。结果，贸易平衡转为赤字。而经常账户赤字对应着由较高利率所产生的金融账户盈余。

汇率变化可以作为一个平衡器，消除国际收支账户中的不平衡现象。

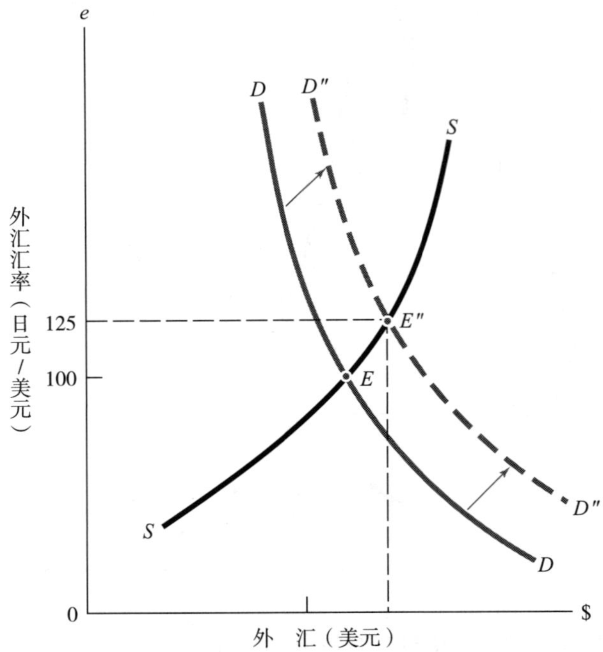


**图 13-5 货币紧缩增加了对美元的需求，导致美元升值**

货币政策可以通过金融账户影响汇率。如果联储提高美元的利率，则会刺激投资人购买美元证券，从而增加对美元的需求，结果导致美元升值。（解释为什么这又会导致欧元的贬值。）

## 购买力平价和汇率

在短期中，市场汇率会对货币政策、政治事件和预期变化做出反应，而表现得很不稳定。但在长期中，汇率基本上还是由各国商品的相对价格来决定的。一个重要的理论是汇率的购买力平价理论［purchasing-power-parity（PPP）theory of exchange rates］。该理论认为，一国的汇率将倾向于使在国内购买贸易品的成本等于在国外购买这些商品的成本。

购买力平价理论可由一个简单的例子来说明。假定一揽子商品（汽车、珠宝、石油、食品等等）在美国值 1 000 美元，而在墨西哥值 1 万比索。若汇率为 100 比索兑换 1 美元，则这批商品价值在墨西哥就是 100 美元。给定这些相对价格，并假定两国间实行自由贸易，我们就可以预计到，美国的企业和消费者将会越过边界以较低的墨西哥价格购买商品。结果是对墨西哥的进口上升，对墨西哥比索的需求也会增加，而这将导致墨西哥比索对美元升值，因此需要您用更多的美元才能购买同样数量的比索。其结果便是，即使墨西哥商品的比索价格没有变动，其美元价格也会上升。

此过程要到何时才会终止呢？假设两国商品的国内价格不变，当比索对美元的汇率下降到 10 比索兑换 1 美元时，此过程结束。只有在此汇率下，这一揽子商品的价格才会在两国间相等。即只有 10 比索兑换 1 美元，两种货币对所交易的商品才具有同样的购买力。（计算比索升值前后一揽子商品的比索和美元价格，你可以加深对上述讨论的理解。）

PPP 理论还认为，通货膨胀率高的国家将倾向于使其货币贬值。举个例子，如果 A 国的通货膨胀率为 10%，而 B 国的通货膨胀率为 2%，两国通货膨胀率的差异将使 A 国货币相对于 B 国货币每年贬值 8%。我们也可以假定，急剧的通货膨胀使俄罗斯的物价在一年之中翻了 100 倍，而美国物价保持不变。根据 PPP 理论，卢布应贬值 99% 才能恢复美俄两国物价的均衡。

值得注意的一点是，PPP 理论只是一个近似的、并不能准确预测汇率变动的理论。PPP 理论不能精确预测的原因之一在于，包含在物价指数中的许多商品和服务并不能进行贸易。例如，如果 PPP 理论采用消费者物价指数，那么我们就必须考虑到房屋是不能进行贸易的，以及质量相当的房屋的价格在空间上会有很大变化。此外，即使对可贸易的商品，“一价定律”也不能一致地适用于所有商品。如果你去看看 amazon.com 与 amazon.co.uk 上相同商品的价格，你将会发现它们的价格（即使是已经用当下的汇率转换过）通常都是不一样的。贸易壁垒、运输成本以及税收，也会使同一商品的价格出现差别。另外，短期内金融资产的流动也可以大大压倒价格效应。因此，尽管 PPP 理论在长期中是汇率的有用指导，但汇率仍然能够在许多年里背离 PPP 水平。

### 购买力平价和国家经济规模

无论用哪个标准衡量，美国都是世界上最大的经济体。但哪个国家是第二呢？日本、德国、俄罗斯，还是其他国家？你可能认为这个问题像测量身高和体重一样容易回答。但问题是，日本是以日元计算其国民产出，俄罗斯用卢布计算其国民产出，而美国则是用美元。为了比较，它们必须转换成同一种货币。

通常的做法是依照市场汇率将所有的货币都转换成美元，以此标准计算，日本是第二大经济强国（2010 年，中国首次超过日本，成为世界第二大经济体——译者注）。然而，在使用市场汇率时有两个困难。首先，因为市场汇率上下波动剧烈，国家的经济规模可以很容易地在一夜之间变化 10% 或 20%。而且，在应用市场汇率时，一般会低估低收入国家的国民产出。

现在，经济学家一般都偏向于使用购买力平价这个汇率来比较不同国家的生活水平，这同按市场汇率计算的结果相比，差别可能非常之大，如图 13-6 所示。在使用市场汇率时，低收入国家（如印度、中国）的收入和产出就通常被低估。这种低估是由于他们产出的很大一部分是来自于劳动密集型服务，这种服务在低收入国家（或地区）通常非常便宜。因而，当我们用包括了非贸易品价格的购买力平价进行计算时，低收入国家（或地区）的国内生产总值相对于高收入国家就会上升。例如，用购买力平价计算时，中国的国内生产总值是市场汇率计算结果的 2.3 倍。

## C. 国际货币制度

尽管简单的供给—需求图可以说明外汇市场主要的决定因素，但它们还无法揭示国际货币制度这个因素举足轻重的作用。20 世纪 90 年代国际金融危机接踵而至——1991~1992 年的欧洲、1994~1995 年的墨西哥和拉丁美洲、1997~1998 年的东亚和俄罗斯，1998~2002 年又回到拉丁美洲。

什么是**国际货币制度**（international monetary system）？它指的是跨国交易的支付活动所经由和遵循的规制体系。具体地说，国际货币制度所涉及的任务是：汇率如何确定，以及政府如何影响汇率。

经济学家罗伯特・所罗门曾经这样很好地说明了国际货币制度的重要性：

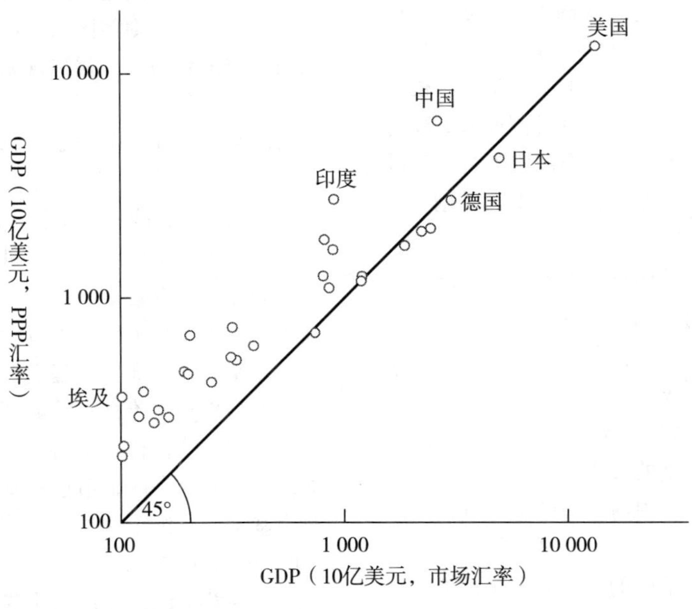


**图 13-6　2006 年用 PPP 计算可以改变各国经济的相对规模**

不用市场汇率，而使用 PPP 汇率进行计算，改变了各国经济实力的排名。在调整了收入购买力之后，中国从第四大经济体变为第二大经济体。请注意，45° 线上的国家使用两种汇率计算出的 GDP 是一样的。而在该线上部的点，例如中国，使用 PPP 汇率对 GDP 进行估计的结果，高于用市场汇率估计的结果。日本在 45° 线的下部，这是由于较高的租金和贸易壁垒导致日本的相对价格比较高。

资料来源：世界银行。请注意产出是按比率尺度标出的。

> 就像一个城市里的红绿灯一样，国际货币制度的存在往往被认为是理所当然的，直到有一天其功能出现了问题并开始扰乱人们的生活……一个运行良好的货币制度能促进国际贸易和国际投资，并能适应各种变化。而运行很糟的货币制度，则不仅会阻碍国际贸易和国际投资的发展，而且还由于不能对各种变化做出必要调整，导致经济遭受到破坏性的打击。

国际货币制度的核心在于确定汇率的机制。近年来，世界各国所采用的汇率制度主要有以下三种：

- 固定汇率制；
- 灵活的或浮动的汇率制，在这种制度下汇率完全由市场力量决定；
- "管理"汇率制，国家借助汇率干预政策熨平汇率的波动,或保证将汇率（的浮动）维持在目标范围之内。

## 固定汇率制：古典金本位制

汇率制度的一个极端是**固定汇率制**（fixed exchange rate），即由政府决定美元兑换成比索、日元和其他货币的各个比率。历史上，最重要的固定汇率制是**金本位制**（gold standard）。在1717~1936年间，这种制度曾时断时续地被各国采用。在这种制度下，每个国家都将自己的货币价值确定为固定数量的黄金，再以黄金为基础，建立起各国货币之间的固定汇率。[1]

我们可以通过一个简单的例子来看看金本位制是如何运作的。假设世界各地的人都要求别人用纯金作为支付手段，那么，在英国买一辆自行车就需要按以多少盎司黄金表示的价格用黄金去支付。根据定义，这不会出现外汇汇率的问题，因为黄金是世界通用的货币。

这个例子抓住了金本位制的实质。一旦黄金成为交易的媒介或货币，对外贸易与国内贸易就不再有什么区别。每样东西都可以用黄金支付，国家之间的惟一区别就是它们可以为其金币选择不同的单位。于是，维多利亚女王选择将英国硬币铸造为1/4盎司黄金（英镑），而威廉·麦金利总统则将美国的单位货币（美元）确定为1/20盎司黄金。在这种情况下，英镑的重量就是美元的5倍，汇率为5美元/1英镑。

这就是金本位制的本质。在现实中，各国都倾向于使用自己的货币。但是，每个人都可以随意将铸币熔化，并按当时市场的黄金价格将其卖出。所以，在金本位制条件下，不同国家的货币的交换比率（又称"票面价值"或"平价"）得以固定，即由其货币单位的含金量决定。

### 休谟的调整机制

汇率制度的目的在于促进国际贸易和国际金融，同时便于汇率在受到冲击时能够进行调整。那么，国际调整机制到底是如何运行的呢？如果一国的工资和价格急剧上升，它的商品在国际市场上就不再具有竞争力，那么将会发生什么情况呢？在浮动汇率制下，该国汇率会贬值以抵消国内的通货膨胀。但在固定汇率制下，则必须通过国内的通货紧缩或国外的通货膨胀才能回到均衡点。

让我们来考查一下固定汇率制下美、英两个国家的国际调整机制。假定美国的通货膨胀使得美国的商品不再具有竞争力，则美国的进口上升、出口下降，于是它在与英国的贸易中开始出现赤字。为支付这个赤字，美国不得不向英国运送黄金。如果美国和英国都没有调整的话，那么美国的黄金就会运送到耗尽为止。

但在现实中，正如英国哲学家大卫·休谟1752年所指出的那样，确实存在着一种自动调节机制。他指出，黄金的外流是国际收支平衡机制的一个组成部分。休谟的论断尽管已有近250年的历史，但仍然能够帮助我们理解现代经济中贸易流动如何达到平衡的问题。

休谟的解释部分是基于价格的数量论，这是宏观经济学中分析整体价格水平的理论。这种理论认为，一个经济中的整体价格水平与货币供应量是成比例的。在金本位下，无论是以金币这种直接的形式，还是政府以黄金为基础发行纸币这种间接的形式，黄金都构成货币供给的一个重要部分。

一国黄金流失会产生哪些影响呢？首先，该国的货币供给会下降。这可能是由于金币被出口，或者是由于作为货币发行基础的黄金从该国流失。两种结果加在一起，黄金的流失就导致货币供给的下降。根据数量理论，下一步就是价格和成本会随货币供给的变动而成比例地发生变动。如果美国因为支付贸易赤字而流失了其黄金量的10%，数量论就预计美国的价格、成本和收入也会

---

[1] 为什么用黄金而不是其他商品作交易媒介和支付手段呢？当然，也可以用其他物品，但黄金具有供给有限、不易损坏以及工业用途少等优点。你明白为什么酒、小麦或者牛不能成为有效的国家之间的支付手段吗？

下降 10%。换句话说，经济中会出现通货紧缩。

***四重机制***　现在我们考查休谟的国际收支均衡论。假设美国有巨额贸易赤字，黄金开始流失。根据价格数量论，这种流失减少了美国的货币供应，使美国的价格和成本下降，结果是：（1）美国减少了对英国和其他国家商品的进口，因为这些商品变得相对昂贵了；（2）因为美国国内生产的商品在世界市场上变得相对便宜，美国的出口开始增加。

在英国和其他国家，情况正好相反。由于英国的出口迅速增长，它得到了黄金，进而英国的货币供应量增加，根据数量论，这会抬高价格和成本。在这一点上，休谟机制中的另外两重机制开始加入进来：（3）英国和其他国家的出口变得更加昂贵，所以出口到美国和其他地方的商品数额下降；（4）英国公民由于面临一个更高的国内价格水平，开始更多地进口美国的低价商品。

由图 13-7 可见休谟机制的逻辑。请务必弄清其逻辑链条：在初始阶段，图的顶部有国际收支赤字，经过调整，才达到底部的均衡。

> 休谟的四重黄金流通机制的结果是，流失黄金的国家收支状况日益改善，得到黄金的国家收支状况日益恶化。最终，国际贸易和国际金融在新的相对价格上重新达到均衡。此时贸易和国际借贷处于平衡状态，没有净黄金流动。这一均衡是稳定的，不需要关税或其他的政府干预。

## 当代宏观经济学对休谟理论的更新

今天，休谟理论已经不再完全适用。我们不再使用

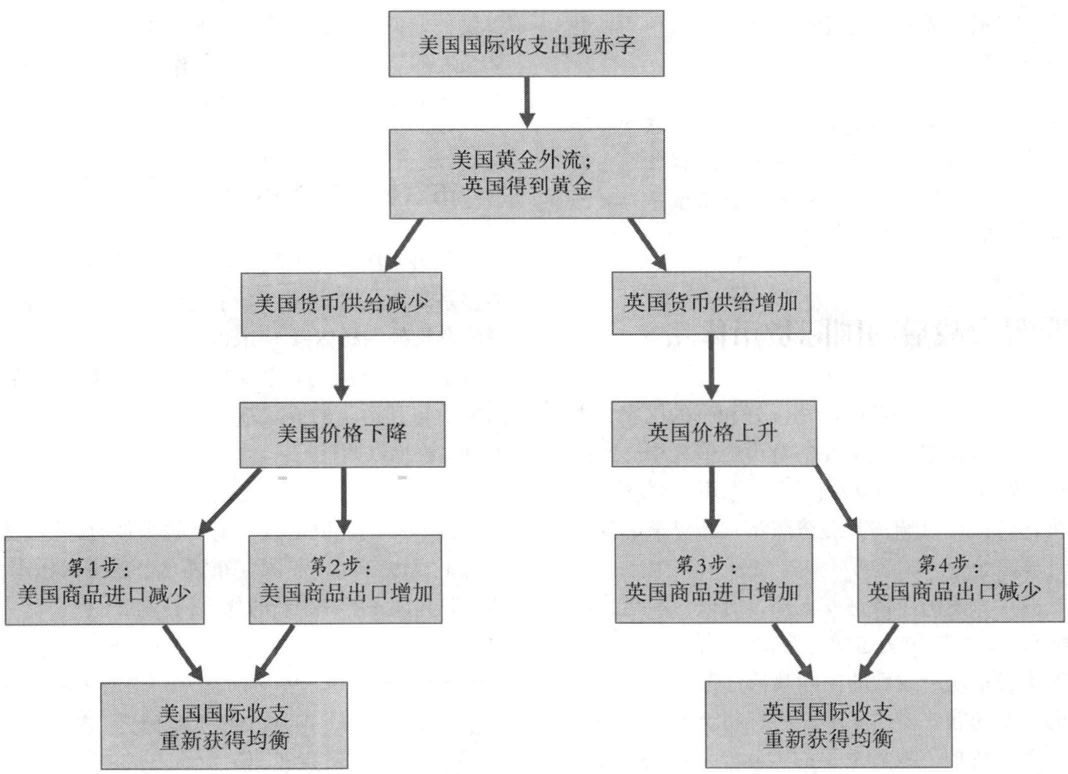


**图 13-7　休谟的四重国际调整机制**

休谟解释了金本位制下收支不平衡如何自动恢复均衡的调整机制。如图，从顶端最初的不均衡开始，经过价格变化，到达底部的重新均衡。这种机制在任何固定汇率制度下都会以某种更加适应现实的方式运作。现代经济学已经对其进行扩充，将第四行改成了"美国价格、产出和就业的下降"和"英国价格、产出和就业的上升"。

金本位制，同时价格数量论也不再用来解释物价的变化。然而，在现代宏观经济学框架下，休谟理论的基本原理可以得到重新解释。休谟理论的本质在于解释固定汇率制下对国家间贸易收支不平衡的调整机制。固定汇率制可以是金本位制（存在于1936年以前）、美元本位制（在1945至1971年之间的布雷顿森林体系之下），或者欧元本位制（实行于今日的欧盟国家中）。

当不同国家的价格和收入变化过大，而汇率又不能自由波动时，国内价格和产出就必须进行调整以重新达到均衡。在固定汇率制下，如果国内价格相对于进口价格变得过高，充分的调整只能出现在国内价格跌落之时。当国内产量下降足够大，以至于国内价格水平相对世界价格而有所下降，充分调整就会出现。在这时，国家的收支余额将会重新回到均衡状态。假设希腊的价格上升远远超过其他欧盟国家，那么希腊在市场上会变得没有竞争力。希腊将发现它的出口下降以及进口上升，从而拉低了净出口。最终，当希腊的工资与价格相对其他欧盟国家而言下降时，希腊将会重新变得具有竞争力，并能够恢复充分就业。

当一国实行的是固定汇率制的时候，它就将不可避免地面对着一个事实：必须不断地调整国内实际产出和就业，以确保本国的相对价格水平与贸易伙伴的相对价格相一致。

## 第二次世界大战后的国际货币体系

20世纪早期，即使是那些声称爱好和平的国家，也参加到破坏性的贸易战和竞争性的货币贬值之中。二战后，国际社会建立了一些国际机构以促进国际经济合作。借助这些机构各国可以调整其经济政策，并寻求解决共同面临的问题。

由于二战中，美国经济毫发无损，所以二战后，美国经济脱颖而出，它有能力也愿意帮助友好的和（曾经）敌对的国家进行重建。战后的国际政治体系为满足遭到战争破坏的国家的需要，建立了一些有利于国际经济迅速恢复的永久性机构。战后主要的国际经济机构包括：关税与贸易总协定（GATT，1995年改为世界贸易组织WTO）、布雷顿森林体系、国际货币基金组织和世界银行。这四个机构在二战以后帮助工业国进行重建，并实现了快速增长。直到今天，它们仍是重要的国际组织。

### 国际货币基金组织

布雷顿森林体系的一个组成部分是国际货币基金组织（IMF）的建立，它现在仍管理着国际货币体系，并作为各成员国中央银行的中央银行运作。成员国通过将货币借给国际货币基金组织来认购股份，国际货币基金组织则将这些基金重新借出，以帮助那些出现国际收支困难的国家。国际货币基金组织的主要职能是向国际收支出现问题或在金融市场上遭到投机者攻击的国家提供临时贷款。

### 世界银行

二战后建立的另一个国际金融机构是世界银行。世界银行依靠高收入国家提供资金支持，这些国家会费比例的确定，依据的是以GDP衡量的经济的相对重要性及其他各种因素。基于这笔基金，世界银行向有关国家提供长期低息贷款，主要是那些在经济上可行但却无法从私人部门获得资金的项目。作为这种长期贷款的结果，商品和服务会从发达国家流向发展中国家。

### 布雷顿森林体系

在第二次世界大战之后，各国政府决定以更加灵活的体系来取代金本位制。于是他们建立了采取固定汇率制的**布雷顿森林体系**（Bretton Woods system）。布雷顿森林体系的创新是使汇率变得既固定而又可以调整。当一国货币与其适当的或“基本”价值偏离得太远时，平价就可以被加以调整。

布雷顿森林体系在二战后的四分之一个世纪里有效地发挥了作用。但是，当美元被高估时，这个体系最终瓦解了。1973年，美国宣布放弃布雷顿森林体系，世界从那时起进入了一个新时代。

---

#### 如何通过“大修”来确保可靠的固定汇率

尽管布雷顿森林体系的崩溃结束了固定汇率制的统治地位，但仍有许多国家继续采用固定汇率制度。对于固定汇率制来说，一个反复出现的问题是，当一国外汇储备不足的时候，它们往往会遭遇投机攻击的困扰。(我们将在下一章讨论这一问题。)各国如何提高固定汇率体系的可信度呢？“硬”的固定汇率体系能够更好地防止各种投机者的攻击吗？

从事这类问题研究的经济学家强调建立信用机制的重要性。例如，通过建立一个体系，使得国家不能轻易改变其汇率，就能够提高信用程度。这和军队在过桥后便炸毁桥以断绝后路从而背水一战的道理是一样的。事实上，阿根廷的领导人为了建立其货币体系的信用，就曾说过，他“宁肯死亡也不会让货币降值”。

另一个解决办法是**建立货币委员会**(currency board)。货币委员会是管理货币的机构，它只发行一种货币，这种货币以一种关键外国货币资产作为支撑，通常是美元或欧元。货币委员会保护的是依靠法律而不是政策决定的汇率，它通常是独立的，有时甚至是私人的。在货币委员会的管理下，赤字常会触发休谟的自动调整机制。也就是说，国际收支赤字将会减少货币供给，引起经济紧缩，并最终降低一国的国内价格，从而恢复平衡。今天，货币委员会有效运作的一个实例在中国香港，而阿根廷的货币委员会已经在 2002 年瓦解，因为它不能应对经济和政治混乱。

当各国通过建立货币联盟使用**统一货币**(common currency)时，固定汇率将更加可靠。美国自 1789 年起就有了统一货币。近期最重要的货币联盟的例子是欧洲联盟 15 国所采用的“欧元”。这种措施显得非比寻常，因为欧元将众多强大的主权国家联合在一起。就宏观经济学的观点而言，统一货币是对所有的固定汇率制度进行的最大程度的修复，原因在于不同国家均被规定了相同的货币。这种方法的一个变异被称为“美元化”(dollarization)，发生于一国（通常是小国）将一种关键货币作为本国货币的情形。大约有十几个小国家（如萨尔瓦多）便走了这样一条道路。

## 浮动汇率制

当今主要国家的国际货币体系大多依靠着**弹性汇率制**(flexible exchange rate)；另一种说法是**浮动汇率制**(floating exchange rate)，指的是同样的一种制度。在这种汇率制度下，弹性汇率完全由供给和需求的变化去决定。政府既不规定官方汇率，也不采取任何措施去影响汇率，汇率的变化主要取决于私人对商品、服务与投资的供给与需求。

在前面提到过，事实上除了个别大国以外的所有大规模、中等规模的国家都依赖着浮动汇率制。我们可以运用墨西哥的例子来说明这样的体系是如何运作的。1994 年在外汇市场上，比索受到了攻击，墨西哥开始允许比索自由浮动。最初的比率大约是 4 比索兑 1 美元，此时，比索供过于求，这意味着在这个汇率水平上，欲购买美国和其他国家的商品和资产的墨西哥人对比索的供给，超过了欲购买墨西哥的商品和资产的美国人和其他国家人对比索的需求。

那么结果会怎样呢？由于比索供过于求，比索相对于美元贬值。贬值比率有多大？一直降到 6 比索兑换 1 美元，此时供求才达到均衡。

那么供求平衡背后的决定因素又是什么呢？主要的两点在于:(1)因为美元变贵，墨西哥人购买美国的商品、服务以及投资就要花更多的钱，一般情况下这会使比索的供给下降；(2)随着比索贬值，墨西哥的商品和资产对外国人来说就变得比以前便宜，从而就增加了市场对比索的需求。(注意这个简化的例子所假设的是：所有的交易只在两国之间进行，更完整的讨论则涉及到所有国家对货币的供给和需求。)

## 当今的混合体系

不同于过去的金本位制或布雷顿森林体系等国际统一的制度，现在的汇率制度不存在一种整齐划一的模式。在没有任何人为设计的情况下，世界已经进入了一种混合汇率制的状态，其主要特征如下：

- 一些国家允许其货币自由浮动。这样，一国将允许市场决定其货币价值而很少进行干预。美国在过去 30 年里的大部分时间就是应用这种模式。尽管欧元在统一货币方面还是一个幼儿，但欧洲已经向自由灵活的汇率体制靠拢。
- 一些主要的国家实行管理的但是有弹性的汇率制，这些国家包括加拿大、日本以及许多发展中国家。在这种制度下，一国政府会买卖本币以降低其日常波动的多变性。此外，这些国家有时会进行系统的干预，以使其货币向着它所认为的比较适宜的方向浮动。
- 许多小国家和个别大国，采用固定汇率，将其货币钉住一种基准货币或一揽子货币。有时，这种钉住制度允许货币在一定的范围内上下平稳波动，被称为滑动或爬行的钉住。一些国家经由货币委员会实行严格的管理，而其他国家则通过“美元化”的过程将自己的货币等同于美元。

- 此外，当市场变得混乱无序，或汇率偏离适于现有市价和贸易流动的“基准”水平很远的时候，则几乎所有的国家将都会出面对汇率进行干预。

## 小结

过去30年中，国际金融体系经历了重大的变革。在早期，大部分货币是经由钉住黄金或美元的固定汇率制度而相互联系的。而今天，除了个别大国以外，世界各主要国家都已经采用了浮动汇率制。这个新制度的缺点在于汇率反复变化，且可能会大幅度背离潜在的经济基本面。但同时该体系也具有能降低投机风险的优点。早期的固定汇率制度就是这样被投机风险所破坏的。更重要的是，在国际金融市场日益开放的条件下，浮动汇率制允许各国追求各自的货币政策，以熨平国内商业周期。这也是大多数经济学家所认为的新制度的最大优越性之所在。

# 总结提要

### A. 国际收支平衡表

1. 国际收支平衡表是一套衡量一国与世界其他国家所有经济交易的账户，包括商品、服务和金融工具的进出口。出口是贷方项目，进口是借方项目。更一般地讲，一国的贷方项目是那些能为该国增加外汇的交易；而借方项目则是减少该国外汇的交易。

2. 国际收支平衡表的主要内容：
   Ⅰ. 经常账户（商品贸易、服务、投资收益、转移支付）
   Ⅱ. 金融账户（私人、政府和官方储备变动）
   国际收支账户的基本会计原则是它的所有项目的总和必须为零：Ⅰ + Ⅱ = 0。

### B. 汇率的决定

3. 国际贸易和国际金融涉及不同国家货币这一新的因素。各国货币经由称为外汇汇率的相对价格而相互联系。美国人进口日本商品时，他们最终需要用日元支付。在外汇市场上，日元可能按100日元/1美元的价格买卖（或者，1日元可兑换0.01美元），这个价格叫做外汇汇率。

4. 在只有两个国家的外汇市场上，美元的供给来自于那些想在日本购买商品、服务和投资的美国人；对美元的需求来自于那些想从美国进口商品和金融资产的日本人。这些供给和需求的相互作用决定了汇率。一般来讲，汇率是由许多国家间货币买卖的复杂行为决定的。当贸易或资本流动变化时，供给和需求发生变动，从而汇率的均衡也发生变化。

5. 一种货币的市场价格下跌叫做贬值，而其上扬则称为升值。在一个由政府公布官方汇率的制度下，官方汇率的调低称为“降值”，调高称为“增值”。

6. 根据汇率的购买力平价理论，汇率随不同国家相对价格水平的变化而波动。购买力平价在长期内比在短期内要更加有效。当这一理论被用来衡量不同国家收入的购买力时，它会提高低收入国家的人均产出。

### C. 国际货币制度

7. 运作良好的国际经济需要有一个平稳运行的汇率制度，这意味着需要有必要的制度来对国家间的金融交易进行管理。两种重要的汇率制度是：（a）浮动汇率制，即一国的汇率完全由市场供求力量决定；（b）固定汇率制（如金本位制或布雷顿森林体系），即由国家设定并维持一种给定的汇率结构。

8. 古典经济学家，如休谟，用黄金流动机制解释贸易不平衡的国际调整。在这一过程中，黄金流动改变货币的供给和价格水平。例如，贸易赤字会带来黄金外流和国内价格的下降，从而（a）增加黄金流出国的出口；（b）抑制黄金流出国的进口；（c）减少黄金流入国的出口；（d）增加黄金流入国的进口。这种机制说明，在固定汇率制下，国际收支发生问题的国家必须通过国内价格和产出水平的变化进行调整。

9. 二战后，多国共同创建了一系列国际经济机构，以管理国际贸易和国际金融。在布雷顿森林体系下，各国将货币“钉住”美元和黄金，这就带来了一种固定但又可以调整的汇率制度。1973 年布雷顿森林体系崩溃之后，今天的混合体系已经取而代之。实际上，除个别大国外，今天所有的大规模、中等规模的国家都采用了弹性汇率制。

## 概念复习

**国际收支平衡表**

国际收支平衡表

Ⅰ. 经常账户

Ⅱ. 金融账户

国际收支平衡表恒等式：

Ⅰ + Ⅱ = 0

借方和贷方

**外汇汇率**

外汇汇率，外汇市场

外汇的供给和需求

汇率术语：

升值和贬值

增值和降值

**国际货币制度**

汇率制度：

浮动汇率制

固定汇率制（金本位，布雷顿森林体系）

货币委员会

统一货币

国际调节机制

休谟的四重黄金流动机制

## 补充读物和互联网站

### 补充读物

A fascinating collection of essays on international macroeconomics is Paul Krugman, *Pop International* (MIT Press, Cambridge, Mass., 1997). The quotation on the international monetary system is from Robert Solomon, *The International Monetary System, 1945–1981: An Insider's View* (Harper & Row, New York, 1982), pp. 1, 7.

### 互联网站

Data on trade and finance for different countries can be found in the websites listed for Chapter 12.

Some of the best popular writing on international economics is found in *The Economist*, which is available on the Web at *www.economist.com*. One of the best sources for policy writing on international economics is *www.iie.com/homepage.htm*, the website of the Peterson Institute for International Economics. One of the leading scholar-journalists of today is Paul Krugman of Princeton. His blog at *krugman.blogs.nytimes.com* contains many interesting readings on international economics.

## 问题讨论

1. 表 13-4 所示为 2008 年年末的一些汇率（以 1 美元等于多少外汇表示）。在最后一列填上各国单位外汇的美元价格，在括号中填写相对单位时要特别小心。

2. 图 13-3 所示为美日两国只与对方交易时美元的供给和需求。

   a. 描述并画出对日元相应的供给和需求。解释为什么对日元的供给等于对美元的需求。解释并画出与美元的供给相对应的图表。在这个新图中找出日元的均衡价格，并将它与图 13-3 中的均衡点相对照。

b. 假设美国人对日本商品有了一种偏好，这对日元的供求会有什么影响？日元相对于美元是升值还是贬值？解释其原因。

3. 列出一些在国际收支平衡表上属于贷方的项目，再列出一些属于借方的项目。贸易盈余指的是什么？经常账户余额指的又是什么？

4. 就本章所谈的德国的情况，借用图 13-3 说明冲击前后对德国马克的供求情况。在马克升值之前，根据你的图形确定对马克的超额需求，然后说明马克的升值如何消除超额需求。

5. 某一中东国家忽然发现了大量的石油资源。说明其贸易和经常账户余额会怎样突然地转为盈余；说明该国如何能在纽约购买资产作为金融账户的一个冲销项目。然后，当它将这些资产用于国内投资时，说明它的经常项目和金融项目如何发生逆反作用。

6. 思考下面 1984 年《总统经济报告》中的一段引文：

> “长期中，汇率会随国内和国外价格水平的差异而变动。如果一国价格水平与其他国家相差太远，那么，对其商品的需求便会下降，而这会导致其货币的真实贬值”。

解释第一句话是如何与汇率的购买力平价理论相联系的。解释购买力平价理论背后的逻辑。此外，用图 13-3 中的供求图，解释引文中第二句话描述的事件的顺序，即一国价格水平相对过高时，它将会发现其汇率势必贬值。

7. 一国 2000 年记录了以下数据：汽车出口 100 美元，玉米出口 150 美元；石油进口 150 美元，钢铁进口 75 美元；游客海外支出 25 美元；私人向外国贷款 50 美元；私人从外国借款 40 美元；官方储备变动（中央银行购买）了 30 美元的外汇。计算其中的统计误差，并将其归入私人对外国的贷款。设制一个类似表 13-2 的国际收支平衡表。

8. 考虑下面三种汇率制度：古典的金本位制、自由浮动汇率和布雷顿森林体系。从以下几个角度对照比较这三种制度：

a. 政府和市场在决定汇率中的作用。

b. 汇率不稳定的程度。

c. 国家间相对价格的调整方式。

d. 在决定汇率时对国际合作和咨询的需要。

e. 建立和维持极端不合适的汇率联盟的潜在可能性。

9. 考虑欧洲货币联盟。列举它的优缺点。你认为应该对货币联盟提出哪些建议？如果这个问题是关于美国的，你的答案会改变吗？

| | 汇 价 | |
|---|---|---|
| 币　种 | 每 1 美元所兑换的外币数量 | 每 1 单位外汇所兑换的美元的数量 |
| 加元（加拿大） | 0.9861 | 1.014 （美元 / 加元） |
| 雷亚尔（巴西） | 1.656 | _____ （_______） |
| 元（中国） | 6.942 | _____ （_______） |
| 比索（墨西哥） | 10.38 | _____ （_______） |
| 镑（英国） | 0.5054 | _____ （_______） |
| 欧元 | 0.6368 | _____ （_______） |
| 津元（津巴布韦） | 255 771 415 | _____ （_______） |

表 13–4

# 开放经济的宏观经济学

第 14 章

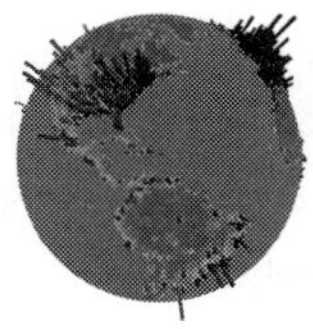

*砌一堵墙之前，我该问清楚，围在里面的和留在外边的都是些什么……*

——罗伯特・弗罗斯特

国际商业周期对世界上每一个国家都会产生巨大的影响。一个地区的动荡往往能够在全世界范围内引发连锁反应。中东的政治动荡可能会引起石油价格的飞涨，从而引发通胀和失业。违约问题可能对股票市场产生冲击,使全球商业信心动摇。在 2007~2009 年的金融危机中，各国经济密不可分相互依赖这一点得到了最有力的诠释。当美国的金融机构蒙受巨额损失时，全世界的股票和债券行情也纷纷应声下挫，美国和欧洲的银行业几乎是同时爆发了危机。

上一章我们介绍了国际宏观经济学的基本概念：收支平衡、汇率决定以及国际货币体系等。本章我们将继续讨论一国的宏观经济动荡如何影响其他国家的产出和通货膨胀，并探讨一个令人困惑的发现：贸易余额竟然能够由国内的储蓄和投资的差额去决定。本章末，我们还将反思一下当今的一些重大的国际事件。

## A. 对外贸易与经济活动

### 开放经济中的净出口和产出

开放经济的宏观经济学所研究的是在国家之间存在着贸易和金融联系的条件下，各经济体的行为逻辑。前一章我们讨论了国际收支平衡表等基本概念，本章我们将从国民收入和产品账户的角度来加深对这些概念的理解。

对外贸易包括进口和出口。尽管美国可以制造自己所需的绝大多数商品，但**进口**（import）数量仍然十分巨大。进口是指这些商品和服务由国外提供而在美国国内消费。**出口**（export）是指在国内生产而被别国购买的商品和服务。

**净出口**（net exports）定义为出口的商品和服务减去进口的商品和服务的净值。2007 年美国的净出口为负的 7 080 亿美元，即 16 620 亿美元的出口减去 23 700 亿美元进口的余额。当一个国家的净出口额为正数时，它等于是在积累自己在国外的资产。与净出口相对应的一个概念是**对外净投资**（net foreign investment），它表示一国在国外的净储蓄，并且大致等于净出口的价值。由于美国的净出口为负，净对外投资也为负，这就意味着美国的外债在增加。

换言之，是外国人对美国投资做出了意义深刻的贡献。那么，为什么富庶的美国竟然会欠如此多的外债呢？这种矛盾的现象，可以用美国的低储蓄率，国外的高储蓄率，以及美国有吸引力的投资环境来解释，我们在后面的章节将会讨论。

在一个开放的经济中，一国的支出可能会不同于其产出。国内支出（有时称国内需求）等于消费加国内投资再加政府采购。它与国内总产出（或国内生产总值 GDP）有两点不同。第一，国内支出的一部分用于购买外国生产的产品，这些项目称为进口（用 *Im* 表示），如购买墨西哥的石油和日本的汽车。第二，美国国内产出的一部分将以出口形式（以 *Ex* 表示）销往国外，如向国外出售小麦和波音飞机。国内产出与国内支出之间的差额就等于出口减去进口，即净出口，$Ex - Im = X$。

为计算美国的商品和服务的总产出，我们需要将贸易加入国内需求。这就是说，我们既要知道美国为本国居民所提供的总产出量，也要知道国外的净购买量。因此，总产出必须包括国内支出（$C + I + G$）加上销售到国外的数量（*Ex*），再减去国内从国外的购买量（*Im*）。从而，总产出数量或 GDP，等于消费、国内投资、政府购买和净出口之和。

$$\text{国内总产出} = \text{GDP} = C + I + G + X$$

### 贸易和净出口的决定因素

是什么因素决定出口和进口的水平，从而决定净出口的数量呢？我们不妨将影响净出口的进口因素和出口因素分开来加以考查。

先从进口开始。美国的进口量与美国的收入、产出呈正相关关系。当美国的 GDP 上升时，进口将随之上升，这是因为（1）$C + I + G$ 的增量中有一部分是外国产品（如汽车和鞋子）；（2）美国使用了外国制造的投入品（如石油和钢铁）来生产自己的产品。此外，进口需求取决于外国产品和本国产品的相对价格。比如说，由于美元升值，美国生产的小汽车的价格相对于日本生产的小汽车价格升高了，那么美国人将会更多地购买日本的小汽车，而较少购买美国的小汽车。因此，**进口的数量和价值将受到本国产出以及本国和别国产品相对价格的影响。**

出口好比进口的镜像：美国的出口就是其他国家的进口。因此，美国的出口主要取决于其贸易伙伴的产出，以及美国的出口品相对于外国产品的价格。当其他国家的产出上升时，或者，当美元的汇率下降时，美国的出口量和出口额就趋于增长。

图 14-1 显示的是净出口在 GDP 中所占的比率。在二战后的很长一段时期内，美国的对外账户是平衡甚至是盈余的。20 世纪 80 年代早期，美国的国内储蓄锐减，再加上联邦预算赤字增加等因素，曾导致美元出现了大幅度的升值。同期国外经济增长慢于美国国内经济的增长。这些都曾抑制了美国的出口。其结果是美国出现了巨额的贸易赤字，美国的外债也同时急剧增长。贸易赤字到底是一件好事还是一件坏事呢？总统经济顾问委员会在一篇经济文献中对美国的贸易赤字问题进行了如下分析：

> 对外贸易和经常账户赤字自身并不存在一定好或一定坏的问题。关键在于造成赤字的原因。今天，美国赤字产生的主要原因似乎来自于美国经济的扩张，而同时，其他国家的经济增长缓慢甚至是负增长……这些赤字从根本上说，是一种宏观经济的现象，所反映的问题是国内的投资率高于国内的储蓄率。赤字的增长……更多地是反映了投资的增长而不是储蓄的下降。

## 贸易对 GDP 的短期影响

一国贸易流量的变动如何影响其 GDP 和就业？我们将这个问题先放入短期产出决定模型的框架内，即第 7 章的乘数模型中进行分析。乘数模型显示，短期内，当存在闲置资源时，贸易的变化将影响总需求、总产出和就业。

考虑到国际贸易的存在，有关上述分析的新因素主要有两个：首先，支出有了第四个组成部分——净出口，它被添加到了总需求之中。第二，由于有一部分支出会漏出到世界上的其他地方去，因而在开放经济中，私人投资和政府国内支出的乘数就会不同。

表 14-1 说明的是引入净出口对产出决定的影响。该表从那些与封闭经济相同的成分开始（见表 7-2，回顾总支出的各主要组成部分，以及它们如何加总形成总支出）。第（2）栏的国内总需求由我们以前分析过的消费、投资以及政府采购构成。第（3）栏加入商品和服务的出口额。如上所述，出口依赖于国外的收入和产出水平，以及价格和汇率水平，所有这些都被视作是为分析之需而既定的。出口额假定不变，为 2 500 亿美元，它是外国对本国商品和服务的购买支出。

有趣的新数据是进口额，见第（4）栏。像出口一样，进口取决于价格和汇率这类外生变量。此外，进口还取决于本国的收入和产出，而它们在表 14-1 的不同行列中的数额明显不同。为简便起见，我们假定进口量始终占本国总产出的 10%。因此，第（4）栏的进口量就是第（1）栏的 10%。

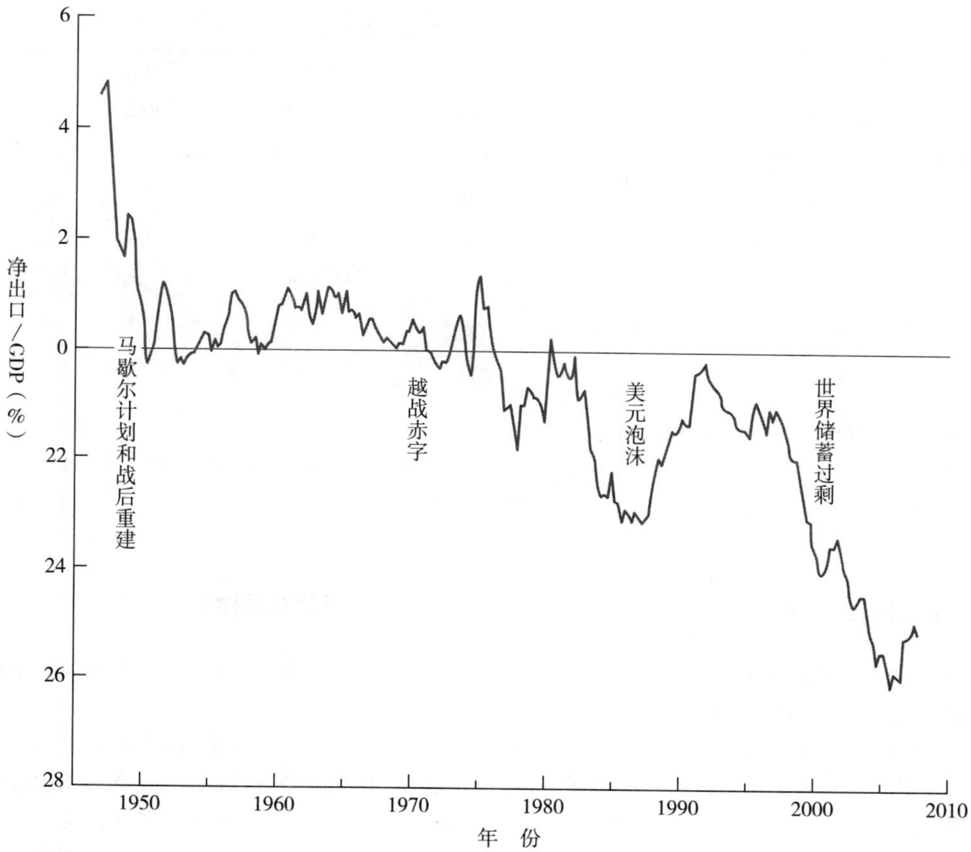


**图 14–1　美国的净出口多年持续赤字**

二战后，美国帮助欧洲重建时其国际贸易存在大量的盈余。注意，在 20 世纪 80 年代初，随着国内储蓄急剧下降，美国的净出口是怎样快速地下降成负数的。最近 10 年，随着全球储蓄的过剩，美国的净出口赤字进一步加剧。

资料来源：U.S. Bureau of Economic Analysis.

用第（3）栏减去第（4）栏，就得到第（5）栏的净出口额。当进口额超过出口额时，它是一个负值；而当出口额大于进口额时，它是一个正值。第（5）栏的净出口额是对外贸易带来的支出流量的净增加额。第（6）栏的基于国内产出的总支出正好等于第（2）栏的国内需求加上第（5）栏的净出口。在一个开放的经济中，均衡产出将位于这样一个水平：第（6）栏的国内外净支出总额正好等于第（1）栏的国内总产出。在这个例子中，当净出口额正好为 –100 时，即该国进口大于出口时，经济才处于均衡状态。还应该注意到，在这种均衡状态下，国内需求大于国内产出。

图 14-2 说明了开放经济的均衡。向上倾斜的灰线 $C + I + G$ 与图 7-10 中使用的曲线相同。我们必须在这条线上加入对应于每一 GDP 水平的净出口量。将表 14-1 中第（5）栏的净出口额加入后，我们就得到黑色的总需求或总支出线。图中，$C + I + G + X$ 线处于 $C + I + G$ 线的下方时，进口大于出口，净出口值为负。当 $C + I + G + X$ 线处于 $C + I + G$ 线上方时，该国有净出口盈余，国内产出量大于需求量。

均衡 GDP 出现于总支出线 $C + I + G + X$ 与 45° 线的交点。与表 14-1 所显示的均衡 GDP 正好处于同样的水平，即 35 000 亿美元。只有在 35 000 亿美元这一水平上，GDP 才正好等于消费者、企业、政府以及外国人想要消费的美国商品和服务的数量。

| 存在对外贸易的产出决定(10 亿美元) | | | | | | |
|---|---|---|---|---|---|---|
| (1) | (2) | (3) | (4) | (5) | (6) | (7) |
| GDP 的初始水平 | 国内需求 ($C+I+G$) | 出口 ($Ex$) | 进口 ($Im$) | 净出口 ($X=Ex-Im$) | 总支出 ($C+I+G+X$) | 导致的经济趋势 |
| 4 100 | 4 000 | 250 | 410 | −160 | 3 840 | 收缩 |
| 3 800 | 3 800 | 250 | 380 | −130 | 3 670 | 收缩 |
| **3 500** | **3 600** | **250** | **350** | **−100** | **3 500** | **均衡** |
| 3 200 | 3 400 | 250 | 320 | −70 | 3 330 | 扩张 |
| 2 900 | 3 200 | 250 | 290 | −40 | 3 160 | 扩张 |

**表 14–1 净出口加到经济的总需求中**

必须在国内需求 $C + I + G$ 之上加入净出口 $X = Ex - Im$，才能求得与该国产出相应的总需求。就像投资和政府购买影响总需求一样，更高的净出口也影响总需求。

## 边际进口倾向与支出线

注意在图 14-2 中，总需求曲线 $C + I + G + X$ 的斜率略小于国内需求曲线 $C + I + G$ 的斜率。对此的解释是，*存在着一个由于增加进口而增加支付的漏出量*。这个新的漏出量，是由于我们假设每 1 美元收入中有 10 美分要用于购买进口品而产生的。为说明这一点，需要引入一个新概念，即边际进口倾向。**边际进口倾向**(marginal propensity to import)用 *MPm* 表示，指 GDP 每增加 1 美元时进口品增加的数额(用美元计值)。

边际进口倾向与边际储蓄倾向(*MPS*)密切相关。回忆一下 *MPS*，它是指收入所增加的 1 美元中，有多大一部分未被消费而是漏进了储蓄。同理，边际进口倾向告诉我们，所增加的总产出和总收入中有多少花在了进口上。举例来说，*MPm* 是 0.10，则意味着每增加 3 000 亿美元的收入，进口就相应增加 300 亿美元。(不考虑对外贸易时，经济中的边际进口倾向是多少？答案为 0。)

再回到图 14-2，让我们考查一下总支出线(即表示为 $C + I + G + X$ 的总支出量)的斜率。注意总支出曲线的斜率小于国内需求曲线 $C + I + G$ 的斜率。当 GDP 和总收入增加 3 000 亿美元时，消费支出的增加量等于收入的增加量乘以 *MPC*(假设为 2/3)，也就是等于 2 000 亿美元。与此同时，对进口品或者说对外国产品的支出量也增加 300 亿美元。因此，对本国产品支出的增加量仅为 1 700(= 2 000 − 300)亿美元，因而总支出曲线的斜率就由封闭经济中的 0.667 下降到开放经济中的 1 700 亿美元 /3 000 亿美元 = 0.567。

## 开放经济的乘数

令人惊讶的一点是，一国开放其经济会降低其支出乘数。

理解开放经济中支出乘数的一个方法是：累计政府开支、投资或净出口每增加 1 美元所引起的一轮接一轮的支出和再支出。例如，假设德国需要购买美国的计算机，以更新原东德地区过时的设备。用在购买美国计算机上的支出每增加 1 美元，将使美国的收入增加 1 美元，而这 1 美元的收入中有 2/3 美元(或 0.667 美元)将被美国人用于消费。然而，由于边际进口倾向为 0.10，因此增加的每 1 美元收入中的 1/10，或者说 0.10 美元将要花费在外国的商品或服务上，从而使花费在本国产品上的消费支出只有 0.567 美元。这 0.567 美元对本国产品的支出将使美国的收入增加 0. 567 美元，增加的 0.567 美元的收入中，又有 0.567 × 0.567 美元 =0.321 美元会用于下一轮在本国商品和服务上的支出。这样，总产出的增加，或者说开放经济的乘数将是：

$$
\begin{aligned}
\text{开放经济乘数} &= 1 + 0.567 + (0.567)^2 + \cdots \\
&= 1 + (2/3 - 1/10) + (2/3 - 1/10)^2 + \cdots \\
&= 1/(1 - 2/3 + 1/10) = 1/(13/30) \\
&= 2.3
\end{aligned}
$$

这与封闭经济中的乘数 $1/(1 - 2/3) = 3$ 的差别显然比较大。

还有一种计算乘数的方法：在我们最简单的模型中，乘数为 1/*MPS*，这里的 *MPS* 为边际储蓄倾向，或者说是

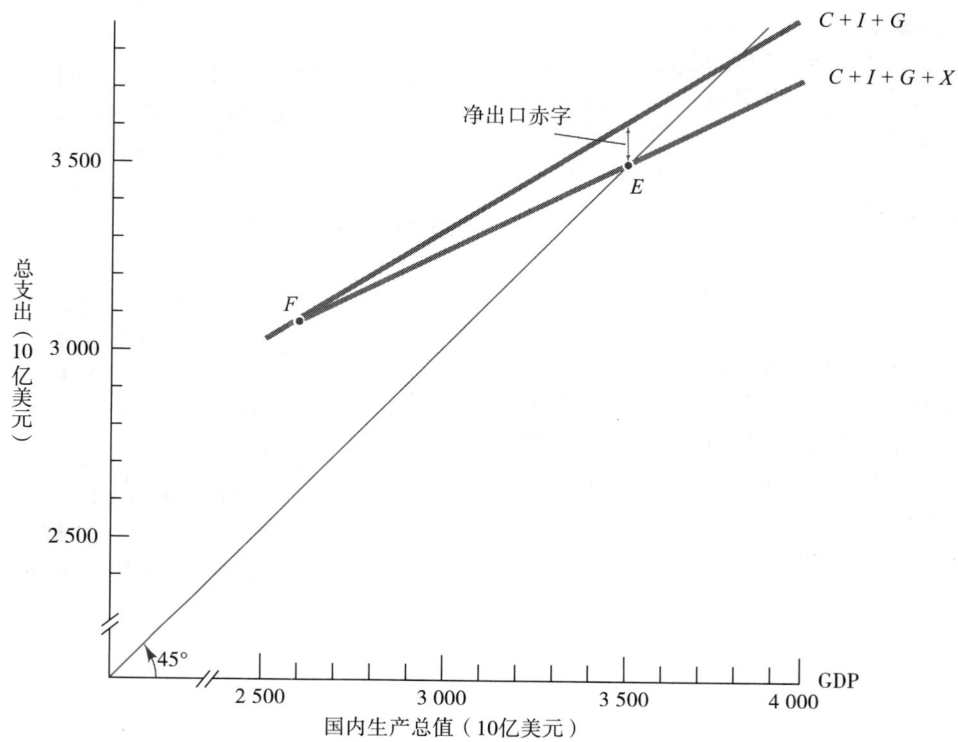


**图 14–2 在开放经济条件下，净出口加国内需求得到均衡的 GDP**

$C+I+G$ 代表国内需求，由本国的消费者、企业和政府采购决定，在这条线上必须加进对外净支出。净出口加上国内需求就得到了总支出线，在 $E$ 点达到均衡，此时 GDP 等于对美国商品和服务的总支出。注意，总需求曲线 $C+I+G+X$ 的斜率小于国内需求曲线 $C+I+G$ 的斜率，这反映了支出向进口的漏出。

支出向储蓄的“漏出”。前面曾经提到，进口是另一种形式的漏出。每 1 美元额外收入的总漏出量是漏向储蓄的数量（*MPS*）与漏向进口品的数量（*MPm*）之和。这样，开放经济中的乘数就应该是：$1/(MPS+MPm)=1/(0.333+0.1)=1/0.433=2.3$。注意，用漏出量分析和用轮数分析所得到的结果完全相同。

小结：

> 在开放经济中，由于收入的任一增加中都会有一部分向进口品漏出，因此，**开放经济的乘数**（open economy multiplier）势必略小于封闭经济的乘数。其精确关系为：
>
> $$\text{开放经济的乘数}=1/(MPS+MPm)$$
>
> 其中 *MPS* = 边际储蓄倾向，*MPm* = 边际进口倾向。

## 浮动汇率制度下美国的贸易和金融

我们首先回顾浮动汇率制下美国贸易和金融的主要变动趋势。浮动汇率制开始于 1973 年布雷顿森林体系的崩溃（请回忆上一章中有关讨论）。

首先观察一下图 14-3 中美元汇率的变动，图中表示的是美元对其他重要货币的实际汇率指数。实际汇率修正了不同国家价格水平的变动。如图所示，汇率在固定汇率制度下是相对稳定的。然而，如同所有的由市场决定的资产价格一样，汇率在浮动汇率时代变得起伏不定。

图 14-4 显示了净出口的实际组成部分。我们在上文的分析中已经看到，实际净出口的增加对经济起着扩张性的作用，而实际净出口的减少则会引起产出的下降。我们将讨论美国历史上的两个时期，以理解国际贸易对国内产出的影响。

***20世纪80年代贸易的变动加剧了货币的紧缩*** 在整个80年代，美元经历一场戏剧性的升值和贬值。美国采取了紧缩的货币政策和宽松的财政政策后，自1980年开始美元价值急剧上升。国内的高利率和国外经济的不稳定吸引着各国更多地持有美元。由图14-3可见，从1979~1985年初这段时期中，美元的实际汇率升高了80%。到1985年，许多经济学家都深信美元被高估。货币高估指的是一种货币的价值高于其长期的或可持续的水平。

随着美元的升值，美国的出口品价格上涨而进口品价格则下跌。图14-5显示了实际汇率和贸易赤字之间的重要关系。该图显示了美元的升值对贸易的重大影响。从1980年的低谷到1986年的高峰，随着美元的升值，贸易赤字增加额为GDP的3%。

贸易赤字急剧上升本身就是收缩性的。净出口的下降又加剧了因紧缩性货币政策所导致的需求不足，结果导致了一场50年来最为深刻的衰退。

***1995~2000年逆周期的净出口*** 20世纪90年代后期，美国经济所展现的是一种同早期相反的令人欢欣的态势。1995年之后，较低的实际利率和繁荣的股票市场带来了美国国内需求的迅速增长，特别是私人投资，失业率急剧下降。外国对美国资产需求的快速增加导致了美元急剧升值。

相比80年代早期，在这个时期，美元升值对宏观经济的影响是积极的。由于美国经济实现了充分就业，所以进口价格上升、净出口减少以及外贸部门对经济过热起到适当的抑制作用。如果当时美元是贬值而不是升值，外贸部门必定会扩张，美国经济就会出现通货膨胀，联储就会采取紧缩的货币政策来控制通货膨胀。因此，20世纪90年代末美元升值和净出口的减少对于宏观经济调控当局来说，真可谓是一件求之不得的事情。

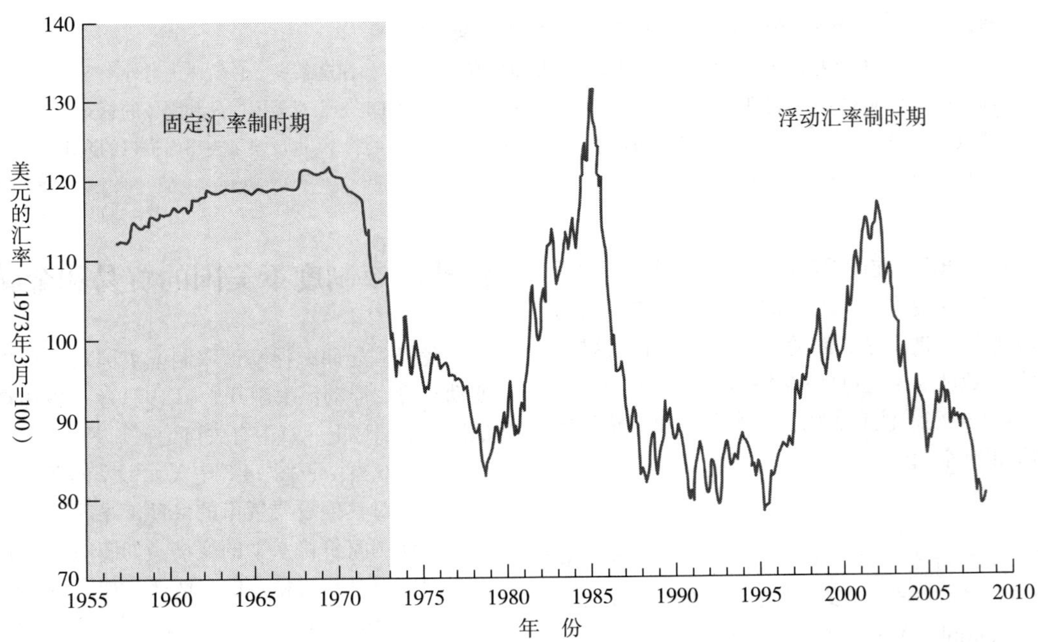


**图14-3 美元的汇价**

在固定汇率（布雷顿森林体系）时期，外汇市场上美元的价值是稳定的。而后，在1973年美元改为浮动汇率制，美元的价值不再稳定。20世纪80年代早期，由于美国实行紧缩性的货币政策，利率提高，推高了美元的汇价。随着大量的经常账户赤字和外国对美元资产的积累，美元自2000年开始贬值。

资料来源：Federal Reserve System, at *www.federalreserve.gov/releases/h10/summary.*

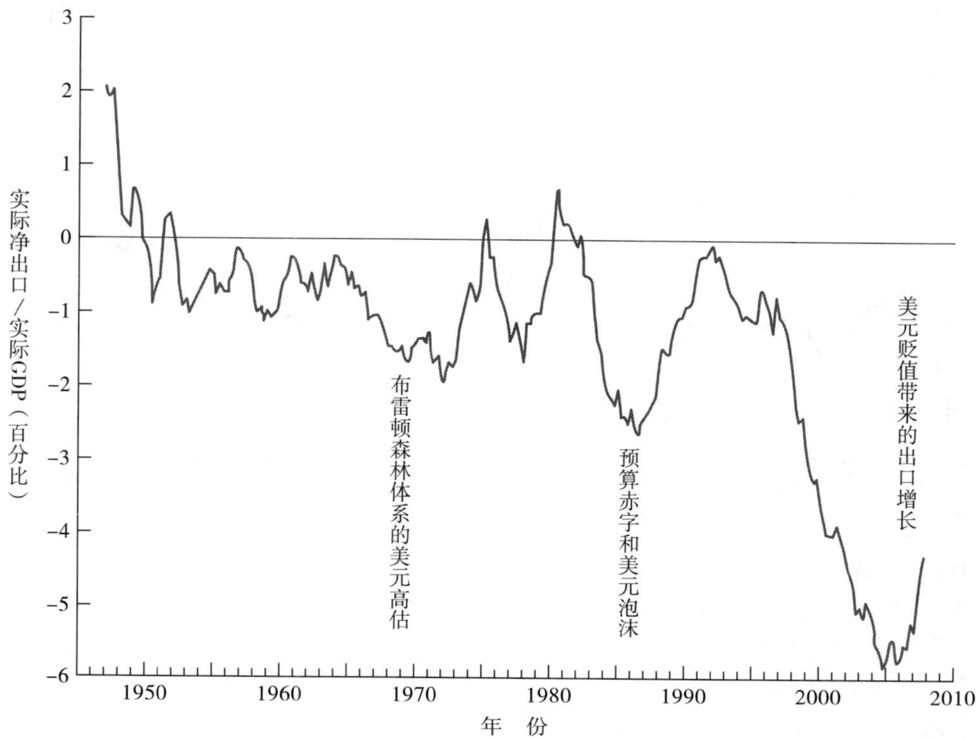


**图 14–4　实际净出口是需求的重要组成部分**

随着美元的强劲升值以及外国经济增长的变缓，美国的实际净出口在 20 世纪 80 年代初出现了迅速下降。这一逆转造成了总支出 $C + I + G + X$ 的大幅度下降，并对 1982 年的大衰退起到推波助澜的作用。1990 年后的一段时期，贸易赤字的增加适应了产出的增长。在 21 世纪初的最后几年，随着美元的贬值净出口增加。

资料来源：U.S. Bureau of Economic Analysis.

## 开放经济条件下的货币传导机制

此前，我们对经济周期和经济增长的乘数分析，主要集中在封闭经济。我们分析过货币政策和财政政策如何稳定经济周期。现在，在一个开放的经济中，宏观经济政策的作用是如何变动的呢？此时的货币传导机制又有什么不同呢？令人惊奇的是，这些问题的答案，竟然取决于一国所实行的汇率制度是固定的还是浮动的。

讨论中我们将关注那些高收入国家，这些国家（包括美国、日本和欧盟）的金融市场之间存在密切的联系。如果金融投资可以自由地出入于这些国家，且对金融投资的管制又很少，则我们就说，这些国家拥有高度的金融资本流动性。

***固定汇率制***　那些实行固定汇率制且拥有高度资本流动性的国家有个十分重要的特征，即它们彼此间的利率必须保持密切的联系。这样的两个国家间的任何利率差异，都会吸引投机者卖出一种货币，并买入另一种货币，直至利率达到同一水平。

考虑一个小国将其汇率钉住某一大国货币时的情况。因为小国的利率将由大国的货币政策决定，所以小国将不能再实行独立的货币政策。小国的货币政策必须保证该国利率与其钉住伙伴的利率水平相一致。

因此，在这种情况下，宏观经济政策才会出现此前乘数模型中所讨论过的情况。从小国的角度看，投资是外生变量，因为它取决于世界利率。而此时财政政策将非常有效，因为货币市场将不会对政府支出或税收的变动做出反应。

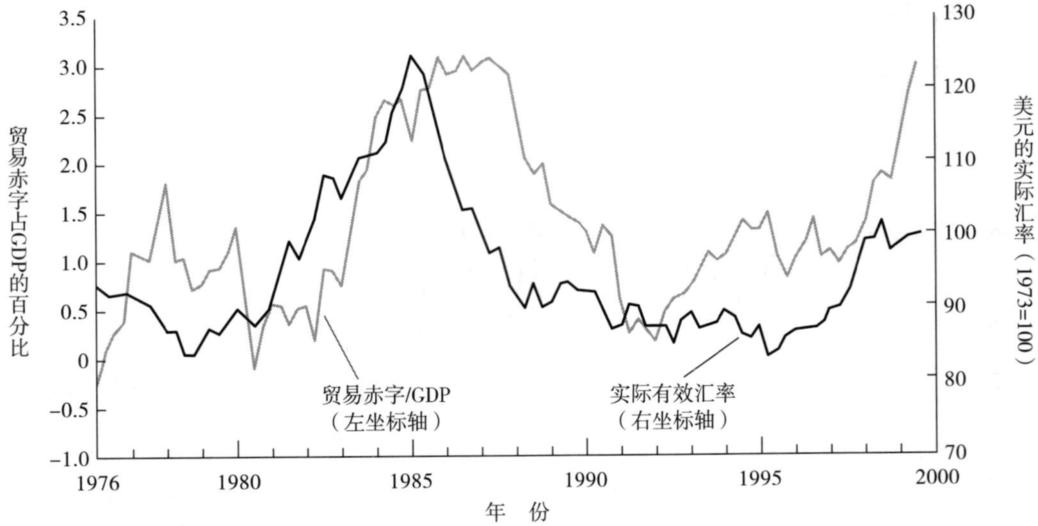


**图 14–5 贸易与汇率**

汇率变动会对贸易产生影响，但存在一个时滞问题。20 世纪 80 年代，美元实际汇率的上升提高了美国的出口品价格，降低了进口品价格，结果贸易赤字大幅度上升。1985 年美元贬值后，贸易赤字才开始下降。近期，美国的经常账户赤字上升，原因是美元的升值和其他国家经济增长减速。

资料来源：Council of Economic Advisers. *Economic Report of the President, 2000.*

***浮动汇率制*** 在这里重要的一点是，浮动汇率制下，宏观经济政策的运作方式与固定汇率下截然不同。在浮动汇率制下，加强了货币政策的影响。

让我们以美国为例，近几十年来，随着经济的日益开放和汇率机制的变化，美国的货币传导机制也在不断地演变。目前，国际贸易和国际金融逐渐在美国的宏观经济政策中起着重要的作用。

图 14-6 显示了浮动汇率制下货币政策的传导机制。其中，（a）图显示了净出口和汇率之间的关系，在图 14-5 中我们已经看到了历史上二者之间的真实变动关系。二者之间呈现出反向变动的关系，因为贬值将刺激出口而抑制进口。假设联储决定降低利率以刺激经济。利率的降低势必将导致美元的贬值，因为金融投资者将把美元转换为非美元标价的股票和债券。贬值由图 14-6 中 $e^*$ 到 $e^{**}$ 的变动表示。贬值使得 $X^*$ 的净出口赤字，转换为 $X^{**}$ 的净出口盈余。利率的下降，当然也会引起国内投资的上升。不过在这里的讨论中，我们略去了这个效应。

图 14-6（b）显示的是净出口扩张的影响。（和所有的乘数分析一样，这里假定存在着未充分利用的资源。）净出口的增加，使总支出曲线由 $C+I+G+X(e^*)$ 上移至 $C+I+G+X(e^{**})$。其结果是总支出的上升，以及产出从 $Q^*$ 从上升至 $Q^{**}$。图 14-6 中的所有变化，可以表明和解释 1995~2000 年的政策变动和经济反应，该时期我们在前文曾讨论过。

或者不妨考虑一下相反的情况。假设联储决定减缓经济的发展速度，正如其在 1979 年之后曾经采取的措施那样。货币政策紧缩使得美国的利率提高，从而吸引资金购买以美元标价的证券。对美元需求的增加，导致了美元的升值。美元的坚挺则造成了净出口的萎缩，进而引发了前文所述的 1981~1983 年的衰退。这种情况下对净出口的作用，恰好与图 14-6 中所分析的局面相反。

当一国实行浮动汇率制的时候，对外贸易确实为货币传导机制铺垫了另一条道路。货币政策通过利率影响到汇率、净出口和国内投资。紧缩型货币政策会使汇率升值，并引起净出口的下降（扩张型的货币政策正好起到相反的作用）。利率变化对净出口的影响，强化了它对国内投资的作用。

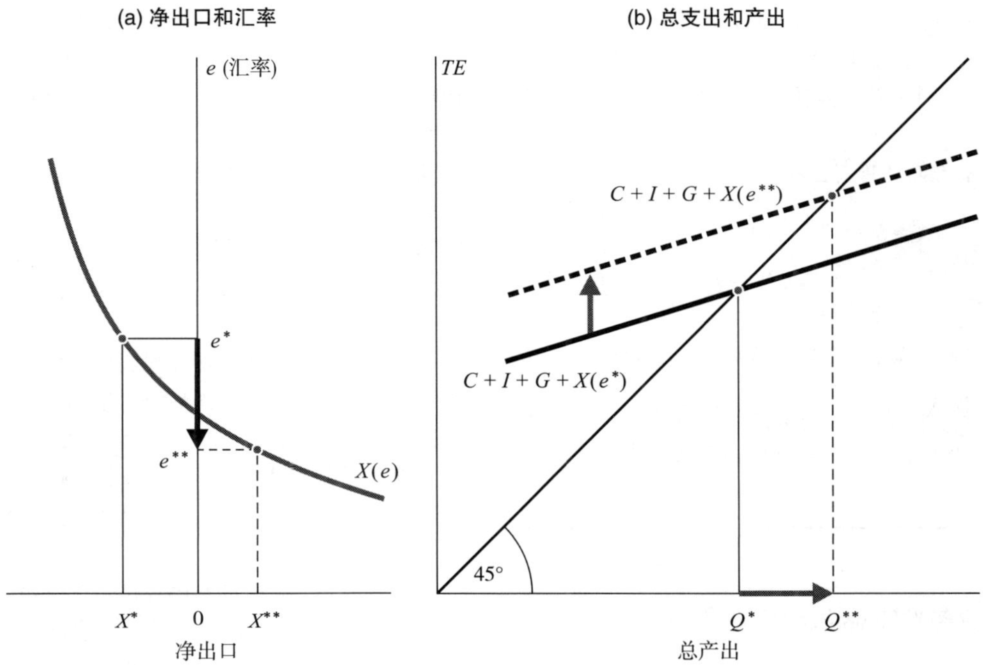


**图 14-6 浮动汇率制下货币传导机制得到加强**

假设央行降低利率。在浮动汇率制下，这将导致汇率由 $e^*$ 降至 $e^{**}$。本币的贬值将刺激净出口，使其沿净出口曲线下移。净出口由 $X(e^*)$ 增加到 $X(e^{**})$，使得总支出曲线上移，从而使总产出由 $Q^*$ 上升为 $Q^{**}$。

## B. 全球经济中的相互依存

### 开放经济中的经济增长

前面已经分析过开放经济中国际贸易和政策变动的短期影响，这些问题对于开放经济克服失业和通货膨胀都极为重要。但各国还需要关注其政策对长期经济增长的影响。尤其对小国来说，为促进经济增长，对国际贸易和国际融资的有效运用，是至关重要的。

正如我们在第 11 章中所讲的，经济增长其实包括很多方面。也许促进经济快速增长的惟一重要途径，就是确保高的储蓄率和投资率。

但是，经济增长所牵涉到的不仅是资本，它还要求采取最好的工艺技术，从而尽可能逼近技术可能性边界；为培育投资和培养企业家精神创造条件，还需要制度建设；还有一些因素，如贸易政策、知识产权、直接投资政策以及宏观经济气候等，也都是开放经济增长的必要组成部分。

### 开放经济的储蓄和投资

在封闭经济中，投资总额等于国内储蓄总额。然而，开放经济体能够从国际金融市场上获取投资资金，并且将国内储蓄输出到其他的国家。（请回忆表 13-3 中重要地区的净储蓄额）。我们不妨先回顾储蓄—投资的关系，然后讨论储蓄在各国之间的分配机制。

#### 开放经济中的储蓄—投资关系

回顾我们在第 5 章中所讲过的储蓄—投资公式：

$$I_T = I + X = S + (T - G)$$

公式表明，一国的总投资（$I_T$）包括国内投资（$I$）加上国外净投资或净出口（$X$）。总投资必须等于所有居民和企业的私人储蓄（$S$）与体现为政府盈余的公共储蓄（$T-G$）之和。

将公式进行整理，以突出净出口因素：

$$X=S+(T-G)-I$$

或：

净出口 = 私人储蓄 + 政府储蓄 − 国内投资

这个重要的公式表明，净出口是国内储蓄和国内投资的差额。近几十年来美国国内投资总额及构成情况见表 14-2。

## 充分就业条件下储蓄和投资的决定

我们需要进一步探讨上述等式，以了解开放经济中导致储蓄和投资相一致的机制。这里的分析主要是从长期的角度，此时经济实现了充分就业，并且产出达到了其潜在水平。也就是说，我们这里考虑，在长期内的“古典”经济中，储蓄和投资是如何分配的。

***封闭经济*** 在一个封闭经济中没有通货膨胀和不确定性。在这种条件下，我们知道投资必须等于私人储蓄加上政府盈余。此时的均衡价格是实际利率，通过实际利率的调整，使储蓄和投资保持平衡。

图 14-7 说明在一个充分就业的封闭经济中，国民储蓄和投资如何达到均衡。图中的 $S+T-G$ 曲线代表了国内储蓄，我们假定其随利率上升而略微增加。此外，正如我们在 6 章中讨论的那样，投资和利率之间存在着反向变动的关系。利率升高将会减少对房地产、厂房和设备的投资。因此我们将投资写成 $I(r)$，以表明投资取决于实际利率 $r$。

图 14-7 中储蓄和投资曲线相交，决定了一个具有较高的储蓄和投资的利率水平 $r^*$。

现在假设政府在不增加税收的条件下使其购买支出增加，比如，为应对海外战争而增加军备支出。这将导致储蓄曲线左移至 $S+T-G'$。结果实际利率上升，使储蓄和投资再次达到均衡，投资水平下降。如果政府减税，或私人部门降低其期望的储蓄水平，则将出现类似的结果。

在一个充分就业的封闭经济体中（始终保持其他条件不变），较高的政府支出，较低的税收，或者较低的期望的私人储蓄，将提高实际利率水平，并降低均衡的储蓄和投资水平。

***开放经济的均衡*** 现在我们考虑开放经济条件下的情况，此时金融市场与世界市场连为一体。一个开放的经济，拥有投资的其他来源和储蓄的其他用途。为简单起见，我们假定该经济体很小，从而不能影响世界利率水平。我们将以图 14-8 中拥有高度金融资本流动性的小国的开放经济为例做进一步说明。一个小的开放经济必须使其国内实际利率与国际实际利率 $r^W$ 相等。这是因为金融市

| 储蓄和投资占 NNP 的百分比 | | | |
|---|---|---|---|
| 部 门 | 1959~1981 | 1982~2001 | 2002~2007 |
| **净国民储蓄** | **11.5** | **6.4** | **1.7** |
| 净私人储蓄 | 11.6 | 8.8 | 4.6 |
| 净政府储蓄 | −0.1 | −2.5 | −2.8 |
| **净国民投资（以资本）** | **11.1** | **8.5** | **7.7** |
| **净外国投资** | **0.4** | **−2.1** | **−6.0** |

表 14-2 **美国储蓄率的下降**

该表显示了上半个世纪内，美国储蓄结构的变动。在 1959~1981 的大部分时间段内，储蓄和投资大体相当，并处在较高的水平上。而到 1981 年后，随着联邦预算陷入赤字，政府储蓄开始下降。21 世纪初，随着个人和其他私人储蓄的锐减，储蓄的下降趋势进一步加深。在 2002~2007 年间，与巨大的经常账户赤字相对应，美国绝大多数的资本投资都由国外储蓄进行融资。

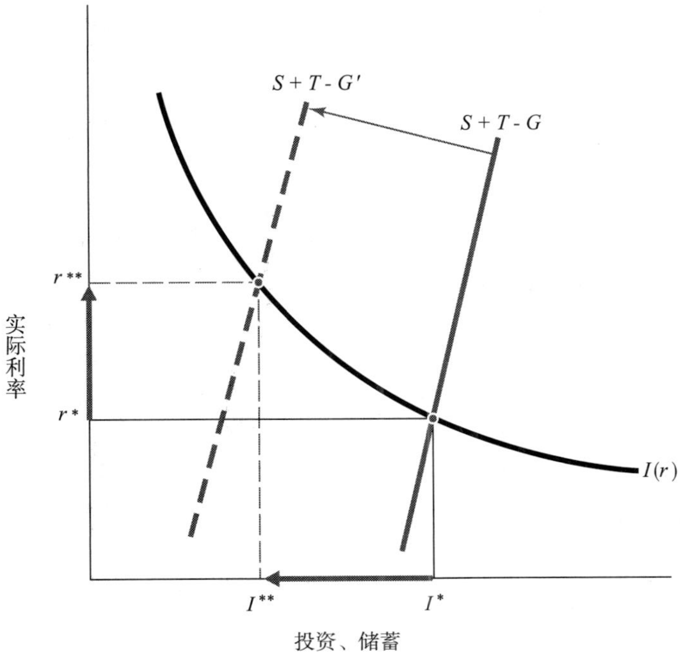


**图 14–7 封闭经济中的储蓄和投资**

投资与实际利率呈负相关关系，而私人储蓄和公共储蓄对利率却反应迟钝。均衡的储蓄和投资出现在 $r^*$ 点。假设政府军费支出增加，从而政府赤字增加，公共储蓄减少。其结果是使国内储蓄曲线向左移至 $S+T-G'$，把市场利率提高到 $r^{**}$，并使国内储蓄和投资减少到 $I^{**}$。

场是开放的，金融资本的流动将会很快拉平国内外的利率。

图 14-8 有助于解释开放经济中的储蓄、投资和净出口的决定。在现行国际利率水平下，国内投资水平在 $A$ 点，即投资曲线和利率的交点。国民总储蓄在总储蓄曲线 $S+T-G$ 上的 $B$ 点。投资储蓄二者的差额用线段 $AB$ 表示，该差额就是净出口。

因此，净出口是由国民储蓄和投资之间的差额决定的，也是由国内因素和国际利率水平共同决定的。

下面的讨论进一步深入到一国贸易、储蓄、投资的调节机制。我们发现，汇率在其中起到了至关重要的平衡作用。*汇率的变动是调节储蓄和投资的机制*。也就是说，汇率变动确保了净出口与国内储蓄和投资差额之间的均衡。

这一分析有助于解释近几年来一些重要国家的储蓄、投资和贸易方式的变化趋势。图 14-8 很好地描述了日本在世界经济中的角色。日本传统上就是一个国内储蓄率很高的国家。然而在最近若干年中，由于国内生产成本升高和相邻的新兴工业化国家的竞争，日本国内的资本收益率开始下降。因此，日本的国内储蓄开始在国外寻找新的出路，结果日本的贸易顺差和净出口额都变得十分巨大。

表 14-2 显示的是美国的储蓄和投资的有趣变动。直至 1980 年，美国一直有着适度的正的净出口，但是到了 80 年代上半期，美国政府的财政状况迅速变为赤字。你可以在图 14-8 中画一条新的 $S+T'-G'$ 曲线，交实际利率线于 C 点。这时你可以看到，当政府出现巨额财政赤字时国民储蓄将下降，而国内投资却保持不变，如线段 $CA$ 所示，净出口变成负值。

我们也可以用这种分析来解释，当政府发生预算赤字时，调节净出口以提供必要投资这一机制。假定一国最初拥有图 14-8 中的净出口盈余，然后政府突然出现了巨额预算赤字。这个变化将会导致储蓄—投资市场失衡，国内利率相对于国际利率上升。而国内利率的上升则会吸引国外资金，并导致预算赤字，国家的外汇升值。货币的升值又将引起出口下降和进口增加，或是净出口的降低。这一趋势将持续下去，直至净出口减少足以消除储蓄—投资的差额。

关于小国开放经济的储蓄—投资理论，还有以下一些重要的例子：

- 一国私人储蓄的增加或政府支出的减少将增加国民储蓄，导致图 14-8 中国民储蓄曲线的右移。这将导致汇率的贬值，直至净出口的增加足以平衡国内储蓄的增加。
- 如果由于商业条件改进或是一系列的创新推动引致

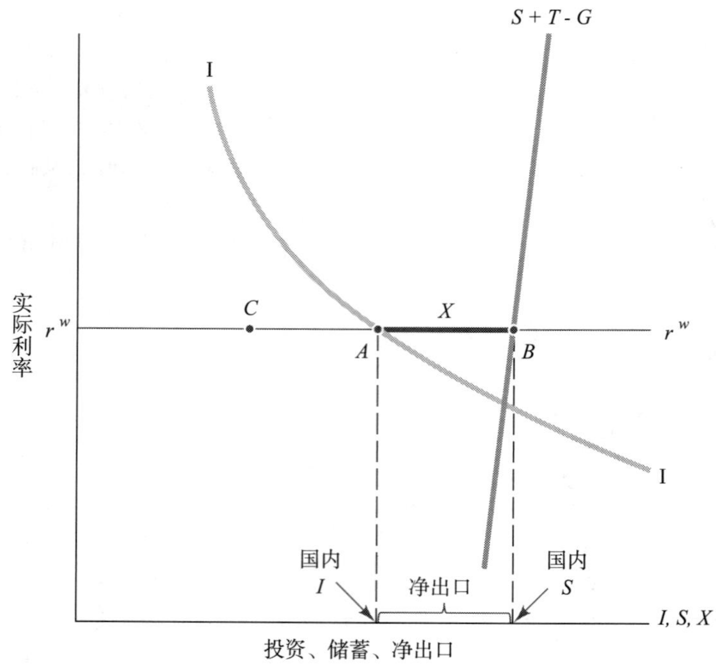


**图 14-8 小国开放经济中的储蓄和投资**

由图 14-7 可知，国内储蓄和投资是由收入、利率和政府财政政策等决定的。但是，具有金融资本流动性的小国开放经济的实际利率则由世界资本市场决定。在相对高的实际利率水平 $r^W$ 上，国内储蓄超过国内投资，多余的储蓄流向国外更具吸引力的投资市场。图中 $X$ 是现行利率下国民储蓄与国内投资的差额。日本等国家出现的贸易盈余，就是由国内的高储蓄与相对匮乏的国内投资机会的相互作用所造成的。

国内投资增加，则会导致投资曲线的移动，并进一步导致汇率升值，直至净出口的减少足以平衡储蓄和投资。在这种情况下，国内的投资将会挤出外国的投资。

- 国际利率的升高将会降低投资水平，进而导致国内净储蓄增加、汇率贬值、净出口增加和对外投资上升。（这种情况将会是一种沿着投资曲线的移动。）

表 14-3 总结的是关于小国开放经济的几个主要结论，并设法确保你能够分析政府财政赤字、私人储蓄、投资和国际利率下降的情况。这张简单的表以及对它的解释，值得你仔细领悟。[1]

每当一国加入世界金融体系时，其宏观经济运行和经济政策领域都会新添一系列的重要因素。主要包括以下几个方面：

- 国外部门会为国内投资多提供一个来源，同时也会为国内储蓄多提供一条出路。
- 国内储蓄的提高，无论是私人储蓄增加还是公共储蓄增加，都将导致净出口的增加。
- 一国贸易余额更主要的是反映国民储蓄和投资的平衡，而不是该国的生产率和财富。
- 一国对贸易账户的调节，要求国内储蓄或投资做相应变动。
- 在长期中，贸易账户的调节大致由一国的相对价格变动决定，一国相对价格的变动通常是通过汇率的变化来完成的。

## 促进开放经济的增长

在开放经济中提高产出增长率，远比挥舞魔杖吸引投资者或储蓄者要复杂得多。储蓄和投资环境包含一系

[1] 该讨论所涉及的是不能对世界利率产生影响的小国开放经济。而对于像美国这样的大国开放经济而言，其影响将介于小规模经济和封闭经济之间。这一更为复杂的情况在中级教科书中可以查到（参见第4章的“补充读物”部分）。

| 政策变化或外生变量 | 汇率改变 | 投资改变 | 净出口改变 |
|---|---|---|---|
| $G$ 增加或 $T$ 减少 | $e\uparrow$ | 0 | $X\downarrow$ |
| 私人 $S$ 增加 | $e\downarrow$ | 0 | $X\uparrow$ |
| 投资需求增加 | $e\uparrow$ | $I\uparrow$ | $X\downarrow$ |
| 世界利率升高 | $e\downarrow$ | $I\downarrow$ | $X\uparrow$ |

**表 14–3　小国开放经济的储蓄—投资模型的重要结论**

你要确信自己能够理解每一个环节发生的机制。

列政策，包括稳定的宏观经济环境、对产权的保护，以及最重要的：要有一个可预测的且有吸引力的投资回报。在这里，我们探讨开放经济有效地利用全球市场促进经济增长的途径。

长期看，提高人均产出和生活水平的一个最重要途径，是确保该国在生产工艺中*采用最实用的技术*。如果对一项错误的技术进行投资，即使投资率很高也没有助益。投资率相当高，但很多投资缺乏考虑，往往无法完工或是投到了生产效率很低的部门，这一点在前苏联的计划经济时代体现得很明显（第 12 章讨论过）。而且，个别穷国也没有必要从设计自己的涡轮机、机械、电脑和管理系统等研发活动开始。为获得前沿技术，这些国家通常需要与外国公司合作，建立合资企业，而那些外国公司也要求这些国家的制度体系能够与外国资本很好的契合。

另一个重要政策是*贸易政策*。有证据表明，一个开放的贸易体系会提高竞争力和促进最实用技术的应用。通过维持较低的关税和其他贸易壁垒，一国可以确保本国企业受到竞争的激励。当本国厂商制定非效率的高价格或倾向于在某一部门形成垄断的时候，该国可以允许外国厂商进入本国的市场。

一国考虑其储蓄和投资的时候，不应该只着眼于有形资本，*无形资本*也同样重要。有研究表明，一个以教育方式进行人力资本投资的国家，经济往往有较好的表现，而且在冲击面前有更强的适应能力。许多国家拥有宝贵的自然资源，如森林、矿产、石油和天然气、渔业和耕地等，必须很好地加以利用，以确保它们能具有最高的产出率。

一国经济增长中最复杂的因素之一是*移民进入和移民流出*。美国历史上曾经吸引了大量的移民，不仅壮大了劳工队伍，而且加强了文化底蕴和科研力量。但是，近年来移民队伍的受教育程度和技术熟练程度已经低于国内劳工的水平。结果，据某项研究表明，移民降低了美国低工资劳工的相对工资。而那些“出口”劳动力的国家，如墨西哥，则经常有稳定的境外劳工收入寄回本国。这也是对他们的国家出口收入的一种补充。

*市场机制*也会产生重大而微妙的影响。最为成功的开放经济，诸如欧洲的荷兰、卢森堡或亚洲的中国台湾和中国香港等，都为投资者和企业家提供了一个安全的环境。这包括建立一整套由法律监督的产权政策。日益重要的是知识产权的发展，发明者和创新者可以由此确保自己将会从发明创造活动中获利。政府还必须不懈地与腐败作斗争。腐败是强加于最有利可图的企业头上的私人税收体系，它带来的是产权的不确定性，并增加成本和抑制投资。

一个*稳定的宏观经济环境*意味着：税收合理且可以预测；通货膨胀率很低，从而贷款者无需担心通货膨胀会侵蚀他们的投资收益；汇率相对稳定，同时具有可兑换性，以保证资金能够方便且廉价地进入和撤出一国的货币体系。那些提供有利的制度体系的国家可以吸引大量的外资流入。而那些制度不稳定的国家，可能几乎无法吸引到外资。不仅如此，有时它们还会饱尝资本外逃之苦，即当地的居民将他们的资金转移到国外，以避免税收、征用和贬值。

由图 14-9 可见投资环境对国内投资的影响。（a）图表明一国拥有良好的投资环境，国内利率与国际利率相一致；整体的投资水平很高，且能够吸引到外国资金为本国投资融资。

（b）图显示的是一个高风险国家。请回忆图 12-2，该图显示出新兴市场的债券溢价。在危机时期，这些国家支付的利率，可能比发达国家的投资者高出 8%，10%，甚至 12%。高的风险溢价可能出于高通货膨胀率、不可预测的税收、国有化、违约、腐败、不稳定的汇率，有时甚至仅仅出于恐慌或疾病的传染。资本的实际成本当

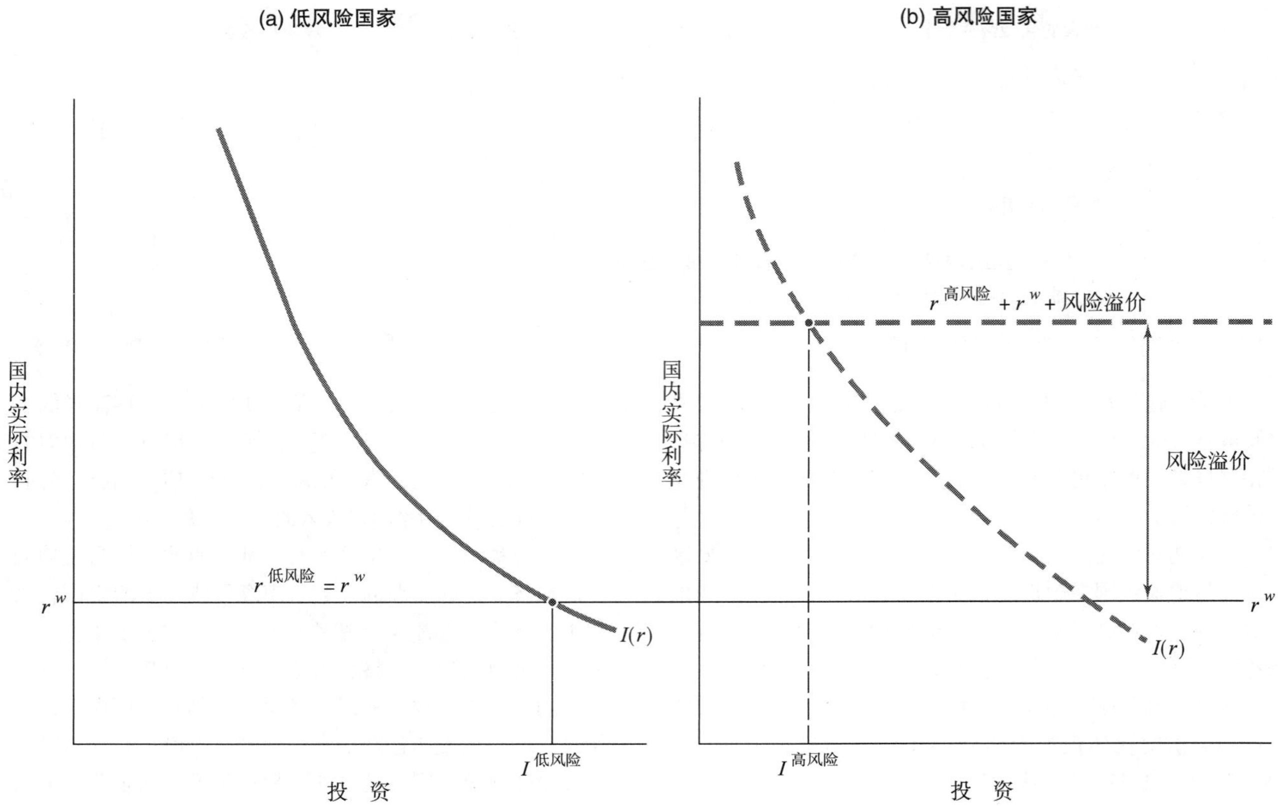


**图 14–9 商业环境影响利率和投资水平**

在（$a$）中的低风险国家，稳定的经济环境导致较低的国内利率 $r^W$ 和较高的投资水平 $I^{低风险}$。而在高风险的国家，受政治动荡、腐败和经济不确定性的影响，投资者要求其投资有较高的风险溢价，所以，该国的国内利率会远远高于国际利率水平。由于外国投资者寻找更安全的投资环境，结果该国的投资水平很低。

然因此而变得非常之高。高风险国家在吸引国内和国外的投资方面将会遇到麻烦，其结果是投资水平很低。请比较图（a）中低风险国家和图（b）中高风险国家均衡的投资水平。

在一个开放的经济中，促进经济增长应确保其商业对国内外投资者具有吸引力，因为这些投资者在整个世界经济中拥有广泛的投资机会。政策的最终目的，是在生产率高的各部门和各环节上保持高储蓄率和高投资率，并确保企业能采用最先进的实用技术。达到这些目标需要做到：建立一个稳定的宏观经济环境；确保有形投资和知识产权得到可靠的产权保障；实现货币可自由兑换，以便投资者能将其利润顺利汇回本国；保持对该国政治经济稳定的信心。

## C. 国际经济问题

在最后一部分，我们将应用国际经济学的工具来考查近年来各国普遍关心的两个核心问题。我们先讨论竞争力和生产率之间的差别；然后转而讨论欧洲货币联盟的诞生。

### 竞争力和劳动生产率

#### “美国的去工业化”

一般说来，当一国的贸易赤字变大时，人们就会关注和担心该国的劳动生产率及其竞争力。美国 20 世纪 80 年代就曾出现过这种情况，并且在 21 世纪初再度出现。回顾那一段历史，有助于提醒我们贸易流动的决定因素。

20 世纪 80 年代，美元升值给美国的涉外经贸部门带来了严重的经济困难，包括汽车、钢铁、纺织和农业在内的产业，由于汇率上升，导致其产品价格相对于国外竞争品急剧上升，所以国际社会对它们产品的需求迅速缩减。随着工厂的倒闭，制造业中心地区的失业率急剧上升，美国的中西部竟成了众人皆知的“铁锈地带”。

许多非经济学专业人士认为，美国的国际贸易问题所体现的实质是“美国正在衰落”。他们还忧心忡忡地认为，由于不公平贸易过度管制、缺乏革新以及管理散漫等，美国的技术领导地位正在逐渐丧失。一些人呼吁，美国应当重新签署诸如北美自由贸易协定（NAFTA）这样的国际贸易协议。他们还争辩说，现在是美国人生产薯片，而别人则制造我们的计算机芯片。

尽管如此，经济学家们从现实中所看到的却是另外一种表现，即典型的汇率高估症。为理解这种病症的基本原理，我们需要将一国的生产率和竞争力加以区分。*竞争力*指的是一国商品参与市场竞争的程度，它主要取决于国内外产品的相对价格。竞争力明显不同于一国的*生产率*，后者是以每单位投入的产出量去衡量的。生产率的提高是一国生活水平提高的基础——随着一国生产率的提高，其实际国民收入势必增加，这种说法应该说是正确的。

在 20 世纪 80 年代以及 21 世纪初，美国的竞争力下降得很快，但原因并不是美国生产率增长下降导致的。事实上，在贸易赤字增加的同时，生产率的增长率也在上升。宏观经济学家认为，美国的竞争力之所以下降，是因为美国的储蓄率下降导致美元升值，从而使美国的物价相对于贸易伙伴提高了。

### 生产率的发展趋势

有关美国实际收入的真实故事并非在于其竞争力，而是在于其生产率。回忆一下，生产率衡量的是每个工人每小时或每单位投入的产出。前面章节我们关于经济增长的讨论表明，实际工资的增加，主要依赖于国内劳动生产率的提高。

竞争力对贸易来说很重要，但与实际收入水平及其增长并无内在联系。21 世纪初，中国拥有大量的贸易盈余，而美国却背负大量的贸易赤字。但这意味着美国人愿意将自己的生活水平拱手让给中国人，而接受中国 1 美元时薪的工作吗？在国际市场上，竞争力的缺乏源自一国价格与其贸易伙伴的价格不协调，而与一国生产率相对于其他国家生产率的状况并无必然联系。

国家之间生产率差别的研究所强调的是竞争和外部导向的重要性。国家采取的提高劳动生产率的政策中，一个很重要的方面就是促进国内企业同该产业世界领先企业展开竞争。那些由生产率最高的国家所进行的对外直接投资（比如日本的汽车生产转移到美国），通过引进先进技术和刺激竞争，有助于生产率的大幅度提高。

*关于劳动生产率和竞争力的结论*：正如比较优势理论所表明的那样，从本质上讲，没有国家是生来就不具备竞争力的。一些国家之所以失去了竞争力，是因为该国的价格超出了其贸易伙伴的价格底线。通向高生产率进而高生活水平的必由之路是：向世界市场开放国内企业，并鼓励激烈的国内竞争与那些已经使用最先进技术的公司展开竞争。

## 欧洲货币联盟

理想的汇率体系应该使相对价格具有高度的可预测性，同时保证经济在面临冲击时能够保持稳定。在一个运行良好的体系下，人们可以在他国进行贸易活动或投资，而不用担心汇率会突然发生变动，使他们的企业无利可图。

然而，从 20 世纪 90 年代初至今，固定汇率体系所带来的更多的是*不稳定性*，而不是稳定性。固定汇率体系一次又一次遭到了国际投机的猛烈攻击，并辐射和殃及到全球的经济，如：1991~1992 年的欧洲危机、1994~1995 年的墨西哥危机、1997~1998 年俄罗斯和东亚的金融风暴，以及 1998~2002 年拉丁美洲的金融危机。

对西欧来说，汇率制度的问题比其他国家更为持久更深刻。最终欧盟国家大胆迈出了一步，即通过欧洲货币联盟将欧盟各国经济财富联系起来，共同的货币——欧元——也由此产生。

---

#### 固定汇率制的内在根本冲突

“你无法拥有全部”，这是经济学的一个核心原则。20 世纪 90 年代所发生的几次宏观经济事件都说明了这一点。实行固定汇率制度的国家开放了它们的资本市场，从而遭遇到固定汇率体系的基本的三重困境，即一国只可能同时拥有其中的两个目标：(a) 可调整的固定汇率；(b) 自由的资本和金融流动；(c) 独立的国内货币政策。

保罗·克鲁格曼阐释了上述三个目标的冲突：

> 你无法拥有全部：一国必须在三个目标中选择两个。一国可以固定其汇率，也不削弱其中央银行，但其手段必须是控制资本流动；一国也可以让资本自由流动，并维持本币的自治能力，但手段必须是让汇率自由波动（像英国或加拿大的情况）；或者，一国还可以选择让资本自由流动，并能稳定本币的汇率，但手段必须是放弃调控本币利率的权力以防止通货膨胀和经济衰退（像今天的阿根廷，或欧洲大多数国家）。[1]

## 迈向统一货币：欧元

在经历了两次毁灭性的战争之后，西欧的民主国家立志实行更加紧密的经济一体化，主要目的是加强政治上的稳定性。许多政治学家都认为，和平与贸易之间的联系日益紧密。自从1957年签订自由贸易协定建立欧洲共同体以来，西欧国家逐步消除了商品、服务和金融贸易领域的各种壁垒。经济一体化的最后一步就是采用统一货币。采用统一货币不仅可以使这些国家保持更为紧密的经济联系，而且可以解决货币不稳定的问题。早期实行固定汇率制时的货币不稳定问题曾困扰过许多国家。

1999年，11个欧洲国家加入了欧洲货币联盟（EMU）。这些国家（有时被称为“欧元国”）开始使用“欧元”作为其记账单位和交易媒介。第一步是尝试用欧元进行交易。而所迈出的最关键的一步还是在2002年1月1日，当时欧洲许多国家都将本国货币兑换成欧元的硬币和钞票，并宣称，“再见，法国法郎；早安，欧元”。欧元终于顺利发行，目前已成了世界上一种主要的货币。

欧洲货币联盟的货币结构与美国相类似。欧洲的货币政策由欧洲中央银行（ECB）来制定，并执行欧盟各国的货币政策。ECB进行公开市场业务，从而决定欧洲的利率。

货币政策的一个主要问题是中央银行的目标。根据欧洲中央银行的章程，它的首要目标是致力于“价格稳定”。当然，在不影响这个目标时，它也可以追求其他各种目标。欧洲中央银行将“价格稳定”定义为：中期内的消费价格增长每年低于2%。

[1] 参见本章结尾处“补充读物”部分。

## 货币联盟的代价和收益

欧洲货币联盟的代价和收益如何？货币联盟的倡导者们也许更重视收益。在统一的货币下，欧洲内部的汇率波动将会降低到零，因此贸易和金融将不再会面临汇率变动所引发的价格不确定性。其主要成果是降低了各国的交易成本。统一货币还减低了各国金融市场的分割程度，使得资本可以在国家间更加有效地流动和配置。一些人认为，明确的宏观经济调控权必须加以保留，手段是建立一个独立的欧洲中央银行，负责严格的通货膨胀目标。也许，欧洲货币联盟最重要的收益可能还是政治一体化和西欧的稳定。第二次世界大战结束以来，欧洲大陆已经保持了半个多世纪的和平，而此前的历史上，欧洲内部战乱不止。

很多经济学家对欧洲货币联盟提出质疑，并指出其代价巨大。最显著的担忧是，每个国家将无法使用货币政策和汇率工具来调整自己的宏观经济。这个问题涉及到理想货币区问题。该概念由1999年诺贝尔奖得主，哥伦比亚的罗伯特·蒙代尔提出。在**理想货币区**（optimal currency area）内，劳动力的流动性很高，或者，总供给和总需求所面临的冲击是共同的或同步的。因此，确保宏观经济得到快速调整将无需对汇率做大的变动。

大多数经济学家相信，美国就是一个理想货币区。当美国面临的冲击对不同的区域构成不同程度的影响时，各地区劳动力的转移将会使经济重新达到平衡。例如，在20世纪70年代石油冲击之后，美国劳工纷纷离开受到严重冲击的北方各州，而迁徙到石油资源丰富的西南部地区。

欧洲是一个理想货币区吗？一些经济学家认为它不是，因为各国的工资结构具有刚性，劳动力在不同国家间的流动性比较弱。当冲击发生时，例如20世纪90年代的德国统一，刚性的工资和价格势必在需求上升的国家导致通货膨胀，而在衰退的地区导致失业率上升。于是，货币联盟很可能对那些增长率低、失业率高的不幸的地区进行指责。

对欧洲货币联盟成立之初的评判如何呢？欧元的创立消除了欧洲经济中一个主要的不稳定因素，即欧洲国家内部的汇率变动。另外，欧元的创立还使得不同国家之间的利率和通货膨胀率趋于一致。同时我们也看到，在欧元引入之后，欧洲国家一直处于高失业率状态。2007~2009 年的金融危机，是对欧洲货币体系的首次重大考验。经济学家将会研究清楚，这个多国体系究竟将如何应对这个困境。

> 欧洲货币联盟是历史上伟大的经济学实验之一。从未有过这么一大群强有力的国家将它们的经济命脉交给欧洲中央银行这样一个多国联合体，从未有一家中央银行有权控制这么多国家（拥有 3.25 亿人口、创造 16 万亿美元的商品和服务产值）的宏观经济命运。尽管乐观人士认为，更大的市场规模和更低的交易成本将会给宏观经济带来收益，但是怀疑者却担忧，由于价格和工资缺乏弹性，以及国家之间劳动力的流动性不足等原因，这一实验很可能会引起经济停滞和失业。2007~2009 年的金融危机，是对欧洲货币体系的第一次重大考验。

## 最后评价

本章关于国际经济学的考查向我们展示了一幅混合图景：既有成功，也有失败。市场经济会不时地遭遇通货膨胀和经济衰退。而且，在最近的 2007~2009 年的经济滑坡中，失业率曾急剧上升，众多金融巨头都濒临破产。但如果我们撇开个人意见，历史学家们将来所做的客观判断肯定是：对北美和西欧的国家来说，过去的 50 年它们取得了空前伟大的成功。而其论据将肯定会包括以下几点：

- *健康强劲的经济运行*。这一时期出现了有史以来最快速最持久的经济增长，这是自产业革命以来仅有的不曾发生过严重经济衰退和恶性通货膨胀的半个世纪。
- *新兴的货币体系*。国际货币制度继续成为世界经济动荡的根源，各国经常遭遇国际收支失衡和货币危机的困扰。尽管如此，我们看到在美国、欧洲及日本等主要的经济区，新兴的货币体系在浮动汇率制下仍然在独立地制定货币政策。而那些小国则采取自由浮动的汇率制度，或者，严格地钉住某一主要货币。将亚洲经济大国——中国和印度整合到国际贸易和金融体系之中，是未来的一项重大挑战。
- *自由市场的重新出现*。你可能经常听到，模仿是一种最诚恳的奉承。在经济学中，当一国采用另一国的经济结构并希望这能带来增长和稳定时，模仿便发生了。在过去的 20 年中，一个接一个的国家摒弃了令人窒息的计划经济体制。这并不是出于教科书解释了自由市场的繁荣，而是人们亲眼看到了指令型经济崩溃的同时，以市场为导向的西方国家如何繁荣。*人类第一次目睹了一个帝国，仅仅因为它生产大炮时不能同时生产足够的黄油，便导致了自身的崩溃。*

## 总结提要

### A. 对外贸易与经济活动

1. 开放经济是这样一种经济，它参与商品、服务和投资的国际交换。出口是指向国外购买者出售的商品和服务；而进口是指从国外购买的商品和服务。商品和服务的出口额与进口额之间的差额即为净出口。
2. 引入对外贸易后，国内需求就有可能与国民产出不一致。国内需求包括消费、投资和政府采购（$C+I+G$）。这里的 GDP 还必须加上出口（$Ex$）并减去进口（$Im$），这就是说：

$$\text{GDP}=C+I+G+X$$

其中 $X$ = 净出口 = $Ex-Im$。进口由国内的收入、产出以及本国产品与外国产品的相对价格决定；出口是进口的镜像，由外国的收入、产出及相对价格决定。GDP 每增加 1 美元所引起的进口的美元增加量，称做边际进口倾向（$MPm$）。

3. 对外贸易具有与投资或政府购买相类似的对 GDP 的作用。当净出口上升时，对本国产品的总需求就会增加。所以，净出口对产出也具有乘数效应。但是，在开放经济中，由于存在着从支出向进口的漏出，这里的支出乘数将小于封闭经济中的支出乘数。这时的乘数为：

$$开放经济的乘数 = \frac{1}{MPS + MPm}$$

很明显，在其他因素不变的情况下，开放经济的乘数小于封闭经济（其 $MPm = 0$）的乘数。

4. 在开放经济中，货币政策的操作有新的作用。一个重要的例子是，在一个小的、具有高度资本流动性的开放经济中，货币政策的操作。这样的国家必须使本国利率与其汇率钉住目标国的利率保持一致。这就意味着，那些主要实行固定汇率制的国家，其货币政策将不再是独立的宏观经济政策工具。相比之下，财政政策才会成为有力的政策工具，因为财政措施的激励作用不会被利率的变动所抵消。
5. 采用浮动汇率制的开放经济可以用货币政策来稳定宏观经济，其货币政策的操作可以独立于其他国家。在这种情况下，国际间的联系为国内货币传导机制增加了一条重要的通道。货币紧缩会导致利率上升，吸引外国金融资本以及汇率升高（或升值）。汇率升值会抑制净出口，所以又加强了高利率对国内投资的紧缩效应。

**B. 全球经济中的相互依存**

6. 长期中，在全球市场上的操作为各国促进经济增长提供了新的制约和机会。也许最重要的还是要考虑到储蓄和投资这些具有高度流动性的因素，它们会对不同国家的激励手段和投资环境做出反应。
7. 国际经济部门提供了储蓄的另一来源和投资的另一出路。较高的国内储蓄，无论是私人储蓄还是政府财政盈余，都将增加国内投资和净出口的数额。回顾下面的公式：

$$X = S + (T - G) - I$$

或：

净出口 = 私人储蓄 + 政府储蓄 − 国内投资

长期中，一国的贸易状况主要反映的是其国民储蓄率和投资率。减少贸易赤字需要改变国内的储蓄和投资水平。在引导贸易流动配合国内储蓄和投资方面，汇率是条重要的渠道。

8. 除了提高储蓄和投资，各国也可以通过一系列的政策和制度来促进经济增长。值得重视的问题包括：稳定的宏观经济环境、有形投资和知识产权方面强有力的产权保障、拥有极少资本流动限制的可兑换货币以及政治和经济的稳定。

**C. 国际经济问题**

9. 大多数分析都注意巨额贸易赤字并提出“去工业化”的问题。这种分析忽视了生产率和竞争力之间的重要区别。竞争力指的是一国产品在全球市场上的竞争情况，它主要由相对价格决定。生产率指的是单位投入的产出水平。实际收入和生活水平主要取决于生产率，而贸易和经常账户项目则取决于竞争力。竞争力和生产率之间没有密切关系。
10. 在全球金融资本高度流动的条件下，固定汇率制是不稳定的根源。回顾固定汇率制基本的三重困境：一国不可能同时实现可调整的固定汇率、自由的资本和金融流动，以及独立的国内货币政策。
11. 1999 年，欧洲国家实现了统一的货币，建立了统一的中央银行。在“理想货币区”中，统一货币是可行的。倡导者认为，欧洲货币联盟将会提高经济的可预测性，降低交易成本，并能更好地分配资本。反对者则担忧，统一货币（相当于一个完全的固定汇率制）势必要求灵活的工资和价格，以便于调整宏观经济震荡。

## 概念复习

开放经济中的 $C+I+G+X$ 曲线
净出口 $=X=Ex-Im$
国内需求与 GDP 的支出
边际进口倾向（$MPm$）
支出乘数：
　封闭经济中的支出乘数 $=1/MPS$
　开放经济中的支出乘数 $=1/(MPS+MPm)$
贸易流量和汇率对 GDP 的影响
开放经济的储蓄—投资公式：
　$X=S+(T-G)-I$
封闭经济和开放经济中的储蓄—投资市场的均衡
开放经济中的增长政策
竞争力与生产率

## 补充读物和互联网站

### 补充读物

The quotation from the *Economic Report of the President, 2000* (Government Printing Office, Washington, D.C., 2000), can also be found at *fraser.stlouisfed.org/publications/ERP,* pp. 231–235.

### 互联网站

Data on trade and finance for different countries can be found in the section on websites for Chapter 12.

Robert Mundell won the Nobel Prize in 1999 for his contribution to international macroeconomics. Visit *www.nobel.se/laureates* to read about his contribution.

The website of the European Central Bank, at *www.ecb.int/ecb/html/index.en.html,* explains some of the issues involved in the management of the Euro. Also see the sites listed for Chapter 12.

## 问题讨论

1. 假设短期内存在闲置资源，一个扩张性的货币政策导致了美元相对于贸易伙伴国的货币贬值。解释这种情况将会导致美国经济出现扩张的机制，解释贸易的影响怎样加重了货币政策对国内投资的影响。
2. 在乘数模型中解释下列各项对净出口和 GDP 的短期影响，如需要可使用表 14–1：
   a. 投资（$I$）增加 1 000 亿美元。
   b. 政府采购（$G$）减少 500 亿美元。
   c. 外国产出水平的增加使出口增加 100 亿美元。
   d. 汇率的下降使得 GDP 每一水平上的出口额均增加 300 亿美元，而进口额均下降 200 亿美元。
3. 在一个不存在政府支出和税收的经济体中，当 $MPC=0.80$，$MPm=0$ 时，支出乘数将是多少？当 $MPm=0.1$，或当 $MPm=0.9$ 时呢？解释为什么乘数甚至可能会小于 1。
4. 以表 14–3 为对象：
   a. 解释表中各项。
   b. 在表 14-3 上增加一栏“利率变动”，参照图 14-7，在封闭经济条件下填写该表。
5. 一位著名的宏观经济学家最近写道：“通过采用统一的货币而实现货币联盟，实际上并不是货币问题。最重要的因素是，联盟中的国家必须同意在整个区域内实行单一货币政策。”解释这一说法。为什么采用单一的货币政策会带来一些问题？
6. 假设纽黑文市是一个非常开放的经济区。该市出口骨灰盒，且没有其他的投资和税收。城市居民可支配收入中的 50% 用于消费，且所购买的商品和服务中 90% 来自美国其他地区。市长凯恩提议征收 1 亿美元的税收用于一个公共项目的支出。他认为该市的产出和收入由此会因为某种被称为“乘数”的东西而获得显著的增长。估计一下该公共项目对纽黑文市的收入和产出的影响。你同意市长的看法吗?

7. 复习所讨论的有关变量对储蓄、投资和贸易三者的影响，作一个类似图 14–8 的图，讨论每一次变动对三者的影响。确信你也能够解释相反的情况，即该表后所附的一段话。
8. 政治家们往往谴责美国的巨额贸易赤字。而经济学家的反应则是，如果贸易赤字变小的话，就需要美国的政府支出减少，或者税收增加。用图 14–8 中的储蓄—投资平衡分析来解释经济学家的观点。并解释本章前面《2000 年总统经济报告》中的一段引文。
9. 请回顾图 12-2，确定你理解了该图的含义。不妨考虑一下像巴西或阿根廷这样的新兴市场经济国家。
   a. 当该国经济运行状况良好，借款的风险溢价比较低时，仿照图 14–9（b），画一张图，记为图 A。
   b. 然后考虑一下大幅提升风险溢价所带来的冲击。画一张新图，该图具有较高的风险溢价和新的均衡点，记为图 B。
   c. 对比图 A 和图 B 中的均衡点。具体而言，解释下列变量的差别：（ⅰ）均衡的国内实际利率；（ⅱ）国内投资；（ⅲ）汇率；（ⅳ）净出口。
10. 考查像比利时和荷兰这样的小国开放经济的例子。它们都有着高度可流动的金融资本、固定汇率和高额的政府预算赤字。假定这些国家发现自己处于衰退期，产出水平低而失业率高。解释它们为什么不能用货币政策来刺激经济。假如它们可以忍受高额预算赤字，为什么财政扩张将是有效的政策?
11. **有难度的问题**：德国统一后，为重建东德，引发了德国总需求的大规模扩张。德国中央银行对此做出反应，提高了德国的实际利率。这些做法是在欧洲货币体系下实施的，在该体系下，大多数国家采用的是固定汇率体系，而且德国中央银行的货币政策有着重要的影响。
   a. 解释为什么欧洲国家采用固定汇率制，并且它们的利率为什么会随着德国中央银行对利率的调整而提高自己的利率？解释为什么其他欧洲国家会因此而陷入严重的衰退。
   b. 解释为什么各国更倾向于欧洲货币联盟，而不是原先的货币体系?
   c. 德国货币的紧缩为什么会导致关于美元贬值的预期。解释为什么贬值将刺激美国的经济活动?
12. **有难度的问题**：复习基本三重困境的定义和前文中保罗·克鲁格曼的观点。解释为什么这三大目标无法统一起来。为什么在“加利福尼亚美元”和“得克萨斯美元”之间不存在固定汇率体系中的基本三重困境?

第四编

# 失业、通货膨胀与经济政策

# 失业与总供给的基础

# 第15章

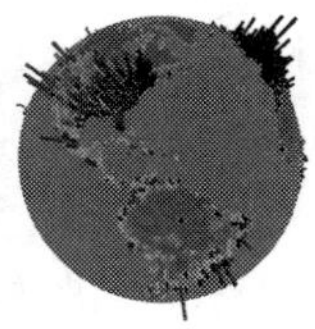

进城的途中务必与人为善，因为回家的路上你可能会遇上他们。

——威尔逊·米茨纳

市场经济持续的特征之一就是会伴有经济衰退。在衰退时期，就业和产出下降而失业却增加。二战以后的大部分时间里，美国都阻止了持久而严重的经济衰退的发生。然而，即使所发生的是很温和的经济衰退，失业也还是会增加，而且收入同样会急剧地减少。

有时，且经常毫无预兆，一些国家就遭遇到严重的经济衰退，甚或是长达十多年的经济大萧条，其间的高失业率则往往要持续好几年，甚至长达十多年。上个世纪30年代，美国就曾经出现过这样的情况，其失业率在十年间曾经持续高于10%。

2007年，世界上一个最富裕的经济体陷入了经济衰退；到2008~2009年时，境况更是急转直下。在2007~2009年的这段时期，由于房地产泡沫破灭、银行破产倒闭，人们对经济失去了信心，投资萎缩，并出现流动性陷阱和失业率迅速攀升。尽管较好地理解宏观经济学能够使大多数国家采取一系列有力的举措应对经济周期波动，但是，让产出和就业迅速地走出衰退阴影的希望却还是很渺茫。

本章讨论宏观经济学中的失业问题。首先是分析总供给的基础，讨论总需求相对于潜在产出增长缓慢这种情况为什么会导致失业的增加。然后我们讨论应对失业的主要政策问题。

## A. 总供给的基础

前面章节主要阐述的是总需求和经济增长问题。这一部分主要讨论总供给的决定因素。短期内，通货膨胀的性质和政府反周期政策的有效性都依赖于总需求；而在10年或更长的时期内，经济增长和生活水平的提高却都与总供给的增长紧密相关。

区分短期总供给与长期总供给，对于现代宏观经济学十分重要。在短期，总需求与总供给的相互作用决定了商业周期的波动、通货膨胀、失业、衰退和繁荣。但在长期，潜在产出的增长则决定着总供给的变动，这里的总供给解释的是产出及生活水平的变动趋势。

不妨首先归纳一下有关理论的要点：

- **总供给**（aggregate supply）描述的是经济中生产方的行为。其他条件不变时，我们可以通过每一价格水平及其所对应的国民产出来确立一条**总供给曲线**（aggregate supply curve），也即*AS*曲线。
- 在分析总供给时，我们将重点区分长期总供给和短期总供给。短期考察的是几个月到几年的时间内的经济行为。这将涉及**短期总供给表**（short-run

aggregate supply schedule）。在短期内，价格和工资是不可变要素。因而，随着商品与服务产出量的增加，价格也相应升高。这会体现为一条向上倾斜的 *AS* 曲线。

- 长期则与经济增长相关，在长期内，大多数经济周期的相关要素的影响势必减弱。这里的长期指的是几年甚或几十年。在长期内，价格和工资可完全灵活变动。产出由潜在产出水平决定，与价格水平无关。基于**长期总供给表**（long-run aggregate supply schedule）我们可以画出一条垂直的总供给曲线。

本节就将讨论这几个基本问题。

## 总供给的决定因素

总供给基本取决于两组截然不同的因素：潜在产出和投入成本。让我们对它们的影响分别加以考查。

### 潜在产出

理解总供给的一个关键概念是*潜在产出*，或叫潜在GDP。**潜在产出**（potential output）是在不会引致或增大通货膨胀压力的条件下经济所能够持续生产的最大产量。

从长期看，总供给主要取决于潜在产出。因此，长期 *AS* 曲线是由影响经济长期增长的因素决定的，包括劳动力的数量和质量，资本和自然资源的供给，技术水平，等等。

宏观经济学家通常使用下列潜在产出定义：

> 潜在 GDP 是可持续的最大的国民产出水平。如果排除掉经济周期的影响，所能得到的产出水平即为潜在的 GDP。为便于操作，我们将潜在 GDP 定义为在失业率处于**非加速通货膨胀的失业率**（nonaccelerating inflation rate of unemployment，NAIRU）的基准水平时，一国经济的生产能力。

潜在产出是一个不断增长着的目标。当经济增长时，潜在产出随之上升，总供给曲线向右移动。如表 15-1，将总供给的主要决定因素分为影响潜在产出的因素和影响生产成本的因素。通过对经济增长的分析，我们可以知道，潜在产出增长的基本决定因素是投入的增加和技术的进步。

**潜在产出并不是最大产出**

关于潜在产出，我们必须强调一点：潜在产出是可持续的最大产出，而未必就是经济所能生产的最大产出。在短期内，实际产出水平很可能会高于潜在产出水平。工厂和工人可能在一段时期内加班，但在潜在产出水平之上的生产并不是持续的生产。如果实际产出长期高于潜在产出，则失业率会随之下降，通货膨胀会升温，工厂会在高强度下运转，工人和企业都急于获取更高的工资和利润。

| 变　量 | 对总供给的影响 |
|---|---|
| **潜在产出** | |
| 投　入 | 资本、劳动和自然资源是重要的投入品。潜在产出出现在利用劳动和其他投入品达到最高可持续的水平。投入的增长会带来潜在产出和总供给的上升。 |
| 技术和效率 | 创新、技术进步和效率的提高都会增加潜在产出水平和总供给。 |
| **生产成本** | |
| 工　资 | 工资降低带来生产成本的降低；成本降低意味着在每一价格水平上，某一潜在产出的供给数量会增加。 |
| 进口品价格 | 国外价格的降低或汇率的上升会引起进口品价格的降低，这会导致生产成本的下降和总供给的增加。 |
| 其他投入成本 | 较低的石油价格会降低生产成本，从而提高总供给。 |

**表 15-1　总供给取决于潜在产出和生产成本**

总供给将供给的总产出与价格水平联系起来。*AS* 曲线依赖于以潜在产出和生产成本为代表的生产率的基本因素。表中所列的因素都会使总供给增加，从而使 *AS* 曲线向右或向下移动。

这就像一个运动员在参加马拉松比赛。潜在产出好比最高速度。在这一速度下，运动员不会因过度劳累而退出比赛。显然，短期内运动员的跑步速度可以高于可持续的速度，正如 20 世纪 90 年代美国经济的增长就曾高于其潜在的增长水平一样。但是在整个过程中，实际产出只能以最快的可持续速度增长，这种可持续产出的速度就是我们所说的潜在产出。

## 投入成本

潜在产出增加将导致总供给增加，这并不奇怪。不过 *AS* 成本的影响却并不明显。尽管如此，我们仍然可以发现，短期总供给还是受到生产成本的影响的。

这个结论背后的经济学直觉是：在短期，厂商的某些生产成本是固定的。比如，考虑一个航空公司，其租赁合约是长期的，劳动合同也是跨若干年度的。如果搭机旅行的需求增加，那么航空公司增加航班和提高机票价格将是有利可图的。也就是说，短期需求的增加将使得价格和产出同时增加。

同时我们也将发现，生产成本的变化也会影响短期总供给。比如，考虑本世纪初期曾发生的事，石油价格急剧上涨致使飞机燃料价格上升，而航空公司短期内无法充分调整他们的运营航班和机票价格，从而不能完全抵消成本上升的影响。这样，这些航空公司的亏损额达到新高。他们因此缩减航班，减少航线，减少食物供应等服务，并闲置了许多飞机。这个例子表明了投入成本是如何影响供给行为的。

表 15-1 显示的是影响总供给的一些成本因素。在这些例子中，降低成本都使 *AS* 增加了，即 *AS* 曲线向下移动。

***AS* 移动**　我们可以用图 15-1 来说明潜在产出和成本的变化所产生的影响。（a）图说明，当潜在产出增加而生产成本保持不变时，总供给曲线向外移动，由 *AS* 移到 *AS*′。如果生产成本增加而潜在产出不变，那么曲线 *AS* 将垂直上移到 *AS*″，如图 15-1（b）所示。

图 15-2 显示的是现实中 *AS* 曲线的移动。这两条曲线是根据两个不同年份（即经济衰退的 1982 年和经济高峰期的 2000 年）的经验数据估计值绘制的。两条垂直线

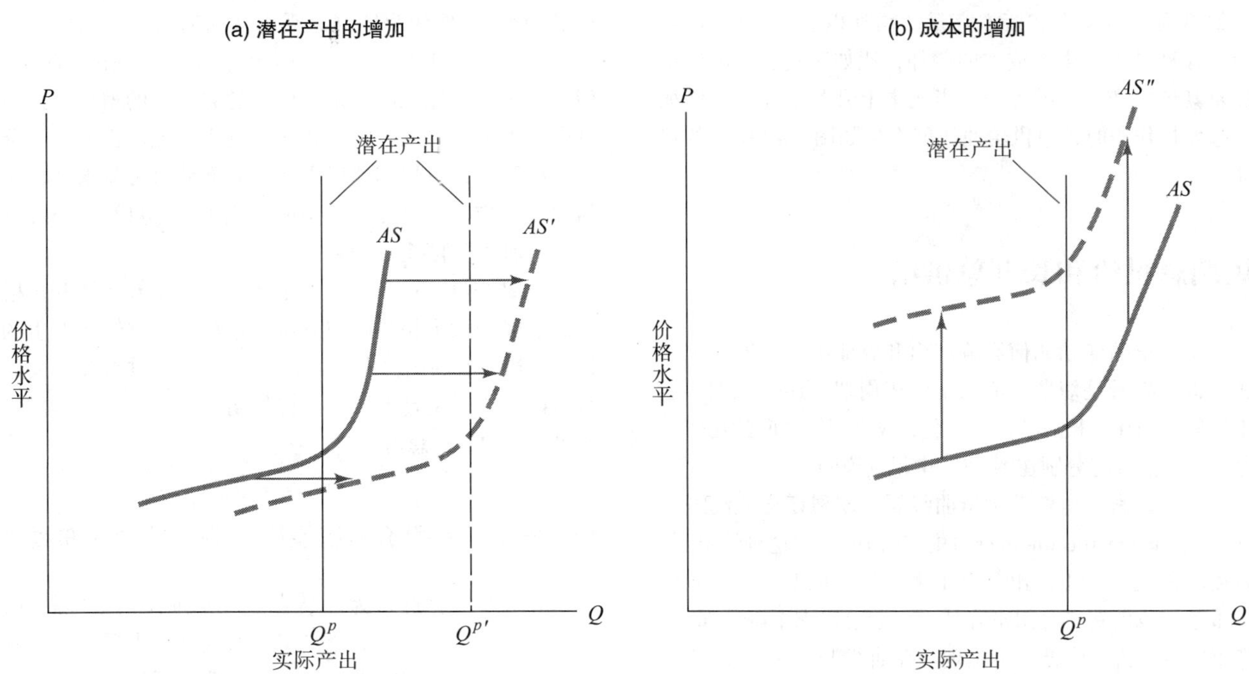


**图 15-1　潜在产出和成本的增加对总供给的影响**

在（a）中，当潜在产出增加而生产成本不变时，总供给曲线由 *AS* 右移到 *AS*′。当生产成本增加（比如工资提高或石油成本上升）而潜在产出不变时，总供给曲线垂直上移，如（b）图中由 *AS* 上移到 *AS*″。

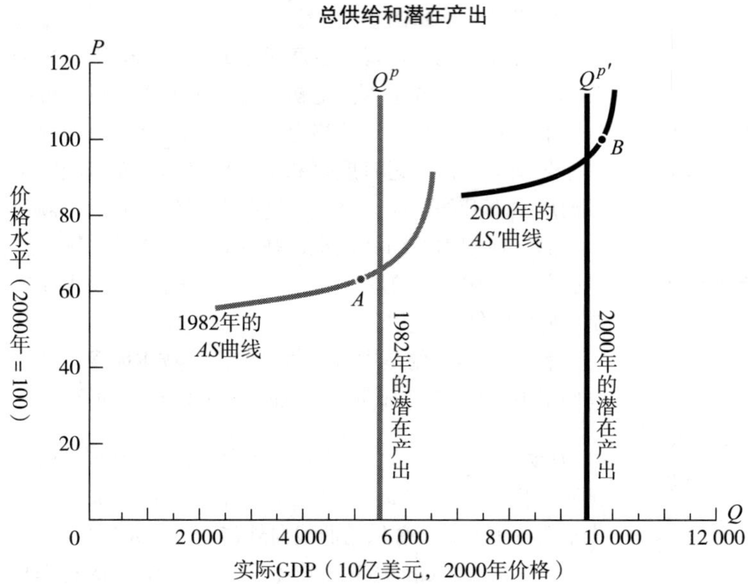


**图 15-2 事实上，总供给的变化包括成本和潜在产出的增加**

从 1982~2000 年，由于资本和劳动投入的增加以及技术的进步，潜在产出在增加，*AS* 曲线向外移动。同时，生产成本的增加，使 *AS* 曲线向上移动。总的影响是使得 *AS* 曲线向右上方移动。

分别表示这两年的潜在产出水平。研究结果表明，实际潜在产出在这段时期内增长了大约 72%。

由图可见，在 20 世纪八九十年代 *AS* 曲线向外向上移动。向外移动是因为潜在产出的增加，而潜在产出的增加是由于劳动力和资本存量的增加以及技术的进步。向上移动是因为生产成本的增加，比如工资、石油价格以及其他生产成本的上升。当成本上升与潜在产出增加一起发挥作用时，总供给曲线就发生如图 15-2 所示的移动。

## 短期总供给和长期总供给

总需求的变动如何影响产出和就业呢？回答这个问题，首先要看是短期（适用于经济周期）还是长期（适于比较各国在较长时期内的变化，或是国家之间的比较）。这两种方法都将分别在图 15-3 中得到说明。

向上倾斜的短期总供给曲线属于**凯恩斯宏观经济学**（Keynesian macroeconomics）的分析范畴。在这种情况下，总需求的变化对于产出具有重大影响。也就是说，如果货币紧缩或消费者支出下降从而引起总需求下降，那么，产出减少和价格降低就会出现。在曲线上表现为 *AS* 曲线向上倾斜；*AD* 曲线的下降会同时引起价格和产出的下降。

对长期的分析（有时也称为**古典宏观经济学**）认为 *AD* 的变动会影响价格，但是对实际产出却没有影响。在长期，价格和工资会针对总需求的变动做出充分的调整。古典或长期的 *AS* 曲线是垂直的，因此，总需求的变化不会影响产出。

这两种方法不同的原因可以归结如下：图 15-3（a）中的短期 *AS* 曲线表明当总需求变化时，厂商情愿增加它们的产出。显然，这就要求经济中必须存在闲置资源。但是产出不可能无限度地扩张。随着产出的增加，会出现劳动力短缺，工厂的运转接近其生产能力极限，工资和价格开始以更快的速度上涨。大部分对总需求增加所做出的反应都是以提高价格的形式出现，只有一小部分是以增加产出的形式出现。

由图 15-3（b）可见，在长期中，也即在工资和价格有足够时间做了相应的充分调整之后，总供给所发生的情况。当所有的调整完成之后，长期的 *AS* 曲线将会变成垂直的，或者说是古典的。在长期情况下，产出的供给水平并不取决于总需求。

### 粘性工资和价格以及向上倾斜的 *AS* 曲线

经济学家普遍认为，*AS* 曲线在短期是向上倾斜的，换言之，产出和价格都会对需求的变动作出反应。很难提出一个完整的理论来说明这种关系，而且在所有经济学领域里，关于总供给的争论也是最激烈的。在此我们将引入一个重要且经得起长期检验的理论，即关于粘性

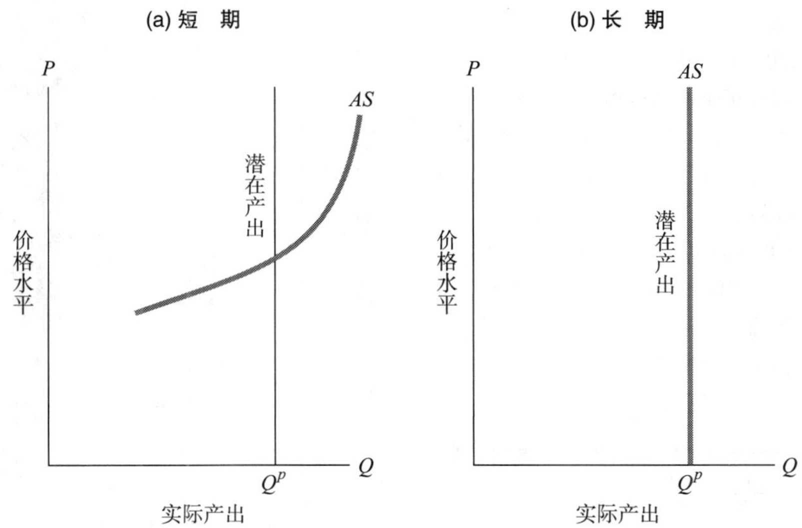


**图 15–3 *AS* 曲线在短期内向上倾斜，而在长期是垂直的**

（a）图中的短期 *AS* 曲线之所以向上倾斜，是因为短期内许多成本是缺乏弹性的。但是价格和工资的粘性随着时间而减弱，所以长期 *AS* 曲线在（b）图中是垂直的，且产出是由潜在产出决定。凯恩斯学派经济学家在（a）图中想要通过改变总需求的政策来稳定经济，而古典经济学家在（b）图中将注意力集中在增加潜在产出，你知道这是为什么？

工资和价格的理论。如果你听到过其他的理论，当然也不用感到惊奇。

问题是为什么在短期内当总需求增加时，厂商既提高价格又增加产出，而长期内需求的增加却主要导致价格变化？这个问题的答案关键在于现代市场经济中工资和价格的行为方式。在短期内，企业成本的某些要素是*缺乏弹性的或粘性的*。由于这种粘性的存在，厂商在较高的总需求水平下增加产出是有利可图的。

比如，假设战时紧急情况导致国防支出增加。厂商知道，在短期内以货币形式所表示的许多生产成本都是固定不变的，诸如工人每小时工资为 15 美元，租金为每月 1 500 美元，等等。在需求增加时，企业通常都会既提高产品价格又增加产量。这种价格与产出之间的正相关关系可以从图 15-3（a）中向上倾斜的 *AS* 曲线看到。

我们一再提到成本是“粘性的”或“缺乏弹性的”。有没有例子呢？最典型的例子是工资。以参加工会的工人为例，他们的工资通常都是依据长期工会合同支付，而该合同早已规定了按美元计价的工资率。在劳动协议有效期内，企业所面对的以货币数量表示的工资率在很大程度上是固定的。甚至对非工会成员的工人来说，一年之内工资上升多于一次的情况也非常罕见。而货币工资或薪水实际上被削减的情况就更不寻常，除非企业确实面临着破产的威胁。

其他的价格和成本在短期内也具有类似的粘性。当企业租借一座房子时，租借合同通常要持续 1 年或 1 年以上，租金通常也是以货币形式确定下来。此外，企业通常还会与它们的供应商签订合同，以确定所要支付的原料和零部件的价格。

将所有这些情况放在一起，你就会看到在现代市场经济中，短期内工资和价格的粘性是怎样形成的。

在长期内，又会发生什么样的情况呢？缺乏弹性的或粘性的成本要素（工资合同、租赁协议、受管制的价格等），最终都会变为无粘性的或可协商的。厂商不可能永远因为劳资协议中固定的工资率而获得好处。工人也很快就会发现价格已经上升，并坚持要求增加补偿性工资。最终，所有的成本都将随着较高的产出价格而调高。在价格总水平因需求增加而上升 *x*% 之后，货币工资、租金、受管制的价格以及其他成本最终也会做出上浮约 *x*% 的反应。

一旦成本上调幅度赶上了价格上涨幅度，厂商就不再能够因总需求的上升而获利。长期中，当所有成本要素都做了充分的调整之后，厂商所面对的价格成本比率与需求变化之前是相同的。这时，将不存在任何刺激厂商增加产出的因素。因此，我们说 *AS* 曲线是垂直的，这意味着供给的产出并不取决于价格和成本水平。

由于时间长度不同，总供给也会不同。在短期内，由于工资和价格不可变，使得厂商对需求上升所做出的反应是既增加产出又提高价格。在长期内，成本可以充分调整，因而企业对需求增加所做出的大部分或全部反应，都是以价格上涨的形式出现。短期 *AS* 曲线是向上倾斜的，而长期 *AS* 曲线是垂直的。这是因为，只要时间充足，所有的价格和成本都会做出充分调整。

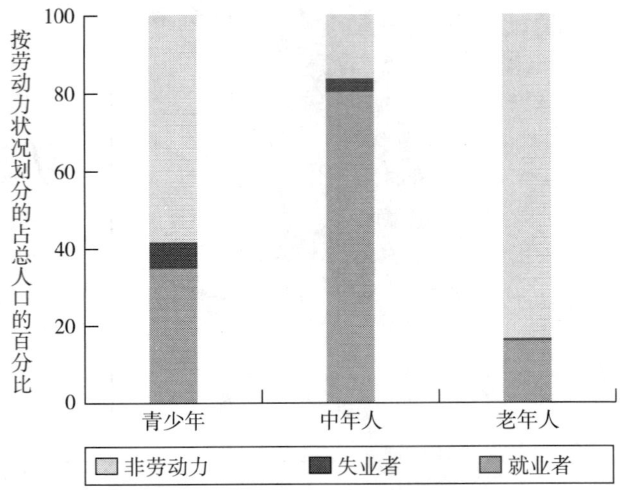


**图 15-4 2007 年美国人口的劳动力状况**

美国人如何支配他们的时间？这个图显示的是青少年（16~19 岁）、中年人（25~54 岁）和老年人（大于 65 岁）如何在就业、失业和离开劳动大军之间分配自己的时间的。许多年轻人还在上学，因而是非劳动力人口，而大多数老年人都已退休。

资料来源：U.S. Bureau of Labor Statistics.

## B. 失　业

在 2007 年开始的经济衰退期间，美国的失业人数增加了四百多万。到 2008 年底，失业人数总计达到一千一百万，其中一半是“工作失败者”，即非自愿失业的人。而在此之前，如 20 世纪 30 年代的大萧条或 20 世纪 80 年代初期，失业率上升得更多，1933 年更是创纪录地达到了 25%。

市场经济中非自愿失业的出现带来了很多的重要问题：在存在大量有用的工作需要人去完成的时候，为什么还会有成百万的人失业呢？市场机制有何种缺陷，致使这么多渴望工作的人闲在家中？或者，高失业率是否来源于事实上会降低工作激励的政府计划（比如失业保险），抑或是由于市场经济的自身的缺陷？本节余下部分将研究失业的含义并回答这些重要问题。

### 失业统计

失业率的变动是每月的头条新闻。可以回头看一下图 15-3 所介绍的长期趋势。这些数字后面隐藏着什么呢？失业和劳动力的统计数据是由国家收集的综合经济数据，这些统计都经过了精心的设计。有关机构采用的是一种所谓的人口调查随机抽样法来收集每月数据。他们每月走访 6 万个家庭，了解这些被访者最近的就业情况。

调查将 16 岁及以上的人口分为以下四个组群：

- **就业者**。这些人正从事有报酬的工作，因病、因假或因罢工而缺勤者也算就业。
- **失业者**。如果一个人没有工作，而且在那以前的 4 周里都曾在主动地寻找工作并随时可以应雇上岗，那么就可以将其划归为失业人口。需要注意的一个重要问题是，划分为失业人口，不仅仅意味着这个人是没有工作的，而且还意味他是在采取措施寻找工作。
- **非劳动力**。成年人口的 34% 属于非劳动力。这部分人有的在操持家务，有的已经退休，有的身体不佳不能工作，还有的没有去寻找工作。
- **劳动力**。就业的和失业的人口都包括在劳动力中。

图 15-4 按上述原则，将美国的人口进行了分类——就业者、失业者、非劳动力。（本章后的问题 6 可用于检测学生对此问题的理解程度。）

官方对劳动力的定义如下：

> 有工作的人是就业者；没有工作而在寻找工作的人则是失业者；没有工作但不找工作的人，不属于劳动力。**失业率**（unemployment rate）是失业人口占总劳动力人口的比率。

## 失业的影响

高失业率不仅是个经济问题而且是个社会问题。之所以是经济问题，是因为它意味着要浪费有价值的资源。之所以又成为重要的社会问题，是因为它会使失业人员面对收入减少的困境而痛苦挣扎。在高失业率时期，经济上的贫困令人无法承受，影响着人们的情绪和家庭生活。

### 经济影响

当失业率上升时，经济实际上是在扔掉那些本可由失业工人生产的商品和服务。

高失业到底会造成多少浪费呢？经济衰退的机会成本有多大？表 15-2 计算了在最近半个世纪中的三个高失业时期，实际产出相对潜在 GDP 的减少量。最大的经济损失发生在大萧条时期，而 20 世纪 70 年代和 80 年代的石油危机与通货膨胀也使产出的损失超过 1 万亿美元。

高失业时期的经济损失是现代经济中有据可查的最大浪费。它们比微观经济中由于垄断而引起的无效率或关税和配额所引起的浪费都要大许多倍。

### 社会影响

失业的经济成本显然相当之大，但长时间持续非自愿失业给人们所造成的精神损失，却无法用一个确定的美元数额来充分地加以表达。事实一再证明，失业会给人们酿成种种悲剧。下面一段文字描述了大萧条时期在旧金山找工作的难度：

> 早上 5 点我从床上爬起来，赶到港口区。在炼糖厂的大门外面，上千人正在等待。可你很清楚，一共只有三四份工作。一个家伙带着两个小警察走了出来："我需要两个看牛群的，两个能钻洞的。"于是，一千多人就像一群阿拉斯加野狗一样拼命地冲进去，可仅仅只有 4 个人可以抢到工作。

我们还可以看看下面一位失业的建筑工人的回忆录：

> 我申请去盖屋顶，可他们不需要我。因为已经有人为他们工作五六年了，没有那么多的工作岗位。大部分工作都要求受聘者有过高等教育背景。我可以做任何工作，从清洗汽车到任何其他事情。
>
> 可是，你成天干什么呢？回到家里坐着，变得垂头丧气。家里每一个人也都变得有些紧张和不安。他们开始为一些蠢事而互相争吵，因为每个人都成天被囚禁在那个空间里，整个家庭气氛被破坏了。

在 20 世纪 80 年代和 90 年代，在规模缩小的公司，像许多高薪的经理、专业人士和白领阶层所了解的，失业不仅限于非技术工人。听听一个在 1988 年失去工作，而且到 1992 年仍然没有找到固定工作的中年公司经理的故事吧：

> 我是一个失败者，不能在现代经济的竞争中保

| | | 产出损失 | |
|---|---|---|---|
| | 平均失业率（%） | GDP 损失（10 亿美元，2008 年的价格） | 占该时期 GDP 的百分比 |
| 大萧条时期（1930~1939） | 18.2 | 2 796 | 30.0 |
| 石油危机和通货膨胀时期（1975~1984） | 7.7 | 1 694 | 2.7 |
| 网络产业受挫后的萧条时期（2001~2003） | 5.5 | 509 | 1.4 |

**表 15-2 高失业时期的经济代价**

1929 年以来发生高失业的两个主要时期，是大萧条时期和 1975~1984 年的石油危机和高通货膨胀时期。表中所显示产出损失额是根据潜在 GDP 和实际 GDP 之间的累计差额而计算的。注意：大萧条时期 GDP 的损失是 70 年代和 80 年代损失的 10 倍还多。21 世纪初的经济减速与之前的衰退相比是相对温和的。

资料来源：作者根据官方 GDP 和失业数据而估计。

持领先……我决定去寻找工作，但是日复一日、年复一年，衰退似乎就没有尽头。被拒绝过那么多次，以至于你不得不开始怀疑起你自身的价值。

## 奥肯法则

衰退恶果中带来最大伤害的是随之而来的失业率上升。产出下降时，厂商需要的劳动投入减少，于是一部分有工作的人被解雇，而工厂又不雇佣新工人。我们知道，在商业周期之中，失业率与产出之间存在着反向变动的关系。这种变动关系最早为阿瑟·奥肯所发现，这就是著名的奥肯法则。

> **奥肯法则**（Okun's Law）指出，相对于潜在GDP，GDP每下降2个百分点，失业率就大约会上升1个百分点。

这意味着，如果初期GDP是潜在GDP的100%，然后下降到潜在GDP的98%，失业率就会上升1个百分点，

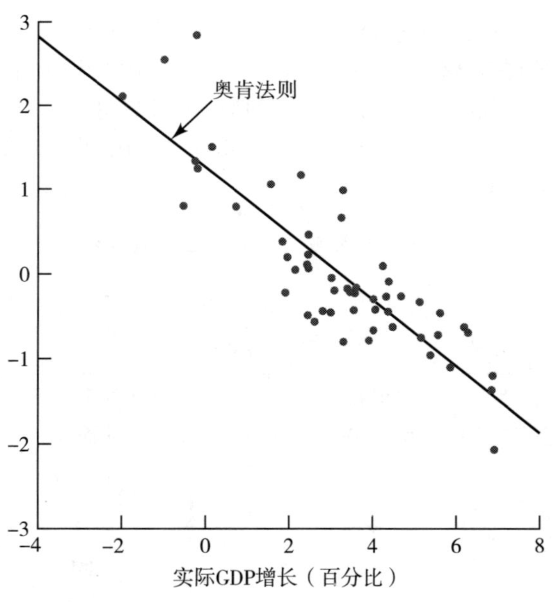


**图 15-5 1955~2007 年的状况说明了奥肯法则**

根据奥肯法则，产出的增长比潜在产出增长快2%时，失业率会下降1个百分点。此图表明，可以通过GDP的增长率准确地预测失业率的变动。根据这条线，什么样的产出增长不会影响失业率?

资料来源：U.S. Department of Commerce and Labor.

即由初期的6%上升到7%。图15-5显示了一段时期内，产出和失业是如何相互关联的。

我们选择20世纪90年代的产出和就业趋势来解释奥肯法则。在1991年经济衰退的低谷期，失业率上升到7%，而实际GDP估计低于潜在产出3个百分点。在接下来的8年时间中，实际产出增长比潜在产出增长高5个百分点，因此在1999年，实际GDP估计高于潜在产出2个百分点。根据奥肯法则，失业率应该下降2.5个百分点（5/2），即下降到4.5%（7–2.5）。事实上，1999年的失业率为4.25%——一个非常准确的预测。这个例子说明，奥肯法则可以用来说明失业率变化与实际产出增长之间的关系。

奥肯法则的一个重要结论是实际GDP必须保持与潜在GDP同样快的增长，以防止失业率的上升。也即，GDP必须不断增长才能保证失业率停留在原地。如果你想让失业率下降，实际GDP的增长必须快于潜在GDP的增长。

> 奥肯法则揭示了产出市场和劳动市场之间极为重要的联系。它描述了实际GDP的短期变动与失业率变动的联系。

## 失业在经济学上的解释

失业原因从表面上看很清楚：过多的劳动力角逐过少的工作岗位，但这个简单的现象令经济学家们困惑了60年。经验表明，价格的上升或下降将会出清竞争市场。在市场出清的价格水平上，卖者所愿意卖的正是买者所愿意买的。但是，当许多医院招不到护士时，当成千上万的煤矿工人虽愿接受现行工资却找不到一个工作时，劳动市场的运行就受阻了。劳动市场不灵的类似征兆，在所有的市场经济中都能发现。

现在，我们转而对失业进行经济学分析。与研究其他经济现象时一样，我们当然希望能理解失业的原因。能否理解为什么在同一个经济周期内失业率竟会如此不同，为什么一些群体的失业率要会比其他群体高？我们将会发现，这种现象背后的原因在于劳动市场的种种不完善，还在于个人寻找工作的积极性。

### 均衡失业

我们从供给和需求的角度着手分析失业。首先，我

们考虑均衡失业。当人们跳槽或者离开劳动大军，也即自愿失业之时，**均衡失业**（equilibrium unemployment）就会出现。这有时也称作摩擦性失业，因为人们不可能在辞职以后立即找到另一份工作。比如，某个在汉堡店前台工作的人可能觉得工资太低，或者工作时间不太方便，于是辞职去找更好的工作。又如，一些人在离开学校以后可能不想立即开始第一份工作；一个刚生孩子的人可能会休三个月产假。这些人在权衡了自己对收入、工作性质、闲暇以及家庭责任等各种偏好之后，都选择了失业。

这样的失业就是均衡的，因为厂商和工人都在遵循自己的供给和需求表行事。在现有工资率和工作条件下，所有想要工作的人都得到了工作，而所有厂商在现有薪酬下也都雇到了所需要的工人，此时市场出清。当人们偏好生存状态、不偏好工作赚钱进而选定失业时，一些经济学家就将这些人定义为自愿失业人口。

图 15-6（a）中显示了均衡失业的情形，工人的劳动供给曲线为 *SS*。图 15-6（a）描述的是竞争性的供给和需求的一般情况，市场均衡点在 *E* 点，工资水平为 $W^*$。在竞争性的、市场出清的均衡水平，厂商愿意雇佣接受市场工资水平的合格工人，雇佣的数量由 *AE* 线代表。

然而，尽管市场达到均衡，仍有一些人虽然愿意工作，却要求有较高的工资。线段 *EF* 表示的这部分工人不愿在现行的市场工资率下工作，所以他们是失业人口。但这是均衡失业，因为他们是在给定市场工资率下，选择了不工作。

均衡失业的存在很容易令人产生一种误解：不同的人在寻找工作或尝试各种不同的工作时，失业是他们在那种情况下的一种有效率的（选择）结果。在现行工资

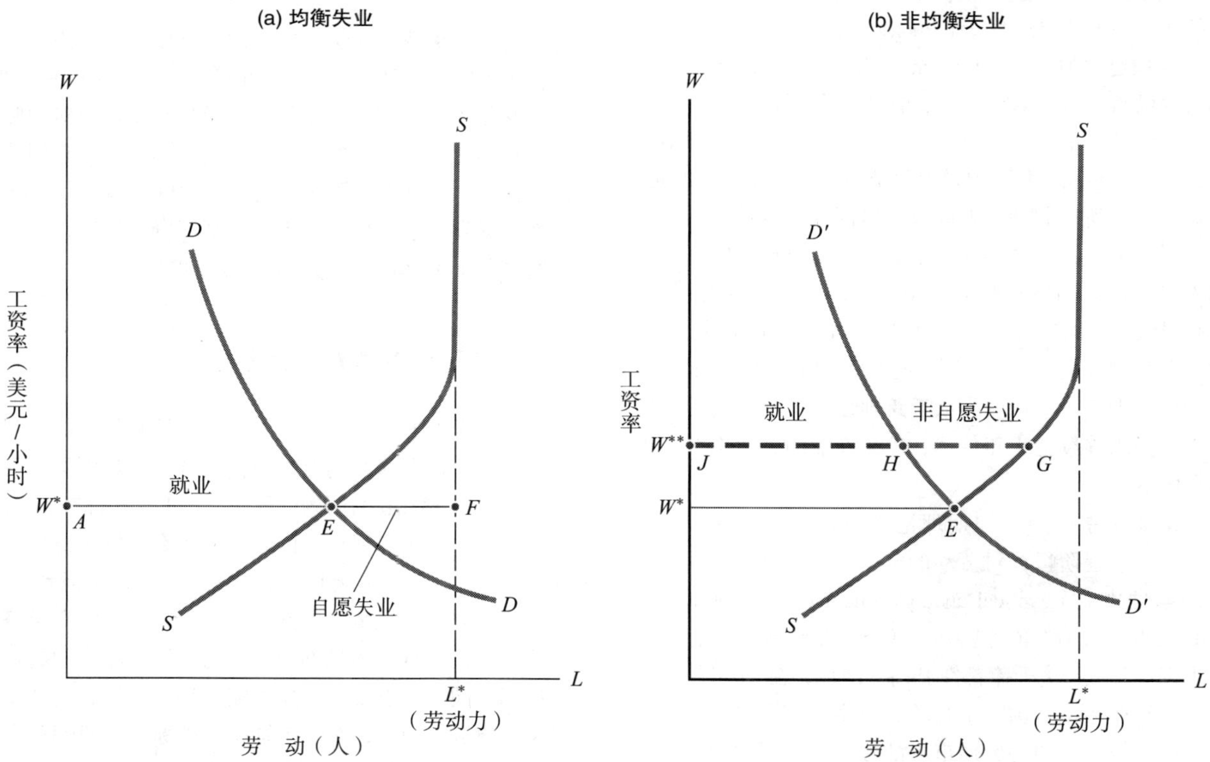


**图 15-6　均衡失业与非均衡失业**

使用微观经济学的供给—需求分析，我们可以对失业的不同类型加以描述。

图（a）显示了工资可变时市场出清的均衡状态。工资降到 $W^*$ 劳动市场出清，供给和需求平衡。所有的失业都是自愿的。

图（b）显示的是非均衡失业，工资具有粘性不能调节以出清市场。在 $W^{**}$ 的过高工资水平上，*JH* 个劳动力被雇佣，但 *HG* 数量的劳动力是非自愿失业的。

率下，自愿失业者可能更偏好闲暇或其他活动，而不是工作。他们可能属于摩擦性失业，也可能正在寻找第一份工作。他们可能是生产率较低的劳动力，相对于较低收入的工作，他们更愿意退休或享受失业保险。人们有无数的理由在现行工资率下选择不工作，但这些人中的一部分仍有可能被官方统计为失业者。

## 非均衡失业

再回去重温前面所引用过的三个工人的经历，在炼糖厂外的情形不可能是达到了均衡状态。这些失业者肯定不是那种想在工作价值和闲暇价值之间慎重权衡的人，也不像是为了能够找一份更好的工作而想要选择失业的人。确切地说，他们处于非均衡失业状态中。当劳动市场或者宏观经济运行不灵时，合格的劳动力在现行工资率下找不到工作，这时就会出现非均衡失业。非均衡失业的两个例子是结构性失业和周期性失业。

**结构性失业**（structure unemployment）的原因是劳动力的供给和需求不匹配。如果对一种劳动的需求上升，对另一种劳动的需求下降，而市场又未能及时地做出调整，则这种不匹配的情况就有可能发生。常见的情况是，产业的兴衰所引起的行业间或地区间的结构性失衡。举例来说，最近由于老年人口增加，美国对护士的需求急剧上升，但同期有经验的护士数量的增长却相对缓慢，于是导致这一时期护士严重短缺。等到护士的薪金上升、供给调整完成之后，这一结构性短缺才能得到缓解。与此相反，由于劳动和资本缺乏跨地区的流动性，对煤矿工人的需求连续几十年低迷，煤矿产业的失业率至今仍然高居不下。

正如凯恩斯经济周期理论中所描述的那样，在经济周期的衰退阶段，对劳动的整体需求下降时，就会出现**周期性失业**（cyclical unemployment）。举个例子，在2007~2009年的严重衰退中，每个行业和地区的劳动力需求都在降低，失业率都在升高。同理，在21世纪初长期经济扩张中，美国每个州的失业率都在下降。在不同案例中，经济周期对劳动市场的影响也是不同的，从就业增长的温和下降，到失业总数占总人口相当大的比例，不一而足。

理解非均衡失业的关键是劳动市场还没有达到供给和需求的均衡，如图15-6（b）所示。在这个例子中，我们假设工资在短期是刚性的，其初始水平为 $W^{**}$。因此，当劳动力需求下降到（b）中的 $D'D'$ 时，市场价格 $W^{**}$ 高于市场出清价格 $W^{*}$。

在过高的工资率下，寻找工作的合格工人的数量大于可提供的工作职位。愿意在工资 $W^{**}$ 下工作的工人数量是供给曲线上的 $G$ 点，而企业需要雇佣的数量则是需求曲线上的 $H$ 点。由于工资高出市场出清水平，于是出现劳动供给过剩。虚线 $HG$ 表示的失业者构成了非均衡失业人口。或者，可以把他们称为“非自愿失业者”，代表着那些愿意接受现行工资但却找不到工作的合格工人。

相反的情况是工资低于市场出清的工资水平。在这个劳动力短缺的经济里，雇主找不到足够的劳动力来填补现有的岗位空缺，于是，企业的窗口贴满了招工告示，报纸上或者求职网站Monster.com登着许多招工广告，企业甚至到其他的城镇去招募工人。

图15-7显示了美国在过去十年中职位空缺率和失业率。正如图15-6所示的粘性工资理论所预测的那样，这两条曲线是反向运动的。

***大学招生的例子*** 大学入学的例子可以说明因为价格不变，当短缺或过剩出现时所发生的调整。许多院校发现，最近几年入学申请人数增加了。学校是怎样应对的呢？是提高学费标准来遏制超额需求吗？不是的。它们的做法是提高入学标准，要求更高的中学成绩和统考（SAT）分数。提高要求和标准而不是提高工资和价格，恰恰是短期内企业在劳动供给过剩时所做出的反应。

## 刚性工资的微观经济基础

经济学家们研究了很多方法试图理解失业的微观经济基础。而这个问题仍然是现代经济学中最深奥难解的谜团之一。研究表明，问题的重点在于工资和价格的刚性。由此就引出了更深层次的问题：为什么工资和价格是刚性的？为什么工资不能上下浮动以便实现市场出清？

这些都是存在争议的问题。今天，几乎没有经济学家还会说，工资变动足够快捷，它可以消除劳动的短缺或过剩。同样，也没有谁能够完全理解工资、薪金反应迟滞的原因。因此，对于工资刚性的原因，我们最多只能提供一个尝试性的解释。

***拍卖型市场和管理型市场*** 在这里区分拍卖型市场和管理型市场可能会有所帮助。*拍卖市场*是一个有组织的竞争市场，这里的价格上下浮动以平衡供给和需求。例如，在芝加哥交易市场上，“堪萨斯城发货的第2号硬红麦”

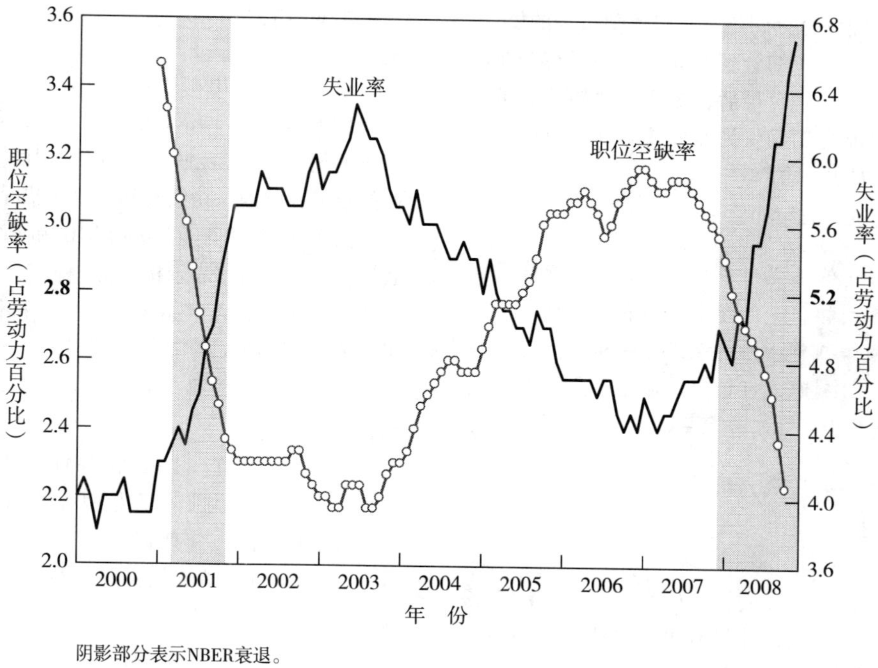


**图 15–7　职位空缺率和失业率**

职位空缺率和失业率在整个经济周期内是反向运动的。这是凯恩斯关于失业的粘性工资理论的一个重要预测。

资料来源：Bureau of Labor Statistics.

或“纽约发货的‘A’型烤焙鸡”的价格每分钟都在发生变化，以反映当时的市场情况。

拍卖型市场是例外。大部分商品和所有的劳动都是通过管理型市场来买卖的。无人能对劳工进行评级：这是“二等网页设计员”，那是AAA级经济学助教。也没有市场专家保证，在市场出清的工资水平上，所有工作岗位都找到了合适的雇员，而所有劳动力都得到了工作。

不仅如此，绝大多数企业确实在管理其工资与薪金，它们规定付酬标准并按新手水平的工资薪金率来雇佣劳动力。这些工资标准通常在一年左右是固定的。调整它们的时候，几乎所有其他种类的付酬标准都会相应地变动。例如，医院里每个等级的雇员今年都可以得到4%的加薪。有时，厂商可能会决定某些岗位的报酬多上升一些，另一些则少上升一些。在标准薪金制度下，企业很少能有充分调整的余地，即使在发现某个领域出现短缺或过剩的时候。

在工会化的劳动市场，工资模式就更为僵化。劳资合同通常以3年为期，工资水平在合同中事先确定。在合同有效期内，工资不会因特定工作出现劳动力短缺或过剩而进行调整。

***调节工资和价格的菜单成本***　工资和薪金刚性的经济原因是什么？很多经济学家都认为，刚性是由工资管理费用引起的，这又叫“菜单成本”。以工会工资为例，谈判一个合同是个漫长的过程，它不会带来产出，却需要投入许多的人员和管理时间。正因为集体谈判成本惊人，所以通常每隔3年才进行一次。

确定非工会工人报酬的成本比较少，但它仍要求投入宝贵的管理时间，而且对职工士气也会产生重要的影响。每次调整工资或薪金，甚至是附加福利发生变化时，先前的报酬协定也会随之变动。一些人员会感到这种变动不公正，另一些人则会抱怨做法不合理，从而引发不满情绪。

因此，人事经理往往喜欢采用这样的体制：工资不频繁变动，绝大多数工人以相同的幅度提升工资，而不管不同技能或工种的市场条件如何。这种体制也许是无效率的，因为它不允许充分调整工资以反映市场的供求。但这种方法却节约了宝贵的管理时间，有助于在企业内形成一种公正平等的意识。最后，更积极地招募雇员或调整招工条件，可能会比仅仅为雇佣几个新雇员而打乱企业现存工资结构要更加合算。

上述微观经济基础总结如下：

> 市场经济中的工资大多数都受到厂商或合同的管束。由于谈判和确定工资率成本较大，所以工资和薪金不会频繁调整。当粘性工资使得劳动力的供给或需求出现过剩时，市场的反应主要是改变雇佣劳动力的数量，而不是工资水平。

# 劳动市场问题

分析了失业原因后，我们转而研究今天的劳动市场所面临的主要问题。哪些群体最有可能失业？他们的失业会持续多久？如何解释国家间失业率的差距？

## 失业的是哪些人

通过比较产出高于潜在产出的年份（如 1999~2000 年）和严重衰退年份（如 1982 年），我们可以诊断劳动市场的情况。两者的差别可以表明商业周期如何影响失业的数量、原因、持续时间和分布状况。

由表 15-3 可见经济高峰年份和低谷年份的失业统计数据。前两列数字表示按年龄、种族、性别划分的失业率。这些数据表示，在衰退期间，每一群体的失业率都倾向于上升。后两列数字表示失业者总数如何分布于不同群体。应当注意在商业周期各阶段，各群体的失业分布变动相对较小。

请注意，不管是在经济高峰期还是在经济低谷期，非白人劳动力的失业率都是白人劳动力失业率的两倍以上。在 20 世纪 80 年代以前，女性失业率高于男性。但近 20 年来，性别造成的失业率差异已经微乎其微。由于面临更多的摩擦性失业，青少年失业率一般都高于成年人。

| 劳动力市场群体 | 不同群体的失业率（占劳动力的百分比）<br>低谷（1982 年） | <br>高峰（2000 年 3 月） | 总失业人口在不同群体中的分布（占失业总人数的百分比）<br>低谷（1982 年） | <br>高峰（2000 年 3 月） |
|---|---|---|---|---|
| 按年龄划分： | | | | |
| 16~19 岁 | 23.2 | 13.3 | 18.5 | 20.2 |
| 20 岁以上 | 8.6 | 3.3 | 81.5 | 80.0 |
| 按种族划分： | | | | |
| 白人 | 8.6 | 3.6 | 77.2 | 77.6 |
| 黑人及其他 | 17.3 | 7.3 | 22.8 | 22.4 |
| 按性别划分（只记成年人）： | | | | |
| 男性 | 8.8 | 3.8 | 58.5 | 50.5 |
| 女性 | 8.3 | 4.3 | 41.5 | 49.5 |
| **所有工人** | **9.7** | **4.1** | **100.0** | **100.0** |

**表 15-3　不同人口统计群体的失业情况**

由表可见，在经济高峰年份和低谷年份中不同群体的失业变动情况。前两列数字表示的是 1982 年和 2000 年的高峰每一群体的失业率。后两列数字表示各群体占总失业人口的百分比。

资料来源：U.S. Department of Labor, *Employment and Earnings*.

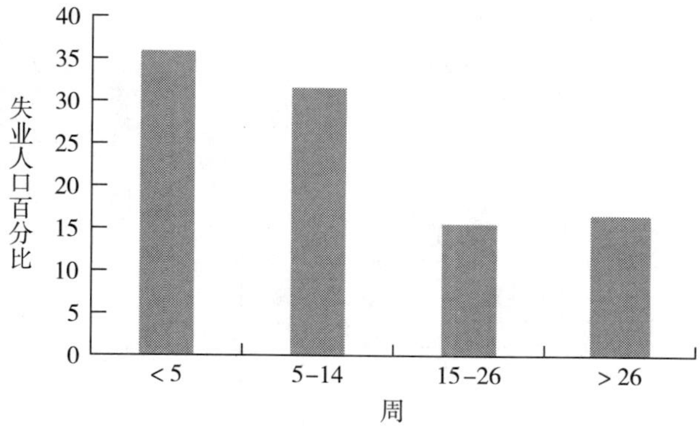


**图 15–8　2000~2007 年，美国失业的持续时间**

美国的大多数失业都是短期的。这说明美国大多数失业都是摩擦性失业，人们很快地从一份工作跳到下一份工作。

资料来源：Bureau of Labor Statistics.

## 失业持续时间

另一个关键问题是失业的持续时间。失业中有多少是社会所关注的长期性失业？有多少只是由于变换工作而形成的短期性失业呢？

由图 15-8 可见在充分就业的 2000~2007 年中失业所持续的时间。美国劳动市场有个令人吃惊的特征：很大一部分失业的持续期非常短。在 2003 年，大约 1/3 的失业的持续期少于 5 周，长期失业情况几乎很少。

由于较低的流动性和经济变动的法律限制较多，20 世纪 90 年代中期，欧洲长期失业人数占到了总失业人数的 50%。长期失业成了一个突出的社会问题，这是因为失业数月以后，家庭可支配资源（储蓄、失业保险和家庭成员之间的亲情等）将会被消耗殆尽。

## 无业可就的根源

人们为什么失业？图 15-9 说明的是在衰退的 1982 年和充分就业的 2000 年失业者对其失业原因所做的回答。

有些人失业是因为居住地发生了变化，或进入了不同的生活阶段——迁居、首次跨入劳动力行列等，从而引发了摩擦性失业。在商业周期中，失业率的变动主要源于失去工作的人数的增加。这一根源在衰退时期变得极为重要，其原因有二：首先是丧失工作的人数的增加，其次是找到新工作需要更长的时间。

## 由年龄造成的失业

失业在生命周期内是如何变化的？青少年在任何人口统计的群体中通常都有最高的失业率，而非白人青少年的失业率近年来竟高达 30%~50%。这种失业是摩擦性的、结构性的，还是周期性的呢？

最新证据表明，青少年，特别是白人青少年的失业中有很大一部分是摩擦性失业。青少年在劳动力范畴的边缘频繁地进出。他们能很快得到工作，但又经常变换工作。他们的平均失业持续期仅仅是成年人的一半。与之形成对照的是，成年人一般的平均工作时间长度是青少年的 12 倍。在绝大多数年份里，一半的青少年失业者是以前从未参加过有偿工作的“新手”。所有这些因素都提示我们，青少年失业在很大程度上是摩擦性的。这说明，寻找和换工作对于青少年发现自己的技能特长和了解工作到底是怎么回事是必要的。

但青少年最终能学会有经验的劳动者的工作技能和工作方法。中年人的失业率比青少年要低得多，其原因是他们有经验并受过培训，对全职工作有更强烈的愿望和需求。

***少数族群青少年的失业***　大量证据表明，白人青少年失业主要是摩擦性的，但美国黑人青少年的劳动市场境况却大为不同。二次大战结束后 10 年内，黑人青少年劳动市场的有关统计数据与白人青少年的大致相同，失业率与劳动力参与率都相同。但此后，黑人青少年相对于其他种族青少年的失业率在上升，而劳动力参与率则下降。到 2008 年，黑人青少年（16~19 岁）的就业率仅为 20%，而白人青少年的就业率为 35%。

是什么原因造成少数族群青少年与其他群体有这样大的差别呢？一种解释认为可能是市场因素（如岗位构成和工作场所）的作用，市场一般对黑人劳动力较为不利，但这并不能说明全部的问题。尽管成年黑人劳动力一直承受着比成年白人劳动力更高的失业率（因为教育水平较低，与能提供工作机会的人接触少，在职培训机会较少，以及种族歧视等原因），但黑人成年人相对于白人成年人的失业率自二次大战以来一直没有增长。

经济学家针对黑人青少年失业率上升的根源做过大量的研究，但都未能对这一趋势做出过清楚的解释。一个可能的根源是种族歧视，不过，黑人与白人失业率差距的扩大必须由种族歧视的加剧来解释，包括在对少数族群工人的法律保护已经得到加强的条件下。另一种理论认为，伴随着附加福利成本的不断升高，过高的“最

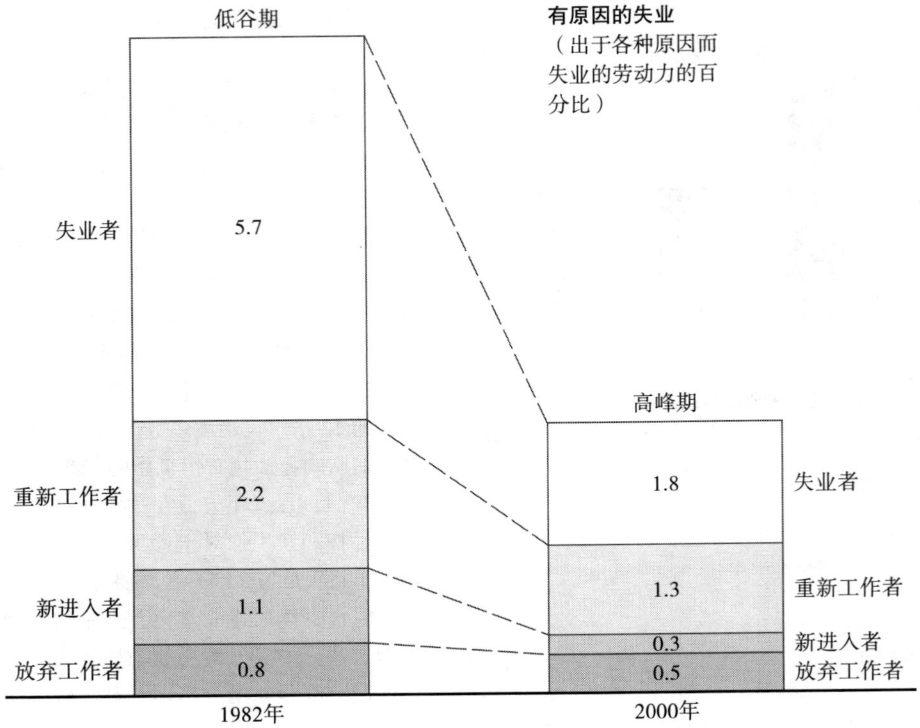


**图 15-9　1982 年和 2000 年由于各种原因失业的分布**

人们为什么失业？在充分就业的2000年，自己离开工作而失业的人非常少，且仅有近2%的新进入者（比如刚毕业的大学生）或重新进入者（早先离开就业行列，现在又回来寻找工作的人）进入劳动力市场。从经济高峰期到低谷期，失业的主要变化是失业者的数量。从 1982 年到 2000 年，失业者所占比例从 5.7% 下降到 1.8%。

资料来源：Bureau of Labor Statistics, at *www.bls.gov/data*.

低工资”往往将劳动生产率低的黑人青少年抛入失业队伍。

青少年高失业率是否会对劳动市场造成长期损害，即伴有永久性的低技能和低工资率呢？这是需要进一步研究的课题。初步的答案是肯定的，特别对少数族群青少年更是如此。看来，如果青少年未能具备适当的工作技能和工作态度，那么随着年龄增长，只能获得较低的工资并且会有更高的失业率。这一发现表明，公共政策的一个重要任务，就是提出能降低少数族群青少年失业率的计划。

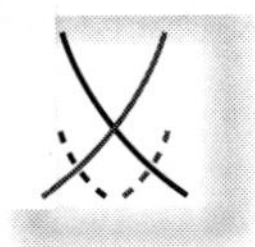

### 欧洲和美国的失业率变动趋势

近些年来，美国和欧洲的失业率呈现出不同的发展趋势。直到 20 世纪 70 年代欧洲遭受供给冲击之前，其失业率一直都很低，而从那以后，欧洲的失业率就开始走高。在过去的 25 年里，美国的失业率一直比欧洲国家的要低。图 15-10 显示的是这两个地区失业的历史概况。

如何解释两地劳动力市场的差别呢？部分原因可能在于两地宏观经济政策不同。近一个世纪里，美国只有一个中央银行，即联邦储备系统，它严格监控着美国经济。当失业率升高的时候，美联储就会降低利率，刺激总需求和提高产出，并防止失业率上升。

欧洲的中央银行在历史上就很脆弱。直到 1999 年，

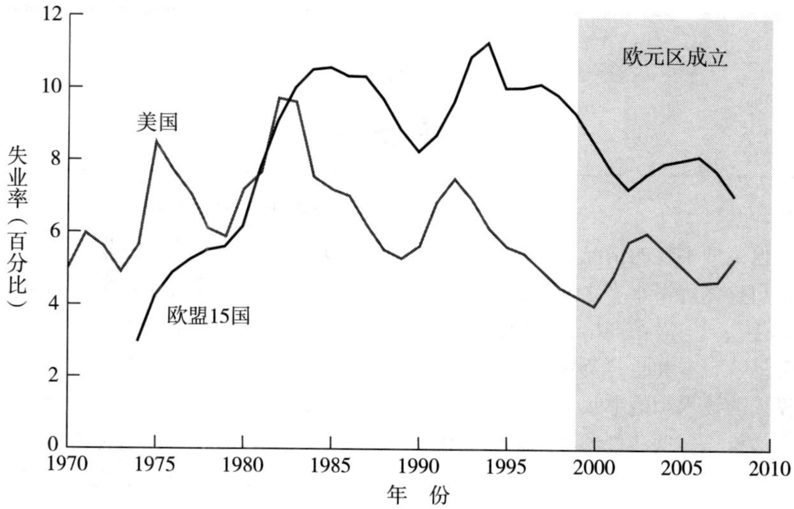


**图 15-10　美国与欧洲的失业**

近 20 年来，美国的失业保持在较低的水平，而欧洲的失业则呈现急剧上升的趋势。很多人相信失业率上升是由于劳动市场的刚性，而另外一些人则认为应该归咎于无条理的货币政策。自从 1999 年引入欧元并成立了统一的欧洲中央银行以来，欧洲失业率已经逐渐在下降了。

资料来源：U.S. Department of Labor, the OECD, and Eurostat. Data are for the EU 15 countries.

欧洲还是各国的"邦联"，这些国家的货币政策主要由德国的中央银行，即德意志联邦银行所主导。德意志联邦银行是完全独立的，其目标是维持德国的物价稳定。如果情况像 1990 年德国重新统一时那样，欧洲其他地区失业率高涨，德国的通货膨胀率上升，则德意志联邦银行就会提高利率。这势必就会抑制产出，同时使那些与德国货币政策保持一致的国家的失业率也随之上升。你能从图上看出 1990 年后欧洲失业率的上升情况。

欧洲失业的第二个特征是结构性失业明显上升。欧洲是福利国家的诞生地，德国、法国、瑞典等国都有慷慨的法定福利计划、失业保险、最低工资以及对工人工作的保护政策。这些政策使工人有更强的讨价还价能力，而且更容易倾向于将时间用在非工作方面，因而会导致实际工资上升。那些享受各种福利或失业津贴的个人，很可能成为自愿失业者，但在实际统计中却被当做失业者。美国没有如此慷慨的失业补贴和福利计划。

有无医治欧洲高失业水平的灵丹妙药呢？一些经济学家强调应该降低劳动市场的壁垒，并降低社会福利。另外一些经济学家相信，统一后的欧洲中央银行能在整个地区更好地保持总供给与总需求之间的平衡（回忆第 14 章中讨论的欧洲货币联盟）。自 1999 年引入欧元之后，尽管欧洲失业率仍然高于美国，但似乎已经有所降低了。

# 总结提要

## A. 总供给的基础

1. 总供给描述的是在其他条件不变的情况下，所有企业愿意提供的产出总量与整体价格水平之间的关系。构成总供给基础的因素是：(a) 潜在产出，它取决于一国经济中可利用的劳动、资本和自然资源等投入的数量，以及使用这些投入的技术和效率水平；(b) 投入成本，比如工资和石油价格，这些基础性因素的变化将会使 *AS* 曲线发生移动。
2. 分析 *AS* 的关键在于必须区分长期和短期。在短期，考察的是几个月到几年的经济周期内的经济行为，所涉及的是短期总供给表（曲线）。短期内，价格和工资是刚性的。因此，随着商品与服务产出量的增加，价格也相应升高。这将体现为一条向上倾斜的 AS 曲线。对短期的供给和需求的分析，应用于凯恩斯学派对经济周期的研究。
3. 所谓的长期，指的是与经济增长相关联的时期。在长期内，大多数周期性因素的影响会减弱。在长期中，价格和工资可以完全灵活地变动。产出由潜在产出水平决定，而与价格水平无关。长期总供给曲线是垂直的。对长期总供给和需求的分析应用于古典学派对经济增长的研究。

## B. 失　业

4. 政府每月通过对人口样本的调查来统计失业、就业和劳动力状况。有工作的人被归入就业一类；没有工作而正在寻找工作的人即为失业；没有工作也没有寻找工作的人则不属于劳动力范围。
5. 在商业周期中，产出和失业率的运动有着明确的联系。根据奥肯法则，实际 GDP 相对潜在 GDP 每下降 2%，则失业率上升 1%。这一法则在把 GDP 的周期运动换算为它们对失业的影响时十分有用。
6. 经济学家把失业分成均衡失业和非均衡失业。当人们跳槽或者离开劳动大军时，均衡失业就会出现。均衡失业又称为摩擦性失业。
7. 当劳动市场或者宏观经济运行不灵时，合格的劳动力在现行工资率下找不到工作，这时就会出现非均衡失业。非均衡失业的两个例子是结构性失业和周期性失业。结构性失业的产生是由于工作者处在持续衰退的地区或产业中，而这种持续衰退是由于劳动市场失衡或实际工资率较高造成的。周期性失业是指工作者因整个经济形势的下滑而遭到解雇。
8. 对失业根源的研究已经成为现代宏观经济学中一个主要挑战。这里主要强调的是：由于工资的缓慢调整造成了单个劳动市场过剩（失业）或不足（职位空缺），从而出现了非自愿失业。如果刚性工资高于市场出清水平，则一部分劳动力会就业，而其他一些合格的人却找不到工作。
9. 薪酬体系的管理费用是造成工资刚性的原因。对应于市场条件的报酬水平的频繁调整需要占用过多的管理时间，这会扰乱工人的公平感，逐渐损害工人的士气和生产率。
10. 仔细考查失业统计资料可以揭示其中的一些规律性：
    a. 衰退会影响各个劳动群体，无论是非熟练工还是熟练工，或者那些受教育水平很高的人。
    b. 美国的失业中有很大一部分是短期性的。但在长期而严重的经济衰退之中，平均的失业持续期会急剧地上升。
    c. 在大多数年份中，失业的很大一部分原因与简单的人员流动或摩擦性原因有关，如人们首次进入或重新进入劳动力行列。仅仅在衰退时期，失业群体才主要是由失去工作者构成。
    d. 欧洲和美国失业率的差距反映了他们的结构性政策及货币管理的有效性。

## 概念复习

**总供给的基础**

总供给，*AS* 曲线

构成和影响 *AS* 曲线移动的因素

总供给：潜在产出和生产成本的作用

短期 *AS* 曲线与长期 *AS* 曲线

**失 业**

人口状况：

失业者

就业者

劳动力

非劳动力

失业率

奥肯法则

均衡失业与非均衡失业

刚性工资，失业，职位空缺

## 补充读物和互联网站

### 补充读物

The quotations in the text are from Studs Terkel, *Hard Times: An Oral History of the Great Depression in America* (Pantheon, New York, 1970) for the Great Depression; Harry Maurer, *Not Working: An Oral History of the Unemployed* (Holt, New York, 1979) for the construction worker; and *Business Week*, March 23, 1992, for the corporate manager.

### 互联网站

Analysis of employment and unemployment for the United States comes from the Bureau of Labor Statistics, at *www.bls.gov.* Statistics on unemployment in Europe and other OECD countries can be found at *www.oecd.org*. The BLS site also has an online version of *The Monthly Labor Review* at *www.bls.gov/opub/mlr/mlrhome.htm,* which is an excellent source for studies about employment, labor issues, and compensation. It contains articles on everything from "The Sandwich Generation" (*www.bls.gov/opub/mlr/2006/09/contents.htm*) to an analysis of the effect of going to war on labor market performance (*www.bls.gov/opub/mlr/2007/12/contents.htm*).

## 问题讨论

1. 详细说明总供给曲线的含义。区分沿着曲线的变动和曲线本身的移动。什么因素有可能通过沿着 *AS* 曲线的变动而增加产出？什么因素能够通过移动 *AS* 曲线而增加产出？
2. 绘制一个类似于表 15-1 的表，列举将会引起总供给下降的事件。（运用你的想像力，不要简单地使用原表中的例子。）
3. 假设其他条件不变，下列各项在长期内和短期内会对 *AS* 曲线产生什么样的影响？
   a. 潜在产出增长 25%。
   b. 由于石油供给固定，而来自中国和印度的石油需求上升，使得石油价格增加一倍。
   c. 消费者变得悲观进而会提高储蓄率。
4. 假定失业率为 7%，GDP 为 4 万亿美元。如果非加速通货膨胀的失业率为 5%，粗略估计一下潜在 GDP 是多少？假设潜在 GDP 每年增长 3%，两年后潜在 GDP 将是多少？要跟上潜在 GDP 的增长，未来两年 GDP 的增长速度应是多少？
5. 下列各种人的劳动力状况是什么？
   a. 一位在寻找第一份工作的青少年。
   b. 一位被解雇的汽车工人，他愿意工作，但对能找到工作或重返工作岗位已不抱希望。
   c. 一位退休者迁往佛罗里达，他阅读招聘广告，希望找一份兼职工作。
   d. 一位有兼职工作的家长，他想找一份全职工作，但没有时间去寻找。
   e. 一位教师有工作，但病情太重不能去上班。
6. 劳工部为了解释其程序，给出了以下的例子：
   a. "琼告诉采访者，她已经填好 3 家公司的暑期工作申请表格，然而现在还是 4 月，她不想在 6 月 15

日以前开始工作，因为她还要上课。虽然琼采取了具体行动去找工作，但由于她目前不能上班，她仍不属于劳动力范围。”

b. “詹姆斯和爱丽斯在杰非逊中学上学，詹姆斯课余时间在北极星咖啡馆打工，爱丽斯也在同样的机构寻找兼职。詹姆斯的工作优先于他的非劳动力行为——上学，而那时爱丽斯在找工作，于是詹姆斯被算做就业而爱丽斯则是失业。”

解释这两个例子。对你的同学进行调查，使用上面的例子，将他们的劳动力状况归为就业、失业以及非劳动力范围。

7. 假设国会正在考虑最低工资法，要让最低工资高于使青少年劳动市场出清的水平，但低于使成年人劳动市场出清的水平。请用供给—需求图表明这一最低工资对两组工人的就业、失业和收入的影响。失业是自愿的还是非自愿的？如果要你对这一措施表明看法，你会有什么建议？

8. 一个青少年夏季失业 1 个月，一个户主失业 1 年，你认为哪个经济损失或个人压力较大？你认为这意味着应对这两个群体采取不同的公共政策吗？

# 通货膨胀　第 16 章

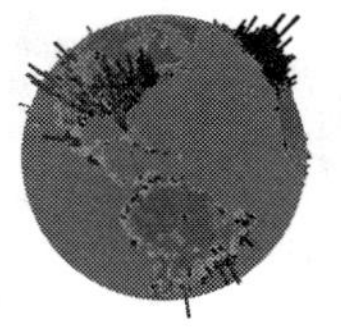

据说列宁曾断言，捣毁资本主义制度的最有效办法就是破坏它们的货币。不断地借助通货膨胀，政府就可以秘而不宣地没收其公民的大部分财产。

——凯恩斯

在过去 25 年的大部分时间里，美国成功地保持了稳定的低通胀率。这主要是由于货币政策和财政政策的实施，成功地将产出保持在过度通胀和严重衰退的夹缝之中，而控制物价的经验以及适度上涨的工资也都有助于加强这些政策的效果。

在通货膨胀方程式中，现在应该新增加一项，即不断增长的生产的“全球化”。美国越来越密切地融入到了世界市场之中。美国的国内企业发现，它们在制定价格时要受国际市场上竞争对手的价格限制。

即使国内服装与电子产品销售正旺，国内企业也不敢贸然提高价格，唯恐被其他国外生产商趁机抢占市场，使自己失去先前的市场份额。

21 世纪是一个价格动荡的时期。在第一个十年的前期，通货膨胀从长期的休眠中苏醒。物价水平迅速上涨，尤其在石油和食品价格的刺激下。然后，始于 2007 年的急剧衰退又导致了商品价格的急剧下跌，各国经济又转而面临通货紧缩的危险。

什么是宏观经济中通货膨胀的动因和趋势？为什么通货紧缩会给政策制定者带来那么严峻的挑战？本章拟探讨通货膨胀的含义及其决定因素，并讨论有关重要的公共政策问题。

## A. 通货膨胀的定义及影响

### 什么是通货膨胀

在第 5 章我们介绍了一些重要的价格指数并定义了通货膨胀。尽管如此，我们在这里还是有必要重复一下基本定义。

> 当价格水平普遍上涨时通货膨胀就会发生。今天，我们用价格指数，即成千上万种产品的加权平均价格来计算通货膨胀。消费者价格指数（CPI）是以某年的价格水平为基准来衡量市场上一揽子消费品和服务的成本。GDP 紧缩指数就是 GDP 所有不同组成部分的价格。
>
> 通货膨胀率即价格水平变动的百分比：
>
> $$t\text{ 年的通货膨胀率} = 100 \times \frac{P_t - P_{t-1}}{P_{t-1}}$$

如果你还不太清楚通货膨胀的定义，请复习第 5 章的内容。

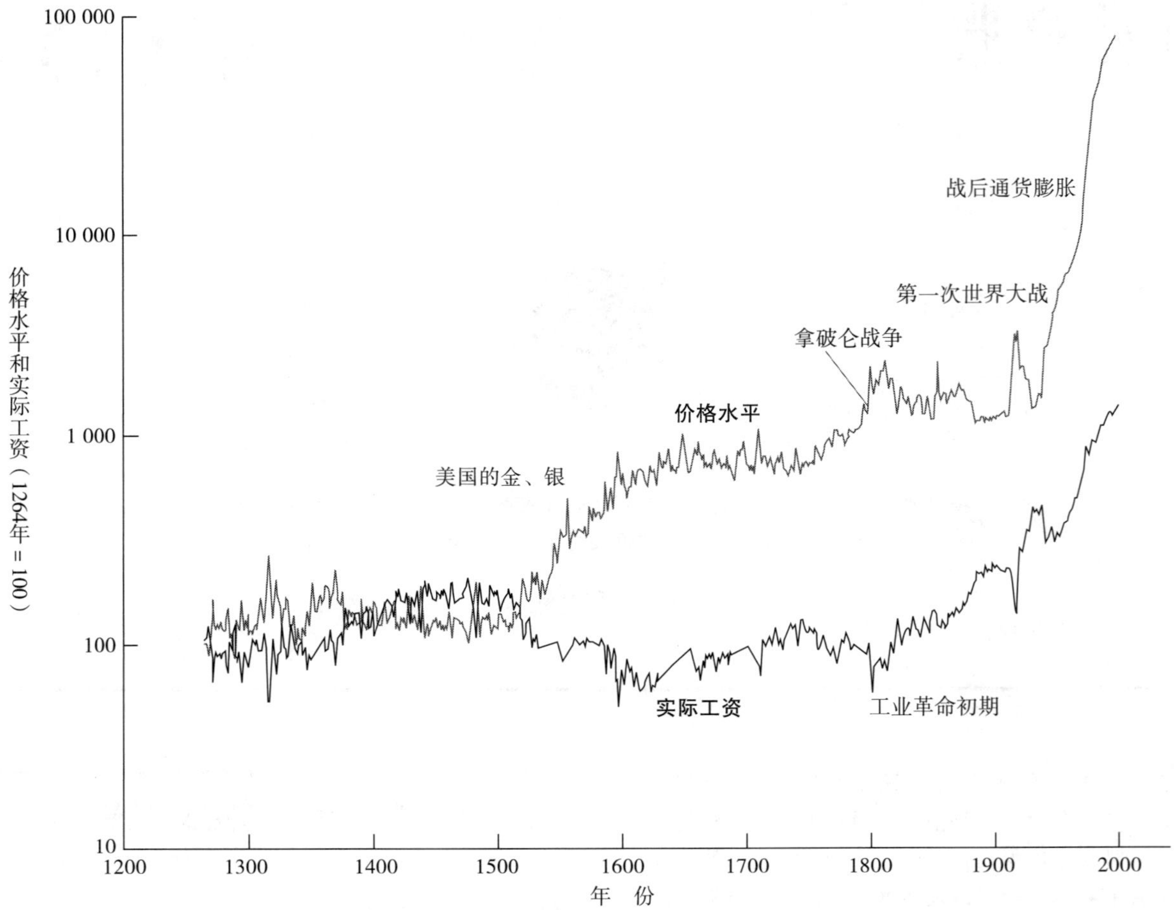


**图 16–1 1264~2007 年英国的价格水平和实际工资（1270 年 =100）**

由图可见自中世纪以来英国的价格和实际工资水平变动的历史。在早期，价格的上涨与货币供给的增长相联系，诸如新大陆财富的发现与拿破仑战争时期货币的印制密切地联系在一起。注意，实际工资曲线在工业革命前是弯弯曲曲的。自工业革命之后，实际工资一直呈迅速、稳定的上升趋势。

资料来源：E.H. Phelps Brown and S.V. Hopkins, *Economica*, 1956, updated by the authors.

## 通货膨胀的历史

通货膨胀与市场经济一样的古老，图 16-1 描绘的是 13 世纪以来英国价格变动的历史。图中上面一条曲线表示价格水平在这么长的时期内一直呈现持续上升的趋势，下面一条曲线表示实际工资（工资率除以消费者价格指数）的变动情况。到工业革命之前，实际工资曲线总是忽上忽下的。比较这两条曲线可以看出，通货膨胀不一定伴有实际收入的下降。该图还说明，大约自 1800 年以来，实际工资一直在稳步上升，到现在已增长了 10 倍以上。

图 16-2 着重描述了自独立战争以来美国消费价格的变动情况。直到第二次世界大战，美国一直使用金银复本位制，消费价格的变动都很有规律：各种价格在战时上涨，在战后经济萧条时回落。但是，第二次世界大战之后，美国消费价格的变动态势发生了明显的变化。价格和工资之车仿佛驶入同一条单行道，呈现出只升不降的趋势。在经济扩张时期它们迅速上升，而在经济衰退时它们却只是上升得稍慢一些。

图 16-3 表示在过去的半个世纪里用消费者价格指数计量的通货膨胀。你可以看到近些年，通货膨胀在狭窄

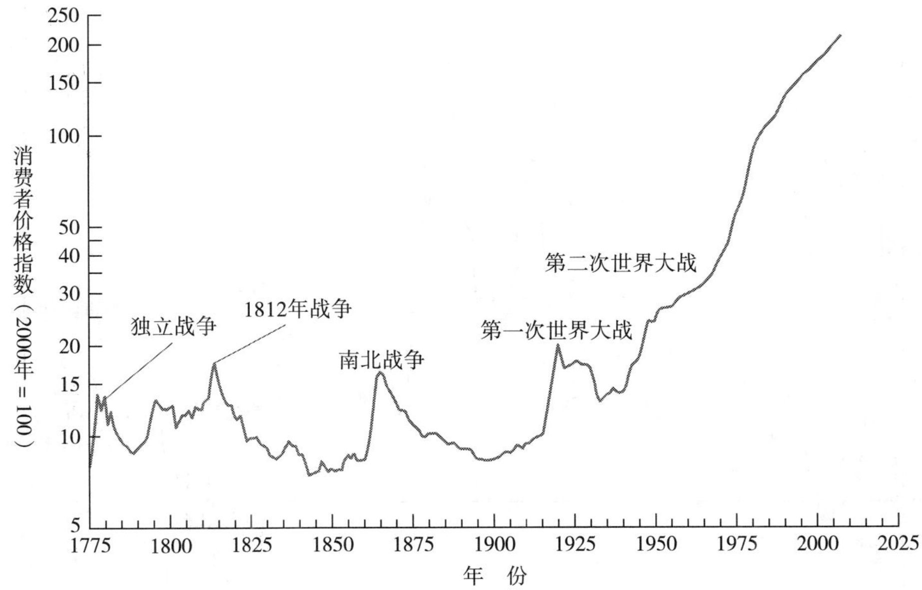


**图 16–2　1776~2008 年美国的消费者价格**

在第二次世界大战之前，价格波动并不规律——在每次发生战争时上涨，随后又逐渐下降。但自此以后，无论是国内还是国外，价格上涨的趋势一直持续不变。

资料来源：U. S. Department of Labor, Bureau of Labor Statistics for data since 1919.

的范围内变动，波动的原因主要是食品和能源价格的不稳定。

## 通货膨胀的三种类型

通货膨胀像疾病一样也会表现出不同的严重程度。因此，有必要将其分成三种类型，即低通货膨胀、急剧通货膨胀和恶性通货膨胀。

***低通货膨胀***　低通货膨胀的特点是，价格上涨缓慢且可以预测。我们也许可以将其定义为年通货膨胀率为一位数的通货膨胀。此时物价相对来讲比较稳定，人们对货币比较信任，因为这些钱的价值在一个月或一年当中不会有很大变化。人们会很愿意签订以货币形式表示的长期合同，因为他们相信自己买卖的商品的相对价格变动不会太离谱。大多数国家在过去的 10 年里都经历过低通货膨胀。

***急剧通货膨胀***　当价格总水平以每年 20%、100% 甚至 200% 的 2 位数或 3 位数的速率上涨时，这种通货膨胀便称为**急剧通货膨胀**（galloping inflation）或者称为高通货膨胀。急剧通货膨胀相对普遍，尤其是在那些政府软弱、遭受战争或者暴发革命的国家。许多拉丁美洲国家，例如阿根廷、智利和巴西，在 20 世纪 70 年代和 80 年代，年通货膨胀率就曾高达 50%~700%。

这种急剧通货膨胀局面一旦形成，便会出现严重的经济扭曲。一般地说，大多数经济合同都会用某种价格指数或某种外币（如美元）来加以指数化。在这种情势下，货币贬值非常迅速，所以人们仅在手中保留最低限度的货币以应付日常交易所需。随着资本逃向国外，金融市场逐渐消亡。人们囤积商品，购置房产，而且绝对不会按照很低的名义利率出借货币。

***恶性通货膨胀***　存在急剧通货膨胀的经济似乎还可以生存下去，但是，当**恶性通货膨胀**（hyperinflation）像癌症一样袭来的时候，这致命的第三种通货膨胀便会使整个经济窒息。在这种局势下，各种价格以每年百分之一百万甚至百分之万亿的惊人速率持续上涨，经济势必变得一无是处。

正在学习通货膨胀的学生对恶性通货膨胀也许会特

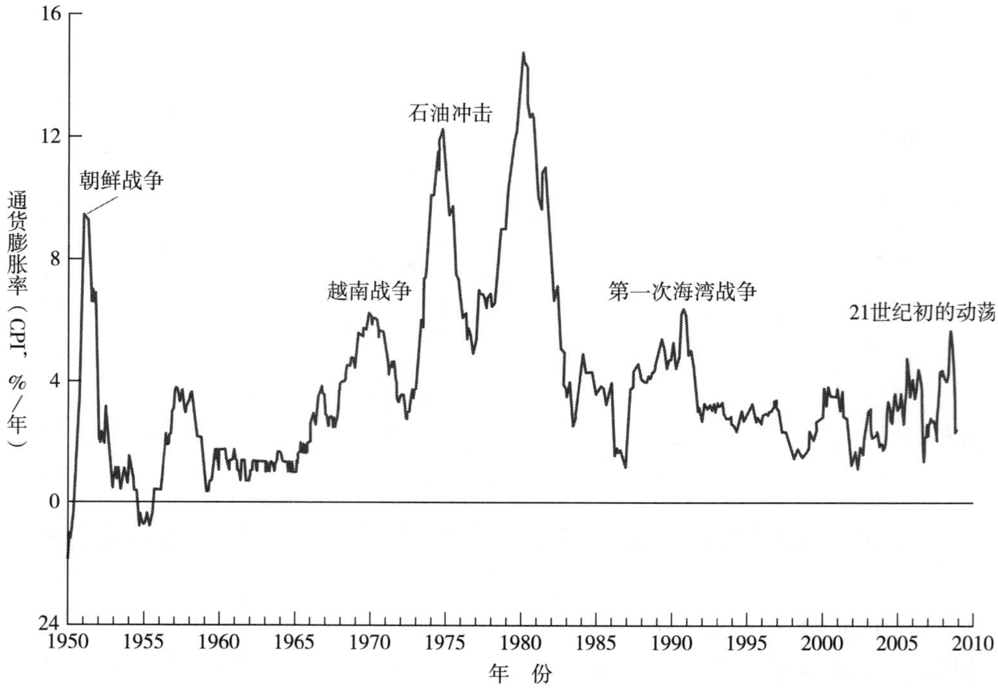


**图 16-3 通货膨胀在近些年一直保持着稳定的低水平**

在历史上，美国的通货膨胀率一直很不稳定，20 世纪 80 年代初的通货膨胀率曾达到令人难以接受的高水平。在过去的 10 年里，美联储采取了巧妙的货币管理政策，再加上有利的供给冲击，使通货膨胀保持在了较低的狭窄范围内。

资料来源：Bureau of Labor Statistics, *www.bls.gov*. 该图显示的是消费者价格指数的通胀情况。该图给出了前 12 个月的通胀率。

别有兴趣，因为在这种情况下更能看清通货膨胀的灾难性的影响。下面一段话描述的是南北战争时期，南方邦联所发生的恶性通货膨胀的情况：

> 过去我们一般都在兜里装着钱去商店购物，将买到的食物装在篮子里带回来。而现在我们是用篮子装钱，再用衣兜装回所买的食品。除了纸币以外，一切都十分缺乏！物价一片混乱，生产也一塌糊涂。以前一次餐费的价钱和一张歌剧票差不多，可现在却几乎是原来的 20 倍。每个人都在囤积“东西”，并尽力抛掉“不值钱”的纸币，这就将“值钱”的金属货币赶出了流通领域。结果，人们的生活部分地退回到极不方便的物物交换时代。

记载最全面的恶性通货膨胀发生在 20 世纪 20 年代的德意志魏玛共和国。图 16-4 所示的是当时该国政府如何开动印钞机，从而将纸币发行数量和物价都推到了天文数字的水平。从 1922 年 1 月到 1923 年 11 月，魏玛共和国的价格指数从 1 上升到 10 000 000 000。假如某人在 1922 年初拥有一张价值 3 亿元的德国债券，那么两年之后，这些钱连一小块糖都买不到。

研究发现恶性通货膨胀具有几个共同的特征。首先，对货币的实际需求（用货币存量除以价格水平来计算）急剧下降。在上述德国恶性通货膨胀末期，实际货币需求只是两年前的 1/30。人们实际上是在忙着抢购，像扔掉烫手的土豆似的急匆匆地抛出自己的货币，以免进一步遭受货币贬值的损失。其次，相对价格变得极不稳定。在正常时期，个人每月实际工资的变动仅为 1% 或更小。但在 1923 年，德国人每月实际工资平均变动 1/3（上升或下降）。相对价格和实际工资的这种变动是非常大的，加之由这些波动所造成的分配不公和经济扭曲，势必给

德国恶性通货膨胀

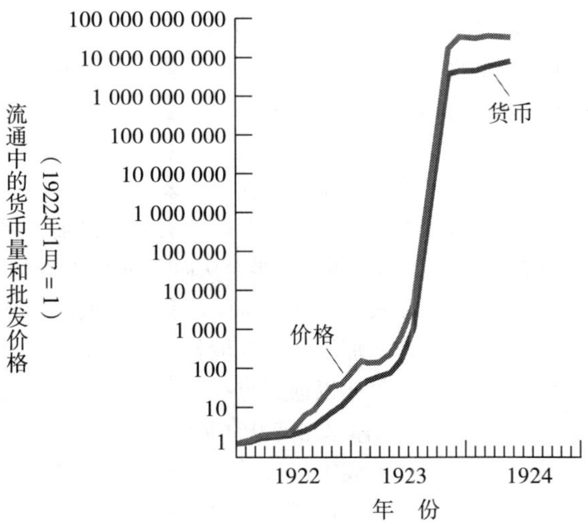


**图 16–4　1922~1924 年德国的货币和恶性通货膨胀**

在 20 世纪 20 年代初，德国无法征收到足够的税款以偿还政府债务，于是政府便印刷纸币。从 1922 年 1 月到 1923 年 12 月，货币发行量以惊人的速度增长。当国民在贬值前发疯似地抛出纸币时，价格也就不断地盘旋飞涨。

工人和企业造成巨大的损失，从而也体现出通货膨胀的高昂代价之一。

通货膨胀的影响曾被凯恩斯精确地表述为：

> 当通货膨胀来临时，货币实际价值每月都产生巨大的波动，所有构成资本主义坚实基础的、存在于债权人和债务人之间的永恒关系，都变得扭曲，甚至几乎完全失去意义，获得财富的途径退化到依靠赌博和运气的境地。

## 可预期的通货膨胀和不可预期的通货膨胀

分析通货膨胀时，价格增长可否预期是区分通货膨胀的一个显著标志。假定所有价格每年上涨 3%，且每个人都预期这种趋势会持续，那么通货膨胀还会令人感到措手不及吗？假如每年实际的和预期的通货膨胀率都是 1%、3% 或 5%，那么情况又有什么区别呢？经济学家们通常认为，预期到的温和的通货膨胀对经济效率或是对收入和财富的分配几乎没有什么影响，变动的价格仅仅成为人们调整自己行为的标准。

事实上，通货膨胀却往往是不可预期的。举个例子来说，俄国人在过去几十年间都习惯于稳定的价格，当 1992 年物价突然放开时，没有人能预测未来 5 年内价格会上升 40 000%，甚至经济学专家也无法做到这一点。那些天真地将钱存入储蓄账户的人们，眼睁睁地看着自己的财富缩水。富有经验的人们操纵了整个体系，一些人甚至变成了富甲一方的寡头。

在物价更稳定的国家，如美国，不可预期的通货膨胀的影响就没那么严重，但是本质是一样的。价格不可预期地上升会使某些人变穷，也会使另一些人变富。这种再分配的代价如何呢？或许已不能用“成本”来反映了。因为它对社会的影响可能远大于对经济的影响。一系列的盗窃案可能不会使 GDP 水平降低，但却会带来严重的混乱。同样，由于通货膨胀随机地重新分配财富，就好比强迫人们去玩他们本想竭力避免的彩票赌博一样。

### 通货紧缩的困境

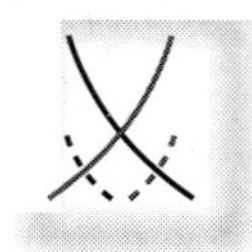

若通货膨胀是如此之坏，则社会是否应该努力去追求通货紧缩，即价格实际上在下降而不是在上升？历史经验和宏观经济学分析表明，通货紧缩和低利率也会导致宏观经济运行困难重重。

普通的通货紧缩自身并不特别有害。通货紧缩之所以会引发经济问题，是因为它会导致货币政策变得无效。

正常地，如果价格水平因为衰退而开始下跌，则中央银行可以通过增加银行储备金和降低利率来刺激经济发展。但是，如果价格水平下降得很快，那么真实利率会变得相对较高。举例说，如果名义利率是 0.25%，价格水平每年下降 3.75%，那么真实利率是每年 4%。面对如此之高的真实利率，投资就会减少，从而会导致经济衰退。

中央银行有可能决定降低利率来刺激经济。但是名义利率的下限是零。为什么是这样呢？因为当利率为 0 时，债券实际上就是钱，这时人们几乎不愿意持有负利率的债券，此时货币的利率为 0。如果中央银行把利率降低到零，则真实利率仍将是每年 3.75%，这个利率水平还是很高，仍然不能刺激经济发展。于是中央银行便陷入了一个被称作“**流动性陷阱**”的泥沼中，它不可以再降低短期利率。此时，中央银行调节经济的武器库已近乎弹尽粮绝。

通货紧缩在 19 世纪和 20 世纪早期经常发生，但是到了 20 世纪晚期就已大幅度减少了。不过，在 20 世纪

90 年代晚期，日本曾进入持续性的通货紧缩时期。部分原因在于资产价格尤其是土地和股票价格的急剧下跌和长期的经济衰退。日本的短期利率在 2000 年之后实际上为零。例如，在 2003 年中期，1 年期银行存款的收益率是每年 0.032%。日本银行在通货紧缩和零利率面前显得束手无策。

美国在 2008 年年底以前陷入了流动性陷阱。从 2008 年年底到 2009 年初，美国的短期无风险债券（如 90 天国债）的利率一度跌至千分之一以下。在这种情况下，许多经济学家认为，美联储已经“弹尽粮绝”，即没有降低短期利率的空间了。

有没有对通货紧缩和流动性陷阱的补救措施？正如 2009 年初由奥巴马新政府提出的大规模财政刺激计划所强调的，一个解决方法是利用财政政策。财政刺激会提高总需求，并且不会产生高利率水平所带来的危害。

正如第 10 章讨论过的，货币政策也可以扩大它的工具使用范围。例如，美联储可以尝试降低长期利率或者降低风险资产的溢价，但这些措施是很难实施的。许多经济学家认为，最好的反流动性陷阱的防卫措施是有效的进攻。政策制定者应该通过维持充分就业、保证价格水平逐渐上涨、避免过去十年经历过的资产价格泡沫，保证经济远离通货紧缩和流动性陷阱。

## 通货膨胀的经济影响

各国中央银行反对通货膨胀的决心是一致的。在高通货膨胀时期，民意测验常发现，人们普遍认为通货膨胀是头号经济敌人。通货膨胀为什么如此危险且如此代价高昂呢？我们在上文曾谈到，发生通货膨胀时，所有的价格和工资并不按照同样的比率变动。这就是说，相对价格会发生变化。由于相对价格的不断游移，通货膨胀会明确带来如下两种影响：

- 收入和财富在不同阶层之间的再分配。
- 不同商品的相对价格和产出的扭曲，或者有时是整个经济的产出和就业的扭曲。

### 对收入与财富分配的影响

通货膨胀对收入和财富分配的影响主要是由于人们所持有的资产与负债的种类有差别而造成的。如果欠别人的钱，那么价格急剧上升对他们来讲就是一种意外收益。假定你为买一所房屋借款 10 万美元，每年偿还的固定利率的抵押贷款额是 1 万美元。倘若大幅度的通货膨胀突然将所有的工资和收入都翻了一番。虽然你需要偿还的贷款名义上还是每年 1 万美元，但是你的贷款的实际成本却只有原来的一半了。你只需要付出过去一半的劳动来支付这 1 万美元。这种大幅度的通货膨胀使你的抵押贷款的实际价值减少了一半，从而增加了你的财产。

假使你是个债权人，且持有固定利率的抵押贷款或长期债券作为资产，那么你的处境就会完全相反。价格突然上涨会使你变得比以前更穷一些，因为别人还给你的美元的实际价值比你原先借出时要小。

如果通货膨胀持续了很长时间，使人们最终有可能预见其发展趋势，并且市场也开始与之相适应，那么市场利率中就会逐渐地包含对通货膨胀的补偿部分。譬如在某一经济中，起始状态时价格稳定，利率为 3%。一旦人们预期价格将以每年 9% 的速率上涨，那么各种债券和抵押贷款的利率就要按 12% 而不是 3% 支付。12% 的名义利率反映的是 3% 的实际利率再加上 9% 的通货膨胀溢价。一旦在利率上进行了这样的调整，收入和财富就不会再发生较大规模的再分配了。这种针对长期通货膨胀所进行的利率调整，在每一个经历过长期价格上涨的国家都曾经出现过。

由于制度变迁，一些古老的说法已经不再适用。人们以往习惯性地认为，普通股票是抵御通货膨胀的好盾牌，但近年来实际情况表明，普通股票的价值与通货膨胀的变动方向是相反的。过去人们曾经以为通货膨胀会损害寡妇和孤儿的利益，但今天，她们所得到的社会保障抚恤金已经根据消费价格被指数化了，所以不再与通货膨胀有多少瓜葛。而且，有许多债务（如“浮动利率”抵押借款）的利率也随着市场利率而上下变动，因而对债务人和债权人的影响也不像以前那样明显了。

通货膨胀对再分配的作用主要通过影响人们手中财富的实际价值来实现。一般说来，不可预期的通货膨胀会将财富从债权人手中再分配给债务人，也就是说，通货膨胀往往有利于债务人而有害于债权人。而不可预期的通货紧缩则具有相反的效应。但在更多时候，通货膨胀只是将收入和资产搅和在一起，随机地将财富在全体居民中进行重新分配，而不会只冲击某些单个群体。

### 对经济效率的影响

除了收入再分配，通货膨胀还在两个领域影响实际经济：经济效率和总产出。首先我们来看看通货膨胀对经济效率的影响。

通货膨胀之所以损害经济效率，是因为它会*扭曲价格和价格信号*。在一个低通货膨胀的经济中，如果一种商品的市场价格上升，则买方和卖方都很清楚：这种商品的供给和需求的两个方面都发生了实际的变化，他们就可以对此做出正确的反应。例如，如果附近的超市都将牛肉价格提高 50%，消费者就知道应该是多吃鸡肉的时候了。与此类似，如果新型电脑的价格下跌 90%，你也许就会决定换掉那台旧型号的电脑了。

相反，在一个高通货膨胀的经济中，人们就很难区分相对的价格变化与整体的价格变化。如果通货膨胀率高达每月 20% 或 30%，商店就会频繁地变动价格，以至于相对价格变得混乱无序，令人无所适从。

通货膨胀同样会*扭曲货币的使用*。流通中的现金是名义利率为零的货币。如果年通货膨胀率从 0 上升至 10%，则现金的实际利率就从每年的零降为 – 10%。现在还没有办法消除这种扭曲。

由于货币的实际利率为负，所以在通货膨胀时期，人们当然更愿意持有实际资源而减少货币持有量。他们更频繁地进出银行——磨光了鞋底，浪费了时间。企业精心设计现金管理计划。因此，实际资源仅仅被用来适应不断变化的货币尺度，而不是被用来进行生产投资。

经济学家还指出了*通货膨胀对税收的扭曲*。有一部分税收法规是以所写明的美元计价。当价格上升时，尽管实际收入没有变化，但是应交纳的税收的实际价值却会上升。例如，对你的收入征收 30% 的税。进一步假设名义利率为 6%，通货膨胀率为 3%。实际算下来，你将会为 3% 的实际利息收入交纳税率为 60% 的税（因为你的名义收入上升了 1 倍——译者注）。现在税收法案中还有许多类似的扭曲。

但这些还不是通货膨胀的唯一代价。一些经济学家还提出了通货膨胀的*菜单成本*（menu costs），即当价格发生变化时，公司必须消耗实际资源调整价格。譬如说，饭店需要重新印刷它们的菜单，邮购公司需要重新印制它们的目录，出租汽车公司必须重新制定计价表，市区需要重新调停车计时器，商店需要更改商品价格标签。这些成本有时还是无形的，比如召集人员重新做定价决策等。

### 宏观经济影响

通货膨胀对宏观经济有什么影响？这个问题是我们下一章的内容，这里不妨先提及几点。在 20 世纪 70 年代以前，美国的高通胀一直伴随着经济扩张。当投资形势良好、工作机会很多的时候，通货膨胀就上升。在通货紧缩或通货膨胀水平降低的时期，如 19 世纪 90 年代、20 世纪 30 年代和 50 年代的一些时期，资本和劳动则都呈高度失业状态。

如果进一步对历史资料做详细分析，则会发现一个有趣的事实：产出和通货膨胀之间的正相关关系似乎只是暂时的。长期来说，通货膨胀与产出的增长之间存在着一种类似倒“U”形的关系。表 16-1 显示了最近的一项涉及许多国家的研究，它表明了各国的产出增长与通货膨胀之间的关系。研究结果说明：低通货膨胀国家的经济增长最为强劲，而高通货膨胀或通货紧缩国家的增长趋势则较为缓慢。（但这里不包括*后此谬误*问题，这一点在本章“问题讨论”的第 7 题中有探讨。）

### 理想的通货膨胀率是多少

大多数国家都希望经济高速增长、就业充分和价格稳定。但何谓“价格稳定”？是通货膨胀率为零吗？如果是的话，又是在多长的区间里呢？抑或，低通货膨胀

| 通货膨胀率（年百分比） | 人均 GDP 的增长（年百分比） |
|---|---|
| −20~0 | 0.7 |
| 0~10 | 2.4 |
| 10~20 | 1.8 |
| 20~40 | 0.4 |
| 100~200 | −1.7 |
| 1 000+ | −6.5 |

**表 16–1　通货膨胀和经济增长**

从 127 个国家综合得出的经验显示：最快的经济增长与低通货膨胀率相联系。通货紧缩和中等的通货膨胀伴随着缓慢的经济增长。而恶性的通货膨胀则与经济大幅下滑并行。

资料来源：Michael Bruno and William Easterly, “Inflation Crises and Long-Run Growth,” *Journal of Monetary Economics*, 1998.

率才是价格稳定？

有一思想流派认为，政府的政策必须致力于保持稳定的价格或者通货膨胀率为零。如果我们确信未来20年的价格水平和今天的价格水平基本一致，那么我们就可以更好地做出长期投资和储蓄决策。

许多宏观经济学家认为，尽管零通货膨胀率的目标在一个理想的经济体系中是明智的，但我们并不是生活在一个没有摩擦的社会中。其中的一个摩擦就是劳工对降低货币工资的抵制。当通货膨胀率为零时，有效的劳动市场要求某些部门的货币工资上升，有些部门的工资下降。但工人和厂商都极不愿意接受货币工资的下降。一些经济学家认为，在名义工资刚性下降的情况下，平均来说，零通货膨胀率势将导致更高的失业率。

一个关于零通货膨胀率更重要的隐忧是，经济会不由自主地陷入上面讨论的流动性陷阱。如果一个处于零通货膨胀的国家遭遇严重的经济收缩的冲击，那么它也许只能依靠货币政策，需要借助负的真实利率来帮助经济走出衰退。不过财政政策却仍然是有效的，为此多数宏观经济学家都认为，一个更好的解决方案应该是，始终以正的通货膨胀率为目标，让流动性陷阱的威胁降至最低。

我们可以将以上讨论做如下小结：

> 大多数经济学家赞同一个可以预期的、缓慢上升的价格水平能为健康的经济增长提供最好的环境。对现实的详细分析表明，低通货膨胀对生产率或者实际产出几乎没有影响；相反，急剧或恶性通货膨胀会损害生产率，并以任意方式对收入和财富进行再分配。逐步上升的价格有助于避免致命的流动性陷阱。

## B. 现代通货膨胀理论

导致通货膨胀的经济因素是什么？在短期和长期，失业与通货膨胀间的关系是什么？一国如何降低其过高的通货膨胀率？作为中央银行政策目标的通货膨胀的作用是什么？

问题，问题，全都是问题。能否加以回答，是我们现代混合经济健康发展的关键。在本章后半部分，我们将探讨现代通货膨胀理论，并分析降低通货膨胀的成本。

### *AS-AD* 框架中的价格

通货膨胀的根源并非只有一个，它像许多疾病一样由诸多原因造成。有些通货膨胀是由于需求方面的原因引起的，另一些则由供给方面的原因造成。但是，现代的通货膨胀都有一个重要特征：累积一种内在能量，一旦爆发便很难平息下去。

#### 预期通货膨胀

在现代工业经济社会中，如美国，通货膨胀具有极大的惯性。它一般保持同样的速率。我们可以用一条又懒又老的狗来比喻预期通货膨胀。如果这条狗不被人踹一脚或被一只猫吸引过去，它就会一直呆在原地不动。一旦受到搅扰，这条狗可能会跳起来追猫，而随后又会在另一个地方躺下，并在那里一直躺到下一次受到冲击为止。

在过去的30年里，美国物价一直以每年3%左右的速度稳步上升，大部分人逐渐对这一通货膨胀率有所预期，于是将它考虑到有关的经济制度之中。劳资双方在签订工资协议时要将大约3%的通货膨胀率考虑在内；政府的货币计划、财政计划要假定存在3%的物价上涨因素。在此期间，预期通货膨胀率是每年3%。

另一个密切相关的概念是核心通货膨胀率（core rate of inflation），这个术语经常被用于货币政策中。核心通货膨胀率指不包含如食品和能源价格等易变因素的通货膨胀率。

尽管通货膨胀率在一段时间内保持不变，但历史经验表明,经济冲击会拉高或拉低通货膨胀率。总需求变动、石油价格和商品价格的剧烈动荡、农业生产歉收、汇率波动、生产率变化以及无数其他的经济事件，都会对通货膨胀不断造成冲击，使其高于或低于预期通货膨胀率。

现代经济中，通货膨胀具有很高的惯性。人们形成，**预期通货膨胀率**（expected rate of inflation），这一比率被写入劳动合同和其他协议之中。预期通货膨胀率一般持续不变，直至某种冲击出现才使其提高或下降。

#### 需求拉动型通货膨胀

影响通货膨胀的主要冲击之一是总需求的变动。前几章我们已经看到，投资、政府支出或净出口的变化，都可以使总需求发生变动，并推动产出增长，使其超出潜在生产能力。我们还知道一国中央银行如何影响经济活动。无论出于什么原因，只要总需求的增长速度超出经济的潜在生产能力，就会发生**需求拉动型通货膨胀**（demand-pull inflation），使物价上升以平衡总供给与总需求。这就是说，由于需求方的货币竞相追逐有限的商品供给，从而将价格提拉起来。由于失业率下降，劳动力变得稀缺，工资也被抬高，所以通货膨胀会加速到来。

当政府面临支出赤字，并借助货币印刷机印刷货币来弥补赤字时，一个极其具有破坏性的需求拉动型通货膨胀就会随之出现。大规模的赤字和货币供给的快速增加使总需求增长，而后者反过来又使价格水平升高。德国中央银行在 1922~1923 年间曾印制出数万亿马克的纸币来弥补支出，这些纸币涌入市场寻求面包和燃料，因此德国当时的物价水平成十亿倍地上涨也就不足为奇了。这是一种猛烈的需求拉动型通货膨胀。20 世纪 90 年代初，前苏联政府大量印刷卢布来填补其预算赤字，同样的情况便再度出现。结果每月平均通货膨胀率达到 25%，或每年 1 355%。（请确信你理解每月 25% 如何变为每年 1355%。）

图 16-5 用总供给和总需求来说明需求拉动型通货膨胀的过程。让我们从初始的均衡状态 *E* 点开始分析，假定支出的扩大将 *AD* 曲线向右上方推移，该经济的均衡点就要从 *E* 点移至 *E'* 点。在这个更高的需求水平上，价格就要从 *P* 点上升到 *P'* 点。于是，需求拉动型通货膨胀便会发生。

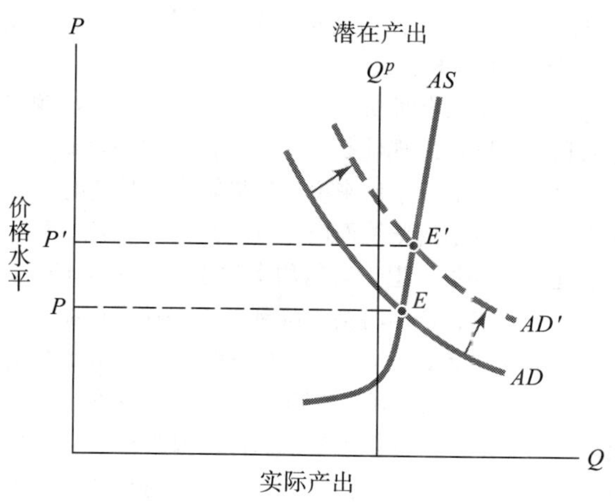


**图 16–5 当太多的支出追逐太少的商品时，便会发生需求拉动型通货膨胀**

当总需求增长时，不断上升的支出竞购有限的商品。在需求拉动型通货膨胀中，价格从 *P* 升高到 *P'*。

## 成本推动型通货膨胀和"滞胀"

古典经济学家不仅研究需求拉动型通货膨胀的原理，而且常用此来解释经济史上的价格变动趋势。在过去的半个世纪中，曾出现一个新的现象。我们今天可以发现通货膨胀率的上涨，有时候是因为成本增加而不是需求增加。这种现象我们称之为*成本推动型通货膨胀*，或称为*供给冲击的通货膨胀*。通常，它会导致经济增长放缓和"滞胀"现象，或称通货膨胀和经济停滞的并存。

图 16-6 表示的是供给冲击型通货膨胀的作用机理。在 1973 年、1978 年以及 1999 年末和 2000 年初，当世界石油市场发生严重短缺时，各个国家都密切关注自己的宏观经济运行情况。一方面是石油价格急剧上升，另一方面是生产经营成本的增加和随后成本推动型通货膨胀的猛烈爆发。这些情况可看做 *AS* 曲线上移。当价格和通货膨胀上升时，均衡产出下降。

滞胀给政策当局带来了一个进退两难的困境。尽管他们可以运用货币政策和财政政策来调节总需求，但是 *AD* 的移动却并不能同时增加产出、降低价格和通货膨胀。在图 16-6 中，利用扩张的货币政策使 *AD* 曲线外移，这

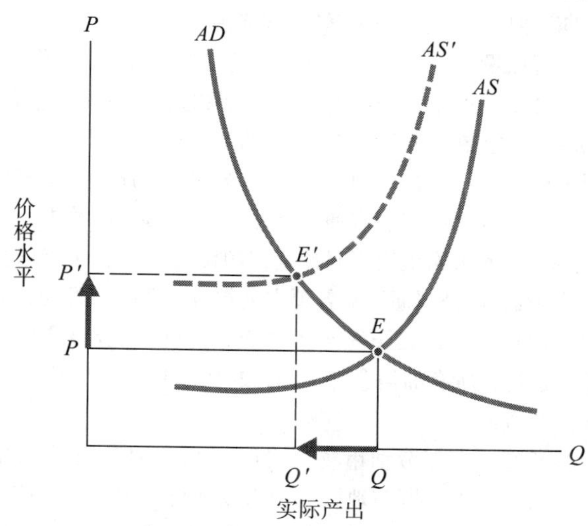


**图 16–6 生产成本上升导致滞胀，产出下降，价格上升**

当生产成本急剧上涨时，如石油价格振荡，国家将面临滞涨的困境，即通货膨胀上升，产出下降。影响总需求的政策能解决通货膨胀上升或者产出下降，但不能同时解决这两个问题。

虽然能弥补产量的下降趋势，但是价格却会进一步上升。或者，试图利用紧缩的货币政策遏制通货膨胀，结果又只能进一步降低产出。在这种情况下，经济学家解释说，政策当局需要面对两大目标（低通货膨胀或者低失业），但手中却只有一个工具（总需求）。

货币政策制定者经常要面对这样的两难困境。当通货膨胀和失业率同时上升时，美联储和欧洲中央银行将会作何种反应？他们是否应该收紧银根以降低通货膨胀？或是集中力量降低失业率？或是二者兼顾？在这一两难困境中，经济学家难以给出唯一确切的答案。答案应首先取决于社会价值观以及国家立法所赋予的使命［如 ECB（欧洲央行）的通货膨胀目标与美联储的双重使命］。

> 在失业率很高和资源利用率不足时，由于成本上升造成的通货膨胀称为**供给冲击型通货膨胀**（supply-shock inflation）。当产出下降与通货膨胀上升同时发生时，则会导致滞胀的政策困境。

## 预期和通货膨胀

你也许会问，为什么通货膨胀会有如此大的惯性或动力呢？答案是大多数价格和工资的确是着眼于未来的经济形势。当价格和工资正迅速上升，且预期继续上升的时候，厂商和工人就倾向于在自己的价格和工资决策中考虑到急剧上升的通货膨胀率。或低或高的通货膨胀预期，似乎真的是一种能够自我实现的预言。

可以设想一个例子来说明预期在通货膨胀中的作用。Brass Mills 公司是一个没有工会组织的照明设备制造商，2009 年它正在慎重制定 2010 年的工资和薪金制度。该公司销售额增长得很快。Brass Mills 公司的首席经济学家报告说，没有预见到会有通货膨胀或通货紧缩的冲击，而一些主要的预测机构当时预期，2010 年全国的工资增长率约 4%。该公司通过对各地方公司进行普查后发现，大部分雇员都计划在下一年得到 3%~5% 的工资报酬增长率。这样，所有的信息都表明，2010 年的工资应比 2009 年大约增长 4%。

考查“内部劳动市场”之后，Brass Mills 公司决定使自己的员工工资与地区劳动市场保持一致。由于该公司管理人员确实不想使本公司员工的工资水平低于当地的工资水平，所以他们要尽力跟上当地工资的增长速度，于是决定按预期的市场增长率，即 2010 年以 4% 的平均工资增长率来增加本公司员工的工资。

这种通过预期未来经济形势确立工资和薪金政策的过程，实际上可以扩展到所有的雇主。这种推理办法也适于确定很多产品的价格，如高等院校学费、汽车价格以及长途电话费等等。这些价格一旦确定之后，就不容易再发生变动。由于修正通货膨胀预期和调整大多数工资和价格都需要较长时间，所以只有在较大的冲击或经济政策变动的情况下，预期通货膨胀率才会发生变动。

由图 16-7 可见预期通货膨胀的形成过程。假定潜在产出保持不变，且不存在供给或需求的冲击。如果人人都预期平均成本和价格按照每年 3% 的比率上涨，则 *AS* 曲线将按每年 3% 的比率上移。如果不存在需求的冲击，*AD* 曲线也将按照这一比率上移。于是 *AD* 和 *AS* 的交点就会每年提高 3%。这样，宏观的经济均衡就会从 $E$ 移到 $E'$，再移到 $E''$。物价每年上涨 3%，也就是说，预期通货膨胀率固定在 3%。

当 *AS* 和 *AD* 曲线以相同的比率不断稳步地向上移动时，就会发生稳定的通货膨胀。

## 价格水平与通货膨胀

利用图 16-7，我们可以将价格水平的运动和通货膨胀的运动有效地区分开来。一般说来，在其他条件保持不变时，总需求的增长会使价格上涨。同样，在其他条件保持不变时，由工资和其他成本的增长所造成的 *AS* 曲线的向上移动，也会使价格上涨。

然而，其他条件并非总是一成不变的，尤其是 *AD* 和 *AS* 曲线，几乎从未保持过静止状态。例如，图 16-7 就表明了 *AS* 和 *AD* 曲线一起向上移动。

假使在第三个时期 *AS* 或 *AD* 曲线发生了一次预料之外的移动，则会出现什么情况呢？价格和通货膨胀将会受到怎样的影响？举例来说，如果第三个时期的 $AD''$ 曲线将会由于货币的紧缩而向左移动到 $AD'''$，这就很可能会引起一次经济衰退，新的均衡位于 $AS''$ 曲线上的 $E'''$。在这个均衡点，产出将会下降到低于潜在生产能力的水平。价格和通货膨胀率也会比在均衡点 $E''$ 时低，但此时经济生活中将仍会存在通货膨胀，因为 $E'''$ 处的价格水平仍高于前一期，即均衡点 $E'$ 处的价格水平 $P'$。

以上分析告诉我们：供给或需求的冲击可以降低价格水平，使其低于原本能够达到的水平。但是，由于通货膨胀的内在能量，该经济可能会继续存在通货膨胀问题。

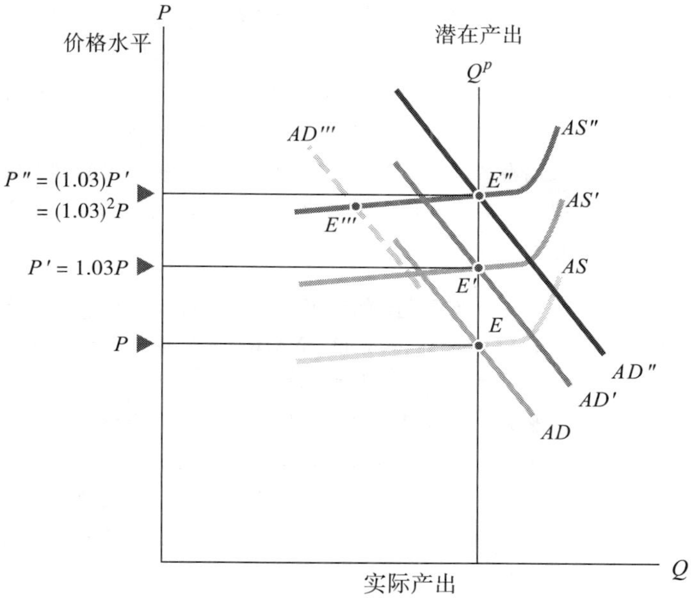


**图 16–7 当总供给和总需求一起向上移动时，价格和工资会发生螺旋式上升**

假定生产成本每年都上升 3%，*AD* 曲线将比上一年提高 3%。这样，*AS* 和 *AD* 曲线每年将会以同样的幅度上移 3%。均衡点从 *E* 上移到 *E′* 再上移到 *E″*，由于预期通货膨胀，价格也会以同样的速度向上攀升。

## 菲利普斯曲线

理解通货膨胀的主要宏观经济工具是**菲利普斯曲线**（Phillips curve）。菲利普斯曲线显示了失业率和通货膨胀之间的关系。有关菲利普斯曲线最基本的思想是当产出高、失业率低的时候，货币工资和价格就趋于快速上升。这种情况之所以会发生，是因为当工作机会很多的时候，工人和工会就会强烈要求涨工资；而当产品销售很火爆的时候，企业也更容易提高销售价格。反之亦然，高失业率会降低通货膨胀率。

### 短期的菲利普斯曲线

宏观经济学家把短期的菲利普斯曲线和长期的菲利普斯曲线加以区分。图 16-8 所表示的是典型的短期菲利普斯曲线。图中的横轴代表失业率，左边垂直的刻度代表每年的通货膨胀率，右边垂直的刻度代表货币工资增长率。当我们沿着这条菲利普斯曲线向左移动以降低失业时，曲线上的价格和工资的增长率就会上升。

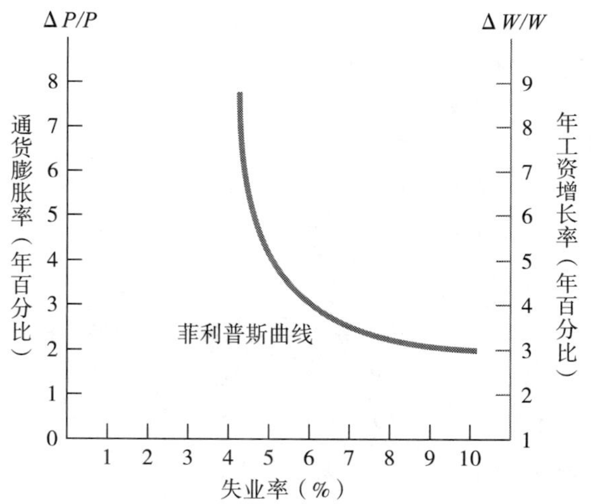


**图 16–8 短期菲利普斯曲线所描述的通货膨胀和失业的替代**

短期菲利普斯曲线显示出通货膨胀和失业之间的反向关系。在假定平均劳动生产率增长 1% 的情况下，右边刻度上的工资变动标度会比左边刻度上的通货膨胀标度要高。

这条曲线的背后，存在着一道重要的通货膨胀算术题。让我们假定劳动生产率（即人均产出）每年以 1% 的速率上升，再进一步假定各企业都依据平均劳动成本来确定自己的产品价格，因而价格的变动总是恰好等于每单位产出的平均劳动成本。如果工资以 4% 的比率增长，而劳动生产率以 1% 的比率增长，那么平均劳动成本的增长就将是 3%。结果，价格的上涨也将是 3%。

运用这种方法，我们可以从图 16-8 中看出工资增长和价格增长之间的关系。两者之间的差额即为劳动生产率的增长（如果劳动生产率以每年 1% 的速度增长，而且价格的变动总是恰好等于平均劳动成本的增长，则价格每年上涨 4% 所对应的是工资每年增长 5%）。

### 工资—价格的算术逻辑

价格、工资和生产率的关系可以表述如下：价格是基于每单位产出的平均劳动成本。这意味着价格 $P$ 总是与 $WL/Q$ 成比例。这里 $P$ 表示价格水平，$W$ 表示工资率，$L$ 代表劳动时间，$Q$ 是产出。进一步假设平均劳动生产率（$Q/L$）每年都以 1% 的比率增长。那么，假如工资每年上涨 4%，价格就会每年上升 3%（= 4% 的工资增长率 – 1% 的生产率增长率）。更一般的情况是：

$$\text{通货膨胀率} = \text{工资增长率} - \text{生产率增长率}$$

这就是价格通货膨胀和工资通货膨胀之间的关系。

我们可以用低通货膨胀时期和高通货膨胀时期的具体例子来说明价格通货膨胀和工资通货膨胀之间的密切关系。下面的表说明，通货膨胀在长期内的主要决定因素是工资增长率和生产率增长率。从图表中的第一个时期到第二个时期，通货膨胀率急剧上升是因为工资增长率虽然缓慢，但生产率下降幅度却比较大。在第三个时期，通货膨胀率非常低，原因是工资增长率得到控制的同时生产率增长率又有所反弹。

| | 用 CPI 计算的通货膨胀率（%） | 工资增长率（%） | 生产率增长率（%） |
|---|---|---|---|
| 1958~1973 年 | 2.9 | 5.4 | 3.1 |
| 1973~1995 年 | 5.6 | 5.9 | 1.5 |
| 1995~2007 年 | 2.6 | 4.3 | 2.6 |

资料来源：Bureau of Labor Statistics data on the business sector, at *www.bls.gov*.

## 非加速通货膨胀的失业率

经济学家在仔细观察研究了不同的通货膨胀时期后，注意到图 16-8 中两个变量的菲利普斯曲线非常不稳定。因此，基于埃德蒙·菲尔普斯和米尔顿·弗里德曼的理论基础和历史数据的统计检验，宏观经济学家发展了通货膨胀的现代理论，将长期菲利普斯曲线和短期菲利普斯曲线区分开来。根据这种理论，图 16-8 中那种向下倾斜的菲利普斯曲线只适用于短期情况。在长期，菲利普斯曲线是垂直的，而不是向下倾斜的。这种方法表明，从长期看，存在一种与稳定的通货膨胀相一致的最低失业率，称为*非加速通货膨胀的失业率*，或 *NAIRU*（读作"nay-rew"）。[1]

> **非加速通货膨胀的失业率**（nonaccelerating inflation rate of unemployment，**NAIRU**）是指与稳定的通货膨胀率相一致的失业率。当经济处于非加速通货膨胀的失业率时，那些作用于价格和工资通货膨胀的向上或向下的力量得以平衡，从而通货膨胀不存在变化的趋势。非加速通货膨胀的失业率是指在没有向上的通货膨胀压力的情况下，能够维持的最低失业率。

非加速通货膨胀的失业率意味着经济的运行状况可以被分成三种情况：

- *超额需求*。当市场上商品极度紧缺时，失业率低，产能被高度利用，价格和工资会上涨，会出现需求拉动型通货膨胀。
- *超额供给*。在经济衰退时，失业率高，工厂闲置，企业打折出售商品，工人不再要求涨工资。在这种情况下，工资和价格会趋于适度上涨。
- *中性压力*。有时经济运行会表现得比较"中性"，其含义是职位空缺所起的工资上涨的压力和失业所引起的工资下降的压力会相互匹配。没有来自石油或其他外在资源的供给冲击。此时，经济处于非加速通货膨胀的失业率状态，通货膨胀维持不变。

### 从短期到长期

经济怎样从短期的菲利普斯曲线发展到长期的菲利普斯曲线？基本的思想是当价格变化没有被预期到的时候，短期的菲利普斯曲线趋向上移或者下移。这一点可以用"繁荣周期"和图 16-9 中的一系列步骤来说明。

- *第一阶段*。在第一阶段，失业处于非加速通货膨

[1] 有时候可能遇到其他术语。NAIRU的最初名称是"自然失业率"。这一术语并不能令人满意，因为关于NAIRU，没有什么是自然的。

胀的失业率水平，不存在供给或需求的意外冲击，经济运行位于图 16-9 中较低的短期菲利普斯曲线 *SRPC* 的 *A* 点上。

- 第二阶段。假设经济扩张降低了失业率。随着失业率的下降，各企业倾向于积极地招收新劳工和比以前大幅度地提高工资。由于产出接近产能，所以价格增长额会升高，工资和物价开始加速上升。用菲利普斯曲线来说，经济向上运行并向左达到短期菲利普斯曲线上的 *B* 点（沿图 16-9 中的 *SRPC* 线移动）。如图中所示，对通货膨胀的预期尚未发生变化，因此经济运行停留在原有的菲利普斯曲线 *SRPC* 上。但在这个阶段，较低的失业率却使通货膨胀率上升了。
- 第三阶段。由于通货膨胀率上升，企业及工人们都开始预期将会出现更高的通货膨胀率。这种预期的高通货膨胀率随即会体现在工资和价格的制定当中，从而使短期菲利普斯曲线发生移动。从图 16-9 中可以看到新的菲利普斯曲线 *SRPC'*。新的短期菲利普斯曲线位于原来曲线的上方，它反映了更高的预期通货膨胀率。新的短期菲利普斯曲线表示的三阶段的新的预期通货膨胀率等于第二阶段的实际通货膨胀率。如果经济发展放慢，使失业率回复到第三阶段的非加速通货膨胀的失业率，那么经济运行到 *C* 点。即使失业率和第一阶段的失业率保持一致，实际通货膨胀率也会上升，这反映了短期菲利普斯曲线向上移动。

请注意这一出人意料的结果。由于预期的通货膨胀率升高，即使失业率保持不变，第三阶段的通货膨胀率也要比第一阶段高。第三阶段的经济生活将经历与第一阶段相同的实际 GDP 和失业率水平，尽管名义变量（价格和名义 GDP）的增长速度，比起它们在经济扩张提升预期通货膨胀率之前要来得更快一些。

当失业率上升且实际通货膨胀率降低至预期通货膨胀率以下时，我们有时可以看到经济中会出现一种“衰退周期”的现象。在衰退期，预期通货膨胀率会有所下降，而且当经济运行回复到非加速通货膨胀的失业率水平时，就会享有较低的通货膨胀率。1979~1984 年间，在卡特—沃尔克—里根向通货膨胀开战的那段岁月中，就曾出现过痛苦的紧缩周期现象。

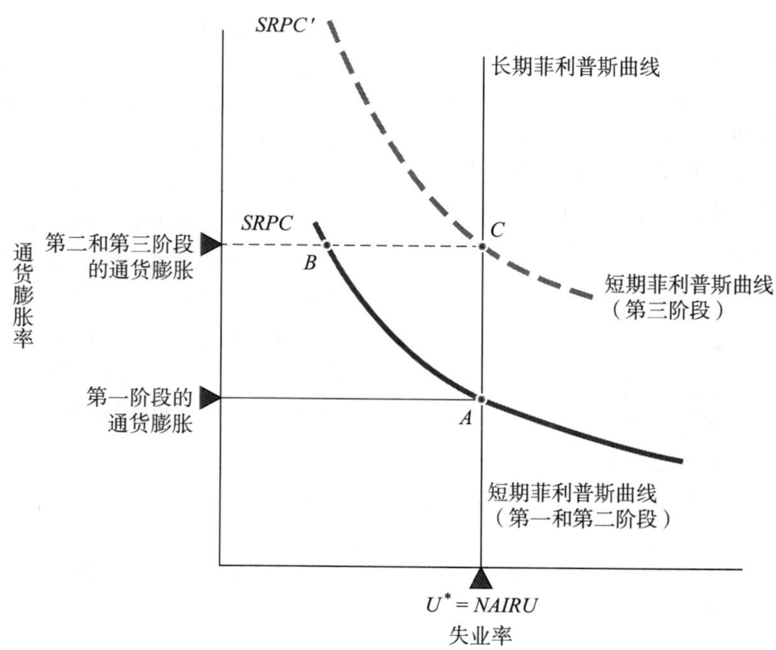


**图 16–9 菲利普斯曲线的移动**

这张图显示的是经济扩张导致了突然的通货膨胀和短期菲利普斯曲线向上移动。正文中的要点解释了菲利普斯曲线移动的步骤。注意，如果将点 A、B、C 连接起来，曲线就会形成沿顺时针方向转动的环状轨迹。

### 垂直的长期菲利普斯曲线

当失业率偏离非加速通货膨胀的失业率水平时，通货膨胀率就可能发生变化。但若实际失业率和非加速通货膨胀的失业率之间一直存在差距，则将会发生什么情况呢？例如，让我们假定非加速通货膨胀的失业率为5%，而实际失业率为3%。由于二者之间存在差距，所以通货膨胀率将会年复一年地上升。第一年，通货膨胀率可能是3%，第二年可能是4%，第三年是5%，并且此后很可能会逐年上升。那么，这种螺旋式上升的势头将在何时停止呢？根据非加速通货膨胀的失业率的理论，只有当失业回复到非加速通货膨胀的失业率水平时，通货膨胀率的上升趋势才会停止。换言之，只要失业率低于非加速通货膨胀的失业率，工资、通货膨胀就会上升。

在高失业率的情况下，我们将会看到与上述运动相反的行为。也就是说，只要失业率高于非加速通货膨胀的失业率，通货膨胀率就会趋于下降。

只有当失业率等于非加速通货膨胀的失业率水平时，通货膨胀才会保持稳定；不同劳动市场上的供需力量的变动才会平衡；通货膨胀，无论其原有惯性多大，这时既不会上升也不会下降。

现代有关通货膨胀的理论对于制定经济政策具有非常重要的启迪作用。依据这些理论，存在着一个长期内可以保持经济发展的最低水平的失业率。而如果经济达到了很高的产出水平和就业水平，则会引起工资和物价的螺旋式上升。以上理论还提供了一个抑止通货膨胀的处方，即当通货膨胀率非常高的时候，国家可以紧缩银根，让经济衰退，把失业率提高到非加速通货膨胀的失业率之上，从而降低通货膨胀率。

> 非加速通货膨胀的失业率定义了“过度紧缩 / 通货膨胀率上升”和“高失业率 / 通货膨胀率下降”二者间的一个中性地带。在短期内，通货膨胀可以通过把失业率提高到非加速通货膨胀的失业率之上来降低通货膨胀率。但从长期看，非加速通货膨胀的失业率就是经济可以保持的一个最低的失业率。

### 数量估计

虽然非加速通货膨胀的失业率是一个很重要的宏观经济学概念，但我们却很难确切地估算出它的具体数值。许多宏观经济学家都分别运用先进的工具来估计非加速通货膨胀的失业率。在这本书里，我们采用的是国会预算办公室（CBO）提供的估计值。根据CBO的数据，非加速通货膨胀的失业率在20世纪50年代开始逐步增长，到1980年左右，达到占劳动力6.3%的最高值，然后逐渐滑落到2008年的4.8%。图16-10说明了CBO的估计值，以及截止到2008年末的实际失业率。

### 对非加速通货膨胀的失业率的质疑

非加速通货膨胀的失业率概念，还有与产出相关的概念，即潜在GDP，对于我们理解通货膨胀以及宏观经济学中长期与短期之间的关系非常关键。但是，这里提及的主流观点仍然是有争议的。

评论家怀疑非加速通货膨胀的失业率是否为一个稳定的可靠的概念。美国的通货膨胀经验使经济学家质疑是否存在稳定的非加速通货膨胀失业率。另一个问题是，一段持续时期较长的高失业率是否会导致职业技能的退化，使人们失去在职培训与获得工作经验的机会，因而造成非加速通货膨胀的失业率的上升。实际GDP的缓慢增长是否能做到不降低投资水平，并且不使一国的资本存量逐渐减少呢？即使在失业率高于非加速通货膨胀的失业率水平的情况下，生产能力短缺是否也能避免通货膨胀的不断加剧呢？

过去20多年来，欧洲的经验已经证实这些担忧并非毫无根据（回忆上一章末我们关于欧洲失业困境的讨论）。20世纪60年代初，德国、法国与英国劳动市场的均衡失业率水平似乎都介于1%~2%之间。到20世纪90年代初期，在经过10年的经济停滞和就业机会的缓慢增长之后，劳动市场的均衡似乎已经处在6%~12%的失业率范围之内。许多宏观经济学家正在根据近年来欧洲国家的经验，寻找方法来解释非加速通货膨胀的失业率的不稳定，以及它与实际失业率和劳动市场体制相互依存的关系。

## 复　习

我们需要理解的重点内容如下：

- 短期内，总需求的增长会将失业率降低到非加速通货膨胀的失业率水平之下，但总需求增长率又会推高通货膨胀率。而衰退和高失业率则趋向于降低通货膨胀。可见在短期内，通货膨胀与失业之间存在着一种替代权衡的关系。

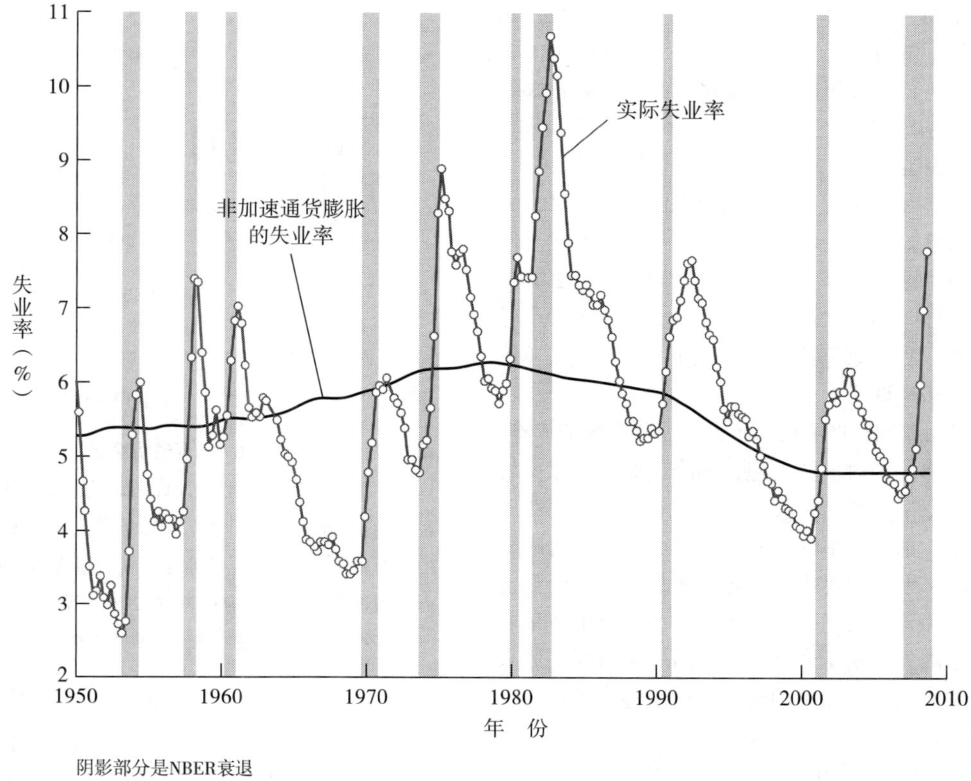


**图 16-10　美国实际失业率与非加速通货膨胀的失业率**

非加速通货膨胀失业率是作用在通货膨胀上的各种作用力达到平衡时得到的失业率。

资料来源：从美国劳工统计局得到的实际失业率；非加速通货膨胀的失业率来自国会预算办公室的估计。

- 当通货膨胀率高于或者低于人们关于通货膨胀率的预期时，预期会自我调整。通货膨胀率预期的改变一般会推动短期菲利普斯曲线上升或者下降。
- 长期菲利普斯曲线是一条位于非加速通货膨胀的失业率处的垂线；只要失业率低于（高于）非加速通货膨胀的失业率水平，通货膨胀就会保持不断上升（下降）的势头。

## C. 反通货膨胀政策的两难困境

经济总是在不断地适应政治力量和技术变革的过程中向前演进。我们这里所讨论的旨在解释通货膨胀和失业等问题的经济理论，同样也必须适应这种变化。在关于通货膨胀理论的最后一部分，我们将讨论在与通货膨胀作斗争的过程中所迫切需要解决的问题。

### 长期究竟有多长

非加速通货膨胀的失业率理论认为，菲利普斯曲线在长期中是垂直的。那么，这里所谓的长期究竟是多长呢？对于经济完全适应一次冲击所需要的时间长度，我们现在还不能确切地得知。最近的一些研究指出，经济上的这种充分调整至少需要 5 年甚至 10 年的时间。之所以存在这样长的时滞，是因为调整预期、劳动合同及其他长期合同的重新谈判，还有所有这些因素逐步渗透到经济体系当中，都需要数年的时间。

### 降低通货膨胀率的代价有多大

我们的分析表明，一个国家可以利用暂时减少产出和提高失业率的办法来降低预期通货膨胀率。但是，政策制定者很想了解将通货膨胀排除到经济之外要付出多大的代价？实施旨在降低通货膨胀水平的反通货膨胀政策要付出多大的代价？

有关研究表明，降低通货膨胀率的代价会因为国家、初始通货膨胀率和所用政策的不同而不同。通过对美国的反通货膨胀代价进行的研究，获得了一致的答案。使预期通货膨胀率每降低 1 个百分点，就会使年 GDP 减少 4%。而就美国目前的 GDP 水平来说，使通货膨胀率降低 1 个百分点的代价大约为 6 000 亿美元的产出损失（按 2008 年美元价格计算）。

我们可以用菲利普斯曲线来解释反通货膨胀的成本。如果菲利普斯曲线相对比较平坦，则降低通货膨胀率就要以较高的失业率和产出损失为代价；而如果菲利普斯曲线比较陡峭，则失业率的小幅上升就会带来通货膨胀率的快速下降，因而相对来说，降低通货膨胀率的代价就比较小。统计分析表明，当失业率在一年当中高于非加速通货膨胀的失业率 1 个百分点，而后又回复到原来的非加速通货膨胀的失业率的时候，通货膨胀率将会下降大约 0.5 个百分点。因此，若要使通货膨胀率降低整整 1 个百分点，失业率就须在一年内持续地高于非加速通货膨胀的失业率 2 个百分点。

与执行反通货膨胀政策相关的损失称为**牺牲率**（sacrifice ratio）。确切地说，牺牲率是产出的累积损失，以年损失在 GDP 中所占的百分比来衡量，单位是“每持续减少一个百分点的通货膨胀”。

我们可以用 1979 年后的反通货膨胀来说明牺牲率。图 16-11 描绘的是这段时期通货膨胀率和失业率的散点图。这是经济紧缩周期（austerity cycle）或反通胀周期（disinflation cycle），与图 16-9 表示的繁荣周期相反。在这段时期，美联储采取了有力的措施以降低通货膨胀。货币紧缩使得失业率连续两年高于 10%，产出连续 7 年低于潜在水平。我们用垂直线来表示平均的非加速通货膨胀失业率，也是这段时期的长期菲利普斯曲线。

在这段时间，货币紧缩确实将核心通货膨胀率从每年 8% 降低到每年 3%。与反通货膨胀相关的产出的累积损失，估计占 GDP 的 20%。可见，所估算的在此期间的牺牲率为 4% [ =（GDP 的 20%）/（5 个百分点的通货紧缩）]。对于如今的美国经济，这意味着核心通货膨胀率每降低 1 个百分点，GDP 大约需要损失掉 6 000 亿美元，或每个家庭 6 000 美元。

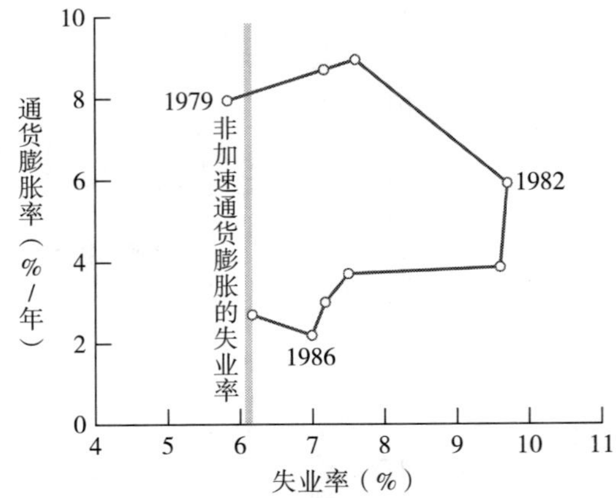


**图 16-11　1979~1987 年反通货膨胀的成本**

这个图显示了反通货膨胀周期。20 世纪 80 年代初，高利率导致经济增长缓慢和高失业率。其结果是失业率高于非加速通货膨胀的失业率，产出低于潜在水平。核心通货膨胀率下降约 5 个百分点，累计产出损失约为 GDP 的 20%，导致 4% 的牺牲率。

菲利普斯曲线理论阐述在一段时期内，政策如何通过将失业率提高到非加速通货膨胀失业率以上，从而降低通货膨胀率。通货膨胀率降低 1% 的代价大约为年 GDP 的 4%。这个计算结果表明了为什么反通货膨胀是一项代价高昂的不宜轻易实施的政策。

## 信用和通货膨胀

反通货膨胀政策中最重要的问题之一是政策信用的作用。很多经济学家都认为，按菲利普斯曲线来分析问题会过于悲观。这些持不同观点的人认为，信用的和公开宣布的政策，如保持货币规则稳定或制定名义 GDP 目标等，在产出和失业方面都可以用比较小的代价来达到抑制通货膨胀的目的。

这种想法基于如下事实：通货膨胀是一种取决于人们对未来通货膨胀进行预期的过程。一项信用货币政策，如预先强制确定一个固定的低通货膨胀率目标，会使人们预期未来的通货膨胀将会更低，而这种信念在某种程度上往往可以成为人们自我实现的预言。强调信贷的经济学家引用“制度变迁”理论来支持其论点。例如，货币政策和财政政策改革曾以比较小的失业或 GDP 的代价，结束了奥地利和玻利维亚所发生的恶性通货膨胀。

许多经济学家对于信用会显著降低反通货膨胀的产

出成本这一论断表示怀疑。他们的理由是：尽管严厉的反通货膨胀政策可能会在遭遇恶性通货膨胀和战争或革命破坏的国家发挥效用，但这类政策在美国却不能令人信服。当失业急剧上升的时候，当农民和建筑工人在首都示威并包围白宫的时候，国会和总统往往都只会心慌意乱。

如图 16-11 所示，20 世纪 80 年代美国的经验，为检验信用理论提供了良好的依据。在那个时期，政府以一种明确且强有力的姿态采取了紧缩性的货币政策。然而，价格居高不下，正如代价计算结果所表明的。可见，使用硬性的和预先宣布的政策来增强信用，在美国似乎并不能有效地降低反通货膨胀的代价。

因为美国的政治制度和经济制度非常稳定，所以上述经历在美国历史上并不常见。经济学家考查了别国反通货膨胀的政策经验之后，所得出的结论是抑制通货膨胀的政策有时候是*扩张性的*。近期斯坦利・费希尔、拉特纳・撒哈和柯劳斯・维赫的一项研究得出以下的结论：

> 在高通货膨胀的时期，宏观经济一般表现不佳。特别是，高通货膨胀对于经济增长总是不好的。这个结论是依据由 18 个经历过高通货膨胀的国家组成的样本数据而得出的。在通货膨胀时期，人均实际 GDP 平均每年降低 1.6%（在低通货膨胀时期，人均实际 GDP 平均每年增长 1.4%）。汇率的稳定会使实际 GDP 和实际个人消费量有一个初始的扩张。

## 降低失业率的政策选择

如果确知高失业的成本，我们可能会问：非加速通货膨胀的失业率是否是失业率的理想水平呢？如果不是，则我们能采取什么措施来降低它，使它达到一个更合理的水平呢？一些经济学家们认为，非加速通货膨胀的失业率（有时称为自然失业率）代表着经济生活中有效率的失业水平。他们坚持认为这是产生了有效的工作方式、工作空缺和寻找工作活动的结果。依照他们的观点，失业率保持在非加速通货膨胀的失业率以下。

另外一些经济学家则强烈反对，认为非加速通货膨胀的失业率可能高于理想的失业率水平。在他们看来，如果非加速通货膨胀失业率可以被降低，那么经济福利将会增加。他们强调在劳动市场上存在着溢出效应或外部性。例如，被解雇的工人会遭受一系列社会上和经济上的艰辛。但雇主并不支付失业的成本，大多数成本（失业保险、医疗保健费用、家庭贫困等）作为外部成本溢出，并由工人或政府承担。而且，当增加的失业工人使其他工人寻找工作变得更加困难时，就可能出现“拥挤”这种外部性。在某种程度上说，失业具有“外部”成本，非加速通货膨胀的失业率可能要高于理想的失业率。因此，降低这种失业率会增加一国的净经济福利。

倘若一个社会能找到降低非加速通货膨胀的失业率的有效方法，便可以获得巨大的社会利益。哪些措施可能使非加速通货膨胀的失业率下降呢？

- *改进劳动市场的服务*。有些失业是由于职业空缺与失业工人不匹配才发生的，因此我们可以通过提供较完善的信息，来减少摩擦性失业和结构性失业。最近的一个新方法是通过互联网帮助人们找工作，这种互联网由政府或公司运作，因此，企业可以更快地找到合格的工人。
- *支持培训计划*。如果你浏览一下网络或者报纸上的招聘广告，便会发现大部分空缺职位都要求有技能的工人。大多数失业者都是没有技术或只有一点儿技术的人，或者所在产业不景气的人。很多经济学家都认为，政府或私人的培训计划能帮助失业者获得在新兴产业谋取较好职位的技术能力。假如这类培训计划取得成功，就能获得双重利益——不但能使人们过上自食其力的生活，而且还能减轻政府转移支付项目的负担。
- *减少工作障碍*。政府所采取的一些旨在保护人们免受失业和贫困之苦的措施，在消除失业痛苦的同时，也降低了失业者寻找工作的积极性。一些经济学家呼吁对失业保险制度进行改革，主张改革医疗保健、残疾和社会保障等福利计划，以提高工作积极性。另外一些经济学家认为：缺少全国性医疗保险制度，可能会增加“工作锁定”和降低劳动力的流动性。

* * * *

考查失业率和通货膨胀的历史和理论之后，我们可以谨慎地得出如下结论：

经济评论家认为，在北美和欧洲经常出现的高失业率现象，是现代资本主义社会的一个主要缺陷。事实上，失业率有时候必须高于该国社会性最优水平以保证价格稳定。价格稳定和低失业率两者不可兼得是现代社会最痛苦的困境之一。

# 总结提要

### A. 通货膨胀的定义及影响

1. 回忆前文所述，当一般价格水平上升时，通货膨胀就会发生。通货膨胀率是指从一个时期到另一个时期价格指数变动的百分比。重要的价格指数包括消费者价格指数（CPI）和GDP紧缩指数。
2. 通货膨胀就像疾病一样有不同的临床表现。在美国我们经常可以看到低通货膨胀（每年几个百分点）。有时，急剧的通货膨胀可以使价格每年上升50%、100%或者200%。而当印刷厂大量印制货币，并且价格在每个月都会上升多次的时候，恶性通货膨胀就会发生。历史上，恶性通货膨胀几乎总是同战争和革命相伴。
3. 通货膨胀通过重新分配收入和财富以及损害效率，对经济产生重大的影响。没有预期到的通货膨胀通常会对那些债务人、追求利润者和冒险的投机家有利，但同时会损害债权人、收入固定的阶层和胆小的投资者的利益。通货膨胀会扭曲相对价格、税率和实际利率。人们将不停地进出银行，税收可能会急剧升高，而可衡量的收入也变得扭曲。

### B. 现代通货膨胀理论

4. 一个经济体中随时都会有一种预期的通货膨胀率。这一通货膨胀率是人们事先已经预见到的，并且已构成劳动合同和其他合约的一部分。这种预期通货膨胀率是短期的均衡状态，它可以一直持续到经济运行受到冲击为止。
5. 在现实生活中，经济运行会受到价格的不断冲击。需求拉动和成本推动是迫使通货膨胀率偏离其预期的两种主要冲击。需求拉动型通货膨胀是由于过多的支出追逐过少的商品所造成的，它使总需求曲线向右上方移动，工资和物价也由此在市场上攀升。成本推动型通货膨胀是现代工业经济中的一种新现象，当生产成本即使在高失业和生产能力闲置时期也上涨时，便会发生成本推动的通货膨胀。
6. 菲利普斯曲线显示的是通货膨胀和失业之间的关系。在短期内，其中一个比率的降低即意味着另一个的升高。但是，随着时间的推移，若预期的通货膨胀和其他一些因素发生了变化，这种短期菲利普斯曲线也会发生变动。倘若政策制定者试图使失业率长期低于非加速通货膨胀的失业率，则通货膨胀就会有螺旋式上升的趋向。
7. 现代通货膨胀理论的依据是非加速通货膨胀的失业率（NAIRU）的概念，也就是一个国家能够忍受的、可以维持经济运行而不会发生通货膨胀螺旋式上升危险的最低失业水平。它代表着一定的资源闲置水平，此时劳动市场与产品市场处于平衡状态。根据非加速通货膨胀的失业率理论，在失业和通货膨胀之间并不存在永久的此消彼长的替代关系，且长期菲利普斯曲线是一条垂线。

### C. 反通货膨胀政策的两难困境

8. 政策制定者所关心的一个主要问题是降低通货膨胀率的代价。目前的估测表明，要想使预期通货膨胀率下降，就不得不以经济大幅衰退为代价。
9. 经济学家提出了很多降低非加速通货膨胀的失业率的建议，其中较为重要的有：改善劳动市场的信息服务，改进教育和培训计划，重新制定政府的福利、保障计划等，以便更好地激励人们去工作。

## 概念复习

**通货膨胀的历史和理论**

$t$ 年的通货膨胀率 = $100\times\dfrac{P_t-P_{t-1}}{P_{t-1}}$

通货膨胀的类型：

低通货膨胀

急剧通货膨胀

恶性通货膨胀

通货膨胀的影响（再分配，对产出和就业的影响）

可预期的和不可预期的通货膨胀

通货膨胀的成本：

"皮鞋成本"

菜单成本

收入和税收的扭曲

信息损失

短期和长期菲利普斯曲线

非加速通货膨胀的失业率（NAIRU）和长期菲利普斯曲线

**反通货膨胀政策**

反通货膨胀的代价

降低 NAIRU 的措施

牺牲率

## 补充读物和互联网站

**补充读物**

The quotation from Stanley Fischer, Ratna Sahay, and Carlos A. Végh is from their article, "Modern Hyper- and High Inflations," *Journal of Economic Literature,* September 2002, pp. 837–880.

A discussion of factors influencing the NAIRU can be found in Congressional Budget Office, *The Effect of Changes in Labor Markets on the Natural Rate of Unemployment,* April 2002, available at *www.cbo.gov*.

**互联网站**

Analysis of the consumer price data for the United States comes from the Bureau of Labor Statistics, at *www.bls.gov*. This site also contains useful discussions of inflation trends in the *Monthly Labor Review,* online at *www.bls.gov/opub/mlr/mlrhome.htm*.

## 问题讨论

1. 请考虑以下通货膨胀造成的影响：税收的扭曲、收入和财富的再分配、皮鞋成本、菜单成本等。请给出每种代价的定义，并各举一例说明。
2. "在通货膨胀时期，人们使用实际资源以减少他们所持有的法定货币。这类行动能使个人受益，但不会产生相应的社会收益，从而可以说明社会为通货膨胀所付出的代价。"请解释这段话，并举例说明。
3. 未预期到的通货紧缩也会带来巨大的社会成本。描述下面各种情况中的通货紧缩状况，并分析相应的代价：
   a. 在经济大萧条时期，主要粮食作物的价格随着其他商品价格一同下跌，对于有大量抵押贷款的农民来说，将会产生什么影响？
   b. 日本在 20 世纪 90 年代经历了一次温和的通货紧缩。假定每个日本学生为支付学费贷款 200 万日元（约 2 万美元），他们希望通货膨胀能够让他们用贬值的日元偿还这些贷款。那么，如果工资和价格开始以每年 5% 的速率下跌，对这些学生来讲，情况又会怎样？
4. 表 16-2 中的数据表明了美国从 1979 ~ 1987 年间的通货膨胀和失业的状况。请注意，经济的运行从 1979 年接近非加速通货膨胀的失业率时开始，在 1987 年接近非加速通货膨胀的失业率时结束。你能否阐明这些年当中通货膨胀率下降的原因？请画出 1979 ~ 1987 年期间各年短期和长期的菲利普斯曲线，并按所画图形阐明上述问题。
5. 许多经济学家都这样说："由于在失业和通货膨胀之间

不存在长期的替代关系，所以，试图熨平商业周期的高峰和低谷是毫无意义的。”这一观点表明，只要平均失业水平相同，我们便不必在意经济的运行是稳定还是剧烈波动。请评论这种观点。

6. 一位著名的经济学家曾经写道：“如果你回顾一下有关通货膨胀社会代价的讨论，至少是对温和的通货膨胀代价的讨论，那么，你就很难避免产生这样一种印象：这种代价与失业和生产衰退的代价相比，是次要的。”请写一短文来叙述你对此问题的看法。
7. 考虑表 16-1 中记载的每年的通货膨胀率和人均 GDP 的增长。你能否明白较低的通货膨胀与最高的经济增长率之间的联系？出于什么经济原因，通货紧缩和恶性通货膨胀会降低产出的增长？解释为什么后此谬误（见第 1 章的讨论）可以在这里应用。
8. 下面列出了一些过去 30 年间影响劳动市场的政策和现象。请说明每一种政策和现象可能会对非加速通货膨胀的失业率产生的可能影响：
   a. 失业保险受到税收制度的制约。
   b. 联邦政府大幅度削减了培训失业工人的项目资金。
   c. 参加工会的那部分劳工人数大为减少。
   d. 1996 年的福利改革法案极大地减少了对低收入家庭的援助，如果想接受政府的援助，他们必须去工作。

| 年 | 失业率（%） | 通货膨胀率，CPI（%/年） |
| --- | --- | --- |
| 1979 | 5.8 | 11.3 |
| 1980 | 7.1 | 13.5 |
| 1981 | 7.6 | 10.3 |
| 1982 | 9.7 | 6.2 |
| 1983 | 9.6 | 3.2 |
| 1984 | 7.5 | 4.4 |
| 1985 | 7.2 | 3.6 |
| 1986 | 7.0 | 1.9 |
| 1987 | 6.2 | 3.6 |

表 16-2 1979~1987 年美国失业和通货膨胀率数据

# 宏观经济学前沿问题 第 17 章

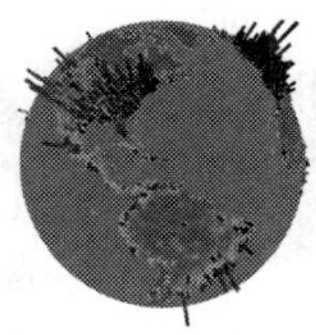

稳定经济的任务，要求我们能够控制住经济，使之不至于偏离持续高就业之路太远。就业率过高将导致通货膨胀，而过低则又意味着衰退。灵活审慎的财政政策和货币政策，能够帮助我们在这两条路中间穿行出一条“狭窄的通道”。

——约翰·肯尼迪总统（1962 年）

在过去 50 年中，美国经济经历了巨大的变化。农业和制造业在国民经济中所占比例已经明显下降；人们工作时所用的更多的是电脑而不再是拖拉机；贸易在生产和消费中所占的比例也已不断上升。技术为我们的日常生活带来了翻天覆地的变化；先进的电信系统让企业将其经营活动扩展到全国乃至全世界，功能日益强大的计算机淘汰了过去由雇员承担的大量的重复性劳动。

然而，即使经济结构已经发生巨变，宏观经济政策的基本目标也并未改变：稳定的就业、更高的薪酬、低失业率、不断增长的生产率和实际收入，以及将通货膨胀率稳定在较低的水平上。我们所面临的挑战是制定实现这些目标的政策。

本章使用前面所讨论过的宏观经济学工具来考查当今主要的政策问题。我们首先评估政府财政赤字和债务对经济活动的影响，然后讨论解决宏观经济问题的新途径。其中的有些理论在今天可能处于学科的前沿，但在未来仍有可能成为宏观经济学课堂上的重要命题。我们分析有关短期经济稳定问题的争议，包括当前对货币政策和财政政策有效性的质疑。政府是否应该停止熨平商业周期波动的努力？政策制定者是否应采取固定的经济规则而非相机抉择？最后我们将以经济增长这个重要问题作为结语。

## A. 政府债务的经济后果

当美国进入 21 世纪时，它的财政政策是稳定的，联邦政府曾长期持有着巨额的预算盈余。但接着，预算赤字就像一头从深海之底突兀浮起的怪兽，大有吞噬整个国家财政收入之势，这一情景无疑会使人惊恐万分。

由于税收削减、新项目上马以及在伊拉克与阿富汗结束不了的战争，美国的财政赤字即使是在 21 世纪初的繁荣之年也在不断地扩大。另外，国民银行系统也承受着巨额的损失，经济陷入了深度衰退之中。税收收入急剧减少，国家投入数以千亿美元的巨额资金以挽救金融系统和刺激经济增长。以 2009 年为例，美国联邦政府每年的财政赤字就高达 2 万亿美元，这是继二战以来占国内生产总值最大一个百分比的赤字。

预算赤字何以变得如此之高？赤字对于经济的影响又如何？本章将会讨论这些问题。下面我们将会看到，赤字受到普遍关注确有其坚实的经济基础。就缩减衰退长度和弱化衰退深度而言，赤字财政也许是必要的，尤其是当国民经济处在流动性陷阱中的时候。尽管如此，充分就业时期的高赤字也势必会带来严重的后果，包括国民储蓄和投资的下降，以及长期经济增长速度放缓等。

***政府预算*** 政府通过预算来计划并控制其财政事务。**预算**（budget）确定在既定年度内，政府项目的预计支出和来自税收体系的预期收益。预算一般包括一系列具体的项目（教育、福利、国防等），以及税收来源（个人所得税、社会保险税等）。

在一个财政年度中，如果税收和其他政府收入超过政府支出，就会形成**预算盈余**（budget surplus）；而当支出超过收入时，则会形成**预算赤字**（budget deficit）；如果收入与支出相等（这在联邦政府极为罕见），就称政府实现了**预算平衡**（balanced budget）。

当政府出现财政赤字时，它就必须向公众举债来支付其款项。为了借债，政府需要发行债券，即用以承诺将来偿还的一种借据（IOUs）。**政府债务**（government debt，有时称作公共债务）指政府借款总额或累积额，即政府债券的美元价值。

区分总债务和净债务是很有用的。*净债务*，也称为*公众持有的债务*，不包括政府自身的债务。净债务是指由居民、银行、商业企业、外籍人员以及其他非联邦机构持有的债务。*总债务*等于净债务加政府所持有的债券，主要是社会保障信托基金。社会保障信托基金有大量的盈余，因此，现在总债务和净债务这两个概念之间的差别正在扩大。

---

债务与赤字

人们往往将债务与赤字混淆。你不妨记住以下的区别：债务是存量，而赤字是流量。政府债务是政府负债的*存量*，赤字是当政府支出大于所征税收时所产生的新增债务的*流量*。例如，当 2008 年政府赤字为 6 400 亿美元时，政府债务存量中就会增加 6400 亿美元。同理，当 2000 年政府盈余为 2 000 亿美元时，政府债务就会减少 2 000 亿美元。

---

## 财政史

就像古希腊神话中的科林斯王一样，联邦政策制定者们费尽了九牛二虎之力，才把预算平衡的巨石推上了山顶。但其后果却只能是，这块巨石势必滚落下来并碾压他们自己。从 20 世纪 80 年代到 90 年代，政府不断通过法律以求制止财政赤字的上升。然而，刚刚被（克林顿当局——译者注）解决了的赤字问题，到 2001 年（布什当局——译者注）以后便又以更快的速度增长起来。美国经济的代表性或者说新的特征究竟是什么？

财政赤字对于美国经济而言并不是新事物，但在和平时期赤字规模如此巨大这一点，在美国经济史上却没有先例。独立战争后最初的两个世纪内，美国联邦政府一直尽力保持财政预算的总体平衡。战争时期，巨额的军费开支通常都经由借款融资等手段去加以解决。因此，政府债务在战争期间一般都迅猛增长。而在和平时期，政府则一般都会清偿一部分债务，从而使债务负担有所减轻。

1940 年开始政府的财政事务发生了比较大的变化。由表 17-1 不难看到美国联邦预算发生变动的主要趋势。该表列出了联邦预算的主要项目及其从 1940 年到 2008 年在 GDP 中所占的比重。其主要特征如下：

- 从 1940~1960 年，联邦的预算支出和税收收入所占的比重都大幅度增加，这主要是由于军事扩张和国民支出造成的。这部分支出主要来源于个人和企业税收的显著增加。
- 从 1960~1980 年，医疗保险、收入保障和扩大的社会保障等“新社会”计划特别地引人注目。结果，联邦支出所占比重剧增。这段时期，联邦收入在 GDP 中所占的份额比较稳定。
- 从 1981 年开始，美国两大党都宣布“大政府”时期已经结束。里根总统和布什总统都实行了税收削减政策，它们都导致了巨额的政府预算赤字。如表 17-1 所示，从 1980 年到 2008 年，联邦总支出占 GDP 的比重基本保持不变。医疗保险支出急剧增加，其他民生项目则相应缩减。

## 政府预算政策

政府预算有两项主要的经济功能。首先，它是政府确定国民经济优先发展项目的工具，使得政府可以将国民产出在私人消费、公共消费以及投资之间进行配置，从而刺激或抑制某些部门的产出。从宏观角度看，预算经由财政政策来影响宏观经济的核心目标。更确切地说，

| 联邦预算组成 | 占 GDP 百分比 1940 年 | 1960 年 | 1980 年 | 2000 年 | 2008 年 |
|---|---|---|---|---|---|
| **收 入** | **6.4** | **17.6** | **18.5** | **20.6** | **17.7** |
| 个人所得税 | 0.9 | 7.7 | 8.8 | 10.2 | 8.1 |
| 公司所得税 | 1.2 | 4.1 | 2.3 | 2.1 | 2.1 |
| 社会保险和退休金账户 | 1.8 | 2.8 | 5.7 | 6.7 | 6.3 |
| 其 他 | 2.7 | 3.0 | 1.8 | 1.6 | 1.2 |
| **支 出** | **9.4** | **17.5** | **21.2** | **18.2** | **20.9** |
| 国防和国际事务 | 1.8 | 9.7 | 5.3 | 3.2 | 4.4 |
| 医 疗 | 0.1 | 0.2 | 2.0 | 3.6 | 4.7 |
| 收入保障 | 1.5 | 1.4 | 3.1 | 2.6 | 3.0 |
| 社会保障 | 0.0 | 2.2 | 4.2 | 4.2 | 4.3 |
| 净利息 | 0.9 | 1.3 | 1.9 | 2.3 | 1.7 |
| 其 他 | 5.2 | 2.7 | 4.7 | 2.4 | 2.5 |
| **盈余（+）或赤字（-）** | **-2.9** | **0.1** | **-2.6** | **2.4** | **-3.2** |

**表 17-1 1940~2008 年的联邦预算趋势**

从 1940~1960 年，在冷战和热战期间，由于美国在国际军事事务中扮演了积极的角色，因此联邦支出在经济中所占比重急剧上升。1960 年以后，联邦支出比重比较稳定，但支出构成发生了变化，军事开支更多转向医疗和其他社会开支。21 世纪初，由于削减个人所得税，收入显著下降，所以联邦政府的预算赤字也急剧上升。

资料来源：Data are for fiscal years and come from the department of the Treasury, Office of Management and Budget, and Department of Commerce. They are summarized in *Economic Indicators*, available at origin.*www.gpoaccess.gov/*

**财政政策**（fiscal policy）是指对税收和公共支出进行规划，以帮助抑制商业周期的波动，保持经济的持续增长和高就业率，避免过高的或急剧的通货膨胀。

凯恩斯学派早期的一些信徒们相信，财政政策就像一个旋钮，可以用来控制或“微调”经济发展的步伐。较高的预算赤字意味着对总需求的更大刺激，从而可以减少失业和摆脱经济衰退。预算盈余可以缓解过热的经济，并消除通货膨胀的威胁。

今天，很少有人还会对财政政策持如此乐观的态度。经过这么多年的实践，衰退和通货膨胀依然伴随着我们。财政政策从理论上讲应该很好，但在实践中却不尽然。而且，货币政策已经成为更受青睐的调节商业周期波动的政策工具。然而，无论何时，只要失业率上升，政府仍会因受到强烈的公众压力而扩大支出。在本部分中，我们将研究政府运用财政政策的主要方式，考查它在实践中的一些明显缺陷。

## 实际预算、结构性预算和周期性预算

现代公共财政学将结构性赤字和周期性赤字进行了区分。思路很简单，预算的结构性部分是主动的——取决于相机抉择的政策，例如确定税率、公共工程支出、教育支出或国防支出的规模。与此相反，预算的周期性部分则需要被动地取决于商业周期的状况，即国民收入和产出的高低程度。以下是精确的定义：

> **实际预算**（actual budget）是指既定时期内，实际支出、收入和赤字的货币数额。

> **结构性预算**（structural budget）是指如果经济在潜在产出水平上运行，政府收入、支出和赤字应该是多少。
>
> **周期性预算**（cyclical budget）是实际预算与结构性预算的差额。用于衡量商业周期对预算的影响，包括商业周期对收入、支出和赤字的影响。

对于政策制定者而言，区别实际预算与结构性预算十分重要，因为他们想区分长期的或趋势性的预算变化与主要由商业周期推动的短期变化。结构性支出和收入包括立法通过的相机抉择的项目；而根据经济状况自动调整的税收和支出则构成了周期性的支出和赤字。

国民储蓄和投资的平衡主要受结构性预算的影响。改变政府储蓄的努力应集中于结构性预算之上，因为，只靠从经济繁荣中增加税收是不会带来持久的改观的。

## 债务与赤字的经济学

当今宏观经济学中，可以说没有任何一个问题能比巨额财政赤字的经济影响更富争议。一些人认为，巨额赤字会加重后代人的负担；另一些人则反驳，没有什么证据能够表明赤字对利率或投资已经造成了（负面）影响。还有些人则认为，赤字有助于经济的发展，尤其是在发生经济衰退的时期。

如何看待这些分歧？一方面，我们必须避免一些习惯性看法：因为私人欠债要受惩罚，所以政府出现赤字肯定是坏事。另一方面，我们也必须认识到，大量的政府赤字确实会带来一些问题，而较小的政府赤字却可能带来一些好处。

## 政府赤字的短期影响

### 短期与长期

区分财政政策的短期影响和长期影响是有必要和有意义的。在宏观经济学中，短期内需要考虑的是实际就业低于充分就业，也即实际产出不同于潜在产出的问题。这也就是凯恩斯的乘数模型所依存的世界。而在长期内，需要考虑的问题则是充分就业，此时实际产出将会等于潜在产出。这才是我们分析经济增长的基本框架。

我们已经讨论过财政政策在短期内的作用，在这一部分只需要简单的回顾一下即可。长期影响是新的论题，将在下一部分详细展开讨论。

### 财政政策和乘数模型

在前面的章节中，我们讨论过短期内，也即未达到充分就业条件下财政政策影响经济的方式。

假定政府为学校购买电脑或者为军队提供导弹。根据我们的乘数模型，在短期内，既定的利率和汇率都不会发生变化，GDP 的增长将是政府支出（$G$）增量的 1.5 或 2 倍。同样的论证也适用于税收 $T$ 减少（乘数较小）时的情况。同时政府赤字将会上升，因为政府赤字等于 $T-G$，所以 $T$ 下降或 $G$ 上升。

因而短期内最基本的结论是在未充分就业的条件下，削减税收或增加政府支出而导致的结构性赤字的上升，往往会导致更高的产出和更低的失业率，或者较高的通货膨胀率。

然而这一分析未免过于简单化，因为我们必须考虑到金融市场和货币政策的反应。由于产出的增长和通货膨胀的加剧，中央银行可能会提高利率，抑制国内投资；而如果该国实行浮动汇率制，更高的利率会导致一国外汇升值，从而致使净出口减少。利率的提高和本币的升值都趋向于抑制或“挤出”投资，导致基本模型中支出乘数的降低。

> 在短期内，也就是在资源未充分利用的条件下，财政政策往往会导致经济的扩张。较高的支出和较低的税率会增加总需求、扩大总产出、提高就业水平和加剧通货膨胀。金融市场对利率和汇率的各种反应，减轻了短期财政政策的扩张效应。

## 政府债务和经济增长

现在我们不妨离开短期问题，转而讨论财政政策尤其是巨额政府债务对于投资和经济增长的长期影响。需要分析的问题包括巨额外债的成本，对支付债务利息征税的非效率性，以及债务对资本积累的影响。

### 历史趋势

在分析政府债务之前，我们有必要回顾一下政府债

| | 政府债务占 GDP 百分比（%） | | | |
|---|---|---|---|---|
| | 1980 年 | 1990 年 | 2000 年 | 2007 年 |
| 日本 | 37 | 47 | 106 | 161 |
| 意大利 | 53 | 93 | 104 | 96 |
| 法国 | 30 | 40 | 47 | 52 |
| 英国 | 51 | 35 | 43 | 43 |
| 德国 | 13 | 20 | 34 | 39 |
| 美国 | 26 | 41 | 34 | 36 |
| 韩国 | 4 | 13 | 17 | 32 |
| 墨西哥 | 18 | 46 | 23 | 24 |

**表 17–2 八个主要国家的政府债务**

在过去的 30 年，主要工业国都面临经济增长缓慢和支出项目不断增加的问题，从而导致公共债务的增加。尽管日本是世界上最富有的国家之一，但是其债务—GDP 比率的迅速上升仍导致了债务评级的下降。

资料来源：OECD at *webnet.org/wbos/index.aspx*.

务的历史趋势。本书书后的图给出了若干美国长期经济数据，该图显示了自 1789 年以来美国联邦政府净债务在 GDP 中的比重。请注意，战争如何驱使该比值上升，同时在和平时期预算大致平衡的条件下，产出的快速增长通常又会使该比值有所降低。

由图 17-1 可见过去 70 年中美国政府债务占 GDP 的比重。不仅可以看出二战期间政府赤字的戏剧性影响，而且看出在 20 世纪 80 年代和 21 世纪前 10 年政府赤字的戏剧性影响。

今天，大多数工业国都陷入了大量公共债务的困境。表 17-2 对美国和其他七大工业国做了对比。日本由于采取了积极的财政政策，以及经济长期处于衰退状态，因而其债务与 GDP 的比值在过去 20 年中上升得很快。日本的债务比率的恶化，令许多经济学家都在担心日本已经陷入了一种怪圈：高债务导致高利率支付，而高利率支付反过来又会促使债务水平的进一步地拉高。

## 外债与内债

我们首先应区分内债与外债。*内债*是指一国政府欠本国公民的钱。许多人认为内债不构成负担，因为这全是“我们自己欠自己的钱”。尽管这种看法过分简单化了，但它却意味着一种真实的洞察力。如果每位公民都持有 1 万美元政府债券，并且为这笔债务的本息缴税，那么，将这些债务看做每位公民必须承受的沉重负担就是毫无意义的了。因为人们只不过是欠了自己的钱。

外债则不同，外债指外国人持有一部分本国的资产。例如，截至 2008 年底，由于现金账户巨额赤字，美国所欠外债达 3 万亿美元。这意味着，美国居民需要出口更多的产品和服务或者卖掉更多的本国资产才能还清债务。假定年债务的实际利率为 5%，那么，美国居民需要对外支付的外债利息将高达每年 1 500 亿美元（平均每人 500 美元）。

> 可见外债确实意味着债务国公民的可支配资源的净减少。这一教训一次又一次为发展中国家的痛苦经历所验证，特别是在债权国加紧催索债款的时候。

## 税收造成的效率损失

内债要求政府向债券持有人支付利息，为此，政府必须征收税款。但是，即便是向同样的人征收同样的利息税，也仍然会造成*激励机制的扭曲*，这是任何税收都不可避免会带来的影响。对鲍拉的利息收入或工资收入征税，以支付鲍拉应得的债券利息，会引起微观经济意义上的扭曲。鲍拉可能会因此减少工作和储蓄。而无论是减少工作还是减少储蓄，都应被视为对效率和福利的一种扭曲。

## 资本的替代

巨额公债最严重的后果或许是它取代了该国私人财富存量中的资本，从而使经济增长的步伐放慢，未来的生活水平降低。

债务影响资本的机制是什么呢？请回想一下，我们曾讨论过，人们积累财富是出于一系列不同的目的，诸如退休、教育、住房等。我们可以将人们持有的资产区分成两大类：（1）政府债务；（2）住房等资产及公司股票等金融资产，其中公司股票代表对私人资本存量的所有权。

> 政府债务的作用是：人们将会积累政府债务而非私人资本，从而使得一国私人资本存量被公债替代。

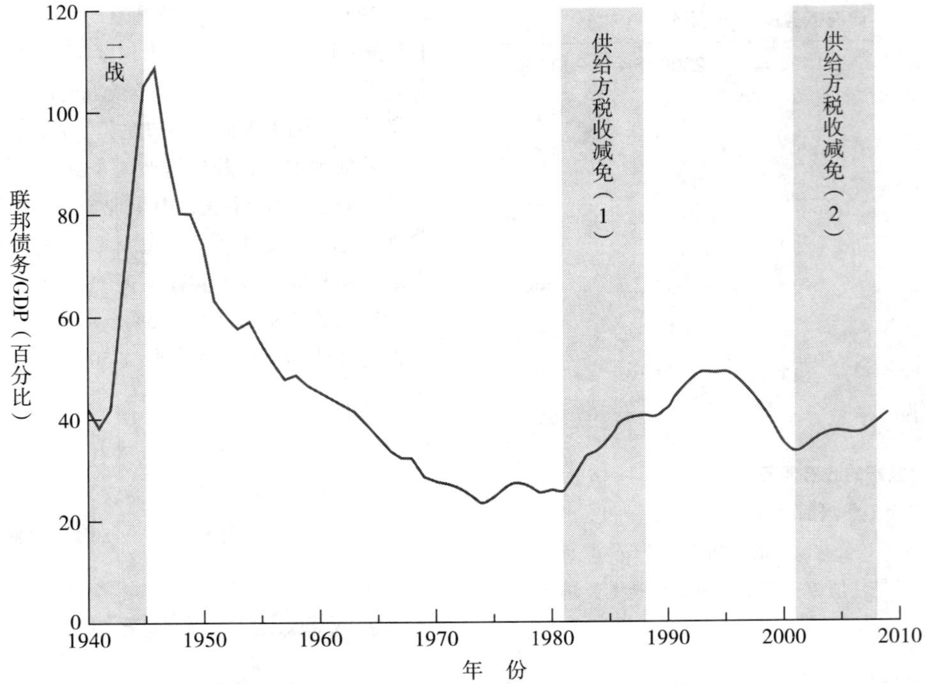


**图 17–1 美国联邦政府的债务占 GDP 的比率**

本图显示出净债务的比率，或公众手中的债务占 GDP 的比率。看看第二次世界大战的作用和两次供给方税收减免时期的比率。

资料来源：U.S. Office of Management and Budget, available at *www.gpoaccess.gov/eop/tables08.html*, Table B-78.

为具体说明这一点，我们假定人们恰好愿意持有 1 000 单位的财富，以备退休养老及其他目的所需。随着政府债务的增加，人们对其他资产的持有额就会以 1 美元对 1 美元的比例减少。这是因为，当政府出售债券时，由于所希望的财富持有量总额既定，其他资产必然会减少。但这些“其他资产”最终代表的是私人资本存量。股票、债券和抵押契据是工厂、设备和住房在金融资产上的对应物。在本例中，如果政府债务增长了 100 个单位，我们就会发现人们所持有的资本和其他私人资产将减少 100 个单位。这种情况就是百分之百的替代（与长期内百分之百的挤出效应相类似）。

现实中不可能发生完全的替代。较高的政府债务可能会提高利率，并刺激国内储蓄。此外，一国可能举借外债，而不是减少其国内投资（如近几年美国所为）。资本被政府债务替代的确切数额取决于生产条件及本国居民和外国人的储蓄行为。

***几何分析*** 图 17-2 说明了长期内资本存量被替代的过程。（a）图中，资本的供给和需求表示为实际利率或资本收益的函数。当利率上升时，厂商对资本的需求减少，而个人愿意供给的资本增加。图中所示的均衡水平是资本存量为 4 000 单位，实际利率为 4%。

现在让我们假定，由于战争、经济衰退、供给学派财政政策，或是其他一些原因，使政府债务由 0 上升到 1 000。从图 17-2 的（b）图中可以看出债务增长所造成的影响。该图将政府债务增长 1 000 单位表示为资本供给曲线向左移动 1 000 单位，到达 *S′S′* 处。如图中所示，居民的资本供给向左移动 1 000 个单位到达 *S′S′*。

我们用居民户资本供给曲线的左移表示政府债务的增加。请注意，由于 *SS* 曲线代表每一给定利率水平下，人们愿意持有的私人资本量，因此该资本量等于财富持有总量减去政府债务持有量。当政府债务总量（或非资本的资产量）增长 1 000 单位时，人们在持有 1 000 单位

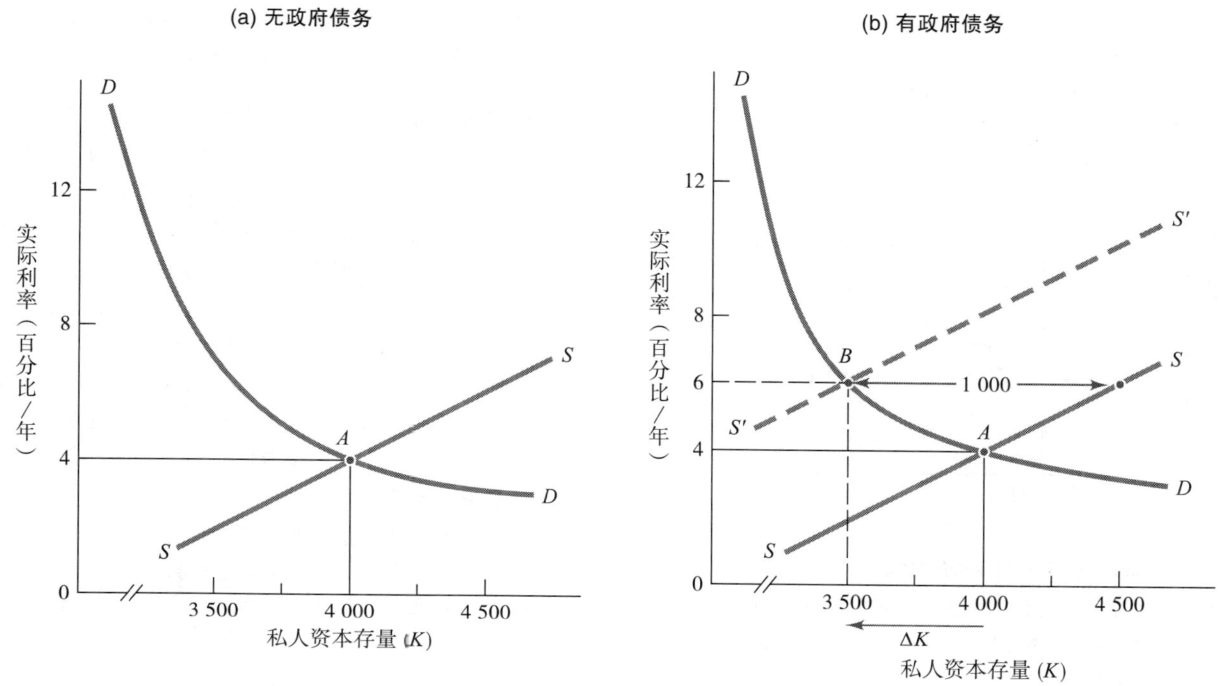


**图 17-2　政府债务取代了私人资本**

企业需要资本，而居民经由私人资产和公共资产方面的储蓄提供资本。需求曲线是向下倾斜的企业资本需求曲线，而供给曲线是向上倾斜的居民财富供给曲线。

（**a**）所示的是没有政府债务的均衡情况：*K* 为 4 000，而实际利率为 4%。

（**b**）所示的是政府举借 1 000 单位债务的状况。债务将 *K* 的净供给向左移动 1 000 单位。新均衡点沿 *K* 的需求曲线向左上移动，由点 *A* 移到点 *B*。利率提高了，企业不愿意持有 *K*，于是资本存量减少了。

政府债务之后所能购买的私人资本量，就会等于每一利率水平上的财富总量减去 1 000。所以，如果 *SS* 代表人们持有的财富总量，*S'S'*（相当于 *SS* 减去 1 000）就代表人们持有的资本总量。简言之，在售出 1 000 单位政府债券之后，新的资本供给曲线就是 *S'S'*。

当资本供给逐渐耗竭（国民储蓄转向政府债券，而不是住房和公司股票），市场均衡点会沿着资本需求曲线向左上方移动。结果是利率升高了，厂商对新的厂房、卡车和计算机的购买有所减少。

在图中所示的新的长期均衡状态中，资本存量由 4 000 单位下降至 3 500 单位。因此，在这个例子中，1 000 单位的政府债务取代了 500 单位的私人资本。私人资本存量的下降当然会产生重要的经济后果。资本的减少会使潜在产出、工资及国民收入有所降低。

图 17-2 的曲线仅仅是说明性的。经济学家并不能精确地估算出替代效应的大小。从历史趋势来看，能够找到的最好证据表明：国内资本部分地被政府债务所取代，但这种替代效应中有一部分是由于外债的增加。

## 债务和经济增长

考虑政府债务对经济的综合影响，我们会发现，巨额公债可能会有损于长期经济增长。图 17-3 说明了这种关系。假设某一经济一直在没有政府债务的情况下运行。那么，根据第 11 章所阐述的有关经济增长的原则，其资本存量和潜在产出便会沿着图 17-3 的实线所表示的假设路径运动。

接下来考虑政府债务不断增长的情况。随着时间的推移，政府债务逐渐累积，越来越多的资本被它取代，如图 17-3 下面的虚线所代表的资本存量曲线所示。为支

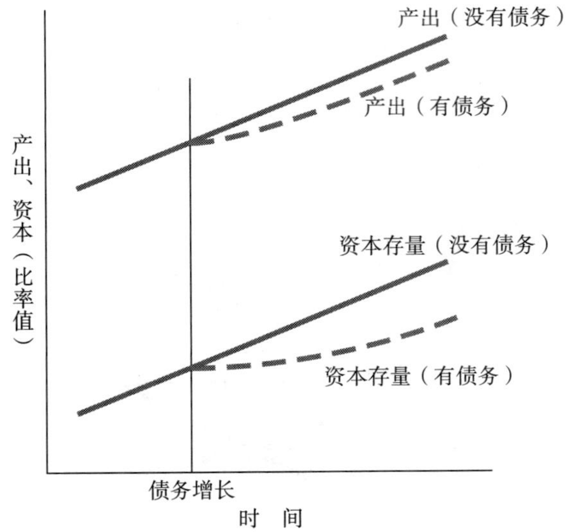


**图 17–3 政府债务对经济增长的影响**

实线代表政府预算平衡、没有债务时资本和产出的状况。当政府举借债务时，私人资本将会削减。虚线代表较高的政府债务对资本和产出的影响。

付债务利息而征更高的税，由此带来的低效率进一步降低了产出。同时，外债的增长使国民收入下降，并且用于支付外债本息的国民产出比重上升。综合考虑以上这些影响，产出和消费水平的增长速度会比没有巨额的政府债务和巨额赤字时缓慢，这一点可以从图 17-3 中上面两条线的比较中看出。

政府预算盈余和不断减少的债务所产生的影响是什么？这里的回答是从另一个角度：低的国家债务意味着更多的国家财富投到了资本领域，而不是政府债券。高资本存量会促进产出增长，并增加工资和每个人的消费。

关于巨额政府债务对经济增长所产生的长期影响的主要观点是：巨额政府债务往往会降低潜在产出的增长。这是因为政府债务会替代私人资本，增加由于税收产生的非效率，强迫一国减少消费以偿还外国借款。

### 财政赤字争论不休的注脚

讨论了赤字和债务的经济影响之后，我们不妨再就本领域内的主要争论来作一点梳理和澄清的工作，并以此概括出若干关键的论点。

财政政策对于经济的影响是宏观经济学中最容易产生误解和分歧的一个领域。而之所以如此，则是缘于财政政策在不同的时间段其效果也不相同。

- **短期看，高支出和低税率会增加总需求，进而提高产出水平和减少失业。**这就是财政政策的凯恩斯效应，它通过提高相对于潜在产出的实际产出水平而发挥作用。就财政政策的扩张效应（增加产能利用能力）而言，我们毋宁相信它最多能够持续几年。它很有可能会被货币政策的紧缩效应所抵消，尤其是当中央银行认为经济处于通货膨胀的边缘时。
- **长期看，高支出和低税率趋向于减缓经济增长率。这是财政政策的增长效应。**增长效应关注的是，在充分就业条件下，政府赤字对一国储蓄和投资平衡的影响。如果税收减少，那么公共储蓄就会减少，而由于私人储蓄上升幅度不大可能刚好等于公共储蓄的下降幅度，所以一国总储蓄和总投资都会下降。投资减少将会导致资本存量增长减缓，从而降低潜在产出的增长率。

财政政策这两方面的影响很容易让人们疑惑不解，因而导致了很多有关财政政策的争论。不妨听听参议员豪克和多夫之间的争论：

**参议员多夫**：经济正处于衰退时期，当成千上万的人失业时，我们不能无所作为。现在正是出台大规模刺激政策组合的时机，包括减税、加快基础设施建设和强调公共需求。经济衰退当前，不是争论赤字财政是否陈旧过时的时候。

**参议员豪克**：现在出台大规模经济刺激计划意味着我们在财政上极不负责。随着政府支出的增加，赤字会进一步扩大，利率会上升，企业会减少对厂房、设备和信息技术的支出。就经济的真正需要而言，我们的错误选择势必导致今后十年经济增长放缓。

确信你已经读懂了两位令人尊敬的参议员的这番对话的理论内涵。他们俩都是对的……但也都是错的。

## B. 现代宏观经济学的新进展

本书原则上综合考虑所有重要的流派。我们重视作为现代主流的凯恩斯主义学说，因为它能最好地解释市场经济的商业周期。但在理解长期经济增长的动力时，我们认为最好还是采用新古典增长模型。

尽管我们的主要任务是说明宏观经济学的各主要学派，但经验告诉我们，兼听则明和博采众长十分重要。在科学发展史上，一个时代的正统思想被下一个时代新的发现所推翻的例子可谓屡见不鲜。经济学派像人一样容易患动脉硬化症。学生们从老师或经典课本那里学到了“不朽”的真理，正统信条中的不完美之处往往被忽视掉了。例如，有史以来最著名的经济学家和哲学家约翰·斯图尔特·米尔，曾在其 1848 年的经典著作《政治经济学原理》中写道：“值得欣慰的是，价值规律已臻完美，今天和未来的学者们无需再做探索。”但是之后的 150 年我们就看到了经济学的两次重要革命——微观经济学的边际革命和宏观经济学的产生。

科学史学家观察到的科学发展进程是不连续的，新的思想学派出现、传播并影响于世，进而折服那些曾抱有怀疑态度的人。在本部分，我们将对现代宏观经济学的一些新的主流思想进行分析。

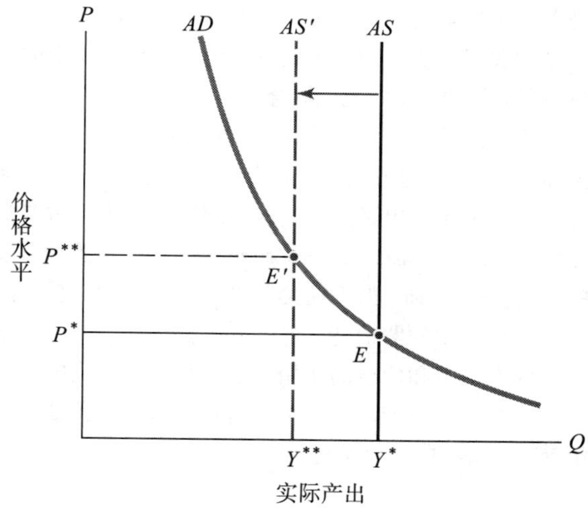


**图 17–4　在实际商业周期中，产出变化由科技进步导致**

根据古典经济学与实际商业周期（RBC）理论，*AS* 曲线反映了工资与价格是灵活变动的，因此它是垂直的。当技术变革的冲击渗入到经济时，产出发生波动。此图说明生产率下降是由 RBC 衰退导致的。你知道增加总需求的政策为什么影响价格而不是产出吗？

## 古典宏观经济学和萨伊定律

自从两个世纪前经济学诞生以来，经济学家们一直想知道市场经济能否在不引入政府干预的前提下，自动实现长期的充分就业均衡。用现代经济学语言来讲，我们将那种强调经济中自我矫正力量的学说称为**古典**（classical）理论。古典学派认为，价格和工资是有弹性的，经济是稳定的，因而经济能够自动且迅速地实现充分就业均衡。

### 萨伊的市场定律

在凯恩斯提出其宏观经济理论之前，主要的经济思想家所追随的都是古典的经济学观点，至少在经济繁荣时期是如此。早期的经济学家尽管已经意识到商业周期的存在，但是他们将这种周期看做是一种可以自我矫正的暂时偏离。

古典分析都是围绕**萨伊的市场定律**（Say’s Law of markets）展开的。这一理论由法国经济学家萨伊于 1803 年提出。他宣称，从本质上说，不可能出现生产过剩。这种观点有时被表述为：“供给自动创造对其自身的需求”。该定律成立的基础是：货币经济和以物易物经济是没有本质区别的，也就是说，无论工厂生产多少产品，人们都有能力购买。萨伊定律如图 17-4 所示。在古典经济学中，产出由总供给决定，总需求只影响价格水平。

许多杰出的经济学家，包括大卫·李嘉图（1817 年）、约翰·斯图尔特·米尔（1848 年）、阿尔弗雷德·马歇尔（1890 年）等，都赞成古典学派的这种宏观经济观点，认为生产过剩是不可能的。

> 根据古典学派的观点，经济会自动回到其充分就业的均衡状态。货币供给、财政政策、投资或者其他支出因素不会对产出和就业产生持久的影响。价格和工资的灵活变动能够维持充分就业。

## 现代古典宏观经济学

尽管古典经济学家不断宣称持久的失业不可能出现，然而 20 世纪 30 年代，那些折中的经济学家们却很难忽视当时庞大的失业大军——那些在街角乞求工作或推销铅笔的人。

凯恩斯的《就业、利息与货币通论》（1936 年）提供了一种迥然不同的宏观经济理论，即一套观察经济政策和外部冲击影响的全新的理论分析框架。事实上，本书中出现的关于商业周期和短期总供给的分析所反映的就是凯恩斯学派的思想的现代综合。

尽管主流学派的商业周期分析主要是以凯恩斯的 *AS* 模型和 *AD* 模型为基础的，但是古典学派的一个新分支却对这一规范学派提出了挑战。这一理论被称为**新古典宏观经济学**（new classical macroeconomics），是由芝加哥大学的罗伯特·卢卡斯、斯坦福大学和纽约大学的托马斯·萨金特和哈佛大学的罗伯特·巴罗共同提出的。这一理论在强调弹性工资和价格的作用方面，与前面讨论的古典学派一脉相承，但增加了一个新特点，即理性预期，用于解释菲利普斯曲线等问题。

## 理性预期

新古典经济学最重要的创新就是将理性预期引入了宏观经济学之中。探究预期理论的现实基础会有助于我们解释这个新的理论方法。在经济生活中的许多领域，特别是涉及投资和财务决策的领域，预期是做出决策的关键。它影响投资者的投资规模，也影响消费者现在的支出或（为未来）储蓄的决策。例如，假设你正在考虑花多少钱去购买第一套房产，则你的决策一定会受你对未来收入、家庭规模和房产价格的预期影响。

人们的预期是如何形成的呢？按照**理性预期假说**（rational-expectations hypothesis），预期是合理无偏的，它基于所有可获得的信息。

让我们稍作停顿，回顾一下统计学的有关知识：如果一项预期没有系统性的预测错误，则称该预期是“无偏”的。显然现实中的预期不可能总是完全准确的——如果只抛一次硬币，那么你的确无法预测哪一面会朝上。但是，如果你预测抛掷一枚完好硬币时背面朝上的次数为25%，那么你就犯下了统计学中的“有偏”的错误。而如果你预测硬币背面朝上的次数为总数的50%，或骰子任何一个点数朝上的平均可能性为1/6，那么你的预测就是“无偏”的。

若某人能利用所有可获得的信息做出无偏的决策，则认为他属于**理性预期**（rational expetation）。这就意味着，人们能够理解经济如何运行，以及了解政府正在做些什么。因此，假设政府通常在大选之年扩大支出，理性预期理论则认为人们能够预期到这一行为，并据此做出反应。（回忆第9章，这一原则也是金融市场的有效市场假说的重要假设之一。）

## 实际商业周期

现代古典宏观经济学最主要的应用就是**实际商业周期理论**（real-business-cycle theory），也称 **RBC 理论**。这一理论最初由芬尼·基德兰德和爱德华·C. 普雷斯科特提出，他们也因为在这一领域的杰出贡献而获得了诺贝尔经济学奖。该理论认为，商业周期仅仅取决于技术的变化，丝毫没有引入货币或其他需求方面的因素。

根据实际商业周期理论，对技术、投资或劳动供给的冲击使经济的潜在产出发生变化。也就是说，使垂直的 *AS* 曲线发生移动。这些供给冲击通过总供给的波动转化为实际产出，完全不受总需求 *AD* 的影响。同理，受到产业集中冲击、税收和管制政策等微观因素的影响，非加速通货膨胀的失业率（NAIRU）会发生变动，从而导致失业率的变动。而在正统的凯恩斯模型中，货币政策和财政政策对于实际商业周期模型中的产出或就业是没有影响的，它们只会影响总需求和价格水平。图17-4表明，生产率的下降会导致实际商业周期陷于衰退。

## 财政政策的李嘉图法则

在对凯恩斯主义宏观经济学的批评中，影响最大的是一种关于财政政策作用的新观点。这种观点是由哈佛大学的罗伯特·巴罗提出的，称为**财政政策的李嘉图法则**（Ricardian view of fiscal policy），认为税率变动对消费支出没有影响。

这种观点是对第6章所介绍的消费的生命周期模型的逻辑扩展。根据李嘉图的观点，个人在进行消费决策时，不仅会考虑当代人的消费，而且会考虑得更远。个人是非常有远见的，并像历史中的王朝一样，是家族成员得以延续的一部分。父母不仅关心他们自己的消费，而且关心他们孩子的福利；同样，他们的孩子也会关心其下一代的福利。这种结构称为“王朝家族偏好”（dynastic preferences），其含义是：如果每一代都考虑子孙后代的福利，则当代人的决策视野势必要延伸到无尽的未来。

然而，由此推导出的结论却令人惊讶：如果政府在减少税收的同时保持政府支出不变，则必然要增加借款。但是要保证政府支出不变，在未来某个时点上，政府将不得不增加税收以偿还新增借款的利息。根据李嘉图财政法则，消费者对未来政府将会采取的政策具有理性预期。因此，当税收削减时，他们就知道要为未来税收增加做好准备。这样，他们就会增加与所减少的税收额相等的储蓄，并保持消费支出不变。另外，即使税收增加不是发生在他们的有生之年，他们也会考虑到下一代人的福利。因此他们会减少现期消费以增加遗产，帮他们的孩子偿还额外的税收支出。

按照李嘉图法则，从最终净效果来看，税收变化对消费支出不会产生影响。另外，从家庭角度来看，政府债务并非是净债务，因为他们在计算中，会考虑到为这笔债务所必须支付的税收的现值，而这会抵消他们所持有的这些资产的价值。

李嘉图关于债务和赤字的观点在宏观经济学家当中引起了许多争论。批评者指出，李嘉图法则的这个观点要求家庭必须很有远见，计划留下遗产给下一代，并能不断地权衡他们自己和子孙后代的利益。若家庭没有孩子，没有遗产，不为子孙考虑或者没有远见，则这根链条就会断裂。最新的经验证据并不是很支持李嘉图法则，但是这项研究在揭示财政政策的逻辑局限性等方面却很有价值。

### 效率工资

近年来另一个重要的理论发展是将古典经济学和凯恩斯经济学融合在一起，称为**效率工资理论**（efficiency-wage theory）。这一理论的代表人物包括哥伦比亚大学的埃德蒙·菲尔普斯和约瑟夫·斯蒂格利茨以及洛杉矶联邦储备银行的主席珍妮特·耶仑。企业存有将工资水平保持在市场出清水平之上以提高生产率的动机，该理论用这个动机来解释实际工资的刚性和非自愿失业的存在。根据该理论，高工资之所以导致高生产率，是因为工人更加健康、士气更加旺盛，或怕丢掉工作不敢在工作时间上网，还因为优秀的工人不大可能辞职去寻找新工作，或者是因为高工资可以吸引更出色的工人。

随着公司增加工资以提高生产率，寻找工作的人可能愿意排队等候这些高收入工作，从而产生了非自愿失业。这一理论的创新在于，它认为非自愿失业是一种均衡的特征，不会随时间的推移而消失。

### 供给学派经济学

20 世纪 80 年代早期，由经济学家和新闻工作者发展起来的学派被称为**供给学派经济学**（supply-side economics），它强调激励，建议大幅削减税收，以此来促进经济增长。供给学派经济学曾得到美国总统里根（1981~1989 年）和英国首相撒切尔夫人（1979~1990 年）的热烈拥护。

供给学派认为凯恩斯主义过分强调商业周期，而忽视了税率和激励对经济增长的影响。根据供给学派的观点，高税收使得人们减少劳动和资本的供给。事实上，一些供给学派经济学家，像阿瑟·拉弗甚至认为，高税率实际上可能会减少税收收入。“*拉弗曲线*”假说认为，高税率抑制了经济活动，从而缩减了税基。为了改进在他们眼中无效率的税收体系，供给学派经济学家提出了一项重建税收体系的激进建议，有时被称作“供给学派减税”。

在 20 世纪 80 年代占据中心舞台的供给学派经济学随着罗纳德·里根的离任而慢慢退去。在对那一时期的研究中，经济学家普遍发现，供给学派的许多观点都未得到经济现实的支持。供给学派减税所导致的是更低而不是更高的税收收入。

2001 年，当布什总统所提出的新一轮所得税削减计划得以顺利通过时，供给学派的许多政策建议又一次走到前台。然而，这一轮减税的战略意图却并非是为了增加收入，而是为了提高税收体制的运作效率，并促进长期的经济增长。正如他们的前辈在 1981 年的作为一样，这轮减税仍然导致了更低的而不是更高的税收收入（如表 17-1 所示）。

## 政策含义

### 政策无效性

新古典经济学具有许多重要的宏观经济政策含义。其中最重要的来自新古典理论的一个观点是：*旨在对付失业的系统性的财政政策和货币政策具有无效性*。其基本思想是，若一项刺激经济的政策是可预测的，人们就会事先知晓，因此它对经济不具任何影响。

例如，假设政府每逢大选临近之时，就倾向于刺激经济。经历了一系列出于政治目的的财政政策之后，人们将会理性地预期到这种行为。他们会自言自语地说道：

> *“选举来了，从过去的经验看，政府通常会在大选前给经济打强心针。选举年我能享受税收削减，可紧接着下一年他们又会偷偷地提高税率。他们骗不过我，也别指望我会增加消费、更努力的工作，或者为现任总统投赞成票。”*

这就是古典宏观经济学的**政策无效性定理**（policy ineffectiveness theorem）。存在理性预期且工资与价格具有弹性的条件下，人们预期到的政府政策无法影响实际的产出或失业。

### 固定规则的可取性

在第10章中，我们曾讨论过货币主义者对于固定规则的看法。新古典宏观经济学将这一论点建立在更加坚实的基础之上。这一理论认为一项经济政策可以分为两个部分，一个是可预见的部分（即“固定规则”），另一个是不可预见的部分（即“相机抉择”。）

新古典宏观经济学家认为，相机抉择是一个陷阱和骗局。政策制定者争辩说，在经济预测方面，他们并不比私人部门更具优势。因此，当政策制定者对新闻做出即时反应时，在信息充分的买主和卖主聚集的市场上，灵活变动的价格已经做出改变，并达到了有效的供求均衡。在这种情况下，政府已经没有什么相机抉择的措施可以改善市场的结果，或防止由暂时的错觉或实际商业周期冲击所引致的失业。

尽管政府政策无法使情况变好，但却绝对可以使情况变得更糟。它们可以通过不可预见的相机抉择政策发出误导性的经济信号，使人们产生困惑，扭曲其经济行为，并造成浪费。根据新古典宏观经济学家的观点，政府应该完全避免任何相机抉择的宏观经济政策，不要去冒险制造这种令人困惑的“噪音”。

### 一种新的综合

经过30年对新古典宏观经济学的消化和吸收，新旧理论的综合已经初见端倪。经济学家对预期给予了足够的重视。区分适应性预期（或“后顾型预期”）与理性预期（或“前瞻型”预期）这两个范畴十分有用。适应性预期认为，人们仅仅机械性地根据过去的信息形成自己的预期；前瞻型预期或理性预期的观点已在上文阐述过。前瞻型预期的重要性对于理解人的行为十分关键，特别是在金融部门等竞争性拍卖市场中更是如此。

一些宏观经济学家开始将新古典的预期理论与凯恩斯主义关于产品市场和劳动市场的理论结合在一起。这种综合体现在做出如下假定的宏观经济模型中：（1）劳动市场和产品市场表现出工资和价格的刚性；（2）金融拍卖市场的价格和数量可迅速调整以适应经济的冲击和预期；（3）拍卖市场的预期是前瞻型的。

新研究方法的一项重要预期是，当重大新闻事件发生时，前瞻型模型中的利率、股票价格、汇率或油价容易产生大的“跳跃”或不连续变动。这种强烈的反应常见于大选过后或战争爆发之时。例如，当2003年3月美国入侵伊拉克时，仅一周内油价就下降35%，同时股价飙升10%。关于跳跃价格的新古典预期折射出了拍卖市场的一个现实特征。这表明，在现实世界中，前瞻型预期可能在这些领域中十分重要。

> 新古典宏观经济学提出了许多颇有成效的见解。最重要的是，它提醒我们注意，经济中充满了聪明的消费者和投资者，他们对政策做出反应，有时甚至能预期到政策。而这种作用和反作用实际上能够改变经济行为的方式。

## C. 稳定经济

对于高收入的市场经济与民主法治的国度，二战后其经济发展过程都具有里程碑意义。人均收入和就业水平飞速增长，国际贸易的深度和广度不断提高，很多较贫穷国家，如印度和中国，开始逐渐赶超富裕国家。

经济发展势头如此良好，所以很多人将它称之为“黄金时代”。在这个时期中，经济周期甚至已经逐渐消失。实际上，一些“新”的经济学教科书已经省略了不少有关经济周期的宏观经济学内容。

这种理想情况止于2007年开始的金融危机和深度衰退。像“衰退”和“萧条”一类本已经在历史书上看不到的词语，又一次出现在人们的日常生活中。

当务之急是找到能够避免经济周期过度扩张或收缩的政策。我们已经看到产出与价格变动的轨迹取决于总供给与总需求的相互作用，*但旨在熨平经济周期的政策必须通过影响总需求而发挥作用*。政府可以通过运用其货币杠杆和财政杠杆来影响总需求的增长，从而达到抑制衰退的目的。

这些观点导致了两个关键问题的出现：要稳定经济，货币政策与财政政策两者的最佳组合是什么？政策的制定应当遵循严格的规则还是允许相机抉择？

## 货币政策与财政政策的相互作用

对于像美国和欧元国这样庞大的经济体而言，货币政策与财政政策的最佳组合取决于两个因素：需求管理的必要性和财政政策与货币政策的理想组合。

### 需求管理

商业周期管理首先要考虑的问题是经济的总体状况和调整总需求的必要性。当经济停滞时，财政政策和货币政策可以用于刺激经济，促使经济复苏。当面临通货膨胀的威胁时，货币政策和财政政策又有助于减缓经济增长速度，控制“通货膨胀之火”。这些都是**需求管理**（demand management）的例子。需求管理指的是，主动地运用货币政策和财政政策来影响总需求的水平。

举例来说，假定经济正陷于严重的衰退之中。相对于潜在产出水平，实际产出较低。在这种情况下，政府能够采取何种措施以振兴停滞的经济呢？它可以通过提高货币供给，或增加政府支出，抑或二者兼用来扩大总需求。当经济对货币刺激和财政刺激做出反应之后，产出和就业就会增加，而失业则会下降。（在通货膨胀时期，政府应采取何种措施？）

让我们回顾一下货币政策和财政政策的相对优势和劣势。

*财政政策的作用*　在凯恩斯革命的早期，宏观经济学家强调财政政策是最强有力的，也是最综合的需求管理手段。对财政政策的批评指出，财政政策的缺陷源于时滞、政治因素、宏观经济理论等。

一种观点认为，周期性冲击和有效反应之间存在时滞。首先，经济学家需要花费一定的时间来识别周期转折点的到来，即政策滞后。例如，美国国家经济研究局用了一年时间才宣布最近一次商业周期的峰值。（2007 年 12 月的峰值直到 2008 年 12 月才宣布。）在识别转折点之后，总统还需要时间决定采取何种措施，国会还需要更多时间讨论并通过应对措施。最后，即使税收或支出发生了变化，在经济做出反应之前仍然会存在一个生效时滞。

对财政政策的批评还指出，减税比增税容易，增加支出比缩减支出容易。在 20 世纪 60 年代，国会对于通过肯尼迪—约翰逊减税方案曾经充满热情。两年以后，越南战争的升级诱发了通货膨胀的压力，要求出台紧缩性政策。

在两种情况下，反周期的财政政策特别有效果。一种情况是在经济衰退时临时减税。临时减税最初针对中低收入家庭。原因是这类家庭的边际消费倾向较高，几乎没有可用于困难时期的超额储蓄。相关统计表明，这些措施在短期内有效地增加了总需求，同时也可避免长期财政赤字。

另一种情况是在经济处于流动性陷阱、中央银行没有降低短期利率空间的时候。（回忆我们在 10 章中曾经讨论过的流动性陷阱。）这正是 2007~2009 年经济衰退中出现的情况。为了恢复经济增长，奥巴马政府和国会在 2009 年初通过了美国历史上数额最大的财政刺激计划。尽管一些人担心财政刺激会长期影响政府债务，但大多数宏观经济学家还是坚信财政政策是防止经济陷入更深层衰退的唯一可行的方法。

*货币政策的有效性*　与财政政策相比，货币政策对经济的作用更为间接。扩张性财政政策实际上是要购买产品与劳务，或将收入转移到消费者或企业的手中；而货币政策则通过改变利率、信贷条件、汇率和资产价格来影响支出。凯恩斯革命早期，一些宏观经济学家对于货币政策的有效性充满了疑虑，有些人曾这样说：“货币政策就像在走钢丝。”但是最近 20 年来，联邦储备系统发挥了十分积极的作用，并显示出自己有能力减缓或加速经济的增长，人们的疑虑也因此而打消。

联储比财政政策制定者更能制定稳定经济的政策，其专业经济学家比其他任何人更能够识别出经济周期的变动。而且当有需要时，他们能够迅速采取行动。例如，2008 年 3 月 14 日（周五），当投资银行贝尔斯登有严重的流动性问题时，一连串的金融机构的失误引发了一场严重的金融危机。联邦储备必须在周一上午开市之前找到解决方法。而在周日之前，联邦储备就会同美国财政部，动员摩根公司收购贝尔斯登公司，并且为其一级交易商提供了一种全新的信贷机制。很难想象任何一家立法机构能在如此短暂的时间内采取如此复杂的措施。

联储政策的关键点在于联储的独立性。它用行动证明，在有必要采用政治上不受欢迎的政策以抑制通货膨胀时，它可以承受做出这种决策的压力。更重要的一点是，正如我们在前面所提到的那样，从需求管理的角度看，财政政策所能做到的或所能够阻止的，货币政策也都无所不能。值得注意的一点是，如果经济处于流动性陷阱之中，名义利率接近或等于零，则用货币政策刺激经济增长将是无效的。因此，当经济处于或接近于流动性陷阱时，只能靠财政政策发挥主力作用。

下面，我们将总结一下财政政策和货币政策的现状。

> 由于政治上独立，决策迅速，中央银行当仁不让地被置于经济调控的第一线，以避免商业周期的冲击和实现国民经济的稳定。在衰退中作为一次性的刺激计划，相机抉择的财政政策也是可以发挥作用的。而当经济接近流动性陷阱时，则财政政策是刺激经济增长的首要选择。

## 财政政策与货币政策的组合

影响财政政策和货币政策作用的第二个因素是所选择的**财政一货币政策组合**（fiscal-monetary mix），即财政政策、货币政策的相对优势和它们对不同经济部门的作用。财政一货币政策组合的变化是这样一种方法：在紧缩其中一项政策时，放松其他政策，保持总需求不变，从而总产出不变。基本的思路是财政政策和货币政策在需求管理中可以相互替代。尽管可以采用不同的财政—货币政策组合来稳定经济，但它们对于产出的构成却会有不同的影响。通过改变税收、政府支出和货币政策的组合，政府可以改变企业投资、消费、净出口和政府对商品和服务的采购等各个组成部分占 GDP 的比重。

***财政—货币政策组合变动的效果*** 为了理解财政—货币政策组合发生变动时的影响，让我们考查一组特定的政策。假设联邦政府减少了 1 000 亿美元预算赤字，并以较低的利率恰好抵消了财政政策的紧缩作用。

我们可以用量化的经济模型来估计这一政策组合的影响。表 17-3 列出了实验的结果。该表显示了两个有趣的特征：第一，模拟结果表明，财政—货币政策组合的变化确实会改变实际 GDP 的构成。当赤字下降 1 000 亿美元时，企业投资增加 300 亿美元，房地产投资也随利率的下降而有所上升。与此同时，个人消费减少了，从而释放出更多的资源以供投资。模拟结果表明了财政—货币政策组合的变化如何改变了产出的构成。

该模拟另一个特别有趣的结果是净出口的增长幅度远远大于住房或企业固定投资的增长幅度。这是由于利率的降低导致美元币值暴跌。这一结果显然对金融市场和汇率对“削减赤字政策组合”的反应十分敏感。尽管如此，它还是表明，一些普遍的对削减赤字政策组合的

| 部　门 | 产出的变化（10 亿美元，2008 年的价格） | | |
|---|---|---|---|
| **投资部门** | | | **132** |
| 私人国内总投资 | | 48 | |
| 住　房 | 18 | | |
| 商业固定投资 | 30 | | |
| 净出口 | | 83 | |
| **消费部门** | | | **–106** |
| 政府采购商品和服务 | | –68 | |
| 个人消费支出 | | –38 | |
| 备注： | | | |
| 实际 GDP 的变化 | | | 26 |
| 联邦赤字的变化 | | | –100 |

**表 17–3　改变财政—货币政策组合**

美国改变其财政—货币政策组合的影响是什么？这个模拟假定通过提高个人所得税、降低联邦非国防支出，使联邦赤字减少 1 000 亿美元，同时联储运用货币政策使失业率保持不变。该模拟采用的是 2000~2009 年间变化的平均值。

资料来源：模拟使用的是美国经济的 DRI 模型。

作用的分析可能是误导性的。许多分析家这样认为，削减赤字政策组合会对国内企业的投资和生产率产生重大影响。然而，从某种程度上来说，较低的赤字主要是增加了净出口和住房，而对生产率提高的作用可能比较小。根据估计，预算赤字削减 1 000 亿美元，会使十年内潜在产出增长率由每年的 2.3% 上升到 2.5%。也许正因为回报如此之小，当政者才难以下定决心削减赤字。

---

### 实践中的财政—货币政策组合方案

财政—货币政策组合在美国经济政策中引起了激烈的争论。下面是两种主要的方案。

- **宽松的财政政策—紧缩的货币政策**。假定最初经济在低通货膨胀和潜在产出水平上运行，新上任的总统准备在不增加税收的情况下，大幅度增加国防支出。这样就会导致政府赤字的增加和总需求的上升。在这种情况下，联储就需要紧缩货币政策，阻止经济过热。结果就会出现实际利率上升和美元升值。高利率将挤出国内投资，美元升值会减少净出口。因此，净效应为国防开支的增加挤出了国内投资和净出口。这项政策就是美国 20 世纪 80 年代早期出现的情况，并在 21 世纪初期又一次出现。
- **紧缩的财政政策—宽松的货币政策**。假定经济开始时国民储蓄率比较低，政府希望通过增加投资来进一步推动资本存量，提高潜在产出的增长率。在实际操作当中，政府可以提高消费税，压缩转移支付，从而减少可支配收入，降低消费水平（紧缩性的财政政策）。这将会伴随着扩张性的货币政策，从而导致低利率和投资增加，以及美元贬值和净出口的增加。整个过程通过增加公共储蓄来刺激私人投资。这就是克林顿总统的经济哲学。它在 1993 年的预算法案中得以体现，并导致了 20 世纪 90 年代末的预算盈余。

---

## 固定规则与相机抉择

我们已经看到，原则上，财政政策和货币政策可以起到稳定经济的作用。许多经济学家认为，在实践上各国应该采取措施熨平商业周期的波峰和低谷。另外一些经济学家则怀疑我们是否有能力预测周期，并在合适的时机根据适当的理由采取正确的措施。后者得出结论说：不能相信政府能制定出正确的经济政策，因此政府自由干预的权限应受到严格限制。

例如，财政政策方面的保守主义者担心，国会增加支出并削减税收比相反的政策更容易执行。这就意味着，在衰退时期很容易增加预算赤字，而在繁荣时期却很难反其道而行之，即根据反周期财政政策的要求削减赤字。因此，保守主义者几次力图限制国会批准设立新基金或扩大赤字的能力。

与此同时，货币主义保守派则努力与中央银行保持密切的联系，并试图迫使中央银行将政策目标放在通货膨胀上。这将有利于消除政策的不确定性，并提高中央银行作为反通货膨胀斗士的信誉。

在最一般的水平上，关于"固定规则与相机抉择"的争论可以归结为：灵活决策的优势是否会被由自由决策带来的不确定性和滥用权力的潜在可能性所抵消并超越。一些认为经济具有内在的不稳定性和复杂性且政府一般可以做出明智决策的人，乐于给政策制定者广泛的相机抉择的权力，使其能够积极地采取措施稳定经济。另一些人则认为政府是经济中最不稳定的因素，政策制定者一般是利己的，而且易于判断失误，他们主张应当约束财政和货币当局的权限。

### 立法机构的预算约束？

随着 20 世纪 80 年代预算赤字的增加，许多人认为国会缺乏自我控制能力，不能抑制超额支出及膨胀的政府债务。保守主义者提议实行要求平衡预算的宪法修正案。然而经济学家却对此提出批评，认为这将增加运用财政政策降低经济衰退的难度。到目前为止，没有一项提议的宪法修正案被国会通过。

相反，国会立法通过了一系列限制支出和税收减少的预算原则。第一项尝试是国会在 1985 年通过的《格拉姆—拉德曼法》（Gramm-Rudman Act），该法案要求每年削减一定数量的赤字，以期至 1991 年实现预算平衡。这项法案因不能成功削减支出而被废除。

第二项尝试是 1990 年出台的量入为出的预算原则。该原则要求国会应为新设的支出项目寻找相应的收入来源。某种程度上，量入为出预算原则的规定对国会施加了一项预算约束，明确要求新设项目的成本必须通过高税收或其他方面的低支出等办法来弥补。

对国会的预算约束会造成什么影响呢？经济学研究表明，预算原则产生了显著的财政约束，帮助降低了20世纪90年代的政府赤字，并最终在1998年以后产生了预算盈余。但是当赤字转为盈余时，降低赤字的迫切要求就不存在了，政策制定者就会用各种借口来逃避以前制定的预算约束，例如，借人口普查等可预测项目作为"紧急支出"之类。到了2002年，政府预算约束原则被终止。许多经济学家认为，量入为出原则是为立法施加预算约束的一个有效机制，2009年有一些提案再度要求落实这些原则。

### 货币规则为的是联储?

在第10章讨论货币主义时，我们曾设计过固定政策规则的例子。通常支持固定规则的论点是，私人经济相对稳定，积极的政策干预可能会导致经济不稳定，而非促使经济稳定。而且在某种程度上，中央银行可能在政府的支配下，在大选之前扩张经济，以便制造出一种政治性的商业周期。而固定规则却可以约束央行的种种行为。此外，现代宏观经济学家曾指出过事先承诺的价值。如果中央银行能够承诺遵循非通货膨胀规则，则人们的预期将会与之相适应，从而减弱对通货膨胀的预期。

近10年来一个最重要的新动向是许多国家都有设定通货膨胀目标的趋势。**设定通货膨胀目标**（inflation targeting）是指宣布通货膨胀率变动范围的官方目标，并明确表示较低且稳定的通货膨胀率是货币政策的首要目标。近年来，许多工业国家，包括加拿大、英国、澳大利亚、新西兰等都采取了或温和或强硬的通货膨胀目标。另外，条约授权新成立的欧洲中央银行将稳定价格作为欧洲中央银行的首要目标，虽然没有正式要求其设定通货膨胀目标。许多经济学家和立法者提议美国也实行该项措施。

设定通货膨胀目标的具体内容包括：

- 政府或中央银行宣布，货币政策将努力使通货膨胀率接近在某一数量目标上。
- 该目标通常是一个范围，例如，每年从1%~3%，而非字面上的价格稳定。一般地说，政府规定一个核心通货膨胀率，例如，剔除多变的食品价格和能源价格的消费者价格指数。
- 通货膨胀是中期和长期内首要的或压倒一切的政策目标。但是各国通常会为短期稳定目标留有余地，特别是有关产出、失业率、金融稳定及汇率的短期目标。这些短期目标承认，供给冲击会影响产出和失业率，因此为避免过度的失业损失和产出损失而暂时地偏离通货膨胀目标，也被认为是可取的。

支持设定通货膨胀目标的人指出，这一措施有许多优点。如果我们承认长期内失业与通货膨胀之间不存在此消彼长的替代关系，那么设立一个通货膨胀目标以实现价格体系的效率最大化就是切合实际的。第16章对通货膨胀的分析表明，一个较低且稳定的通货膨胀率可以提高效率，并使得不必要的收入与财富再分配最小化。此外，一些经济学家相信，有力且可信的降低和稳定通货膨胀的承诺，可以改善短期内通货膨胀与失业之间的此消彼长的关系。最后，一个明确的通货膨胀目标会增加货币政策的透明度。

设定通货膨胀目标是介于固定规则和纯粹的相机抉择政策之间的一个折中办法。其主要的缺陷在于，如果中央银行过分严格地倚重通货膨胀规则，就会在严重的供给冲击时期允许过度失业的存在。怀疑者担心，经济太复杂了，难以靠固定的规则来管理。作为类比，他们提出：是否应该倡导在任何天气状况和紧急情况下，都规定汽车以固定的速度行驶，或给飞机安装一个自动驾驶仪。

批评家们指出2007~2009年的金融危机可作为因依赖严格目标而导致了严重后果的例子。即便供给冲击导致通货膨胀率上升到联邦储备当局"感到舒适的范围"（comfort zone）以内，联储在这一时期也仍然降低利率和扩张信贷。如若联储按照所设定通货膨胀目标进行操作，将注意力完全集中反通货膨胀的问题上，那么它就会在这一时期提高利率和紧缩信贷，而这样就会加剧衰退倾向和经济危机。相反，联储就会尽量避免经济深度衰退，并防止金融机构的整体破产。（见前面关于贝尔斯登的讨论。）

货币政策不能消除所有的衰退或短暂的通货膨胀，但利用财政政策，它能减少剧烈紧缩或恶性通货膨胀的出现机会。

有关固定规则和相机抉择的争论，是政治经济学中最古老的争论之一。事实上，这一两难问题也反映出民主社会的一大困境：如何在旨在吸引政治支持的短期政策与旨在提高一般福利的长期政策之间进行决策。不存在适用于任何时间任何地点的惟一最佳的方案。为了实施货币政策，美国已经通过创建了一个独立的中央银行而解决了这一两难问题，中央银行虽然负责立法，但却可以在经济或金融出现危机时进行相机抉择。

## D. 经济增长和居民福利

我们关于现代宏观经济学的研究已经接近尾声。让我们回味一下经济学家兼记者的保罗·克鲁格曼关于长期经济核心问题的一段话：

> 生产率不等于一切，但在长期内，它却几乎意味着一切。一个国家提高其生活水平的能力几乎完全取决于该国提高人均产出的能力。

保持较高并不断增长的国内居民的生活水平，是宏观经济政策的基本目标之一。由于当前的实际收入水平反映了生产率增长的历史，所以我们可以通过考查不同国家的人均 GDP 来衡量其过去生产率增长的相对成功性。表 17-4 是一个简表，该表用购买力平价汇率来比较各国的收入，购买力平价汇率衡量的是不同国家货币的购买力（或可购买的商品和服务的数量）。显然，美国在其过去的发展中已经取得了成功。但在最近几年，也许最令人担忧的问题是生活水平的提高还未能在全球共享。

| 国家或地区 | 人均 GDP，2006 年 |
|---|---|
| 美　国 | 44 070 |
| 香　港 | 39 200 |
| 英　国 | 33 650 |
| 日　本 | 32 840 |
| 德　国 | 32 680 |
| 斯洛文尼亚 | 23 970 |
| 韩　国 | 22 990 |
| 波　兰 | 14 250 |
| 墨西哥 | 11 990 |
| 博茨瓦纳 | 11 730 |
| 阿根廷 | 11 670 |
| 中　国 | 4 660 |
| 尼日利亚 | 1 410 |
| 刚　果 | 270 |

**表 17-4　当前收入反映了过去增长的影响**

那些在过去的时间里增长得最快的国家，今天其人均 GDP 达到了最高水平。

资料来源：World Bank.

| 增长率（年百分比） | 实际人均收入（固定价格，美元） | | |
|---|---|---|---|
| | 2000 年 | 2050 年 | 2100 年 |
| 0 | \$24 000 | \$24 000 | \$24 000 |
| 1 | 24 000 | 39 471 | 64 916 |
| 2 | 24 000 | 64 598 | 173 872 |
| 3 | 24 000 | 170 560 | 1 212 118 |

**表 17-5　增长率的微小差异在几十年后积聚为收入的巨大差异**

在讨论增长率时，所涉及的数据常显得很小。一项成功的政策可能仅会使该国的增长率每年提高 1 个百分点（回忆最后一节中对削减赤字政策组合影响的估计）。但经过较长的时期之后，情况就大不相同了。表 17-5 说明的是，随着增长率差异的累积，小小的橡木是如何长成参天大树的。年均 4% 的增长率差异在一个世纪之后，会导致收入差距增加 50 倍。

公共政策如何促进经济增长呢？如我们关于经济增长的分析所强调的，人均产出的增长和生活水平的提高主要取决于一个国家的储蓄率和技术进步。包括储蓄在内的这些问题在本章已经讨论过了。技术变革不仅包括新产品和新的工艺流程，而且包括管理的改善以及企业家精神和企业精神。现在我们将以此主题结束本节的讨论。

### 企业的精神

虽然投资是经济增长的主要因素，但技术进步也许更加重要。拿 1900 年的农场工人来说，即使他们在骡子、鞍具、牛车道和单沟犁具等方面的投资增加一倍或两倍，其生产率仍然无法与今天使用巨型拖拉机、高速公路和超级计算机的人们相比。

### 促进技术进步

尽管人们很容易看到技术进步如何促进生产率及生活水平的提高，但各国政府并不能简单地强迫人们多思考或变得更聪明。实行中央计划的前社会主义国家曾使用“大棒”来促进科学发展、技术进步，鼓励创新，但它们的努力最终还是难免失败。这是因为不管是制度“大棒”还是“胡萝卜”，都很难解决鼓励技术创新和引进新技术中的根本性问题。而只有当政府设计出一个健全的经济法治框架，有力地保护知识产权，并允许在此框架内拥有广泛的经济自由之时，才有可能最大限度地促进技术变革。劳动力、资本、产品和思想的自由市场，被证明是创新和技术变革的最肥沃的土壤。

在自由市场的框架内，政府可以通过鼓励新思想和确保技术的有效利用，来扶植快速的技术进步。政策可以同时对供给和需求两方面都施加影响。

***刺激对更高技术水平的需求*** 市场上充满了未被利用的先进技术，否则我们如何解释表 17-4 所反映的生产率的巨大差异呢？因此，政府在考虑技术政策时，必须努力确保企业和产业位于技术可能性边界上，该边界上任何一点都代表在全球市场上可获得的实践中的最好技术。

这里，最主要的经验是“需要是发明之母”。换句话说，企业间和行业间的激烈竞争是确保创新的最基本的动力。正如运动员在试图超过其竞争对手时往往能取得更好的成绩一样，当竞争优胜者获得名誉和财富，而落后者则可能破产时，公司就会受到刺激去改进它们的产品和工艺流程。

激烈的竞争既涉及国内也涉及国外的竞争对手。对技术领先的大国而言，要鼓励技术创新，国内的竞争是必要的。在过去 30 年解除管制的进程中，航空、能源、电信和金融等领域引入了竞争，明显地促进了技术创新。就小国或技术落后的国家而言，引入竞争对于采用先进技术、确保产品市场的竞争活力也十分关键。

***促进新技术的供给*** 经济快速增长不仅要求确保对现有先进技术的需求，而且要求推动技术可能性边界的外移，后者可通过增加发明的供给来实现。政府可以采用三种方式鼓励新技术的供给。

首先，政府可以确保基础科学、工程学和技术得到适度的支持。在这方面，最近 50 年内美国一直走在世界前列，它将公司对应用研究的支持与政府对高等学府基础研究的支持（资金资助）结合起来。其中最突出的是生物医学技术的改善，新的药物和医疗设备直接使消费者在日常生活中普遍受益。政府对纯粹营利性研究的支持主要通过以下措施实现：强大的专利系统、预测能力、成本—收益管制，还有财政激励等措施。例如，现今对研究开发活动实行税收优惠。

第二，政府可以通过鼓励外国企业投资来促进本国技术的进步。随着各国赶上并超过美国的前沿技术，它们也会有助于促进美国的技术水平，这主要是通过外国企业在美国开办业务来加以实现的。最近 20 年来，许多日本汽车制造商进入了美国，其采用的新技术和管理经验既有利于提高日本股东的利润，也有利于提高美国劳工的生产率。

第三，政府可以通过健全的宏观经济政策来促进新技术。其中包括对资本收入征收较低且稳定的税收，以及降低企业的资本成本。谈到资本成本的重要性，的确又会使我们兜回到低储蓄率和高实际利率的圈子里去。人们常说美国企业缺乏远见，不愿意进行长期投资。这种缺乏远见至少有一部分原因是由于实际利率太高——美国的高实际利率迫使理性的美国企业追求投资的短期收益。因此，降低实际利率的经济政策变化，会摘掉美国企业在考虑其技术政策时所戴的“经济眼镜”。如果实际利率降低了，企业将更倾向于考虑诸如技术投资这类长期的高风险项目，而所增加的知识投资也将会导致技术和生产率更快地提高。

---

#### 经济增长的结束语

伴随着凯恩斯革命的发生，资本主义民主国家的领导人相信，他们的国家能够繁荣昌盛、实现快速增长。借助现代经济学工具，它们可以缓和过度失业和通货膨胀、贫富分化，以及特权者与被剥夺者之间利益的对立。鉴于市场经济经历了一段前所未有的产出扩张、就业增长的繁荣时期，应该说上述的许多目标都已经变成现实。

同期，一些马克思主义者曾经断言，资本主义将会在大萧条中走向自我毁灭。生态学家们常担心市场经济将窒息于其自身产生的毒气。自由主义者们则担心政府计划正在引导人们逐步走向奴役之路。然而，所有这些悲观主义者们都忽视了由开放社会和自由市场所带来的一种企业精神，而这种精神正是技术创新永不枯竭的源泉。

凯恩斯早期的一句名言在今天仍然没有过时，可以为同学们漫游现代经济学世界提供一个中肯的告别辞：

> 企业在创造并增加世界的财富。当企业顺利运作时，无论人们是否节俭，社会财富都会随之积聚起来；而当企业停滞不前时，无论人们如何节俭，社会财富也都会逐渐枯竭。

## 总结提要

### A. 政府债务的经济后果

1. 预算是政府和组织用于计划并控制支出及收益的体系。当政府收入大于（或小于）支出时，就出现预算盈余（或赤字）。宏观经济政策依赖于财政政策，该政策包括支出及税收方面的总体措施。
2. 经济学家将实际预算划分为结构性预算与周期性预算。结构性预算用于计算经济运行处于潜在产出水平时的政府收支。而周期性预算衡量的是商业周期对于税收、支出及赤字的影响。为了正确评估财政政策，我们应该密切关注结构性赤字。周期性赤字的变化是经济变化的结果，而结构性赤字则是经济变化的原因。
3. 政府债务体现的是政府向公众所借款项的累积额，它是以往赤字的加总。衡量债务规模的一个有用的指标是债务—GDP 比率。就美国来说，该指标在战争时期趋于上升，而在和平时期趋于下降。
4. 在理解政府赤字和债务的影响时，区分短期和长期是很关键的。回顾文中的专栏，并确信你已经理解，为什么更大的赤字可在短期内增加产出，而在长期却会减少产出。
5. 如果我们举借外债进行消费，并承诺由子孙后代还本付息，那么我们的后代将不得不为支付这笔外债的本息而牺牲消费。但如果我们不改变资本存量，只给后代留下一笔内债，则会产生不同的内部效应。如果我们给后代留下了内债但资本存量不变，那么会有不同的内部影响。向彼得征税以支付给鲍拉，或向鲍拉征税以支付给彼得，会导致不同的对生产率和效率的微观经济意义上的扭曲，但不应将这种效应与欠外债的问题相混淆。
6. 如果公债取代了资本，经济增长就可能会减缓。当人们用公债代替资本或私人资产，从而减少经济中私人资本的存量时，就会发生这样一种综合病症。在长期内，由于支付外债的成本，为支付债务利息而征税等所带来的无效率，以及资本替代导致资本积累的缩减等原因，巨额的政府债务有可能减缓潜在产出和消费的增长。

### B. 现代宏观经济学新进展

7. 古典经济学家依赖于萨伊的市场定律，即“供给自动创造对其自身的需求”。用现代的语言来说，古典学派意味着弹性工资和价格能迅速消除任何超额的供给或需求，因此能重新恢复充分就业。在古典体系中，宏观经济政策对稳定实际经济没有任何作用，尽管它能够影响价格变动的路径。
8. 新古典宏观经济学坚信：人们的预期是理性的，价格和工资具有灵活性，以及大多数的失业是自愿的。政策无效性定理认为，可预见到的政府政策无法影响实际产出和失业。实际商业周期理论指出，供给方面的技术干扰和劳动市场的变动可能是解释商业周期波动的线索。
9. 新古典主义对短期宏观经济学的贡献我们应当怎样评价呢？新古典主义坚信，经济中充满了“前瞻型”的消费者和投资者。他们对政策做出反应，有时甚至能预期到政策。而这种作用和反作用实际上能够改变经济行为。这对于金融市场尤其重要，因为在金融市场上，反应和预期经常会产生戏剧性的结果。

### C. 稳定经济

10. 各国在制定货币政策和财政政策时，通常要面对两种考虑，即总需求的适当水平，以及货币政策与财政政策的最佳组合。财政政策和货币政策的结合使用，有助于决定 GDP 的构成。高投资战略要求预算盈余及低实际利率。
11. 政府应该采取固定规则还是相机抉择？答案既涉及实

证经济学领域，也涉及规范经济学领域。保守主义者常常拥护固定规则，而自由主义者往往提倡通过积极的货币政策进行微调，以实现经济目标。积极的相机抉择到底是稳定经济还是使经济更加不稳定，这是一个更为基本的问题。经济学家都日益强调信用政策的必要性，无论信用来自于固定的规则还是明智的领导。各国近来的趋势是为货币政策设定通货膨胀目标，它是一种以规则为基础的灵活机制，即制定一个中期通货膨胀目标。而当经济冲击使得严格的通货膨胀目标的实现需要付出高昂的代价时，又允许短期灵活性的存在。

**D. 经济增长和居民福利**

12. 请记住这句至理名言："生产率不等于一切，但在长期内它几乎意味着一切。"一国提高生活水平的能力，几乎完全取决于其改进劳动者所使用的技术和资本的能力。
13. 促进经济增长需要改进技术。政府的主要职责是确保市场自由，保护强大的知识产权，促进激烈的竞争，支持基础科学和技术开发。

## 概念复习

**经济学中的债务和赤字**

政府预算

预算赤字，预算盈余，平衡预算

  实际预算

  结构性预算

  周期性预算

*G* 和 *T* 对产出的短期效应

对经济增长的长期影响：

  内债与外债

  税收扭曲

  资本替代

**现代宏观经济学的发展**

萨伊的市场定律

理性预期（前瞻型预期）与适应性预期（后顾型预期）

政策无效性定理

实际商业周期，效率工资

财政政策的李嘉图法则

**稳 定**

需求管理

财政政策—货币政策组合

固定规则与相机抉择

设定通货膨胀目标

**长期增长**

到达技术可能性边界并推动其向外移动

凯恩斯的企业精神

## 补充读物和互联网站

**补充读物**

The Krugman quotation is from Paul Krugman, *The Age of Diminished Expectations* (MIT Press, Cambridge, Mass., 1990), p. 9. Many of the foundations of new classical economics were developed by Robert Lucas and republished in *Studies in Business-Cycle Theory* (MIT Press, Cambridge, Mass., 1990). Modern efficiency-wage theory is presented in Edmund Phelps, *Structural Slumps: The Modern Equilibrium Theory of Unemployment, Interest, and Assets* (Harvard University Press, Cambridge, Mass., 1994).

A nontechnical review of the different schools of macroeconomics is provided by Paul Krugman, *Peddling Prosperity: Economic Sense and Nonsense in the Age of Diminished Expectations* (Norton, New York, 1994).

**互联网站**

Economic issues and data on fiscal policy, budgets, and the debt are regularly provided by the nonpartisan Congressional Budget Office, which is staffed by professional economists. Recent documents are available at *www.cbo.gov.*

A survey of issues involved in inflation targeting can be found in a 2003 speech by Fed chair Ben Bernanke, "A Perspective on Inflation Targeting," at *www.federalreserve.gov/Boarddocs/Speeches/2003/20030325/default.htm.* Real-business-cycle theory has its own website at *dge.repec.org/index.html.*

## 问题讨论

1. 债务和赤字容易混淆，请解释以下问题：
   a. 预算赤字导致政府债务增加；
   b. 削减赤字并未减少政府债务；
   c. 削减政府债务要求预算出现盈余；
   d. 在 1993~1998 年，尽管政府赤字降低，但政府债务依然显著上升。
2. 政府承诺以及政府债务可能产生替代效应。因此，如果政府承诺在未来给予工人更多的社会保障福利，工人是否会觉得自己更富有了？他们是否会因此减少储蓄？资本存量最终是否会变得更少？运用图 17-2 说明这一问题。
3. 假设政府举借外债，并将这笔资金花费在如下项目上，考查这些政府计划对政府债务、该国资本存量以及实际产出的影响：
   a. 钻探用于出口的石油的资本（如 20 世纪 70 年代墨西哥所为）；
   b. 养活本国人的谷物（如 21 世纪初代尼日利亚所为）。
4. 仿照图 17-3，绘图说明：
   a. 在存在巨额政府债务及没有巨额政府债务两种情况下，消费和净出口的路径。
   b. 在平衡预算和政府财政盈余两种情况下的消费路径。
5. 回顾文中参议员的争论，分别解释在下列三种情况下，哪一个参议员是对的？
   a. 大萧条时期政府扩大军事支出。
   b. 20 世纪 60 年代早期充分就业的情形下，政府降低税率。
6. 假设有人提出货币政策应当设定一个严格的年通货膨胀目标，例如，对于消费者物价指数为每年 2%。关于这一政策有哪些支持和反对的不同观点？具体地，当受到显著性的供给冲击，导致菲利普斯曲线上移时，考虑达到严格的通货膨胀目标所面临的困难。灵活的通货膨胀目标要求在 5 年内实现。试比较严格的通货膨胀目标与灵活的通货膨胀目标。
7. 政治候选人曾提出以下政策，以加速近年的经济增长。试定量解释每一政策对潜在产出增长及人均潜在产出增长的影响。如果可能的话，请给出未来 10 年内，潜在产出增长及人均潜在产出增长的估计值。
   a. 削减联邦预算赤字（或增加盈余），削减（增加）额为 GDP 的 2%，同时以相同百分比提高投资与 GDP 的比率。
   b. 增加联邦政府对研究开发费用的补贴，增加额为 GDP 的 0.5%，并假设这笔补贴将会使私人研究开发经费等额增加，且研究开发的社会收益率 4 倍于私人投资的社会收益率。
   c. 在充分就业的情况下削减国防支出，削减额为 GDP 的 1%。
   d. 减少移民的数量，从而劳动力的数量降低 5%。
   e. 增加对人力资本（包括教育和在职培训）的投资，数额为 GDP 的 1%。
8. 凯恩斯写道，“如果财政部用钞票塞满旧瓶子，并将其埋入废弃的煤矿，然后留待私人企业将这些钞票再次挖掘出来，则社会的实际收入可能会在不造成更多失业的情况下大为提高。”（英文版《就业、利息与货币通论》第 129 页）试解释在萧条期，凯恩斯关于相机抉择的公共项目的效用分析为什么可能是正确的？精心设计的货币政策，怎样才能在生产出大量有用物品和劳务的同时，对就业产生类似的效果？
9. 凯恩斯主义者和新古典宏观经济学家会预测下述各因素对价格、产出和就业变动产生什么影响？在每一种情况下，如非特别提到，均保持税率和利率不变，
   a. 大幅度削减税收；
   b. 利率大幅下降；
   c. 一系列创新活动使潜在产出增加 10%；
   d. 出口突然增加。
10. **有难度的问题**（关于理性预期）：请考虑一下理性预期对消费行为的影响
    a. 假设政府提出临时削减 200 亿美元税收，持续期为一年。采取适应性预期方式的消费者可能会认为，可支配收入每年会增加 200 亿美元。根据第 7 章的简单乘数模型，这会对消费支出和 GDP 产生何种影响？
    b. 接下来，假设消费者的预期是理性的。他们理智地预见到税收削减只持续一年。考虑到“生命周期”，他们认识到自己终生的平均收入每年只会增加比如 20 亿美元，而非 200 亿美元。那么，这类消费者会做出什么反应呢？接下来，请分析一下理性预期对临时性税收削减政策有效性的影响。

c. 最后，假定消费者行为符合李嘉图法则，则税收削减对储蓄和消费有何影响？试解释 **a**、**b**、**c** 中讨论的模型的区别。

# 专业术语表[1]

## A

**Ability to pay principle** (of taxation)
（税收的）**支付能力原则**
按照纳税人支付能力确定纳税负担的原则。纳税人支付能力依据其收入或财富来衡量。这一原则并不说明某经济状况较好的人到底该比别人多负担多少。

**Absolute advantage** (in international trade)
（国际贸易中的）**绝对优势**
A 国所具有的比 B 国能更加有效地（即单位投入的产出水平比较高等）生产某种商品的能力。这种优势并不意味着 A 国必然能将该商品成功地出口到 B 国，因为 B 国还可能有一种我们所说的比较优势。

**Actual, cyclical, and structural budget**
**实际预算、周期性预算和结构性预算**
实际预算的赤字或盈余指的是某年实际记录的赤字或盈余。实际预算可划分为结构性预算和周期性预算。结构性预算假定经济在潜在产出水平上运行，并据此测算该经济条件下的政府收入、支出和赤字等指标。周期性预算衡量商业周期对预算的影响。

**Adaptive expectations**
**适应性预期**
见**预期**（expectations）。

**Adverse selection**
**逆向选择**
一种市场不灵。指的是这样一种情况，即那些遭遇风险机会最多的人，最可能购买保险。推而广之，逆向选择指的是这样一种情况：就某产品而言，买方和卖方所掌握的信息不同，比如旧车市场。

**Aggregate demand**
**总需求**
某一时期经济所计划或需要支出的总数。它取决于总的价格水平，并受到国内投资、净出口、政府支出、消费水平、消费函数和货币供给等因素的影响。

**Aggregate demand (*AD*) curve**
**总需求曲线（*AD*）**
在其他条件不变的情况下，体现人们所愿意购买的商品和服务的总量与价格总水平之间的关系的曲线。同其他需求曲线一样，总需求曲线背后也存在着一系列重要的经济变量，如政府支出、出口和货币供应等。

**Aggregate supply**
**总供给**
某一时期经济中各企业所愿意生产的商品与服务的价值总和。总供给是可利用的投入、技术和价格水平的函数。

**Aggregate supply (*AS*) curve**
**总供给曲线（*AS*）**
在其他条件不变的情况下，体现企业愿意提供的总产出与价格总水平之间的关系的曲线。总供给曲线在很长时期内，在潜在产出水平上一般是垂直的；而在短期内，则是向上倾斜的。

**Allocative efficiency**
**配置效率**
见**帕累托效率**。

**Appreciation** (of a currency)
（通货）**升值**
见（通货）**贬值**［depreciation（of a currency）］。

**Appropriable**
**可分拨的**
对某些资源属性的一种描述。有此属性资源的所有者可以获得该资源的全部经济价值。在运行良好的竞争市场中，可分拨资源往往能得到合理的定价和有效的配置。见“不可分拨的”（inappropriable）。

1 在解释术语时用到的术语，用黑体字标出，在本表中有独立词条。就某些专业术语而言，本书正文部分有更详细的解释。更加全面完整的解释可参阅：Douglas Greenwald, ed., *The McGraw-Hill Encyclopedia of Economics* (McGraw-Hill, New York, 1994), and David W. Pearce, *The MIT Dictionary of Modern Economics*, 4th ed. (Macmillan, London, 1992). For a comprehensive encyclopedia, see Steven N. Durlauf and Lawrence E. Blume, *The New Palgrave Dictionary of Economics*, 8 vols. (Macmillan, London, 2008). A reasonably accurate online dictionary by *The Economist is at www.economist.com/research/economics/.*

**Arbitrage**

**套 利**

在一个市场上即期买进某种商品或资产，而在另一市场卖出该商品或资产，以期在价差中赚取利润的经济行为。套利是消除价差的重要力量，因此它市场功能更有效。

**Asset**

**资 产**

实物财产或具有经济价值的非实物性的权利。例如工厂、设备、土地、专利、版权，以及货币、债券等金融工具。

**Asymmetric information**

**信息不对称**

指交易一方比另一方具有更多的信息。这经常导致市场不灵甚至非市场行为。

**Automatic** (or **built-in**) **stabilizers**

**自动**（或**内在**）**稳定器**

政府税收和支出体系所具有的一种性质，有缓冲私人部门收入变动的作用。例如，失业津贴和累进所得税等都有助于稳定经济。

**Average cost**

**平均成本**

参见**平均成本**（cost，average）。

**Average cost curve, long run (*LRAC* or *LAC*)**

**长期平均成本曲线（*LRAC* 或 *LAC*）**

表示在技术、投入品的价格不变，但生产者可自由选择企业最优规模的条件下，某一产品的各种产量水平所对应的最低平均成本的几何图形。

**Average cost curve, short run (*SRAC* or *SAC*)**

**短期平均成本曲线（*SRAC* 或 *SAC*）**

表示在技术投入品的价格不变，且企业规模为既定的条件下，某一产品的各种产量水平所对应的最低平均成本的几何图形。

**Average fixed cost**

**平均固定成本**

参见**平均固定成本**（cost，average fixed）。

**Average product**

**平均产量**

总产量或总产出除以一种投入品的数量所得的值。由此，劳动的平均产量定义为总产量除以劳动的投入量。其他投入品的平均产量以此类推。

**Average revenue**

**平均收入**

总收入除以总销售量，即单位收入。平均收入一般与价格相等。

**Average tax rate**

**平均税率**

总税收除以总收入，也称*有效税率*。

**Average variable cost**

**平均可变成本**

参见**平均可变成本**（cost，average variable）。

## B

**Balance of international payment**

**国际收支平衡表**

反映某时期一国同外部世界交易状况的报表，包括商品和服务的买卖、赠与、政府交易和资本流动。

**Balance of trade**

**贸易余额**

国际收支中有关商品（或有形物品）进出口的部分，包括汽油、资本品和汽车。如果包括服务和其他经常项目，则称为*经常项目余额*。在收支账户中，经常账户由*金融账户*负担经费。

**Balance on current account**

**经常账户余额**

见**贸易余额**（balance of trade）。

**Balance sheet**

**资产负债表**

某时点一个实体（个人、企业、政府）的财务状况报表。其中**资产**列为一栏，**负债**加**净值**在另一栏。每一项都以其实际的或估计的货币价值列出。由于净资产由资产减负债来定义，因此两栏的合计必须平衡。

**Balanced budget**

**平衡预算**

参见**平衡预算**（budget，balanced）。

**Bank, commercial**

**商业银行**

一种金融中介。到目前为止，其突出的特点是接受支票存款。所有接受储蓄和支票存款的金融机构统称为储蓄机构。

**Bank money**

**银行货币**

由银行创造的货币，特别是指银行依据其准备金而成倍地扩大其支票账户（$M_1$ 的组成部分）。

**Bank reserves**

**银行准备金**

参见**银行准备金**（reserves，bank）。

**Barriers to entry**

**进入壁垒**

能够阻碍进入市场、导致竞争减弱或者行业内厂商数量减少的那些因素。例如，法律规定、管制和产品差异等。

**Barter**

**以物易物**

商品直接交换，而不需要使用任何物品充当货币或交易媒介。

**Benefit principle** (of taxation)

（税收的）**收益原则**

认为税收与人们从政府计划中的收益应当成比例的原则。

**Bond**
**债　券**
由政府或企业发行的附息证券，保证在未来特定日期还本付息。

**Break even point** (in macroeconomics)
（宏观经济学中的）**盈亏平衡点**
个人、家庭或社会团体的收入水平，在该水平，所有的收入正好被用来消费（既没有正储蓄也没有负储蓄）。只有在更高的收入水平上才会有正储蓄。

**Broad money ($M_2$)**
**广义货币 ($M_2$)**
**货币供给**的一种形式或口径（也称 $M_2$），包括交易货币（$M_1$）、银行储蓄账户，还有其他类似交易货币的替代性资产。

**Budget**
**预　算**
计划支出与预期收入的账户，通常以一年为期。对政府而言，其收入应为税收。参见**实际、周期性、结构性预算**（actual, cyclical and structual budget）。

**Budget, balanced**
**预算平衡**
总支出和总收入（不包括借款收入）正好持平的预算。

**Budget constraint**
**预算约束**
见**预算线**（budget line）。

**Budget deficit**
**预算赤字**
政府总支出超出总收入（不包括借款收入）的部分。这一差额（赤字）通常靠借款弥补。

**Budget line**
**预算线**
在既定价格水平下，消费者用给定的收入能够购买的各种商品组合点的轨迹。有时称预算约束。

**Budget surplus**
**预算盈余**
政府收入超过支出的部分；与预算赤字相对应。

**Business cycles**
**商业周期**
国民总产出、总收入和总就业的波动。这种波动以经济中许多部门普遍而同期地扩张和收缩为特征，持续时间通常为 2~10 年。

## C

***C* + *I* + *G* + *NX* schedule**
说明对应 GDP 水平的计划的或合意的总需求水平表，或由该表所生成的图形。表中包括消费（$C$）、投资（$I$）、政府对商品和劳务的支出（$G$）以及净出口（$X$）。

**Capital (capital goods, capital equipment)**
**资本（资本品，资本设备）**
（1）在经济理论中，指的是三种生产投入要素（土地、劳动、资本）中的任意一种。资本由用于生产过程中的耐用品构成。（2）在财务和会计方面，“资本”代表公司股东已经认购的资金总量，股东因此相应地获得了该公司的股份。

**Capital consumption allowance**
**资本消耗补偿**
见**折旧**（depreciation of an asset）。

**Capital deepening**
**资本深化**
在经济增长理论中，指的是资本与劳动的比率上升。（与**资本广化**对应。）

**Capital gains**
**资本利得**
资本资产（例如土地和普通股）价值的上升，是资产购买价格和出售价格之间的差额。

**Capital markets**
**资本市场**（也称**金融市场**）
金融资产（货币、债券、股票）进行交易的场所。经济中的储蓄经由它和**金融中介**而得以转化成投资。

**Capital-output ratio**
**资本 – 产出比率**
在经济增长理论中，资本—产出比率代表资本总量和年度 GDP 的比率。

**Capital widening**
**资本广化**
实际资本的增长率与劳动力（或人口）的增长率相等，从而总资本和总劳动的比率得以保持不变。（与**资本深化**相对应。）

**Capitalism**
**资本主义**
一种经济系统，其中大部分财产（土地和资本）属于私人所有。在这种经济中，私人市场是配置资源和创造收入的主要手段。

**Cardinal utility**
**基数效用**
见**序数效用**（ordinal utility）。

**Cartel**
**卡特尔**
由一系列生产类似产品的独立企业构成的组织，目的是提高该类产品价格和限制其产量。根据美国反托拉斯法，卡特尔属于非法。

**Central bank**
**中央银行**
一个由政府组建的机构（在美国是联

邦储备体系），负责控制国家货币供给、信贷条件，监管金融体系，特别是商业银行和其他储蓄机构。

**Change in demand vs. change in quantity demanded**
**需求变化与需求量的变化**
需求变化指由商品价格以外的其他因素（例如，收入上升和偏好改变等）所导致的购买者的购买数量变化。在图形上表现为整个需求曲线的移动。相反，由于价格变动引起的购买决策变动称为需求量的变化。在图形上表现为需求量沿着无变动的需求曲线移动。

**Change in supply vs. supply in quantity supplied**
**供给变化与供给量的变化**
在供给方面二者的区别与其在需求方面相同，因此请见上述**需求变化与需求量变化**的区别。

**Checking accounts** (also **checkable deposits** and **bank money**)
**支票账户**（或**支票存款，银行货币**）
在商业银行或其他金融机构中的存款，允许以支票方式提款，故属交易货币（或称 $M_1$）。也称支票存款，它是 $M_1$ 的最大组成部分。

**Chicago School of Economics**
**（经济学）芝加哥学派**
以亨利·西蒙斯、冯·哈耶克和米尔顿·弗里德曼等为主要代表的一群经济学家。他们认为没有政府干预的竞争市场能使经济最有效地运行。

**Classical approach**
**古典理论**
见**古典经济学**（classical economics）。

**Classical economics**
**古典经济学**
凯恩斯理论出现以前的经济思想主流学派，由亚当·斯密在 1776 年开创。主要追随者包括大卫·李嘉图、托马斯·马尔萨斯和约翰·斯图尔特·米尔。一般说来，该学派相信经济规律（特别是个人利益、竞争）决定着价格和要素报酬，并且相信价格体系是最好的资源配置办法。

**Classical macroeconomics**
**古典宏观经济学**
也可参见**古典理论**（classical theories）。

**Classical theories** (in **macroeconomics**)
**（宏观经济学中的）古典理论**
强调经济体系具有自我矫正能力的理论。在古典理论中，经济一般处在充分就业状态，各种刺激总需求的政策对产出没有影响。

**Clearing market**
**市场出清**
商品价格具有充分的灵活性，并使需求和供给能迅速达到均衡的市场。在出清的市场上，没有定量配给、闲置资源，也没有超额供给或超额需求。在实际中，这一理论适用于许多商品市场和金融市场，但不适用于劳动市场或许多产品市场。

**Closed economy**
**封闭经济**
见**开放经济**（open economy）。

**Collective bargaining**
**集体协议**
一组工人（通常是一个工会）与其雇主间的谈判过程。目的是达成关于工资、附加福利和工作条件等方面的协议。

**Collusion**
**相互勾结**
企业之间为抬高价格、瓜分市场或限制竞争等而达成的共谋协议。

**Collusive oligopoly**
**勾结寡头**
一种市场结构，在该市场结构条件下，一小批企业（即少数寡头）勾结起来共谋决策。当所企及的共同利润达到最大化时，市场上的价格和交易量与垄断条件下的价格和交易量将非常接近。

**Command economy**
**指令经济**
一种经济组织方式，按照这种方式，关键的经济职能，诸如生产什么、如何生产、为谁生产等，都主要由政府直接决定。有时也称为中央计划经济。

**Commodity money**
**商品货币**
有**内在价值**的货币；也指作为货币使用的商品（如家畜、珍珠等）。

**Common currency**
**共同货币**
一种由几个国家组成货币联盟，拥有单一货币和联盟中央银行的情况。例如，欧洲货币联盟 (EMU) 及 1999 年欧元的出现。

**Common stock**
**普通股票**
表明在一公司中拥有所有权和投票权的金融工具。所持有的份额体现相应的投票权和对公司资产、净收益的所有权。

**Communism**
**共产主义**
共产主义经济体制（也称苏式中央计划型经济），国家拥有并控制着生产方式，特别是工业资本。这种经济都普遍带有中央计划性，国家规定许多产品的价格、产量和其他重要经济变量。

**Comparative advantage (in international trade)**
**(国际贸易中的)比较优势**
比较优势法则指出，一国应专门生产和出口那些该国能以相对低的成本生产的商品，并进口那些自己生产成本相对高的商品。由此可见，是比较优势而不是绝对优势在影响贸易格局。

**Compensating differentials**
**补偿性差异**
用于抵消或补偿工作的非货币性差异的工资水平的差别。例如，同样的工作，在阿拉斯加环境恶劣，因而其工资要比在发达地区支付得高得多。

**Competition, imperfect**
**不完全竞争**
指这样一些市场：完全竞争不能保持，因为至少有一个大到足以影响市场价格的卖者（或买者），并因此面对向下倾斜的需求（或供给）曲线。不完全竞争包括各种不完全竞争市场，诸如完全**垄断**、**寡头**或**垄断竞争**等。

**Competition, perfect**
**完全竞争**
指那些不存在足以影响市场价格的企业或消费者的市场。这种情况在下述条件下发生：（1）买者和卖者的数目都非常大；（2）卖者提供的产品是同质的（或无区别的）。在这样的条件下，所有企业面对的是一条水平的或完全弹性的需求曲线。

**Competitive equilibrium**
**竞争均衡**
以**完全竞争**为特征的市场或经济中供给和需求的平衡。由于完全竞争中单独的买者和卖者都没有力量（支配性地）影响市场，价格将趋向等于边际成本和边际效用的水平。

**Competitive market**
**竞争性市场**
见**完全竞争**（competition，perfect）。

**Complements**
**互补品**
在消费者眼里是“搭配”的两种商品（如左脚的鞋和右脚的鞋）。相互竞争的商品则属于*替代品*（如五指分开的手套和连指手套）。

**Compound interest**
**复　利**
根据累计的利息和本金来计算利息的方法。例如，年复利利率为 10%，存入 100 美元本金。在第一年年底，得到 10 美元利息；而在第二年年底，得到的利息是 11 美元，其中 10 美元是来自原始本金，另外 1 美元则来自第一年的 10 美元的利息。以后以此类推。

**Concentration ratio**
**集中率，集中度**
在一个行业中，若干最大企业的产出占该行业总产出的百分比。一种典型的衡量方法是*四企业集中率*，即最大的四家企业的产出占总产出的百分比。

**Constant returns to scale**
**规模报酬不变**
见**规模报酬**（returns to scale）。

**Consumer price index**
**消费者价格指数（CPI）**
衡量所选定的一篮子消费品成本的价格指数。计算指数时，每种商品的权数依据基年消费者在该商品的支出份额来确定。

**Consumer surplus**
**消费者剩余**
消费者为取得一种商品所愿意支付的价格与实际支付的价格之间的差额。产生差额的原因在于，除最后 1 单位外，该商品用货币表示的边际效用（以美元表示）都大于其价格。在一定条件下（利用需求曲线图），消费者剩余的货币价值可以用需求曲线以下、价格线以上的面积来衡量。

**Consumption**
**消　费**
宏观经济学中，指某时期一人或一国用于消费品的总支出。严格地说，消费应仅指这一时期中那些完全用掉了的（享用的或“吃掉了的”）消费品。但在实际上，消费支出包括所有已购买的商品，而这其中许多商品的使用时间要远远超出考察时期，如家具、衣物和汽车等。

**Consumption function**
**消费函数**
总消费与**个人可支配收入**（*DI*）的数值对应关系。总财富和其他变量也常被认为会对消费产生影响。

**Consumption possibility line**
**消费可能线**
见**预算线**（budget line）。

**Cooperative equilibrium**
**合作性均衡**
在博弈论中，指各方协调行动，以求共同支付最优化的策略的结果。

**Core rate of inflation**
**核心通货膨胀率**
指的是不包含诸如食品和能源价格等易变因素的通货膨胀率。中央银行在确定通货膨胀目标时经常用到这个概念。

**Corporate income tax**
**公司所得税**
对公司年净收入课征的税收。

**Corporation**
**公　司**
现代经济中企业组织的主要形式。它

是由个人或其他公司所拥有的企业，具有与个人一样的购买、销售和签定合同的权利。公司和对公司负“有限责任”的所有者，二者在法律上是不同的概念。

**Correlation**
**相　关**
两种变量系统地相互联系在一起的程度。

**Cost, average**
**平均成本**
等于总成本［参见**总成本**（cost, total）］除以产出的单位数。

**Cost, average fixed**
**平均固定成本**
等于固定成本［参见**固定成本**（cost, fixed）］除以产出的单位数。

**Cost, average variable**
**平均可变成本**
等于可变成本［参见**可变成本**（cost, variable）］除以产出的单位数。

**Cost, fixed**
**固定成本**
一企业在某时段即使在产量为零时也会发生的成本。总固定成本由诸如利息支出、抵押支出、管理者费用等契约性开支所组成。

**Cost, marginal**
**边际成本**
多生产 1 单位产品所增加的成本（或总成本的增加额），或少生产 1 单位产品总成本的减少额。

**Cost, minimum**
**最低成本**
单位产出可以达到的最低成本（无论平均成本、可变成本或边际成本）。就平均成本曲线上的每一点所代表的产出水平而言，都是该企业所能做到的最好情况。就此而言，平均成本曲线上的每一点都是最低平均成本点。

**Cost, total**
**总成本**
在某技术水平和要素价格既定的条件下，可以得到的最低成本总额。现有工厂和其他不变成本既定的条件下，所发生的成本为*短期总成本*。而厂商在投入和决策方面一直有完全弹性的条件下所发生的成本则为*长期总成本*。

**Cost, variable**
**可变成本**
随产出水平变化而变化的成本，如原料、劳动力、燃料成本。可变成本等于总成本减固定成本。

**Cost push inflation**
**成本推动型通货膨胀**
见**供给冲击型通货膨胀**（supply-shock inflation）

**Credit**
**信　贷**
（1）在货币理论中，以承诺在未来某时期偿还（通常带有利息）为条件，使用他人资金的情况。主要包括银行短期贷款、卖方信贷或商业票据。（2）国际收支账户中能获得外国货币的项目，如出口等。

**Cross elasticity of demand**
**需求的交叉弹性**
衡量一种商品价格变动对另一种商品需求产生影响的概念。更精确地说，在其他变量保持不变时，需求的交叉弹性等于商品 B 价格变动 1% 时，商品 A 需求量变动的百分比。

**Currency**
**通　货**
铸币和纸币。

**Currency appreciation** (or **depreciation**)
**通货升值**（或**贬值**）
见（**通货**）**贬值**［depreciation（of a currency）］。

**Currency board**
**货币委员会**
类似于国家中央银行的货币机构，只负责发行货币，以主要外国货币命名的资产为支撑，经常是美元。

**Current account**
**经常账户**
见**贸易余额**（balance of trade）。

**Cyclical budget**
**周期性预算**
见**实际、周期性和结构性预算**（actual, cyclical and structural budget）。

**Cyclical unemployment**
**周期性失业**
见**摩擦性失业**（frictional unemployment）。

## D

**Deadweight loss**
**净损失**
由于垄断、关税、配额、税收或其他扭曲所引起的实际收入损失，或消费者剩余和生产者剩余损失。例如，当垄断企业抬高价格时，消费者满足方面的损失大于垄断企业收益方面的收获，其差额即垄断引起的社会净损失。

**Debit**
**借　方**
（1）一种会计科目，显示资产方的增加或负债方的减少；（2）在国际收支账户中，借方指减少外汇存量的项目，例如进口。

**Decreasing returns to scale**
**规模报酬递减**
见**规模报酬**（returns to scale）。

**Deficit spending**
**赤字性支出**
政府的商品、服务支出和转移支付等超出它的税收和其他收入。收支差额必须通过向公众借款来筹措。

**Deflating** (of **economic data**)
（经济数据）**紧缩**
将"名义"的或现值的美元变量等换算成"实际"变量的过程，用现值美元变量除以**价格指数**即可。

**Deflation**
**通货紧缩**
总体价格水平的下降。

**Demand curve** (or **demand schedule**)
**需求曲线**（或**需求表**）
其他条件相同时，在每一价格水平上买主愿意购买的商品量的表或曲线。需求曲线。通常以价格为纵轴（*Y* 轴），以需求量为横轴（*X* 轴）。见**需求变化与需求量变化**（change in demand vs. change in quantity demanded）。

**Demand for money**
**货币需求**
经济学家使用的简明术语，用以解释个人和企业为什么要持有货币余额。持有货币的主要动机是：（1）交易需求，表示人们需要用货币去购买物品；以及（2）资产需求，即人们需要持有一种流动性强、无风险的资产。

**Demand pull inflation**
**需求拉动型通货膨胀**
由过度的商品需求引起的价格膨胀，如总需求大幅度增加时的情况。相应的概念是**成本推动型通货膨胀**。

**Demography**
**人口统计学**
研究人口规律的科学。

**Depreciation** (of an asset)
（资产）**折旧**
资产价值的下降。无论在企业核算还是在国民经济核算中折旧都指在所考察的时期中，资本所消耗掉的价值的货币估计值。在国民收入账户中也称为资本消耗补偿。

**Depreciation** (of a currency)
（通货）**贬值**
当一国货币相对外币价格下降时，称该货币发生贬值。例如，当美元汇率从 1 美元兑换 200 日元下降到 1 美元兑换 100 日元时，美元就发生了贬值。与贬值相对的是升值，它在一种货币汇率上升时出现。

**Depression**
**萧　条**
长时期的高失业率、低产出、低投资使企业信心降低，价格下跌和企业普遍破产。工商业衰败的一个温和的形式是**衰退**，它同萧条有许多共同点，但在程度上较弱。

**Derived demand**
**派生需求**
对一种生产要素的需求来自（派生自）对最终产品的需求。其中该生产要素对这一最终产品会作贡献，如对轮胎的需求派生自对汽车运输的需求。

**Devaluation**
**货币降值**
一国货币官方价格下降，这里的价格是用外币（如美元）或黄金表示的。相对的概念是货币增值，它发生在一国宣布该国货币相对于其他货币的官方汇率提高的时候。

**Developing country**
**发展中国家**
该国的人均收入远低于发达国家（包括北美和西欧的大多数国家）。见**欠发达国家**（less developed country）。

**Differentiated products**
**差异化产品**
相互竞争且具有强替代性但又不完全相同的产品，其不同之处可能表现在产品的性能、外观、位置、质量或是其他属性。

**Diminishing marginal utility, law of**
**边际效用递减规律**
当一种商品消费得越来越多的时候，其边际效用下降的规律。

**Diminishing returns, law of**
**收益递减规律**
其他投入固定不变时，连续地增加某一种投入，所新增的产出最终会减少的规律。该规律另一种等价的说法是：投入超过某一水平之后边际产出下降。

**Direct taxes**
**直接税**
直接向个人或企业开征的税，包括对收入、劳动报酬和利润的征税。直接税与间接税相对应，间接税是对商品和服务征收的，从而只是间接地以公众为征税对象。间接税包括销售税，还有对财产、酒类、进口品和汽油等所征的税。

**Discount rate**
**贴现率**
（1）联邦储备银行（中央银行）向商业银行提供贷款时所收取的利率。（2）计算某些资产的现值时所使用的利率。

**Discounting** (of future income)
（未来收入）**折现**
将未来收入折算成等价的现值的过程。该过程将一个未来值以一个折现率加以缩减，折现率应恰当地体现利率。例如，如果某人许诺 2 年后给你 121 美元。当时，正常的利率或贴现率是年率 10%，据此我们可以计算这 121 美元的现值。所用的折扣因子是 $(1.10)^2$。用以折现未来收入的比率称为**贴现率**。

**Discrimination**

**歧 视**

与工作表现无关的由个人特征造成的劳动报酬差别，特别是由于性别、种族宗教等有关特征。

**Disequilibrium**

**非均衡**

经济处于不**均衡**的状态。可能是因为（对收入或价格的）冲击使需求表（曲线）或供给表（曲线）发生移动，而市场价格（或交易量）又没有做出充分的调整。在宏观经济学中，失业常被认为是根源于市场的非均衡状态。

**Disinflation**

**反通货膨胀**

降低高通货膨胀率的过程。例如，1980~1983 年的大衰退就导致了该时期通货膨胀率的急剧下降。

**Disposable income (*DI*)**

**可支配收入 (*DI*)**

通俗地说，指可以拿回家里的收入，也就是国民收入中可以由家庭用做消费或储蓄的部分。精确地说，它等于 GNP 减去所有税收、企业储蓄和折旧，加上支出和其他的转移支付，还有政府利息支付。

**Disposable personal income**

**个人可支配收入**

等同于**可支配收入**。

**Dissaving**

**负储蓄**

负的储蓄，某时期消费支出超过该时期可支配收入的部分（差额要通过借款或使用存款来弥补）。

**Distribution**

**分 配**

在经济学中，指总产出和总收入在个人或要素中进行分配的方法（如收入在劳动和资本之间的分配）。

**Distribution theory**

**分配理论**

见**收入分配理论**（theory of income distribution）。

**Division of labor**

**劳动分工**

组织生产的一种方法，让每个劳动力专门从事生产过程的某一部分。劳动专业化能导致更高的总产出，因为劳动者可以更熟练地完成某些任务，而且还能引入更专业化的机器设备来完成精度更高的工作。

**Dominant equilibrium**

**占优均衡**

见**占优策略**（dominant strategy）。

**Dominant strategy**

**占优策略**

在博弈论中指不论其他博弈者采取什么策略，某博弈者都有一个最佳策略。当所有博弈者都有一个占优策略时，其结果将是占优均衡。

**Downward sloping demand, law of**

**需求向下倾斜规律**

其他条件保持不变时，某种商品价格的下降会导致消费者多购买该种商品的规律。

**Duopoly**

**双寡头垄断的市场**

一种市场结构。在该市场结构中只有两个卖者［参见**寡头**（oligopoly）］。

## E

**Econometrics**

**经济计量学**

经济学的一个分支。利用统计方法衡量和估计经济中的数量关系。

**Economic efficiency**

**经济效率**

见**效率**（efficiency）

**Economic good**

**经济品**

就总需求量而言，总是稀缺的那些商品。通常必须通过收取一个正的价格来进行配给。

**Economic growth**

**经济增长**

一国一定时期内总产出的增长经济增长。通常用一国实际 GDP（或潜在 GDP）的年增长率进行衡量。

**Economic regulation**

**经济管制**

见**管制**（regulation）。

**Economic rent**

**经济租金**

参见**经济租金**（rent，economic）。

**Economic surplus**

**经济剩余**

一种术语，指产出的总体的令人满意程度或效用水平超过其生产成本的部分。等于消费者剩余（消费者满意度超过总购买价值的部分）和生产者剩余（生产者收入超过成本的部分）之和。

**Economics**

**经济学**

研究社会如何利用稀缺资源生产出有价值的商品，并将其在不同人之间进行分配的学科。

**Economics of information**

**信息经济学**

将信息也视为一种商品的经济形势分析。因为信息的生产成本较高而复制却很便宜，因此存在信息的商品和服务（如发明、出版、软件等）市场，经常会出现市场不灵。

**Economies of scale**

**规模经济**

劳动生产率的提高或平均生产成本的

降低，都源于全部生产要素投入的同比例增加。

**Effective tax rate**
**有效税率**
所征税收占总收入或其他税基的一个百分比，也称作平均税率。

**Efficiency**
**效　率**
给定投入和技术的条件下，经济资源没有浪费，或对经济资源作了能带来最大满足程度的利用。也是**帕累托效率**的一个简化表达。

**Efficiency wage theory**
**有效工资理论**
根据这一理论，较高的工资会带来较高的生产率。这是因为较高的工资会使工人更健康、士气更高，且可以维持较低的人员流动率。

**Efficient financial market**
**有效的金融市场**
体现**有效市场**所有特征的金融市场。

**Efficient market** (also **efficient market theory**)
**有效市场（或有效市场理论）**
在一个市场上，所有的新信息都能迅速地被市场中的参与者知晓，并能够立即融入到市场价格之中。在经济学中，有效市场理论指当前所有可以得到的信息都已被考虑在普通股（或其他资产）的价格里。

**Elasticity**
**弹　性**
经济学广泛采用的一个术语，表示一个变量对另一个变量的变化所作出的反应。商品 $X$ 对于商品 $Y$ 的弹性表示：$Y$ 每变化百分之一时 $X$ 变动的百分比。参见**需求的价格弹性**和**供给的价格弹性**。

**Employed**
**就业**
根据美国官方定义，人们从事任何支付报酬的工作，或有工作但因生病罢工或休假而缺勤的，都属于就业。

**Equal cost line**
**等成本线**
图形中表示给定资金所能购买投入要素的各种可能组合的轨迹。

**Equal product curve** (or **isoquant**)
**等产量曲线**
图形中表示生产既定产量而需要投入的要素的各种可能组合的轨迹。

**Equation of exchange**
**交易方程式**
以 $MV \equiv PQ$ 定义的等式，即货币存量乘以货币周转速度等于价格水平乘以产出。该等式是**货币主义**的核心。

**Equilibrium**
**均　衡**
一种经济状态，其中经济实体处于静止状态，或者说，作用于经济实体的各种力量处于均势或平衡，所以没有发生变动的倾向。

**Equilibrium** (for a business firm)
**（厂商）均衡**
指一个厂商在其所面临的各种约束下，利润达到最大化时的产出水平或状态。此时厂商没有改变其产出或价格水平的动机。在标准的厂商理论中，这意味着厂商选择了一个边际收益恰好等于边际成本的产出水平。

**Equilibrium** (for the individual consumer)
**（单个消费者的）均衡**
消费者效用达到最大化时的状态。在给定的收入和价格水平下，消费者选择了能够最大程度地满足其需要的商品组合。

**Equilibrium, competitive**
**竞争均衡**
参见**竞争均衡**（competitive equilibrium）。

**Equilibrium, general**
**一般均衡**
参见**一般均衡分析**（general equilibrium analysis）。

**Equilibrium, macroeconomic**
**宏观经济均衡**
意愿总需求等于意愿总供给的 GDP 水平。在均衡时，意愿的消费（$C$）、政府支出（$G$）、投资（$I$）和净出口（$X$）的总量正好等于在当前价格水平下企业所愿意出售的总量。

**Equilibrium unemployment**
**均衡失业**
由于劳工市场一时不能出清，人们自愿选择的是失业而不是就业，这种情况下的失业就是均衡失业。摩擦性失业是均衡失业的一例，也即，当人们自愿从一个工作跳槽到另一个工作，或者一会属于劳动力一会儿又不属于劳动力时的情况。

**Equimarginal principle**
**等边际法则**
决定收入在不同消费品之间分配的法则。消费者可按此法则选择消费组合，使花费在所有商品和服务上的每 1 美元的边际效用都相等，就能保证消费者所获得的效用最大化。

**Exchange rate**
**汇　率**
见**外汇汇率**（foreign exchange rate）。

**Exchange rate system**
**汇率制度**
国家之间进行支付时所依据的一组规则、安排和制度。历史上最重要的汇率制度是金本位制、布雷顿森林体系和现在的浮动汇率制。

**Excise tax vs. sales tax**

**消费税和销售税**

消费税是对某种或某组商品，如酒和烟草的购买所课征的税。*销售税*是对除少数特定商品（如食品）以外的所有商品所课征的税。

**Exclusion principle**

**排他原则**

私人品区别于公共品的一个标准。当生产者将一种商品卖给 A 后，若能很容易地排除 B、C、D 等人享用该商品收益，则排他原则就在发生作用，因此该商品是私人品。若不能轻易地排除其他人享用该商品收益，如公共卫生或国防，则我们称该商品具有公共品的特征。

**Exogenous vs. induced variables**

**外生变量和引致变量**

外生变量是那些由经济体系以外的因素来决定的变量。与外生变量相对应的是*引致变量*，后者是由经济体系的内在运行所决定的。例如，天气变化是外生变量，而消费的变化则常常由收入变动所引致。

**Expectations**

**预　期**

对于不确定变量（如未来利率、价格或税率）的看法或意见。如果预期没有系统性错误（或偏差），并应用了所有可能获得的信息，则称为*理性的*预期。如果人们根据过去的行为来形成他们的预期，则这种预期称为是*适应性的*。

**Expected rate of inflation**

**预期的通货膨胀率**

一种旨在稳定通货膨胀预期的指标。当人们预期通货膨胀势必持续下去时，一个上行的通货膨胀率就会被写进合同，或进入人们的前景预期。

**Expenditure multiplier**

**支出乘数**

参见**乘数**（multiplier）。

**Exports**

**出　口**

在本国生产而卖给别国的商品或服务。包括商品贸易（如汽车）、服务（如运输）和贷款及投资的利息。*进口*正好是一种反方向的流动——商品和服务从别国流入本国。

**External diseconomies**

**外部不经济**

指生产或消费给其他人造成损失，而其他人却不能得到补偿的情况。例如，钢铁厂排放的烟雾及含硫气体损害当地人的财产和健康，但受害者并不能得到补偿。污染是一种外部不经济。

**External economies**

**外部经济**

指生产和消费能给其他人带来正的收益，而其他人却不必进行支付的情况。一个企业雇用了安全保卫，使得小偷不敢在附近社区活动，这就为居民提供了外部的安全服务。外部经济与外部不经济通常被统称为**外部性**。

**External variables**

**外部变量**

同**外生变量**（exogenous variables）。

**Externalities**

**外部性**

对他人产生有利的或不利的影响，但不需要他人对此支付报酬或进行补偿的活动。当私人成本或收益不等于社会成本或收益时，就会产生外部性。外部性的两种主要类型是外部经济和外部不经济。

## F

**Factors of production**

**生产要素**

生产性投入，如劳动、土地和资本。生产商品和服务所需的资源，也称投入。

**Fallacy of composition**

**合成谬误**

一种认识错误，认为对个体成立的情形，对于群组或整个系统也同样成立。

**Federal funds rate**

**联邦基金利率**

指银行互相支付用于银行储备隔夜用途的利率。

**Federal Reserve System**

**联邦储备系统**

是美国的**中央银行**。由联邦储备委员会和 12 个联邦储备区银行构成。

**Fiat money**

**法定货币**

没有**内在价值**，但被政府法定为有效的货币，如当今的纸币。只有在公众相信它会被接受时，法定货币才会生效。

**Final goods**

**最终产品**

旨在最终使用而非转卖或进一步加工的商品［参见**中间产品**（intermediate goods）］。

**Finance**

**融　资**

指为了进行储蓄或支出，经济代理人从其他代理人处借进或贷出资金的过程。

**Financial account**

**金融账户，资本账户**

见**贸易余额**（balance of trade）。

**Financial assets**
**金融资产**
一个团体对另一个团体的货币权利和义务。比如，债券、抵押、银行信贷和普通股。

**Financial economics**
**金融经济学**
经济学的一个分支。分析理性投资者如何通过最有效的方式进行投资以期达到目标。

**Financial intermediaries**
**金融中介**
提供金融服务和金融产品的机构。包括存款机构（如商业银行和储蓄银行）和非存款机构（如货币市场共同基金、经纪人商行、保险公司或养老基金）。

**Financial markets**
**金融市场**
该市场中的产品和服务主要由股票、债券等金融工具构成。

**Financial system**
**金融体系**
保证居民户、企业、政府等的金融决策顺利执行的一系列市场、企业和机构。其重要的组成部分包括货币市场，固定利息资产（如债券、抵押品等）市场，企业所有权交易的股票市场，以及供各国货币进行交易的外汇市场。

**Firm** (business firm)
**厂商**（企业）
经济体系中基本的私人生产单位。它雇用劳动，出租并拥有资本和土地，以及购买其他投入品，以制造和销售商品和服务。

**Fiscal monetary mix**
**财政—货币政策组合**
用以影响宏观经济活动的财政政策和货币政策组合。紧缩的货币政策和宽松的财政政策，倾向于鼓励消费和抑制投资。而宽松的货币政策和紧缩的财政政策，则具有相反的功效。

**Fiscal policy**
**财政政策**
一种政府计划。内容包括：（1）商品和服务的购买及转移支付等支出；（2）税收的数量和种类。

**Fixed cost**
**固定成本**
参见**固定成本**（cost，fixed）。

**Fixed exchange rate**
**固定汇率**
见**外汇汇率**（foreign exchange rate）。

**Flexible exchange rates**
**弹性汇率制**
一种国际汇率制度。在该制度条件下，汇率主要由市场力量（即供给和需求）决定，政府不设定及维持某种特定的汇率。有时也称为*浮动汇率制*。当政府对外汇市场不加干预时，该制度称为纯粹的浮动汇率制。

**Floating exchange rates**
**浮动汇率制**
见**弹性汇率制**（flexible exchange rates）。

**Flow of funds**
**资金流量**
追踪货币和其他金融工具如何在经济体中流动的账户。

**Flow vs. stock**
**流量与存量**
*流量*是指，带有时间跨度或曰在一个时段上所累积变动的量（好比通过一个河段的水流）。*存量*则指，在某一个时点上某一变量的量值（如同湖中所盛的水）。收入代表每一年的美元流入数，因此是一个流量。而到2005年12月为止某人的财富则是一个存量。

**Foreign exchange**
**外　汇**
各国用以偿付对他国所欠债务的通货（或其他金融工具）。

**Foreign exchange market**
**外汇市场**
不同国家的通货进行交易的市场。

**Foreign exchange rate**
**外汇汇率**
一国通货与他国通货的交换比率或曰价格。例如，如果你可以用1美元购买10墨西哥比索，那么比索的汇率就是10。如果一国通货钉住某一汇率水平，并准备随时捍卫这一汇率，则称该国实行的是*固定汇率制*。而由市场供求力量来决定的汇率称为**弹性汇率制**。

**Four firm concentration ratio**
**四企业集中率，四企业集中度**
见**集中率**（concentration ratio）。

**Fractional reserve banking**
**部分准备金银行制度**
现代银行体系的一种管制形式。依法要求有关金融机构将其吸收存款的一定比例，以中央银行存款（或库存现金）的形式留作准备金。

**Free goods**
**免费品**
不属于**经济品**的物品。如空气或海水，它们大量存在于全世界，无需在需求者中间进行配给。因此，这些物品的市场价格为零。

**Free trade**
**自由贸易**
政府不采用关税、配额或其他形式来干预国际贸易的政策。

**Frictional unemployment**
**摩擦性失业**
由个别市场变化所引起的暂时性失

业。例如，无经验的工人需要花费时间比较和寻找不同的工作机会；甚至有经验的工人往往也需花费少量时间进行工作转换。摩擦性失业有别于周期性失业，后者是在工资和价格呈粘性的条件下，由于总需求水平低下造成的。

**Full employment**
**充分就业**
一个有多重含义的术语。历史上曾用于描述不存在（或仅存在最少量）非自愿失业情况下的就业水平。今天，经济学家用**非加速通货膨胀的失业率**（NAIRU）概念来描述可以长期持续的最高就业水平。

## G

**Gains from trade**
**贸易利得**
自愿交易所增加的福利总额。等于消费者剩余与生产者剩余之和。

**Galloping inflation**
**急剧的通货膨胀**
见**通货膨胀**（inflation）。

**Game theory**
**博弈论**
关于至少存在部分利益冲突的两个或多个决策者所处情况的分析。除用于罢工等讨价还价的情况，以及比赛和战争等冲突情况之外，还可以用于寡头垄断市场的互动分析。

**GDP deflator**
**GDP 紧缩指数**
GDP 的"价格"。该价格指数用于衡量 GDP 各组成部分相对于基年的平均价格。

**General equilibrium analysis**
**一般均衡分析**
经济整体均衡状态的分析，此时所有的商品和服务市场都同时处于均衡。相应的**局部均衡分析**，仅研究单个市场的均衡。

**GNP**
**国民生产总值**
见**国民生产总值**（gross national product）。

**Gold standard**
**金本位制**
指这样一种制度：一国（1）宣布其货币单位与一定重量的黄金等价；（2）持有黄金储备，并根据所宣布的价格自由买卖黄金；（3）对黄金的进出口不加任何限制。

**Government debt**
**政府债务**
以债券和短期借款形式存在的政府债务总额。除由准政府机构（如中央银行）持有的债券以外，政府债务一般由公众持有。

**Government expenditure multiplier**
**政府支出乘数**
政府购买支出每增加 1 美元所引起的 GDP 的增量。

**Gross domestic product, nominal** (or **nominal GDP)**
**名义国内生产总值（或名义 GDP）**
按当前市场价格计算的一国一年内所生产的全部最终产出的价值。

**Gross domestic product, real** (or **real GDP)**
**实际国内生产总值（或实际 GDP）**
一年内一国境内所生产的商品和劳务的数量，是从名义 GDP 中剔除了价格增长因素之后的 GDP。

**Gross national product, real** (or **real GNP)**
**实际国民生产总值（或实际 GNP）**
考虑到通货膨胀因素并加以扣除的 GNP，也即，实际 GNP= 名义 GNP 除以 GNP 紧缩指数。实际 GDP 在早先一直是国民经济增长核算的核心概念，不过现在其地位已经被**国内生产总值**所取代。

**Growth accounting**
**增长核算**
估计不同要素对经济增长的贡献程度的分析技术。借助边际生产率理论，增长核算将产出增长的源泉分解为劳动、土地、资本、教育、技术知识和其他多种因素。

## H

**Hedging**
**套期保值**
借助对冲交易回避风险的投资技术。例如，若某农场所种的小麦在秋季收获，则农场主可以在春季或夏季先行出售与产出等量的小麦，从而抵消价格波动的风险。或曰，实现套期保值。

**Herfindahl Hirschman Index (HHI)**
**赫芬达尔—赫希曼指数**
经常用于市场结构分析的市场能力测量标准。其通过市场参与者市场份额平方的加总来计算。完全竞争市场条件下 HHI 接近 0，完全垄断市场 HHI 为 10 000。

**High powered money**
**高能货币**
见**货币基础**（monetary base）。

**Horizontal equity vs. vertical equity**
**横向公平与纵向公平**
横向公平指的是：对境况类似的人给予平等或公平的待遇，强调的是基本情况相同的人应得到相同的待遇。纵向公平指的是：对境况不同的人应给予平等的待遇。

**Horizontal integration**
**横向整合**
见**纵向整合与横向整合**（integration, vertical vs. horizontal）。

**Horizontal mergers**
**横向兼并**
见**兼并**（merger）。

**Human capital**
**人力资本**
一国由劳动力体现的技术知识和技能的存量，源于正式教育和在职培训等方面的投资。

**Hyperinflation**
**恶性通货膨胀**
见**通货膨胀**（inflation）。

## I

**Imperfect competition**
**不完全竞争**
见**不完全竞争**（competition, imperfect）。

**Imperfect competitor**
**不完全竞争者**
购买量或销售量足以影响商品价格水平的厂商。

**Implicit cost elements**
**隐性成本要素**
虽然不像显性货币成本，但却应像对待显性货币成本那样来加以核算的成本（如小商店店主的劳动成本）。隐性成本有时称**机会成本**，但后者含义更广。

**Imports**
**进　口**
见**出口**（exports）。

**Inappropriability**
**不可分拨性**
见**不可分拨的**（inappropriable）。

**Inappropriable**
**不可分拨的**
用以描述个人使用成本为零，或个人成本低于社会总成本的资源。这些资源的特征是具有外部性。因此，从社会的角度看，市场配置该资源是无效率的。

**Incidence** (or **tax incidence**)
**归宿**（或**税收归宿**）
一项税收最终的经济负担者（相应于法定纳税人）。例如，销售税表面上由零售商缴纳，但实际上该税赋极有可能转嫁在消费者身上。税收归宿说到底是取决于供给和需求的价格弹性。

**Income**
**收入，收益**
个人或国家在一段时期内（通常为一年）所新增的工资、利息、红利和其他收入。

**Income effect** (of a price change)
（价格变动的）**收入效应**
商品价格变动会引起消费者的实际收入变动，进而会导致对该商品的需求量的变动。价格变动的收入效应是价格变动的替代效应的一种补充。

**Income elasticity of demand**
**需求的收入弹性**
任何给定物品的需求不仅受该物品价格的影响，而且受购买者收入的影响。收入弹性用于衡量物品需求量对于收入的敏感程度。其精确定义是：需求量变动的百分比除以收入变动的百分比［比较**需求的价格弹性**（price elasticity of demand）］。

**Income statement**
**收益表，利润表，损益表**
公司的一种报表，报告某时期（通常为一年）的销售收入或所获收益，所售商品的合理的成本，还有剔除成本后所剩的利润（净收入）又称损益表。

**Income tax, personal**
**个人所得税**
对个人收入课征的税。收入包括工资、薪金，或租金、红利、利息等资产收入。在美国，个人所得税采取**累进制**，即高收入者的平均税率要高于低收入者。

**Income velocity of money**
**货币的收入周转率**
见**货币周转率**（velocity of money）。

**Increasing returns to scale**
**规模报酬递增**
见**规模报酬**（returns to scale）。

**Independent goods**
**独立品**
需求相互独立的物品。更精确地说，其他条件相同时，如果物品 A 的价格变化对物品 B 的需求没有影响，则称 A、B 是独立品。

**Indexing** (or indexation)
**指数化**
一种机制：工资、价格和合同随一般物价水平变动而进行的部分或全部调整，以弥补总体价格水平的变动影响。

**Indifference curve**
**无差异曲线**
两轴分别表示不同物品消费量的平面坐标内的一条曲线。该线上每一点（表示两种物品的不同组合）能为所给定的消费者带来完全等同的效用满足程度。

**Indifference map**
**无差异曲线图**
绘有某消费者一族无差异曲线的图形。这族曲线通常处于原点的右上方，离原点越远的，满足程度或水平越高。

**Indirect taxes**
**间接税**
见**直接税**（direct taxes）。

**Induced variables**
**引致变量**
见**外生变量与引致变量**（external vs. induced variables）。

**Industry**
**产　业**
生产相似的或相同的产品的一系列企业。

**Infant industry**
**幼稚产业**
在对外贸易理论中，指尚未拥有实现规模经济所需的经验或专业技术的产业。要成功地同外国生产同样商品的成熟产业相竞争，这种经验或专业技术是必需的。幼稚产业在其发展过程中，通常认为需要给予关税或配额的保护。

**Inferior goods**
**低档品或劣等品**
消费量随收入的上升而下降的物品。

**Inflation** (or **inflation rate**)
**通货膨胀**（或**通货膨胀率**）
通货膨胀率指一般物价水平的年增长百分比。*恶性通货膨胀*指通货膨胀率极高的情况（例如，每年 1 000%、1 000 000% 甚至 1 000 000 000%）。*急剧的通货膨胀*指每年 50%、100% 或 200% 的情况。*温和的通货膨胀*则指并不严重扭曲相对价格或收入的物价上涨。

**Inflation targeting**
**设定通货膨胀目标**
官方确定通货膨胀的目标，宣布通货膨胀率波动的范围，并明确表示货币政策的首要目标是低且稳的通货膨胀。近年许多工业国都采用了强硬或灵活的通货膨胀目标政策。

**Innovation**
**创　新**
一个与约瑟夫·熊彼特有密切关系的术语。熊彼特赋予它三种含义：（1）向市场引入一种全新的、明显不同的产品；（2）引进一种新的生产技术；或者（3）开发一个新市场［对比**发明**（invention）］。

**Inputs**
**投　入**
投入指企业用于生产过程的商品或劳务，也称*生产要素*。

**Insurance**
**保　险**
一种机制：通过将风险分散于众多人身上的方式，来降低个体所面对的风险、弥补个体可能遭受的巨额损失。

**Integration, vertical vs. horizontal**
**纵向整合和横向整合**
生产过程由许多生产阶段组成，如铁矿石加工成钢锭、钢锭加工成钢板、钢板再加工成汽车车体。*纵向整合*是指将生产过程的两个或更多的阶段结合在单个企业当中（如，铁矿石和钢锭）。*横向整合*是指将处于同一生产阶段的不同单位结合在单个企业当中。

**Intellectual property rights**
**知识产权**
管理专利、版权、商业秘密、电子媒介和其他以信息为主要内容的商品的法律。这些法律通常给予发明者在再生产过程中的控制权和受补偿权。

**Interest**
**利　息**
向他人贷款的人所获得的收益。

**Interest rate**
**利　率**
一定时期内为所借款项支付的价格，通常以每年占本金的百分比来表示。这样，如果利率是每年 10%，则借期一年的 1 000 美元贷款，需要支付 100 美元的利息。

**Intermediate goods**
**中间产品**
经过一些制造或加工过程，但还没有达到最终产品阶段的产品。例如，钢铁和棉纱就是中间产品。

**International monetary system**
（also **international financial system**）
**国际货币制度**（**国际金融体系**）
跨国交易据以进行支付的制度。中心政策问题是安排汇率如何决定、政府如何影响汇率等问题。

**Intervention**
**干　预**
政府为影响本币汇率而在外汇市场上买卖本国货币等活动。

**Intrinsic value** (of money)
（货币的）**内在价值**
作为物品的货币商品价值（如，铜币中所含铜的市场价值）。

**Invention**
**发　明**
一种新产品或一项新生产技术的创造性发现。注意与**创新**有别。

**Investment**
**投　资**
（1）一种为增加未来产出而放弃当前消费的经济活动。包括有形投资（如房屋）和无形投资（如教育）。*净投资*是总投资扣除折旧后的价值。*总投资*是没有扣除折旧的投资。（2）在金融术语中，投资的含义完全不同，它指的是对于股票或债券等证券的购买。

**Investment demand**
（or **investment demand curve**）
**投资需求**（或**投资需求曲线**）
反映投资水平同资本成本（更具体地说是实际利率）之间的对应关系的图表。

**Invisible hand**
**看不见的手**
亚当·斯密于1776年提出的概念，揭示自由放任的市场经济中所存在的悖论，认为在每个参与者追求私利的过程中，市场体系会给所有参与者带来利益，就好像有一只与人为善的“看不见的手”，在指导着整个经济的运作过程。

**Involuntarily unemployed**
**非自愿失业**
见失业（unemployment）。

**Isoquant**
**等产量**
见等产量曲线（equal product curve）。

## K

**Keynesian economics**
**凯恩斯经济学**
由约翰·梅纳德·凯恩斯开创的一套经济理论。认为市场经济不能自动地趋向充分就业的均衡。根据凯恩斯的观点，运用财政政策或货币政策能够提高总需求，可以医治非充分就业的均衡。

**Keynesian macroeconomics**
**凯恩斯宏观经济学**
一套解释商业周期的宏观经济学理论。该理论基于一条向上倾斜的总供给曲线，这样总需求的变化就会影响到产出和就业。

**Keynesian school**
**凯恩斯学派**
见凯恩斯经济学（Keynesian economics）。

## L

**Labor force**
**劳动力**
美国官方统计中，16岁和16岁以上的失业或就业的人口群体。

**Labor force participation rate**
**劳动力参与率**
属于劳动力范围的人口占16岁及16岁以上的全体人口的比率。

**Labor productivity**
**劳动生产率**
见生产率（productivity）。

**Labor supply**
**劳动供给**
一个经济可供使用的工人的数量（或更一般地说是劳动的小时数）。劳动供给的主要决定因素是人口、实际工资和社会传统。

**Labor theory of value**
**劳动价值论**
常与卡尔·马克思联系在一起的学说，认为每种商品价值的唯一衡量标准都应是生产它所需要的劳动量。

**Laissez faire (“leave us alone”)**
**自由放任（“别来管我”）**
一种观点，认为政府应尽可能少地干预经济活动，而让市场去做决策。按照亚当·斯密等古典经济学家的表述，这一观点明确认为政府的作用应限于下述范围：（1）法律和秩序维持；（2）国防；（3）提供私人企业不愿提供的某些公共品（如公共保健和环境卫生）。

**Land**
**土　地**
古典和新古典经济学中，三种基本生产要素中的一种（其他为劳动和资本）。更一般地说，土地不仅包括农业和工业等方面的用地，而且还包括从地上和地下所取得的其他自然资源。

**Law of diminishing marginal utility**
**边际效用递减规律**
见边际效用递减规律（diminishing marginal utility，law of）。

**Law of diminishing returns**
**边际收益递减规律**
见边际收益递减规律（diminishing returns，law of）。

**Law of downward sloping demand**
**需求向下倾斜规律**
经过普遍的观察可知，在其他条件不变的条件下，当商品的价格上涨，购买者将减少对它的购买。同样的，其他条件不变，当其价格下降，需求数量上升。

**Least cost rule** (of production)
（生产的）**最低成本法则**
指这样一种法则：当每一种投入要素的边际收益产品对于该种投入要素的价格的比率都相等时，生产某一产量水平的成本就达到最小。

**Legal tender**
**法定清偿物**
按照法律规定，在进行债务清偿时必须被接受的货币。美国所有的硬币和通货都是法定清偿物，但支票不是。

**Liabilities**
**负　债**
会计学中，指对其他企业或个人的欠款或金融债务。

**Limited Liability**
**有限责任**
关于所有者对企业损失应付责任的限制，这种损失仅限于该所有者为该企业所提供资本的范围内。有限责任是大公司兴起的重要因素。而合伙制和个人业主制的所有者一般情况下却需要对债务负有无限责任。

**Long run**
**长 期**
用来表示一段时间的术语，在这段时间中，可以针对有关的变化做出充分调整。在微观经济学中，它表示这样一段时间：企业可以进入或退出某一行业，且资本存量可以变化。在宏观经济学中，它经常用来指这样一段时间：所有的价格、工资合同、税率以及预期都能够做出充分的调整。

**Long run aggregate supply schedule**
**长期总供给表**
供给表，反映所有价格和工资进行调整以后的产出与价格水平之间的关系。在此，总供给曲线是垂直的。

**Lorenz curve**
**洛伦茨曲线**
一个用来显示收入或财富不平等程度的几何图形。

## M

**$M_1$**
见**货币供给**（money supply）。

**Macroeconomic equilibrium**
**宏观经济均衡**
见**宏观经济均衡**（equilibrium, Macroeconomic）。

**Macroeconomics**
**宏观经济学**
对经济总体行为的分析，主要研究产出、收入、价格水平、对外贸易、失业和其他总体经济变量（相对于**微观经济学**）。

**Malthusian theory of population growth**
**马尔萨斯人口增长理论**
马尔萨斯首次提出的一种假设：认为人口增长的"自然"倾向快于食品供给的增长。因此，随着时间推移，人均食品生产增长率趋于下降，从而给人口增长设置了一种障碍。一般地说，这种观点认为：随着人口的收入水平和生活标准的提高，人口倾向于更快地增长。

**Managed exchange rate**
**管理汇率制**
当今最流行的一种汇率体制。在这种体制下，国家会不时地采取一些干预措施以稳定货币，但没有固定的或官方公布的平价。

**Marginal cost**
**边际成本**
参见**边际成本**（cost, marginal）。

**Marginal principle**
**边际原则**
一个基本概念：当人们活动的边际成本等于边际收益的时候，他们就实现了自己的收入或利润的最大化。

**Marginal product (*MP*)**
**边际产品 (*MP*)**
当所有其他投入不变时，追加 1 单位投入所得到的额外产出。有时称为边际物质产品。

**Marginal product theory of distribution**
**分配的边际产品理论**
由约翰·克拉克提出的一种收入分配理论。根据该理论，每一生产性投入依据其**边际产品**获得相应的报酬。

**Marginal propensity of consume (*MPC*)**
**边际消费倾向 (*MPC*)**
可支配收入增加 1 美元时人们消费的增加量。注意，它与平均消费倾向不同，后者是总消费与可支配总收入的比率。

**Marginal propensity to import (*MPm*)**
**边际进口倾向 (*MPm*)**
在宏观经济学中，由于 GDP 每增加 1 美元而使进口增加的美元数额。

**Marginal propensity to save (*MPS*)**
**边际储蓄倾向 (*MPS*)**
所追加的 1 美元可支配收入中用于储蓄的部分。注意，根据定义，$MPC + MPS = 1$。

**Marginal revenue (*MR*)**
**边际收益 (*MR*)**
企业出售额外 1 单位产品所能得到的收益的增量。在完全竞争条件下，边际收益等于价格。在不完全竞争条件下，边际收益低于价格。原因是为销售所追加的这 1 单位产品，所有在此单位以前出售的产品的价格都必须有所降低。

**Marginal revenue product** (of an input), **(*MRP*)**
（一种投入的）**边际收益产品 (*MRP*)**
等于边际收益乘以边际产品。如果厂商追加 1 单位投入进行生产并出售产品而得到额外收入，那么这个额外收入就是边际收益产品。

**Marginal tax rate**
**边际税率**
就所得税而言，收入的最后 1 美元中用作税收的百分比。在累进税制中，边际税率高于平均税率。

**Marginal utility (*MU*)**
**边际效用 (*MU*)**
在假定其他商品的消费量保持不变的条件下，消费额外 1 单位追加商品时所带来的追加的或额外的满足。

**Market**
**市 场**
卖者和买者相互作用以决定商品价格和交易数量的一种安排。有些市场(如股票市场和跳蚤市场）有实在的空间场所；而另一些市场则是由电话或计算机连接起来的。现在，还有一种市场是在互联网络上展开的。

**Market clearing price**
**市场出清价格**
供需平衡时的一种价格，在此价格下，所有供给和需求的订单都已完成，账簿上已经出清。

**Market economy**
**市场经济**
在这种经济中，“生产什么、如何生产和为谁生产”等有关资源配置的问题，主要通过市场的供给和需求来决定。在市场这种经济组织形式中，企业受利润最大化意愿的驱动，购买原材料进行生产并销售产品。而居民户则拥有要素收入，他们在市场中决定对商品的需求。最后，企业的供给和居民户的需求二者相互作用，共同决定商品的价格和数量。

**Market equilibrium**
**市场均衡**
等同于**竞争均衡**（competitive equilibrium）。

**Market failure**
**市场不灵**
指价格体系的不完备性，它阻碍资源的有效配置。主要表现为**外部性**和**不完全竞争**。

**Market power**
**市场力量**
一个或一组企业对某一行业价格和生产决策的控制程度。在垄断情形下，企业有高度的市场力量，而在完全竞争行业中的企业则没有市场力量。**集中率**是使用得最广泛的市场力量的衡量标准。

**Market share**
**市场份额**
一个或一组企业在该行业产出量中所占的比例。

**Marxism**
**马克思主义**
由卡尔·马克思在19世纪创建的一套社会、政治和经济思想。作为一个经济理论，马克思预言资本主义将由于其内在矛盾而最终毁灭，尤其是由于其对工人阶级的压榨。

**Mean**
**均　值**
统计学术语，与平均意义相同。例如：1、3、6、10、20这5个数字的均值是8。

**Median**
**中位数**
统计学术语，特指在一列由低到高依次排列或分级的数字中，那个恰好处在中间的数字（例如在收入和考分的序列中）。因此，在1、3、6、10、20这5个数字的中位数是6。

**Mercantilism**
**重商主义**
一种政治学说，强调保持国际收支盈余以积累黄金的重要性，并由此提倡政府严密控制经济政策，认为自由放任的政策可能会导致黄金的流失。

**Merchandise trade balance**
**商品贸易余额**
参见**贸易余额**（trade balance）。

**Merger**
**兼　并**
一个公司收购另一个公司的行为，通常以一个企业收购另一企业股票的形式发生。主要形式包括：（1）纵向兼并，发生在两个企业处在不同生产过程阶段（如铁矿和钢锭）的时候；（2）横向兼并，发生在两个企业处在同一个市场中的情况下（如两个汽车制造商）；（3）混合兼并，发生在两个企业在非关联市场（如鞋带制造业和炼油业）中各自经营的场合。

**Microeconomics**
**微观经济学**
对经济中各单个因素行为的分析，如研究单个商品的价格、单个消费者或单个企业的行为。（对照宏观经济学。）

**Minimum cost**
**最低成本**
参见**最低成本**（cost，minimum）。

**Mixed economy**
**混合经济**
非共产主义国家中经济组织的主要形式。混合经济主要依靠其经济组织中的价格体系，同时也采用多种形式的政府干预（如税收、支出和管制），来应付宏观经济的不稳定和市场不灵情况。

**Model**
**模　型**
一种正式的分析框架。通过少数关键性变量的关系来揭示一个复杂系统的基本特征。模型可采取几何图形、数学方程组和计算机程序等多种形式。

**Momentary run**
**瞬　期**
非常短的一段时间，在这段时间里，生产是固定不变的。

**Monetarism**
**货币主义**
一个经济学流派，认为货币供给的变化是宏观经济波动的主要原因。

**Monetary base**
**货币基础**
由公众持有的政府的净货币性负债。在美国，货币基础等于通货加上银行准备金。有时称高能货币。

**Monetary economy**
**货币经济**
一种经济，其贸易经由一种能被共同接受的交易媒介而进行。

**Monetary policy**
**货币政策**
中央银行实施控制货币、利率、信贷条件的目标。货币政策的主要工具包括公开市场业务、准备金比率和贴现率。

**Monetary rule**
**货币规则**
货币规则是货币主义经济学最重要的原则。它宣称最好的货币政策是将货币供给的增长率固定在一个水平上，不论经济景气与否，都应维持不变。

**Monetary transmission mechanism**
**货币传导机制**
在宏观经济学中，货币供给变动转化为产出、就业、价格和通货膨胀的变动的途径。

**Monetary union**
**货币联盟**
若干国家采用同一种通用货币作为会计单位和交换媒介的一种制度安排。欧洲货币联盟计划 1999 年采用欧元作为通用货币。

**Money**
**货　币**
支付手段或交换媒介。关于货币的构成，请参见**货币供给**。

**Money, velocity of.**
**货币周转率**
参见**货币周转率**（velocity of money）。

**Money demand schedule**
**货币需求表**
体现的是货币持有需求和利率水平之间的对应关系。当利率上升时，债券和其他有价证券的吸引力增大，货币的需求量会降低。见**货币需求**（demand for money）。

**Money funds**
**货币资金**
灵活性很强的短期金融工具的简称，其利率不是固定的。主要形式包括货币市场互助基金和商业银行货币市场活期存款账户。

**Money market**
**货币市场**
金融术语，指一套处理短期信贷工具（如国库券和商业票据）买卖活动的制度安排。

**Money supply**
**货币供给**
狭义的货币供给（$M_1$）包括铸币、纸币、所有的活期存款或支票存款。狭义的货币是交易货币。广义的货币供给（$M_2$）包括 $M_1$ 的所有项目，再加上某些灵活性资产或若干准货币，如储蓄存款、货币市场基金和其他类似项目。

**Money supply effect**
**货币供给效应**
名义货币供给量不变时，价格上升与相应的货币紧缩、总支出下降之间的关系。

**Money supply multiplier**
**货币供给乘数**
货币供给（或存款）增长与银行准备金增长的比率。一般说来，货币供给乘数等于法定准备金率的倒数。例如，法定准备金率是 0.125，那么货币供给乘数就是 8。

**Monopolistic competition**
**垄断竞争**
一种市场结构，其中有许多卖者，他们所提供的产品接近、但不可以完全替代。在这样的市场上，每一厂商对其产品的价格都能施加一定的影响。

**Monopoly**
**垄　断**
一种市场结构，在其中，某种商品由单独一家厂商提供。见**自然垄断**。

**Monopsony**
**买方垄断**
垄断的镜像：只有一个买者的市场；一个“买方”的垄断。

**Moral hazard**
**道德风险**
市场失灵的一种形式。由于针对某种投保风险的保险机制的存在，使风险事故发生的可能性增加。例如，一个对其汽车投了失窃险的车主，可能会在锁车这件事上变得粗心。这是因为保险的存在降低了对防盗的激励。

***MPC***
见**边际消费倾向**（marginal propensity to consume）。

***MPS***
见**边际储蓄倾向**（marginal propensity to save）。

**Multiplier**
**乘　数**
宏观经济学术语，指每单位外生变量（如政府支出或银行储备）的变化所带来的引致变量的变动情况（如 GDP 或货币供给）。支出乘数指支出（如投资）增长 1 美元所引起的 GDP 的增长。

**Multiplier model**
**乘数模型**
在宏观经济学中由凯恩斯所提出的一种理论。它强调自主支出（特别是投资、政府支出和净出口）的变化在决定产出和就业变化中的重要作用。见**乘数**（multiplier）。

## N

**NAIRU**
**非加速通货膨胀的失业率**
见**非加速通货膨胀的失业率**（nonaccelerating inflation rate of unemployment）。

**Nash equilibrium**
**纳什均衡**
博弈论中参与人的一组策略。其他参与人的策略既定时，没有任何一个参与人还能改善他的支付。也就是说，给定参与人 A 的策略，参与人 B 无法做得更好；而给定参与人 B 的策略，A 也不能做得更好。纳什均衡有时也称为非合作均衡。

**National debt**
**国家债务**
与**政府债务**同义。

**National income and product accounts (NIPA)**
**国民收入和生产账户（NIPA）**
一套衡量整个国家一个季度中或一年中的支出、收入和产出情况的账户。

**National saving rate**
**国民储蓄率**
全部储蓄（私人储蓄和公共储蓄）除以国内净产值。

**Natural monopoly**
**自然垄断**
一个厂商或一个行业的产品的平均成本，在其规模扩大的整个过程中都明显下降，例如地方电力传输。因此，该行业若由一个厂商或由一个垄断厂商来经营，就会比多个企业能更有效率地提供全部产出。

**Natural rate of unployment**
**自然失业率**
与**非加速通货膨胀的失业率**［nonaccelerating inflation rate of unemployment（NAIRU）］是同一个概念。

**Neoclassical model of growth**
**新古典增长模型**
一种用来解释工业化国家经济长期增长趋势的理论或模型。这一模型强调资本深化（即资本 - 劳动比率的增长）和技术变革这一因素在解释潜在实际 GDP 增长中的重要作用。

**Net domestic product (NDP)**
**国内生产净值（NDP）**
等于 GDP 减去资本品的折旧补贴。

**Net exports**
**净出口**
国民产出账户中的一项，等于商品和服务的出口减去商品和服务的进口。

**Net foreign investment**
**净国外投资**
一国的国外净储蓄，数值上约等于净出口。

**Net investment**
**净投资**
等于总投资减去资本品折旧。

**Net worth**
**净值，净资产**
会计学里，等于总资产减去总负债。

**New classical macroeconomics**
**新古典宏观经济学**
这种经济理论认为：（1）价格和工资是灵活的；（2）人们的预期遵循**理性预期假说**。

**Nominal GDP**
**名义 GDP**
见**名义国内生产总值**（gross domestic product，nominal）。

**Nominal (or money) interest rate**
**名义（或货币）利率**
**利率**是对各种资产的支付。名义利率代表每 1 美元投资每年所带来的美元收益。而**实际利率**代表的每 1 单位实物投资所带来的实物报酬。

**Nonaccelerating inflation rate of unemployment (NAIRU)**
**非加速通货膨胀的失业率（NAIRU）**
失业率与稳定的通货膨胀率相联系。此时，价格和工资上涨和下跌的力量均等，所以通货膨胀率没有变化的趋向。非加速通货膨胀的失业率是长期菲利普斯曲线垂直时的失业率。

**Noncooperative equilibrium**
**非合作性均衡**
见**纳什均衡**（Nash equilibrium）。

**Nonrenewable resources**
**不可再生资源**
指那些供给基本固定，再生速度达不到经济发展要求的自然资源，如石油和天然气。

**Normative vs. positive economics**
**规范经济学与实证经济学**
规范经济学考虑“应该怎样”，诸如公共政策价值判断，或公共政策目标之类的问题。而实证经济学则是关于经济事实和行为的分析，讨论“实际怎样”之类的问题。

**Not in the labor force**
**非劳动力**
特指成年人中不工作也不找工作的那部分人。

## O

**Okun's law**
**奥肯法则**
由亚瑟·奥肯发现的周期波动中的

GDP 和失业之间的经验关系。这一法则指出，当实际 GDP 相对于潜在 GDP 下降 2% 时，失业率上升大约 1%（较早估计的比率是 3:1）。

**Oligopoly**
**寡　头**
不完全竞争的一种，在这种情形下，一个行业为少数几个供给者所支配。

**Open economy**
**开放经济**
一种经济体系，它与其他国家进行商品和资本的国际贸易活动（即进口和出口）。而一个封闭经济则是没有进出口的经济。

**Open economy multiplier**
**开放经济乘数**
乘数分析在存有国际贸易的经济中的应用。开放经济乘数要小于封闭经济乘数，因为会出现漏隙。而经由这个漏隙，支出既可以转为进口，也可以进入储蓄。

**Open market operations**
**公开市场业务**
为影响银行准备金、货币供给和利率，中央银行所进行的买卖政府债券的活动。买入证券时，中央银行所支付出去的货币，会增加商业银行的准备金，从而导致货币供给增加；而卖出证券时，货币供给就被减缩。

**Opportunity cost**
**机会成本**
经济品的最优使用价值。比如说，用来开采一吨煤的投入，其可供选择的最佳使用是生产 10 蒲式耳的小麦。那么一吨煤的机会成本就是 10 蒲式耳的小麦。这些小麦可能被生产出来但实际上却没有生产。机会成本对于评价非市场性商品，诸如环境卫生和安全等特别有用。

**Optimal currency area**
**理想货币区**
一些有高劳动力流动性和共同的集中供给和需求的国家或地区联合。在这种情况下，汇率的明显变动也不一定保证宏观经济的迅速调整，因为这些国家可以将汇率和共同的货币固定起来。

**Ordinal utility**
**序数效用**
需求理论所用的一种无标度的效用衡量方法。序数效用可以表明个人在 A 与 B 中更偏好 A，但不能表明他究竟偏好多少。也即，任何两组商品都可以相对排序，但无法衡量其绝对差异。这与*基数效用*（或者说有标度的效用）概念明显不同，基数效用有时用于行为风险分析。基数效用的一个例子是：我们说某物质在 100 K 氏度时比它在 50 K 氏度时热两倍。

**Other things constant**
**其他条件保持不变**
一个短语（有时写为“ceteris paribus”），意思是被观察的那个因素发生变化，而其他因素依旧或固定不变。例如，一个向下倾斜的需求曲线表示，在其他条件（如收入）保持不变的情况下，随着价格的上升，需求量会下降。

**Outputs**
**产　出**
用于消费或进一步加工生产的各种有用的物品和服务。

## P

**Paradox of thrift**
**节约悖论**
一个最早由约翰·梅纳德·凯恩斯提出的原则。即一个社会增加其储蓄的企图，可能导致其实际储蓄数量的减少。

**Paradox of value**
**价值悖论**
这样一种悖论：许多生活必需品（如水）的“市场”价值很低，而许多奢侈品（如钻石）的“使用”价值很小，但市场价格很高。这一悖论由以下事实解释：价格不反映一件商品的总效用，而是反映它的边际效用。

**Pareto efficiency** (or **Pareto optimality**)
**帕累托效率**（或**帕累托最优**）
一种经济状态。经济到达该状态时，已经不可能通过重组或贸易等手段，在既提高某一人的效用或满足程度的同时，而又不降低其他人的效用或满足程度。在某种限制条件下，完全竞争可以导致配置效率。也称*配置效率*。

**Partial equilibrium analysis**
**局部均衡分析**
在其他条件不变（如忽略收入变化）的前提条件下，分析各种变量对单个市场的影响。

**Partnership**
**合伙制**
两人或多人共同经营的非公司形式的企业，不像公司那样只承担有限的责任。

**Patent**
**专　利**
一种赋予发明者的排他性权利，可以在一定时期内（如美国为 20 年）控制其发明的使用权。专利造成暂时垄断，作为对发明活动的报酬。像其他知识产权一样，专利是促进个人或小企业进行发明的一种手段。

**Payoff table**
**回报矩阵**（也称**支付矩阵**）
博弈论中，用来描述两个人或多个参与人的策略和回报的矩阵。不同参与人的利润或效用就是*回报*。

**Payoffs**
**回报**
见**回报矩阵**（payoff table）。

**Perfect competition**
**完全竞争**
参见**完全竞争**（competition，perfect）。

**Personal disposable income**
**个人可支配收入**
个人收入减去税收加上转移支付。家庭可支配收入用于消费和储蓄。

**Personal income**
**个人收入**
衡量税收抵扣前收入的一个指标，确切地说，等于个人可支配收入加上净税收。

**Personal saving**
**个人储蓄**
收入中没有被消费的部分，换言之，是个人可支配收入与消费之间的差额。

**Personal saving rate**
**个人储蓄率**
以百分比形式表示的个人储蓄与个人可支配收入的比率。

**Phillips curve**
**菲利普斯曲线**
由菲利普斯首先提出的一种几何图形，显示的是失业与通货膨胀的替代关系。在现代主流宏观经济学中，向下倾斜的“替代性”的菲利普斯曲线一般只在短期中成立。在长期中，通常认为菲利普斯曲线是垂直的，而且对应于非加速通货膨胀的失业率（NAIRU）。

**Policy ineffectiveness theorem**
**政策无效性定理**
一个定理，认为在理性预期、价格工资灵活的情况下，被预期到的政府货币政策或财政政策实际上不能影响实际产出或失业。

**Portfolio theory**
**投资组合理论**
一种经济理论，讨论理性投资者如何将自己的财富分配在不同的金融资产中，也就是说，他们怎样将其财富“组合”成一种最佳搭配状态。

**Positive economics**
**实证经济学**
参见**规范经济学与实证经济学**（normative vs. positive economics）。

**Post hoc fallacy**
**前因后果谬误**
来自拉丁语 *post hoc，ergo propter hoc*，意为“在这之后发生，所以是因为这”。如果这样推理：“因为 A 先于 B，所以 A 导致 B”，那么，就会发生这种谬误。

**Potential GDP**
**潜在 GDP**
高就业的 GDP，或更精确地说，在既定的技术状况和人口规模条件下，可以达到的且不致加速通货膨胀的最高水平的 GDP。现今一般认为它是与**非加速通货膨胀的失业率**相应的产出水平的等价物。潜在产出不一定是最大产出。

**Potential output**
**潜在产出**
与**潜在 GDP** 同义。

**Poverty**
**贫　困**
今天，美国政府将“贫困线”定义为可维持最低限度的生活标准。

***PPF***
见**生产可能性边界**（production possibility frontier）。

**Present value (of an asset)**
**（资产的）现值**
在一段时间内，能带来一系列收入的资产的当前价值。估价这一系列的收入需要将每一部分收入折现。折现是用折现率（也即一种利率）对未来的收入加以折算。

**Price**
**价　格**
商品、服务或资产的货币成本。价格是把每单位的商品用货币单位来衡量。比如说每个汉堡是 3 美元。

**Price discrimination**
**价格歧视**
一种将同样的产品以不同的价格出售给不同的消费者的情况。

**Price elastic demand** (or **elastic demand**)
**富有价格弹性的需求**（或**有弹性的需求**）
需求价格弹性的绝对值超过 1 的情况。这时，需求量变化的百分比大于价格变化的百分比。另外，有弹性的需求意味着当价格下降时，由于需求量增加得非常之大，以至于总收益（价格 × 数量）会上升（比照**缺乏价格弹性的需求**）。

**Price elasticity of demand**
**需求的价格弹性**
表示需求量对价格变动反应程度的指标。弹性系数（需求的价格弹性系数 = *Ep*）等于需求量变动的百分比除以价格变动的百分比。具体计算百分比时，分子取新老需求量的平均数，分母取新老价格的平均数，不计负号。参见**富有价格弹性的需求**、**缺乏价格弹性的需求**和**单位弹性的需求**。

**Price elasticity of supply**
**供给的价格弹性**
在概念上与**需求的价格弹性**相似，只不过它衡量的是供给对价格变动的反应。更精确地说，供给的价格弹性是供给量变化的百分比除以价格变动的百分比。供给弹性在完全竞争条件下最为有用。

**Price flexibility**

**价格灵活性**

“拍卖”市场上（如许多原料商品和股票市场）的价格行为。在这些场合，价格对供给或需求的变动立即做出反应。

**Price index**

**价格指数**

表示在给定的时段里，一组商品的平均价格如何变化的一种指数。在计算平均数时，不同商品的价格一般要根据其经济重要性作加权处理（例如，在计算**消费者价格指数**时，加权的依据就是每种商品在总消费支出中所占的份额）。

**Price inelastic demand** (or **inelastic demand**)

**缺乏价格弹性的需求**（或**缺乏弹性的需求**）

需求价格弹性绝对值小于 1 的情况。在这种情况下，当价格下降时，总收益下降；当价格上升时，总收益上升。缺乏价格弹性的需求的一个极端是完全无价格弹性的需求，这意味着当价格上升或下降时，需求量完全没有变化（参见**富有价格弹性的需求**和**单位弹性的需求**）。

**Price of GDP**

**GDP 的价格**

见 **GDP 紧缩指数**（GDP deflator）。

**Private goods**

**私人品**

见**公共品**（public goods）。

**Producer price index**

**生产者价格指数**

大量批发销售的商品（如钢、小麦、石油）的价格指数。

**Producer surplus**

**生产者剩余**

生产者销售收益和生产成本之间的差。生产者剩余可以用供给曲线以上、价格线以下的面积来衡量。

**Product, average**

**平均产量**

见**平均产量**（average product）。

**Product, marginal**

**边际产品**

见**边际产品**（Marginal product）。

**Product differentiation**

**产品差异化**

类似商品之间存在着的使它们不至于成为完全替代品的特征。如，因位置差别使在不同地点出售的同型号汽油成为不完全替代品。具有产品差别的企业面对的是向下倾斜的需求曲线，而不是完全竞争情况下的那种水平的需求曲线。

**Production function**

**生产函数**

在技术水平既定的条件下，确定某一组要素投入所能带来的最大产出的关系式（或数学函数）。它用于某个企业，或作为总生产函数用于整体经济。

**Production possibility frontier (*PPF*)**

**生产可能性边界**

一种几何图形，显示经济所能生产的商品的各种组合。通常简化地选择两种商品：大炮和黄油。*PPF* 外部点（其右上部）的产品组合不可能得到，而 *PPF* 内部点则缺乏效率，因为资源没有得到充分利用。这或者是因为资源使用不当，或者是所用的生产技术已经过时。

**Productive efficiency**

**有效率的生产**

经济如果不减少一种产品的生产就不能再生产更多的另一种产品的情况。这表明此时经济处于生产可能性边界上。

**Productivity**

**生产率**

用来表示产出与投入比率的术语（总产出除以劳动投入是*劳动生产率*）。如果相同数量的投入生产了更多的产出，则生产率就增长了。劳动生产率的增长是由于技术进步、劳动技能的改善和资本深化。

**Productivity growth**

**生产率增长**

从一个时期到另一个时期**生产率**增长的速率。例如，如果劳动生产率指数 2004 年为 100，而 2005 年为 101.7，则 2004~2005 年生产率增长为每年 1.7%。

**Productivity of capital, net**

**净资本生产率**

参见**收益率**（rate of return）。

**Profit**

**利　润**

（1）在会计学中，是指所售商品的总收入减去合理确定的成本（参见**收益表**）。（2）在经济理论中，是指总收入与生产这些商品所用资源的全部机会成本之间的差额。

**Profit and loss statement**

**损益表**

参见**收益表**（income statement）。

**Progressive, proportional, and regressive taxes**

**累进税、比例税和累退税**

累进税对富人征税较重，累退税正好相反。更精确地说，一种税，如果对高收入者的平均税率（即税收除以收入）较高，它就是累进税；如果收入越高的人平均税率越低，就是累退税；如果对各种收入水平的平均税率都相同，就是比例税。

**Property rights**
**产　权**
产权定义为个人或企业在市场经济中占有、买卖、使用资本品和其他财产的能力。

**Proportional tax**
**比例税**
参见**累进税、比例税**和**累退税**。

**Proprietorship, individual**
**个人业主制企业**
由私人所有并经营的企业。

**Protectionism**
**保护主义**
一国所采用的目的在于保护国内产业，防止进口品竞争的各种政策（最普通的是对进口征收关税和实行配额管理）。

**Public choice** (also **public choice theory**)
**公共选择**（也称**公共选择理论**）
研究政府做出选择和指导经济的方式的经济学和政治学的分支。这一理论不同于市场理论，它强调政治家‘选票最大化”行为的影响，而这与企业的利润最大化形成对比。

**Public debt**
**公共债务**
见**政府债务**（government debt）。

**Public goods**
**公共品**
指这样一种商品，其收益在整个社会不可分割，而不管个人是否愿意消费。例如，一项根除天花的保健措施对所有人都起了保护作用，而决不只是那些付钱接种疫苗的人。相比之下，**私人品**如面包，如果被一个人消费，就不可能被另外的人消费。

**Pure economic rent**
**纯经济租金**
见**租金**（rent），**经济**（economic）。

## Q

**Quantity demanded**
**需求量**
见**需求变化**（change in demand）与**需求量的变化**（change in quantity demanded）。

**Quantity equation of exchange**
**交易数量方程**
一个恒真命题：$MV\equiv PQ$，式中 $M$ 是货币供给，$V$ 是货币的收入周转率，$PQ$（价格乘以数量）是总产出（名义 GDP）的货币价值。这一方程永远成立，因为 $V$ 被定义为 $PQ/M$。

**Quantity supplied**
**供给量**
见**供给变化**（change in supply）和**供给量的变化**（change in quantity supplied）。

**Quantity theory of money and prices**
**货币价格数量理论**
产出和总价格水平决定理论认为，价格与货币供给同比例变动。由货币主义者提出的一种更谨慎的理论认为，货币供给是名义 GDP 变动的最重要的决定因素（见**货币主义**）。

**Quota**
**配　额**
进口保护主义的一种形式。在这种形式中，对某种商品（如糖或汽车）在一定时期中的总进口量做了限制。

## R

**Random walk theory** (of stock market prices)
（股市价格的）**随机游走理论**
见**有效市场**（efficient market）。

**Rate of inflation**
**通货膨胀率**
见**通货膨胀**（inflation）。

**Rate of return** (or **return**) **on capital**
**资本收益率**（**或资本收益**）
在一项投资或一件资本品上的收益。比如，一项耗费 100 美元的投资每年带来 12 美元的收益，那么这项投资的收益率就是每年 12%。

**Rate of return on investment**
**投资收益率**
每 1 美元投资在 1 年内所带回的美元净额。例如，如果 100 美元投资每年的收益是 12 美元，则每年的投资收益率就是 12%。

**Rational expectations**
**理性预期**
见**预期**（expectations）。

**Rational expectations hypothesis**
**理性预期假说**
这一假说认为，人们可以对未来做出无偏估计，并且人们是利用了所有可利用的信息和经济理论做出这些预测的。

**Rational expectations macroeconomics**
**理性预期宏观经济学**
以罗伯特·卢卡斯、罗伯特·巴罗和托马斯·萨金特为领导的一个经济学派，认为市场能够快速地出清且预期是理性的。在这种条件下，可预测到的宏观经济政策对实际产出或失业没有影响。有时被称为**新古典宏观经济学**。

**Real-business-cycle (RBC) theory**
**实际商业周期理论**
该理论解释了商业周期纯粹随总供给变动的（主要由技术扰动造成），与货币或其他需求方面的因素无关。

**Real GDP**
**实际 GDP**
见**实际国内生产总值**（gross domestic product，real）。

**Real interest rate**
**实际利率**
以商品而不是以货币衡量的利率，所以它等于货币（或名义）利率减去通货膨胀率。

**Real wages**
**实际工资**
以商品或劳务计算的工人工资的购买力。它以货币工资率与消费价格指数的比率来衡量。

**Recession**
**衰　退**
总产出、收入和就业长时间地下降，一般持续 6 个月到一年，并以经济中多个部门的收缩为标志。参见**萧条**（depression）。

**Regressive tax**
**累退税**
参见**累进税、比例税和累退税**（progressive，proportional，and regressive taxes）。

**Regulation**
**管　制**
政府用来控制企业行为的法律或规定。主要种类有经济管制（它影响价格、市场准入、单个行业的服务，如电话服务业）和社会管制（它试图矫正影响到许多行业的外部性，如空气或水污染）。

**Renewable resources**
**可再生资源**
能够周期性地提供服务的自然资源（如农业用地），并且，如果管理适度，可以无限期使用。

**Rent, economic** (or **pure economic rent**)
**经济租（或纯经济租金）**
这一概念用于从土地得到的收入。土地的总供给是固定的（对此需略做修正），而给土地所有者的报酬就是地租。这一概念经常推广到付给供给不变的生产要素的报酬，即任何具有完全无弹性或垂直的供给曲线的投入。

**Required reserve ratio**
**法定准备金率**
见**银行准备金**（reserves，bank）。

**Reserves, bank**
**银行准备金**
银行以库存现金的形式，或在联邦储备银行中以无息存款的形式而保留的一部分存款。在美国，要求银行持有支票存款（或交易账户）10% 的准备金。

**Reserves, international**
**国际储备**
一国所持有的外币，目的是稳定或盯住本币的汇率，此外还可在国际收支遭遇困难时提供融资援助。今天，主要的国际储备货币还是美元，其次是欧元、日元及其他货币。

**Resource allocation**
**资源配置**
将资源（生产要素）在各种潜在用途上进行分配，以生产出一组特定的最终产品的经济方式。

**Returns to scale**
**规模报酬**
所有投入成比例增加时产出的增长率。例如，如果所有投入增加 1 倍而产出恰好也增加 1 倍，则说这一生产过程呈现的是**规模报酬不变**；而如果所有投入增加 1 倍而产出增加却不到 100%，则这种生产过程呈现的就是**规模报酬递减**；如果产出增加了 1 倍以上，那么，该生产过程呈现的就是**规模报酬递增**。

**Revaluation**
**货币增值**
一国通货的官方外汇汇率的提高，见**货币降值**（devaluation）。

**Ricardian view of fiscal policy**
**财政政策的李嘉图法则**
由哈佛大学的罗伯特・巴罗发展的理论，认为税率的变化对消费支出没有影响。这是因为，居民户能够预见到，政府为满足财政需要，现在的减税必然伴随着未来的增税。

**Risk**
**风　险**
在金融经济学中，风险是指投资收益的不确定性。

**Risk averse**
**风险规避**
面对不确定因素时，如果一个人认为，损失一定收入的不愉快，大于获得同一数量收入的愉快，那么他就是风险规避的。

**Risk spreading**
**风险分摊**
承担大的风险并将这些风险分散的过程，目的是使这些大的风险变成由一大批人承担的小风险。风险分散的主要形式是保险，它是赌博的一种对立面。

**Rule of 70**
**70 法则**
一种估计复利的捷径。一个每年以 $r$% 的速度增长的量大约在第 $70/r$ 年时翻番。

## S

**Sacrifice ratio**
**牺牲率**
牺牲率是产出的累积损失，以年损失在 GDP 中所占的百分比来衡量，单位是"每持续减少一个百分点的通货膨胀"。

**Sales tax**
**销售税**
见**消费税和销售税**（excise tax vs. sales tax）。

**Savings function**
**储蓄函数**
显示居民户或国家的每一收入水平上的储蓄量的关系图表。

**Say's law of markets**
**萨伊的市场定律**
"供给会自己创造需求"的理论。J.B. 萨伊在 1803 年提出，因为总的购买力恰好等于总收入和总产出，所以超额需求或超额供给是不可能的。凯恩斯对萨伊定律提出了批评。他指出，追加的 1 美元收入并不一定全部花掉（即边际消费倾向不一定为 1）。

**Scarcity**
**稀　缺**
稀缺是经济物品的显著特征之一。经济物品的稀缺并不意味着它是稀少的，而是指它不可以免费得到。要得到这样一种物品，必须自己生产或用其他经济品来加以交换。

**Scarcity, law of**
**稀缺规律**
大部分人所需要的东西只能得到有限供应（**免费品**除外）的原理。因此，商品一般是稀缺的，必须通过价格或者其他形式进行某种程度的配给。

**Schedule (demand, supply, aggregate demand, aggregate supply)**
**（总）需求表，（总）供给表**
一个可以和曲线互换使用的术语，比如需求曲线、供给曲线及其他。

**Securities**
**证　券**
用来表示各种金融资产的术语，如股票、债券、期权、票据等。更确切地说，是用来确立这些资产所有权的单据。

**Short run**
**短　期**
不能让所有的要素都做出充分调整的一段时间。在微观经济学中，资本存量和其他"固定"要素短期中不能做出调整，进入也不是自由的。在宏观经济学中，价格工资合同、税率和预期等，在短期中也不可能做出充分的调整。

**Short run aggregate supply schedule**
**短期总供给表**
表示短期内产出与价格关系的图表。在这样的短期中，总需求的变化能影响产出。它可以由一条向上倾斜的或水平的总供给曲线来代表。

**Shutdown price (or point, or rule)**
**停业价格（或停业点、停业原则）**
在厂商理论中，市场价格恰恰可以弥补平均可变成本就是停业点。因此，企业每期的损失恰好等于它的固定成本，与停业关门的后果一样。

**Single tax movement**
**单一税运动**
19 世纪由亨利·乔治发起的一场运动，认为在经济不断进步的条件下，贫困仍持续存在的原因在于土地的稀缺和大量的地租流向土地所有者。"单一税"旨在对土地所有者的地租征税。

**Slope**
**斜　率**
几何图形中，与横轴上变量的单位变化相对应的纵轴上变量的变化。向右上倾斜的曲线斜率为正，向右下倾斜的曲线斜率为负（如需求曲线），水平线的斜率为零。

**Social insurance**
**社会保险**
政府提供的强制性保险。预防道德风险或逆向选择等市场不灵问题，以增进社会福利。

**Social overhead capital**
**社会基础资本**
经济发展所依赖的基础性投资。特别指对卫生、饮用水、交通、通信等方面的投资。有时称**基础设施**。

**Social regulation**
**社会管制**
见**管制**（regulation）。

**Socialism**
**社会主义**
认为除劳动以外的所有的（或几乎所有的）生产资料都应为社会所有的政治理论。社会主义的资本收益分享情况比资本主义平等。

**Speculator**
**投机者**
指从事投机的人。也即，那些为了将来能以更高（低）的价格卖出（买入），而于现在就买入（或卖出）商品或金融资产的人。

**Spillovers**
**外　溢**
与**外部性**（externalities）同义。

**Stagflation**
**滞　胀**
20 世纪 70 年代早期造出的一个词，描述了高失业与经济停滞、持续的通货膨胀相并存的现象。这一现象主要通过通货膨胀过程的惯性性质来加以解释。

**Statistical discrimination**
**统计性歧视**
指对待个人的方式以该人所属群体的一般行为或特征为基础。统计歧视可以通过降低个人突破其所属群体特征的积极性而自我实现。

**Stock, common**
**普通股股票**
参见**普通股股票**（common stock）。

**Stock market**
**股票市场**
进行普通股股票交易的有组织的市场。在美国，最大的股票市场是纽约股票交易所，美国大公司的股票交易都在这里进行。

**Stock vs. flow**
**存量与流量**
见**流量与存量**（flow vs. stock）。

**Strategic interaction**
**策略互动**
寡头市场上的一种情况。其中，每一企业的经济策略依赖于其竞争对手的计划。**博弈论**给出了对策略互动的较正式的分析。

**Structural budget**
**结构性预算**
见**实际预算、周期性预算和结构性预算**（actual，cyclical，and structural budget）。

**Structural unemployment**
**结构性失业**
因工作空缺的地区分布或工作类型与工人的类型不同而产生的失业。可能有工作机会存在，但失业工人却不具备这些工作机会所要求的技能；或者有工作机会的地区与失业者所生活的地区不同。

**Subsidy**
**补　贴**
政府对提供或消费某种商品的企业或居民户所做的支付。例如，政府经常以支付部分食品开支的形式向低收入家庭发放食品补贴。

**Substitutes**
**替代品**
互相竞争的商品（如五指分开和不分开的手套）。相反，按消费者的理解，一起出现、互相搭配的商品则是*互补品*（如左脚穿的鞋和右脚穿的鞋）。

**Substitution effect** (of a price change)
（价格变动的）**替代效应**
指这样一种倾向：当一商品的相对价格下降时，消费者增加对该种商品的消费（以该种商品作为”替代”）；而当一商品的相对价格上升时，消费者减少对该种商品的消费（该种商品被”替代”）。价格变动的这种替代效应导致向下倾斜的需求曲线（对比**收入效应**）。

**Substitution rule**
**替代法则**
如果一种要素价格下降而其他要素价格不变时，那么用这一相对便宜的要素替代所有其他要素，会使企业从中获利。这一原则是**最低成本法则**的推论。

**Supply curve** (or **supply schedule**)
**供给曲线**（或**供给表**）
假定其他条件保持不变，表示对应每一价格，既定市场上的供给者愿意出售的商品数量的图表。

**Supply shock**
**供给冲击**
在宏观经济学中，对总供给产生意外重大影响的生产成本或生产率的突然变动。作为供给冲击的结果，实际 GDP 和价格水平会发生预料不到的变动。

**Supply-Shock inflation**
**供给冲击通货膨胀**
市场供给方由于成本激增等因素所引发的通货膨胀。根据总供给—总需求框架，成本推动可以体现为总供给曲线的上移。也称*成本推进型通货膨胀*。

**Supply side economics**
**供给学派经济学**
强调各种影响总供给或潜在产出的政策措施的观点。这一理论认为，对劳动和资本收入的高边际税率会降低工作和储蓄的积极性。

## T

**Tangible assets**
**有形资产**
类似于土地或资本品（像计算机、建筑物、汽车），被用来生产未来的产品或服务的资产。

**Tariff**
**关　税**
一国对进口商品根据其数量单位所征收的税。

**Tax incidence**
**税收归宿**
见**归宿**（incidence）。

**Technological change**
**技术变革**
生产工艺的改变或新产品的引入，使同样的一批投入能得到更多的或更进一步的产出。它导致生产可能性曲线的外移。通常也叫*技术进步*。

**Technological progress**
**技术进步**
见**技术变革**（technological change）。

**Terms of trade** (in international trade)
（国际贸易中的）**贸易条件**
一国出售其出口品、购买其进口品的“实际”条件，它等于出口价格指数与进口价格指数的比率。

**Theory of income distribution**
**收入分配理论**
该理论用于解释社会中个人的收入和财富的分配方式。

**Time deposit**
**定期存款**
存于银行的有最低“提取期”的资金，它包括在广义货币，但不包括在 $M_1$ 中，因为它们不作为支付手段来使用。类似于储蓄存款。

**Total cost**
**总成本**
参见**总成本**（cost，total）。

**Total factor producitivity**
**全要素生产率**
也叫多要素生产率，是衡量单位总投入的总产出的生产率指标。分子是总产出（即 GDP），分母是资本、劳动和资源的加权平均数。全要素生产率的增长率常常被视为科技进步的指标。

**Total product** (or **output**)
**总产品**（或**总产量**）
所生产的商品的总量。物理单位对小麦是蒲式耳，对钢铁是吨，而对理发则是次数。

**Total revenue** (*TR*)
**总收益，总收入**
价格与产量的乘积，或称总销售额。

**Trade balance** or **merchandise trade balance**
**贸易余额**或**商品贸易余额**
参见**贸易余额**（balance of trade）。

**Trade barrier**
**贸易壁垒**
任何一种用以阻碍进口的保护主义措施。关税和配额是最明显的壁垒，但近年来，非关税壁垒（或 NTBs），如费用高昂的管制性程序，代替了传统的措施。

**Transactions demand for money**
**货币的交易需求**
见**货币需求**（demand for money）。

**Transactions money** ($M_1$)
**交易货币**
**货币供给**的一种衡量方法，它由实际用于交易的项目，即通货和支票账户构成。

**Transfer payments, government**
**政府转移支付**
政府向个人所做的无需个人以当前的服务回报的支付，如社会保障支付和失业保险等。

**Treasury bills (T-bills)**
**短期国库券**
联邦政府所发行的短期债券或证券。

## U

**Unemployed**
**失业者**
未被雇佣但积极寻找工作或等待重返工作的人。

**Unemployment**
**失　业**
（1）在经济术语中，非自愿失业是指愿意在现行的工资水平下工作的工人找不到工作。（2）在官方（美国劳动统计局）定义中，说一个工人是失业的，指他（a）眼下没有工作；（b）正在等待重新被雇佣，或在最近 4 周里主动寻找工作未果。见**摩擦性失业**（frictional unemployment）和**结构性失业** (structural unemployment)。

**Unemployment rate**
**失业率**
失业者在劳动力中所占的百分比。

**Unit-elastic demand**
**单位价格弹性需求**
介于**有价格弹性的需求**和**缺乏价格弹性的需求**之间的一种情况，价格弹性的绝对值恰好等于 1。也见**需求的价格弹性** (price elasticity of demand)。

**Unlimited liability**
**无限责任**
见**有限责任**（limited liability）。

**Usury**
**高利贷**
对所借货币索取高于法定最高利率水平的行为。

**Utility** (also **total utility**)
**效用**（或**总效用**）
从商品或劳务的消费中获得的所有满足，而边际效用指多消费 1 单位商品而得到的新增加的效用。

## V

**Value, paradox of**
**价值悖论**
见**价值悖论**（paradox of value）。

**Value added**
**附加价值**
所生产的商品的价值与生产它们所使用的材料和供给的成本之间的差额。在一块 1 美元的面包中，可能包含了 0.6 美元的小麦和其他材料的价值，这时其附加值为 0.4 美元。附加价值由一个企业或一个行业加于其产出中的工资、利息和利润构成。

**Value added tax (VAT)**

**增值税（VAT）**

按其附加价值的一定百分比对企业所征的税。

**Variable**

**变　量**

一个可定义和可衡量的经济量。经济学中重要的变量包括价格、数量、利率、汇率、财富的价值等等。

**Variable cost**

**可变成本**

参见**可变成本**（cost，variable）。

**Velocity of money**

**货币周转率**

货币执行交易媒介职能时，从买者流向卖者，再到新的买者，如此不断进行。它的“周转率”指的是这种运动的速度。

**Vertical equity**

**纵向公平**

见**横向公平与纵向公平**（horizontal equity vs. vertical equity）。

**Vertical integration**

**纵向整合**

参见**整合、纵向整合与横向整合**（integration，vertical vs.horizontal）。

**Vertical mergers**

**纵向兼并**

见**兼并**（merger）。

## W

**Wealth**

**财　富**

给定时点上一国或个人所拥有的实物和金融产品的净价值。它等于所有资产减去所有负债。

**Welfare economics**

**福利经济学**

对经济体系的规范性分析，即经济运行中什么是“对”、什么是“错”等问题的研究。

**Welfare state**

**福利国家**

19 世纪末在欧洲渐有影响的一种混合经济体的概念，20 世纪 30 年代被引入美国。在现代福利国家概念里，市场具体指导日常经济活动，而政府则规范社会环境、提供养老金、医疗保健和社会安全体系等。

**What, how and for whom**

**生产什么、如何生产以及为谁生产**

经济组织的三个基本问题。生产什么涉及以社会有限的资源或投入的存量，对每种可能的商品和劳务生产多少的问题。*如何生产*是对生产每种商品的特定技术的选择；*为谁生产*指消费品在该社会成员中的分配。

## Y

**Yield**

**收　益**

与**利率**（interest rate）、**资本收益率**（rate of return）同义。

## Z

**Zero economic profit**

**零经济利润**

完全竞争行业在其长期均衡点是零经济利润的。这个界定适合于所有的收益减去所有的成本，包括厂商所拥有的要素的隐含成本。

**Zero profit point**

**零利润点**

对一个厂商而言，收支相抵时的价格水平，即全部成本得到弥补但利润为零的价格水平。

# 译后记

萨缪尔森《宏观经济学》第19版英文版问世之后，新曲线出版咨询公司的两位老总在最佳时间亲送原著与我商谈中文翻译问题。时值共和国成立60周年大庆假期，且他们所选的那一天恰好是我的生日，令人从内心感谢这些十年如一日的异常敬业的出版人。

鉴于萨缪尔森这部经典教科书的国际影响，每一版从英文原著到中文译本发行，其间所要经历的环节真的远非一般读者所能想象。包括作者、国外出版社、国际版权代理、国内出版社及其代理制书机制，中文翻译团队、编辑团队乃至图表美编等，无不有新的要求和希望。每一环节的新希望和新要求，都意味着新的选择和新的磨合。其结果，第19版的中文翻译合同，直到今年4月才得以签字。按国外出版社和代理机制的要求，我们只能进行倒计时。于是，合同留给译者翻译全书的时间竟然只剩下非常可怜的4个月！好在新曲线两位经验丰富的制书人似乎都有先见之明，英文原著一直“不耽搁”地放在我手中，到签合同前已满18个月！本能和“路径依赖”告诉我，自己早已被萨缪尔森“锁定”。义务与职责、光荣与梦想，都令我“波澜誓起”并未雨绸缪！

事实上，我动手布置翻译是在去年寒假开始前，而在今年春节开学后全部初译稿几近完成。这比合同所签定的“开工时间”要提前4个月！现在想也许不足挂齿，可当时心里还真不是“只有一点发毛”。现今大学生的时间和精力可谓非常稀缺，贸然动用是需要“豁一把”的，而这并不是我的一贯风格。与全国类似，北大硕士生的第一年也是“要和两年的学分较劲”，第二年“再同用人单位过招”，活得真的不算轻松。

参与会战的主力基本上是我在北大指导或授课的世界经济专业的研究生，他们天资聪慧、基础厚实、素养良好、精度较高。初稿收齐后，我不得不深感青春年华之弥足珍贵。英文中 bachelor 一词，不仅指的是 unattached 和 unmarried，也不仅是指一种学位，而且指的是有潜力的、可塑性强的。在上世纪那激扬的90年代（The Roaring Nineties），美国的年轻人曾表现出令人惊叹的建设热情和创业气魄：怀揣着一项专利、饱含着一腔热血，“到西部去！”，“两年，赚足两千万美元！”（本版经济学也已涉及），曾经是美国“新淘金热”（new gold rush）的口头禅。对比之下，中国年轻才俊所甘愿选择的却是另一种更为高尚的“学术淘金”：为中国的知识经济创建和教材建设贡献聪明才智！

有仗于整个团队的献身精神和萨缪尔森的感召力，也得益于我的几个立志学术的研究生弟子，翻译工作可谓应者云集和顺风顺水。分工动员会上，我们播放了萨缪尔森的传记和各版花絮，如师兄师姐翻译团队的照片记录等。而在那以前和以后，我都曾结合新版经济学的内容，提取难句和新句，给同学们系统地讲解翻译技巧和名家经验。翻译过程中，同学们不分中外、不计名利，尽心竭力、相互切磋。少数不能过关的译文，我都要特请“从译文中发现的尖子生”顶上去重译一遍，以免主译人“瓶颈”过窄、精力不济、影响大局。何物羡人，二月杏花八月桂；有谁催我，三更灯火五更鸡！

奋发努力的动力源泉当属充沛。首先是因为大家都有“高处不胜寒”之感。由中国出版科学研究所和《中国图书商报》联合主办的“新中国 60 年 600 本最具影响力图书”评选活动中，财经类著作共入选了 41 本，萨缪尔森《经济学》也荣列在榜，被认为是“以不同的姿态影响和改变了几代中国人，在中国社会产生了重大影响，甚至推动了社会的发展进程。”而在那以前，“改革开放 30 周年”和“建国 50 周年”的两次“全国最具影响力图书”评选中，此书也都曾不负众望、连续当选。这个记录虽然远非百尺竿头（事实不过是狐假虎威，毕竟只是译著而已），然而，在心存感激的同时，主译人除了竭尽愚钝、老当益壮，难道还敢有过多的喘息？

其次，读者的错爱与鞭策也难以闪避，“我们都是跟随萨缪尔森学习经济学的一代人！”动笔写这篇后记的当天，我还收到一个手机短信，是湖北土家族苗族自治州的一名自学经济学的乡镇干部。他不仅密切关注第 19 版哪天出版，而且还热心邀请我们去他的家乡。最特殊、最让我印象深刻的是一封寄自秦城监狱的明信片。信中写道：“请允许我向您及您的助手们表示真诚而深切的敬意！…… 正是由于阁下主译的这本《经济学》（第 18 版），温暖着我冰冷的每一天，使我在 prison 的生活更理性更有价值。若有机缘，我愿意资助阁下翻译出更多更好的经济学著作。”该信中英文字都写得非常好。

连续 4 版的翻译，肯定有不少需要交代的地方。其一是“goods”的翻译。“物品”、“产品”、“财货”，译法很多。我们一直采用“品”。私人品、公共品；益品、害品、劣品、良品、基芬品。其二是“inefficiency”的处理。我们认为这个词比较活，有时是“非效率”，有时是“无效率”和“低效率”，前者包括后两者，抽象层次也稍高一点。其三是“market failures”和“government failures”。读者通常见到的翻译多是“市场失灵”和“政府失灵”，而我们的翻法是“市场不灵”和“政府不灵”。多年这样坚持的理由是，“失灵”的前提是“应灵”，而这显然明显违背原意。“不灵”看似全盘否定，但细究起来则不然。因为“不灵”有单复数，具“可数性”，加之上下文和常识都在强调市场功能强大，因而很难有较大的误导。当然这也只是我们的一种理解和处理，翻译本来就没有标准答案。我们再次声明会始终尊重与认可其他的译法。

困惑与忐忑肯定不少，一个典型的老问题是“payoff table”的翻译。这个术语本应理解和翻译成“回报矩阵”，才不至于让读者黑白反向和明显别扭。但该词长期以来一直被译成“支付矩阵”，约定俗成、根深蒂固，致使我们在此前三版中一直未敢擅动。这一次，在加上了“也称‘支付矩阵’的注释”的同时，我们还是斗胆将被颠倒了的东西再颠倒过来。

错误疏漏或未能到位之处肯定难免，译者在此恳请读者共同留意和不吝赐教。这次翻译编辑中沟通机制有所更新：三审三校，虽然效率高、进度快、省时间，但却难免会失去我先前主张的“划出我改”的好处。经济学翻译比较特殊，对于词、句和语流的把握，往往难免需要超越词典所允许的弹性空间。有些场合，编辑越众多越尽职，“保证流畅光鲜、统一和谐”这一点很有可能就越困难。12 年前第 16 版后记中，译者曾详细记录过我们的那场遭遇。那时出版社“悬赏”找错，结果是译文“遍体鳞伤返来”，尔后又“体无完肤归去”。不过这次看罢最终校样，还是佩服出版社资深编辑的文字水平！尽管如此，译者还是要重复一句感叹：“在经济转型的岁月里，在自由骑士难免的集体行动中，精品总是需要千呼万唤的。限于时间和能力，译者再次恳请各位读者切勿过于厚望。”

第 19 版《宏观经济学》翻译的具体执笔分工情况如下：海琳娜、萧剑犁（宣言、前言），胡翠（目录、经济学与互联网），杜月（第 1 章、第 6 章），萧剑犁（第 2 章），王睿（第 3 章、第 9 章），杨镇瑀（第 10 章、第 13 章 < 协助 >），翟菲菲（第 8 章、第 11 章、第 16 章 < 协助 >），刘博（第 12 章），胡梦若（第 12 章），韩鹏飞（第 14 章），陈凤平（第 4 章、第 15 章），韩奕（第 5 章、第 16 章），刘叶（第 7 章、第 17 章），高明星、崔楠楠、李梦遥、刘丁华（专业术语表）。

全书翻译的指导、纠错、审校和润色工作由萧琛教授承担。而在沟通和协调等方面，助理金曦老师和杜月同学则出色地发挥了作用。本系的几位留学生（如德国的杜文凯硕士、泰国的黄雪贞博士、韩国的赵恩娇博士等）和台湾同胞学生（如黄慧玲博士）也一直努力追随这部不朽的著作，自始至终积极参加了围绕翻译工作展开的一系列学术活动。此外，还有经济学院国际经济系主管教学的主任李权副教授，多年来也一直为本书默默奉献，节省了我大量的时间。

本书第 19 版译者团队的照片是今年 6 月在北大未名湖畔的合影。他们中间大多数同学都直接参加了主书的翻译，少数正在参与辅书（如《学习指南》等）的翻译、审校、编辑等工作。遗憾的是部分成员未能到场，团队跨越了两届研究生，其中有一届已经毕业。要想按太阳光线的要求一次聚齐，实在是已经太难太难！即便是在教师节那天，同学们也是有的在天上、有的在国外，大家只能遥相电子问候…… 另外三幅照片分别是第 16 版、第 17 版和第 18 版译者团队的合影。后来者永远有幸站在先行者的肩上，附上这三版译者的照片不仅应该而且必要。翻译萨缪尔森经济学教科书以来，时光不觉已经逝去了 13 年，“当年燕园桃李杏，今日神州竹梅松！”

翻译团队应者云集动力充沛的重要原因还是在于萨缪尔森的学术魅力，尤其是在他留下绝版从容离去的日子里，追思和悼念之情可谓绕梁不绝，北大尤其是我教过的学生们肯定也不会例外。不妨允许我在此提请各位为萨缪尔森默哀片刻！12年前他曾在北京翠宫饭店（以其录像发言）出席过我们的萨缪尔森《经济学》第16版中译本的首发式。他那睿智机敏的谈吐和铁骨铮铮的风范，他对于中国市场经济前景的无限憧憬，对于中国“转轨经济学”潜在诺奖得主的由衷呼唤，至今仍然深深地映刻在笔者的脑海中。

责任编辑徐向娟、颜林柯、王润秋三位女士、美编陶建胜先生和排版制作孙东亭女士的劳动也需要特别地致谢。他们高效率的工作和忘我奉献的精神，应当得到广大读者的认可和敬重。

北京大学今年93岁高寿的胡代光教授，已过88寿辰的范家骧先生，经济学院吴树青教授（前北京大学校长），前院长晏智杰教授，前院长现副校长刘伟教授，前党委书记现校长助理黄桂田教授，院长孙祁祥教授，党委书记章政教授，北京大学前社会科学部部长、现《北京大学学报》主编程郁缀教授，北京大学党委书记朱善璐先生，北京大学校党委常务副校长（原法学院院长）吴志攀教授，北京大学党委副书记光华管理学院教授于鸿君教授，还有国内外著名经济学家厉以宁教授，长期以来一直关心这部经典教科书的翻译工作。范家骧先生近年还老当益壮地出版了一部研究萨缪尔森《经济学》的专著。

校外的经济学教授，如复旦大学的洪文达先生、华民教授，人大的杜厚文先生、方福前教授，北京师范大学的李翀教授和李实教授，南开大学的薛敬孝先生、陈漓高教授，浙江大学的张小蒂教授、肖文教授，中山大学的邹建华教授，上海财经大学的林珏教授、鲁品越教授，长江商学院的王一江教授，美国联邦储备高级研究员斯坦福大学经济学博士王柯女士，此外，北京社会科学联合会副主席陈之昌先生，北京社会科学规划办主任王祥武先生，《广义虚拟经济研究》学术委员会主席林左鸣博士和秘书长李克安先生等，都曾对本书有过特别的指点与关注。

清华、人大、北师大、外经贸大、中财大、北工大、中政法大、首经贸大、北工商大、首师大、外交学院、北外、中央民族大学，复旦、南开、武大、中大、吉大、辽大，南大、浙大、厦大、川大、山大、云大、兰大、苏大、湖北大、湖南大、黑大、藏大，上海财大、南京财大、西南财大、河南财经政法大、安徽财大、贵州财大，广东外语外贸大学、上海交大、同济大学、上海外经贸大、暨南大学、华侨大学，河北大学、海南大学、山东理工大学、华中理工大学、宁波大学、嘉兴学院、嘉华学院、泰达学院、毕节学院、延边科技大学，中央党校、中国浦东干部学院、北京市委党校、新疆阿尔伯达党校等众多高等学府的同仁好友和莘莘学子，多年来海纳百川慷慨错爱，常有难得的高见和友善的鼓励。

中华外国经济学研究会、中国世界经济学会、中国美国经济学会、中国出版科学研究所等，曾多次为本书举行过相应的学术活动。CCTV、CETV、BTV、《人民日报》、《中华工商时报》、《东方早报》、《华夏时报》、《中国证券报》、《21世纪经济报道》、新华社《国际先驱导报》、《每日经济新闻》、《中国社会科学报》、《世界经济》、《世界经济与政治》、《世界经济导刊》、《国际经贸探索》、《经济学动态》、《中国大学生》、《北京大学学报》、《中国图书商报》、《中国经济》、《社会观察》等报刊，新华网、人民网、新浪、搜狐、网易、凤凰网－读书频道等多家网站，都曾有关于萨缪尔森这本不朽著作的正向报道、中肯评论和热切关注。

在新一版萨缪尔森《宏观经济学》教科书中译本终于问世的今天，请允许我代表连续四版翻译团队全体成员，向以上所提到的学府、学者、专家、学会、报纸、杂志、网站，乃至其他所有关心过此书的各界机构和朋友们，还有多年来提出各种建议和意见却未能尽列的众多学者和网民，一并表示最诚挚最由衷的谢忱！

萧琛

2011年12月3日凌晨于北京大学

## 美国独立战争以来的政府债务

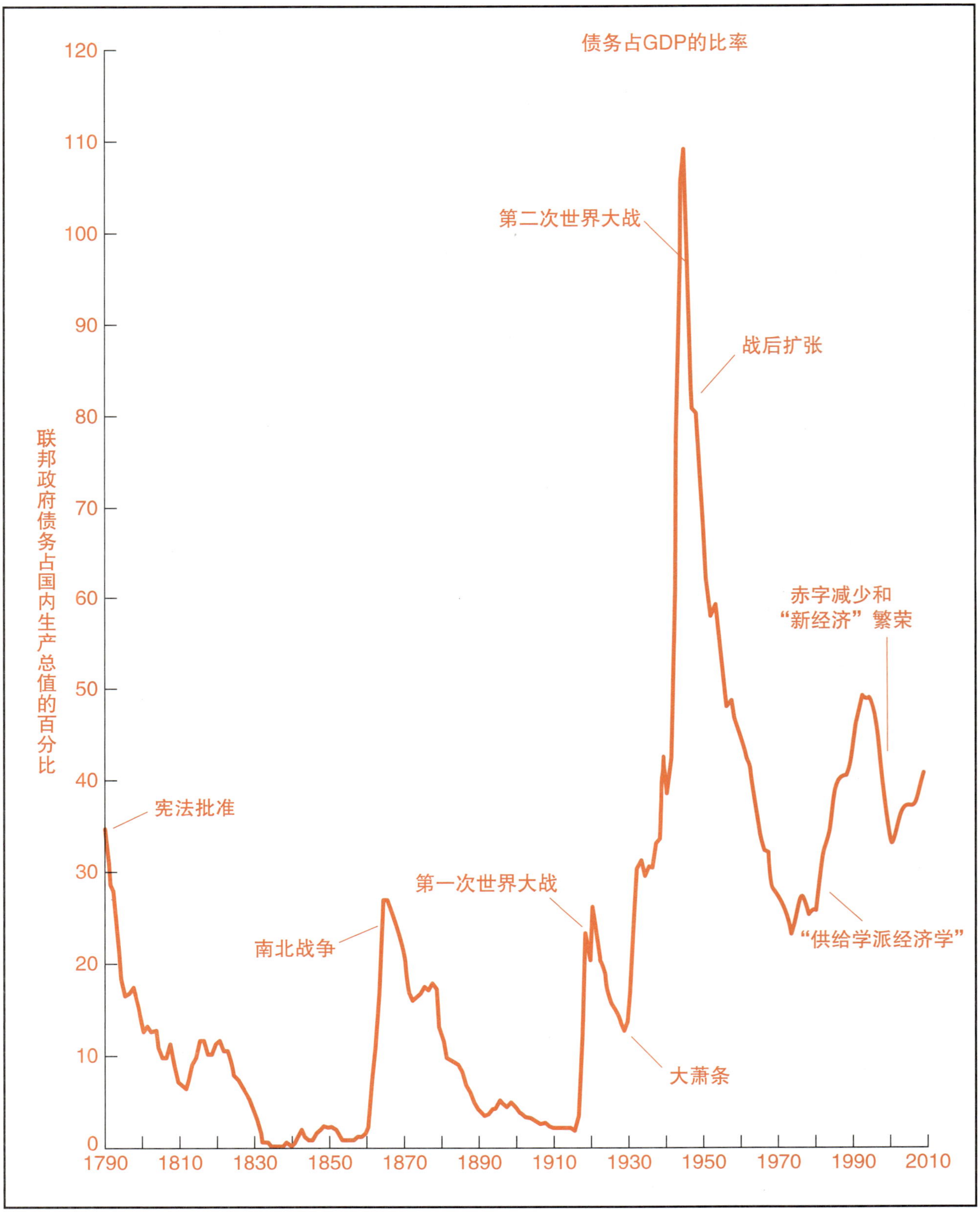

## 1800年以来美国的价格水平

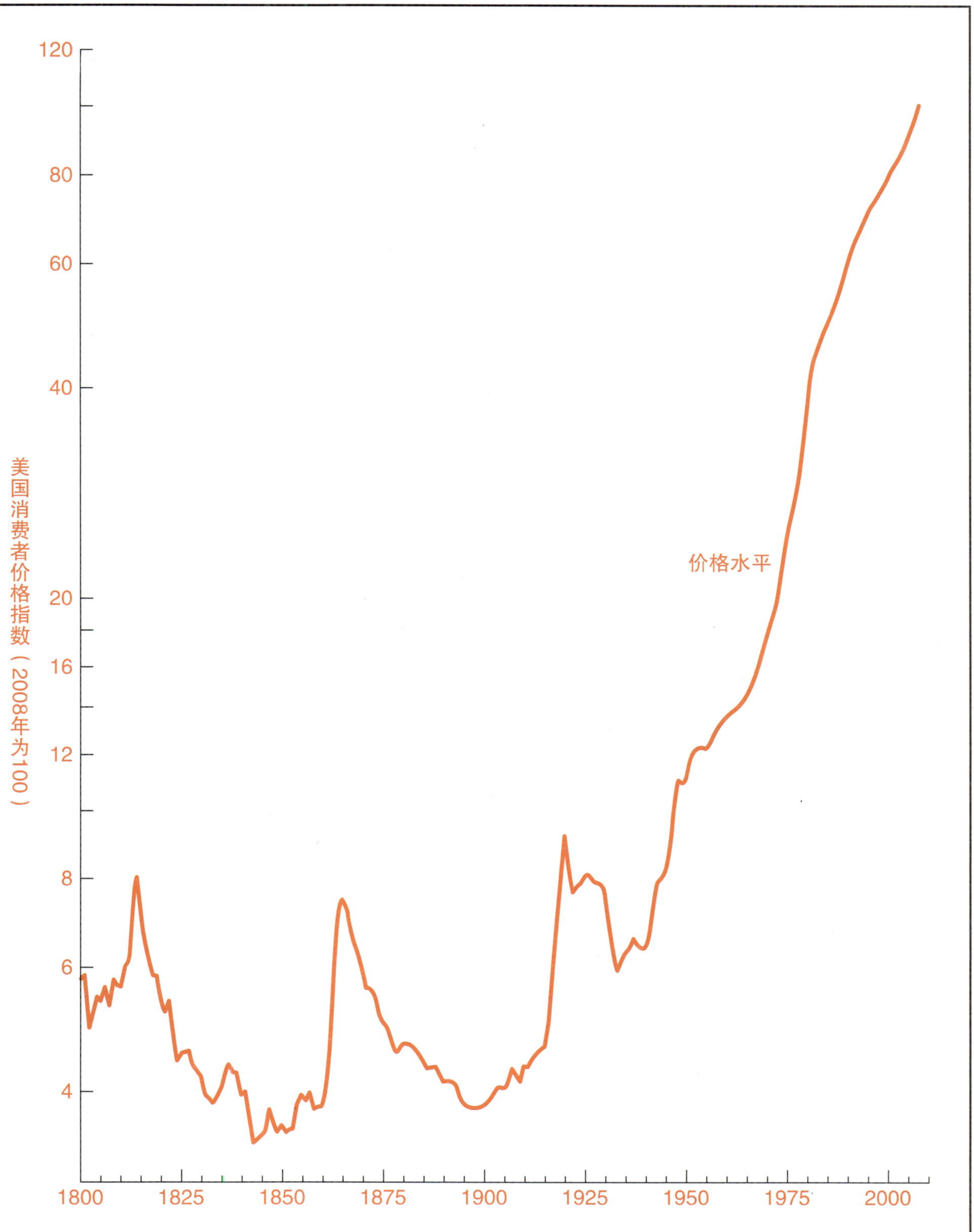

# 经济学家谱

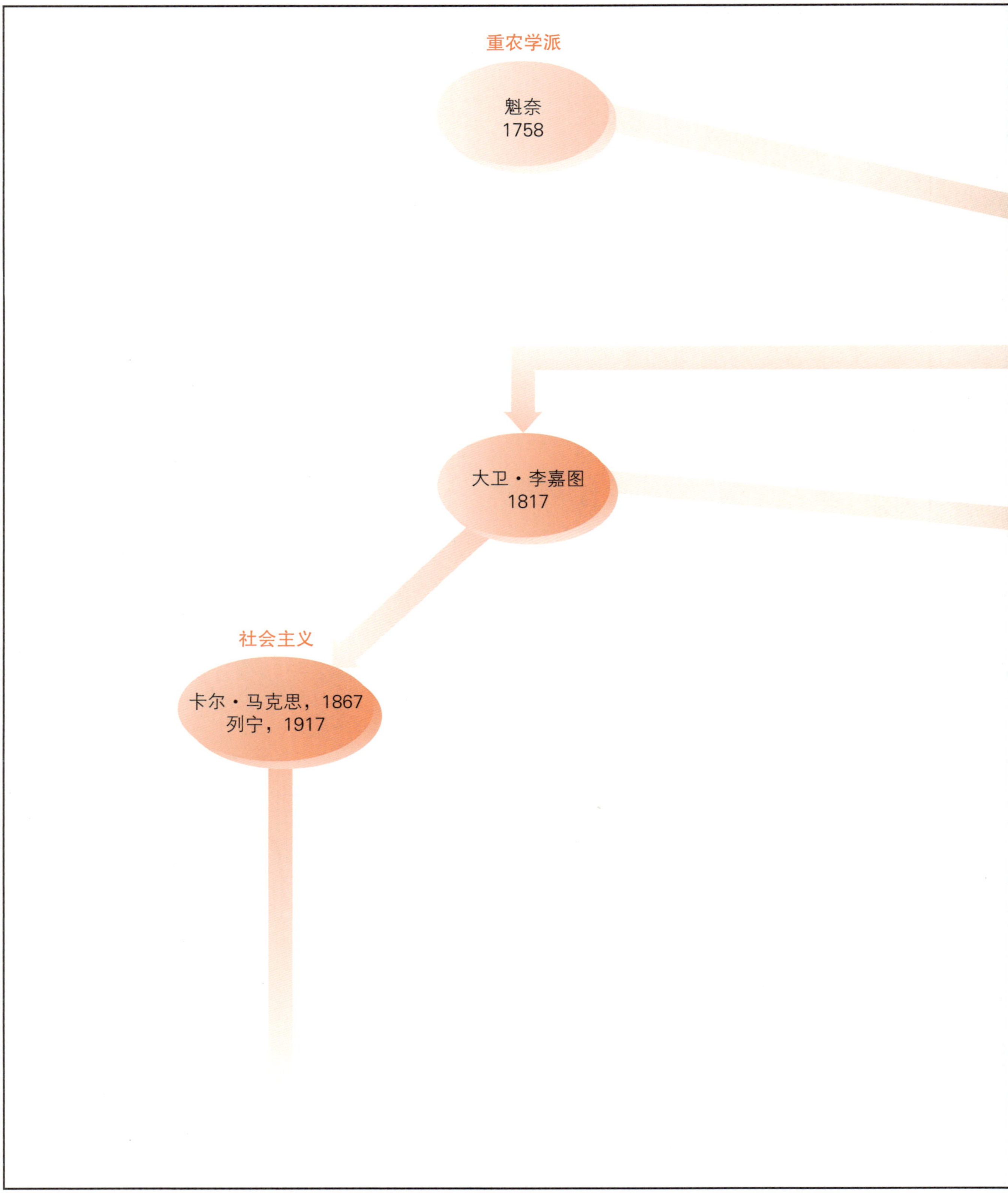

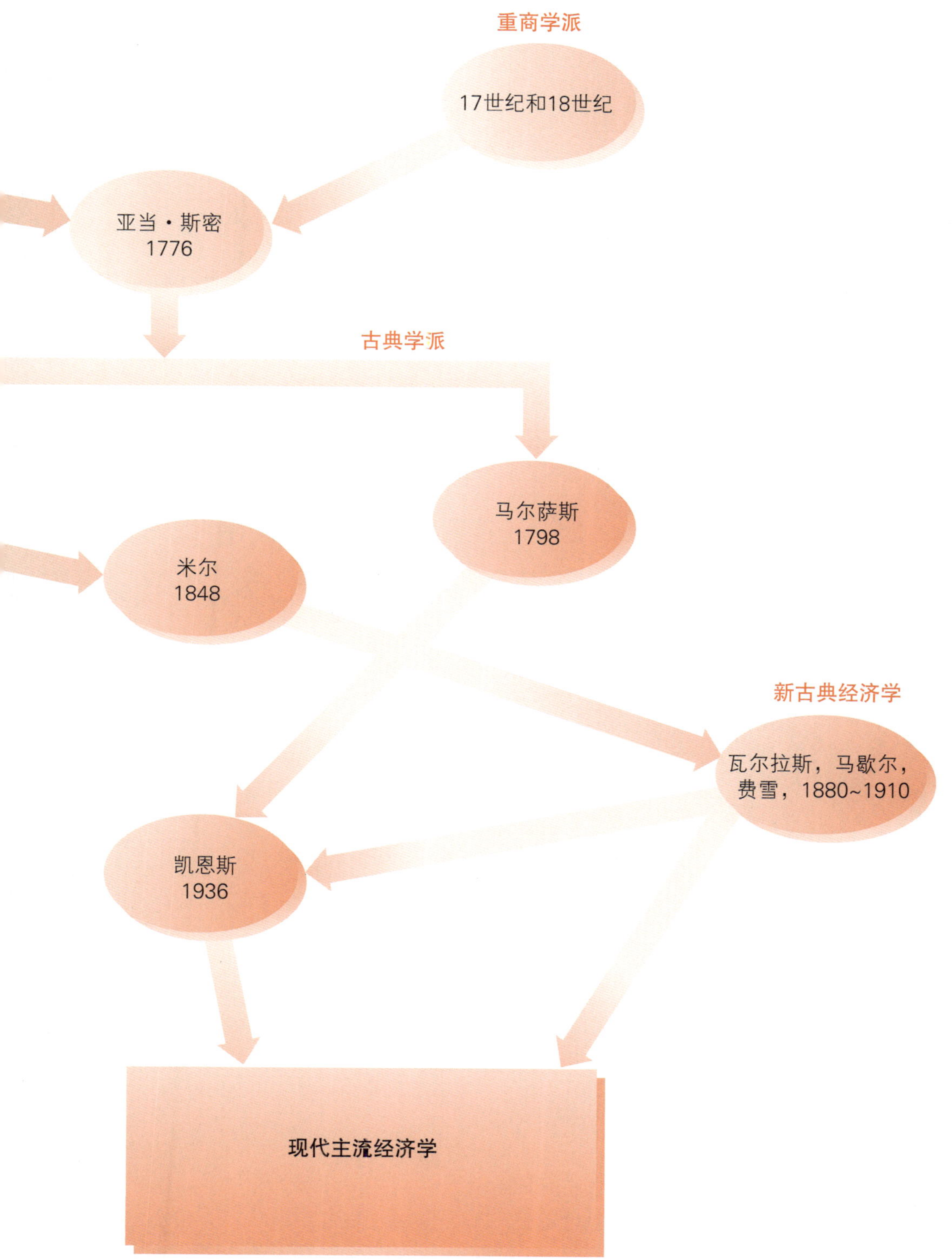

重商学派
17世纪和18世纪
亚当·斯密
1776
古典学派
马尔萨斯
1798
米尔
1848
新古典经济学
瓦尔拉斯，马歇尔，
费雪，1880~1910
凯恩斯
1936
现代主流经济学